D1718211

Simon Martin Neumair

Agrarprotektionismus in Industrieländern –
das Beispiel der EU-Zuckermarktordnung

Perspektiven und Anpassungen
der Zuckerwirtschaft in Bayern

Herbert Utz Verlag · VVF · München

Wirtschaft und Raum

Eine Reihe der Münchener Universitätsschriften

herausgegeben von

Prof. Dr. Hans-Dieter Haas
Universität München

Band 16

D 19

Zugl.: Diss., München, Univ., 2008

Bibliografische Information der Deutschen Nationalbibliothek:
Die Deutsche Nationalbibliothek verzeichnet diese
Publikation in der Deutschen Nationalbibliografie;
detaillierte bibliografische Daten sind im Internet über
http://dnb.ddb.de abrufbar.

Copyright © Herbert Utz Verlag GmbH · 2008

ISBN 978-3-8316-0804-1

Printed in Germany

Herbert Utz Verlag GmbH, München
089-277791-00 · www.utzverlag.de

GELEITWORT DES HERAUSGEBERS

In den Wirtschaftssystemen der Industrieländer spielt die Landwirtschaft als Wirtschaftsbranche eine ordnungspolitische Sonderrolle. Zur Gewährleistung von Versorgungssicherheit und angemessener Entlohnung der Landwirte als Produzenten von Nahrungsmitteln wird der Agrarsektor nicht der Selbststeuerung eines freien Marktes überlassen, sondern weist ein hohes Maß an staatlicher Stützung und Schutz vor dem Wettbewerb mit einer überlegenen, da kostengünstiger produzierenden Konkurrenz aus Entwicklungs- und Schwellenländern auf. Ein besonders plastisches Beispiel für diesen Agrarprotektionismus in Industrieländern stellt die EU-Zuckermarktordnung dar – ein komplexes Regelungssystem aus Produktionsquoten, Mindestpreisen, Zöllen und Exportsubventionen, mit dem die Europäische Union fast 40 Jahre lang ihren Zuckersektor vor den Produzenten anderer Länder hermetisch abgeschottet und zur Verzerrung der Agrarhandelsströme beigetragen hat.

Dies änderte sich zum 1. Juli 2006. Bedingt durch ein Urteil der Welthandelsorganisation (WTO) sowie die Gewährung handelspolitischer Konzessionen gegenüber Entwicklungsländern, war die EU zu einer folgenreichen Korrektur ihrer Zuckermarktpolitik gezwungen. Drastische Preissenkungen für Zucker und Zuckerrüben sowie eine erhebliche Drosselung der Produktionsmengen lösen nun gravierende Einkommens- und Erlöseinbrüche bei Europas Zuckerproduzenten und Zuckerrüben anbauenden Landwirten aus. Weitreichende Umstellungen, Anpassungshandlungen sowie die Erschließung alternativer Wertschöpfungspotenziale sind die unweigerliche Folgen eines reformierten Zuckermarktes, die auch vor Bayern als einer der wettbewerbsfähigsten Standorte der europäischen Rüben- und Zuckerproduktion nicht haltmachen.

Die vorliegende Arbeit analysiert die protektionistischen Elemente der EU-Zuckermarktordnung sowie ihrer Reform als Sinnbild für das allgemeine agrarpolitische Dilemma von Industrieländern, ihren Agrarsektor einem globalisierten Wettbewerb nicht preisgeben zu wollen, gleichzeitig eine Liberalisierung aber nicht vollständig und dauerhaft verhindern zu können. Am Beispiel Bayerns werden dabei – differenziert nach dem Zuckerhersteller Südzucker sowie Zuckerrüben anbauender Landwirtschaft – Auswirkungen der Reform und erforderliche Anpassungshandlungen untersucht. An der Schnittstelle zwischen Betriebswirtschaftslehre, Agrarpolitik sowie Geographie liefert diese Dissertation einen wichtigen Beitrag zur interdisziplinären Weiterentwicklung des Fach- und Forschungsverständnisses der Wirtschaftsgeographie.

München, im Mai 2008   Der Herausgeber

VORWORT

Vorliegende Arbeit entstand während meiner Zeit als wissenschaftlicher Mitarbeiter an der Ludwigs-Maximilians-Universität München am Lehrstuhl für Wirtschaftsgeographie von Prof. Dr. Hans-Dieter Haas. Ihm möchte ich zuallererst meinen tiefsten Dank aussprechen. Einerseits dafür, dass er mir die Möglichkeit geboten hat, diese Arbeit zu schreiben, und mir dabei zu allen erdenklichen Zeitpunkten die dafür nötige wissenschaftliche Freiheit zuerkannt hat, andererseits dafür, dass er mir meinen akademischen Abschluss ermöglicht hat und ich über all die Jahre hinweg so viel von ihm lernen durfte. Mein Dank gilt auch Hr. Prof. Dr. Hubert Job als sehr wohlwollenden und liebenswürdigen Korreferent.

Ganz besonders bedanken möchte ich mich auch bei Hr. Dr. Dieter Schlesinger für das kritische Durchsehen des Manuskripts, die vielen inhaltlichen Anregungen und aufmunternden Gespräche sowie die wertvolle Unterstützung beim Formatieren sowie der empirischen Arbeit.

Zu großem Dank bin ich schließlich Hr. Heinz Sladkowski verpflichtet, der auf äußerst gewissenhafte, zuverlässige und professionelle Weise die vielen Abbildungen und Karten erstellt sowie mir stets ein übergroßes Maß an Geduld und Ausdauer entgegengebracht hat.

München, im März 2008   Simon-Martin Neumair

INHALT

ABBILDUNGSVERZEICHNIS

TABELLENVERZEICHNIS

KARTENVERZEICHNIS

EXKURSVERZEICHNIS

1 EINLEITUNG

Zucker ist ein Produkt, bei dem der durch die Globalisierung der Wirtschaft ausgelöste Konflikt um eine Liberalisierung internationaler Handelsströme besonders deutlich zu Tage tritt. Bei der Erzeugung und Vermarktung des Agrarproduktes Zucker stehen sich Industrie- und Entwicklungsländer in einem direkten Wettbewerbsverhältnis gegenüber. Die Exportinteressen sich entwickelnder Länder, die bei der Zuckererzeugung häufig einen komparativen Kostenvorteil aufweisen, kollidieren dabei unmittelbar mit dem Anliegen der Industrieländer, ihren international meist nicht wettbewerbsfähigen Zuckersektor vor einer überlegenen Auslandskonkurrenz zu schützen. Als beispielhaft dafür gilt der Konflikt um die EU-Zuckermarktordnung, die stellvertretend für das allgemeine Dilemma von industrialisierten Gesellschaften steht, ihre Landwirtschaft nicht einem freien und globalen Wettbewerb aussetzen zu wollen, sie gleichzeitig aber einer Liberalisierung nicht vollständig und dauerhaft entziehen zu können.

1.1 Problemstellung und Forschungsfragen

Die Landwirtschaft stellt in vielen Industrieländern traditionell einen der Wirtschaftszweige dar, die sich durch Häufigkeit und Reichweite staatlicher Eingriffe in das Marktgeschehen von anderen Wirtschaftssektoren deutlich unterscheiden. Dabei verfolgt der Staat zwei grundsätzliche Ziele: Erstens einen hinreichenden Grad an Selbstversorgung der Bevölkerung mit Nahrungsmittel zu gewährleisten und zweitens den Landwirten ein von unkontrollierbaren Rahmenbedingungen unabhängiges und geregeltes Einkommen zu garantieren. Die Erreichung dieser Ziele und die damit verbundene Stützung der heimischen Landwirtschaft erfolgt über den Einsatz verschiedener agrarpolitischer Instrumente, die ein Sinken der Preise für inländische Agrarprodukte verhindern und die eigene landwirtschaftliche Gütererzeugung vor einer überlegenen Konkurrenz aus dem Ausland schützen. Daher zeichnet sich der Agrarsektor durch ein besonders hohes Protektionsniveau aus und zählt zu den vom Staat am meisten regulierten und gestützten Wirtschaftszweigen. Ein besonders anschauliches Beispiel für den Agrarprotektionismus von Industrieländern stellt die EU-Zuckermarktordnung (ZMO) dar.

Dabei handelt es sich um ein komplexes System von Mindestpreisen sowie Preis- und Absatzgarantien für Zucker und Zuckerrüben, das nach außen durch Exportsubventionen und Zölle abgesichert wird. Die EU sah sich dadurch über Jahre hinweg mit einem doppelten Vorwurf Zucker produzierender Drittländer konfrontiert: Auf der Einfuhrseite schotte sie sich ab, auf der Ausfuhrseite betreibe sie Exportdumping.

Die Exportsubventionspraxis der EU ist besonders umstritten, denn mit ihren direkt oder indirekt subventionierten Ausfuhren stieg die EU zum weltweit zweitgrößten Zuckerexporteur nach Brasilien auf. Da die Exportsubventionen zunehmend ins Visier anderer Länder gerieten, entwickelten sie sich zu einer schwerwiegenden Hypothek für die internationalen Handelsbeziehungen. Über eine Vergrößerung des Zuckerangebots auf dem Weltmarkt üben sie einen starken Druck auf die Weltmarktpreise aus, der zu Lasten anderer, natürlich wettbewerbsfähiger Erzeuger geht, zu denen auch viele Entwicklungsländer gehören. Ein auf Betreiben einiger Zucker produzierender Drittländer (Brasilien, Thailand, Australien) eingesetztes Streitschlichtungspanel der Welthandelsorganisation (WTO) kam schließlich zu dem Ergebnis, dass die Exportpraxis der EU gegen geltendes Welthandelsrecht verstoße. Die WTO limitierte daraufhin die europäischen Zuckerexporte auf ein Minimum und zwang die EU damit letztendlich dazu, ihre fast 40 Jahre lang nahezu unveränderte Marktordnung einer weitgehenden Reform zu unterziehen.

Eine weitere Reformnotwendigkeit leitet sich aus den handelspolitischen Konzessionen der EU gegenüber den 49 am wenigsten entwickelten Ländern („least developed countries") ab. Im Rahmen einer 2001 eingeleiteten Entwicklungsinitiative („everything but arms") hat sich die EU zur zollfreien und unbegrenzten Einfuhr von Waren und Gütern aus diesen Ländern verpflichtet. Für Zucker als sensibles Agrarprodukt gilt eine Übergangsfrist, die 2009 jedoch ausläuft. Von diesem Zeitpunkt an könnten die Zuckereinfuhren in die EU stark zunehmen.

Beide Entwicklungen – die Zunahme zollfreier Entwicklungsländerimporte und der weitgehende Wegfall der Exportmöglichkeiten – setzen die Zuckererzeugung in der EU einem erheblichen Druck aus, weil sie die ohnehin gegebene Überschusssituation massiv verschärfen. Um Zuckerangebot und -bedarf auf dem EU-Binnenmarkt in ein strukturelles Gleichgewicht zu bringen, sieht die ZMO-Reform im Kern daher eine Drosselung der Zuckerproduktion um bis zu 8 Mio. t bzw. fast 40% vor.

Um die europäische Zuckerwirtschaft, deren Preisniveau um bis zu 300% über dem Weltmarktpreis liegt, international wettbewerbsfähiger und den Gemeinschaftsmarkt für zollfreie Importe aus Entwicklungsländern weniger attraktiv zu machen sowie dadurch einem zu starken Anwachsen präferenzieller Einfuhren entgegenzusteuern, beinhaltet die Reform neben der Reduktion der Erzeugung auch eine drastische Senkung der Preise für Zucker und Zuckerrüben.

Die Folgen dieser Reformmaßnahmen sind gravierend. Da sich die Einschränkung der Erzeugungsmöglichkeiten und die Senkung der Preise in ihrer kontraktiven Wirkung gegenseitig verstärken, verschlechtert sich die ökonomische Lage der europäischen Zuckerindustrie zusehends. Um in dem durch die Reform veränderten Wettbewerbsumfeld und unter einem verschärften Preis- bzw. Margendruck bestehen zu können, sind die Unternehmen gezwungen, überall in der Zuckerproduktion Kosten einzusparen sowie schlecht ausgelastete Erzeugungskapazitäten stillzulegen und damit Zuckerfabriken zu schließen. Daneben gibt es eine Reihe von Maßnahmen im operativen wie im strategischen Bereich, um die ZMO-Reform umzusetzen und gleichzeitig die Einschnitte im Zuckergeschäft auszugleichen bzw. abzudämpfen.

Die Landwirte müssen aufgrund der Preissenkung und der Einschränkung der Anbauflächen empfindliche Einkommenseinbußen hinnehmen und stehen vor der grundsätzlichen Wahlentscheidung, aufgrund der verschlechterten Rahmenbedingungen den Zuckerrübenanbau einzustellen und sich betrieblich umzuorientieren oder an der Zuckerrübe festzuhalten und bestimmte Maßnahmen zu ergreifen, um die Folgen der Reform abzufedern.

Die Auswirkungen der ZMO-Reform machen auch vor Deutschland und Bayern, dessen Rüben- und Zuckererzeugung zu den wettbewerbsfähigsten in ganz Europa zählt, nicht Halt. So geriet das Unternehmen Südzucker 2007 in eine ökonomische Schieflage und war gezwungen, auch in Bayern Produktionskapazitäten stillzulegen, wie die Schließung der ältesten bayerischen Zuckerfabrik in Regensburg zeigt. Gleichzeitig verändern sich durch die Reform die räumlichen Anbaustrukturen in der Zuckerrübenerzeugung.

Das Ziel dieser Arbeit besteht darin, den protektionistischen Charakter der EU-Zuckermarktordnung zu durchleuchten, Ursachen sowie Inhalte ihrer Reform zu beurteilen sowie Auswirkungen und Anpassungshandlungen der Zuckerwirtschaft in Bayern zu analysieren.

Dafür ergeben sich zu Beginn des wissenschaftlichen Erkenntnisprozesses die folgenden drei Komplexe an forschungsleitenden Fragen:

> Was sind die Bestimmungsgründe der Agrarprotektion in Industrieländern? Worauf beruht die wirtschaftliche, politische und soziokulturelle Sonderstellung der

Landwirtschaft in Industrieländern? Mit welchen ordnungspolitischen Problemen ist sie in marktwirtschaftlichen Systemen konfrontiert?

➢ Warum und inwieweit ist die EU-Zuckermarktpolitik ein typisches Beispiel für ein protektionistisches Agrarregime? Wie funktioniert die EU-Zuckermarktordnung und zu welchen Auswirkungen hat sie geführt? Weshalb konnte sie sich trotz erheblicher Veränderungen des agrarpolitischen Umfelds fast unverändert so lange behaupten? Wie hat sich der protektionistische Grundcharakter der EU-Zuckermarktpolitik durch die Reform verändert?

➢ Welche Auswirkungen ergeben sich aus der Reform der ZMO für den „Zuckerstandort" Bayern und seine Akteure, differenziert nach Zuckerindustrie und Landwirtschaft? Wie verändern sich Anbau- sowie Produktions- und Standortstrukturen? Bleibt die Wettbewerbsfähigkeit der Rüben- und Zuckererzeugung in Bayern erhalten? Wie entwickelt sich die Wettbewerbsstellung der Zuckerrübe im bayerischen Marktfruchtanbau? Welche Anpassungshandlungen ergreifen einerseits die Zuckerindustrie, andererseits die Zuckerrüben anbauenden Landwirte, um die reformbedingten Erlöseinschnitte auszugleichen bzw. abzufedern?

Zur Analyse dieser Fragestellungen wird in folgendem Kapitel zunächst ein geeigneter forschungswissenschaftlicher Bezugsrahmen vorgestellt, bevor die Darstellung des konkreten Aufbaus der Arbeit erfolgt.

1.2 Wissenschaftlich-konzeptioneller Rahmen

Die nachfolgenden Ausführungen verstehen sich als wissenschaftlich-konzeptionelles Grundgerüst der Arbeit. Dabei geht es nicht um eine konkrete Darstellung der herangezogenen Theorien oder der im Einzelnen angewandten Methoden, sondern viel mehr um den Forschungs- und Untersuchungsansatz bzw. das abstrakte Wissenschaftsverständnis, auf dessen Grundlage Theorie und Empirie angesiedelt sind. Für die hier zu analysierenden Fragestellungen erscheint der Ansatz der relationalen Wirtschaftsgeographie, ergänzt um Institutionen- bzw. Governance-Aspekte, geeignet. Seine Eignung leitet sich aus der Kernhypothese ab, dass wirtschaftliche Prozesse immer eine Bindung an Akteure oder Akteurskollektive (hier Zuckerindustrie und Landwirtschaft), deren ökonomische Aktivitäten in bestimmten Raumkategorien angesiedelt sind, und Institutionen (hier Zuckermarktordnung) aufweisen, die ihre Wirkung in einem gewissen räumlichen Umfeld entfalten.

1.2.1 Relationale Wirtschaftsgeographie

Die von den deutschen Wirtschaftsgeographen H. BATHELT und J. GLÜCKLER (2002, 2003) konzipierte relationale Wirtschaftsgeographie ist ein Ergebnis der sog. zweiten Transition des Fach- und Forschungsverständnisses der Wirtschaftsgeographie. Während die erste Transition den Übergang von der deskriptiv ausgerichteten Länder- bzw. Landschaftskunde zur Raumwirtschaftslehre meint, welche räumliche Strukturen und deren Veränderungen aufgrund räumlicher bzw. ökonomischer Gesetzmäßigkeiten beschreibt, erklärt und bewertet (vgl. SCHÄTZL 2003: 21), steht die zweite Transition für den Wechsel zu einer handlungs- und akteursorientierten Betrachtung (vgl. KULKE 2004: 14ff.; KLEIN 2005: 339ff.; BATHELT/GLÜCKLER 2002: 26ff.). Nicht mehr der von sozialen und verhaltensorientierten Bezügen isolierte Raum, sondern die Akteure (Individuen, Unternehmen, Organisationen), deren Handeln als Ursache für räumliche Strukturen und Formationen anerkannt wird, stehen im Mittelpunkt der Betrachtung (vgl. HAAS/NEUMAIR 2004: 3362 und 2007: 4f.).

Diesem Verständnis zufolge ist die Anthropogeographie im Allgemeinen keine handlungsorientierte Raumwissenschaft, sondern eine raumorientierte Handlungswissenschaft, indem die von ihr thematisierten „Raumprobleme" als Probleme menschlichen Handelns zu begreifen sind (vgl. WERLEN 2002: 13). Die Wirtschaftsgeographie im Besonderen beschäftigt sich daher mit der „sachtheoretische[n] Aufklärung sozioökonomischen Handelns sowie seiner Beziehungen in räumlicher Perspektive" (BATHELT/GLÜCKLER 2002: 35f.).

Das Augenmerk dieser ursprünglich im angelsächsischen Sprachraum formulierten Gegenposition zum raumwirtschaftlichen Ansatz (vgl. BARNES/GERTLER 1999; STORPER/WALKER 1989; SCOTT 1998; LEE/WILLS 1997; MASKELL/MALMBERG 1999 u. a.), welche auch unter der Bezeichnung „neue Wirtschaftsgeographie" diskutiert wird, liegt auf der Beachtung des gesellschaftlichen, sozialen und kulturellen Umfelds der Akteure und deren Einbindung in selbiges. Eine solche wirtschaftssoziologisch inspirierte handlungs- und akteursorientierte Perspektive markiert den sog. „sociological turn" in der Wirtschaftsgeographie. Diese in sich noch nicht geschlossene Forschungsperspektive wird vom relationalen Ansatz erweitert.

Im Mittelpunkt des Forschungsinteresses des relationalen Ansatzes stehen primär nicht mehr der Raum oder das Räumliche, sondern ökonomisches Handeln mit seinen vielfältigen räumlichen Beziehungen. Dieses wird nicht als abstraktes, sondern als soziales, in konkrete Strukturen eingebundenes Handeln gesehen. Gegenstand der Analyse sind akteursgebundene Aspekte in räumlicher Perspektive (vgl. HAAS/NEUMAIR 2007: 31f.).

Das relationale Grundverständnis zeichnet sich durch drei grundlegende Merkmale aus (vgl. BATHELT/GLÜCKLER 2002: 36 und 2003: 250; GLÜCKLER 2004: 88f.):

> Die **Kontextualität** meint, dass ökonomisches Handeln als soziales Handeln immer vor dem Hintergrund eines spezifischen Handlungskontextes stattfindet. Der in diesem Zusammenhang von der Milieuforschung geprägte Begriff der „embeddedness" (vgl. GRANOVETTER 1985, 1992) integriert eine Sichtweise des ökonomischen Handelns in eine strukturelle Perspektive des Handlungskontextes und steht für die Einbettung ökonomischer Aktivitäten in sozioinstitutionelle Beziehungssysteme. Ökonomisches Handeln ist demnach als raumzeitlich situiert anzusehen. Mit der Konstellation spezifischer Beziehungen, in welche ein Akteur eingebettet ist, lassen sich dann Aussagen treffen, zu welchem Handeln er neigt oder neigen könnte (vgl. GLÜCKLER 2001: 261f.).

> Da jeder Handlungskontext eine spezifische Entwicklung auslöst, transformiert sich die Kontextualität des Handelns in eine dynamische, pfadabhängige Entwicklung. Aufgrund dieser **Pfadabhängigkeit** determinieren in der Vergangenheit liegende Entscheidungen und Interaktionen spezifische Handlungszusammenhänge in der Gegenwart. Möglichkeiten und Ziele des Handelns richten sich damit entlang historischer Entwicklungspfade aus.

> Die **Kontingenz**[1] bringt zum Ausdruck, dass ökonomisches Handeln keinen universellen Gesetzmäßigkeiten unterworfen ist. Aufgrund der Kontextabhängigkeit ist eine Pfadentwicklung nicht als deterministisch für die Zukunft zu begreifen, vielmehr sind Abweichungen oder der Wandel zu neuen Entwicklungspfaden möglich.

Übertragen auf den Untersuchungsgegenstand dieser Arbeit, konkretisieren sich diese drei Konsequenzen des relationalen Grundverständnisses wie folgt: Was die **Kontextualität,** d.h. die Einbettung ökonomischer Aktivitäten in einen sozioinstitutionellen Handlungsrahmen, angeht, ist stets die Sonder- bzw. Ausnahmestellung zu beachten, welche die Landwirtschaft in den Wirtschafts- und Gesellschaftssystemen der meisten Industrieländer innehat und die Grundlage für jeglichen Agrarprotektionismus darstellt. In den Industriegesellschaften werden die Agrarsektoren vor außenwirtschaftlichem Wettbewerb abgeschirmt und gehören zu den vom Staat am meisten regulierten und gestützten Wirtschaftsbereichen. Die Kontextualität (agrar-)ökonomischen Handelns kommt damit in einer offenen oder verdeckten Protektions- und

---

[1] „Kontingent" bedeutet wörtlich soviel wie „zufällig" bzw. „wirklich oder möglich, aber nicht (wesens-)notwendig".

Subventionsmentalität zum Ausdruck, von der die Agrarpolitik in den Industrieländern getragen ist und die sich wie ein „roter Faden" durch diese Arbeit zieht. Will man agrarpolitische Reformen sowie die sich daraus ergebenden Anpassungshandlungen untersuchen und bewerten, ist stets der Tatsache Rechnung zu tragen, dass es sich bei der Landwirtschaft nicht um einen gewöhnlichen, sondern einen äußerst sensiblen Wirtschaftssektor handelt, von dem ein erheblicher gesellschaftlicher und vor allem politischer Einfluss ausgeht, der weit über die wirtschaftlich zu rechtfertigenden Verhältnisse hinausragt. Dies gilt auch für den Zuckersektor der EU, der sich trotz der frühen Indikation von Reformnotwendigkeiten und im Gegensatz zu anderen landwirtschaftlichen Teilmärkten als besonders reformresistent erwiesen und sich bis vor kurzem jeglichen Anpassungshandlungen erfolgreich widersetzt hat.

Im Rahmen der **Pfadabhängigkeit** schaffen Entwicklungen und Entscheidungen aus der Vergangenheit die Ausgangssituation für Entscheidungen und Handlungen in der Gegenwart. Der Beschluss der EU zur Reform ihres Zuckermarktes stellt vor diesem Hintergrund das vorläufig letzte Glied in einer vierzig Jahre währenden Kette ökonomischer Fehlentwicklungen dar. So haben kartellähnliche Marktstrukturen und vor allem überhöhte, staatlich administrierte Preise chronische Produktionsüberschüsse bewirkt, die – mit Erstattungen exportiert – zu einer Destabilisierung des Weltmarktes geführt und andere Zucker exportierende Länder dazu gedrängt haben, ein WTO-Panel einzusetzen. Dieses stellte darin einen Verstoß gegen geltendes Welthandelsrecht fest und zwang die EU zu einer weitreichenden Reform ihrer Zuckermarktordnung. Will man Sinn und Wirkung der beschlossenen Reformmaßnahmen verstehen und beurteilen, ist es unerlässlich, sich – im Sinne einer pfadabhängigen Entwicklung – zu vergegenwärtigen, wie der EU-Zuckermarkt die letzten vierzig Jahre funktioniert hat, um Ursachen und Mechanismen der Fehlentwicklung zu identifizieren und daraus Notwendigkeit sowie Ausgestaltung der Reform abzuleiten.

Da die Weichen für die EU-Zuckermarktpolitik bereits Ende der 1960er Jahre gestellt wurden, ergibt sich in diesem Zusammenhang auch die Frage, wie sie sich trotz ihrer gravierenden ökonomischen Fehlentwicklungen so lange im Wesentlichen behaupten konnte. Offensichtlich haben in der Vergangenheit bestimmte Entwicklungen, insbesondere das Wirken von Interessensgruppen, Beharrungsvermögen und Überlebensfähigkeit der Zuckermarktordnung trotz grundlegend veränderter Rahmenbedingungen gestärkt und damit Fakten geschaffen, was den Reformprozess denn auch so zäh machte und die Ausgestaltung der Reform erschwerte.

Nach dem Prinzip der **Kontingenz** existieren keine allgemeinen Gesetzmäßigkeiten, mit denen sich prognostizieren ließe, wie die von der Reform betroffenen Akteure – in Abhängigkeit von den Standortbedingungen einer einzelnen Region, in der Zucker produziert wird (hier Bayern) – im Ganzen reagieren. Daher gilt es, die reformbedingten Anpassungshandlungen – analytisch differenziert nach Zuckerindustrie und Zuckerrüben anbauenden Landwirten – im Einzelnen aufzuzeigen, aus betriebswirtschaftlicher und unternehmensstrategischer Perspektive zu beleuchten sowie – unter Berücksichtigung raumstruktureller und standortrelevanter Veränderungen – fachlich zu bewerten.

1.2.2   Institutionelle Aspekte und Governance-Strukturen

Die relationale Konzeption des Handelns beinhaltet nicht nur die Interaktion zwischen den an einer sozialen Aktion beteiligten Akteuren, sondern auch die Auffassung, dass Handlungen zwar keinen allgemeinen Gesetzmäßigkeiten folgen, sehr wohl aber in einen konkreten Kontext sowie ein stabiles und dauerhaftes soziales und ökonomisches Beziehungsmuster eingebunden sind (vgl. BATHELT/GLÜCKLER 2002: 29 und 35). Mit letzterem ist die Bildung von **Institutionen** gemeint, welche die Voraussetzung für interaktives Handeln darstellen. NORTH (1992: 4) versteht darunter „jegliche Art von Beschränkung, die Menschen zur Gestaltung menschlicher Interaktionen ersinnen". Konkreter formuliert fallen unter den Begriff „Institution" abstrakte, in unterschiedlichen Situationen anwendbare, dauerhafte und für alle geltende, unpersönliche Spielregeln (vgl. MÉNARD 1995: 167; OßENBRÜGGE 2003: 161). Da soziales und ökonomisches Handeln nicht ohne solche Spielregeln auskommt, stellen Institutionen einen elementaren Bestandteil des Kontextes dar, in dem Handlungen betrachtet werden (vgl. SCHAMP 2003: 154).

Es lassen sich zwei Arten von Institutionen unterscheiden (vgl. BATHELT/GLÜCKLER 2002: 29): **Informelle Institutionen** beinhalten nicht formalisierte, in konkreten Situationen entstehende, von den Akteuren wechselseitig anerkannte und reproduzierte Regeln, Normen, Gewohnheiten, Traditionen etc. **Formelle Institutionen** wie Gesetze oder Verordnungen schreiben allgemeingültige Handlungsvorschriften fest, stellen die Grundlage für die bindende Unterscheidung von erlaubtem und sanktionierbarem Handeln dar und generieren Erwartungssicherheit unter den Akteuren.

Man bezeichnet „die Gesamtheit aller Institutionen, die Handlungen oder Transaktionen zwischen (Wirtschafts-)subjekten innerhalb eines (ökonomischen) Systems koordinieren oder regulieren" (VOELZKOW 1999: 60), auch als **Governance**. Dabei handelt es sich allgemein um die Art und Weise, wie und durch welche Akteure die gesellschaftlichen, politischen und wirtschaftlichen Verhältnisse beeinflusst und gesteuert werden (vgl. HESS 2006a: 377).

Im Vordergrund dieser Arbeit stehen die Governance-Strukturen eines für Industrieländer typischen protektionistischen Agrarregimes im Allgemeinen und die des EU-Zuckermarktes im Besonderen. Da dieser durch eine Marktordnung, d.h. ein wirtschaftspolitisches System von Maßnahmen zur Beeinflussung von Angebot, Nachfrage und Preisentwicklung in eine bestimmte, politisch gewünschte Richtung, reguliert wird, liegt das Augenmerk auf der Betrachtung formeller Institutionen, welche die Pfadabhängigkeit einer Entwicklung beeinflussen. Die Erklärung der Veränderung solcher Institutionen, in diesem Fall die Reform der Zuckermarktordnung, erfordert den Einbezug von Politiksystemen und eröffnet eine politisch-ökonomische Perspektive der Wirtschaftsgeographie (vgl. SCHAMP 2003: 151).

Die relationale Wirtschaftsgeographie nach BATHELT und GLÜCKLER schenkt der Bildung von Institutionen aber nur auf eine sehr abstrakte Art und Weise Aufmerksamkeit. Betont wird lediglich die Bedeutung von Institutionen zur Schaffung und Wahrung einer sozialen Ordnung. Warum und vor allem wie dies geschieht, wird theoretisch nicht erörtert. Feststellen lässt sich nur, dass ökonomisches Handeln durch eine institutionelle Struktur geordnet wird, nicht aber wie diese das Handeln spezifisch reguliert und strukturiert (vgl. VON FRIELING 2005: 85).Vor dem Hintergrund der Problemstellung dieser Arbeit bedarf es daher einer Erweiterung des relationalen Grundverständnisses um institutionelle Aspekte bzw. Strukturen.

Nach dem der Politik- und Verwaltungswissenschaft entstammenden Prinzip des **akteurszentrierten Institutionalismus,** mit dem sich die Problematik von Steuerung und Selbstorganisation gesellschaftlicher Teilbereiche untersuchen lässt (vgl. MAYNTZ/SCHARPF 1995: 39), können wirtschaftspolitische Transaktionen und Praktiken aus den Akteuren und deren Interaktionen hergeleitet werden. Der Institutionenbegriff ist hier recht eng gefasst und beinhaltet Regelungsaspekte, „die sich (...) auf die Verteilung und Ausübung von Macht, die Definition von Zuständigkeiten, die Verfügung über Ressourcen sowie Autoritäts- und Abhängigkeitsverhältnisse beziehen" (MAYNTZ/SCHARPF 1995: 40). Sie ermöglichen und restringieren das Handeln einerseits, lassen sich andererseits absichtsvoll gestalten und durch das Handeln der Akteure anpassen. Den Ausgangspunkt hierfür markiert die Bestimmung problem- oder themenspezifischer Akteurskonstellationen, welche sich im Kontext institutioneller

Rahmenbedingungen und Arrangements entfalten. Unter die institutionellen Rahmenbedingungen fällt die fach- und regionalspezifisch zu bestimmende Gesamtheit aller, die wirtschaftlichen Transaktionen beeinflussenden Regeln. Die institutionellen Arrangements umfassen dagegen die konkreten Interaktionsformen, welche deren Kooperations- und Machtbeziehungen steuern und die jeweilige Akteurskonstellation bedingen oder stabilisieren (vgl. OßENBRÜGGE 2003: 162).

Abbildung 1: Themen- bzw. Problemstellung aus institutioneller Perspektive

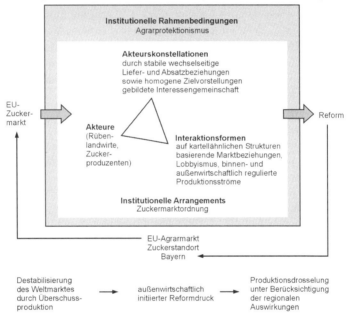

Quelle: Oßenbrügge 2003: 161, verändert und angepasst.

Angewandt auf die Themenstellung dieser Arbeit, ergeben sich folgende Gegenstandsbereiche einer institutionellen Betrachtung (vgl. Abbildung 1): Die **institutionellen Rahmenbedingungen** werden durch die Strukturen und Mechanismen eines protektionistischen Agrarregimes, welche das agrarökonomische Handeln in Industrieländern determiniert, verkörpert. Das **institutionelle Arrangement** stellt die Zuckermarktordnung der EU dar, die eine aus Zuckerrüben erzeugenden Landwirten und Zuckererzeugern bestehende **Akteurskonstellation** geformt hat, die durch wechselseitige Absatz- und Lieferabhängigkeit, Anteilseignerschaft der Bauern an den Fabriken und daher weitgehend homogene Interessen zusammengehalten wird. Gleichwohl ist eine analytische Trennung zwischen den Akteursgruppen vorzunehmen, da Landwirte und Zuckererzeuger sich in Wertschöpfungs- und Unternehmensstruktur sowie räumlicher Gebundenheit unterscheiden. Die **Interaktionen** zwischen beiden Akteurskomplexen finden in einem durch kartellähnliche Marktstrukturen, einen an planwirtschaftliche Verhältnisse erinnernden binnen- und außenwirtschaftlichen Dirigismus sowie in einem durch rege Lobbyingaktivitäten zur Artikulation und Durchsetzung ihrer Interessen gekennzeichneten Umfeld statt.

Die **wirtschaftlich-politisch relevante Umwelt** dieser Konfiguration wird durch den EU-Agrarmarkt verkörpert, in dem die Gemeinsame Marktordnung für Zucker ein wesentlicher Bestandteil ist. Die auf ihre Ausgestaltung zurückgehende und das Gleichgewicht auf den Weltmärkten schwerwiegend störende Überschussproduktion hat eine weitreichende, außenwirtschaftlich initiierte Reform notwendig gemacht, deren Auswirkungen auf den Standort Bayern untersucht werden sollen.

Was den **Maßstabsbezug** der hier dargestellten Governance-Strukturen („politics of scale") angeht, sind damit zwei Ebenen relevant. Da die EU-Agrarpolitik einen vergemeinschafteten Politikbereich verkörpert, liegt die Zuständigkeit für den EU-Zuckermarkt bei der dem Nationalstaat übergeordneten supranationalen EU-Ebene. Die Auswirkungen sollen mit Bayern dagegen auf der regionalen Maßstabsebene analysiert werden.

1.3 Aufbau der Arbeit

Zur Bearbeitung der Forschungsfragen wurde folgender Aufbau gewählt. Kapitel 2 befasst sich zunächst mit der allgemeinen Stellung des Agrarsektors in Industrieländern. Nach der Erläuterung der sektorspezifischen Eigenheiten sowie der gesamtwirtschaftlichen Bedeutung der Landwirtschaft wird ihre besondere strukturelle und soziokulturelle Stellung in industrialisierten Gesellschaften hervorgehoben, auf welcher die ordnungspolitische Sonderstellung der Landwirtschaft beruht.

Kapitel 3 beschäftigt sich zunächst mit dem Begriff „Agrarprotektionismus", bevor – gegliedert nach Agrarbinnen- und Agraraußenhandelsprotektionismus – die bedeutendsten Instrumente einer protektionistischen Agrarpolitik vorgestellt werden. Der zweite Teil dieses Kapitels überträgt die Erkenntnisse der Politischen Ökonomie auf die Organisation und Einflussnahme landwirtschaftlicher Interessensgruppen als wichtige Bestimmungsfaktoren der Agrarpolitik und leistet damit einen wesentlichen Beitrag zur Erklärung von Genese und Fortbestand des Agrarprotektionismus.

Im Mittelpunkt von Kapitel 4 steht das Agrarprodukt Zucker. Nach einer Einführung in wirtschaftsgeschichtliche Aspekte der Zuckerproduktion sowie ihrer Erzeugungs- und Standortbedingungen erfolgt zunächst ein Überblick über den Weltmarkt für Zucker, in dem Daten zu Produktion und Verbrauch von Zucker, regionale Erzeugungs- und Außenhandelsstrukturen, Entwicklung und Einflussfaktoren der Weltmarktpreisbildung sowie Determinanten der internationalen Wettbewerbsfähigkeit der Zuckerproduktion vorgestellt werden. Daran schließt sich eine Betrachtung sowohl des europäischen Zuckersektors als auch der Strukturen der deutschen Zuckerwirtschaft aus agrarwirtschaftlicher und wirtschaftsgeographischer Perspektive an.

Kapitel 5 widmet sich der Zuckermarktpolitik der EU. Im ersten Teil werden die einzelnen Regelungen der „alten", bis zum 30. Juni 2006 geltenden Zuckermarktordnung vorgestellt. Dies ist erforderlich, um – aufbauend auf einer Beurteilung der durch sie hervorgerufenen Fehlentwicklungen – das Verständnis für die Notwendigkeit einer weitgehenden Reform zu schaffen. Dabei gilt es – auf die in Kapitel 3 dargelegten Erkenntnisse der Politischen Ökonomie zurückgreifend – auch der Frage nachzugehen, wie sich dieses System trotz seiner gravierenden einzel- und gesamtwirtschaftlichen Fehlwirkungen fast 40 Jahre lang nahezu unverändert behaupten konnte.

Im zweiten Teil dieses Kapitels werden dann Ziele und Inhalte der neuen reformierten Zuckermarktordnung, die seit dem 1. Juli 2006 in Kraft ist, vorgestellt. Im Anschluss folgen eine Beurteilung der einzelnen Reformelemente und der Erreichung wichtiger Reformziele sowie eine Analyse der allgemeinen Auswirkungen der Neuordnung des EU-Zuckermarktes, getrennt nach Weltmarkt und Drittländern (Außenwirkung) sowie europäischer und deutscher Zuckerwirtschaft (Binnenwirkung).

Gegenstand von Kapitel 6 sind – basierend auf einer mittels quantitativer Experteninterviews durchgeführten empirischen Untersuchung – die durch die Reform hervorgerufenen Auswirkungen und Veränderungen für Bayern als Standort der Rüben- und Zuckererzeugung. Nach einer Einführung in das analytisch-methodische Vorgehen sowie einer Vorstellung des Untersuchungsraumes werden – differenziert nach Zuckerindustrie und Zuckerrüben anbauenden Landwirten – die konkreten Reformauswirkungen sowie die ergriffenen Anpassungshandlungen analysiert. Die Arbeit endet mit einem zusammenfassenden Fazit und einem Ausblick.

2 STELLUNG DES AGRARSEKTORS IN INDUSTRIELÄNDERN

„In der Landwirtschaft und erst recht in der Agrarpolitik gehen die Uhren anders" (TANGERMANN 1985: 91).

In den Wirtschaftssystemen der meisten Länder nimmt die Landwirtschaft einen ordnungspolitischen Sonderstatus ein. Sie wird der Selbststeuerung des freien Wettbewerbs nicht ausgeliefert, staatlich-protektionistische Eingriffe haben eine lange Tradition. In diesem Kapitel sollen die Merkmale und Ursachen für die wirtschaftliche Ausnahmestellung der Landwirtschaft im Allgemeinen sowie ihrer zusätzlichen Sonderrolle innerhalb moderner Industriegesellschaften im Besonderen dargelegt werden, um – dem Prinzip der Kontextualität als erstem Element einer relationalen Wirtschaftsgeographie (vgl. Kap. 1.2.1) folgend – den Bezugsrahmen, in den agrarwirtschaftliche Wirkungszusammenhänge in Industrieländern eingeordnet sind, vorzustellen.

2.1 Allgemeine wirtschaftliche Stellung der Landwirtschaft

Die Landwirtschaft gehört zu den ältesten Wirtschaftszweigen der Menschheit. Im Sinne der kultivierenden Bodennutzung ist sie vor etwa 12 000 Jahren entstanden. Bis heute stellt sie den am weitesten reichenden Eingriff des Menschen in die Natur dar und übt für die Zivilisation eine Schlüsselfunktion aus, da sie ein Bündel von Grundbedürfnisprodukten erzeugt und durch Arbeitsteilung die Entstehung von Agglomerationen ermöglicht, deren Bewohner von den Anbau- und Produktionsgebieten weit entfernt leben können (vgl. PRIEBE 1988: 13; JAHNKE 2003: 15).

Da die Landwirtschaft im Brennpunkt des epochalen Umbruchs von der Agrar- zur Dienstleistungsgesellschaft steht, zeigen auch in modernen Industrieländern alt gewachsene ökonomische, soziale und bauliche Agrarstrukturen bis heute ihre Wirkung. Nicht nur die gegenwärtige, auch die frühere Agrarwirtschaft prägt nach wie vor das Bild der ländlichen Siedlungen und des ländlichen Raums. Zwar hat die Landwirtschaft im Gesamtstaat wie auch auf dem Land ihre ehemals dominante ökonomische Stellung verloren, doch gilt sie immer noch als spezifisch ländlicher bzw. dörflicher Wirtschaftszweig und sozial dauerhafte Lebensform (vgl. HENKEL 2004: 104).

2.1.1 Einordnung des Agrarsektors in die Volkswirtschaft

Die Landwirtschaft ist Bestandteil von Wirtschaft und Gesellschaft. Als Urproduktion nutzt sie die Natur als organischen Produktionsfaktor. Die landwirtschaftliche Erzeugung ist der Produktionsbereich, in dem durch Nutzung des Bodens pflanzliche Produkte erzeugt und durch Viehhaltung pflanzliche in tierische Erzeugnisse verwandelt werden[2] (vgl. HENRICHSMEYER/WITZKE 1991: 13; ANDEREGG 1999: 1). Besondere Merkmale landwirtschaftlicher Produktion sind die Gebundenheit an die Natur, der organische Erzeugungscharakter, saisonal auftretende Entwicklungs- und Erzeugungsrhythmen sowie das vereinte Auftreten und Verwenden von Boden, Standort und Produktionsmitteln (vgl. DOLUSCHITZ 1997: 13).

In einer arbeitsteiligen Volkswirtschaft ist der Agrarsektor in vielschichtiger Weise mit vor- und nachgelagerten gewerblichen Bereichen verwoben. Er ist der Kern eines agrarwirtschaftlichen Komplexes, welcher der Versorgung der Bevölkerung mit Nahrungsmitteln dient. Die Gesamtheit dieser Aktivitäten bezeichnet man als „Agribusiness". Werden zusätzlich agrarnahe (halb)staatliche Einrichtungen (Ausbildung, Vermarktung, Verwaltung etc.) hinzugenommen, ist vom „Agrarkomplex" die Rede (vgl. HENRICHSMEYER/WITZKE 1991: 14).

Was die Einordnung der Agrarwirtschaft in die gesamte Wirtschaft betrifft, ist die Nachfrage nach landwirtschaftlichen Produkten Teil der gesamtwirtschaftlichen Güternachfrage, die nach Produktionsfaktoren Teil der gesamtwirtschaftlichen Faktornachfrage. Über Konsumgüter- und Faktorpreise steht der Agrarsektor in enger Verbindung zur gesamten Volkswirtschaft. Die Märkte für Agrargüter und agrarische Produktionsfaktoren reagieren auf die Änderung gesamtwirtschaftlicher Rahmenbedingungen, sind Teilvorgänge des ökonomischen Gesamtprozesses und in das System gesamtwirtschaftlicher Faktor- und Gütermärkte integriert. Aus diesem System speisen sich die Produktionsimpulse der Landwirtschaft; umgekehrt werden aber auch agrarische Knappheiten auf die Gesamtwirtschaft transferiert. Findet Außenhandel statt, kommt es zur Übertragung der Produktionsüberschüsse und Knappheiten von den in-

---

[2] In der Wissenschaft wird der Begriff „Landwirtschaft" nicht einheitlich verwendet. Zu unterscheiden ist zwischen Landwirtschaft im engeren und weiteren Sinn. Im engeren Sinn versteht man unter Landwirtschaft die regelmäßige und daher pflegliche Bodennutzung zur Gewinnung von tierischen und pflanzlichen Erzeugnissen. Im weiteren Sinn umfasst die Landwirtschaft die gesamte organische Urproduktion, d.h. neben der Bodenkultur auch die Vieh- und Forstwirtschaft, das Jagdwesen und die Fischerei (vgl. HENKEL 2004: 104).

ternationalen Agrarmärkten auf die nationalen Güter- und Faktormärkte (vgl. ANDEREGG 1999: 46f.).

Die Einordnung der Landwirtschaft in das gesamtökonomische System erlaubt noch keine Aussage über die tatsächlich fühlbare ökonomische Bedeutung des Agrarsektors, die von Land zu Land erheblich differiert. In Ländern mit bedeutendem Agrarsektor sind die intranationalen Verflechtungen zwischen der Landwirtschaft und anderen Wirtschaftszweigen, z.B. die Wirkung der Abwanderung von Arbeitskräften auf den gesamtwirtschaftlichen Arbeitsmarkt, von besonderer Bedeutung. Macht die Landwirtschaft dagegen nur einen geringen Anteil an den ökonomischen Aktivitäten aus (unbedeutender Agrarsektor), können die vom Agrarsektor ausgehenden Rückwirkungen vernachlässigt werden. Entsprechend lassen sich Länder hinsichtlich ihrer Stellung im Weltagrarhandel und damit ihrer internationalen Wechselwirkungen klassifizieren. Länder mit bedeutendem Agrarsektor können durch agrarpolitische Entscheidungen die Preisbildung auf den internationalen Märkten spürbar beeinflussen, während Länder mit unbedeutendem Agrarsektor ohne nennenswerten Weltmarkteinfluss bleiben (vgl. Tabelle 1).

Tabelle 1: Einordnung des Agrarsektors nach seiner Bedeutung für die Gesamtwirtschaft und den Weltmarkt

	bedeutender Agrarsektor	unbedeutender Agrarsektor
starker Einfluss auf internationale Preisbildung	Agrarländer mit fühlbarem Weltmarkteinfluss (z.B. Australien, Argentinien, Südafrika, Brasilien)	Industrieländer mit fühlbarem Weltmarkteinfluss (z.B. USA, EU, Kanada)
schwacher Einfluss auf internationale Preisbildung	Agrarländer ohne fühlbaren Weltmarkteinfluss (z.B. Neuseeland, kleinere Entwicklungsländer)	Industrieländer ohne fühlbaren Weltmarkteinfluss (z.B. Schweiz, Norwegen, Japan, Südkorea)

Quelle: Henrichsmeyer/Witzke 1991: 210, verändert.

2.1.2 Allgemeine sektorspezifische Besonderheiten

Trotz der Einbindung in das gesamtwirtschaftliche System unterscheidet sich die Landwirtschaft von anderen, vor allem industriellen Branchen beträchtlich. Während die anderen Sektoren einer Volkswirtschaft den Gesetzen der Industrie (Arbeitsteilung, lineare Produktionsfunktion, totale Marktintegration) gehorchen, kommen industrielle Produktionsverfahren und technische Hilfsmittel wegen der Bodenbindung und der

Abhängigkeit von der Natur in der landwirtschaftlichen Güterproduktion nur eingeschränkt zum Einsatz. Aufgrund der Wirksamkeit des Gesetzes abnehmender Ertragszuwächse kann die Landwirtschaft an allgemeinen Einkommenssteigerungen nur eingeschränkt partizipieren, Kapital schlägt sich im agrarwirtschaftlichen Erzeugungsprozess nur langsam um (vgl. EGGER 1989: 58; KOESTER 1992: 195).

Zusätzlich wird die Tätigkeit des Landwirts durch ein kritisches Verbraucherinteresse, eine unterlegene Marktstellung gegenüber konzentrierten vor- und nachgelagerten Wirtschaftsbereichen sowie alt gewachsene Lebens- und Produktionsstrukturen im ländlichen Raum beeinträchtigt (vgl. BMELF 1994: 7).

Der grundlegende Unterschied zwischen Industrie und Landwirtschaft liegt aber darin, dass industrielle Produktion die Umwandlung von Rohstoffen, landwirtschaftliche Produktion dagegen die Umwandlung von Lebensvorgängen darstellt. Agrarwirtschaftliche Erzeugungsprozesse vollziehen sich im lebenden Organismus von Tier und Pflanze, stehen damit in direktem Zusammenhang zu Eingriffen in den Naturhaushalt und sind abhängig von biologischen Entwicklungsrhythmen. Im Wechselspiel mit der Natur müssen alle Arbeitsvorgänge unter einmaligen Bedingungen ausgeführt werden (vgl. PRIEBE 1985b: 606 und 1988: 203; BÖCKENHOFF 1987: 370).

Eine ganz besondere Stellung nimmt in der Landwirtschaft der Faktor Boden ein. Als Standort für Produktionsanlagen stellt er für jedes Erwerbsunternehmen eine Notwendigkeit dar. In der Landwirtschaft besitzt er zusätzlich ein direktes Produktionsvermögen. Aufgrund seiner Bedeutung für die agrarwirtschaftliche Produktion und seiner betriebswirtschaftlichen Eigenschaften ergeben sich wichtige Rückwirkungen auf die Ausrichtung der Produktion in landwirtschaftlichen Betrieben. Boden zeichnet sich durch zweierlei Merkmale aus (vgl. DOLUSCHITZ 1997: 14; STEINHAUSER ET AL. 1989: 33):

> **Unbeweglichkeit:** Diese bezieht sich weniger auf den Boden selbst, der bei der Bearbeitung in der Krume in gewissem Ausmaß sogar bewegt wird, sondern mehr auf die unveränderliche Lage der Grundstücke, welche es erfordert, dass Betriebe, die den Boden landwirtschaftlich nutzen, ihren Standort in räumlicher Nähe zu den Grundstücken haben. Aufgrund des hohen Flächenbedarfs für die Produktion sind die Möglichkeiten der Zusammenfassung agrarwirtschaftlicher Erzeugungsprozesse an Orten mit günstigen Beschaffungs- und Absatzmöglichkeiten gering. Landwirtschaftliche Betriebe besitzen aufgrund dieser Tatsache im Verhältnis zur überwiegenden Zahl industrieller Betriebe daher nur einen kleinen Entscheidungsspielraum bei der Standortwahl. Mit ihren Produktionsprozessen sind sie an Standorte mit spezifischen Produktions- und Lebensbedingungen gebunden.

> **Unvermehrbarkeit:** Der Verfügbarkeit von Boden sind natürliche Grenzen gesetzt, sein Angebot ist starr. Die Bodenpreise, welche sich aus der landwirtschaftlichen ebenso wie der nichtlandwirtschaftlichen Nachfrage nach seiner Nutzung ergeben, signalisieren dessen Knappheit.

Insgesamt ergibt sich die besondere Rolle des Landwirts gegenüber anderen Unternehmern aus dem Ausgeliefertsein gegenüber Gunst und Ungunst der Natur:

„Kaum ein anderer Unternehmer ist so abhängig von äußeren Umständen. Ob der Boden fruchtbar ist oder nicht, ob das Wetter bei der Ernte mitspielt oder ein Hagel das Korn auf dem Halm vernichtet, ob Pflanzen und Tiere gesund bleiben – das alles liegt nicht allein in seiner Hand. Und zu guter Letzt: Alle Berechnungen, welcher Preis im laufenden Jahr auf dem Markt erzielt wird, kann ein Überangebot (z.B. aufgrund einer unerwartet guten Ernte) wieder über den Haufen werfen" (BMELF 1994: 7).

Die Unberechenbarkeit der Natur (Wetter, Naturkatastrophen, Schädlingsbefall, Tierseuchen etc.) verursacht unvorhersehbare Schwankungen im Angebot landwirtschaftlicher Produkte. Durch die stark eingeschränkte Anpassungsfähigkeit der landwirtschaftlichen Erzeugung aufgrund langer Produktionszyklen (z.B. des Schweine- und Kartoffelzyklus[3]) und der geringen Preiselastizität der Nachfrage führen Volatilitäten im Angebot zu heftigen Preisausschlägen. Extreme Preise, die zum Marktausgleich erforderlich wären, wirken sich auf die Einleitung der Erzeugung der kommenden Perioden aus und rufen fehlerhafte Ressourcenallokationen hervor; die in zukünftigen Perioden benötigte Produktion entspricht nur selten der gegenwärtigen Preislage (vgl. WÖHLKEN 1981: 36). Preisschwankungen gefährden einerseits in Verbindung mit Erlösschwankungen die Existenz landwirtschaftlicher Betriebe, andererseits können sie die Ernährung einkommensschwacher Bevölkerungsschichten bedrohen. Der Staat sieht sich dadurch aufgefordert, durch Eingriffe für die Glättung dieser Schwankungen zu sorgen (vgl. WEHRT 1986: 30).

Neben einem stabilen Preisniveau ist die sichere Versorgung mit Nahrungsmitteln ein weiteres, mit dem Agrarsektor verbundenes Problem. Im Gegensatz zu anderen Gütern, deren Funktion darin liegt, das menschliche Dasein zu erleichtern oder be-

---

[3] Der Begriff „Schweinezyklus" steht für periodische Angebotsschwankungen, wie sie sich exemplarisch auf dem Schweinefleischmarkt nachweisen lassen. Hohe Preise regen Investitionen an, welche sich aufgrund der Zeit zur Aufzucht erst verzögert auf das Angebot auswirken und dann ein Überangebot mit der Folge eines Preisverfalls entstehen lassen. In der Folge wird die Erzeugung gedrosselt, was – ebenso zeitverzögert – zu einem Nachfrageüberschuss führt. Die zeitliche Verzögerung zwischen Angebot, Nachfrage und Preismechanismus lässt eine instabile Marktsituation mit einem regelmäßig schwankenden Angebot aufkommen (vgl. ANDEREGG 1999: 134ff.).

quemer zu machen, sind Agrarprodukte grundlegend für das Überleben (vgl. WEHRT 1986: 30). Den größten Stellenwert genoss das Versorgungsargument während der beiden Weltkriege, als die Ernährung der Bevölkerung und der Durchhaltewillen der Landwirtschaft ein politisches Schlüsselproblem darstellten. Daraus leitete sich das Bedürfnis nach einer autarken Lebensmittelversorgung ab (vgl. ANDEREGG 1999: 247). Auch heute noch kann sich die landwirtschaftliche Produktion trotz aller technischen Fortschritte nicht kurzfristig an eine veränderte Marktnachfrage anpassen, ist das Agrarangebot Schwankungen unterworfen. Staatliche Eingriffe in den Agrarsektor sind daher berechtigt und notwendig (vgl. PRIEBE 1985b: 606 und 1988: 160).

2.2 Wirtschaftliche Bedeutung der Landwirtschaft in Industrieländern

In den Industrieländern ist der Agrarsektor einem ständigen Strukturwandel und Schrumpfungsprozess ausgesetzt. Es ist ein permanenter Rückgang seiner gesamtwirtschaftlichen Bedeutung zu beobachten. Dieses Kapitel thematisiert den ökonomischen Stellenwert der Landwirtschaft und die Gründe für ihr rückläufiges wirtschaftliches Gewicht.

2.2.1 Beitrag zu Bruttowertschöpfung und Beschäftigung

Karte 1 und Karte 2 zeigen Bruttowertschöpfung und Beschäftigtenanteil der Landwirtschaft weltweit für das Jahr 2005 bzw. 2004. In den meisten der hier als **Industrieländer** (vgl. Exkurs 1) bezeichneten Staaten macht die Bruttowertschöpfung (= Differenz zwischen Bruttoproduktionswert und Vorleistungen), d.h. der Beitrag eines Wirtschaftssektors zum BIP, weniger als fünf Prozent aus. Ähnlich verhält es sich mit dem Anteil der in der Landwirtschaft Beschäftigten an der Gesamtbeschäftigung. Zwar liegt dieser fast ausschließlich über dem BIP-Anteil, beträgt mit Ausnahme Neuseelands sowie einiger nord- und südeuropäischer EU-Länder in allen anderen Industrieländern aber weniger als 7%, in den USA nur 2% und der EU-27 durchschnittlich knapp unter 5%.

Karte 1: Anteil des Agrarsektors am BIP weltweit im Jahr 2005

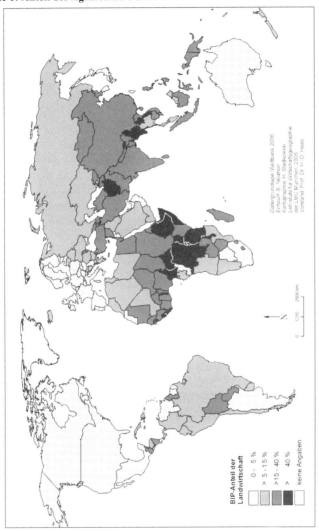

Karte 2: Anteil der Beschäftigten im Agrarsektor an der Gesamtbeschäftigung weltweit im Jahr 2004

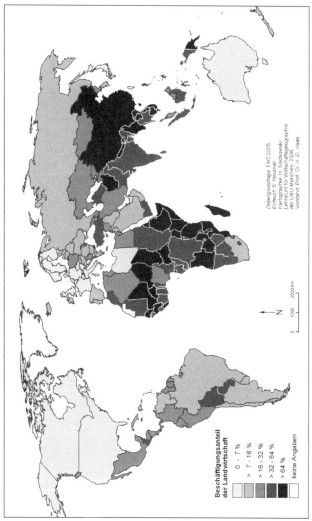

Allerdings gibt es in der EU-27 extreme Unterschiede. Während 2005 der Erwerbstätigenanteil in Frankreich 3,7%, in Deutschland 2,4% und in Großbritannien gar nur 1,3% betrug, waren – bezogen auf das Jahr 2004 – in Griechenland 12,6%, in Polen 17,6% und in Rumänien sogar 32,6% der Erwerbstätigen in der Landwirtschaft beschäftigt (vgl. DEUTSCHER BAUERNVERBAND 2006: 163).

Vor dem Hintergrund der komplexen gesellschaftlichen Bedeutung des Agrarsektors für monetär nicht-quantifizierbare Bereiche wie Landschaftspflege, Umweltschutz, Sozialleben und Kultur (vgl. Kap. 2.3.2) muss allerdings kritisch hinterfragt werden, ob die Größe „Beitrag zum BIP" den tatsächlichen gesamtwirtschaftlichen Wert der Landwirtschaft angemessen zum Ausdruck bringt (vgl. HENKEL 2004: 152). Auch gilt es zu bedenken, dass trotz ihrer geringen wirtschaftlichen Bedeutung der Landwirtschaft in den Industrieländern ein erhebliches räumliches Gewicht zukommt. Während z.B. in Deutschland im Jahr 2005 der Anteil gewerblicher und industrieller Flächen am Gesamtflächenaufkommen mit 0,8% verschwindend gering war, stellte die Landwirtschaft (ohne Waldflächen) mit fast 48% den flächenextensivsten Wirtschaftssektor dar (vgl. STATISTISCHES BUNDESAMT 2008).

Exkurs 1: Begriff und Merkmale von Industrieländern

Als Industrieländer gelten Länder mit einem bedeutenden Anteil der Verarbeitenden Industrie am gesamten Wirtschaftsaufkommen, einer lang andauernden Tradition industrieller Produktion, einem weit entwickelten technologischen Niveau sowie einer hohen Effizienz des wirtschaftlichen Systems (vgl. GABLER WIRTSCHAFTSLEXIKON 2004: 1453). Zwar sind die Kriterien zur Unterscheidung von Industrie-, Entwicklungs- und Schwellenländern zum Teil sehr umstritten. Dennoch ist die Norm zur Messung des wirtschaftlichen Wohlstands als Abgrenzungskriterium vor allem das jährliche, mit Kaufkraftstandards gewichtete Pro-Kopf-Einkommen. Demnach unterteilt die Weltbank die Welt im Jahr 2006 in vier Länderkategorien mit folgenden Einkommensniveaus: „low income" (bis 905 US-$), „lower middle income" (906-3 595 US-$), „upper middle income" (3 596-11 115 US-$) und „high income" (11 116 US-$ und mehr)[4].

Der Internationale Währungsfonds (IWF) integriert zusätzlich zum Einkommen sozioökonomische Merkmale (z.B. den Alphabetisierungsgrad) und unterscheidet zwischen zwei Gruppen: „advanced economies" und „other emerging markets and deve-

---

[4] Die Einteilung wird jährlich neu vorgenommen, weshalb die Zahlen leicht variieren können.

loping countries". Als Industrieländer können die „high-income"-Staaten und/oder die „advanced economies" identifiziert werden (vgl. WELTBANK 2007; IWF 2006). Nach Kontinenten ergibt sich dabei folgende Verteilung:

> **Nordamerika**: USA, Kanada;

> **Europa**: Belgien, Dänemark, Deutschland, Finnland, Frankreich, Griechenland, Großbritannien, Irland, Island, Italien, Liechtenstein, Luxemburg, Niederlande, Norwegen, Österreich, Portugal, Schweden, Schweiz, Spanien, Zypern;

> **Asien**: Hongkong, Israel, Japan, Singapur;

> **Australien, Ozeanien**: Australien, Neuseeland

Als Entwicklungsländer werden dagegen alle Länder bezeichnet, die sich unter den „low income countries" und/oder „developing countries" befinden.

Ganz anders als in den Industrieländern stellt sich die Situation in vielen **Entwicklungsländern** dar. Gemessen am BIP-Anteil ist die Landwirtschaft in Süd- und Südostasien, in einigen Ländern des vorderen Orients, des mittleren Ostens, Zentralasiens, aber auch in China, den meisten Ländern Schwarzafrikas sowie einzelnen mittel- und südamerikanischen Ländern die bedeutendste Einkommensquelle. Noch deutlicher fällt der Beschäftigtenanteil aus; er beträgt über alle Entwicklungsländer weltweit 55%. Aufgrund ausgeprägter subsistenzorientierter landwirtschaftlicher Produktion und mangelnder Beschäftigungsalternativen sind Werte von über 64% insbesondere in Ost- und Südostasien sowie Schwarzafrika, vor allem den ostafrikanischen Ländern, keine Seltenheit.

2.2.2 Bedeutung des Agraraußenhandels

Die Voraussetzung für die agrarwirtschaftliche Erzeugung in ihrer heutigen Form war die Bildung überregionaler Märkte, in der umfassendsten Form eines Weltagrarmarktes (vgl. NIESSLER/ZOKLITS 1989: 51). Und trotz der in den Industrieländern stetig nachlassenden binnenwirtschaftlichen Bedeutung des Agrarsektors stellt der weltweite Agraraußenhandel immer noch eine wichtige ökonomische Größe dar (vgl. Abbildung 2).

Im Jahr 2005 entfielen ca. 9% des weltweiten Exportwertes auf landwirtschaftliche Erzeugnisse. Dies entspricht immerhin in etwa den Exportanteilen der Automobil- bzw. Chemieindustrie. Der Vergleich zum Jahr 1990, in dem noch ein Wert von über 12% erreicht wurde, macht zwar die rückläufige anteilige Bedeutung des Außenhandels mit landwirtschaftlichen Erzeugnissen deutlich; doch liegt dies weniger am absoluten Rückgang der weltweiten Agrarausfuhren, sondern vielmehr an der starken Exportausweitung anderer Warengruppen, vor allem des Dienstleistungssektors in den Industrieländern.

Abbildung 2: Weltexportanteile unterschiedlicher Warengruppen in Prozent 1990 und 2005

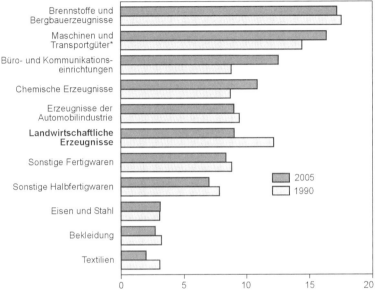

* ohne Erzeugnisse der Automobilindustrie sowie Büro- und Kommunikationseinrichtungen

Quelle: WTO 2002: 105 und 2006: 107.

Abbildung 3 zeigt den Anteil der Agrarexporte an den Gesamtexporten ausgewählter Länder im Jahr 2005. Zwar ist in allen Industrieländern der Anteil der Agrar- an den Gesamtausfuhren in den letzten Jahrzehnten deutlich zurückgegangen. Dennoch ist das außenwirtschaftliche Gewicht des Agrarsektors sehr unterschiedlich. Während in Neuseeland auf landwirtschaftliche Erzeugnisse fast 60% der Gesamtexporte entfallen, sind es in den USA und der EU-25 nur ca. 9%, in der Schweiz gar nur 3%.

Ein anderes Bild bietet sich in den Entwicklungsländern. So beträgt der Agrarexportanteil in kleineren lateinamerikanischen Ländern (z.B. Paraguay, Nicaragua) um die 80% oder mehr. In einzelnen schwarzafrikanischen Staaten (z.B. Ghana, Elfenbeinküste, Tansania) entfällt immerhin mehr als die Hälfte aller Exporte auf die Ausfuhr landwirtschaftlicher Erzeugnisse. Auch für große, über eine breite industrielle Basis verfügende Schwellenländer in Südamerika spielen die Agrarausfuhren eine herausragende Rolle (Argentinien 48%, Brasilien 30%).

Abbildung 3: Prozentualer Anteil des Wertes der Agrarexporte an den Gesamtexporten ausgewählter Industrie- und Entwicklungsländer (2005)

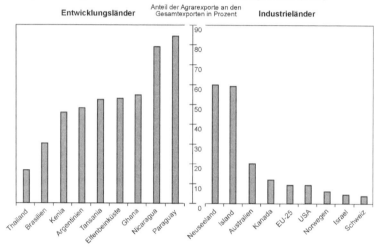

Quelle: WTO 2006: 115.

2.2.3 Die Landwirtschaft im Prozess des sektoralen Strukturwandels

Die abnehmende gesamtwirtschaftliche Bedeutung des Agrarsektors in den Industrieländern ist das Ergebnis eines wirtschaftlichen Strukturwandels. Die historischen Erfahrungen fast aller Länder, die eine positive Entwicklung hinter sich haben, zeigen deutlich, dass es im Zuge des ökonomischen Wachstumsprozesses zu weitreichenden sektoralen Verschiebungen der wirtschaftlichen Aktivitäten kommt. Für alle Industrieländer ist festzustellen, dass im Laufe des Wachstumsprozesses bei deutlicher Zunahme der Arbeitsproduktivität die Bruttowertschöpfung und der Erwerbstätigenanteil im Agrarsektor im Gegensatz zu Industrie und Dienstleistungsbereich als führende

Sektoren kontinuierlich abnehmen[5] (vgl. KROL/SCHMID 2002: 378f.; MUS-
SEL/PÄTZOLD 1998: 56f.; HEMMER 2002: 600). Mitunter stellt sich in den höchstent-
wickelten Industriestaaten ein Trend zur „Null-Nettowertschöpfung"[6] ein, d.h. dass die
agrarwirtschaftlichen Nettoeinkommen häufig unwesentlich höher, unter Umständen
sogar geringer sind als die der Landwirtschaft vom Staat gezahlten Subventionen (vgl.
ANDEREGG 1999: 494f.).

Für den sektoralen Strukturwandel der Wirtschaft sind unterschiedliche Faktoren
verantwortlich. Je nachdem ob sie inner- oder außerhalb des Wirtschaftsgeschehens
begründet liegen, lassen sich endogene und exogene Faktoren unterscheiden (vgl.
KROL/SCHMID 2002: 383f.; PETERS 1996: 32ff.; MUSSEL/PÄTZOLD 1998: 57f.), die
sich auch auf den Agrarsektor übertragen lassen:

Zu den **endogenen Faktoren** zählt der **Wandel der Bedürfnis- und Nachfrage-
strukturen**. Infolge verschiedener Einkommenselastizitäten der Nachfrage nach den
von ihnen hergestellten Gütern sind die einzelnen Wirtschaftssektoren von der allgemeinen Einkommensentwicklung unterschiedlich stark betroffen, wachsen schneller
oder langsamer als der gesamtwirtschaftliche Durchschnitt. In der Landwirtschaft ist
vor allem das Engelsche Gesetz von Bedeutung, demzufolge bei steigendem Realein-
kommen die Haushaltsausgaben für Nahrungsmittel relativ abnehmen. Einkommens-
erhöhungen schlagen sich im Vergleich zu anderen Wirtschaftszweigen nur unterpro-
portional nieder. Die Landwirtschaft kann davon kaum profitieren.

Als endogen sind auch **angebotsbedingte Ursachen** einzustufen. Darunter fallen
Produktinnovationen und -variationen sowie Sortimentserweiterungen, welche Unternehmen im Zuge des Wettbewerbs vornehmen und die Umschichtungen der Nachfrage
hervorrufen sowie dadurch Wandlungen in der Angebotsstruktur auslösen. Angebots-
seitig bedingter Strukturwandel wird daneben auch durch technologische und organisatorische Veränderungen im Produktionsprozess verursacht, die von Sektor zu Sektor
unterschiedlich stark durchgeführt werden. Sich dadurch ergebende Produktivitätsun-
terschiede beeinflussen die Wettbewerbsfähigkeit und rufen Veränderungen der sektoralen Wirtschaftsstruktur hervor. In der Landwirtschaft ist der technische Fortschritt

---

[5] In Deutschland z.B. liegt der BIP-Beitrag heute bei ca. 1%. Der Produktionswert der gesamten deutschen Landwirtschaft wird von dem einzelner Konzerne, wie z.B. Daimler-Chrysler, um ein Mehrfa-
ches übertroffen. Auch am Steueraufkommen ist die Landwirtschaft in Deutschland nur noch mit dem
Bruchteil eines Prozents beteiligt (vgl. VON DER RUHREN 2003: 1).

[6] Die Nettowertschöpfung ist die Differenz zwischen den landwirtschaftlichen Nettoeinkommen und
staatlich gewährten Subventionen.

(z.b. effiziente Planungsverfahren und Methoden der Agrarinformatik, Automatisierung der pflanzlichen und tierischen Produktionsverfahren, züchterische Fortschritte durch Einsatz von Wachstumshormonen etc.) besonders stark ausgeprägt. Er erhöht die Produktivität der Inputfaktoren und löst Faktorsubstitutionen aus. Durch den vermehrten Einsatz von Kapital und neuen Produktionstechniken wird die menschliche Arbeitskraft „wegrationalisiert".

Zu den **exogenen Faktoren** des sektoralen Strukturwandels zählen **ordnungs- und regulierungsbedingte Faktoren**. Änderungen der wettbewerbspolitischen Daten, z.b. die Beeinflussung der Marktformenstruktur durch Deregulierungsmaßnahmen, Kartellverbote oder die Liberalisierung wettbewerbsreduzierender Sonderordnungen bestimmter Wirtschaftszweige, wirken sich auf die Einkommens- und Absatzstrukturen der Sektoren aus. In der Landwirtschaft sind vor allem internationale und multilaterale Vereinbarungen zum Abbau der Agrarstützung und zur Beseitigung von Handelshemmnissen von Bedeutung, welche die Agrarsektoren der Industrieländer dem außenwirtschaftlichen Wettbewerb aussetzen. Der Druck, dem die Landwirtschaft in den GATT- bzw. WTO-Verhandlungen regelmäßig ausgesetzt ist, wiegt schwer, da der Erfolg zur Liberalisierung des Welthandels in anderen Bereichen entscheidend vom Zustandekommen von Kompromissen zum Protektionsabbau im Agrarsektor abhängt. Da ohne Protektion die Landwirtschaft in den meisten Industrieländern international aber nicht konkurrenzfähig ist, beschleunigt sich der Strukturwandel durch diesen Abbau.

Daneben sind **prozesspolitisch bedingte Ursachen** einzureihen. Sie betreffen staatliche Fördermaßnahmen, die sich je nach Priorisierung auf die einzelnen Branchen unterschiedlich wachstumsfördernd auswirken. Eine moderne Industrie-, Forschungs- und Technologiepolitik legt ihre Priorität in erster Linie auf die Förderung nichtagrarischer Sektoren (z.B. der Informationstechnik, Gentechnologie und Mikroelektronik). Strukturell gerät der Agrarsektor dadurch weiter ins Hintertreffen.

Schließlich sind **werturteilsbedingte Faktoren** zu berücksichtigen. Darunter sind gesellschaftliche Ansichten und deren Wandlungen, z.B. das Verständnis für Existenzberechtigung und -förderung einzelner Branchen, zu subsumieren, von denen strukturumbrechende Impulse ausgehen. Vor allem in Europa verliert die staatliche Agrarpolitik, ausgelöst durch mehrere Tierseuchen und Lebensmittelskandale, seit Mitte der 1990er Jahre kontinuierlich an Vertrauen und Ansehen. Der Agrarsektor in seiner Gesamtheit und damit auch die Form seiner staatlichen Alimentierung durch finanzielle Umverteilungen auf Kosten der Allgemeinheit werden daher zunehmend skeptischer beäugt. Eine zu stark an Markt- und Preisstützung ausgerichtete, kostspielige und un-ökologische Agrarpolitik gerät ins Visier der Kritik. Auch hieraus ergeben sich Kräfte, die den Strukturwandel der Landwirtschaft verstärken.

2.3 Begründung der Sonderstellung des Agrarsektors in Industrieländern

In den fortgeschrittenen Industrieländern übt die Landwirtschaft einen erheblichen politischen und gesellschaftlichen Einfluss aus, der weit über die wirtschaftlich zu rechtfertigenden Verhältnisse hinausreicht (vgl. HENRICHSMEYER/WITZKE 1991: 21). Sie stellt, gemessen an der Häufigkeit und Reichweite staatlicher Eingriffe, einen ord-nungspolitischen Ausnahmebereich dar. Zurückzuführen ist dies auf gravierende An-passungs- und Einkommensprobleme des Agrarsektors sowie den bedeutenden sozio-kulturellen und politischen Status der Landwirtschaft, welche in folgendem Kapitel thematisiert werden.

2.3.1 Einkommens- und Anpassungsprobleme

In den meisten Industrieländern existieren erhebliche Einkommensdisparitäten zwi-schen der Landwirtschaft und anderen Wirtschaftsbereichen. Ursächlich dafür zeichnet die für Industriegesellschaften typische gegenläufige Entwicklung von Angebot und Nachfrage bei Agrarprodukten. Agrarische Erzeugnisse sind Sättigungsgüter. Nach dem Engelschen Gesetz ist die Einkommenselastizität ihrer Nachfrage gering, d.h. die Nachfrage nach Nahrungsmitteln wächst langsamer als das gesamtwirtschaftliche Ein-kommen. Mit wachsendem Wohlstand nimmt auch die Preiselastizität der Nachfrage ab, denn Nahrungsmittel sind lebensnotwendig. Die Verbraucher reagieren auf Preis-änderungen umso geringer, je höher Pro-Kopf-Einkommen und -verbrauch sind. Tre-ten Mengenänderungen auf der Angebotsseite auf, sind zur Herbeiführung des Markt-ausgleichs zunehmend größere Preisbewegungen notwendig (vgl. WÖHLKEN 1981: 36; TANGERMANN 2002: 79).

Hinzukommt, dass sich die Nachfrage nach Nahrungsprodukten im Zuge eines sich verlangsamenden Bevölkerungswachstums in den Industriestaaten abschwächt. Die stagnierende bzw. sinkende Nachfrage nach Agrarprodukten trifft auf ein kontinuier-lich steigendes Angebot, ausgelöst durch Produktivitätsfortschritte in der landwirt-schaftlichen Erzeugung (vgl. LIPS 2002: 41). Da die Märkte aber gesättigt sind, kann die steigende Produktivität nicht in entsprechende Einkommenssteigerungen umgesetzt werden. Abbildung 4 zeigt die für den Agrarsektor relevanten Umfeldveränderungen und den daraus resultierenden Wandel der Agrarproduktion, die sich bei der Entwicklung von einer Agrar- zu einer modernen Industriegesellschaft ergeben.

Abbildung 4: Veränderungen des Umfelds des Agrarsektors und Wandel der Agrarproduktion

	Exogene Einflussgrößen		Nachfrage nach Agrarprodukten		Agrarproduktion				
	Pro-Kopf-Einkommen	Bevölkerungswachstum	Anteil der Haushaltsausgaben für Nahrungsmittel	Konsummuster: Einkommenselastizitäten der Nahrungsmittelnachfrage	Anteil des Agrarsektors am BIP	Anteil des Agrarsektors an Gesamtbeschäftigung	Produktivität	Sektorfremder Input (Energie, Maschinen, Dünger etc)	Wertschöpfungsanteil der Landwirtschaft am Ernährungssektor
Agrargesellschaft				+ Abnahme − ○					
Industriegesellschaft	Zunahme	Stagnation	Abnahme		Abnahme	Abnahme	Zunahme	Zunahme	Abnahme

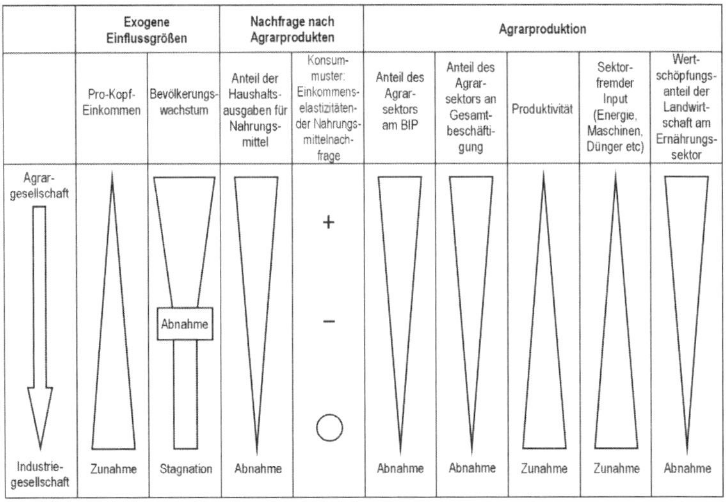

Quelle: Egger 1989: 106, verändert.

Die Produktivitätssteigerungen, die Gültigkeit des Engelschen Gesetzes und geringe Preiselastizitäten der Nachfrage lösen einen ständigen Anpassungsdruck in der Landwirtschaft aus. Aufgrund von Friktionen im agrarwirtschaftlichen Marktprozess (eingeschränkte Faktormobilitäten, verzögerte zeitliche Anpassung der Produktionsprozesse, Unteilbarkeit der Produktionsfaktoren, unvollständige Information, hohe Umstellungskosten) können die Landwirte Änderungen ihres ökonomischen Datenkranzes – wenn überhaupt – nur eingeschränkt folgen (vgl. WEHRT 1986: 29; WÖHLKEN 1981: 36).

Insgesamt trifft ein zu hohes Angebot auf eine zu geringe Nachfrage. Die Folge ist, dass die Preise für Agrarprodukte tendenziell hinter der Entwicklung der Preise anderer Güter zurückbleiben (vgl. TANGERMANN 2002: 79). Die Agrareinkommen sinken damit unter die Einkommen aus außerlandwirtschaftlicher Tätigkeit; die Produktionsfaktoren erzielen geringere Faktorentgelte als bei alternativem Einsatz (vgl. WEHRT 1986: 29; KOESTER 1997: 347).

Strukturelle Anpassungsprobleme ergeben sich durch hohe Marktaustrittsschranken. Spezifische Ausbildungen, ungünstige Altersstrukturen und die Irreversibilität der getätigten Investitionen („sunk costs") gestalten die Abwanderung aus dem Agrarsektor kompliziert (vgl. HENRICHSMEYER/WITZKE 1991: 20; VON WEIZSÄCKER 1984: 134ff.). Das größte Mobilitätshemmnis aber stellt die generationsbedingte Berufsverbundenheit der Landwirte dar. Landwirtschaftliche Betriebe, die seit Generationen in der Hand der Familie sind, werden sogar weitergeführt, wenn das Einkommen zwar nicht so hoch wie das aus einer anderen Tätigkeit ist, die landwirtschaftliche Tätigkeit aber zumindest eine subjektiv bemessene hinreichende Höhe an Einkommen ermöglicht (vgl. KOESTER 1997: 348).

Agrarprodukte werden selbst dann noch produziert und angeboten, wenn ihnen keine angemessenen Löhne gegenüberstehen. Zu bedenken ist, dass das physische Existenzminimum bereits durch die Selbstversorgung weitgehend abgedeckt ist. Landwirte, die auf künftig bessere Zeiten hoffen und sich der Tradition ihres Hofes, den sie einem kurzfristigen Vorteil nicht preisgeben wollen, verbunden fühlen, können Krisenzeiten unter Umständen lange durchstehen (vgl. TIETZ 1993: 314; BARTLING 1984: 20). Marktliche und strukturelle Anpassungsprozesse gestalten sich daher sehr kompliziert, da sich der alternative Einsatz von in der Landwirtschaft gebundenem Kapital und Arbeit in nicht-agrarischen Wirtschaftszweigen verzögert (vgl. HENNING 2003: 115).

Eine schwache Marktstellung ergänzt die Einkommens- und Anpassungsprobleme. In den meisten westlichen Industrieländern herrschen kleinbetriebliche Strukturen vor. Sehr viele Betriebe werden als Familienbetriebe geführt, ein erheblicher Teil davon im Neben- oder Zuerwerb. Bei fast allen Produktgruppen weisen sie so geringe Marktanteile auf, dass sie sich in einem atomistischen Wettbewerbsumfeld als Mengenanpasser verhalten. Zusätzlich werden sie mit einer starken Konzentration sowohl auf der Zulieferseite (z.B. Düngemittelindustrie) als auch der Nachfrageseite (z.B. Lebensmittelindustrie, Einzelhandel) konfrontiert (vgl. HENRICHSMEYER/WITZKE 1991: 20; BARTLING 1984: 25f.).

Aufgrund dieser Probleme sieht sich die Agrarpolitik in Industrieländern dazu veranlasst, den Landwirten ausreichend hohe Einkommen zu garantieren. Typischerweise geschieht dies über Preisstützungen oder direkte staatliche Einkommenstransfers (vgl. Kap. 3.2.1).

2.3.2 Sonderstellung der Landwirtschaft in Kultur und Gesellschaft

Aufgrund ihrer Jahrhunderte alten Tradition besitzt die Landwirtschaft in den Industrieländern neben ihrer ökonomischen auch eine kulturelle und gesellschaftliche Sonderstellung. Bis zur industriellen Revolution stellte sie für den Großteil der Bevölkerung die Lebensgrundlage dar und sicherte ihren Bestand. Auch heute noch ist ein großer Teil der Regionen der Industrieländer ländlich geprägt, die Landwirtschaft gilt nach wie vor als ein soziales Gut und eine dauerhafte Lebens- und Wirtschaftsform: Sie besiedelt und bewirtschaftet den ländlichen Raum, baut Eigentums- und Gesellschaftsstrukturen auf, verkörpert konservative Lebenseinstellung und hohe Arbeitsmoral und pflegt das kulturelle Brauchtum. Die Landwirtschaft stellt damit nicht nur eine Möglichkeit der Einkommenserzielung, sondern auch die einer bestimmten Lebensweise dar. Sie gilt als Erhalter und Gestalter der Kulturlandschaft, d.h. der durch anthropogene Ökosysteme gebildeten Landschaft mit vorherrschender Nutzfunktion (vgl. ANDEREGG 1999: 393; PRIEBE 1988: 13; KOESTER 1997: 348).

Elemente einer historischen Kulturlandschaft tradieren ähnlich wie schriftliche Archivalien geschichtliche Informationen und gelten als Ankerpunkt für eine regionale Identität (vgl. ANDRES/SCHENK 2002: 67). Die Landwirtschaft hat gegenüber anderen Branchen daher eine besondere Position im gesellschaftlich-kulturellen Wertegefüge einer industriell geprägten Gesellschaft.

Verstärkt wird diese Sonderstellung durch positive Externalitäten der landwirtschaftlichen Güterproduktion, denn neben ihrer eigenen und ursprünglichen Aufgabe, der Nahrungsmittelerzeugung, übt die Landwirtschaft auch landschaftlich-ökologische und räumliche Funktionen aus und erzeugt damit regional kollektiv nutzbare Güter. Da die Landwirtschaft maßgeblich das Erscheinungsbild von Fauna und Flora prägt, übt sie zum einen eine **Landespflegefunktion** aus, unter welche sämtliche Maßnahmen fallen, die der Erzeugung oder dem Erhalt eines positiv bewerteten Zustandes der Landschaft außerhalb bebauter Gebiete (Schutz, pflegende Bewirtschaftung und Planung der Weiterentwicklung der Landschaft u. a.) dienen. Die zugrunde liegenden Wertmaßstäbe richten sich dabei nach dem menschlichen Bedürfnis nach geordneten Ökosystemen. Eng sind damit die Verbindungen zum Tourismus, für den die Landwirtschaft durch Offenhalten und Pflege von Raumreserven Vorleistungen erbringt, wie sie bei der Erschließung und Umwidmung von Flächen für die intensive und extensive fremdenverkehrsmäßige Nutzung bedeutsam sind.

Zum anderen besitzt die Landwirtschaft eine **Regionalfunktion,** indem sie über die Erhaltung der Besiedlungsdichte sowie infrastrukturelle Leistungen (Straßen und Forstwege, Trinkwasserversorgung, Belebung und Aufrechterhaltung der Versorgung durch Handwerk, Gastronomie und Einzelhandel etc.) die Funktionsfähigkeit des ländlichen Raums sichert (vgl. ANDEREGG 1999: 395ff.; PEVETZ 1987: 7f.; KLINK 2002: 310).

Die gleichzeitige Ausübung dieser Funktionen wird als „**Multifunktionalität**" der Landwirtschaft bezeichnet, bei welcher qualitative Werte gegenüber einer unmittelbaren Marktproduktion zunehmend Raum einnehmen (vgl. OECD 2001: 6). Wie weit der multifunktionale Charakter des Agrarsektors im Einzelnen ausgeprägt ist, hängt stets von den räumlich differierenden natürlichen Rahmenbedingungen ab. In Mitteleuropa ist die Agrarwirtschaft meist in dicht besiedelte Räume eingebettet und muss aufgrund enger räumlicher Verknüpfungen zur Gesellschaft unterschiedliche Funktionen ausüben. Der Standort der Agrarproduktion fungiert gleichzeitig als Siedlungs- und Erholungsraum. In Neuseeland und den USA dagegen ist aufgrund der hohen Flächenausstattung die Nahrungsmittelproduktion von der Umwelt- und Erholungsfunktion räumlich meist getrennt. Anders als in Europa findet z.B. in amerikanischen Naturparks keine landwirtschaftliche Produktion statt (vgl. RIEGLER 1999: 62f.).

Bei Leistungen im Rahmen der Multifunktionalität handelt es sich um öffentliche Güter. Deren nicht-marktkonforme Entlohnung lässt die Landwirtschaft zum einen als Wohltäter für Natur und Gesellschaft erscheinen, zum anderen macht sie staatliche Eingriffe, z.B. in Form von Subventionen und Direktzahlungen, notwendig. Ohne sie wäre vor allem in Ungunsträumen mit geringen agrarwirtschaftlichen Erträgen und hohen Erzeugungskosten eine Landschaftspflege unmöglich, denn die komparativen Produktionskostennachteile würden in solchen Regionen die Landwirtschaft zum Rückzug aus der Fläche zwingen, die Strukturen des ländlichen Raums gefährden und regionale Ungleichgewichte verstärken (vgl. PEVETZ 1989: 31ff.; PRIEBE 1977: 138 und 142). Die Landwirtschaft erscheint damit als ein Gut, „von dem der Markt – auf sich selbst gestellt – zu wenig produzieren würde" (WAGENER ET AL. 2006: 442).

Die staatliche Förderung der Multifunktionalität der Landwirtschaft lässt sich daher in der Öffentlichkeit leicht rechtfertigen. Eine moderne Gesellschaft schätzt vor allem die positiven ökologischen Funktionen der Landwirtschaft, was als Ausdruck eines gesellschaftlichen Wertewandels zu deuten ist. Insgesamt nimmt man das „Land" als natürliches und kulturelles Gut wahr, das bedroht wäre, würde es nicht durch staatliche Unterstützung gefördert werden (vgl. DECKER 2002: 216):

„Wenn wir uns ein hohes Maß an Eigenversorgung und unsere in Hunderten von Jahren gewachsenen Kulturlandschaft sowie eine gesunde Siedlungsstruktur erhalten wollen, brauchen wir eine leistungsfähige Landwirtschaft, die dem Wettbewerb mit anderen Ländern gewachsen ist und umweltverträglich produziert. Dafür braucht sie (…) die Hilfe des Staates" (BMELF 1994: 62).

Neben der gesellschaftlichen befindet sich die Landwirtschaft auch in einer politischen Sonderrolle. Die parlamentarischen Demokratien der Industrieländer zeichnen sich bei ihren agrarpolitischen Entscheidungen stets durch die Rücksichtnahme auf die Belange agrarischer Interessensgruppen aus. Die Agrarlobby ist ein Meister in der Bündelung und Organisierung von Interessen und der sich daraus ergebenden Beeinflussung der Politik (vgl. Kap. 3.4.2 und Kap. 3.4.3). Trotz der konsequent nachlassenden ökonomischen Bedeutung der Landwirtschaft befindet sich die Agrarlobby der Industrieländer in einer einflussreichen politischen und institutionellen Machtposition (vgl. ARNOLD 1997: 83; KEELER 1994: 15f.).

2.3.3 Agrarpolitische Ziele

Die Agrarpolitik befasst sich mit sämtlichen Fragen, wie eine Gesellschaft ihre Ziele im Agrarsektor definiert und sich diese am besten realisieren lassen (vgl. HENKEL 2004: 164). Umfassend und allgemein wird sie definiert als

„Gesamtheit aller Bestrebungen und Maßnahmen, die darauf abzielen, die ordnungspolitischen Rahmenbedingungen im Agrarsektor zu gestalten und den Ablauf der ökonomischen Prozesse im Agrarsektor zu beeinflussen" (HENRICHSMEYER/WITZKE 1991: 13).

Als sektorale Wirtschaftspolitik ist sie ein Teilbereich der allgemeinen Wirtschafts- und Gesellschaftspolitik. In der Agrarpolitik spiegelt sich die jeweils herrschende Wirtschaftsordnung wider. Während in liberalen Wirtschaftssystemen die Landwirtschaft größtenteils den Kräften des Marktes anvertraut und einer weitgehenden Selbstordnung überlassen wird, weist die Agrarpolitik in gelenkten Wirtschaftssystemen unmittelbar dirigistische Eingriffe in Produktion und Marktgeschehen auf. In den meisten Industrieländern ist sie allerdings so kompliziert geworden, dass liberale und dirigistische Elemente gemeinsam auftreten und es daher kaum noch erkennbar ist, welches wirtschaftspolitische Basismodell ihr zugrunde liegt (vgl. BALDENHÖFER 1999: 26f.; HENKEL 2004: 164). Fest steht aber, dass die Agrarpolitik in fast allen Ländern eine Sonderstellung einnimmt (vgl. TANGERMANN 2002: 79).

In der Praxis verfolgt die Agrarpolitik meist mehrere Ziele, welche die Interessen unterschiedlicher Gesellschaftsgruppen wiedergeben. In industriell geprägten Gesellschaften lassen sich folgende Zielbündel identifizieren (vgl. HENRICHSMEYER/WITZKE 1994: 37ff.; BALDENHÖFER 1999: 27ff.):

> **Effizienzziele,** die sich auf die Verbesserung von Einsatz und Allokation der Produktionsfaktoren richten (z.b. Förderung der Faktormobilität, Produktivitätssteigerung, Förderung der interregionalen Arbeitsteilung, Verbreitung technischen Fortschritts);

> **Verteilungsziele,** die sich insbesondere auf die Einkommen der Landwirte beziehen (Reduzierung der Einkommensdisparität gegenüber anderen Wirtschaftssektoren, Angleichung der Lebensverhältnisse innerhalb der Landwirtschaft);

> **Stabilitätsziele,** die vor allem in stabilen Verbraucherpreisen sowie der Aufrechterhaltung und Verbesserung der Versorgungssicherung liegen;

> **ökologische Ziele,** die sich auf die Sicherung und Verbesserung der natürlichen Lebensgrundlagen, Multifunktionalität und die Erhaltung der biologischen Vielfalt beziehen;

> **außenwirtschaftliche Ziele,** welche der Stärkung der internationalen Wettbewerbsstellung der Landwirtschaft, der Harmonisierung des Weltagrarhandels und der Verbesserung der weltweiten Ernährungslage dienen.

Typisch für Industrieländer ist die auf unterschiedliche partielle Interessen zurückgehende Widersprüchlichkeit dieses Zielsystems, welche die Landwirtschaft als einen aus der Gesamtwirtschaft heraus gebrochenen Wirtschaftssektor erscheinen lässt. Die Interessen der Landwirte sind überwiegend den Verteilungs- und Effizienzzielen zuzuordnen, die der Verbraucher vor allem den Stabilitätszielen, jene umweltorientierter Bevölkerungskreise den ökologischen und die der internationalen Handelspartner schließlich in erster Linie den außenwirtschaftlichen Zielen. Verfolgt die Agrarpolitik alle Ziele mit gleichem Nachdruck, treten Zielkonflikte durch Inkonsistenzen und Widersprüche auf. So kollidiert z.B. das Effizienzziel der Produktivitätssteigerung mit ökologischen Zielen; Verteilungsziele, die der Korrektur und Angleichung landwirtschaftlicher Einkommen des Inlands dienen, stehen häufig den außenwirtschaftlichen Zielen eines unverzerrten Außenhandels entgegen (vgl. ANDEREGG 1999: 98).

Generell besteht in den Industrieländern der Trend, dass die Agrarpolitik immer komplexere und weiter reichende Ziele verfolgt. In Deutschland z.B. versteht sie sich seit Mitte der 1970er Jahre – dem Agrarbericht der Bundesregierung zufolge – als integraler Bestandteil einer Politik zur Lösung zentraler Probleme der Gesellschaft. Stand früher die Versorgung der Bevölkerung mit Nahrungsmitteln im Vordergrund, ist das Selbstverständnis der Agrarpolitik heute das einer umfassenden Politik für den ländlichen Raum zur Verbesserung der dortigen Lebensverhältnisse sowie des Umwelt- und Landschaftsschutzes (vgl. HENKEL 2004: 178).

Besonders hervorzuheben sind die Unterschiede zu den agrarpolitischen Zielen der Entwicklungsländer. Denn während dort die Ziele der Versorgungssicherung einer wachsenden Bevölkerung durch Zunahme der Agrarproduktion oder die Erzielung von Devisen durch Agrarexporte im Vordergrund stehen, dominiert in Industrieländern die Gewährleistung angemessener Einkommen für die Landwirte den Zielkatalog (vgl. SCHMITT 1981: 44). In spätindustriellen Gesellschaften wird die Agrarpolitik zunehmend durch das Bedürfnis nach einer gesunden Ernährung, räumliche Freizeitansprüche, das Interesse an einer naturnahen Umwelt sowie starke Präferenzen für intakte ländliche Strukturen geprägt (vgl. ANDEREGG 1999: 101).

Die Problemlage, in der sich die Agrarpolitik der meisten Industrieländer bisher befand, lässt sich durch folgende Merkmale charakterisieren (vgl. EGGER 1989: 57):

➢ Produktionsüberschüsse und wachsende Lagerbestände aufgrund gesättigter Nachfrage und hoher Garantiepreise;

➢ Überflutung der Weltagrarmärkte mit den produzierten Überschüssen, was zu gedrückten Weltmarktpreisen führt;

➢ Entleerung ländlicher Räume aufgrund vergleichsweise niedriger Einkommen und hoher Arbeitsbelastung;

➢ Ökologische Probleme infolge einer zu hohen Intensität der Produktion.

Vor allem die ersten beiden Merkmale sind das unmittelbare Ergebnis einer protektionistischen Agrarpolitik.

3 PROTEKTIONISMUS ALS INSTRUMENT DER AGRARPOLITIK

„Der Staat [wird, Anm. d. Vf.] – unter Einfluss organisierter Interessen-gruppen – ständig dazu gedrängt (...), sich protektionistisch zu profilieren – als Hüter, Schutzpatron oder Tyrann des Status quo (...). Im Protektionis-mus liegt daher das Dilemma der Wirtschaftspolitik in unserer Zeit" (GIERSCH 1996: 26).

„Agriculture remains a somewhat sacred cow in the barnyard of trade poli-cy sectors" (DECKER 2002: 216).

Allgemein wird unter Protektionismus eine ordnungspolitische Denkauffassung ver-standen, welche zum Schutz bzw. zur Förderung inländischer Wirtschaftsbereiche die Außenhandelsbeziehungen eines Landes einschränkt oder ausschaltet. Die Landwirt-schaft gehört dabei zu den Wirtschaftszweigen, welche für protektionistische Maß-nahmen besonders anfällig sind. Dieses Kapitel dient der Charakterisierung der Aus-prägungsformen, der Folgen und Beweggründe eines protektionistischen Agrarregimes und damit weiter der Vermittlung der Kontextualität (vgl. Kap. 1.2.1) agrarwirtschaft-licher Aktivitäten und Prozesse.

3.1 Begriff und Entwicklung des Agrarprotektionismus

Vereinfacht ausgedrückt versteht man unter Agrarprotektionismus die wirtschaftli-che Sonderbehandlung der Landwirtschaft und deren Schutz vor freiem, internationa-lem Wettbewerb. Bevor eine konkretere Definition für diesen Begriff erarbeitet wird, erfolgt zunächst eine knappe außenhandelspolitische Einordnung von Protektionismus allgemein. Nach der Herleitung einer geeigneten Definition für Agrarprotektionismus wird kurz dessen historische Entwicklung dargestellt, um seine agrar- und handelspoli-tische Bedeutung in Vergangenheit und Gegenwart hervorzuheben.

3.1.1 Protektionismus als Leitbild des Außenhandels

In der Außenwirtschaftstheorie ist Protektionismus ein denkbar weit gefasster Beg-riff, da er das dem Freihandel in seiner Gesamtheit entgegen gerichtete handelspoliti-sche Regime beschreibt (vgl. BEISE ET AL. 1998: 61). Protektionismus ist die Konsequenz daraus, dass ein Land oder einzelne Gesellschaftsgruppen innerhalb eines Landes die aus Freihandel resultierenden Marktergebnisse als untragbar beurteilen und diese im Hinblick auf die Erreichung bestimmter Ziele autonom verändern möchten (vgl. DIECKHEUER 2001: 151). Zu diesen Zielen gehören (vgl. DIECKHEUER 2001: 151; KOCH 1997: 126ff.; MÜLLER/KORNMEIER 2001: 93):

> ➤ der Schutz einzelner inländischer Wirtschaftssektoren vor überlegener Auslandskonkurrenz,
> ➤ die Berichtigung der Leistungs- und damit der gesamten Zahlungsbilanz,
> ➤ die Verbesserung des allgemeinen inländischen Beschäftigungsniveaus,
> ➤ die Beeinflussung der inländischen Einkommensverteilung,
> ➤ der Abbau internationaler Abhängigkeiten und Autarkiebestrebungen,
> ➤ die Verbesserung der inländischen Terms of Trade,
> ➤ die staatliche Einnahmenerzielung (durch Zölle),
> ➤ die Beseitigung externer Effekte (z.B. im Umweltbereich),
> ➤ die Strafe bzw. Kompensation von Handelsbeschränkungen anderer Länder (Retorsion).

Von den angeführten Zielen dominiert der Schutz inländischer Produktionsbereiche. Schutz kann dabei zweierlei bedeuten (vgl. DIECKHEUER 2001: 151; MICHALSKI 1985: 633; KOCH 1997: 126f.; EL-SHAGI 1993: 2703): Zum einen den Erhalt bestimmter Branchen, die sich im freien internationalen Wettbewerb nicht behaupten könnten oder zumindest partiell verdrängt würden und in denen Produktions-, Beschäftigungs- und Einkommenseinbußen verhindert werden sollen (**Erhaltungsschutz**). Zum anderen die zeitlich begrenzte Protektionsgewährung für bestimmte, meist noch junge Branchen, um im Schutze vor ausländischem Wettbewerb organisatorische und technologische Lernprozesse durchzuführen und so einen ausreichenden Grad an internationaler Wettbewerbsfähigkeit zu erreichen (**Anpassungsschutz**).

Damit korrespondierend, fallen unter den Begriff „Protektionismus" einerseits Maßnahmen, die zum Schutz vor ausländischem Wettbewerb auf der Importseite angesiedelt sind. Andererseits verzerrt Protektionismus zur Erhöhung der Wettbewerbsfähigkeit auf fremden Märkten (z.B. durch die künstliche Exportstimulierung mittels Ausfuhrsubventionen) den Außenhandel aber auch auf der Ausfuhrseite (vgl. SAUERNHEIMER 1989: 1761).

Diesen Überlegungen folgend, versteht man unter Protektionismus jede staatliche, bewusst und politisch gewollte, auf Handelshemmnissen beruhende Diskriminierung ausländischer Handelspartner zum selektiven Schutz einzelner inländischer Wirtschaftsbranchen und/oder der Förderung ausgewählter Exportsektoren eines Landes oder einer Ländergruppe.

3.1.2 Begriff und Ansatzpunkt

Das Interesse vor allem der Politik- und Wirtschaftswissenschaften am Thema Agrarprotektionismus ist hoch. Viele Untersuchungen zu diesem Gegenstand datieren aus der Zeit zwischen Mitte der 1980er und Anfang der 1990er Jahre[7]. Zurückzuführen ist dies zum einen darauf, dass aufgrund gedrückter Weltmarktpreise und mehrerer Handelskonflikte vor allem zwischen den USA und der damaligen EG der Agrarprotektionismus besondere Blüten getrieben hat und von wirtschaftspolitischer Seite daher verstärkt thematisiert wurde. Zum anderen – und das ist die Konsequenz daraus – stand der Agrarsektor im Mittelpunkt der Uruguay-Runde des GATT (1986-1993), welche den Grundstein für seine Liberalisierung und handelspolitische Disziplinierung legte.

Die existierenden Untersuchungen vermeiden allerdings den Versuch einer expliziten Definition für den Begriff Agrarprotektionismus und setzen mittels der Darlegung seiner Ausprägungen und Wirkungen auf ein selbsterklärendes Verständnis. Rein wörtlich betrachtet scheint Agrarprotektionismus als „Verhängung von Handelsbeschränkungen zum Schutz des Agrarsektors" auch kein schwer umgänglicher Begriff zu sein. Dennoch ist aufgrund der vielfältigen Ausprägungen und der teils großen Unterschiede zum Protektionismus in anderen Wirtschaftsbereichen eine umfassende Definition wissenschaftlich als lohnenswert anzusehen.

Den Ausgangspunkt für das Ergreifen agrarprotektionistischer Maßnahmen liefert der Außenhandel mit Agrarprodukten, für dessen Zustandekommen grundsätzlich drei Bestimmungsgründe in Frage kommen (vgl. ANDEREGG 1999: 245):

➢ Unterschiedliche Preisrelationen aufgrund divergierender agrarwirtschaftlicher Produktionsbedingungen (Klima, Agrarstruktur, Bodenbeschaffenheit etc.) (sog. Ricardo-Güter);

➢ Unterschiedliche Preisrelationen aufgrund verschiedener Faktorausstattungen (natürliche Ressourcen, Kapital, Arbeit) (sog. Heckscher-Ohlin-Güter);

➢ Marktunvollkommenheiten in Form verschiedener Produkteigenschaften und Produktionsverfahren aufgrund unterschiedlichen landwirtschaftlichen Wissens und Könnens (sog. Schumpeter-Güter).

---

[7] vgl. GUTH/HARTWIG 1988; TANGERMANN 1985; TANGERMANN/HARTWIG 1987; RAYNER ET AL. 1993; JOSLING 1993; SANDERSON 1990; ZIETZ 1987; VON URFF 1993a u. a.

Ein freier Agraraußenhandel bringt gewichtige ökonomische Vorteile mit sich (vgl. ANDEREGG 1999: 246):

> Ein umfassendes Güterangebot und ein intensiverer Wettbewerb um Absatzmärkte erhöhen die Konsumentensouveränität.

> Spezialisierung und internationale Arbeitsteilung gemäß komparativen Vorteilen führen zur effizienten Nutzung vorhandener Ressourcen und damit niedrigeren Preisen. In Ländern mit vormals hohem Preisniveau sinken durch den Übergang zum Außenhandel die Verbraucherpreise, wovon kaufkraftschwächere und kinderreiche Haushalte besonders profitieren. In frühen Phasen wirtschaftlicher Entwicklung mit hohem Anteil der Nahrungsmittelausgaben an den gesamten Haushaltausgaben kommt dieser Effekt besonders zum Tragen, schwächt sich mit zunehmender Entwicklung allerdings ab.

> Außenhandel ermöglicht den Ausgleich saisonaler Knappheiten und Überschüsse. Bei freiem Handel sind die Preise deutlich stabiler als auf geschlossenen Märkten, welche in besonderem Maße unter dem Einfluss von Erzeugungsschwankungen leiden.

In der Realität sind ungestörte Außenhandelsbeziehungen mit Agrarprodukten jedoch kaum anzutreffen. Vielmehr unternimmt der Staat gezielte Eingriffe in die Agrarmärkte, um die Erfüllung agrarpolitischer Ziele sicherzustellen (vgl. Kap. 2.3.3). Da in Industrieländern der politische Wille zur Verstaatlichung der Produktion und Vermarktung von Agrargütern fehlt, geschieht dies mit vielfältigen agrarpolitischen Instrumenten, die auf der Faktor- wie der Produktseite ansetzen. Sie kennzeichnen eine Politikanschauung, welche dem Staat die Rolle des direkten Eingreifens in die Produktions- und Vermarktungsprozesse zuweist, zumeist aber ohne die Marktmechanismen zum Erliegen zu bringen. Dieses agrarpolitische Ideal wird als Agrarinterventionismus bezeichnet[8] (vgl. RIEDER/ANWANDNER-PHAN HUY 1994: 243f.).

Abbildung 5 zeigt die Aktions- bzw. Politikbereiche eines interventionistischen Agrarsystems. Nicht jedes der angeführten Instrumente ist als protektionistisch einzustu-

---

[8] Agrarinterventionismus ist keineswegs ein modernes Phänomen. Bereits vor über 3 500 Jahren wurden unter Hammurabi in Babylon und Assyrien die Nahrungsmittelpreise reguliert. Die Bibel berichtet über staatliche Lager- und Vorratspolitiken im pharaonischen Ägypten, um jährliche Ernteschwankungen auszugleichen. Im Mittelalter hatten die Bauern mit besonders strengen Vorschriften und Regeln zu schaffen; die mittelalterliche Grundherrschaft gab über die Fixierung von Naturalabgaben die Produktion teilweise vor (vgl. ARNOLD 1997: 83f.). Zunächst dominierten unter den Motiven für den Agrarinterventionismus militärische Beweggründe (Sicherung der Versorgung der Städte, Rekrutierung wehrtauglicher Soldaten aus den bäuerlichen Bevölkerungsschichten), später kamen wirtschaftliche Erwägungen zur Sicherstellung der Nahrungsmittelversorgung der Nationalstaaten hinzu (vgl. NIESSLER/ZOKLITS 1989: 1).

fen. Vielmehr ist der Agrarprotektionismus ein Teilbereich des Agrarinterventionismus und soll hier definiert werden als jede Form der staatlichen Agrarmarktintervention, welche die Agrarpreise künstlich verzerrt, mittels handelshemmender Maßnahmen zur Absicherung eines hohen inländischen Preisniveaus den Außenhandel mit Agrarprodukten manipuliert und dadurch ausländische Produzenten auf dem eigenen Markt wie auch auf Drittmärkten bewusst und politisch gewollt diskriminiert. Schwerpunktmäßig ist der Agrarprotektionismus daher im Bereich der Agrarpreispolitik angesiedelt.

Abbildung 5: Aktionsfelder des Agrarinterventionismus

Agrarsozialpolitik	Agrarstrukturpolitik	Agrarpreispolitik	direkte Agrareinkommenspolitik
• soziale Sicherungssysteme für die landwirtschaftliche Erwerbsbevölkerung • Einkommensbesteuerung	• Förderung der Betriebsstrukturen • Förderung von Erzeugergemeinschaften • Bildungs- und Forschungsmaßnahmen • Qualitätsverbesserungen • Entwicklung des ländlichen Raums durch einzel- und überbetriebliche Investitionsförderung • Flurbereinigung • Dorferneuerung	• Preis- und Absatzgarantien (Mindestpreise) • Subventionierung von Produktionsmitteln • einfuhrbeschränkende Maßnahmen: u.a. Importquoten, Exportselbstbeschränkungen, Zölle, sonstige Abgaben (Abschöpfungen, Grenzausgleichsmaßnahmen etc.) • ausfuhrfördernde Maßnahmen: u.a. offene und versteckte Exportsubventionen, Exportkredite • mengenregulierende Maßnahmen: Quotierung der Produktion, Flächenstilllegung • Lagerhaltungsmaßnahmen • Überschussverwertung: Vernichtung, Denaturierung, Verschenkung, Nahrungsmittelhilfe, subventionierter Export	• an die Produktion gekoppelte Einkommenszahlungen (deficiency payments) • produktionsneutrale Einkommenszahlungen (decoupled payments) • an Umweltschutzauflagen gebundene Einkommenszahlungen (agricultural conservation payments) • durch naturbedingte Produktionsausfälle bedingte Einkommenszahlungen (disaster payments)

Quelle: Eigene Darstellung in Anlehnung an Rieder/Anwandner-Phan Huy 1994: 244; Arnold 1997: 88; Henrichsmeyer/Witzke 1994: 52ff.

Insgesamt ist Agrarprotektionismus im Wesentlichen durch die Zielsetzung motiviert, die Landwirtschaft von strukturellen Anpassungszwängen, wie sie sich aus dem Primat eines freien Wettbewerbs ergeben würden, zu befreien und vor dem damit verbundenen Schrumpfungsprozess zu bewahren, zumindest diesen aber so abzufedern, dass sich der Anpassungsdruck in politisch akzeptablen Grenzen hält (vgl. TANGER-MANN 1985: 109).

Die Landwirtschaft soll so zum „Mithalten" mit anderen Wirtschaftssektoren, vor allem der industriellen Produktion, innerhalb eines Landes gebracht werden (vgl. SANDERSON 1990: 1). Gemeint ist damit die Überwindung von Einkommensgefällen bzw. die Erreichung einer intersektoral-paritätischen Entlohnung der landwirtschaftlichen Produktionsfaktoren mittels eines hohen inländischen Agrarpreisniveaus. Gleichzeitig wird die heimische Landwirtschaft vor billiger produzierender ausländischer Konkurrenz abgeschirmt, da sie gerade wegen dieses hohen Preisniveaus international nicht wettbewerbsfähig ist.

3.1.3 Historische Entwicklung des Agrarprotektionismus

Die jüngeren Verhandlungen zur Liberalisierung des Welthandels werden immer wieder durch das Kapitel Landwirtschaft überschattet. Dabei ist Agrarprotektionismus gar kein neues Phänomen, seine Geschichte reicht bis weit ins 19. Jahrhundert zurück.

Kennzeichnend für den Ursprung des Agrarprotektionismus sind die sog. „Corn Laws", die im Zuge der Aufhebung der Napoleonischen Kontinentalsperre 1815 in Großbritannien verabschiedet wurden (vgl. SIEBERT 1997: 159). Die Farmer und Landeigentümer befürchteten einen durch billige Importe verursachten Einbruch der Getreidepreise. Auf Getreideimporte wurden daher hohe Zölle erhoben, was zur Expansion des Getreideanbaus und zum Anstieg der Brotpreise führte. In Deutschland beschloss man die ersten Schutzzölle für Getreide 1878 auf Initiative ostdeutscher Großgrundbesitzer, die aufgrund ihrer Marktferne um den Absatz ihres Getreides fürchten mussten, das sich nach Einführung der Dampfschifffahrt auch billig aus Übersee importieren ließ (vgl. PRIEBE 1985a: 556; NIESSLER/ZOKLITS 1989: 50). Hohe Getreideschutzzölle wurden zwischen 1879 und 1891 auch in Frankreich, Italien, Schweden, Norwegen und der Schweiz erhoben. Großbritannien, Belgien, die Niederlande und Dänemark blieben ihrem Freihandelsideal zunächst treu und zwangen ihre Landwirtschaft in einen tief greifenden Strukturwandel hin zur Veredelungswirtschaft (vgl. ARNOLD 1997: 84).

Voll in der Denktradition einer protektionistischen Agrarschutzpolitik stand ab 1933 der Reichsnährstand des NS-Regimes in Deutschland, welcher zur Vorbereitung einer Kriegsernährungswirtschaft das Ziel der absoluten Nahrungsmittelautarkie durch völlige Abkoppelung vom Agraraußenhandel verfolgte (vgl. PRIEBE 1985a: 556; ECKART 1998: 126ff.).

Während der Weltwirtschaftskrise der 1930er Jahre gingen auch die ehemals freihandelsorientierten Länder Europas und die großen Agrarexportländer (USA, Australien, Kanada) zu einer protektionistischen Agrarpolitik über (vgl. ARNOLD 1997: 84). In den USA markiert der „Agricultural Adjustment Act" aus dem Jahr 1933 den Beginn des US-amerikanischen Agrarprotektionismus. Eine Verringerung der Anbauflächen sollte über Angebotsverknappung steigende Marktpreise herbeiführen. Für den Produktionsrückgang wurden die Bauern mit direkten Zahlungen entschädigt und durch Mindestpreise abgesichert.

Nach dem Zweiten Weltkrieg erlebte der internationale Agrarprotektionismus seinen Höhepunkt durch die Einführung der Gemeinsamen Europäischen Agrarpolitik (GAP) der EU in den 1960er Jahren, die ein nahezu lückenloses Agrarschutzsystem darstellt (vgl. SANDERSON 1990: 1).

Welche bedeutende Rolle der Agrarprotektionismus heute spielt, zeigt die 2001 begonnene, neunte WTO-Verhandlungsrunde (Doha-Runde), die im Sommer 2006 bereits zum zweiten Mal an der mangelnden Bereitschaft der Industrieländer zur weiteren Liberalisierung ihrer Agrarsektoren gescheitert ist. Seitdem wurden mehrere Versuche zur Wiederbelebung dieser Verhandlungen unternommen, die aber ebenfalls wegen widerstreitender agrarhandelspolitischer Interessen fehlgeschlagen sind. In der internationalen Handelspolitik führt die Landwirtschaft daher „ein auffälliges Eigenleben" und gilt als „steiler Felsen des Protektionismus" (ANDEREGG 1999: 271).

3.2 Formen des Agrarprotektionismus

Der Schwerpunkt des Agrarprotektionismus ruht auf Maßnahmen der Agrarpreispolitik. Zweckmäßig ist dabei die Unterscheidung zwischen dem **Agrarbinnenprotektionismus,** der sämtliche Maßnahmen der inländischen Preisstützung beinhaltet, und dem **Agraraußenhandelsprotektionismus,** unter den sämtliche Formen von Handelshemmnissen fallen, welche die inländische Preisstützung gegen außenwirtschaftlichen Wettbewerb absichern.

3.2.1 Agrarbinnenprotektionismus

Eine sich aus dem funktionalen Zusammenspiel von Angebot und Nachfrage ergebende freie Preisbildung tritt fast ausschließlich nur noch auf den Weltmärkten, d.h. im zwischenstaatlichen Agrarhandel, auf. Die Binnenpreisbildung für Hauptnahrungsmittel ist vom Weltmarkt dagegen weitgehend abgekoppelt und ein agrarpolitisches Lenkungsinstrument in den Händen des Staates. In Industrieländern ist die Preispolitik darauf ausgerichtet, die Inlandspreise für Agrarprodukte über den relevanten Weltmarktpreisen zu halten. Die Höhe der Agrarpreise wird weniger durch den Markt, sondern vielmehr durch die Herstellungskosten durchschnittlicher Betriebe (Prinzip der kostengerechten Preise) und die Einkommenserwartungen der Landwirte im Vergleich zu anderen Berufen bestimmt (vgl. ARNOLD 1997: 89f.; ANTLE 1996: 400). Ziel ist es, den Landwirten über das Preisniveau ein ausreichend hohes und vor ausländischem Wettbewerb sicheres Einkommen zu garantieren sowie Investitionen im Agrarsektor attraktiv zu machen. Die dadurch gleichzeitig forcierte Überproduktion sollte ursprünglich die Versorgungssicherheit gewährleisten (vgl. POTTER 2002: 68ff.).

Eingriffe in die Preisbildung auf den Agrarmärkten entspringen allgemein der ökonomischen Logik, dass – ließe man die unsichtbare Hand des Marktes walten – die Existenz der Agrarwirtschaft gefährdet wäre, da Kapital und Arbeit als Produktionsfaktoren von dem profitableren sekundären und tertiären Sektor absorbiert würden (vgl. BONNIEUX/RAINELLI 2002: 19ff.). Allerdings wirken sich diese Eingriffe direkt auf das Produktionsvolumen und somit die gehandelten Import- und Exportmengen aus und verzerren damit die sich ansonsten nach komparativen Vorteilen ausrichtenden Agrarhandelsströme.

Die bedeutendste Ausprägungsform ist die interne Stützung der heimischen Agrarpreise mittels Mindestpreisen, die über den Gleichgewichtspreisen liegen und nicht unterschritten werden dürfen (vgl. KORTMANN 2000: 275). Als garantierte Preise schalten sie den Mechanismus der freien Preisbildung nicht direkt aus, halten aber das Preisniveau in einer bestimmten Größenspanne. Sie stellen damit eine Orientierungsnorm dar und fungieren als Anbieterschutzpreise, indem sie die Produzenten vor zu niedrigen Erlösen schützen und den Landwirten dadurch ein angemessenes Einkommen garantieren sollen (vg. PETERS 1996: 148f.). Ergänzt wird die Stützung durch Mindestpreise häufig durch eine Subventionierung der Produktionsmittel, welche die Produktionskosten landwirtschaftlicher Betriebe verringern. Dabei kann es sich um Transporthilfen, Energievergünstigungen, Kreditverbilligungen, Düngemittelsubventionen, Ernteversicherungszuschüsse etc. handeln. Sie sind nicht produktspezifisch und gelten hinsichtlich ihrer monetären Quantifizierbarkeit als weitgehend intransparent (vgl. MOHR 1987b: 5).

Mindestpreise sind oft mit staatlichen Abnahme- bzw. Aufkaufgarantien verbunden und wirken produktionsstimulierend, da bei einer derartigen Einkommensstützung die einzelbetriebliche Einnahmenmaximierung auf eine Steigerung des quantitativen Outputs begrenzt ist (vgl. NIESSLER/ZOKLITS 1989: 50). Da ein Prozess zunehmender Angebotsüberhänge nicht über längere Zeit fortgesetzt werden kann, ist der Staat zu weiteren Eingriffen aufgefordert. So sollen Mengenregulierungen (z.B. Flächenstilllegungen, Produktionsquoten, Kontingentierungen) der produktionsstimulierenden Wirkung der internen Preisstützung entgegenwirken. Diesen liegt auf den ersten Blick eine nur korrigierende, indirekt aber auch eine protektionistische Absicht zugrunde, denn neben der Zurückdrängung der Überschussproduktion dienen sie auch dazu, durch eine Verknappung des Angebots die überhöhten Inlandspreise am Markt durchzusetzen, dabei aber keine verlustbringenden Interventionskäufe auszulösen. Da die Einschränkung der Produktionsmenge für die Landwirte Einkommenseinbußen bedeuten, wird zu deren Ausgleich der „politisch gesetzte" Preis auf den quotierten höher als auf den nicht-quotierten Märkten liegen.

Protektionsneutral sind dagegen die private oder staatliche Einlagerung aus dem Markt genommener Überschussmengen sowie bestimmte Maßnahmen zu deren Verwertung (Vernichtung, Denaturierung, Verschenkung). Die am weitesten reichende Alternative stellt der Export der Produktionsüberschüsse dar. Er gilt dann als protektionistisch, wenn er mit Subventionen zur Eroberung fremder Marktanteile vorgenommen wird (vgl. WILLGERODT 1983: 121f.; KORTMANN 2000: 276; ANDEREGG 1999: 205; ALTMANN 1993: 681ff.; KOESTER 2005: 343).

Ein internationaler Vergleich der Niveaus der internen Agrarstützung ist aufgrund der Vielzahl agrarpolitischer Instrumente und deren unterschiedlichen Varianten kompliziert und nur vermittels der Verwendung von Indikatoren möglich. Ein solcher ist der **„Producer Support Estimate" (PSE)** der OECD, der alle Transferleistungen der Allgemeinheit an die Landwirtschaft umfasst. Der PSE gibt an, welcher Teil der landwirtschaftlichen Produzentenrente bzw. wie viel Prozent des Einkommens eines Landwirts auf Maßnahmen der staatlichen Agrarpolitik zurückgehen und spiegelt damit den Einkommenseffekt agrarpolitischer Maßnahmen für die Erzeuger bzw. den

Einkommensverlust infolge des Wegfalls dieser Maßnahmen wider[9] (vgl. HERRMANN 1993: 870; KLOHN 2007: 10). Dabei gilt es zu beachten, dass der PSE neben der direkten Stützung der Marktpreise auch andere Maßnahmen der internen Stützung enthält. Darunter fallen an den Ertrag bzw. die Fläche oder den Tierbestand geknüpfte Zahlungen sowie Leistungen, die an den Einsatz bestimmter Inputfaktoren, deren Begrenzung oder das allgemeine Einkommensniveau im Agrarsektor gebunden sind[10]. Der PSE bietet eine geeignete Grundlage für den zwischenstaatlichen Vergleich des Umfangs der internen Agrarstützung (vgl. OECD 2002: 8ff.). Abbildung 6 zeigt die Entwicklung des PSE ausgewählter Industriestaaten für die Jahre 1986-1988 bzw. 2002-2004.

Abbildung 6: Durchschnittlicher PSE-Wert einzelner Industrieländer in Prozent des landwirtschaftlichen Einkommens (1986-1988 und 2002-2004)

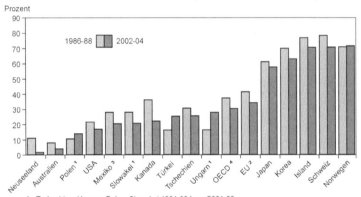

1. Tschechien, Ungarn, Polen, Slowakei 1991-93 bzw. 2001-03.

2. 1986-94 EU-12 (inkl. ehemaliger DDR), 1995-2003 EU-15, ab 2004 EU-25.

3. Mexiko 1991-93 statt 1986-88.

4. OECD-Durchschnitt; Österreich, Finnland und Schweden für alle Jahre, EU ab 1995, Nicht-OECD-Staaten der EU nicht enthalten.

Quelle: OECD 2005.

---

[9] Ein PSE-Wert von 60% z.B. besagt, dass in einem Land 60% des Einkommens der Landwirte auf staatlichen Maßnahmen beruhen (vgl. SILVIS/RIJSWICK 2002: 17). Zur genauen Berechnung vgl. HERRMANN 1993: 870.

[10] Empirische Untersuchungen in den OECD-Ländern ergaben, dass der PSE umso höher liegt, je schlechter die Einkommenslage der Landwirtschaft zur gesamten Volkswirtschaft ist, und umso geringer ausfällt, je höher der Anteil der Agrarausfuhren an der gesamten Agrarproduktion liegt (vgl. MUNK 1994).

In allen Industrieländern geht der PSE aufgrund der drückenden Belastung für die Staatshaushalte seit Mitte der 1980er Jahre mehr oder weniger stark zurück. Dabei belegen Japan, Norwegen, Island und die Schweiz aufgrund hoher Importabhängigkeit, naturräumlicher Widrigkeit durch nachteilige geographische Lagen für die Landwirtschaft sowie ungünstiger klein- und kleinstbetrieblicher Agrarstrukturen (vgl. JONKER/TAKAHASHI 2002: 307; AUSTRUP/QUACK 1997: 98ff.; SCHRÖDER 1994: 72ff.; WACHTER 1995: 66f.) die ersten Ränge in der staatlichen Alimentierung der Landwirtschaft. Zwischen 60 und 70% der landwirtschaftlichen Einkommen beruhen in diesen Ländern auf staatlichen Stützungen. In der EU ist es immerhin mehr als ein Drittel.

Ein deutlicher Rückgang des PSE ist in Kanada und den USA zu verzeichnen. Jedoch ist diese Beobachtung durch starke produktspezifische Streuungen zu relativieren[11]. Dagegen wird der Agrarsektor in Neuseeland und Australien am wenigsten gestützt. Aufgrund der südhemisphärischen Lage weist die Agrarproduktion dieser Länder natürliche komparative Wettbewerbsvorteile auf und kommt ohne umfangreiche Stützung aus. Die inländischen Agrarmärkte sind weitgehend dereguliert.

Das zum PSE äquivalente Maß auf der Verbraucherseite ist der **„Consumer Support Estimate" (CSE)**. Der CSE beinhaltet alle Transfers der Verbraucher an die Landwirte und gibt an, wie viel Prozent der Verbraucherausgaben auf Maßnahmen der staatlichen Agrarpolitik zurückzuführen sind[12]. PSE und CSE hängen thematisch eng miteinander zusammen; allerdings beinhaltet der CSE nur solche Eingriffe, welche direkt die Preise für Agrarprodukte beeinflussen, nicht jedoch Einkommenszahlungen an die Landwirte. Der CSE ist meist negativ und kommt faktisch einer Steuer auf landwirtschaftliche Produkte gleich. Wäre er positiv, würde er eine Subventionierung der Verbraucher durch staatlich verbilligte Nahrungsmittelpreise darstellen (vgl. OECD 2002: 10f.; HERRMANN 1993: 873). Abbildung 7 zeigt die Entwicklung des CSE ausgewählter Industriestaaten für die Jahre 1986-1988 bzw. 2002-2004.

Wie der PSE ist auch der CSE im Betrachtungszeitraum in allen Ländern zurückgegangen. Korrespondierend zum PSE, fällt die Belastung der Verbraucher in der

---

[11] Während in den USA beispielsweise im Jahr 2000 der PSE für Schweine- und Rindfleisch nur 4% betrug, waren es für Milch 50%, für Weizen 49% und für Zucker 47% (vgl. DEUTSCHER BAUERNVERBAND 2002: 129).

[12] Ein CSE-Wert von 25% z.B. bedeutet, dass die Verbraucher in einem Land für jedes Agrarprodukt durchschnittlich 25% zusätzlich bezahlen müssen; mit anderen Worten wären beim Ausbleiben agrarpolitischer Eingriffe die Preise um 25% niedriger (vgl. SILVIS/RIJSWICK 2002: 20). Zur genauen Berechnung vgl. HERRMANN 1993: 873.

Schweiz, Norwegen, Island und Japan am höchsten, in Australien und Neuseeland am geringsten aus. Der niedrige Wert in den USA ist damit zu begründen, dass die Agrarpolitik dort überwiegend durch Steuergelder und weniger durch Nahrungsmittelpreise finanziert wird.

Abbildung 7: Durchschnittlicher CSE-Wert einzelner Industrieländer in Prozent der Verbraucherausgaben (1986-1988 und 2002-2004)

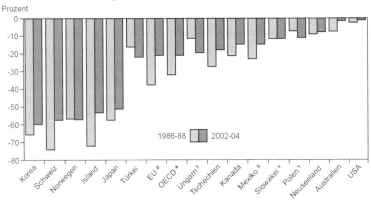

1. Tschechien, Ungarn, Polen, Slowakei 1991-93 bzw. 2001-03.

2. 1986-94 EU-12 (inkl. ehemaliger DDR), 1995-2003 EU-15, ab 2004 EU-25.

3. Mexiko 1991-93 statt 1986-88.

4. OECD-Durchschnitt: Österreich, Finnland und Schweden für alle Jahre, EU ab 1995, Nicht-OECD-Staaten der EU nicht enthalten.

Quelle: OECD 2005.

3.2.2 Agraraußenhandelsprotektionismus

In einer relativ stark in die internationale Arbeitsteilung integrierten Volkswirtschaft sind den Möglichkeiten zur Beeinflussung des Marktergebnisses durch binnenwirtschaftliche Maßnahmen enge Grenzen gesetzt. Ohne einen entsprechenden Außenschutz ist eine Anhebung der inländischen Preise unmöglich oder sehr kostspielig. Binnenwirtschaftliche werden daher meist durch außenwirtschaftliche Maßnahmen ergänzt, um das Funktionieren der inländischen Preisstützung zu sichern (vgl. KOESTER 2005: 288). Insofern ist die Diskriminierung ausländischer Handelspartner durch Agraraußenhandelsmaßnahmen nicht Ausdruck einer eigenständig konzipierten

Handelspolitik, sondern ein Derivat der internen Preisstützung (vgl. MOHR 1987a: 6). Dennoch sind sie für die Landwirtschaft von erheblicher Bedeutung, da sie es erlauben, das Preisniveau des Inlands über das des Weltmarktes anzuheben (vgl. KOESTER 2001: 328).

In Industrieländern, deren Marktsituation überwiegend durch Überschussproduktion und somit eine Nettoausfuhrposition gekennzeichnet ist, lässt sich der Agraraußenhandelsprotektionismus weiter in Importbeschränkungen und Exportförderungen unterteilen: **Importbeschränkungen** sollen dafür sorgen, dass ausländische Agrarproduzenten das inländische Preisniveau nicht unterlaufen, **Exportförderungen** die inländischen Erzeuger trotz höherer Preise auf ausländischen Märkten wettbewerbsfähig machen. Ausländische Agrarerzeuger werden dadurch doppelt, nämlich sowohl auf dem inländischen als auch auf fremden, womöglich sogar ihrem eigenen Markt diskriminiert.

3.2.2.1 Importbeschränkungen

Importbeschränkungen stellen sämtliche Handelshemmnisse auf der Einfuhrseite dar. Dabei handelt es sich um „staatliche, staatlich sanktionierte oder zwangsläufige Eingriffe in den grenzüberschreitenden Güter- und Leistungsaustausch (…), durch die alle oder bestimmte Ausländer diskriminiert werden" (QUAMBUSCH 1989: 782). Offen bleibt hierbei, ob die Freiheit des Außenhandels zur Importbehinderung oder Exportförderung eingeschränkt wird[13] (vgl. QUAMBUSCH 1976: 21).

Grundsätzlich lassen sich zwei Formen von Handelshemmnissen unterscheiden: Tarifäre und nichttarifäre Handelshemmnisse. **Tarifäre Handelshemmnisse (THH)** sind sämtliche Arten von Zöllen. Zölle werden auf gehandelte Waren erhoben und sind beim Passieren der Zollgrenze an den Staat abzuführen. Ökonomisch betrachtet wirken sie wie Transportkosten, da sie den Ortspreis der einzuführenden Güter bei Überschreiten der Grenze sprunghaft erhöhen (vgl. KORTMANN 1998: 196f.). Sie betreffen entweder alle Handelspartner eines Landes (Generaltarif) oder gelten auf bilateraler Ebene nur für ausgewählte Handelspartner (Konventions- bzw. Vorzugstarif) (vgl. ANDEREGG 1999: 250).

Agrarzölle unterscheiden sich in ihrer technischen Ausgestaltung und wirtschaftlichen Wirkungsweise kaum von Industriegüterzöllen. Sie bewirken eine teilweise Ab-

---

[13] Nicht als Handelshemmnisse im protektionistischen Sinn gelten natürliche Handelshemmnisse (z.B. sprachliche Barrieren, kultureller Fremdheit entspringende Antipathien gegen ausländische Produkte, Kosten und Risiken des Gütertransports) sowie Aktivitäten von Privatunternehmen, die ebenfalls handelsstörenden Charakter haben können, aber nicht unter den Begriff des Protektionismus fallen.

kopplung von der internationalen Arbeitsteilung, indem sie die Importmengen der betroffenen Güter reduzieren und auf dem inländischen Markt eine Erhöhung der Preise ermöglichen. Gewöhnlich steigt der Zollsatz mit dem Verarbeitungsgrad der Agrarprodukte, um die inländische Rohstoffveredelung zu schützen.

Agrarzölle sind häufig Gegenstand intensiver Auseinandersetzungen, in deren Mittelpunkt letztlich der Gegensatz zwischen den Bemühungen um niedrige Preise für Nahrungsmittel und eine verstärkte internationale Arbeitsteilung auf der einen sowie das Schutzinteresse der Landwirtschaft auf der anderen Seite steht (vgl. TANGERMANN 1981: 219f.; KOESTER 2005: 294).

Agrarzölle weisen allgemein das Problem auf, dass ihre Preis- und Mengeneffekte aufgrund der starken Schwankungen der internationalen Agrarpreise nicht genau prognostizierbar sind. Werden sie als Wertzölle, d.h. als prozentualer Anteil des Wertes eines Agrarproduktes, erhoben, ergibt sich zusätzlich das Problem der Stabilitätswirkung. Gehen die Agrarpreise auf den internationalen Märkten zurück, sinkt durch prozentuale Wertzölle die nominelle preisliche Belastung der Importe, während die relative Belastung unverändert bleibt. Schutzbedürfnis und Schutzwirkung gehen bei sinkenden Weltmarktpreisen in eine unterschiedliche Richtung. Der umgekehrte, ebenso wenig erstrebenswerte Effekt tritt bei steigenden internationalen Preisen ein. Das Ziel der Stabilisierung der inländischen Agrarpreise auf hohem Niveau wird dadurch bei steigenden und sinkenden Weltmarktpreisen nicht erreicht, während sich die Preisfluktuationen auf den Weltmärkten verstärken (vgl. ANDEREGG 1999: 251).

Neben den Agrarzöllen wirken **Agrarabschöpfungen**, das von der EU lange Zeit bevorzugte Protektionsinstrument, preisregulierend. Abschöpfungen sind variabel, d.h. sie gleichen Agrarpreisdifferenzen zwischen In- und Ausland ständig aus. Die Abschöpfung setzt man so fest, dass sich der Handelspreis dem Inlandspreis vollständig angleicht, d.h. er wird auf das höhere Preisniveau des Inlands „hoch geschleust". Damit sind Abschöpfungen ein zur Zurückdrängung von starken Preisschwankungen unterliegenden Agrarimporten sehr wirksames Handelshemmnis: Wie billig auch immer ein Konkurrent aus dem Ausland seine Ware im Inland anbietet, die Abschöpfung hält den ausländischen Preiswettbewerb von den Inlandsmärkten völlig fern[14] (vgl. MOHR 1987c: 31).

---

[14] Trotz des gemeinsamen preisbeeinflussenden Effekts weisen Abschöpfungen zu Zöllen Unterschiede auf: Im Gegensatz zum Zoll hebt die Abschöpfung den internationalen Preiszusammenhang vollständig auf. Während Zölle durch Legislativverfahren festzulegen sind, wird die Abschöpfung meist täglich nach dem billigsten ausländischen Angebot festgelegt. Ferner fallen Zölle regelmäßig, d.h. bei

Unter die **nichttarifären Handelshemmnisse (NTHH)** fallen sämtliche, in staatlichem Auftrag eingesetzte Handelshemmnisse außer Zöllen[15]. Ihre Entstehung und Ausbreitung lässt sich aus den Schwächen von Zöllen ableiten (vgl. Exkurs 2).

In der Landwirtschaft kommen NTHH vor allem als Eingriffe in die gehandelten Produktmengen vor, die gewährleisten, dass in ausgewählten Marktsegmenten der gesamte Einfuhranteil am inländischen Angebot oder der eines einzelnen Auslandsanbieters nicht überschritten wird (vgl. LANGHAMMER 1993: 44). Sie führen nicht zu einer Preisanhebung für ausländische Agrarprodukte, sondern halten diese völlig fern. Durch die Ausschaltung des Preismechanismus wird jeder unerwünschte Druck der Weltmarkt- auf die Inlandspreise unterbunden.

Obwohl das GATT die Beibehaltung oder Einführung von Mengenbeschränkungen grundsätzlich untersagt oder nur unter sehr restriktiven Bedingungen ermöglicht, gehören sie in den meisten Agrarhandelsländern zum eingesetzten Protektionsarsenal (vgl. MOHR 1987b: 33). Am häufigsten sind dabei **Importkontingente bzw. Importquoten** zu beobachten, welche die Importmengen auf ein bestimmtes Niveau begrenzen. Neben Kontingenten werden – wenn auch weit seltener – totale **Importverbote** verhängt. Auch treten **verdeckte Importbeschränkungen** auf, welche einen Mindestanteil heimischer Agrarprodukte in verarbeiteten Produkten (z.B. Mindestanteil für inländisches Getreide, Fett, Schaumwein) enthalten müssen und mittelbar die für die Produktion dieser Güter erforderlichen Importmengen beschränken.

---

jedem Importvorgang, an, Abschöpfungen dagegen nur dann, wenn aus- und inländisches Agrarpreisniveau auseinander fallen. Dagegen weisen Abschöpfungen Gemeinsamkeiten zu mengenbeschränkenden Handelshemmnissen auf, was sie weiter von Zöllen abhebt: Auf den regulierten Inlandsmarkt gelangen nur so viele Agrargüter aus Drittländern, wie zum angestrebten internen Preis dort nachgefragt und von den dortigen Agrarproduzenten nicht angeboten werden. Durch Importe aus Drittländern schließen sich nur solche Versorgungslücken, die sich im Inland trotz eines überhöhten Agrarpreises ergeben könnten. Festgesetzte Inlandspreise und Abschöpfungen bestimmen damit die Einfuhrmenge, welche sich nur verändern kann, wenn die inländische Nachfrage unerwartet steigt oder zurückgeht. Auf beide Entwicklungen können Agrarproduzenten aus Drittländern über den Markt keinen Einfluss nehmen, sondern müssen die vom Inland getroffenen Preisentscheidungen und die damit festgelegten Einfuhrmengen als Datum hinnehmen. Aufgrund der Unterschiede zu Zöllen und der Gemeinsamkeiten mit Mengenbeschränkungen werden Abschöpfungen den nichttarifären Handelshemmnissen zugerechnet (vgl. QUAMBUSCH 1976: 60f.; WILLGERODT 1983: 98).

[15] Eine operationale Definition des Begriffs der nichttarifären Handelshemmnisse bereitet der Wissenschaft erhebliche Probleme, da der menschliche Erfindungsgeist immer neue Formen nichttarifärer Handelhemmnisse hervorbringt und ihre umfassende theoretische und praktische Erfassung unmöglich ist (vgl. TIETJE 1997: 32).

Exkurs 2: Zölle versus nichttarifäre Handelshemmnisse (NTHH): Merkmale und Effekte

Wichtigstes Merkmal von Zöllen ist deren Marktkonformität. Aus Sicht der Außenhandelspartner weisen sie gegenüber anderen Handelshemmnissen den Vorzug auf, dass die Importbelastung alleine über den Einstandspreis der Einfuhrware wirkt, während die einzuführende Menge der Dispositionsfreiheit inländischer Importeure bzw. ausländischer Exporteure obliegt. Der Zoll verändert damit nur die Datenkonstellation über den Preis, ohne die Importmenge selbst zu beschränken (vgl. GLASTETTER 1998: 184).

Aus Sicht des Protektors weisen Zölle allerdings gravierende Schwächen auf. Die Schutzwirkung des Zolls verpufft, wenn die Zollbelastung durch Preissenkungen des Auslands neutralisiert wird. Zölle versagen in ihrer Wirkung ferner, wenn die Inlandsnachfrage preisunelastisch reagiert (vgl. LANGHAMMER 1993: 44). Sie müssen daneben von der Legislative in langwierigen Prozeduren beschlossen werden, was Ad-hoc-Anpassungen erschwert (vgl. KOCH 1997: 132). Vor dem Hintergrund internationaler Zollsenkungsverpflichtungen im Rahmen des GATT bzw. der WTO haben Zölle als handelshemmende Maßnahmen schließlich an Attraktivität eingebüßt (vgl. SENTI 2000: 218ff.).

Solche Nachteile begünstigen den Einsatz von NTHH. Diese verfolgen zwar dieselbe Absicht wie Zölle: Sie erhöhen die Kosten der Einfuhren und verändern damit künstlich die Preisrelation zwischen in- und ausländischen Gütern (vgl. GUGGISBERG 1997: 54). Dennoch lässt sich festhalten, dass NTHH – insbesondere diskriminierende gesetzliche Auflagen, technische Vorschriften, behördliche Willkürakte – sich von Zöllen durch ihre schwierige Kalkulierbarkeit, schnelle Veränderbarkeit und Vielfältigkeit abheben. Mengenbeschränkende NTHH schalten im Gegensatz zu Zöllen ferner den Preismechanismus des Marktes aus. Während Zölle für ausländische Exporteure und inländische Importeure eine Konstante darstellen, mit der sie rechnen können, erhöht die Intransparenz der NTHH deren Unsicherheit, mit der Folge, dass – schneller als bei Zöllen – ausländische Exporteure auf Drittmärkte und inländische Importeure auf nationale Angebotsquellen ausweichen (vgl. OHLINGER 1986: 116; HASENPFLUG 1977: 16).

Verlässliche Aussagen über das genaue Ausmaß der NTHH sind aufgrund ihrer unterschiedlichen Erscheinungsformen und der wenig klaren Abgrenzung zwischen privaten und staatlichen Maßnahmen zwar nur schwer zu treffen. Allerdings ist davon auszugehen, dass zumindest ein Drittel des Welthandelsvolumens von NTHH betroffen ist (vgl. TIETJE 1997: 34).

Dieselben Wirkungen wie Importkontingente besitzen **freiwillige Exportselbstbeschränkungsabkommen.** Das Exportland erklärt sich dabei bereit, seine Ausfuhrmenge in das Importland auf ein bestimmtes wert- oder mengenmäßig fixiertes Niveau einzuschränken (vgl. BASLER 1980: 25). An der Freiwilligkeit solcher Abkommen bestehen aber berechtigte Zweifel, da die Initiative zu ihrem Abschluss meist vom Einfuhrland unter Androhung anderer unilateraler Importbeschränkungen ausgeht, welche die Exportseite empfindlicher treffen würden als der „freiwillige" Verzicht (vgl. ALTMANN 1993: 270).

Exportselbstbeschränkungsabkommen führen zu einer Bilateralisierung des internationalen Agrarhandels. Die notwendigen Begleiterscheinungen sind wie bei allen quantitativen Handelsbeschränkungen in der Regel Handelsüberwachungen, die Vergabe von Ursprungszertifikaten inklusive ihrer Kontrolle sowie Lizenzzuteilungen für Kontingente und anfallende Gebühren (vgl. HERRMANN 1998: 162).

Zu den NTHH gehören auch Schutzmaßnahmen in Form von **Gesundheitsbestimmungen**[16]**, sanitären und phytosanitären, d.h. tier- und pflanzenschutzrechtlichen Vorschriften.** Sie schränken Importe aus Gründen des Umwelt- und Verbraucherschutzes ein, müssen aber nicht zwangsläufig protektionistische Absichten verfolgen (vgl. KOESTER 2005: 309; GIBSON ET AL. 2001: 1)[17].

3.2.2.2 Exportförderung

Auf der Ausfuhrseite stellen **Exportsubventionen** das wichtigste Instrument des Agrarprotektionismus dar. Sie sind das Pendant zu Zöllen und Abschöpfungen auf der Einfuhrseite. Eine besondere Exportförderung, welche über ein normales Maß an Produktmarketing und positiver Imagebildung im Ausland hinausgeht, ist grundsätzlich nur dann von Nöten, wenn die Rahmenbedingungen nicht stimmen, d.h. die Qualität zu niedrig, insbesondere aber der Preis zu hoch ist, um einen Absatzmarkt zu finden

---

[16] z.B. Nichtverwendung von gentechnisch veränderten Organismen, chemischen Wirkstoffen in der Pflanzenproduktion, wie z.B. Pflanzenschutzmittel oder Wachstumsregler, oder Hormonen in der Tierfütterung.

[17] Beispiele sind die Importverbote der USA für Thunfisch aus Mexiko, da die dort übliche Praktik des Fischfangs das Überleben von Delphinbabies gefährdet. Gleiches gilt für südostasiatische Krebstiere, deren Zucht- und Fangmethodik den Lebensraum von Meeresschildkröten zerstören (vgl. BASLER 2001: 470).

(vgl. GRETHE 2001: 1). Exportsubventionen überbrücken somit die Kluft zwischen einem hohen inländischen Agrarpreisniveau und einem niedrigeren Weltmarktpreisniveau, was für den Export eine unabdingbare Voraussetzung ist.

Exportsubventionen sind als nichttarifär einzustufen und verfolgen das Ziel der preislichen Entlastung der Ausfuhr[18]. Sie treten auf, wenn der Selbstversorgungsgrad des Inlandes über 100% liegt, sollen die Konkurrenzfähigkeit der eigenen Produkte erhöhen und deren Absatzchancen im Ausland steigern (vgl. MAENNIG/WILFLING 1998: 165). Spitzenreiter im Gewähren von Exportsubventionen, die bisher in jeder GATT-/WTO-Runde einen gravierenden Zankapfel darstellten, ist die EU, auf die fast 90% aller weltweiten Agrarexportsubventionen entfallen (vgl. GATT 1994; WTO 2000; GRETHE 2001: 2). Im Jahr 2005 gewährte die EU Ausfuhrerstattungen in Höhe von 3,1 Mrd. € (vgl. MAAS/SCHMITZ 2007: 98).

Exportsubventionen sind ein offensives handelspolitisches Instrument und als „Waffe zur Eroberung von Marktanteilen" (INGCO 1995: 43) anzusehen. Da sie die Wettbewerbsverhältnisse auf fremden Märkten verfälschen und daher Gegenmaßnahmen anderer Länder, deren Agrarproduzenten durch sie aus dem Markt gedrängt werden, auslösen können, sind sie ein „besonders sensibles Element des Agrarprotektionismus"[19] (MOHR 1993: 5).

Um offene Handelskonflikte zu vermeiden, wird auch häufig zu verdeckten Exportsubventionen gegriffen. Dazu gehören neben steuerlichen Erleichterungen in der Exportproduktion vor allem **staatlich subventionierte Exportkredite** mit günstigeren Konditionen als normale Kredite. Diese können von längeren Laufzeiten, verringerten Zinssätzen bis zu tilgungsfreien Zeiträumen reichen[20] (vgl. GRETHE 2001: 3).

---

[18] Unterschieden werden reine von kompensatorischen Exportsubventionen. **Reine Exportsubventionen** sollen die Ausfuhren über jenes Ausmaß erhöhen, das sich bei unverfälschtem Wettbewerb ergeben würde. **Kompensatorische Exportsubventionen** dienen dazu, die kostenmäßige Wettbewerbssituation in der landwirtschaftlichen Produktion zwischen einzelnen Ländern auszugleichen. Während reine Ausfuhrsubventionen eine Verzerrung der Agrarpreise im internationalen Handel bewirken, dienen kompensatorische Ausfuhrsubventionen der Neutralisierung verzerrter Preise. In der Praxis ist die Abgrenzung fließend (vgl. ANDEREGG 1999: 258).

[19] Die Festlegung der Höhe der Exportsubvention erfordert einen hohen administrativen Aufwand und eröffnet erhebliche diskretionäre Handlungsspielräume, da es für um Marktanteile konkurrierende Länder nicht immer nachvollziehbar ist, wann und warum die Höhe der Exporterstattung geändert oder – trotz veränderter Weltmarktpreise – nicht geändert wurde. Ferner ist – wie im Fall der EU – ein großes Betrugspotenzial zu beachten (vgl. KOESTER 2005: 326).

[20] Bei sämtlichen aufgeführten Maßnahmen der Agraraußenhandelspolitik ist zu bemerken, dass diese nur dann zum Einsatz kommen, wenn die Binnen- über den Weltmarktpreisen liegen, was in Industrie-

Eine besondere und stark verbreitete Form der versteckten Exportsubvention geht von **Staatshandelsunternehmen** aus, über die – auch in marktwirtschaftlich organisierten Volkswirtschaften – ein erheblicher Teil des Agrarhandels abgewickelt wird. Es handelt sich um privat organisierte, aber zentral gelenkte Handels- und Vermarktungsorganisationen („marketing boards"), deren Befugnisse gesetzlich geregelt sind und deren Jahresrechnung vom Staat ausgeglichen wird (halbstaatliche Unternehmen). Ihr Agieren auf den internationalen Agrarmärkten ist nicht durch das Gewinnmaximierungsprinzip, sondern das Ziel der Überschussvermarktung charakterisiert (vgl. EGGER ET AL. 1992: 19). Aufgrund einer monopol- bzw. monopsonähnlichen Wettbewerbsstellung gehen von ihnen erhebliche Wettbewerbsverzerrungen aus; ihre Funktionen sind sehr komplex, ihre Transaktionen weitgehend intransparent. Häufig werden Agrarexporte von ihnen mit versteckt erhaltenen Beihilfen oder auch mit im inländischen Handel erwirtschafteten Mitteln subventioniert („Kreuzsubventionierung") (vgl. GRETHE 2001: 6). Grundsätzlich gewinnen verdeckte Exportsubventionen aufgrund bestehender WTO-Verpflichtungen, welche ein Auslaufen offener Agrarexportsubventionen vorsehen, an Bedeutung. Besonders beliebt sind sie in Australien und Neuseeland.

Oft wird in Zusammenhang mit Exportförderung die **Nahrungsmittelhilfe** angeführt, unter die sehr heterogene Maßnahmen (Schenkung von Nahrungsmitteln, zum Kauf von Agrarprodukten bestimmte Geldgeschenke, Verkauf von Nahrungsmitteln auf Grundlage günstiger Kredite etc.) fallen. Sie werden zur Überschussentsorgung gesellschaftlich mehr akzeptiert als Exportsubventionen, Vernichtung oder aufwendige Lagerhaltung. Grundsätzlich liegen ihnen altruistisch-humanitäre und keine protektionistischen Motive (Armuts- und Hungerbekämpfung, Förderung der politischen und ökonomischen Entwicklung, Nothilfe für Katastrophenfälle etc.) zugrunde. Allerdings können auch eigene Interessen der Geberländer (Erschließung von Exportmärkten, Verfolgung strategischer Interessen, Unterstützung außenpolitischer Ziele etc.) eine

---

ländern, in denen die Landwirtschaft staatlich stark gestützt wird, gemeinhin der Fall ist. Für den seltenen Fall, dass die Weltmarktpreise die inländischen Preise übersteigen, können auf der Einfuhrseite, vor allem zur Vergünstigung von Nahrungsmitteln, auch Importerstattungen zum Einsatz kommen. Auf der Ausfuhrseite sind Exportzölle und Exportabschöpfungen denkbar, um vorübergehend das Preisniveau zu dämpfen und die Verbraucher zu begünstigen. Ausfuhrbeschränkungen dienen auch der Überbrückung auftretender Versorgungsengpässe und der Verhinderung ausfuhrbedingter Preissteigerungen bei weltweiter Versorgungsknappheit auf den internationalen Märkten, wie es bei Kriegsfällen der Fall sein kann (vgl. ANDEREGG 1999: 252f. und 261f.).

Rolle spielen (vgl. GRETHE 2001: 5). In diesem Zusammenhang wird Nahrungsmittel-hilfe vor allem von den USA betrieben (vgl. WOLPOLD-BOSIEN 1999: 51ff.).

3.2.3 Sonstige agrarpolitische Aktionsfelder

Neben der Agrarpreispolitik existieren weitere Bereiche einer interventionistischen Agrarpolitik (vgl. Abbildung 5), die aber nicht alle der hier zugrunde gelegten Definition zufolge als protektionistisch einzustufen sind. Per se davon ausgeschlossen ist die **Agrarsozialpolitik,** die sich auf die soziale Situation ärmerer und kinderreicher bäuerlicher Haushalte richtet und dem Schutz der Landwirtschaft vor den wirtschaftlichen Folgen von Alter, Invalidität, Unfällen, Krankheiten etc. dient. Dasselbe gilt für die Maßnahmen der **Agrarstrukturpolitik,** die sich auf die Beeinflussung der Agrarstruktur, d.h. das einzelbetriebliche Verhältnis zwischen Arbeit, Boden und Kapital, und die räumliche Verteilung der Produktion beziehen (vgl. HENRICHSMEYER/WITZKE 1994: 52f.).

Bei Maßnahmen der **direkten Agrareinkommenspolitik** erfolgt die Einkommens-übertragung nicht über den Markt, sondern via direkten Transfers an die Landwirte, woraus sich eine größere Einkommenswirksamkeit ergibt als bei der Markt- und Preispolitik. Es handelt sich um Subventionen, d.h. Zahlungen des Staates ohne markt-mäßige Gegenleistung. Sie sind dann als protektionistisch einzustufen, wenn sie als produktionsgebundene Subventionierung konzipiert sind, welche den Landwirten die Differenz zwischen einem hohen festgesetzten und einem niedrigeren, sich nach An-gebot und Nachfrage frei bildenden Preis ausgleicht („deficiency payments"). Ein der-artiges System sorgt zwar für günstige Nahrungsmittel und garantiert den Landwirten gleichzeitig einen angemessenen Preis (vgl. ANDEREGG 1999: 502; ARNOLD 1997: 92). Allerdings wird die Wettbewerbsfähigkeit gegenüber ausländischen Anbietern damit künstlich gefördert oder gar erst herbeigeführt. Gleichzeitig lässt sich die Erzeugung auf einem höheren Niveau als bei Weltmarktpreisen stabilisieren.

Als per se nicht protektionistisch einzustufen sind dagegen von der Produktion ent-koppelte, als Ausgleich für die Senkung administrativer Preise konzipierte Einkom-menszahlungen („decoupled payments") z.B. in Form landwirtschaftlicher Mindest-einkommen, Einkommenszuschüssen oder Transfers bei Abweichungen von mehrjäh-rigen Durchschnittseinkommen. Derartige Direktzahlungen sind meist – unabhängig von der Flächennutzung – an die Betriebsgröße gebunden (Flächenprämien) und werden häufig nur bei Einhaltung von Umwelt- und Tierschutzstandards („cross compli-ance") gewährt[21]. Sie sind grundsätzlich produktionsneutral, da sie nicht am Preisme-chanismus ansetzen und damit zulassen, dass sich komparative Produktionsvorteile in den Preisen niederschlagen können. Ein quasi-protektionistischer Charakter liegt aber dann vor, wenn derartige Zahlungen nur darauf abzielen, das Einkommen der Land-wirte über die Kompensationshöhe hinaus anzuheben (vgl. KOESTER 2005: 357f.).

Einkommenszahlungen bei naturbedingten Produktionsausfällen („disaster pay-ments") sind dagegen unprotektionistisch motiviert. Die vor allem in den höchstentwi-ckelten Industrieländern praktizierten „agricultural conservation payments" sind schließlich eher als Umweltprämien denn als Agrarprotektionismus zu werten (vgl. ANDEREGG 1999: 503 und 505).

3.2.4 Zwischenfazit: Besonderheiten des Agrarprotektionismus

Auch wenn Agrarprotektionismus letztendlich dieselbe Absicht verfolgt wie Protek-tionismus in anderen Wirtschaftssektoren, nämlich hohe Preise sowie Schutz vor der billiger und/oder besser produzierenden ausländischen Konkurrenz zu garantieren, ist er dennoch durch spezifische Merkmale charakterisiert. Im Vergleich zum Protektio-nismus bei industriell erzeugten Produkten weist der Agrarprotektionismus mehrere Besonderheiten auf:

Erstens manifestiert sich Protektionismus im Agrarsektor nicht nur in Gestalt im-portbehindernder Maßnahmen, sondern tritt auch in massiver Exportförderung zu Ta-ge. Während in der industriellen Produktion Exportsubventionen durch das GATT ausdrücklich untersagt sind, waren sie in der Landwirtschaft lange Zeit zulässig und sind seit der Uruguay-Runde des GATT allenfalls abbaupflichtig. Zwar hat man sich in jüngeren Verhandlungen auf ein endgültiges Auslaufen geeinigt, doch ist nach wie vor unklar und offen, bis wann dies erreicht sein soll. Die Folge ist, dass der Agrarpro-tektionismus den Agrarhandel nicht nur einseitig beschränkt, sondern zum Teil auch künstlich ausweitet und so mehr zu seiner Verzerrung als zu seiner Einschränkung führt (vgl. TANGERMANN 1985: 94).

---

[21] Direkte Einkommenszahlungen lassen bei den Landwirten nicht selten den Eindruck staatlicher Al-mosen entstehen. Ihnen gegenüber werden Preisstützungsmaßnahmen präferiert, denn sie spiegeln den Landwirten vor, dass (künstlich überhöhte) Marktpreise ihr Einkommen bestimmen. Sie weisen ferner den Vorteil auf, dass die durch politisch gesetzte Preise indirekt besteuerten Verbraucher weder das genaue Ausmaß dieser Besteuerung noch das der Begünstigung auf Seiten der Landwirte kennen (vgl. KOESTER 2005: 381f.).

Zweitens kann im Gegensatz zum Industriegüterhandel im Agrarbereich von „neuem Protektionismus" – „neu" steht sowohl für das Wiederaufleben einer protektionistischen Handelspolitik als auch für eine neuartige Instrumentierung handelspolitischer Intervention (vgl. JAESCHKE 1986: 4) – keine Rede sein. Zum einen sind die unter diesem Terminus subsumierten NTHH (vor allem „freiwillige Exportselbstbeschränkungen", sanitär und phytosanitär bedingte Einfuhrkontrollen) nicht neu, sondern seit jeher fester Bestandteil der Handelspolitik für Agrarprodukte. Zum anderen ist im Agrarsektor kein Wiederaufleben einer protektionistischen Handelspolitik zu beobachten, denn seit Anfang der 1960er Jahre steht der Agrarprotektionismus an oberster Stelle der Tagesordnung aller Welthandelsrunden, weshalb er als „alter Protektionismus" zu bezeichnen ist (vgl. MOHR 1987a: 6).

Drittens spielen NTHH im Agrarhandel eine besonders bedeutende Rolle. Diese Aussage lässt sich wegen der Schwierigkeit, NTHH in Maßzahlen auszudrücken, quantitativ zwar nur schwer belegen. Dennoch scheinen NTHH bei Agrarprodukten häufiger zum Einsatz zu gelangen als bei anderen Gütern. Vor allem die Zollsenkungsverpflichtungen der WTO verleihen NTHH immer mehr Bedeutung. Deutlich wird dies daran, dass sich die Mehrzahl internationaler Konflikte im Agrarhandel heute im nichttarifären Bereich abspielt und meist auf den nationalen Unterschieden zwischen den Regelungssystemen für Gesundheits-, Pflanzen- und Tierschutz beruht. Da die in der Lebensmittelversorgung erlaubten Risiken wichtige nationalstaatliche Regelungsbereiche, aber auch kulturelle Eigenheiten tangieren, lassen sie sich schwerer lösen als Konflikte, die im Industrie- und Konsumgüterhandel auftreten (vgl. DECKER 2002: 217f.).

Viertens nimmt sich der Liberalisierungswiderstand im Agrarhandel wesentlich hartnäckiger als im industriellen Handel aus. Zum einen sind die Agrarpolitiken der Industrieländer als nach innen gerichtete Sozialpolitiken konzipiert. Versuche, den Handel zu liberalisieren, werden daher als Eingriffe in die nationale Souveränität betrachtet und abgeblockt (vgl. VON CRAMON-TAUBADEL 1991: 15). Zum anderen ist die soziokulturelle Sonderstellung der Landwirtschaft in Industrieländern zu beachten, welche die Schutzbedürfnisse der Landwirtschaft kanalisiert und als Rechtfertigung für Agrarprotektionismus herangezogen wird (vgl. DECKER 2002: 216).

Fünftens ist die zwischen Industrie- und Entwicklungsländern unterschiedliche Zielsetzung und Ausgestaltung des Agrarprotektionismus zu beachten: Während die Landwirtschaft in industrialisierten und entwickelten Ländern eine ausgeprägte Privilegierung genießt, ist in Entwicklungsländern zumeist eine Diskriminierung des Agrarsektors gegenüber anderen Branchen zu beobachten. Agrarprodukte weisen dort zumeist negative Protektionsraten auf, d.h. die inländischen Agrarpreise liegen – ganz anders als in Industrieländern – unter den Weltmarktpreisen und sollen dort auch gehalten werden, um den größtenteils armen Bevölkerungsschichten den Erwerb von Grundnahrungsmitteln zu erleichtern und so Ernährung und Überleben zu sichern. Dies läuft den Interessen der ländlichen Bevölkerung, welche Agrarprodukte nur zu entsprechend geringen Preisen absetzen kann, zuwider und stellt einen Einkommenstransfer zugunsten der politisch einflussreichen Schichten in den Städten auf Kosten der ländlichen Bevölkerung dar (vgl. HAGEDORN/SCHMITT 1985: 250; ARNOLD 1997: 85). Zudem ist die Landwirtschaft gegenüber anderen Branchen dadurch schlechter gestellt, dass die Abschöpfung landwirtschaftlicher Einkommen der Erzielung von Staatseinnahmen dient: Der Erwerb landwirtschaftlicher Produktionsfaktoren (Saatgut, Kunstdünger, Maschinen etc.) wird hoch besteuert, der Export von Agrarprodukten mit hohen Ausfuhrzöllen belastet, welche die Differenz zwischen den niedrigeren Erzeugerpreisen und den höheren Weltmarktpreisen abschöpfen und sich administrativ einfacher und unkomplizierter als Steuern erheben lassen. Die Folge eines solchen Regimes der Agrarrepression ist, dass sich das Preisverhältnis zuungunsten der Landwirte entwickelt; deren Einkommen stagnieren oder gehen absolut zurück. Gleichwohl nimmt die Produktion aufgrund produktivitätssteigernder Modernisierungsprogramme und staatlichen Drucks auf die Bauern zu (vgl. DURTH ET AL. 2002: 81f.; ARNOLD 1997: 85).

Da nun Formen und Besonderheiten des Agrarprotektionismus bekannt sind, werden im Folgenden seine ökonomischen Auswirkungen erörtert.

3.3 Ökonomische Auswirkungen des Agrarprotektionismus

In den Marktwirtschaften der Industrieländer zielt eine protektionistische Agrarpolitik darauf ab, Struktur, Ablauf und Ergebnisse des Marktgeschehens im Hinblick auf die Besonderheiten und Interessen der Landwirtschaft zu korrigieren. Hauptanliegen ist es, die Agrarpreise auf den heimischen Märkten höher zu halten, als es bei freiem Spiel der Marktkräfte der Fall wäre, und die Landwirtschaft vom Wettbewerb mit dem Ausland auszuklammern (vgl. TANGERMANN 2002: 80). Aus dieser grundsätzlichen agrarpolitischen Orientierung ergeben sich mehrere ökonomische Auswirkungen, die sowohl das Handeln und Verhalten des einzelnen Landwirts (**einzelwirtschaftliche**

Auswirkungen) als auch die gesamte Wirtschaft und vor allem den Außenhandel **(gesamtwirtschaftliche Auswirkungen)** betreffen.

3.3.1 Einzelwirtschaftliche Auswirkungen

Die Entscheidungssituation eines landwirtschaftlichen Betriebs wird durch unterschiedliche Einflussfaktoren determiniert (vgl. HENRICHSMEYER/WITZKE 1991: 217). Hierzu gehören zum einen die Ausgangslage von Betrieben und Haushalten (Bestand an Produktionsfaktoren, natürliche Produktionsbedingungen, Verhältnisse auf den Beschaffungs- und Absatzmärkten, Qualifikation etc.), zum anderen die Erwartungen über die künftige Entwicklung der für die Landwirtschaft relevanten Umfeldbedingungen. Dazu zählen die Entwicklungen auf den Pacht- und Bodenmärkten, zu erwartende organisatorische und technologische Innovationen, die Chancen zur Aufnahme außerlandwirtschaftlicher Erwerbsmöglichkeiten, vor allem aber die agrarpolitischen Rahmenbedingungen und – damit verbunden – die Absatzmöglichkeiten, d.h. Preise und Mengen für die erzeugten Agrarprodukte. Über letzteren Einflusskanal bestimmt der Agrarprotektionismus das Verhalten des einzelnen Landwirts. Während bei grundlegenden Entscheidungen, z.B. über die Berufswahl oder die Weiterführung des Betriebes, neben dem Einkommensziel auch anderen Zielen wie Wertvorstellungen, Präferenzen für bestimmte Aspekte landwirtschaftlicher Tätigkeit, agrarsoziale Einflüsse etc. großes Gewicht beigemessen wird, ist bei laufenden betrieblichen Entscheidungen vom Rationalverhalten der Gewinnmaximierung auszugehen. Bei Entscheidungen über Vorleistungseinsatz und Produktion handeln Landwirte in hohem Maße einkommensorientiert (vgl. HENRICHSMEYER/WITZKE 1994: 220f.).

Diese Einkommensorientierung und das in den Industrieländern dominierende agrarpolitische Ziel der Einkommenssicherung in der Landwirtschaft verleiten die Landwirte zu einem einzelwirtschaftlich rationalen, gesamtwirtschaftlich aber ineffizienten Fehlverhalten. Da sich landwirtschaftliche Betriebe aufgrund der für den Agrarsektor typischen polypolistischen Marktstruktur als Mengenanpasser verhalten, führt die weit verbreitete Stützung der Marktpreise zu Produktionsüberschüssen. Gestützte Preise bzw. Mindestpreise markieren nicht nur die Preisuntergrenze für Agrarprodukte, sie stellen für die Landwirte auch eine unbegrenzte Absatzgarantie dar und nehmen ihnen das marktwirtschaftliche Produktionsrisiko, das auf den Staat verlagert wird (vgl. BERG 1995: 486; PETERS 1996: 150f.).

Agrarüberschüsse, wie sie aus der EU und den USA bekannt sind, werden dann zum Problem, wenn die Inlands- über den Weltmarktpreisen liegen. Gestützt-hohe Inlandspreise gaukeln den Landwirten für ihre Produkte Absatzchancen vor, die es in der Realität nicht gibt. Während es aus gesamtwirtschaftlicher Sicht nicht sinnvoll sein kann, die Produktion auszuweiten, wenn ihre Kosten durch niedrige Weltmarktpreise nicht gedeckt werden, reicht es für den einzelnen Landwirt aus, wenn die Inlandspreise seine Erzeugungskosten abdecken. Die Preissignale ermuntern ihn, die Erzeugung auf Kosten der Gesellschaft kontinuierlich auszubauen (vgl. KOESTER/CRAMON-TAUBADEL 1992: 356).

Abgesichert durch einen hohen Außenschutz drängen diese künstlich hohen Preise unternehmerisches Denken in der Landwirtschaft zurück. Ein betriebswirtschaftliches Kostenmanagement, das die Orientierung der Kosten an einem von den Verbrauchern akzeptierten Preis für das eigene Produkt vorsieht, bleibt aus. Anstelle eines Mark-Up-Pricings, d.h. einer preisorientierten Kostenpolitik, wird eine kostenorientierte Preispolitik praktiziert (vgl. SCHMITZ 1998: 293).

Aus einzelwirtschaftlicher Perspektive ist zu beachten, dass von überhöhten Preisen diejenigen Landwirte am meisten profitieren, welche die größten Produktionsmengen auf den Markt bringen und große und leistungsfähige Betriebe bewirtschaften. Da diese in der Regel nicht den Einkommensschwachen zuzurechnen sind, erscheint das agrarprotektionistische Anliegen der Einkommenssicherung sozial fragwürdig[22] (vgl. WILLGERODT 1983: 128). Dies trifft insbesondere auf an die Fläche bzw. die Betriebsgröße gebundene Direktzahlungen (Flächenprämien) zu, die große gegenüber kleinen Betrieben einseitig bevorzugen. Ferner schlagen sich die höheren Erlöse teilweise in steigenden Preisen für die fixen Produktionsfaktoren, insbesondere den Boden und die bodengebundenen Kapitalgüter, nieder und kommen im Wesentlichen damit gar nicht den Landwirten, sondern den Bodeneigentümern zu gute. Bei einem fortlaufend zunehmenden Pachtanteil erfährt diese Unterscheidung immer mehr an Bedeutung (vgl. HENRICHSMEYER/WITZKE 1994: 345). Daneben profitieren davon auch die Lieferanten von Vorleistungsgütern wie die Düngemittel-, Landmaschinen- und Pflanzenschutzin-

---

[22] Ab 2008 veröffentlicht die EU-Kommission Namen und Rangfolge der Empfänger von Agrarsubventionen, um die Verteilung der Gelder transparent zu machen. Einige Mitgliedsstaaten (u. a. Großbritannien, Dänemark, Belgien, Irland, Niederlande, Spanien) tun dies bereits seit geraumer Zeit und haben die von Rechnungshöfen und Steuerzahlerbünden gehegten Befürchtungen bestätigt: Rund 80% der Mittel gehen an Großbetriebe. Neben multinationalen Lebensmittel-, Zucker- und Molkereikonzernen profitieren auch private Großgrundbesitzer (z.B. die englische Königsfamilie), was die sozialökonomische Zweifelhaftigkeit an einer derartig ausgerichteten Förderpolitik unterstreicht (vgl. FAZ 2006a und b).

dustrie, Futtermittelproduzenten und Lagerhalter (vgl. KOESTER/CRAMON-TAUBADEL 1992: 356).

Markt- und preispolitische Maßnahmen führen schließlich dazu, dass Grenzanbieter länger am Markt verbleiben können, als es ihnen bei ungestützten Preisen möglich wäre. In anderen Branchen können effiziente Betriebe ihre Produktion in der Regel stärker ausweiten, da es keine limitierend wirkenden sektorspezifischen Produktionsfaktoren gibt, wie es in der Landwirtschaft mit dem beschränkenden Produktionsfaktor Boden der Fall ist. Eine Ausweitung der Produktion lässt die Marktpreise unter Druck geraten und drängt Grenzanbieter aus dem Markt. In der Landwirtschaft sind effizient wirtschaftende Betriebe durch die begrenzte Verfügbarkeit des Bodens in der Ausweitung der Produktion jedoch beschränkt. Wollen sie ihre Produktionsfläche ausdehnen, sind sie darauf angewiesen, dass andere Betriebe ihren Boden aufgeben. Dazu kommt es aber nur dann, wenn die Betriebe im Rahmen des Generationswechsels liquidiert oder über den Preisdruck vom Markt verdrängt werden. Die Preisstützung führt dagegen zur Verringerung des Ausscheidens von Betrieben und bremst den Strukturwandel. Aus einzelwirtschaftlicher Sicht ist dies deshalb von Bedeutung, weil eine möglicherweise kurzfristig erreichte Erhöhung der Einkommen je Arbeitskraft dadurch wider zunichte gemacht wird, was den Erfolg der Protektionspolitik langfristig fraglich erscheinen lässt (vgl. KOESTER 1997: 346f.).

Auch solche Maßnahmen, welche der Eindämmung der Produktionsüberschüsse dienen und über die Verknappung des Angebots die Preise auf hohem Niveau halten sollen, stehen im Widerspruch zu unternehmerischem Denken und Handeln. Hierzu zählen insbesondere Flächenstilllegungen. Für die stillgelegte Fläche zahlt der Staat eine Prämie, welche im Durchschnitt der landwirtschaftlichen Betriebe den durch die Stilllegung hervorgerufenen Einkommensverlust kompensieren soll. Landwirtschaftliche Nutzfläche als ein gerade in den Industrieländern ohnehin knapper Produktionsfaktor wird dadurch weiter verknappt (vgl. KOESTER 1997: 345f.). Agrarbetriebe, welche über eine zu geringe Betriebsfläche verfügen, können nur unter erschwerten Bedingungen wachsen. Auch gilt es zu bedenken, dass Boden und andere agrarwirtschaftliche Produktionsfaktoren, wie z.B. Maschinenausstattung und landwirtschaftliche Arbeitskräfte, komplementär sind. Die Flächenstilllegung wird den einzelnen Landwirt daher dazu verleiten, diese in geringerem Umfang einzusetzen. Es besteht die Tendenz, dass die Landwirte auf den verbliebenen Flächen die Produktion intensiver gestalten, als es ohne die Flächenstilllegung der Fall wäre. Vor dem Hintergrund der allgemeinen ökologischen Forderung nach einer Extensivierung der Landwirtschaft, d.h. der Reduzierung des ertragsfördernden Betriebsmittel- und Arbeitseinsatzes je Flächeneinheit, ist dies nicht vertretbar; vielmehr konzentriert sich die Produktion in agrarischen Gunsträumen mit der Gefahr der ökologischen Überlastung. Dagegen kann es in den stillgelegten Bereichen zur Verödung weiter Landstriche und zum Zerfall der Kulturlandschaft kommen (vgl. KOESTER/CRAMON-TAUBADEL 1992: 358; BALDENHÖFER 1999: 160).

Ein häufig eingesetztes Instrument sind auch Quoten bzw. Kontingente. Sie stellen Produktionsrechte dar, die entweder den einzelnen Landwirten direkt oder den weiter verarbeitenden Unternehmen zugewiesen werden. Sie dienen der Zurückdrängung der Überproduktion und sollen wie in einem Zwangskartell am Markt hohe Preise durchsetzen, ohne dass es zu verlustbringenden Stützungskäufen kommt. Mit den Prinzipien einer Marktwirtschaft sind Quoten nicht vereinbar, da sie den Marktmechanismus, welcher über die Preise Produktionssignale sendet, ausschalten. Sie greifen in die Entscheidungsfreiheit der Produzenten stark ein und stellen eine Markteintrittsbarriere für neue Anbieter dar. Sind die Quoten nicht handelbar, verbleibt der Administration ferner erheblicher Ermessensspielraum, welcher weniger durch wirtschaftliche Effizienzkriterien als vielmehr durch Lobbyingaktivitäten seitens der Quotenbegünstigten beeinflusst wird.

Quoten bzw. Kontingente zeigen nur auf traditionell monopolistisch-kartellhaft vermachteten Märkten Wirkung. Auf den meisten, strukturell zum Polypol neigenden landwirtschaftlichen Märkten mit einer Vielzahl schwer überwachbarer Anbieter lassen sich die erforderlichen Mengenkontrollen kaum realisieren. Eine wirksame Kontingentierung setzt ferner eine möglichst vollständige Absatzkanalisierung voraus und ist nur bei solchen Produkten möglich, die nicht oder nur in begrenztem Umfang von den landwirtschaftlichen Betrieben selbst verarbeitet (z.B. Zucker, Milch) und stattdessen an verarbeitende Unternehmen (z.B. Zuckerfabriken und Molkereien) geliefert werden, auf welche sich dann die Kontrolle der Produktionsmengen beschränkt („Flaschenhals"; vgl. Kap. 5.2.1.2). Für solche Agrarprodukte aber, die beim Verlassen der Produktionsstätte bereits die volle Konsumreife besitzen (z.B. Kartoffeln, Gemüse, Eier, Obst), können sich schnell kaum kontrollierbare Absatzwege bilden, so dass die traditionellen Absatzkanäle an Bedeutung einbüßen und die Kontingentierung damit ausgehebelt wird (vgl. WILLGERODT 1983: 123f.; KOESTER 1997: 344 und 2005: 343ff.).

Neben den binnenprotektionistischen sind auch die außenhandelsprotektionistischen Maßnahmen bedenklich. Ein jahrzehntelanger Außenschutz durch Zollmauern und

Importquoten macht die Landwirte abhängig vom politischen Wechselspiel und lähmt die internationale Wettbewerbsfähigkeit. Aufgrund eines fehlenden Wettbewerbs und der künstlich überhöhten Preise verlieren landwirtschaftliche Unternehmen den Anschluss an die internationale Konkurrenz. Dies trifft nicht nur die Primärproduzenten, sondern auch Teile der Lebensmittelindustrie, da sich auch die weiter verarbeiteten Produkte verteuern und dem Unternehmen Erfahrungsgewinne im Umgang mit Ersatzstoffen verloren gehen, die im internationalen Wettbewerb vonnöten sind (vgl. SCHMITZ 1998: 277ff; JOSLING 2003: 664).

3.3.2 Gesamtwirtschaftliche Auswirkungen

Agrarprotektionismus bewirkt, dass sich die Ordnung der landwirtschaftlichen Märkte vom Muster freier und spontaner Märkte entfernt. Die Folge sind Marktversagen sowie das Risiko der Fehlallokation von Ressourcen. Durch die in den Industrieländern intensive Regulierung der Landwirtschaft kommt es zur Kumulierung lahm gelegter Marktfunktionen und zum Versagen des Staates bei der Regulierungstätigkeit. Die Räumung der Märkte, d.h. der Ausgleich von Angebot und Nachfrage, erfolgt nicht automatisch, sondern durch staatliche Interventionen. Insgesamt büßt der Agrarsektor die Fähigkeit zur strukturellen Selbstoptimierung bei der Anpassung an sich ändernde Umfeldbedingungen ein (vgl. ANDEREGG 1999: 296).

Die Stützung der Landwirtschaft erfolgt entweder direkt über staatliche Realleistungen, z.B. in Form direkter Einkommenszahlungen an die Landwirte, oder meistens über durch staatliche Eingriffe erhöhte Marktpreise. Dadurch kommt es zu gravierenden finanziellen Umverteilungen und Transfers, die Steuerzahler bzw. Konsumenten tragen müssen[23] (vgl. TANGERMANN 1997: 2; SCHMITZ 1998: 276). Die auf hohen Marktpreisen beruhende regressive Verteilungswirkung zu Gunsten des Agrarsektors und zu Lasten der Verbraucher bezeichnet man als „Agrarsteuer". Die Verteilungsgerechtigkeit wird vor allem deshalb verletzt, weil dadurch niedrigere Einkommen prozentual stärker belastet werden als höhere (vgl. HALBHERR/MÜDESPACHER 1985: 20). Ordnungspolitisch vertretbarer sind dagegen direkte, für Preissenkungen gewährte, produktionsentkoppelte und transparenzerhöhende Direktzahlungen. Häufig besitzen

---

[23] Nach OECD-Schätzungen führte die Gemeinsame Agrarpolitik der EU in den 1990er Jahren zu einer finanziellen Belastung der Bevölkerung von 300 € pro Kopf und Jahr, welche jedem Vollerwerbslandwirt einen Einkommenszuwachs von 14 000 € pro Jahr brachte (vgl. WAGENER ET AL. 2006: 462).

aber auch sie einen Erhaltungs- oder einkommenserhöhenden Charakter, setzen nicht am sozialen Status der Empfänger an (mehr Fläche, mehr Förderung) oder können den Einkommenstransfer nicht treffsicher und zu günstigen Kosten sicherstellen (vgl. KOESTER 2005: 358).

Neben den finanziellen Belastungen sind vor allem die gravierenden Probleme für den internationalen Handel mit Agrarprodukten zu beachten[24]. Angesichts der Vorteile, die ein freier Außenhandel durch die Nutzung absoluter oder komparativer Kostenunterschiede bringt, sind beschränkende staatliche Eingriffe in den Außenhandel aus marktwirtschaftlicher und allokationstheoretischer Sicht grundsätzlich abzulehnen.

Der Weltagrarmarkt wird durch ein anhaltendes Ungleichgewicht zwischen Angebot und Nachfrage dominiert, welches durch agrarprotektionistische Maßnahmen der Industrieländer in zweierlei Hinsicht verstärkt wird (vgl. JACOB 1987: 363): Durch einfuhrhemmende Maßnahmen (Zölle, Importquoten u. a.) erfolgt eine **passive Destabilisierung**, indem die inländischen Märkte von wechselnden Knappheitslagen in der restlichen Welt unberührt bleiben und damit keinen Beitrag zur Dämpfung entsprechender Schwankungen leisten. Eine **aktive Destabilisierung** ergibt sich dadurch, dass inländische Produktionsschwankungen nicht von den Inlandsmärkten selbst absorbiert, sondern auf den Weltmarkt übertragen werden.

Den Ursprung für diese protektionsbedingten Querelen auf dem Weltagrarmarkt markiert die interne Stützung der Landwirtschaft durch eine Überhöhung der Agrarpreise. Diese stimuliert die Produktion, erzeugt wachsende Überschüsse und vergrößert den Abstand zu den Weltmarktpreisen. Letzteres erschwert den Export und macht Exportsubventionen zum Absatz der Überschüsse auf dem Weltmarkt erforderlich. Dort drücken sie das Preisniveau und setzen eine Protektionsspirale in Gang, indem Länder dazu gezwungen sind, die nationale Agrarstützung weiter auszubauen, um das

---

[24] Quantitativ lassen sich die genauen Auswirkungen des Protektionismus auf den Agrarhandel kaum messen. Sog. Multi-Güter-Handelsmodelle, welche die Effekte einzelner Außenhandels- und Liberalisierungsmaßnahmen aufzeigen sollen, sind nur wenig aussagefähig, da sie nur von angenommenen bzw. geschätzten Angebots- und Nachfragefunktionen im Agrarbereich ausgehen und die Dynamik der Agrarproduktion und die Starrheit von Nachfrage und Faktoranpassung allenfalls ansatzweise reflektieren (vgl. HENRICHSMEYER 1991: 99). Auch an einem einfachen Einblick in die Handelsstatistiken lässt sich der Agrarprotektionismus quantitativ nicht ablesen. Statt einer Eindämmung kommt es aufgrund simultaner Importbeschränkungen und Exportförderungen zu einer Verzerrung des Agrarhandels, für deren Erfassung aber kein Maß existiert und aufgrund der vielfältigen agrarhandelspolitischen Maßnahmen und deren konsequenten Weiterentwicklung zukünftig auch nicht zu erwarten ist. Im Folgenden werden daher nur qualitative und tendenzielle Aussagen zu den Folgen des Agrarprotektionismus für den Außenhandel getroffen.

im nationalen Agrarsektor geltende Preis- und Einkommensniveau aufrechtzuerhalten – eine Verkettung, die als „Teufelskreis der Agrarpolitik bezeichnet wird (vgl. HAUSER/SCHANZ 1995: 175ff.; SCHLÖDER 1991: 23ff.; ANDEREGG 1999: 297; PRIEBE 1988: 149f.).

Die Strategie der internen Stützung und der gleichzeitigen Abschottung gegen internationale Agrarpreisschwankungen verhindert eine langfristig orientierte internationale Arbeitsteilung entsprechend den komparativen Kosten verschiedener Regionen der Welt und führt zu einer Veränderung der Erzeugungsbedingungen sowie zu einer Verschiebung von Anbaugebieten bestimmter Agrarprodukte. Nicht mehr die komparativen Produktionsvorteile, sondern Protektion und Stützung bestimmen Ausmaß und Richtung der Agrarhandelsströme. Ferner kann der Agraraußenhandel eine seiner wichtigsten Funktionen, nämlich den weltweiten Ausgleich der durch kurzfristige Faktoren (z.B. Witterung) bedingten wechselnden Knappheitsverhältnisse an verschiedenen Standorten, wegen handelspolitischer Eingriffe nur sehr eingeschränkt ausüben, so dass in der Welt insgesamt mehr ausgleichende Lagerhaltung betrieben oder ein höheres Maß an Instabilität hingenommen werden muss (vgl. TANGERMANN 1985: 99; REBLIN 1993: 166).

Für den internationalen Agrarhandel besonders schädlich sind die Exportsubventionen der Industrieländer, welche die Unterschiede zwischen Inlands- und Weltmarktpreisen aufheben. Die Weltmarktpreise stellen damit keinen verlässlichen Maßstab für die tatsächliche Marktsituation und die Erzeugungskosten mehr dar, sondern werden durch die Herstellungsmengen bestimmt, welche von Ländern mit Überproduktion auf die Weltmärkte gedrückt werden (vgl. BALDENHÖFER 1999: 421). Auf Drittmärkten, die für Agrarerzeugnisse nur begrenzt aufnahmefähig sind, führen Exportsubventionen zu einer Verdrängung traditioneller Agrarexporteure, gleichzeitig induzieren sie die verstärkte Abschottung der nationalen Agrarmärkte durch importbehindernde Maßnahmen. Die Folge sind Handelskonflikte, die vornehmlich zwischen der EU und den USA als die weltweit größten Agrarexporteure auftreten (vgl. DEMIRELLI 1995: 54; ANTLE 1996: 400). Der durch den Subventionswettlauf ausgelöste Preisdruck auf den internationalen Agrarmärkten trifft sowohl nicht-subventionierende Industrieländer als auch viele Entwicklungsländer, die über Agrarausfuhren Devisen zur Bezahlung ihrer Importe zu erzielen versuchen (vgl. TANGERMANN/HARTWIG 1987: 73; ALTMANN 1993: 700).

Neben den subventionierten Exporten bereiten den Entwicklungsländern auch die hohen Einfuhrbarrieren der Industrieländer erhebliche Probleme. Der Zugang zu wichtigen Absatzmärkten bleibt ihnen verwehrt. Der Zollschutz ist umso größer, je höher der Verarbeitungsgrad der Agrarprodukte ist, um die weiterverarbeitende Industrie zu schützen. In vielen Entwicklungsländern gilt aber gerade die Weiterverarbeitung von Agrarprodukten, z.B. von Kaffee- oder Kakaobohnen, als erster wichtiger Schritt zur Industrialisierung (vgl. JACOB 1987: 363). Der Agrarprotektionismus der Industrieländer zementiert damit Unterentwicklung.

Die Vermeidung dieser gesamtwirtschaftlich negativen Folgen ist nur durch eine Neuausrichtung der Markt- und Preispolitik sowie den Abbau der Agrarprotektion möglich, welche sich auf der internationalen Ebene zu einer hochrangigen agrarpolitischen Gestaltungsaufgabe entwickelt haben, deren Bedeutung über den Agrarsektor weit hinausreicht (vgl. HENRICHSMEYER/WITZKE 1994: 339).

Internationale Verpflichtungen zum Abbau des Agrarprotektionismus seitens der Industrieländer kamen vor allem durch die achte Welthandelsrunde des GATT, die sog. Uruguay-Runde (1986-1993), zustande, welche die Landwirtschaft erstmals ernsthaft auf den Tisch internationaler Verhandlungen brachte[25]. Das Ziel dieses Übereinkommens war die Schaffung solcher ordnungspolitischen Rahmenbedingungen für die Landwirtschaft, welche auf die Stabilisierung der Marktentwicklung durch eine Reaktivierung der Marktkräfte hinwirken (vgl. HUAN-NIEMI 2003: 7; GATT 1993; RAYNER ET AL. 1993: 1513; GIBSON ET AL. 2001: 1).

Die Industrieländer sagten dabei verbindlich zu, die weit verbreiteten Importquoten, Abschöpfungen und andere nichttarifäre Handelshemmnisse, vor allem Exportselbstbeschränkungen, durch Zölle zu ersetzen (Tarifizierung) und diese gegenüber einer Referenzperiode schrittweise zu reduzieren. Sie verpflichteten sich außerdem zum Verbot neuer und zum Abbau bestehender Exportsubventionen sowie zur Reduktion produktionsstützender Binnensubventionen, vor allem der Marktpreisstützung.

Der faktische Liberalisierungseffekt dieser Maßnahmen hielt sich allerdings in Grenzen: Mengenmäßige Beschränkungen wurden zum Teil – unter Zugrundelegung protektionistischer Ausgangsperioden – in unverhältnismäßig hohe Zollsätze umgerechnet („dirty tariffication"). Auch erfüllten viele Länder die durchschnittlichen Zollsenkungsverpflichtungen dadurch, dass sie die höchsten Zollsätze am geringsten und die niedrigsten am stärksten reduzierten (vgl. BENDER 1996: 129f.; INGCO 1995: 44;

---

[25] Eine sehr detaillierte Darstellung des Verhandlungsablaufs, der Abkommensinhalte und der umfangreichen Ausnahmeregelungen für Entwicklungsländer findet sich bei SENTI 2000: 465ff.; HAUSER/SCHANZ 1995: 173ff. und RAYNER ET AL. 1993.

KOOPMANN 1996: 20f.). Gleichzeitig breitet sich der Einsatz sanitärer und phytosanitärer Instrumente konsequent aus. Dabei handelt es sich vornehmlich um solche importbeschränkende Maßnahmen, die offiziell dem Schutz von Menschen, Tieren und Pflanzen in den Einfuhrländern dienen und GATT-konform sind. Einerseits ist der Anstieg dieses Maßnahmenkomplexes mit dem sich ausbreitenden Sicherheitsbedürfnis in den entwickelten Ländern zu erklären. Andererseits ist aber auch zu bedenken, dass sich hinter dem vordergründig moralisch wirkenden Vorhaben, die Gesundheit von Konsumenten, Tieren und Pflanzen zu schützen, vielfach auch die Absicht verbirgt, sich zum Einkommensschutz der inländischen Agrarproduzenten unerwünschter Importe zu entledigen (vgl. NZZ 2001; WINDFUHR 2002: 84).

Was die Zahlung von Subventionen betrifft, wurde das System direkter Einkommenszahlungen an die Landwirte, für die keine konkreten Höchstgrenzen vorgeschrieben sind, offiziell eröffnet und GATT-konform verankert. Die Landwirte in den Industrieländern erhalten somit immer noch schätzungsweise das 1,3 bis 1,5-fache des Weltmarktpreises an Unterstützung (vgl. FRENKEL/RADECK 1996: 28; KOOPMANN 1996: 20f.; SCHUR 2002: 20). Auch die Exportsubventionen stellen trotz Reduktion nach wie vor ein gravierendes Problem dar. So ist das Scheitern der jüngsten WTO-Verhandlungen im Sommer 2006 vor allem auf die Weigerung einiger Industrieländer, vor allem der EU, zu deren völligen Abschaffung zurückzuführen.

3.4 Bestimmungsfaktoren des Agrarprotektionismus

Bisher wurde gezeigt, dass die Agrarpolitik innerhalb der allgemeinen Wirtschafts- und Gesellschaftspolitik nicht nur eine Sonderrolle ausübt, sondern sich in den Industrieländern mit marktwirtschaftlicher Ordnung der staatliche Protektionismus zugunsten des Agrarsektors beharrlich behauptet. Es stellt sich die Frage, warum trotz absoluten wie relativen Rückgangs der im Agrarsektor beschäftigten Bevölkerung, der objektiven Diskriminierung anderer Wirtschaftssubjekte, insbesondere Steuerzahler und Verbraucher, der aus einzelwirtschaftlicher Sicht gegebenen ökonomischen Bedenken und der aus gesamtwirtschaftlicher Sicht schädlichen und nur schwer verständlichen Privilegierung des Agrarsektors die wirtschaftspolitische Sonderstellung der Landwirtschaft in den Industrieländern so stark ausgeprägt ist. Zu ergründen sind demnach die Faktoren, welche in den entwickelten Ländern mit demokratischer Grundordnung eine protektionistische Agrarpolitik und deren Beharrungsvermögen bestimmen. Da in den Industrieländern ähnliche agrarpolitische Instrumente zum Einsatz gelangen, lässt sich die Hypothese ableiten, dass es ebenfalls vergleichbare Einflussfaktoren sind, die hinter dem Zustandekommen gleichartiger agrarpolitischer Eingriffe stehen (vgl. HAASE 1983: 34; HAGEDORN/SCHMITT 1985: 251). In folgendem Kapitel wird mit der Politischen Ökonomie des Protektionismus ein wichtiger Erklärungsansatz erläutert.

3.4.1 Politische Ökonomie des Protektionismus

Die der ökonomischen Theorie der Politik („public choice") angehörende Politische Ökonomie des Protektionismus ist eine positive (erklärende) Theorie der Handelspolitik (vgl. BENDER 2003: 535). Sie leitet sich aus dem „misfit" zwischen den Prämissen der reinen Außenhandelstheorie und den realen Bedingungen ab. Denn die theoretischen Aussagen zum Freihandel sagen nichts darüber aus, wie im Einzelnen die Wohlfahrtsgewinne eines freien Außenhandels zwischen den Ländern, aber auch innerhalb eines einzelnen Landes verteilt werden.

> „Die für den einzelnen wichtige Frage, wer in welchem Ausmaß zu den Gewinnern und Verlierern zählt, wird (...) außer Acht gelassen. Vom gesamtgesellschaftlichen Standpunkt aus mag diese Sichtweise angehen. Doch welches Individuum wird sich in einer konkreten Entscheidungssituation, wenn es zu den Verlierern zählt, für den gesellschaftlichen Standpunkt interessieren?" (HALBHERR/MÜDESPACHER 1985: 25).

Die Tatsache, dass jede Handelsliberalisierung neben einer Erhöhung der allgemeinen gesellschaftlichen Wohlfahrt sehr wohl auch Verlierer produziert, ruft die Politik zur Beförderung partikularer Interessen im Außenhandel auf den Plan.

3.4.1.1 Allgemeine Grundlagen und Verhaltensannahmen

Die Politische Ökonomie des Protektionismus fragt nach den Ursachen und Motiven für die Einführung und Persistenz protektionistischer Maßnahmen. Beruhend vor allem auf den Untersuchungen von FREY 1985, BALDWIN 1989, HILLMAN 1989, MAGEE ET AL. 1989, RODRIK 1995, GOLDBERG/MAGGI 1999, GAWANDE/BANDYOPADHYAY 2000, ist sie ein besonderes Forschungsprogramm der realen Außenwirtschaftstheorie und deutet real existierende wohlfahrtsmindernde Protektionsmaßnahmen als Ergebnis eines politischen Prozesses (vgl. GUGGISBERG 1997: 74; GABLER WIRTSCHAFTSLEXIKON 2000: 2426).

Die Politische Ökonomie des Protektionismus analysiert, in welcher Weise der politische Entscheidungsprozess dazu beiträgt, dass staatliche Interventionen im internationalen Handel eingesetzt und aufrechterhalten werden. Art und Umfang der staatlichen Maßnahmen lassen sich endogen aus dem Zusammenspiel der Akteure im politisch-ökonomischen Zusammenhang erklären (vgl. WECK-HANNEMANN 1993: 300).

In der Politischen Ökonomie des Protektionismus unterliegen dem Verhalten der Akteure mehrere zentrale Prämissen: Der **methodologische Individualismus** begründet soziale Strukturen, Beziehungen und Prozesse, insbesondere das staatliche Handeln und Funktionieren sozialer Institutionen, als Resultat individueller Handlungen und Entscheidungen. Handlungsmaxime für das individuelle menschliche Handeln ist das **ökonomische Rationalverhalten** des homo oeconomicus, nach dem sich Individuen nutzenmaximierend verhalten und anhand gegebener Präferenzen Kosten und Nutzen alternativer Entscheidungen erkennen und bewerten. Daran unmittelbar geknüpft ist das **Eigennutzaxiom**, welches das Rationalverhalten als Mittel zur Maximierung des Eigennutzens betrachtet. Schließlich treten die Individuen nicht isoliert auf, sondern interagieren in **sozialen Tauschbeziehungen** (vgl. BEHRENDS 2001: 5; KIRCHGÄSSNER 1991: 27; POPPER 1992: 116).

3.4.1.2 Der politische Markt für Protektion

In der Politischen Ökonomie des Protektionismus ist Protektion, also der Schutz vor ausländischer Konkurrenz, ein Gut, das auf einem politischen Markt – analog zu einem ökonomischen Markt – von Anbietern und Nachfragern gehandelt wird. Spiegelbildlich zur Protektion lässt sich auf dem politischen Markt Freihandel als entgegen gesetztes Handelsgut betrachten. Die Freihandelsnachfrager sind damit die Gegner des Protektionismus und vice versa.

Zu den **Protektionsbefürwortern bzw. -nachfragern** gehören vor allem in direkter Konkurrenz mit dem Ausland stehende und international nicht wettbewerbsfähige heimische Firmen, unterstützt von Arbeitnehmern und Gewerkschaften des betroffenen Sektors.

Zu den **Protektionsgegnern** rechnen z.B. exportorientierte und multinationale Unternehmen, denen Handelsbeschränkungen schaden, und inländische Verarbeiter von aus dem Ausland stammenden Vorprodukten.

Die quantitativ größte Interessensgruppe, die Konsumenten, nehmen eine ambivalente Position ein: Einerseits werden durch Protektion das Güterangebot reduziert und die Güterpreise künstlich hochgehalten, andererseits fungieren die meisten Konsumenten als Anbieter des Faktors Arbeit, der vor ausländischem Wettbewerb bedroht sein kann. Ähnliches gilt für die Steuerzahler: Gewährt der Staat Protektion in Form von Subventionen, werden sie belastet; setzt er dagegen Erträge aus Zollerhebungen oder kostenpflichtigen Importlizenzen zur Senkung der Steuern ein, profitieren sie (vgl. FREY 1984: 24 und 1985: 22f.; SCHMÜSER 1998: 152; WECK-HANNEMANN 1992: 56; MARTIN 2003: 231; SCHIRM 2002: 5f.).

Als **Protektionsanbieter** kommen zuvorderst Politiker der Regierung in Frage. Sie sind primär an der Maximierung ihrer Wiederwahlwahrscheinlichkeit interessiert und konzentrieren sich auf protektionssuchende Interessensgruppen, die stark an einer politischen Einflussnahme interessiert sind und von denen sie sich die größten Vorteile sowie Wiederwahl erhoffen (vgl. GURBAXANI 2000: 129; FREY 1985: 28).

Die Tauschwährung auf dem politischen Markt drückt sich in politischer Unterstützung (Wahlunterstützung, finanzielle Unterstützung, Informationen) aus. Der Preismechanismus entspricht dem politischen Prozess, der Einfluss und Machtansprüche unterschiedlicher Interessen zum Ausgleich bringt (vgl. GUGGISBERG 1997: 74 und 110; WECK-HANNEMANN 1992: 15 und 50; FREYTAG 1995: 51).

Bürokraten in der öffentlichen Verwaltung spielen beim Einsatz protektionistischer Instrumente ebenfalls eine gewichtige Rolle, weil sie einerseits Gesetze und Maßnahmen für den nachfolgenden politischen Prozess formulieren, andererseits ohne politische Einflussnahme handelspolitische Aktionen beschließen, verwirklichen und kontrollieren (vgl. FREY 1985: 28; SCHMÜSER 1998: 160f.). Die Motive hierfür liegen vor allem in Einflusssteigerung und Prestigegewinn gegenüber ihrer Klientel. Diese Klientel, gleichzeitig auch Nachfrager der „Güter" Protektion und Freihandel, besteht meist aus bestimmten wirtschaftlichen Branchen, zu denen Bürokraten alleine schon aus ihrer organisatorischen Zuständigkeit eine intensive Beziehung knüpfen. Die Mitglieder der Bürokratie eignen sich Expertenwissen und Detailkenntnis an und setzen sich für ihren zugeordneten wirtschaftlichen Sektor ein, indem sie durch gesteigertes protektionistisches Verhalten ausländische Konkurrenz abwehren (vgl. WECK-HANNEMANN 1992: 90f.; FREY 1985: 28).

3.4.1.3 Die Organisierung von Interessen

Notwendig für die Durchsetzung jeglicher, in diesem Fall außenhandelsbezogener Anliegen ist die Möglichkeit, sich erfolgreich in Interessensgruppen zu organisieren. Organisierte Interessen konstitutionalisieren sich in Verbänden, welche das institutionelle Bindeglied zwischen Wirtschaft und Politik darstellen und fester Bestandteil demokratischer Gesellschaftssysteme sind. Die Interessen werden entweder in direkten Verhandlungen untereinander („Collective Bargaining") oder indirekt durch die Beeinflussung politischer Entscheidungsprozesse durchgesetzt, wodurch Verbänden ein quasi-politischer Charakter zukommt (vgl. LEIPOLD 1988: 120). Die Beeinflussung der Politik ist ihnen durch mehrere Einflusskanäle möglich (vgl. HAASE 1983: 62ff.):

➢ Vermittlung von Kenntnissen und Informationen, welche sie sich relativ einfach verschaffen können und die für die politischen Entscheidungsträger wichtige Handlungsvoraussetzungen (z.b. Kenntnisse über die Auswirkungen staatlicher Maßnahmen oder Betroffenheit bestimmter Wählerschichten) darstellen. Weitergeleitet werden diese Informationen nur bei entsprechenden Gegenleistungen seitens des Staates bzw. der Politik.

➢ Ausnutzung von Marktmacht, welche andere Marktteilnehmer oder große Bevölkerungsschichten in Mitleidenschaft ziehen kann (z.b. Streiks, Boykotte etc.). Oft ist an dieser Stelle alleine schon die Androhung derartiger Maßnahmen ausreichend, um den Staat bzw. die Politik entsprechend zu beeinflussen.

➢ Finanzielle und/oder ideologische Unterstützung einzelner Parteien, um dadurch Regierung bzw. diese bildende Parteien zum positiven Einlenken im Hinblick auf die eigenen Interessen zu bewegen.

Die erfolgreiche Organisierung von Interessen ist von zwei Bedingungen abhängig (vgl. OFFE 1972: 146ff.): Die **Mobilisierungs- und Organisationsfähigkeit** bezieht sich auf die Mobilisierung ausreichender motivationaler und materieller Ressourcen, die zur Etablierung einer Interessensgruppe erforderlich sind und sich als spezifisches Bedürfnis einer sozial eindeutig abgrenzbaren Gruppe interpretieren lassen. Die **Konfliktfähigkeit** betrifft die politische Durchsetzungspotenz von Interessensgruppen. Diese müssen in der Lage sein, über o. g. Einflusskanäle ihre Anliegen wirksam zu artikulieren, indem sie den Ablauf wirtschaftspolitischer Prozesse stören oder für ihre Gegenseite Probleme schaffen können. Wichtig ist dabei, dass sie dazu mehrmals – im Idealfall immer – in der Lage sind (vgl. FREY/KIRCHGÄSSNER 2002: 195). Das Ausmaß der Konfliktfähigkeit gibt dann letztlich die Größenordnung der politischen Einflusschancen vor.

Die erfolgreiche Aktivität einer Interessensgruppe, hier die Durchsetzung von Freihandel oder Protektionismus, stellt ein öffentliches Gut dar, weil alle Beteiligten des Wirtschaftszweiges von dieser Maßnahme profitieren und niemand davon ausgeschlossen werden kann. Daher besteht für einzelne Individuen wenig Anreiz, dieser Interessensgruppe beizutreten und sich politisch und/oder finanziell in ihr zu engagieren. Durch dieses Trittbrettfahrerproblem gestaltet sich die Organisation von Interessen schwierig, so dass im Extremfall niemand zum Beitritt zu einer Gruppe bereit sein wird (vgl. GLISMANN ET AL. 1992: 139; VOIGT 1992: 112; GUGGISBERG 1997: 112). Die effektive Organisierbarkeit und Vertretung von Interessen ist nach der auf OLSON

(1965: 165) zurückgehenden Logik des kollektiven Handelns nur dann gegeben, wenn eine der nachfolgenden Bedingungen erfüllt ist:

> ➢ Die Zahl potenzieller Mitglieder ist so klein, dass Trittbrettfahrer entlarvt und bestraft werden können.
> ➢ Besteht ein staatlicher Mitglieds- und Beitrittszwang für eine Interessensgruppe, so ist diese Gruppe stabil[26].
> ➢ Mitglieder der Gruppe erhalten positive selektive Anreize, die nur ihnen zugute kommen[27].
> ➢ VOIGT (1992: 113) fügt noch den Grad der persönlichen Betroffenheit hinzu. Je höher der Grad individueller Relevanz und Betroffenheit ist, desto mehr steigt die Chance, das Organisationsdilemma zu überwinden.

Unter Berücksichtigung der Stellung und Aktivitäten von Interessensgemeinschaften bzw. Verbänden ergibt sich in der Beeinflussung der Gestaltung des Außenhandels folgender Zusammenhang (vgl. LEIPOLD 1988: 119): Der Staat stellt die beiden Kollektivgüter Außenhandelsprotektion und Außenhandelsfreiheit her (Output), die von den Protektionsbefürwortern bzw. Protektionsgegnern (Freihandelsanhängern) nachgefragt werden. Beide Gruppen bringen den erforderlichen Input (politischen Druck bzw. Unterstützung) auf, der dem Staat über Verhandlungs- bzw. Wahlmechanismen angedient wird, um ihn zu einer Außenhandelspolitik in ihrem Sinne zu bewegen. Der Preis des finanziellen und politischen Engagements zur Durchsetzung dieser unterschiedlichen außenhandelsbezogenen Interessen kann insgesamt als Lobbyingtätigkeit beschrieben werden.

Zu berücksichtigen ist in dieser Konstellation, dass sich die Interessen der Protektionsgegner wesentlich schwieriger und schlechter organisieren lassen als die der Befürworter. So steht der einzelne Konsument unter der großen und heterogenen Masse aller Konsumenten als Protektionsgegner einer großen Palette von Gütern gegenüber, welche nur zum Teil von handelsbeschränkenden Maßnahmen betroffen sind. Die künstliche Verteuerung einzelner Produkte trifft ihn nur marginal, die Kosten der Protektion verteilen sich auf eine Vielzahl von Individuen, so dass der Anreiz zur Bildung einer organisierten Interessensgruppe auf Konsumentenseite nur gering ausgeprägt ist (vgl. SCHMÜSER 1998: 154; WECK-HANNEMANN 1992: 56ff.; MARTIN 2003: 235). Dasselbe gilt für freihandelsnachfragende Exportindustrien: Die Diffusion der Ge-

---

[26] z.B. öffentlich-rechtliche Körperschaften mit Mitgliedszwang.

[27] z.B. spezifische Informationen, Versicherungsschutz oder sozialpsychologische Leistungen durch Freundschaftspflege in einer Interessensgruppe (vgl. FREY/KIRCHGÄSSNER 2002: 194f.).

winneinbußen ist hier wesentlich größer als die Konzentration der Gewinnzuwächse des protegierten Sektors; zudem sind die Auswirkungen der Protektion auf die Gewinne der Exportindustrie schwierig zu identifizieren und zu quantifizieren (vgl. BENDER 2003: 536; VOIGT 1992: 133).

Die Anliegen weniger und homogener Produzenten eines Wirtschaftsbereichs sind dagegen leichter zu organisieren, da ihre Interessen konzentrierter auftreten: Die Wirkung von importbeschränkenden Maßnahmen kommt den geschützten Branchen direkt und unmittelbar zugute, während die sinkende Gesamtwohlfahrt nur langfristig, indirekt und vor allem schwer quantifizierbar wahrzunehmen ist. Ferner wirkt das in politischen Entscheidungsprozessen vorgebrachte Argument für Arbeitsplatzerhalt mit großem Gewicht (vgl. ETHIER 1997: 299; WECK-HANNEMANN 1992: 60).

Insgesamt lässt sich festhalten: Die Politik „verkauft" eine restriktive Handelspolitik an die Vertreter partikularer Interessen und erhält im Gegenzug politische Unterstützung, meist modelliert in Form von Ressourcentransfers (vgl. MARTIN 2003: 237). Die Gesamtwohlfahrt spielt dabei nur eine untergeordnete Rolle, denn die vollen Auswirkungen protektionistischer Maßnahmen werden von der Öffentlichkeit nur eingeschränkt wahrgenommen (vgl. GURBAXANI 2000: 129). Damit kann sich ein im gesamtwirtschaftlichen Aggregat zwar schädliches, dagegen aber durchaus im Interesse einzelner Gruppen stehendes Außenhandelsregime hartnäckig behaupten (vgl. WECK-HANNEMANN 1993: 300).

Überträgt man die allgemeinen Erkenntnisse der Politischen Ökonomie des Protektionismus auf den Agrarsektor, sind die Anbieter von Agrarprotektion, zu verstehen als binnen- und außenwirtschaftliche Vorzugsbehandlung der Landwirtschaft, die Agrarpolitik bzw. die Agrarbürokratie. Als Nachfrager treten die Agrarlobby bzw. die landwirtschaftlichen Verbände als institutionalisiertes Bindeglied zwischen Agrarsektor und Politik bzw. Verwaltung auf. Neben ihren natürlichen und sektorautochthonen Besonderheiten (vgl. Kap. 2.1.2) ist das hohe Protektionsniveau in der Landwirtschaft auf die starke Position der Agrarlobby zurückzuführen, die im Folgenden auf ihre Organisations- und Konfliktfähigkeit hin analysiert wird.

3.4.2 Organisationsfähigkeit

Zur Erreichung eines hohen sektoralen Protektionsgrades ist eine erfolgreiche Organisierung von Interessen die unabdingbare Voraussetzung. Die Landwirte genügen dieser Voraussetzung nicht nur, sondern erfüllen sie auch besser als andere, mit ihnen konkurrierende Interessensgruppen und weisen bei der Produktion politischen Einflusses daher einen relativen Effizienzvorteil auf (vgl. HAGEDORN/SCHMITT 1985: 253ff.).

3.4.2.1 Die Wahl zwischen Markt und Politik als Grundlage der Organisierung

Ausgangspunkt für das starke Bedürfnis, sich zu organisieren, ist die von den Landwirten als unbefriedigend empfundene ökonomische Situation, in der sie sich befinden. Ursächlich hierfür sind die von ihnen getätigten irreversiblen Investitionen („sunk costs"), die wie ein Schutzwall vor äußerer Konkurrenz wirken und aufgrund erschwerter Marktzutrittsmöglichkeiten zu Quasirenten[28] für die Gruppenmitglieder führen. Kommt eine ungünstige Branchenentwicklung hinzu, wie es aufgrund des sektoralen Strukturwandels bei der Landwirtschaft in Industrieländern der Fall ist (vgl. Kap. 2.2.3), erschwert diese Irreversibilität zusätzlich den Marktaustritt. Dies intensiviert die Bereitschaft zur Verteidigung der bisherigen Quasirente durch organisiertes kollektives Handeln (vgl. HAGEDORN 1984: 27).

Im Zuge des sektoralen Strukturwandels sind die Landwirte mit dem Problem der Wahl zwischen marktlichen und politischen Koordinationsmechanismen konfrontiert. Sie müssen sich zwischen der marktlich-strukturellen Anpassung an die immer ungünstiger werdenden Agrarpreisrelationen, wie sie in industrialisierten Volkswirtschaften aus dem steigenden Angebot von Agrarprodukten bei gleichzeitig nachlassender Nahrungsmittelnachfrage resultieren, und der Begegnung dieses Anpassungsdrucks durch aktive Betätigung im agrarpolitischen Raum entscheiden. Dass diese Entscheidung zugunsten des politischen Handelns ausfällt, ist den durch den Agrarstrukturwandel hervorgerufenen Transaktionskosten und den unter diesen Bedingungen erzielbaren Erträgen geschuldet. Es sind institutionelle Besonderheiten der Landwirtschaft, welche zur Ablehnung des Marktes als Koordinationsmechanismus ökonomischer Transaktionen führen. Dazu gehören (vgl. HAGEDORN 1984: 28ff.; HAGEDORN/SCHMITT 1985: 259ff.):

> ➤ **Asymmetrie zwischen der Zuordnung von Gewinnen und Kosten des strukturellen Wandels:** Die durch technischen Fortschritt realisierten Gewinne entsprechen nicht den Erwartungen der Landwirte, da der Großteil der Innovationsvorteile den Verbrauchern zugute kommt. Langfristig kann der einzelne Landwirt seine relative Einkommensposition nicht verbessern, muss sie durch technischen

---

[28] Als Quasirente bezeichnet man die „Differenz der Erträge einer spezifischen Investition in der gegenwärtigen Verwendung gegenüber der nächst besten Verwendung" (GABLER WIRTSCHAFTSLEXIKON 2004: 2463).

Fortschritt aber zumindest aufrechterhalten. Gleichzeitig entstehen den Landwirten Transaktionskosten, da sie Ressourcen, einschließlich Arbeitskraft, den Verwendungen entziehen müssen, die nicht mehr wettbewerbsfähig sind. Die Geschwindigkeit dieses Anpassungsprozesses wird durch Kosten und Verluste gebremst, welche bei der Abwanderung von Landwirten in andere Branchen auftreten. Diese Mobilitätskosten können aber nicht auf andere soziale Gruppen überwälzt, sondern müssen von den bäuerlichen Familien alleine getragen werden. Insgesamt wird der Marktmechanismus den Erwartungen der Landwirte nicht gerecht: Während die aus dem technischen Fortschritt erhofften Gewinne ausbleiben, sind die Transaktionskosten des agrarstrukturellen Wandels von ihnen selbst zu tragen.

> **Kollektive Betroffenheit und Solidarisierung aufgrund sektoraler Einkommensdisparität:** Die Koordination ökonomischer Aktivitäten über den Markt läuft nicht nur den individuellen Zielen des einzelnen Landwirts, sondern auch den kollektiven Perspektiven der Landwirtschaft zuwider. Wegen der Transaktionskosten ist es für den einzelnen Landwirt eine rationale Entscheidung, seinen Beruf erst dann aufzugeben, wenn sein Einkommen unter dem um Mobilitätskosten und Kapitalverluste verringerten Betrag eines außerlandwirtschaftlichen Alternativeinkommens liegt. Da sich diese Einkommensdifferenz über die starke Interdependenz der landwirtschaftlichen Produkt- und Faktormärkte auf den gesamten Agrarsektor auswirkt, kommt es aufgrund einer sektoralen Einkommensdisparität zu einer kollektiven Betroffenheit. So fürchten in einer modernen Gesellschaft die Landwirte, ihren sozialen und wirtschaftlichen Status zu verlieren – eine Bedrohung, auf die sie wie in einer Schicksalsgemeinschaft mit einer Solidarisierung reagieren, die für die Organisationsfähigkeit kollektiven Handelns maßgeblich ist.

> **Geringe Chancen kollektiven Handelns auf dem Markt:** Kollektives Handeln muss nicht unbedingt im politischen Raum erfolgen, sondern ist grundsätzlich auch im Marktbereich, z.B. über die Bildung von Kartellen oder Oligopolen zur Begrenzung von Angebotsmenge und Anzahl der Anbieter, möglich. Aufgrund einer polypolistischen Marktstruktur kommt diese Alternative in der Landwirtschaft allerdings nicht in Frage. Gleiches gilt für die landwirtschaftlichen Faktormärkte. Im nicht-landwirtschaftlichen Bereich werden Löhne und Arbeitsbedingungen durch Tarifverhandlungen („collective bargaining") zwischen Arbeitgebern und Arbeitnehmern fixiert. Für den selbstständigen Landwirt ist eine solche Institution unsinnig, da er dann kollektive Verhandlungen mit sich selbst führen müsste.

Insgesamt können und wollen die Landwirte ihre wirtschaftlichen und einkommenspolitischen Ziele nicht über den Markt erreichen; stattdessen billigen sie der politischen Koordination ihrer Interessen eine relative Vorzüglichkeit zu. Dieses „Heraushalten" des Agrarsektors aus der Marktwirtschaft führt zu einer politisch gesteuerten

Agrarbürokratie mit ausgeprägten dirigistisch-protektionistischen Elementen, die von staatlichen Preisvorgaben über Produktionseingriffe bis zur Regulierung des Außenhandels reichen. Ein Wechsel zu Agrarliberalismus bzw. einer marktlich geprägten Agrarordnung wird durch Produktionsüberschüsse, den Sachzwang hoher Selbstversorgungsraten sowie nicht angepasste Agrarstrukturen praktisch unmöglich (vgl. ANDEREGG 1999: 91f.).

3.4.2.2 Organisation der Befürworter und Gegner von Agrarprotektion

Die individuell als unbefriedigend empfundene ökonomische Situation macht die Landwirte in der Summe zu einer natürlichen Interessensgemeinschaft, die für die Mobilisierung politischer Präferenzen und die Organisierung von Interessen geradezu prädestiniert ist (vgl. VON WEIZSÄCKER 1983). Die Bündelung dieser Interessen erfolgt in den landwirtschaftlichen Verbänden. Die erfolgreiche Aktivität von in Verbänden konstitutionalisierten Interessensgruppen ist ein öffentliches Gut. Von der Durchsetzung eines hohen Agrarschutzes profitieren alle Landwirte, keiner kann davon ausgeschlossen werden. Für den einzelnen Landwirt wäre es daher irrational, sich für die Durchsetzung kollektiver Vorteile für die Landwirtschaft aktiv zu engagieren oder gar einen finanziellen Beitrag zu leisten (vgl. HAASE 1983: 73).

Dieses Organisationsdilemma bzw. Trittbrettfahrerproblem (Free-Rider-Problem) lösen die Bauernverbände durch die Gewährung positiver selektiver Anreize in Form von über das Kollektivgut Agrarprotektion hinausgehenden, individuell konsumierbaren Leistungen, die als private und nicht-teilbare Güter nur von den beigetretenen Landwirten in Anspruch genommen werden können. Dabei kann es sich – wie im Falle des Deutschen Bauernverbandes – um individuelle Betreuung und Beratung in betriebswirtschaftlichen und juristischen Fragen (z.B. Steuerberatung, Buchführung), Bereitstellung von Informationen und Prognosen über Markt- und Preisentwicklungen, Fördermaßnahmen im Absatz-, Beschaffungs- und Kreditbereich, Vermittlung von Arbeitskräften bis hin zu Maßnahmen zur Weiterbildung und Freizeitgestaltung handeln. Durch derartige Vorteile im privaten Bereich üben die Verbände eine starke Anziehungskraft aus und wirken dem Free-Rider-Verhalten erfolgreich entgegen (vgl. ANDEREGG 1999: 73f.).

Unterstützung erfahren die landwirtschaftlichen Verbände von weiten Teilen der nicht-landwirtschaftlichen Bevölkerung des ländlichen Raums, welche die konservative Grundhaltung der Landwirte teilen und aufgrund persönlicher Bindungen und Kontakte zu ihnen agrarprotektionistischen Maßnahmen im Allgemeinen positiv gegenüberstehen (vgl. KEELER 1994: 18f.).

Eng verwoben mit den Verbänden ist auch das Agribusiness, d.h. die der Landwirtschaft vor- und nachgelagerten Wirtschaftszweige, die mit den Landwirten Gewinnkoalitionen eingehen, wofür Landwirte häufig in die Vorstände von Genossenschaften oder Aufsichtsräte gewählt werden. Sie streben zum einen nach Produktionsüberschüssen und Subventionen zu ihrer Binnenverwertung, da sie mehr Güter umsetzen können, als es ohne Überschüsse und Beihilfen möglich wäre. Zum anderen drängen sie auf eine protektionistische Außenhandelspolitik, bei der importbehindernde Maßnahmen für ein hohes Preisniveau auf den Binnenmärkten sorgen und gewinnrelevante Importrenten realisieren sollen. Gleichzeitig fordern sie Markt- und Absatzgarantien zur Absicherung getätigter Investitionen und Wettbewerbsbeschränkungen zum Schutz vor neuen Konkurrenten. Insgesamt wird eine gemeinsame Strategie zur Durchsetzung sowohl interner als auch externer Stützungsmechanismen entwickelt (vgl. ANDEREGG 1999: 76; ERDMANN-KEEFER 1991: 23). Im Ergebnis schafft eine protektionistische Agrarpolitik eine homogene, klar identifizierbare Gruppe von Begünstigten (vgl. KOESTER 2005: 375).

Auf dem Markt für Protektion bilden die nicht-landwirtschaftlichen Haushalte die eigentliche Opposition zu Bauernverbänden und Agrarlobby. In ihrer Eigenschaft als Steuerzahler und Verbraucher sind sie an niedrigen Lebensmittelpreisen und geringen Kosten der Agrarprotektion interessiert. In den fortgeschrittenen Industrieländern ist diese Gegenposition aufgrund folgender Umstände aber nur sehr schwach ausgeprägt (vgl. HENRICHSMEYER/WITZKE 1994: 464):

- ➤ Anderen Problemen außerhalb der Landwirtschaft als ökonomischer Randbereich wird ein höherer Stellenwert zugemessen.
- ➤ Im Zeitablauf hat der Anteil für Lebensmittelausgaben an den gesamten Haushaltsausgaben kontinuierlich abgenommen.
- ➤ Aufgrund in der Vergangenheit real sinkender Agrarpreise fühlten sich die Konsumenten durch den Agrarprotektionismus nicht spürbar genug belastet.
- ➤ Für den durchschnittlichen Bürger bildet die Agrarpolitik eine sehr komplexe und intransparente Materie, so dass ihm die volkswirtschaftlichen Kosten und die Verteilungswirkungen des Agrarprotektionismus verborgen bleiben.

Aufgrund dieser Ausgangsbedingungen ist die Organisationsfähigkeit der nicht-landwirtschaftlichen Haushalte kaum vorhanden. Im Gegensatz zu Landwirten und Agribusiness stellen sie eine sehr heterogene und latente Interessensgruppe mit geringer Konnektivität dar. Die mit wachsender Größe zunehmenden Informations- und

Opportunitätskosten stehen einer erfolgreichen und effizienten Interessensorganisierung im Weg. Auch sind keine selektiven Anreizsysteme vorhanden. Auf Konsumentenseite beschränken sich diese auf Verbraucheraufklärung sowie im Fall des Lebensmittelkonsums auf saisonale Markt- und Preisberichte und Ernährungsberatung. Als Stimulus für eine aktive Betätigung in einem Verband (z.B. einem Konsumentenschutzverband) reicht dies meist aber nicht aus, womit eine wesentliche Bedingung für die Organisierung verflacht. Ähnliches gilt für Steuerzahlervereinigungen (vgl. HAASE 1983: 81f.).

Häufig ist die Opposition der nicht-landwirtschaftlichen Haushalte nicht nur schwach; vielmehr begegnet diese Gruppe den Problemen der Landwirte aus bestimmten Gründen mit Respekt und Verständnis (vgl. HENRICHSMEYER/WITZKE 1994: 464f.; KEELER 1994: 18):

- ➤ Die durch den Strukturwandel bedrohten landwirtschaftlichen Existenzen erwecken Gefühle von Mitleid und Solidarität, die Ideologie des „Wir versorgen Euch unter besonderen und schwierigen Umständen" besitzt gerade unter der nicht-ländlichen Bevölkerung viele Anhänger. Dagegen mutet die Forderung nach Wahrung eines bestimmten Status quo vergleichsweise bescheiden an: Wer nur sein bisheriges Einkommen aufrechterhalten will, kann in der Gesellschaft mit mehr Zustimmung rechnen als der, der mit der Forderung nach dessen Erhöhung auftritt. Das hohe Konsensbildungspotenzial einer solchen „Legitimation durch Tradition" lässt sich durch die Mobilisierung positiver Werturteile bei anderen Gruppen erklären, da der, der nur seinen bisherigen Anteil verteidigen möchte, keinem anderen etwas streitig macht.

- ➤ Ein nicht unerheblicher Teil der nicht-landwirtschaftlichen Bevölkerung kommt ursprünglich aus dem ländlichen Raum oder weist zumindest familiäre Verbindungen dorthin auf, so dass er sich in die Situation der Landwirte hinein versetzen kann.

- ➤ Aus eigenem Augenschein, z.B. durch Urlaub oder Verbringen von Freizeit in peripheren ländlichen Gebieten, werden die sozialen Probleme der Landwirte selbst solchen Bevölkerungsteilen bewusst, die ursprünglich keinerlei Bezug zum ländlichen Raum aufweisen.

Insgesamt steht der hervorragend organisierten landwirtschaftlichen Interessenvertretung eine nur schlecht bzw. eingeschränkt formierbare Gruppe nicht-landwirtschaftlicher Haushalte gegenüber. Der Widerstand gegen ein protektionistisches Agrarregime und der auf die Politik ausgeübte Druck Reformen durchzuführen, halten sich daher in Grenzen[29].

3.4.3 Konfliktfähigkeit und Möglichkeiten der politischen Einflussnahme

Die Konfliktfähigkeit, welche der Durchsetzung des Protektionsverlangens dient, drückt sich in der Verweigerung politischer Unterstützung durch Vermittlung von Informationen und Wahlbeeinflussung oder im Ergreifen von für die Protektionsanbieter Probleme schaffenden Maßnahmen, sei es durch Ausnutzung von Marktmacht oder ausgeprägtes Protestverhalten, aus.

3.4.3.1 Vermittlung von Informationen

Die agrarpolitischen Entscheidungsträger und die Entscheidungen vorbereitende Agrarbürokratie haben einen ständigen Bedarf an Informationen, welche die Unsicherheit, unter der Agrarentscheidungen getroffen werden müssen, reduzieren. Die Informationsnachfrage gilt vor allem fachlichem Wissen, agrarpolitisch relevanten Verhaltensweisen, der politischen Durchsetzbarkeit geplanter Reformmaßnahmen und damit auch den Kenntnissen über die Präferenzen der Wähler des ländlichen Raums. Dieses nachgefragte Wissen produzieren die Agrarverbände mit geringem Aufwand und zu niedrigen Kosten, denn wie andere wirtschaftliche Interessensgruppen kennen sie sich in ihrem Bereich bestens aus. Sie besitzen umfangreiche Detailinformationen und immer aktuelle statistische Auswertungen zu allen agrarrelevanten Fragestellungen (vgl. ANDEREGG 1999: 76). Ihre Kenntnisse beziehen sich auf die Beurteilung der Lage und

---

[29] Dies gilt jedoch ausschließlich für entwickelte Gesellschaften. In weniger entwickelten Ländern ist es genau umgekehrt. In solchen Ländern sind, auch bedingt durch eine schlechte infrastrukturelle Ausstattung vor allem bei Kommunikation und Transport, die Kosten für eine Organisation der großen und räumlich weit verstreuten Gruppe der Landwirte sehr hoch. Die Pro-Kopf-Gewinne aus einer Organisierung sind daher zu gering, um für die Landwirtschaft einen Anreiz zu schaffen, aus ihrer Lethargie herauszutreten. Zu beachten ist auch, dass aufgrund der in vielen Entwicklungsländern weit verbreiteten Subsistenzwirtschaft das Wohl der landwirtschaftlichen Haushalte nicht nur von den auf den kommerziellen Märkten erzielbaren Preisen, sondern auch der Qualität der Eigenversorgung abhängt. Dagegen weisen die Konsumenten vor allem in den Städten eine vergleichsweise hohe Organisationsbereitschaft auf. Ursächlich dafür zeichnet die Tatsache, dass in den Entwicklungsländern wirtschaftlicher Wohlstand stark mit der Höhe der Nahrungsmittelpreise korreliert, da der Anteil der Lebensmittelausgaben an den gesamten Ausgaben dort noch sehr hoch ist (Engelsches Gesetz). Weil der Nutzen durch billige Nahrungsmittel sehr groß ist, ist die Organisationsbereitschaft zur Durchsetzung niedriger Agrarpreise hoch. Die relative politische Macht wiegt daher wesentlich schwerer als die der Landwirte (vgl. GORN 1994: 187f.).

Entwicklung der Märkte für Agrarprodukte und landwirtschaftliche Produktionsfaktoren, der Wandlungsprozesse, welchen die Agrarstruktur unterliegt, sowie des Ausmaßes, in dem die in der Landwirtschaft Beschäftigten von deren Auswirkungen betroffen sind. Da sie auch stets in der Lage sind, die wirtschaftliche Situation der landwirtschaftlichen Betriebe, d.h. die Streuung von Einkommen und Gewinn, die Investitionsbereitschaft und den Besatz mit Fremdkapital, einzuschätzen, besitzen sie alle Informationen, mit denen ex ante Tragweite und Konsequenz agrarpolitischer Maßnahmen (z.B. Agrarpreisfestsetzungen, Abbau von Handelshemmnissen, Änderungen der landwirtschaftlichen Einkommensbesteuerung, einzelbetriebliche Förderprogramme etc.) in vollem Ausmaß beleuchtet und bewertet werden können (vgl. HAASE 1983: 77f.). Diese Informationen stellen die Verbände den staatlichen Entscheidungsträgern nur dann zur Verfügung, wenn diese quasi als Gegenleistung ihren Interessen durch Betreiben einer bauernfreundlichen Agrarpolitik entsprechen (vgl. FREY/KIRCH-GÄSSNER 2002: 201; STREIT 1988: 265).

3.4.3.2 Wahlverhalten

In den Industrieländern gelten Landwirte als homogene Stammwählergruppe bürgerlicher Volksparteien, mit denen sie sich aufgrund ihrer konservativen Grundeinstellung identifizieren. Sie stellen damit keine Medianwähler dar, die als zwischenparteiliche Grenzwähler in einer Demokratie eine wahlentscheidende Rolle spielen (vgl. HAGEDORN/SCHMITT 1985: 263f.; HENRICHSMEYER/WITZKE 1994: 463). Dennoch wirft die Landwirtschaft ein hohes wahlpolitisches Gewicht in die Waagschale. Vor allem den Bauerverbänden kommt eine besondere Bedeutung zu, da sie die Unterstützung und Gefolgschaft breiter bäuerlicher Wählerschichten genießen. Für den Fall, dass die Politik bestimmte Grenzen der Vernachlässigung ihrer Interessen überschreitet, können sie die landwirtschaftliche Bevölkerung zur Auflösung ihrer Parteienidentifikation auffordern, was in Parteiaustritte, Stimmenthaltung oder ein Protestwahlverhalten münden kann. Gleichzeitig üben die Bauerverbände erheblichen Einfluss auf die Aufstellung von Kandidaten im ländlichen Raum aus und können zum Wahlerfolg konkurrierender Parteien beitragen. Dies ist deshalb von Bedeutung, da die dünn besiedelten ländlichen Wahlkreise pro Kopf mehr Volksvertreter in die nationalen Parlamente entsenden, als es die dicht besiedelten städtischen Wahlbezirke tun[30]. Während die Land-

---

[30] Z.B. belegen in der Schweiz, wo der landwirtschaftliche Bevölkerungsanteil bei nur 4% liegt, die Abgeordneten aus ländlichen Wahlbezirken 16% der Nationalratssitze (vgl. NZZ 2003).

wirte in den Industrieländern – auf das gesamte Wahlgebiet gerechnet – nur einen Bruchteil der Wahlberechtigten ausmachen, können sie, ihre Verwandten und Kinder – ländliche sind grundsätzlich kinderreicher als urbane Familien – und die ihnen verbundene Landbevölkerung in einzelnen Wahlkreisen mit stark ländlich geprägten Teilräumen durchaus die Hälfte und mehr der Wähler stellen.

Häufig reicht aber allein schon der Sanktionsmechanismus der Wahl- oder Stimmenthaltung aus, sich Politiker des ländlichen Raums gefügig zu machen. Bei dünnen politischen Mehrheiten fürchten vor allem konservative Parteien, ihre Mehrheitsfähigkeit einzubüssen, wenn es zu Konflikten mit der Landwirtschaft und ihr nahe stehenden Gruppen kommt[31] (vgl. ANDEREGG 1999: 74; HAGEDORN/SCHMITT 1985: 266; KEELER 1994: 17; KOESTER 2005: 372).

Wollen im politischen Wettbewerb stehende Parteien das landwirtschaftliche Wählerpotenzial ausschöpfen und zur Mehrheitsbeschaffung nutzen, müssen sie die Interessen der Landwirte durch das Versprechen, eine umverteilende, bauernfreundliche Agrarpolitik betreiben oder fortsetzen zu wollen, befriedigen oder dies zumindest glaubwürdig bekunden. Eigentlich müsste für diesen Fall mit dem gleichzeitigen Verlust nicht-landwirtschaftlicher Wähler zu rechnen sein, die als Konsumenten oder Steuerzahler unter einer teuren Agrarpolitik zu leiden hätten. Eine Wählergewinnung in der Landwirtschaft würde durch den Verlust nicht-landwirtschaftlicher Wähler damit überkompensiert (vgl. HAGEDORN/SCHMITT 1985: 265).

Dieses Problem lösen die landwirtschaftlichen Interessenvertretungen durch eine Neutralisierung oder sogar Solidarisierung mit der nicht-landwirtschaftlichen Wähleropposition: Die landwirtschaftliche Interessensvertretung betreibt eine Strategie der intensiven Pflege konstitutionell verankerter und ideologisch begründeter Einstellungen, welche die Landwirtschaft mit gesellschaftlichen Werten wie Sicherheit, Kontinuität, Solidarität und Gerechtigkeit assoziiert. Häufig wird dabei mit traditionell positiv

---

[31] Welche weit reichenden politischen Folgen derartige Konflikte haben können, zeigte sich Ende 1993 in der Schlussphase der Verhandlungen der Uruguay-Runde des GATT (vgl. Kap. 3.3.2), in welcher die „emotional-politische Bedeutung der Agrarfrage" (HAUSER/SCHANZ 1995: 173) in aller Schärfe hervortat und massiven Protest gegen die Liberalisierungsbeschlüsse im Agrarsektor auslöste: In Frankreich wäre die Regierung von Premierminister Edouard Balladur durch Bauernaufstände zum Sturz gebracht worden, hätte sie nicht Modifikationen und Übergangsfristen erreicht. In Japan riskierte Ministerpräsident Morihiro Hosokawa wegen der Liberalisierung des japanischen Reismarktes den Bruch der Regierungskoalition. In Südkorea musste sich der Staatspräsident vor laufenden Fernsehkameras für die Öffnung des Reismarktes, die ein früheres Wahlversprechen brach, entschuldigen und entließ den Ministerpräsidenten (vgl. MAY 1994: 40).

besetzten Wertbegriffen wie Sicherung der Versorgung, Stabilität der Preise, Erhaltung der Kulturlandschaft und bäuerlicher Lebensweisen, Produktion gesunder Nahrungsmittel, Schutz der Umwelt, Sicherung des sozialen Friedens etc. operiert, die besonders sensible Belange der Bevölkerung tangieren (vgl. HAGEDORN/SCHMITT 1985: 270). Durch eine diese „Güter" anpreisende Strategie und Öffentlichkeitsarbeit überzeugt die Agrarlobby auch die nicht-landwirtschaftliche Bevölkerung von der Gerechtigkeit einer angemessenen Entlohnung der Leistungen der Landwirtschaft durch eine umverteilende Agrarpolitik und den Schutz vor einem als unfair empfundenen Wettbewerb mit dem Ausland[32].

Agrarpolitik lässt sich daher nach dem Muster eines Gesellschaftsvertrages deuten, wie er aus den ökonomischen Theorien der Verfassung und der Handlungsrechte (property rights) bekannt ist, und wird als „freiwilliger, gerechter und für alle Beteiligten profitabler Tausch von Gruppenleistungen" (HAGEDORN 1984: 39) angesehen. Da es aus Sicht des einzelnen nicht-landwirtschaftlichen Haushaltes durchaus sinnvoll sein kann, sich an einem derartigen Grundkonsens zu beteiligen, der einer an o. g. Bedürfnissen ausgerichteten Agrarpolitik den Vorzug gibt, anstatt wahlpolitische Sanktionen zu ergreifen, stellt der „agrarpolitische Gesellschaftsvertrag" eine verlässliche Basis für die Legitimität, Akzeptanz und schließlich die Durchsetzung der Minderheitsinteressen der Landwirtschaft dar (vgl. HAGEDORN/SCHMITT 1985: 256). Er schafft einen vor oppositionellen Wählerpräferenzen abgeschirmten agrarpolitischen Handlungsspielraum, in dem die landwirtschaftlichen Interessensgruppen ihre politische Macht entfalten können.

3.4.3.3 Ausnutzung von Marktmacht und Protestverhalten

Falls die Landwirte eine Berücksichtigung ihrer Interessen nicht auf dem normalen demokratischen Weg erreichen, droht ein teilweise radikaler Widerstand, bei Kleinbauern aus Angst um ihr wirtschaftliches Überleben, bei den Eigentümern großer Betriebe aus der Furcht, an sozialem Status zu verlieren (vgl. HENRICHSMEYER/WITZKE 1994: 463). Die Landwirte können dann von ihrer Marktmacht Gebrauch machen, indem sie versuchen, diejenigen Wählerkreise zu beeinflussen, mit denen sie als Lieferanten oder Abnehmer in Beziehung stehen. Indem sie wirtschaftliche Prozesse stören, üben sie starken Druck auf die Politik aus, da die Wähler die Schuld an auftretenden

---

[32] Umfragen zeigen immer wieder, dass trotz explodierender Kosten und gravierender Umverteilungswirkungen die Bürger der EU mit den Zielen der Gemeinsamen Agrarpolitik weitgehend einverstanden sind (vgl. WAGENER ET AL. 2006: 461).

wirtschaftlichen Problemen für gewöhnlich der Politik anlasten (vgl. FREY/KIRCHGÄSSNER 2002: 201). Ein Beispiel sind geschlossene Lieferboykotte bei Agrarprodukten, welche die Verbraucher in ihrer Bedürfnisbefriedigung spürbar und bedrohlich beeinträchtigen können[33]. Da jeder Wähler gleichzeitig als Konsument von Nahrungsmitteln mit den Landwirten in Beziehung steht, handelt es sich dabei um ein sehr starkes Druckmittel, dessen Androhung bereits häufig ausreicht, wählerstimmenabhängigen Politikern bei agrarpolitischen Entscheidungen Konzessionen abzuringen.

Die Agrarlobby verfügt aber noch über vielfältige andere Werkzeuge, die Öffentlichkeit und die politisch Handelnden auf ihre eigene Situation aufmerksam zu machen: Zunächst können die Bauernverbände zu öffentlichen Demonstrationen und Protesten aufrufen, die – wie es z.B. in Frankreich immer wieder zu beobachten ist – zu politischen Unruhen in den ländlichen Gebieten führen können[34]. Weitere, teils schon militante Pressionsmittel sind die Vernichtung von Agrarprodukten, die Unterbrechung von Verkehrsverbindungen durch Straßenblockaden sowie die Behinderung von Agrareinfuhren aus Drittstaaten. Gemäßigter sind dagegen Billigpreisreaktionen in Form von Demonstrationsverkäufen von Agrarprodukten zum Erzeugerpreis, welche eine allgemeine emotionale Empörung über die Einkommenssituation der Landwirte hervorrufen sollen. Vergleichbar mit Liefersperren stellt auch hier bereits die glaubwürdige Androhung solcher Maßnahmen ein geeignetes Instrument zur Beeinflussung agrarpolitischer Willensbildungsprozesse dar (vgl. HAASE 1983: 79f.).

3.5 Schlussfolgerungen

Unter Berücksichtigung der Erkenntnisse der Politischen Ökonomie wird die Agrarpolitik zu einem Instrument der politisch gewollten Umverteilung von Handlungs- und Eigentumsrechten, Konsumenten- und Produzentenrenten sowie der Einnahmen und Ausgaben des Staates und stellt sich als Vektor der einflussnehmenden Kräfte einzelner Interessensgruppen dar (vgl. ANDEREGG 1999: 67).

---

[33] Beispielsweise drohte der Bund Deutscher Milchviehhalter (BDM) 2007 mit einem Milchlieferstreik, falls die Milchpreise nicht auf 40 Cent/Liter angehoben würden (vgl. ERNÄHRUNGSDIENST 2007c).

[34] Aus Protest gegen die Zollsenkungs- und Subventionsabbaubeschlüsse der Uruguay-Runde des GATT (vgl. Kap. 3.3.2) kaperten Bauern in der mittelfranzösischen Stadt Bellac im Jahr 1990 einen mit Schafen beladenen LKW, schlachteten die Tiere und legten die Kadaver vor einem öffentlichen Gebäude ab. In Stellung gehende Polizisten bewarf man mit Steinen und Eiern. Anderenorts wurden Heuballen angezündet und die Polizei mit Gülle bespritzt (vgl. ANDEREGG 1999: 74).

Der Grund für das hohe Protektionsniveau im Agrarsektor ist, dass auf dem politischen Markt für Agrarprotektion die Protektionsbefürworter – Landwirte, Agrarverbände sowie vor- und nachgelagerte Industrien – den Protektionsgegnern – Verbrauchern und Steuerzahlern – in Organisations- und Konfliktstärke überlegen sind. Aufgrund ihrer schwierigen ökonomischen Situation, die aus der Irreversibilität landwirtschaftlicher Investitionen und einer ungünstigen Marktstruktur resultiert, bilden die Landwirte eine auf kollektiver Betroffenheit und Solidarisierungseffekten gründende natürliche Interessensgemeinschaft. Diese lehnt den freien Markt, durch den sie sich in ihrer wirtschaftlichen Existenz bedroht fühlt, als Koordinationsmechanismus ökonomischer Transaktionen ab und versucht, ihre wirtschaftlichen Ziele – vor allem die Sicherung eines angemessenen Einkommens – durch politische Einflussnahme zu erreichen. Die professionelle Organisierung und Bündelung dieser Interessen wird von den landwirtschaftlichen Verbänden über einen hohen Organisationsgrad erreicht. Ihnen steht die heterogene Masse der nicht-landwirtschaftlichen Haushalte gegenüber, die sich aufgrund einer insgesamt nicht fühlbar genug ausfallenden Belastung durch überhöhte Agrarpreise, mangelnden Wissens über die Funktionsmechanismen der Agrarpolitik und des Fehlens geeigneter Anreizschemata nur schwer organisieren lassen.

Wie geschildert besitzt die Landwirtschaft zur Durchsetzung ihrer Interessen ein ausgeprägtes und vielfach erprobtes Konfliktpotenzial, das auf Seiten der Protektionsgegner, respektive der Verbraucher und Steuerzahler, nicht gegeben ist. Der Gefahr von Sanktionen seitens dieser Akteure tritt die landwirtschaftliche Interessenvertretung durch Solidarisierung und Abschluss agrarpolitischer Gesellschaftsverträge entgegen, welche die Opposition der Protektionsgegner verstummen lässt.

Zu beachten ist schließlich das enge persönliche Verhältnis zwischen den landwirtschaftlichen Verbänden und der Politik. Es ist keine Seltenheit, dass der Agrarminister eines Landes vor und nach seiner Tätigkeit führende Ämter bei den Agrarverbänden bekleidet. Zwar muss er vor Amtsantritt bekunden, bei seinem Handeln das Gesamtwohl der Gesellschaft im Auge zu haben. Jedoch kann nicht per se erwartet werden, dass jemand, der seine politische Unterstützung hauptsächlich von einer bestimmten gesellschaftlichen Gruppe bezieht, bei der Interpretation des Gesamtwohls völlig neutral ist. Kommt es zu Interessenskonflikten, wird ein Schlichter, der auch eindeutig persönliche Interessen verfolgt, zu politisch ausgewogenen Kompromissen nicht beitragen (vgl. KOESTER 2001: 346).

Ähnlich eng ist auch das Verhältnis zur Agrarbürokratie. Aus der symbiotischen Zusammenarbeit zwischen Verwaltung und Agrarverbänden hat sich eine starke Interessenshomogenität entwickelt, welche als wichtige Grundlage für den Einfluss von Agrarinteressen gilt. Sie drückt sich in gleichem Habitus, Sozialprofil und Biographie von leitenden Verwaltungsbeamten und landwirtschaftlichen Interessensvertreten sowie dem reibungslosen Wechsel von Verbandsvertreten in die Agrarverwaltung und umgekehrt aus. Auch in der Ministerialbürokratie ist der Interessenblock Landwirtschaft daher gut vertreten (vgl. HAASE 1983: 85f.). Die Steuerzahler und Verbraucher unterhalten dagegen sowohl zu den Inhabern politischer Ämter als auch den Angehörigen der Verwaltungsbehörden – wenn überhaupt – nur sehr lose Beziehungen, was eine wirksame Artikulation ihrer Interessen erschwert.

4 ZUCKER ALS WIRTSCHAFTSGUT VOR DEM HINTERGRUND VERSCHIEDENER MAßSTABSEBENEN

„Ein primitives Ding, zwei Moleküle Fructose und Glucose, vage vertraut aus dem Chemieunterricht, die sich zu $C_{12}H_{22}O_{11}$ verbinden, weltweit bekannt als Zucker. Es lässt sich im Organismus im Nu aufspalten, liefert sofort Energie, die Kinder dieser Welt sind geradezu süchtig danach, und auch die Erwachsenen konsumieren es ständig, es steckt in Cola-Getränken, es ist im Heringssalat – Treibstoff für den Alltag auf dieser Welt" (HOPPE 2005, S. 82).

In den vorangegangenen Kapiteln wurden die Grundlagen für das Verständnis der wirtschaftlichen, gesellschaftlichen und politischen Ausnahmestellung der Landwirtschaft als Wirtschaftszweig sowie der Hintergründe, Ursachen und Auswirkungen des Agrarprotektionismus geschaffen. Damit ist, dem Prinzip der Kontextualität (vgl. Kap. 1.2.1) folgend, der Hintergrund, vor dem agrarwirtschaftliche Wirkungszusammenhänge in Industrieländern eingebettet sind, beschrieben. Der weitere Verlauf dieser Arbeit widmet sich dem Agrargut Zucker, dem in den Industrieländern eine besonders protektionistisch ausgerichtete agrarpolitische Behandlung zuteil wird. Zunächst erfolgt ein Überblick über die Erzeugung von Zucker sowie ein Einblick in den Weltzuckermarkt, bevor die europäische und deutsche Zuckerwirtschaft aus wirtschaftsgeographischer Perspektive vorgestellt werden.

4.1 Aspekte der Zuckererzeugung

Chemisch betrachtet ist Zucker (Sucrose) ein wasserlösliches, kristallines, zumeist süß schmeckendes Kohlehydrat aus der Reihe der Mono- und Oligosaccharide. Zwar kommt Zucker in vielen natürlichen Lebensmitteln (z.B. Obst und Gemüse) vor, lässt sich wirtschaftlich aber nur auf zwei Wegen gewinnen: In gemäßigten klimatischen Zonen aus Zuckerrüben, in tropischen und subtropischen Klimazonen aus Zuckerrohr. Unterschiede liegen in den Anbau- und Verarbeitungsbedingungen, nicht jedoch in der Qualität, da die physikalischen und chemischen Eigenschaften beider Pflanzen identisch sind (vgl. TRUMM 2001: 296; DZZ 2003a: 2).

Dieses Kapitel beschreibt wichtige Aspekte der Zuckererzeugung. Nach einer Klassifizierung von Zucker als sensibles Agrarprodukt erfolgt zunächst ein Überblick über wirtschaftsgeschichtliche Aspekte der Zuckerproduktion, bevor Erzeugungs- und Standortbedingungen erläutert werden. Da in Deutschland und Europa die Zuckererzeugung ausschließlich auf Zuckerrüben basiert, liegt der Schwerpunkt dabei auf den Anbaubedingungen der Zuckerrübe.

4.1.1 Zucker als sensibles Agrarprodukt

Die Bedeutung von Zucker als wichtiges Wirtschaftsgut kommt in zweierlei Hinsicht zum Ausdruck. Zum einen lässt sich Zucker in den unterschiedlichsten Bereichen einsetzen. Bekannt ist er in erster Linie als weltweit gebräuchlichstes, am meisten verfügbares sowie billigstes Süßungsmittel und als Grund- bzw. Zusatzstoff zahlreicher Nahrungsprodukte und Lebensmittel. Daneben leistet er vielfältige medizinische Dienste, z.B. bei der Heilung von Wunden oder durch seine Verwendung zur Penizillin-, Aminosäure- und Eiweißerzeugung (z.B. Lysin). Zucker lässt sich ferner zu Alkohol weiterverarbeiten und – in Brennstoffethanol umgewandelt und mit Benzin gemischt – als Kraftstoff verwerten. Mit bestimmten biochemischen Verfahren können aus ihm Biokunststoffe wie Polyhydroxyalkanoat (PHA) gewonnen werden. Im Rahmen von selteneren Spezialanwendungen unterstützt Zucker den Härtungsvorgang von Beton, verlängert die Haltbarkeit von Schnittblumen und dient der Filmindustrie als Glasersatz bei Stuntszenen. Rückstände bzw. Nebenprodukte der Zuckererzeugung lassen sich als Tierfutter, Papier sowie zur Hefeerzeugung heranziehen (vgl. EUROPÄISCHE KOMMISSION 2005a: 1/1f.; HANDELSBLATT 2007a).

Zum anderen erstreckt sich die Bedeutung von Zucker über mehrere Wertschöpfungsstufen bzw. Wirtschaftssektoren. Den Grundstoff für die Zuckerproduktion (Zuckerrohr bzw. Zuckerrüben) liefert die Landwirtschaft, unterstützt von Unternehmen der Saatgut-, Dünge- und Pflanzenschutzmittel- sowie der Land- und Erntemaschinenbranche, Lohnbetrieben zur Arbeitsverrichtung sowie Maschinenverleihunternehmen. Die Verarbeitung von Zucker findet in Zuckerfabriken bzw. -raffinerien der Zuckerindustrie statt, die wiederum auf bestimmte industrielle Zulieferer, z.B. von in Ausfällungsverfahren eingesetzter Kohlensäure, angewiesen ist und für den Absatz des Zuckers zum Teil spezialisierte Handelsunternehmen nutzt. Beide Wirtschaftszweige, Zuckerindustrie und Landwirtschaft inklusive unterstützender Branchen, bilden einen eng verzahnten, homogenen agrarindustriellen Produktions- bzw. Wertschöpfungskomplex. Die Bedeutung von Zucker nimmt weiter zu, wenn die Betrachtung um die Zucker verarbeitenden Branchen (z.B. Süß- und Backwaren-, Erfrischungsgetränke-, Chemische und Pharmazeutische Industrie) erweitert wird.

Ähnlich wie Baumwolle, Reis, Tabak sowie bestimmte Obst- und Gemüsesorten stellt Zucker ein „sensibles Agrarprodukt" dar. Solche Erzeugnisse genießen bei den Verhandlungen zur Liberalisierung des Welthandels eine Ausnahme- bzw. Sonderstellung. Sie werden durch spezielle Schutzklauseln geschützt, während die Zollsenkungsverpflichtungen geringer als bei anderen Produkten ausfallen oder erst nach längeren Übergangsfristen greifen. Meist handelt es sich um solche Produkte, bei denen viele Entwicklungsländer bedeutende komparative Produktionsvorteile aufweisen und die für den Agraraußenhandel dieser Länder von substanzieller Bedeutung sind (vgl. DÜNCKMANN 2004: 66). Dagegen sind in den Industrieländern die Erzeuger dieser Produkte international nicht wettbewerbsfähig und werden deshalb durch staatliche Protektionsmaßnahmen vor der überlegenen Konkurrenz aus den Entwicklungsländern abgeschirmt. Bei manchen dieser Erzeugnisse, insbesondere Zucker, bestehen wegen ausgeprägter Binnenpreisstützungen hohe Selbstversorgungsgrade. Importe zu Weltmarktpreisen würden die Überschüsse verschärfen und einen Preisverfall einleiten, was durch hohe Zölle und andere außenhandelspolitische Maßnahmen verhindert wird.

In allen Industrieländern wird dem Agrar- und Wirtschaftsgut Zucker von der Erzeugung bis zum Absatz daher ein sehr intensives staatliches Protektionsengagement zuteil, so dass der Zuckermarkt einer der weltweit am stärksten durch politische Interventionen gekennzeichneten Agrarmärkte ist (vgl. BRÜNTRUP 2005: 1). Die Reglementierung des Zuckersektors ist daher ein sehr plastisches Beispiel für den Agrarprotektionismus in Industriestaaten.

4.1.2 Wirtschaftsgeschichtliche Gesichtspunkte der Zuckererzeugung

Immer schon verspürten die Menschen ein tiefes Bedürfnis nach süßen Nahrungsmitteln, das in Europa bis 400 v. Chr. ausschließlich mit süßen Früchten, Pflanzen- und Baumsäften sowie Bienenhonig gestillt wurde (vgl. UNSELD 1971: 1).

Der Anbau von Zuckerrohr, aus dem sich ein viel Zucker enthaltender Saft pressen lässt, ist aber bereits viel länger bekannt. Seine Ausbreitung über die ganze Welt dauerte allerdings Jahrhunderte lang und ist eng mit der Geschichte von Völkern und Staaten der Alten und Neuen Welt sowie ihrer ökonomischen und technischen Entwicklung verbunden (vgl. BAXA/BRUHNS 1967: 2).

Botanischen und vegetationsgeographischen Untersuchungen zufolge liegt der Ursprung des kultivierten Zuckerrohrs in vorgeschichtlicher Zeit in Melanesien, dem heutigen Neuguinea und den benachbarten Inselgruppen im Pazifik, wo Zuckerrohr bereits zwischen 15 000 und 8 000 v. Chr. vorkam. Um 6 000 v. Chr. wird seine Ausbreitung nach Celebes, Borneo, Java und Sumatra und von dort in die warm-feuchte Ganges-Ebene in Indien, dem Ursprungszentrum der Zuckerrohrkultivierung und Zuckergewinnung in geschichtlicher Zeit, angenommen (vgl. BAXA/BRUHNS 1967: 1f.; BERGHÄUSER ET AL. 1983: 6). In den abendländischen Erdteilen wurde das Zuckerrohr erstmals durch die Feldzüge Alexanders des Großen bekannt (vgl. KUSTER 1998: 479).

Etwa 500 n. Chr. gelangte das Zuckerrohr von Indien in das im Westen benachbarte Persien. Zwischen dem achten und zehnten Jh. n. Chr. glückte dort erstmals das Raffinieren von braunem Rohrzucker zu weißem Kristallzucker. Die Araber sorgten dann für eine Ausbreitung der Zuckerrohrkultur in den nordafrikanischen Mittelmeeranrainerländern (Ägypten, Marokko), später auch auf Zypern, Sizilien und an der spanischen Küste (vgl. BLUME 1985: 21; BECKER 1998: 217; WENDT 2007: 23).

Eine bedeutende geographische Ausdehnung der Produktion und des Handels mit Zucker markiert die Entdeckung Westindiens durch Christoph Kolumbus. In den eroberten Karibik-Kolonien entstanden große Zuckerrohrplantagen. Der dort mit Sklavenarbeit erzeugte rohe Rohrzucker („Kolonialzucker") wurde über den sich ausbreitenden Seehandel in die europäischen Mutterländer exportiert und in den dortigen Raffinerien endverarbeitet[35] (vgl. BAXA/BRUHNS 1967: 17ff.; BERGHÄUSER ET AL. 1983: 7f.; GRAGES 1989: 4).

Zucker war damals ein äußerst kostbares Gut. Er wurde einerseits als Heilmittel in kleinen Mengen in Apotheken verkauft, war andererseits ein ausschließlich reichen Bevölkerungsschichten zugängliches, luxuriöses Nahrungs- und Süßungsmittel (vgl. KOSCH 2006: 15; WENDT 2007: 24).

Der stetig anwachsende Zuckerverbrauch und -import stand im Widerspruch zur merkantilistischen Wirtschaftsauffassung der europäischen Staaten, wonach der Schlüssel für eine gesamtwirtschaftliche Wohlfahrtserhöhung in der Herbeiführung einer aktiven Handelsbilanz und der Reduktion einseitiger Importabhängigkeiten lag. In Deutschland suchten auf Geheiß Friedrichs des Großen daher Forscher nach einem Ersatz für den Importzucker aus heimischen Pflanzen, weil es aus klimatischen Gründen unmöglich war, auch in Mitteleuropa Zuckerrohr anzubauen (vgl. UNSELD 1971: 2; KRAWINKEL 1994: 6). 1747 gelang dem preußischen Apotheker Andreas Sigismund

---

[35] Die Sklaven stammten überwiegend aus den Regionen Westafrikas und wurden gegen manufakturelle Erzeugnisse aus den kolonialen Mutterländern eingehandelt (kolonialer Dreieckshandel) (vgl. BERGHÄUSER ET AL. 1983: 7f.; HESS 2006b: 19).

Marggraf anhand der Runkelrübe erstmals der Nachweis der chemischen Übereinstimmung von Rüben- und Rohrzucker. Etwa 40 Jahre später glückte dem Berliner Chemiker Franz Karl Achard zuallererst die Erzeugung von Zucker aus Rüben. 1802 wurde daraufhin in Cunern, im niederschlesischen Kreis Wohlau, die erste Rübenzuckerfabrik der Welt in Betrieb genommen (vgl. BAXA/BRUNHS 1967: 95ff.; KRAWINKEL 1994: 7; BERTSCH 1949: 223f.; KÖRBER-GROHNE 1995: 210). Nach einer Jahrtausende während Monopolzeit erhielt das Zuckerrohr, eine der ältesten Kulturpflanzen der Menschheit, mit der Zuckerrübe, eine der jüngsten, im neuzeitlichen Europa damit erstmals eine Konkurrenz (vgl. KUSTER 1998: 478; MINTZ 1987: 46).

Zunächst verhalf die napoleonische Kontinentalsperre – eine zwischen 1806 und 1814 gegen England gerichtete Wirtschaftsblockade – durch die Unterbindung des Zuckernachschubs aus den britischen Kolonien der Rübenzuckerproduktion zu einer starken Ausdehnung. Dies änderte sich allerdings wieder mit der Niederlage Napoleons und der Aufhebung der Sperre 1814/15. Dem überseeischen Rohrzucker konnte die vergleichsweise teure Rübenzuckerproduktion nicht standhalten und wurde zunächst – staatlich alimentiert – nur in Frankreich in nennenswertem Umfang aufrechterhalten (vgl. BECKER 1998: 234; THOMSEN 2006: 4).

Ab 1830 nahm die europäische Rübenzuckerindustrie aufgrund zwischenzeitlicher Züchtungserfolge und technischen Fortschritts wieder an Fahrt auf. In Deutschland trugen hohe Importzölle sowie Ausfuhrprämien für Rübenzucker ihr weiteres zur Ausbreitung der Rübenzuckerfabriken bei[36] (vgl. GRAGES 1989: 4; BECKER 1998: 234). Verbesserte Anbautechniken, eine nährstoffreiche Düngung, eine geglückte Integration in die Fruchtfolge sowie moderne Methoden der Unkraut- und Schädlingsbekämpfung verhalfen dem Rübenanbau zu einer der erfolgreichsten Sparten des Ackerbaus und zur Stellung der Zuckerrübe als einer für Mitteleuropa charakteristischen Kulturpflanze (vgl. UNSELD 1971: 4). Ehedem ein Luxusprodukt, galt Zucker von nun an als landwirtschaftliches Alltagsprodukt.

---

[36] Räumlicher Schwerpunkt war zunächst die Magdeburger Börde; gegen Ende des 19. Jh. kamen Anbaukomplexe in Pommern, Ost- und Westpreußen sowie Mecklenburg hinzu (vgl. BECKER 1998: 235f.). Betrug die Zuckerrübenanbaufläche in Deutschland Mitte des 19. Jh. ca. 65 000 ha, waren es zur Jahrhundertwende bereits mehr als 400 000. Sprunghaft breiteten sich auch die Rübenzuckerfabriken aus. Gab es 1834/35 nur 21 Fabriken, wurden 1851/52 bereits 215 gezählt (vgl. KUSTER 1998: 509).

4.1.3 Erzeugungs- und Standortbedingungen

Die Erzeugung von Zucker erfolgt durch Anbau, Ernte und Verarbeitung von Zuckerrohr (saccharum officinarum) oder Zuckerrüben (beta vulgaris). Vergleicht man Standortanforderungen und Leistungen beider Kulturpflanzen, lässt sich feststellen, dass sich Rohr und Rübe im Wettbewerb um den Weltzuckermarkt in wünschenswerter Weise ergänzen, aber jeweils völlig unterschiedliche Ansprüche an Temperatur, Niederschlag und Anbaustrukturen stellen (vgl. WINNER 1978: 127f.).

Das **Zuckerrohr,** ein schilfähnliches, hohes Grasgewächs, gedeiht wegen seines hohen Temperaturanspruchs (ca. 25-28° C in der Wachstumsperiode) und der Notwendigkeit regenreicher Sommer nur in tropischen und subtropischen Zonen[37] (Süd- und Mittelamerika, Karibik, Schwarzes und Südliches Afrika, Süd- und Südostasien, Teile Ostasiens, Ozeanien; vgl. Karte 3) und ist absolut frostunverträglich. Zumeist wird Zuckerrohr, das einen Zuckergehalt von ca. 14% aufweist, auf großen Plantagen angebaut. Die Ernte erfolgt ca. 12-18 Monate nach der Anpflanzung[38]. Da es sich um eine nachwachsende Pflanze handelt, erfolgt nach zwölf Monaten die nächste Ernte. Insgesamt lassen sich vier bis sieben Ernten erzielen, bevor stark nachlassende Erträge eine Neuanpflanzung erzwingen. Aufgrund dieser vegetativen Vermehrung gibt es kaum Saatgut züchtende oder vertreibende Unternehmen (vgl. MINTZ 1987: 49f.; KLOHN/WINDHORST 2006a: 62 und 2006b: 101; PAPADAKIS 1966: 102; SPRECHER VON BERNEGG 1929: 340ff.).

Die gegenüber dem Zuckerrohr vergleichsweise anspruchslose **Zuckerrübe** ist eine in gemäßigten Zonen Europas, Zentral- und Ostasiens sowie Nordamerikas angebaute Hackfrucht mit einem Zuckergehalt von durchschnittlich ca. 17%[39]. Im Gegensatz zum Zuckerrohr wird sie meist von Familienbetrieben angebaut, Zucht und Saatgut von spezialisierten Unternehmen übernommen (vgl. KLOHN/WINDHORST 2006a: 62). Die Anbaubedingungen für Zuckerrüben bzw. deren Erträge werden in erster Linie durch die natürlichen Standortfaktoren Bodengüte, Relief, Licht und Wärme sowie Nieder-

---

[37] Neben den hohen Temperaturen zeichnen sich solche Klimazonen auch dadurch aus, dass die Temperaturunterschiede zwischen Tag und Nacht größer als die zwischen den Jahreszeiten sind (vgl. BLUME 1985: 44).

[38] Die Verarbeitung muss innerhalb von 24 Stunden nach der Ernte erfolgen, da anderenfalls der Zuckergehalt zurückgeht und schädliche Abbauprozesse beginnen.

[39] Er kann jedoch – in Abhängigkeit von Sorte, Witterung und Standort – von unter 15 bis über 20% schwanken. Wegen der größeren Erntemengen liegt der Zuckerertrag/ha beim Zuckerrohr allerdings höher als bei der Zuckerrübe (vgl. KLOHN/WINDHORST 2006a: 62).

schläge determiniert (vgl. im Folgenden GAMRINGER ET AL. 1997: 108; UNSELD 1971: 5ff.; DIEPENBROCK ET AL. 1999: 192 und 2005: 221).

Was den **Boden** angeht, herrschen die besten Anbaubedingungen auf kalkhaltigen, humosen, tiefgründigen und steinarmen Löss-Lehmböden vor. Auch auf degradierten Lössböden, d.h. Böden mit tonigen Einlagen, tonigen Lehmen und lehmigen Tonen, ist ein ertragreicher Zuckerrübenanbau möglich. Ferner kommen sandige Lehmböden, anmoorige Sandböden und reine Sandböden in Frage, wenn sie tiefgründig und steinarm sind sowie eine ausreichende Wasserversorgung und einen hinreichend hohen Nährstoffgehalt aufweisen[40]. Für den Rübenanbau ungeeignet sind Böden mit Verdichtungshorizonten, stauender Nässe oder hohem Grundwasserstand.

Das **Relief,** d.h. die Oberflächengestalt des Bodens, muss eine wirtschaftliche Nutzung erlauben. Bei zu starker Hangneigung lassen sich Bodebearbeitungs- und Erntemaschinen nicht oder nur schwer einsetzen, so dass der Zuckerrübenanbau aus produktionstechnischen Gründen nicht sinnvoll ist. Über die klimatischen Gegebenheiten wirkt sich auch die Höhenlage auf den Anbau aus. So werden die Wachstumsansprüche der Zuckerrübe in Höhenlagen von 500 bis 600 m über NN erfüllt.

In punkto **Licht und Wärme** benötigt die Zuckerrübe in der Vegetationszeit, d.h. der Zeit zwischen Aussaat und Ernte (Anfang April bis Ende September/Anfang Oktober) eine Wärmesumme (= Summe der mittleren Tagestemperaturen) von 2 500 bis 2 900° C. Zwischen Juli und September sollte eine möglichst lang anhaltende Sonnenscheindauer gegeben sein. Während die Rübe gegenüber Frühjahrsfrösten sehr empfindlich ist, werden leichtere Herbstfröste verkraftet.

Was den **Wasserbedarf** angeht, erweist sich folgende Niederschlagsverteilung als günstig: Wenig Niederschläge im März und April, eine zunehmende Niederschlagsmenge und -häufigkeit zwischen Mai und Anfang September sowie weniger und seltenere Niederschläge für die Zeit danach. Wichtig ist, dass die Niederschläge gleichmäßig fallen, von der Rübe gänzlich aufgenommen werden und nicht in unerreichbare Tiefen versickern.

Neben natürlichen Anbaubedingungen sind dem Zuckerrübenanbau durch pflanzenbaulich-biologische Faktoren Grenzen gesetzt. Da die Zuckerrübe eine selbstun-

---

[40] Sind Wasserversorgung und Nährstoffgehalt zu gering, lässt sich dieser Mangel durch Bewässerung und Düngung beheben, wobei die Wirtschaftlichkeitsgrenzen des Anbaus zu bedenken sind (vgl. UNSELD 1971: 9; HAAS/SCHLESINGER 2007: 95ff.).

verträgliche Kulturpflanze ist[41], muss sie in eine Fruchtfolge integriert werden, welche das Ziel der optimalen Standortnutzung unter Berücksichtigung der Nachwirkungen einzelner Kulturen auf die Fruchtfolge[42] bei gleichzeitiger Sicherung der Ertragsfähigkeit und Fruchtbarkeit des Bodens verfolgt, Schädlinge minimiert und einen hohen Reinertrag erlaubt (vgl. GEISLER 1980: 435; WINNER 1982: 74; LESER 2005: 257). Die Zuckerrübe benötigt eine mindestens dreijährige Fruchtfolge, so dass die Höchstgrenze der Rübe an der Ackerfläche eines Landwirts maximal ein Drittel betragen darf[43]. Ist die Fruchtfolge zu eng, d.h. wird die Rübe mehrere Jahre hintereinander auf demselben Ackerstück angebaut, kann es zu einer Erhöhung einseitigen Unkrautdrucks, einer Mehrung tierischer Schädlinge sowie pilzlicher Krankheitserreger und einer Verschlechterung der Bodenfruchtbarkeit mit der Konsequenz starker Ertragsdepressionen – im Extremfall einer völligen Rübenunfähigkeit des Bodens – kommen (vgl. BORCHERDT 1996: 41; ALSING 2002: 263ff.; DIEPENBROCK ET AL. 2005: 222f.).

Im Rübenanbau wechseln die tiefwurzelnde Blattfrucht Rübe und flachwurzelnde Blattfrüchte bzw. Getreidearten (z.B. Weizen, Roggen, Gerste) einander ab, wobei regelmäßig Leguminosen, d.h. humusmehrende Pflanzen wie Klee oder Luzerne, einzusäen sind. Die Rotation innerhalb der Fruchtfolge richtet sich nach den jeweiligen Klima- und Bodengegebenheiten sowie den betrieblichen Strukturen, so dass die Fruchtfolge regional variiert (vgl. KLOHN 2004: 75; UNSELD 1971: 13).

Die Wirtschaftlichkeit des Zuckerrübenanbaus bemisst sich nach den Rübenerträgen sowie dem Wettbewerbsverhältnis der Zuckerrübe zu Konkurrenzfrüchten (intraregionale Vorzüglichkeit). Zusätzlich hängt sie von der Ausstattung eines Landwirts mit Rübenlieferrechten der Zuckerfabriken, den Flächenkosten und -pachten, den land-

---

[41] Die Selbst(un-)verträglichkeit einer Kulturpflanze bezieht sich auf ihre (Un-)empfindlichkeit gegenüber Fruchtfolgekrankheiten, die bei fortlaufendem Anbau einer Pflanze auf demselben Ackerstück auftreten. Neben bodenbürtigen, d.h. für die jeweilige Frucht spezifischen Krankheitserregern sind auch Bodenstruktur, Humusgehalt und Wurzelausscheidungen von Bedeutung. Eine wirksame Abhilfe gegen Fruchtfolgekrankheiten schafft eine entsprechende Anbaupausen vorsehende Fruchtfolge (vgl. ALSING 2002: 711).

[42] Als Hackfrucht hat die Zuckerrübe eine hohe Vorfruchtwirkung, d.h. sie wirkt sich wegen der Beeinflussung der Bodenbeschaffenheit sehr positiv auf das Gedeihen nahezu jeder Nachfrucht (insbesondere Getreide) aus und hinterlässt einen unkraut- und stickstoffarmen Acker. Eingeschränkt wird der ansonsten hohe Vorfruchtwert durch Strukturschäden des Bodens aufgrund später Rodetermine sowie durch Ernte und Abtransport bei nasser Witterung (vgl. KÄMPF/PETZOLDT 1980: 29; WINNER 1981: 79; ALSING 2002: 833; DIEPENBROCK ET AL. 2005: 223).

[43] Die Einhaltung dieser Grenze wird im Rahmen der sog. Drittelregelung von den einzelnen Rübenanbauerverbänden streng überwacht (vgl. Kap. 6.2.2).

wirtschaftlichen Direktkosten (Saatgut, Dünger, Pflanzenschutz) sowie den individuellen Eigenschaften des Betriebsleiters (Erfahrung, Sorgfalt und Know how) ab. Die Varianz dieser beeinflussbaren Faktoren ist so hoch, dass Erträge und Wirtschaftlichkeit des Rübenanbaus innerhalb desselben Naturraums, d.h. unter gleichen natürlichen Bedingungen, sehr stark schwanken. Schließlich hängt die Wirtschaftlichkeit mit individuell unbeeinflussbaren Faktoren wie der agrarpolitischen Preisgestaltung, der Preisentwicklung von Konkurrenzfrüchten im Anbau sowie dem technischen Fortschritt in Züchtung und Pflanzenschutz zusammen (vgl. FCS 2006: 18; RIEDEL 2007: 120).

Gegenüber der Zuckerrübe liegt der Vorteil des Zuckerrohrs vor allem in seinem mehrjährigen Anbau und der im Vergleich zur Rübe wesentlich längeren Verarbeitungskampagne (ca. 200 bis 250 Tage im Jahr; Rübe: ca. 90 Tage). Die Bewässerung ermöglicht ferner eine gestaffelte Verteilung der Wachstums- und Erntetermine über das Jahr hinweg, wodurch sich der für die Rübe typische feste Kampagnencharakter brechen und die Zuckerfabriken auch kleiner dimensionieren lassen, um Kapital zu sparen. Die Wettbewerbskraft und wirtschaftliche Bedeutung der Zuckerrübe speisen sich dagegen aus ihrer – gerade in gemäßigten Klimaten – hohen assimilatorischen Wirkung bzw. Sauerstofferzeugung, der guten Verwertbarkeit ihrer Nebenprodukte[44] und indirekt aus ihrem Fruchtfolgewert für die landwirtschaftliche Bodennutzung (vgl. Kap. 4.3.2). Denn die Zuckerrübe kehrt im Rahmen einer Fruchtfolge erst nach drei bis fünf Jahren wieder auf eine einmal bestellte Fläche zurück und belastet den Boden damit weit weniger als die Monokultur des Zuckerrohrs, welche die Ausbreitung spezialisierter Schädlinge begünstigen und zu Mineralienmangel und Bodenverarmung führen kann. Ein weiterer Vorzug der Zuckerrübe ist im viel geringeren Bewässerungsbedarf zu sehen, was vor dem Hintergrund weltweit zunehmender Wasserknappheit künftig an Bedeutung gewinnen könnte. Während beim Zuckerrohr durchschnittlich ca. 1 500 l/m² notwendig sind, braucht die Zuckerrübe nur ca. 500 l/m² (vgl. WINNER 1978: 127; GEIPEL 1969: 51; DZZ 2004: 4).

Zucker wird aus Rübe oder Rohr[45] in nahezu allen Staaten der Welt – allerdings in sehr ungleichen Größenordnungen – produziert (vgl. Karte 3). Das Verhältnis zwischen beiden Gewinnungsverfahren ist indes extrem ungleich (vgl. Abbildung 8).

---

[44] Zu den Nebenprodukten gehören Rübenblätter, Rübenschnitzel sowie Melasse zur Tierfütterung, Carbonationsmittel als Dünger sowie Ethanol (Alkohol) als Treibstoff (vgl. GAMRINGER ER AL. 1997: 116f.).

[45] Beiden Pflanzen ist gemeinsam, dass ihre Kultivierung zum Teil schwerwiegende ökologische Konsequenzen hat. Die Zuckerrohrgewinnung geht mit dem Verlust wertvoller Naturräume einher, wie das

Abbildung 8: Entwicklung der weltweiten Anbauflächen für Zuckerrohr und -rüben

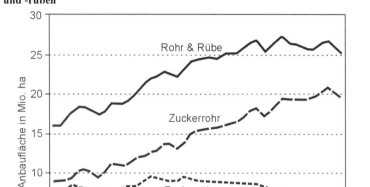

Quelle: FAO 2006.

Die weltweiten Anbauflächen für Zuckerrohr und Zuckerrüben belaufen sich auf ca. 25 Mio. ha. Ca. 75% werden mit Rohr (etwa 19 Mio. ha), nur ca. 25% mit Rüben (etwa 6 Mio. ha) kultiviert. Die Zuckerrohrfläche nimmt – von wenigen Jahren abgesehen – seit Anfang der 1960er Jahre kontinuierlich zu und hat sich in den letzten 40 Jahren verdoppelt. Dagegen geht die Rübenanbaufläche seit Ende der 1970er Jahre zurück.

Was den Anteil an der weltweiten Zuckerproduktion (vgl. Abbildung 9) angeht, verhält es sich ähnlich wie bei der Anbaufläche: Das Rübe-Rohr-Verhältnis beträgt heute etwa 1:3 gegenüber 1:2 Anfang der 1990er Jahre. Während die Rübenzucker-

---

Beispiel der Baumsavannen in Brasilien zeigt. Bodenerosion und Gewässerverschmutzung durch übermäßigen Pestizid- und Düngemitteleinsatz sind weitere Folgen. Beim Rübenanbau in Europa ist die im Vergleich zu Raps oder Getreide hohe Pestizidanwendung anzuführen, welche Bodenerosion und -verdichtung hervorruft. Im Mittelmeerraum hat die künstliche Bewässerung des Zuckerrübenanbaus in einzelnen Regionen zum Rückgang bedeutender Feuchtgebiete geführt (vgl. WWF DEUTSCHLAND 2006).

produktion trotz rückläufiger Anbauflächen wegen verbesserter Ertragsverhältnisse insbesondere in Europa in den letzten Jahren in etwa konstant geblieben ist, konnte die Rohrzuckererzeugung vor allem in Brasilien und Indien stark ausgeweitet werden.

Abbildung 9: Entwicklung der Weltzuckererzeugung insgesamt im Vergleich zur Rohr- und Rübenzuckererzeugung

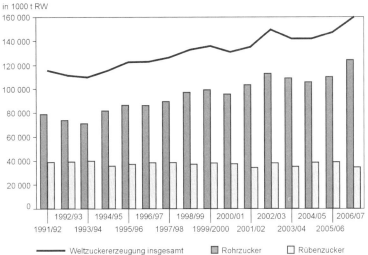

Quelle: WVZ/VdZ 2007e: 112.

Auch die länder- bzw. regionsspezifische Verteilung beider Zuckergewinnungsmethoden ist extrem ungleich (vgl. Karte 3). Der Zuckerrohranbau ist – klimatisch bedingt – vorwiegend in Entwicklungs- und Schwellenländern angesiedelt. Dagegen konzentriert sich der Zuckerrübenanbau fast ausschließlich auf technisch entwickelte bzw. Industrieländer, da die Rübe hier ihr physiologisches Optimum (gemäßigtes Klima) vorfindet, der hohe Futterwert ihrer Nebenprodukte (Rübenblatt, Trockenschnitzel, Melasse) sich für die tierische Veredelungsproduktion in vollem Umfang nutzen lässt und die Rübe dort unter der notwendigen Perfektion einer komplexen Anbaumethodik bei hoher Arbeitsproduktivität angebaut werden kann (vgl. WINNER 1978: 128).

Beiden Anbaufrüchten gemein ist, dass die Weiterverarbeitung in unmittelbarer räumlicher Nähe zu den Anbauregionen erfolgt. Zuckerrüben werden in lokalen Zuckerfabriken zu raffiniertem Zucker verarbeitet, Zuckerrohr in Zuckermühlen vor Ort in Rohzucker umgewandelt und dann zu größeren Raffinerien gebracht, wo die Weiterverarbeitung zu Zuckerrafinade stattfindet (vgl. KLOHN/WINDHORST 2006a: 62). Diese eindeutige räumliche Ausrichtung der Zuckererzeugung an den Standorten der Rüben- bzw. Rohrproduktion (Rohstofforientierung) beruht auf dem ungleichen Input-Output-Verhältnis des Verarbeitungsprozesses (vgl. RENDER 1989: 41). Sieht man von den Nebenprodukten ab, sind Zuckerrohr und Zuckerrübe mit einem Zuckeranteil von ca. 12-14 bzw. 16% Gewichtsverlustmaterialien, deren Transport über weite Strecken unrentabel wäre. Im Ergebnis bewirkt diese Transportkostenempfindlichkeit eine enge räumliche Zusammengehörigkeit von Anbau und Verarbeitung (vgl. Kap. 4.3.2), welche die Merkmale einer Wirtschaftsformation aufweist. Diese beschreibt das spezifische räumliche Anordnungsmuster der zu einem Wirtschaftszweig (Zuckererzeugung) gehörenden Objekte (Standorte der Rüben- und Rohrproduktion sowie der Weiterverarbeitung zu Zucker) und der raumwirksamen Prozesse zwischen diesen Objekten (Anpflanzung, Ernte, Transport, Lagerung, Raffinierung).

4.2 Der Weltmarkt für Zucker

Zucker ist nach Volumen und Wert eines der bedeutendsten weltweit gehandelten Agrarprodukte (vgl. CORVES 2004: 42). Der Weltmarkt für Zucker ist ein Teilbereich des internationalen Agrarhandels, der sich wiederum in das Gefüge des internationalen Rohstoffhandels einordnen lässt (vgl. ZELLER 1988: 3). Allerdings ist Zucker ein agrar- und handelspolitischer Sonderfall, denn im Unterschied zu anderen Rohstoffen wie Kaffee, Kakao oder Bananen kann er aus Zuckerrüben oder Zuckerrohr in völlig unterschiedlichen Weltregionen produziert werden. Zucker ist damit ein landwirtschaftliches Produkt, bei dessen Erzeugung und Vermarktung entwickelte und sich entwickelnde Länder in direktem Wettbewerb miteinander stehen (vgl. FRIEDRICH-EBERT-STIFTUNG 2005: 4).

4.2.1 Entwicklung von Produktion und Verbrauch

Die weltweite Zuckerproduktion hat sich in den letzten knapp 40 Jahren, ausgehend von ca. 75 Mio. t Anfang der 1970er Jahre, um mehr als 100% auf ca. 162 Mio. t

(Rw[46]) im Wirtschaftsjahr 2006/07 erhöht (vgl. Abbildung 9). Davon entfallen ca. 124 Mio. t (77%) auf Rohr- und ca. 36 Mio. t (23%) auf Rübenzucker.

Die Zuwächse der Weltzuckerproduktion gehen seit Ende der 1980er Jahre überwiegend auf Rohrzucker zurück, dessen Erzeugung sich in den letzten 15 Jahren um über 50% erhöht hat. Entsprechend hoch ist der Anteil der Entwicklungsländer an der Weltzuckererzeugung. Er lag im Zeitraum 1998-2000 bei 67% und soll bis 2010 auf 72% ansteigen. Im Gegensatz zur Rohrzuckerproduktion bewegt sich die überwiegend in Industrieländern verortete Rübenzuckererzeugung seit Ende der 1980er Jahre – von kleineren Schwankungen abgesehen – auf fast unverändertem Niveau (vgl. LFL 2007a: 191; CORVES 2004: 42).

Der weltweite Zuckerverbrauch hat sich seit Mitte der 1970er Jahre sukzessive erhöht und betrug 2006/07 knapp 150 Mio. t, was bei einer Weltbevölkerung von ca. 6,5 Mrd. Menschen einem durchschnittlichen Pro-Kopf-Verbrauch von 21,3 kg entspricht. Durch ein Bevölkerungswachstum von ca. 81 Mio. Menschen pro Jahr ergibt sich ein jährlicher Weltverbrauchszuwachs von 1,7 Mio. t jährlich, der sich auf die einzelnen Länder jedoch sehr ungleich verteilt. Während der Verbrauch in den Industrieländern stagniert, nimmt er in den Entwicklungsländern proportional zum Bevölkerungswachstum zu und machte 2005/06 fast 70% des Weltverbrauchs aus – verglichen mit 64% Mitte der 1990er Jahre. Entscheidenden Anteil an dieser Entwicklung haben vor allem die beiden bevölkerungsreichsten Länder China und Indien (vgl. CORVES 2004: 42; SOMMER 2007: 22; DZZ 2006: 3; WVZ/VdZ 2007f).

Insgesamt ist der Weltmarkt für Zucker durch Überversorgung geprägt. Seit 1993/94 liegt die Produktion über dem Verbrauch mit der Folge zunehmender Lagerbestände (Vorräte), die das Niveau der Weltmarktpreise drücken (vgl. Kap. 4.2.3).

Bei Erzeugung und Verbrauch überwiegen kurzfristige Schwankungen die langfristige Entwicklung. Sie beruhen darauf, dass es bei einem kontinuierlich steigenden weltweiten Verbrauch im Falle kurzfristiger Verknappungssituationen (z.B. durch die Umlenkung von Zuckerrohr aus der Zuckerverwendung in die Ethanolerzeugung) zu einem starken Preisanstieg kommt, der eine Produktion über den Verbrauchszuwachs hinaus auslöst. Der daraus resultierende Preiseinbruch dämpft die Produktion dann wieder und der Zyklus beginnt erneut, so dass sich abwechselnde zeitliche Abschnitte

---

[46] Rw steht für Rohwert und bezieht sich auf den Rohzucker, der einen Zuckergehalt von weniger als 99,5% hat und gegenüber dem Weißzucker noch Unreinheiten aufweist. Rohzucker wird zu Weißzucker weiter raffiniert. Während Rohzucker aus Rüben ungenießbar ist, kann man rohen Rohrzucker (braunen Zucker) verzehren (vgl. THOMSEN 2006: XV).

weltweiter Erzeugungsüberschüsse und -defizite deutlich erkennen lassen (vgl. LFL 2007a: 192).

4.2.2 Regionale Produktions- und Außenhandelsstrukturen

Weltweit stellen ca. 120 Länder Zucker her, von denen 74 ausschließlich Zuckerrohr und 41 ausnahmslos Zuckerrüben verarbeiten. Nur fünf Länder weisen sowohl eine Zuckerrohr- als auch eine Zuckerrübenproduktion auf (vgl. Karte 3).

An der Spitze der weltweiten Zuckererzeugung lag im Wirtschaftsjahr 2005/06 Brasilien mit über 31 Mio. t bzw. 20,5% der Weltproduktion, mit großem Abstand gefolgt von der EU mit ca. 21 Mio. t bzw. 14%[47] und Indien mit 20,9 Mio. t bzw. 13,8%[48] (jeweils Rw). Damit entfielen fast 50% der Weltzuckerproduktion auf nur drei Länder bzw. Regionen. Weitere bedeutende, aber erst mit erheblichem Abstand folgende Produzenten sind China (9,6 Mio. t), USA (6,7 Mio. t), Australien (6,4 Mio. t), Mexiko (5,5 Mio. t) und Thailand (5,1 Mio. t) (vgl. F.O. LICHT 2006).

Bei der Produktion von Zucker aus Zuckerrohr liegt Brasilien deutlich vor Indien und China. Bei der Erzeugung von Rübenzucker dominiert unangefochten die EU. Nur die USA, Ägypten, Iran, China und Japan weisen so starke klimatische Disparitäten auf, dass in ihnen beide Zuckerkulturen vorkommen. Auch in vereinzelten Randlagen der EU (z.B. französische Überseedépartements, Azoren, Südspanien) wird – wenn auch in sehr geringem Ausmaß – Rohrzucker erzeugt[49].

---

[47] Da sich die in der Karte 3 dargestellten Werte überwiegend auf das Zuckerwirtschaftsjahr 2005/06 beziehen, sind im Falle der EU weder die für das Wirtschaftsjahr 2006/07 beschlossene temporäre Kürzung der Produktionsquoten um 2,5 Mio. t noch die seit Beginn der Marktordnungsreform (1. Juli 2006) erfolgten Produktionsrückgänge bzw. Stilllegungen berücksichtigt. Im Wirtschaftsjahr 2006/07 lag die Zuckererzeugung der EU bei nur noch 16,7 Mio. t (vgl. Kap. 4.3.1) bzw. ca. 10% der Weltproduktion. In fast allen Erzeugerstaaten der EU wurde 2006/07 ein teilweise drastischer Erzeugungsrückgang verzeichnet. Irland hat seine Zuckerproduktion bereits vollständig eingestellt, Lettland und Slowenien werden 2007/08 nachfolgen (vgl. F.O. LICHT 2006; SUGAR INDUSTRY/ZUCKERINDUSTRIE 2007a: 146; WVZ/VdZ 2007b; Kap. 5.3.4.2).

[48] In Indien werden größere Teile der Zuckerproduktion nicht-zentrifugiert, d.h. roh verwendet (vgl. KLOHN/WINDHORST 2006a: 63).

[49] In den französischen Überseedépartements Guadeloupe, Martinique und Réunion jährlich rund 300 000 t, in Südspanien ca. 10 000 t, auf den zu Portugal gehörenden Azoren ca. 1 400 t (vgl. DZZ 2006: 5; Tabelle 2).

Karte 3: Regionale Verteilung der weltweiten Zuckerproduktion 2005/06 (Rohwert)

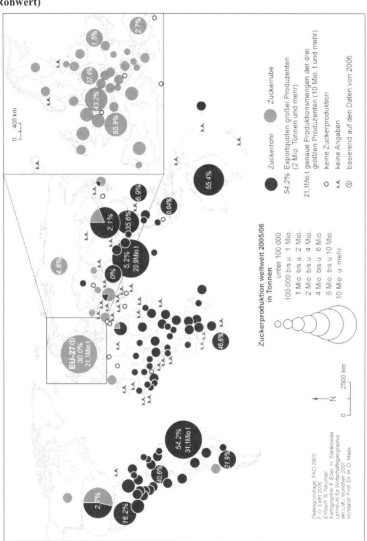

Auffallend ist, dass die Verwendung des produzierten Zuckers und damit die Exportquote zwischen den großen Erzeugern extrem unterschiedlich ist. Während z.b. Brasilien und Australien über 54 bzw. 55% ihres produzierten Zuckers auf dem Weltmarkt absetzen, beträgt die Exportquote in Indien nur ca. 5%, in China gar nur 2%, da diese Länder Zucker fast ausschließlich zur Eigenversorgung produzieren. Aus der Produktionsmenge eines Landes alleine lassen sich daher noch keine eindeutigen Rückschlüsse auf seine Stellung auf dem Weltmarkt ziehen. Deshalb gilt es neben der Produktions- auch die weltweite Außenhandelsstruktur zu beachten.

Weltweit wurden 2005/06 51 Mio. t Zucker international gehandelt, was ca. 34% der Welterzeugung entspricht. Der weltweite Außenhandel ist damit von geringerer Bedeutung als die Produktion. Zwei Drittel des weltweit erzeugten Zuckers werden in den Erzeugerländern selbst verbraucht[50] und berühren den Welthandel nicht. Zu beachten ist ferner, dass rund 20% des Außenhandelsvolumens, d.h. ca. 10 Mio. t, auf besonderen Handelsvergünstigungen wie Präferenzabkommen mit festgelegten Quoten bzw. garantierten Preisen basieren. 2005/06 wurden damit auf dem „freien Weltmarkt" im Endeffekt nur 41 Mio. t bzw. 28% der Weltproduktion gehandelt (vgl. WVZ/VdZ 2007a).

Abbildung 10 stellt die für 2006/07 geschätzten absoluten Export-/Importwerte sowie die prozentualen Anteile an den Weltexporten/-importen einander gegenüber. Auf der Exportseite ist eine sehr starke Konzentration auf wenige Länder festzustellen. Auf die drei führenden Exportländer (Brasilien, Thailand, Australien) entfallen ca. 57% der weltweiten Zuckerexporte. An der Spitze steht Brasilien mit über 19 Mio. t (40,7%), mit sehr großem Abstand gefolgt von Thailand und Australien mit je ca. 3,9 Mio. t (8,3%). Während auf die EU im Jahr 2005/06 noch 7,2 Mio. t (14,7%) entfielen, sind es 2006/07 nur noch ca. 1,6 Mio. t (3,3%), was sie ihre Stellung als Nettoexporteur einbüßen lässt[51] (vgl. SUGAR INDUSTRY/ZUCKERINDUSTRIE 2006a; Kap. 5.3.4.1).

---

[50] Die führenden Zucker produzierenden Länder sind auch die größten Zuckerverbraucher. So vereinigen schätzungsweise mit der EU (18,8 Mio. t), Indien (21,3 Mio. t), China (11,8 Mio. t) und Brasilien (10,9 Mio. t) die größten Produzenten 2006/07 rund 42% des Weltzuckerverbrauchs auf sich (vgl. F.O. LICHT 2006).

[51] Verantwortlich für diesen massiven Rückgang um fast 80% ist die Reform der EU-Zuckermarktpolitik (vgl. Kap. 5.3). Das Wirtschaftsjahr 2005/06 war das letzte Jahr, in dem sich die EU noch über das Urteil der Welthandelsorganisation (vgl. Kap. 5.2.5) hinwegsetzen konnte. In Antizipation der im Mai 2006 in Kraft getretenen WTO-Vorgaben (Verbot des Exports von C-Zucker, Gültigkeit des genehmigten Exportsubventionslimits auch für AKP-Reexporte) nutzten die EU-Zuckerproduzenten noch ein letztes Mal die Exportmöglichkeiten in vollem Umfang. Folglich lagen

Abbildung 10: Weltweite Exporte und Importe von Zucker 2006/07 (Rohwert)

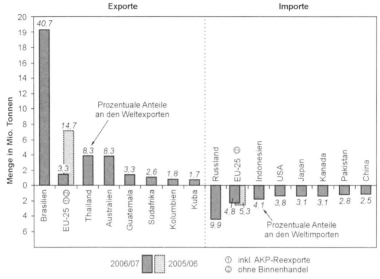

Quelle: USDA/FAS 2006; Ernährungsdienst 2007a; eigene Berechnungen.

Diese vier Länder gehören nicht nur zu den Hauptakteuren auf dem Weltexport-markt, sie legten auch die Fronten in dem vor der Welthandelsorganisation ausgetra-genen Konflikt um die EU-Zuckermarktordnung fest, in dem Brasilien, Australien und Thailand die Rolle des Klägers, die EU die des Beklagten einnahmen (vgl. Kap. 5.2.5).

Im Gegensatz zu den Exporten sind die Weltimporte wesentlich breiter gestreut. Größter Zuckerimporteur ist mit 4,3 Mio. t Russland, das fast 10% aller Importe auf sich zieht. Auf Platz zwei rangiert mit 2,1 Mio. t (4,8%) die EU, wobei der Großteil der Importe (1,6 Mio. t) auf Präferenzeinfuhren (vgl. Kap. 5.2.2.3) entfällt. Den dritten Platz nehmen mit 1,6 Mio. t (3,8%) die USA ein.

Auffallend ist, dass die EU sowohl bei den Exporten (bis 2005/06) als auch den Im-porten einen der ersten Plätze einnahm bzw. einnimmt und damit ein bedeutender

---

die EU-Exporte 2005/06 auf einem sehr hohen Niveau und gingen so im Zuge des Inkrafttretens der WTO-Vorgaben im Wirtschaftsjahr 2006/07 drastisch zurück.

Player auf dem Weltmarkt ist – ein Umstand, zu dem im Wesentlichen die EU-Zuckermarktordnung (vgl. Kap. 5.2.2.1) beigetragen hat.

4.2.3 Entwicklung und Einflussfaktoren der Weltmarktpreisbildung

Wie für alle Welthandelsgüter gibt es auch für Zucker einen Weltmarktpreis. Dieser bildet sich auf den internationalen Warenterminbörsen aus dem Handel von Zucker-Future-Kontrakten, welche neben der Absicherung gegen künftige Preisschwankungen vor allem der Rohstoffspekulation dienen, und stellt den Referenzwert für den Abschluss von Lieferverträgen dar (vgl. CORVES 2004: 43).

Zu beachten ist, dass der Weltmarktpreis nur eine Orientierungsnorm ist, deren praktische Bedeutung aus mehreren Gründen eingeschränkt ist (vgl. ZEDDIES ET AL. 1999: 2): Erstens decken die großen Zucker erzeugenden Länder zunächst ihren teilweise erheblichen Eigenbedarf ab, so dass ein Großteil der Weltzuckerproduktion erst gar nicht in den freien Handel kommt. Zweitens sind die vielen langfristigen Lieferverträge bzw. spezifischen Präferenzabkommen (z.B. die Zuckerlieferungen der AKP-Länder an die EU oder Australiens an Japan) zu beachten, für welche der Weltmarktpreis ohne Bedeutung ist, da hier die Festsetzung der Preise bilateral und zumeist deutlich über dem Weltmarktpreisniveau erfolgt (vgl. DZZ 2006: 3). Drittens sind die Zuckerpreise in fast allen Erzeugerländern staatlich gestützt. 90% des weltweiten Zuckerangebots werden zu Preisen über dem Weltmarktpreis verkauft (vgl. LICHT ET AL. 2003: 21).

Den Zuckerpreis auf dem Weltmarkt beeinflusst eine Vielzahl von Faktoren. Preisschwankungen beruhen auf der tatsächlichen oder vermuteten Entwicklung von Angebot und Nachfrage. So können ertragsverschlechternde Witterungseinflüsse in bedeutenden Erntegebieten für Zuckerrohr und -rübe den Preis kurzfristig stark in die Höhe treiben (vgl. CORVES 2004: 43). Zu beachten ist vor allem der spekulative Charakter der Schwankungen auf dem Weltmarkt. Eingelagert in Jahren niedriger Preise, erfährt Zucker auf dem Weltmarkt eine exorbitante Wertsteigerung, wenn sich das Weltmarktangebot verknappt. Triebkraft dieser Entwicklungen sind Warentermingeschäfte, deren Preisabschlüsse von den jeweils verfügbaren Informationen über die aktuelle und künftige Lage der Zuckerversorgung abhängen (vgl. LFL 2007a: 194). Weitere wichtige Determinanten der Preisentwicklung stellen Wechselkursschwankungen, Kurskorrekturen der Zuckermarktpolitik wichtiger Exportländer sowie die Nachfrage nach vor allem aus Zuckerrohr gewonnenem Ethanol als alternativen Treibstoff dar.

Abbildung 11 zeigt die Entwicklung des Weltmarktpreises für Rohzucker[52] auf Grundlage der Berechnung der International Sugar Organisation (ISO)[53] für die letzten Jahrzehnte. Charakteristisch für den Weltzuckermarkt sind starke Preisschwankungen, von denen exportorientierte Länder, deren Wirtschaft vom Zuckerabsatz auf dem Weltmarkt stark abhängig ist, besonders betroffen sind. Besonders auffällig sind die beiden extremen Preisspitzen von 1974/75 sowie 1980/81. Danach stellte sich bis in die 1990er Jahre hinein eine zyklische Entwicklung mit Preishochs in Abstand von sechs bis acht Jahren ein, ohne dass extrem hohe Preise wieder erreicht wurden. Seit Ende der 1990er Jahre stabilisierten sich dann die Preise zunächst auf niedrigem Niveau[54].

Für diese Veränderung des Preisbildes zeichnen zwei Faktoren verantwortlich (vgl. FAL 2005: 6): Bis Anfang der 1980er Jahre entfielen mehr als 50% des Weltzuckerverbrauchs auf die Industrieländer, in denen die Preiselastizität der Nachfrage wegen des kleinen Anteils der Zuckerausgaben an den gesamten Lebenshaltungskosten sehr gering ist. Bei einer Verknappung des Angebots und steigenden Preisen ist folglich kaum mit einer rückläufigen Nachfrage zu rechnen. Die Folge sind weiter steigende Preise, die wiederum Produktionserhöhungen in den folgenden Jahren nach sich ziehen. Das daraus resultierende Überangebot bewirkt in der Folgezeit Preisrückgänge, und da umgekehrt in den Industrieländern die Nachfrage bei sinkenden Preisen kaum steigt, fallen die Preise sehr tief.

---

[52] Neben Rohzucker wird raffinierter Zucker (Weißzucker) auf eigenen Märkten gehandelt. Die Preise für Weißzucker liegen um den bei seiner Herstellung anfallenden Betrag der Raffinationskosten über den Rohzuckerpreisen. Man bezeichnet die Differenz zwischen den börslich notierten Roh- und Weißzuckerpreisen als Weißzuckerprämie. Weichen die Weißzuckerpreise um mehr als die Höhe der Raffinationskosten von den Rohzuckerpreisen ab, intensivieren Länder ihre sog. Tolling-Aktivitäten, d.h. sie importieren verstärkt Rohzucker, um ihn zu Weißzucker zu verarbeiten und dann weiter zu verkaufen (vgl. FAL 2005: 8).

[53] Ein weltweit einheitlicher Preis existiert zwar nicht, doch ermittelt die ISO gemäß dem internationalen Zuckerabkommen – einer administrativen Vereinbarung zur Verbesserung der internationalen Zusammenarbeit und Information ohne Möglichkeiten zur Beeinflussung des Zuckermarktes (72 Mitgliedsländer mit 83% der Weltzuckerproduktion) – einen internationalen Referenzpreis („International Sugar Agreement Price"). Dieser errechnet sich aus dem Durchschnitt zweier Einzelpreise: Der „New York Sugar Exchange Contract Nᵒ11" (NY11) gilt für Rohrohrzucker aus 30 Ländern, darunter die führenden Exportländer Brasilien, Thailand und Australien. Er ist ein fob-Preis, ursprünglich nur für karibische, später auch fernöstliche Häfen geltend. Der „London Daily Price" (LDP) ist ein für europäische Häfen geltender cif-Fixpreis für Rohzucker jeglichen Ursprungs (vgl. EUROPÄISCHE KOMMISSION 2003a: 295).

[54] Zu beachten ist dabei, dass innerhalb vieler Jahre kurzfristige Preisschwankungen von 100 bis 300% durchaus als normal anzusehen sind (vgl. CORVES 2004: 43).

Abbildung 11: Entwicklung des Weltmarktpreises für Rohzucker

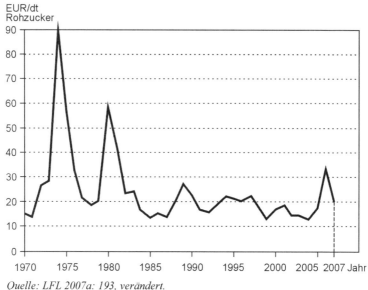

Quelle: LFL 2007a: 193, verändert.

Seit Beginn der 1990er Jahre beruht der zunehmende Weltzuckerverbrauch aus-schließlich auf der steigenden Nachfrage in den Entwicklungsländern. Die Preiselasti-zität der Nachfrage ist dort allerdings wesentlich höher als in den Industrieländern und verhindert Preisschwankungen in dem extremen Ausmaß wie vor 1981.

Ein weiterer Grund für die Preisstabilisierung liegt in der starken Expansion des Zuckerrohranbaus in Brasilien. Der weltweit größte Zuckerproduzent verwendet einen erheblichen Teil seines Zuckerrohrs für die Herstellung von Kraftstoffethanol[55]. Stei-gen die Weltmarktpreise für Zucker, wäre es für das Land möglich und lukrativ, kurz-fristig die Zuckerrohrverwendung für die Ethanolproduktion zu drosseln und mehr Zucker für den Export zu produzieren. Das hohe Angebot drückt dann den Preis auf dem Weltmarkt. In den letzten Jahren wirkte diese hohe Angebotselastizität einem starken Anstieg der Weltmarktpreise entgegen.

---

[55] In Brasilien fährt bereits jedes vierte Auto mit einem sog. „Flex-Fuel-Motor", der wahlweise mit Benzin oder Ethanol betrieben werden kann (vgl. GOLDMAN SACHS 2005: 5; KOPP 2007: 61).

Wie jüngere Entwicklungen zeigen, gilt dieser Zusammenhang allerdings auch umgekehrt. So stärkt ein hoher Rohölpreis das Bewusstsein für landwirtschaftliche Erzeugnisse als Energierohstoff und führt zu einer erhöhten Nachfrage nach Ethanol als Alternativtreibstoff (vgl. SOMMER 2007: 21; Kap. 6.3.2.7). Aufgrund der Konkurrenzbeziehung zwischen Zucker und Ethanol lässt dann eine zeitweilige Umleitung von Zuckerrohr aus dem Zucker- in den Ethanolsektor wegen des dadurch verknappten Zuckerangebots die Weltmarktpreise ansteigen. Abbildung 12 zeigt den im Trend positiven Zusammenhang zwischen der Rohöl- und der Zuckerpreisentwicklung.

Abbildung 12: Zucker- versus Rohölpreis

indexiert auf den 1. April 2004, Indexentwicklung in %

Quelle: Goldmann Sachs 2005: 7.

Wie Abbildung 11 zeigt, erreichte der Weltrohzuckerpreis 2006 mit über 30 €/dt (= 100 kg) den höchsten Stand seit Anfang der 1980er Jahre. Ursache dafür waren Spekulationen, dass Brasilien aufgrund der wegen der hohen Rohölpreise steigenden Nachfrage nach Ethanol vor allem aus den USA künftig einen großen Teil seines Zuckerrohrs für die Ethanolproduktion verwenden und damit weniger für den Weltmarkt produzieren könnte[56] (vgl. LFL 2007a: 194). Aufgrund niedrigerer Ölpreise und Spekulationen über steigende Mengen auf dem Weltmarkt gaben die Zuckerpreise Ende 2006

---

[56] Weitere Ursachen waren ein aufgrund ungünstiger Witterungsbedingungen im Jahr 2005/06 knapp versorgter Zuckermarkt sowie Spekulationen über Versorgungsdefizite infolge des reformbedingten Produktionsrückgangs in der EU (vgl. ERNÄHRUNGSDIENST 2007b: 1).

dann wieder deutlich nach. Hinzu kamen hervorragende Ernten aufgrund idealer Witterungsbedingungen in fast allen Anbaugebieten, vor allem Brasilien und Indien, größere Anbauflächen und Verarbeitungskapazitäten aufgrund der Preishausse in 2006 sowie die Bemühungen zur Erhöhung des Selbstversorgungsgrades in wichtigen Einfuhrländern wie Russland. Dadurch steigen die Lagerbestände an Zucker, was die Preise weiter sinken lässt. Im Wirtschaftsjahr 2007/08 wird mit einem Überschuss am Weltmarkt von ca. 9,1 Mio. t gerechnet, womit der Abwärtstrend der Zuckerpreise in naher Zukunft anhalten dürfte (vgl. BURISCH 2007; AHLFELD 2007; HANDELSBLATT 2007b und 2007d).

Neben Spekulationsgeschäften werden der Ölpreis und die Entwicklung in wichtigen Erzeugerländern, vor allem Brasilien, auch die hauptsächlichen Bestimmungsfaktoren der Zuckerpreise in der Zukunft sein (vgl. SOMMER 2007: 21f.). Aufgrund des durch die Zuckermarktreform bedingten Wegfalls großer Rübenzuckermengen aus der EU sowie der Tatsache, dass Zucker längst nicht mehr nur ein Nahrungsmittel vom Feld ist, sondern über die Bioethanolschiene auch von den Ölpreisen beeinflusst wird, könnten die Preisschwankungen in den kommenden Jahren wieder zunehmen (vgl. TOP AGRAR 2006: 46).

Vergleicht man die Entwicklungen von Weltmarktpreisen (vgl. Abbildung 11) und Weltproduktion (vgl. Abbildung 9), stellt sich die Frage, warum trotz der starken Schwankungen, denen der Weltmarktpreis für Zucker unterworfen ist, und der immer wiederkehrenden, teilweise dramatischen Preiseinbrüche die Weltzuckerproduktion in den letzten Jahrzehnten kontinuierlich gestiegen ist. Eine Ursache stellt die intensive staatliche Protektion des Zuckersektors und die hohe Preisstützung in vielen Ländern dar, die dafür sorgt, dass die inländischen Zuckerpreise weit über dem Weltmarktpreis – in manchen Industrieländern sogar um einige hundert Prozent (vgl Abbildung 13) – liegen, was einen ständigen Produktionsanreiz bewirkt.

Für den Verbleib in der Zuckerproduktion sogar bei sinkenden Weltmarktpreisen sind Charakteristika und Anbaubedingungen der beiden Zuckerpflanzen verantwortlich. Ein Produktionsausstieg vor Ablauf eines mehrjährigen Produktionszyklus hätte hohe Verluste zur Folge. Bei der Zuckerrübe kommt hinzu, dass sie Bestandteil eines Fruchtwechsels ist, bei dem die Anbaufrüchte nur in begrenztem Umfang gewechselt werden können. Ferner muss die Alternativfrucht einen höheren Gewinn als die Zuckerrübe bzw. das Zuckerrohr erwarten lassen. Auch die im Zeitablauf gewonnene Erfahrung der Erzeuger mit den Zuckerpflanzen und der hohe Selbstversorgungsgrad erschweren den Aus- oder Umstieg. Die Strukturen der Zucker erzeugenden Industrie machen einen weiteren Beharrungsgrund aus, da die Zuckerproduzenten aufgrund der hohen Kapitalintensität des Produktionsprozesses die Rüben- und Rohrerzeuger über langfristige Lieferverträge an sich gebunden haben (vgl. KLOHN/WINDHORST 2006a: 63).

Abbildung 13: Inländische Zuckerpreise ausgewählter Zuckerproduzenten

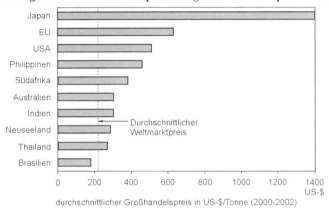

durchschnittlicher Großhandelspreis in US-$/Tonne (2000-2002)

Quelle: FAZ 2004.

4.2.4 Determinanten der internationalen Wettbewerbsfähigkeit

Um auf dem Weltmarkt zu bestehen, müssen die Zuckererzeuger international wettbewerbsfähig sein. Dabei handelt es sich um die Fähigkeit einheimischer Produzenten, mit ausländischen Herstellern um Marktanteile zu konkurrieren. In der Zuckerwirtschaft beruht sie auf verschiedenen, wettbewerbsbeeinflussenden natürlichen, wirtschaftlichen und politischen Standortfaktoren (vgl. Abbildung 14).

Allgemein weisen die Produzenten von Zuckerrohr – trotz des im Vergleich zur Zuckerrübe niedrigeren Zuckergehalts – gegenüber den konkurrierenden Rübenerzeugern erhebliche Wettbewerbsvorteile auf. Im Bereich der **wirtschaftlichen Standortfaktoren** sind die wesentlich niedrigeren Kosten für Boden und Arbeit sowie Sozial- und Umweltschutzauflagen anzuführen – man bedenke, dass die Zuckerrohrerzeugung überwiegend in Entwicklungsländern, die Zuckerrübenproduktion dagegen fast ausschließlich in Industrieländern konzentriert ist. Ferner ist das Pflanzgut für Zuckerrohr günstiger, da es von selbst gewonnen werden kann (Stecklinge). Der bei der Verarbeitung anfallende Energiebedarf ist geringer als bei der Rübenzuckerproduktion, weil sich der Pressrückstand (Bagasse) als Brennstoff für die Zuckerproduktion verwerten lässt. Schließlich ist die Dauer der saisonalen Kapazitätsauslastung beim Rohr länger als bei der Rübe.

Abbildung 14: Wettbewerbsrelevante Standortfaktoren der Zuckererzeugung

Standortfaktoren	Rohstofferzeugung (Rübe/Rohr)	Zuckerverarbeitung
Natürliche Standortfaktoren - Temperatur/Sonnenscheindauer - Niederschläge - Topographie	Zuckererträge, Bewässerungs-/Drainagebedarf, mechanische Bearbeitkeit	Kampagnendauer
Wirtschaftliche Standortfaktoren - Verfügbarkeit bzw. Opportunitätskosten von Arbeit, Boden, Kapital, Energie - Produktivität	Preise für Arbeit, Boden, Kapital, Energie Stückkosten	Preise für Arbeit, Boden, Kapital, Energie Stückkosten
Politische Standortfaktoren Subventionen/ - Produktpreise Preisstützung - Faktorpreise	Zuckerrüben-/Zuckerrohrpreise, Wasser- und Energiepreise etc.	Zuckerpreise, Wasser- und Energiepreise etc.
Steuern	Einkommens-, Grund-, Energie- steuer etc.	Einkommens-, Grund-, Energie- steuer etc.
Auflagen - Sozialregelungen - Umweltregelungen	Lohnnebenkosten, Kosten durch Regelungen bei Düngung und Pflanzenschutz etc.	Lohnnebenkosten, Kosten durch Regelungen bezüg- lich Abluft und Abwasser sowie Reststoffverwertung etc.
Handelspolitische Instrumente	Zölle, Exportsubventionen	Zölle, Exportsubventionen

Quelle: Zeddies et al. 1999: 2, verändert und erweitert.

Was die **natürlichen Standortfaktoren** betrifft, ist die in den Rüben erzeugenden Großregionen, vor allem Europa, wesentlich kürzere Sonnenscheindauer hervorzuheben. Trotz des hohen Einsatzes von Chemie erzielen die Zuckerrübenbauern deutlich geringere Hektarerträge als die Zuckerrohranbauer (vgl. OXFAM 2004: 10; EED 2004: 23).

Abbildung 15 zeigt einen länderspezifischen Vergleich der Herstellungskosten für Zucker, welche sich aus Rohstoff-, Transport- und Verarbeitungskosten zusammensetzen. Die dargestellten Zahlen sind nur als ungefähre bzw. grobe Richtgröße zu begreifen. Ein genauer Vergleich ist problematisch und mit großen Unsicherheiten behaftet, da die verfügbaren Zahlen aus unterschiedlichen Quellen stammen und manchmal Durchschnittswerte verschiedener Angaben darstellen. Es lässt sich jedoch feststellen, dass bei einem hier zugrunde gelegten Weltmarktpreis von 190 US-$, d.h. weniger als 0,10 US-$ pro US-Pfund (lb = 453,599g), nur Brasilien als effizientester Rohzucker-erzeuger in der Lage ist, kostendeckend zu produzieren.

Abbildung 15: Produktionskosten je Tonne Zucker in ausgewählten Ländern

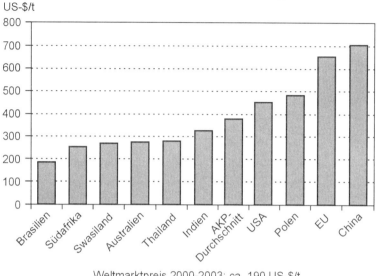

Weltmarktpreis 2000-2003: ca. 190 US-$/t

Quelle: EED 2004: 21.

In Brasilien, wo das Potenzial zum Anbau von Zuckerrohr unerschöpflich scheint, liegen die Herstellungskosten für Zucker wesentlich niedriger als in sämtlichen anderen großen Anbaugebieten und machen nur ca. 30% der durchschnittlichen Produktionskosten in der EU aus. Damit produzieren weder die EU noch andere Länder Rübenzucker so kostengünstig, dass ein Absatz auf dem Weltmarkt zu o. g. Preis profitabel wäre (vgl. CORVES 2004: 43; SOMMER 2006: 22; KERKELÄ/HUAN-NIEMI 2005: 34). An dieser Stelle werden **politische Standortfaktoren** wirksam: Preisstützungen in den Industrieländern ermöglichen ein nicht nur kostendeckendes, sondern auch hohe Gewinne erwarten lassendes Binnenpreisniveau, das nach Außen durch hohe Zölle abgesichert wird. Exportsubventionen erlauben ein Engagement auf dem Weltmarkt zu Preisen, die weit unter den landesspezifischen, durchschnittlichen Herstellungskosten liegen. Der im Inland teuer erzeugte Zucker wird auf dem Weltmarkt damit künstlich rentabel.

4.3 Strukturen der europäischen und deutschen Zuckerwirtschaft

In Deutschland und vielen Regionen Europas ist die Zuckererzeugung ein Wirtschaftssektor mit langer Tradition, hoher Wertschöpfung und ausgeprägtem technischen Fortschritt. Folgendes Kapitel widmet sich den Strukturen der europäischen und deutschen Zuckerwirtschaft. Für letztere erfolgt – gegliedert nach den beiden Produktionskomplexen Landwirtschaft und Zuckerindustrie – eine nähere Betrachtung. Zuckererzeugung und Zuckerrübenanbau in Bayern werden als Untersuchungsgegenstand der empirischen Analyse dieser Arbeit dagegen in Kap. 6.2 vertieft behandelt.

4.3.1 Der Zuckersektor der Europäischen Union

Der Zuckersektor der Europäischen Union wird durch die EU-Zuckermarktordnung gesteuert (vgl. Kap. 5). Bisher besaßen außer Zypern, Estland, Luxemburg und Malta alle Länder der EU eine eigene Zuckerproduktion. Im Zuge der Marktordnungsreform legte Irland seine Produktion 2006/07 still. 2007/08 folgen Lettland und Slowenien, die ebenfalls ihre komplette Erzeugung einstellen (vgl. Kap. 5.3.4.2).

EU-weit wurden 2005/06 aus 125 Mio. t geernteten Zuckerrüben ca. 21 Mio. t Zucker (Ww[57]) erzeugt[58]. Rund 300 000 landwirtschaftliche Betriebe bauten neben anderen Ackerkulturen Zuckerrüben an. Im Wirtschaftsjahr 2006/07 betrug wegen eines ungünstigen Witterungsverlaufs und vor allem der Produktionsdrosselung infolge der Zuckermarktreform die EU-Zuckerproduktion nur noch ca. 16,7 Mio. t (vgl. LFL 2007a: 194; WVZ/VdZ 2006b: 130, 2007b und 2007e: 106).

Die Schwerpunkte der Rübenerzeugung liegen in den Beckenlandschaften der Champagne, in Französisch- und Belgisch-Flandern, Norditalien, Polen, den Niederlanden, der Köln-Aachener Bucht, Niedersachsen und Bayern. Der Anbau konzentriert sich damit vorwiegend auf die gemäßigten klimatischen Bereiche. In den nördlicheren Breiten und im mediterranen Raum werden nur kleine Flächen mit Rüben bestellt. In Skandinavien reduziert sich der Anbau auf die südlichen, im Mittelmeerraum zumeist

---

[57] Ww steht für Weißwert und bezieht sich auf Weißzucker, der die höchste Raffinadestufe und einen Zuckergehalt von über 99,5% aufweist (vgl. THOMSEN 2006: XV).

[58] Gemeint ist im Folgenden – sofern nicht anders angegeben – die EU nach der Osterweiterung 2004, d.h. die EU-25. Damit bleiben die jüngst beigetretenen Länder Bulgarien und Rumänien, in denen die alte Zuckermarktordnung ohnehin nicht galt, zumeist unberücksichtigt.

auf die nördlichen Landesteile (vgl. LFL 2007a: 194; KLOHN/WINDHORST 2006b: 103).

2006/07 lag die gesamte Zuckerrübenanbaufläche der EU bei ca. 1,75 Mio. ha. Mehr als die Hälfte davon entfiel auf die Anbauregionen in Deutschland, Frankreich und Polen (vgl. Tabelle 2).

Zuckerrüben anbauende sind größer als durchschnittliche Landwirtschaftsbetriebe. Die Gesamtanbaufläche dieser Betriebe liegt im Durchschnitt bei 70 ha (davon 8 ha für den Rübenanbau), während das Mittel aller landwirtschaftlichen Betriebe in der EU bei ca. 20 ha liegt (vgl. EUROPÄISCHE KOMMISSION 2005a: 3/1f.). Die überdurchschnittliche Größe ist darauf zurückzuführen, dass sich der Zuckerrübenanbau in den vergangenen Jahrzehnten von einer eher arbeitsintensiven zu einer hoch mechanisierten Kultur gewandelt hat, die verhältnismäßig kapitalintensiv ist (vgl. EUROPÄISCHE KOMMISSION 2003a: 49). Die anfallenden Investitionssummen können in der Regel nur von größeren Betrieben oder Kooperationen von vielen kleineren bzw. mehreren mittelgroßen Betrieben aufgebracht werden.

Aufgrund der bislang hohen garantierten Rübenpreise erzielten die Rüben erzeugenden Betriebe bisher auch höhere Einkommen als der EU-Durchschnittsbetrieb. So beträgt die Nettowertschöpfung je Jahresarbeitseinheit[59] schätzungsweise das 1,7fache des Durchschnitts aller Betriebe (vgl. EUROPÄISCHE KOMMISSION 2003b: 11f.).

Für manche landwirtschaftliche Betriebe ist der Rübenanbau daher ein elementares Standbein und eine unverzichtbare Einkommensquelle. Hinzu kommt die Wirtschaftlichkeit der Rübenproduktion aufgrund der doppelten Verwertbarkeit der Rübe zur Zucker- und Futtermittelgewinnung. Ferner trägt die Rübe zur Auflockerung einseitiger Getreidefruchtfolgen und wegen ihrer ausgezeichneten Durchwurzelung des Bodens zum Erhalt der Bodenfruchtbarkeit bei. Vor allem in Zentral- und Mitteleuropa mit seinen für den Rübenanbau besonders geeigneten Regionen hat die Landwirtschaft daher ein starkes Interesse an Bestand und Aufrechterhaltung dieses Produktionszweiges im jeweils betriebswirtschaftlich sinnvollen Ausmaß (vgl. WINNER 1978: 131; HELMKE 2005: 87).

---

[59] Die Nettowertschöpfung ist die Entlohnung der landwirtschaftlichen Produktionsfaktoren Arbeit, Kapital und Boden und aus betriebswirtschaftlicher Perspektive als Betriebseinkommen zu begreifen. Die Jahresarbeitseinheit ist die von einer vollzeitbeschäftigten Person tatsächlich geleistete Anzahl an Arbeitsstunden.

2005/06 wurden in der EU-25 die Rüben in 187 Fabriken, welche im Besitz von 56 Herstellern standen, zu Zucker verarbeitet. Allerdings befindet sich die Zuckerindustrie seit einiger Zeit in einer tief greifenden Rationalisierungs- und Konsolidierungsphase, welche in zahlreichen Unternehmenszusammenschlüssen und Fabrikschließungen zum Ausdruck kommt (vgl. JANZ 2002: 14ff.). Gab es 1968/69 in der EU-6 noch 374 Zuckerfabriken, waren es – trotz gestiegener Anzahl an Mitgliedsländern – 1990 (EU-12) nur noch um die 240, 2003 (EU-15) lediglich noch 126 (vgl. EUROPÄISCHE KOMMISSION 2005a: 3/2). Für die kommenden Jahre wird – vor allem durch die Marktordnungsreform beschleunigt – mit einer weiteren deutlichen Abnahme gerechnet (vgl. Kap. 5.3.4.2).

Neben den Zuckerfabriken unterhalten manche EU-Länder (Finnland, Frankreich, Großbritannien, Portugal, Schweden, Italien, Rumänien, Bulgarien) Rohrzuckerraffinerien, welche rohen Rohr- zu Weißzucker verarbeiten und ihren Bedarf durch präferenzielle Rohrzuckerimporte aus bestimmten Entwicklungsländern (vgl. Kap. 5.2.2.3) decken. Aus Transportkostenerwägungen sind die über das gesamte EU-Rübenanbaugebiet verteilten Zuckerfabriken in unmittelbarer räumlicher Nähe zu den Anbauregionen, ein Großteil der Raffinerien in Hafennähe angesiedelt (vgl. EUROPÄISCHE KOMMISSION 2003c: 6; Karte 5).

Tabelle 2 zeigt die Zuckererzeugung in der EU im Jahr 2006/07. Wie bei der Rübenanbaufläche bzw. der Erzeugung von Zuckerrüben entfielen auch bei der Zuckerproduktion die größten Anteile auf Frankreich (ca. 4,4 Mio. t bzw. 26%), Deutschland (ca. 3,2 Mio. t bzw. 19,5%) und Polen (ca. 1,7 Mio. t bzw. 10,0%).

Vergleicht man die produzierten Zuckermengen mit den Rübenanbauflächen, fällt auf, dass die ostmitteleuropäischen Länder gegenüber einzelnen Altmitgliedern der EU eine im Vergleich zur Anbaufläche geringe Produktion aufweisen (vgl. Tabelle 2; KLOHN/WINDHORST 2006b: 103). So überstieg 2006/07 die Zuckerproduktion Frankreichs die Polens um mehr als das Zweieinhalbfache, die französische war aber nur ca. 50% größer als die polnische Anbaufläche. Ursächlich dafür sind die sehr unterschiedlichen Zuckererträge je ha Fläche. Diese liegen in den westeuropäischen Ländern durchschnittlich zwischen 10 und 11 t/ha. Nach Osten ist dagegen ein klares Gefälle auszumachen. So betrug der Zuckerertrag in Tschechien 8,4 t/ha, in Ungarn und der Slowakei ca. 7,3 t/ha und in Polen 7,1 t/ha. Diese Diskrepanzen sind sowohl ungünstigeren natürlich-klimatischen Gegebenheiten wie auch technologischen Rückständen (z.B. bei Saatgut und Düngemitteln) geschuldet. Letztere dürften sich in Zukunft aber verringern.

Tabelle 2: Zuckerproduktion in der EU-25 (2006/07; Ww)

Land	Anbaufläche 1 000 ha	Zuckertrag t/ha	Zucker-erzeugung t
Deutschland	353	9,2	3 262 168
Frankreich Mutterland	349	12,0	4 173 641
DOM[1]	-	-	283 812
Polen	241	7,1	1 706 797
Großbritannien	106	10,9	1 157 703
Spanien	101	10,7	1 077 358
Niederlande	84	10,8	905 063
Belgien/Luxemburg	80	10,7	855 577
Italien	94	7,0	657 110
Tschechien	50	8,4	467 427
Österreich	40	10,3	407 590
Dänemark	41	9,2	375 192
Ungarn	48	7,3	353 370
Schweden	45	7,0	312 034
Slowakei	28	7,3	205 151
Griechenland	26	6,5	169 611
Finnland	25	5,2	129 407
Litauen	18	5,4	96 624
Lettland	11	3,9	43 442
Slowenien	7	6,2	43 442
Portugal Festland	4	10,2	37 238
Azoren	-	-	1 820
EU	1 751	9,5	16 721 577

[1] Départements et régions d´outre-mer

Quelle: WVZ/VdZ 2007b.

Gegenüber 2005/06 hat sich die gesamte in der EU produzierte Zuckermenge auf-grund der Marktordnungsreform von ca. 21 Mio. t um ca. 18% auf 16,7 Mio. t in 2006/07 reduziert, wobei der Rückgang im Rahmen des Prozesses der Quotenrückgabe in den einzelnen Ländern sehr unterschiedlich ausfällt (vgl. Kap. 5.3.4.2).

Neben der Produktion ist der Verbrauch an Zucker ein wichtiger Indikator für die Zuckerwirtschaft. In den letzten Jahren wurden in der EU-25 rund 16,6 Mio. t Zucker verbraucht[60] (vgl. WVZ/VdZ 2006a: 71). Bis zur Reform produzierte die EU damit wesentlich mehr Zucker als sie verbrauchte, so dass jährlich zwischen zwei und vier Mio. t exportiert werden mussten. Im langjährigen Durchschnitt lag der Selbstversorgungsgrad für Weißzucker bisher bei ca. 130%, wobei zwischen den einzelnen Ländern extreme Schwankungen auftraten. So produzieren Belgien, Dänemark und Frankreich bislang fast doppelt soviel Zucker, wie sie selbst verbrauchen. Auch in Deutschland, Polen und den Niederlanden treten erhebliche Produktionsüberschüsse auf. Dagegen besteht in Großbritannien, Finnland, Italien, Portugal, Spanien, den meisten neuen Mitgliedsländern sowie künftig in Irland ein Zufuhrbedarf (vgl. LFL 2007a: 196f.).

Im Zuge der Reform der Zuckermarktordnung dürfte der Selbstversorgungsgrad der EU aber deutlich zurückgehen und die EU – bisher Nettoexporteur – wird sich sogar teilweise von Importen abhängig machen (vgl. Kap. 5.3.4.1; SUGAR INDUSTRY/ZUCKERINDUSTRIE 2006a).

4.3.2 Regionale Verteilung des Zuckerrübenanbaus in Deutschland

In Deutschland bauten im Wirtschaftsjahr 2006/07 42 926 Betriebe Zuckerrüben an, was 12% aller 353 300 deutschen Landwirtschaftsbetriebe entsprach. Mit 359 773 ha machte die Zuckerrübenanbaufläche rund 3,0% der gesamten Ackerfläche aus. Insgesamt wurden aus 20 646 587 t Rüben ca. 3,26 Mio. t Zucker erzeugt (vgl. WVZ/VdZ 2007e: 7; VSZ 2007a: 188f.; BMELV 2007: 1).

Die Wirtschaftlichkeit des Rübenanbaus in den einzelnen Regionen ergibt sich aus dem Zusammenspiel mehrerer Faktoren. Hierzu gehört in erster Linie der erzielbare Rübenertrag/ha, der – klima- und bodenbedingt – starken Schwankungen unterworfen ist. Er fällt – auf Bundesländerebene bezogen – im Süden Deutschlands verhältnismäßig hoch, im Norden und Osten dagegen relativ niedrig aus. Während er im Schnitt der Jahre[61] 2001/02 bis 2005/06 in Bayern 64,9 t/ha und in Baden-Württemberg 62,5 t/ha

---

[60] Der Pro-Kopf-Verbrauch an Zucker weist allerdings deutliche Unterschiede auf. Während er 2004 im Süden der EU (Italien, Spanien) mit 25-27 kg vergleichsweise gering ausfiel, wurde im Norden der EU (Belgien, Dänemark, Großbritannien, Niederlande) mit 45-50 kg deutlich mehr verbraucht (vgl. LFL 2007a: 196).

[61] Da einzelne Jahreswerte aufgrund witterungsbedingter Einflüsse sehr stark schwanken können, empfiehlt es sich, die Durchschnittswerte mehrerer Jahre heranzuziehen.

betrug, wurden im gleichen Zeitraum in Schleswig-Holstein 55,2 t/ha und in Sachsen-Anhalt sogar nur 50,6 t/ha erzielt[62].

In diesem Zusammenhang sind zwei Aspekte zu beachten. Erstens lässt sich ein vergleichsweise niedriger Rübenertrag/ha – zumindest teilweise – durch eine überdurchschnittliche Zuckerausbeute kompensieren. So war in o. g. Zeitraum beispielsweise in Mecklenburg-Vorpommern der Rübenertrag mit 50,4 t/ha vergleichsweise niedrig, die Zuckerausbeute mit 15,6% jedoch relativ hoch, so dass das Land im durchschnittlichen Zuckerertrag/ha (= Produkt aus Rübenertrag und Zuckerausbeute) noch im unteren Mittelfeld der Bundesländer rangiert (vgl. WVZ/VdZ 2007g: 11, 13 und 14; eigene Berechnungen).

Zweitens lassen sich Nachteile in den Ertragsverhältnissen durch produktionskostenbedingte Vorteile kompensieren (vgl. SCHMIDT 1980: 764). Diese beruhen vor allem auf einer überlegenen Betriebsgrößenstruktur, welche in ganz erheblichem Ausmaß die Effizienz der Zuckerrübenerzeugung beeinflusst, indem bei großen Betrieben starke Degressionseffekte bei den Arbeitserledigungskosten[63] anfallen. Während eine höhere Flächenausstattung Skaleneffekte bei den Maschinenkosten bewirkt, führt eine steigende durchschnittliche Feldgröße zu einem überproportionalen Rückgang von Arbeitseinsatz und Arbeitszeitbedarf. Dabei weisen die ostdeutschen gegenüber den westdeutschen Bundesländern aufgrund großer Betriebsgrößen und Anbauflächen eine wesentlich günstigere Struktur auf, welche auf geringeren Arbeitserledigungskosten und deutlichen strukturellen Wettbewerbsvorteilen beruht. In den alten Bundesländern bestehen umgekehrt Strukturnachteile, welche von Norden nach Süden zunehmen (vgl. MÜLLER-BLUMENCORN 2006: 19ff.).

Die Wirtschaftlichkeit des Rübenanbaus bemisst sich auch durch das Wettbewerbsverhältnis der Rübe zu ihrer stärksten Konkurrenzfrucht, mit der sie um den knappen Faktor Boden in Wettbewerb steht (intraregionale Vorzüglichkeit). Unter sonst gleichen Bedingungen für Erzeugungskosten und Absatzpreise lassen sich durch die Relation Zuckerertrag zu Getreideertrag Rückschlüsse auf die regionalen Opportunitätskosten und damit die Vorzüglichkeit des Rübenanbaus ziehen. Je deutlicher diese Ertragsrelation über 1 liegt, umso geringer fallen die Opportunitätskosten der Rübenerzeu-

---

[62] Auch innerhalb eines Bundeslandes können – je nach Boden und Witterung sowie historischen Aspekten der Agrarproduktion – zum Teil größere Schwankungen auftreten. In Kap. 6.2.1 wird dies am Beispiel Bayerns verdeutlicht.

[63] Zu den Arbeitserledigungskosten zählen alle variablen und fixen Kosten, welche direkt der Feldarbeit zugeordnet werden können (vgl. LATACZ-LOHMANN 2006: 127).

gung aus und umso vorteilhafter ist die Rübenproduktion. In Deutschland nimmt sie von Norden nach Süden zu. Während sie im Durchschnitt der Jahre 1998/99-2000/01 in Schleswig-Holstein bei 0,9 liegt, der Anbau von Getreide dort also relativ vorzüglicher ist, beträgt sie z.B. in Nordrhein-Westfalen und Sachsen-Anhalt 1,1, in Hessen und Thüringen 1,3, in Baden-Württemberg 1,4 und in Bayern 1,5, womit die Zuckerrübe den eindeutigen Vorzug vor Getreide erhält (vgl. MÜLLER-BLUMENCORN 2006: 22).

Im Vergleich zu Alternativkulturen wie Getreide oder Raps erfordert der Zuckerrübenanbau allerdings auch einen höheren Einsatz ertragssteigernder bzw. -sichernder Betriebsmittel und gestaltet sich wesentlich aufwändiger und schwieriger als der Anbau sämtlicher Mähdruschfrüchte. Exkurs 3 behandelt wichtige Aspekte des Anbaus und hebt die produktionsbedingte Sonderstellung der Rübe hervor. Gleichzeitig liefert die Zuckerrübe aufgrund hoher Preise aber auch die höchsten Markterlöse und Deckungsbeiträge im deutschen Ackerbau. Bei vielen landwirtschaftlichen Betrieben trägt sie bisweilen, d.h. bis zur Reform der Zuckermarktordnung (vgl. Kap. 5.3), 70% oder mehr zum Betriebsgewinn bei (vgl. DZZ 2003b: 6). Die Zuckerrübe ist daher die „Königin der Ackerfrüchte", denn „sie steht im Ansehen, in der Wertigkeit, in den Köpfen der Bauern ganz oben" (LW-Int. 8[64]).

Exkurs 3: Aspekte und Besonderheiten des Zuckerrübenanbaus

Die Sonderstellung der Zuckerrübe im Ackerbau liegt darin begründet, dass sich der gesamte Anbau von der Bestellung über die Bewirtschaftung und die Ernte bis zum Transport als schwieriger und riskanter als bei allen anderen Feldfrüchten erweist und die Rübe die höchsten Ansprüche an die Pflanzenpflege stellt.

Der Rübenanbau zeichnet sich durch eine besonders diffizile **Saattechnik** aus. Bereits bei der Vorfruchternte sollten keine tiefen Spuren oder Unebenheiten hinterlassen, im Winter der Boden nur bis zur Saattiefe bearbeitet werden, um keine neuen Verdichtungszonen zu schaffen. Die Bestellung im Frühjahr erfolgt durch Präzisionseinzelkornsaat und erfordert großes handwerkliches Geschick. Da das Saatgut der Zuckerrübe – im Gegensatz zu Getreide – nur wenig Triebkraft hat, darf der Boden nicht zu tief gelockert werden, sondern muss eben und feinkrümelig sein. Der Feldaufgang,

---

[64] In dieses und das nächste Kapitel fließen Inhalte der durchgeführten Experteninterviews mit ein. Die bei dieser Arbeit angewandte empirische Vorgehensweise und eingesetzte Interviewtechnik werden in Kap. 6.1.2 erläutert. Namen und Funktionen der interviewten Experten sowie Datum und Ort des Interviews sind in Anhang 2 aufgelistet.

d.h. das Aufgehen der keimfähigen Samen nach der Aussaat, ist unsicherer als bei anderen Pflanzen. Er beträgt 8-10 Pflanzen je m^2, während es beim Raps 50 und beim Weizen ca. 400 Pflanzen je m^2 sind. Fallen aufgrund ungünstiger Witterungsverhältnisse nur wenige benachbarte Pflanzen durch Nichtaufgehen der Saat aus, kommt es zu Reifeunterschieden, Schädlingsbefallsgefahr an den Randpflanzen, Qualitätseinbußen, erhöhtem Unkrautdruck in den Lücken sowie Ernteverlusten. Die Kosten für das Saatgut sind wesentlich teurer als bei anderen Kulturen, wobei durch den züchterischen Fortschritt von Jahr zu Jahr Qualitäts- und Ertragsverbesserungen erzielt werden[65].

Bei der **Düngung** liegt ein Kunststück in der korrekten Stickstoffzufuhr. Zur Entfaltung der für die Photosynthese erforderlichen Blattmasse benötigt die Rübe Stickstoff. Wird dieser nicht in der richtigen Dosierung bzw. zum falschen Zeitpunkt zugeführt, wirkt sich dies nachteilig auf Qualität und Zuckertrag aus.

Was den chemischen **Pflanzen- und Unkrautschutz** angeht, sind die im Rübenbau eingesetzten Herbizide teurer als bei anderen Kulturen, da die Rübe gegenüber chemischen Substanzen wesentlich empfindlicher ist als z.B. Getreide. Die Anfälligkeit gegenüber pflanzlichen Krankheiten und tierischen Schädlingen ist höher als bei anderen Früchten.

Wesentlich komplexer als bei den restlichen Feldfrüchten stellt sich die **Ernte** dar. Zum einen ist wesentlich mehr Masse als bei anderen Kulturen (je ha fast 10mal soviel wie bei Getreide) zu bewegen. Zum anderen ist das Ernteverfahren schwieriger und aufwändiger. Da sich der Rübenkörper in der Erde befindet, muss in den Boden eingegriffen werden, wobei darauf zu achten ist, dass möglichst viel Erde abgereinigt und nicht transportiert wird, sondern auf dem Feld zurückbleibt. Zum Einsatz kommen heutzutage meist mehrreihige Köpfrodebunkermaschinen mit einer jährlichen Gesamtleistung von bis zu 600 ha.

Der Beginn der Ernte liegt zwischen dem 20. September und dem 10. Oktober, wobei der Rübenertrag umso höher ist, je länger die Rüben im Boden bleiben. Mitte November sollte die Ernte abgeschlossen sein, da verschlechterte Witterungsverhältnisse, insbesondere nasse Böden, den Einsatz der Ernte- und Transportfahrzeuge erheblich erschweren und ein erhöhter Zugkraftbedarf die Bodenbeschaffenheit beeinträchtigt.

---

[65] Während der durchschnittliche Rübenertrag in den 1950er Jahren zwischen 30 und 40 t/ha lag (alte Bundesländer), können in Deutschland heute im Durchschnitt bis zu 65 t/ha erreicht werden, wobei von Jahr zu Jahr extreme witterungsbedingte Schwankungen auftreten (vgl. VSZ 2007a: 189).

Auch nehmen die Ernteverluste zu und verschlechtern sich die Aussaatbedingungen für die Folgefrucht.

Grundsätzlich sollten die Rüben nach der Ernte so schnell wie möglich zur Fabrik transportiert und zu Zucker verarbeitet werden. Denn auch nach der Ernte atmet die Rübe, durch die stattfindenden Stoffwechselprozesse kommt es zu Zuckerverlusten. Falls ein Abtransport aus logistischen Gründen nicht sofort möglich ist, sind die Rüben in Feldrandmieten zu lagern. Um die Atmungsverluste gering zu halten, dürfen sie keiner zu starken Sonneneinstrahlung ausgesetzt sein. Bei Frostgefahr müssen sie mit einer Plane abgedeckt werden. Zusätzlich fällt durch die Trocknung der Rüben während der Mietenlagerung bereits ein Teil der Erde von ihnen ab, was die spätere Verladung und den anschließenden Transport erleichtert.

Den Zuckerfabriken, die während der meist bis Weihnachten abgeschlossenen Zuckerrübenkampagne sieben Tage die Woche rund um die Uhr in Betrieb sind, ist aus Kapazitäts- und Lagerhaltungsgründen an einer kontinuierlichen Rübenzufuhr gelegen, d.h. dass ein Teil der Rüben möglichst früh, ein anderer Teil möglichst spät geliefert wird. Ernte- bzw. Ertragsverluste der Landwirte aufgrund zu früher oder zu später Ernten werden durch Früh- und Spätlieferprämien kompensiert. Der Rübenanbau auf dem Feld und die Verarbeitung in der Fabrik sind untrennbar miteinander verbunden. Nur eine gute Zusammenarbeit zwischen Fabrik und Landwirten garantiert einen reibungslosen Kampagnenverlauf.

Der **Transport,** der früher über die Schiene abgewickelt, Anfang der 1990er Jahre von der Deutschen Bahn aus Rentabilitätsgründen aber eingestellt wurde, läuft über LKWs und Schlepper mit einer geringen Verweildauer in der Fabrik ab und stellt eine große logistische Herausforderung dar. Mit der Präzision eines Uhrwerks wird jedem Landwirt vorgegeben, wann er welche Rübenmenge bereitzuhalten hat. Neben einer kontinuierlichen Kapazitätsauslastung der Fabriken sollen durch eine gleichmäßige Rübenanfuhr im Fabrikumfeld auch Verkehrs- und Lärmbelastungen gering gehalten sowie Staus vermieden werden.

Von der Rübenpflege über die Ernte bis zum Transport ist der Zuckerrübenanbau heute weitgehend mechanisiert und in sehr hohem Ausmaß überbetrieblich organisiert. Aus Kosten- und Effizienzgründen eingegangene Kooperationen wie Maschinengemeinschaften, Maschinenringe und Transportgruppen sind die Regel. Durch ständige Rationalisierungen und eine kapitalintensive Automatisierung des Erntevorgangs hat sich die Produktivität in den letzten Jahrzehnten von ehemals 600 Arbeitskräftestunden (Akh) je ha auf heute weniger als 25 Akh reduziert. Die Verringerung des Arbeitsaufwandes und die überbetriebliche Mechanisierung sind der Grund dafür, dass Zucker-rüben heute neben Groß- und Mittelbetrieben auch von kleinen Betrieben angebaut werden (vgl. DIEPENBROCK ET AL. 1999: 185ff. und 2005: 216ff.; GEIPEL 1969: 59; KLOHN 2004: 74; GAMRINGER ET AL. 1997: 107ff.; SCHÖN ET AL. 1998: 290ff.; SÜDZUCKER 2007b; FCS 2006: 17; BERGHÄUSER 1983: 13ff.; LW-Int. 5, 7, 9).

Die Wirtschaftlichkeit des Rübenanbaus schlägt sich im **räumlichen Verteilungs- und Anordnungsmuster** der deutschen Zuckerrübenproduktion nieder. Es fällt auf, dass der Rübenanbau im Raum sehr ungleich verteilt ist und in einigen Regionen deut-lich konzentriert auftritt (vgl. Karte 4). Dies lässt sich auf unterschiedliche regionale Anbaueignungen, die Entwicklung und Lage der Verarbeitungsstandorte sowie die historische Verteilung der Rübenlieferkontingente zurückführen (vgl. FAL 2005: 49).

Zu den Kerngebieten des Zuckerrübenanbaus, d.h. zu den Regionen mit einem ver-gleichsweise hohen Anteil der Rübe an der Ackerfläche (5% und mehr), gehören im Norden das Uelzener Becken, die Hildesheimer Börde mit ihren Randgebieten bis ins Harzvorland sowie die Magdeburger Börde, im Westen das Rheinland zwischen Köln und Kreefeld (Köln-Aachener-Bucht), im Osten die Lommatzscher Pflege (Mittelsach-sen), die Leipziger Tieflandbucht und das Erfurter Becken sowie im Süden der Ne-ckarraum Stuttgart-Heilbronn, der nördliche Oberrhein, Mainfranken sowie in Süd-bayern südlich entlang der Donau das Donauried, das Donaumoos und der Dungau.

Während die Ackerbaufläche in vielen Regionen nur einen geringen Zuckerrüben-anteil aufweist, fällt der hohe Anteil im unmittelbaren räumlichen Umfeld der Zucker-fabriken besonders auf, d.h. die Verarbeitungsstandorte befinden sich zumeist in den Rübenerzeugungsregionen mit hoher Anbaudichte. Dieses räumliche Verbreitungs-muster ist insbesondere auf die in der Zuckerproduktion anfallenden Raumüberwin-dungskosten zurückzuführen, wobei weniger die Distributionskosten für Zucker als vielmehr die Transportkosten für den Rohstoff Zuckerrübe bestimmend sind. Diese liegen bei einer Entfernung von 50 km bei ca. 5 €/t, bei 100 km bei ca. 8 €/t. Die Transportkosten können damit 5 bis 10% der Rübenpreise und mehr ausmachen und nehmen mit steigenden Entfernungen zwischen Anbau- und Verarbeitungsstandort stark zu. Dadurch dass der Rübenpreis durch die Reform der Zuckermarktordnung künftig sukzessive zurückgeht, steigt der Anteil der Transportkosten am Warenwert, so dass diese noch weiter an Bedeutung gewinnen werden (vgl. FAL 2005: 52; Kap. 6.3.2.4).

Die hohe Bedeutung der Transportkosten ist auf die Eigenschaft der Zuckerrübe als verderbliches Gewichtsverlustmaterial[66] zurückzuführen, das bei der Verarbeitung an Gewicht verliert. So beträgt im Verarbeitungsprozess das Input-Output-Verhältnis sechs bis sieben Gewichtsteile Rübe zu einem Gewichtsteil Zucker (vgl. JANZ 2002: 218f.).

Das ungünstige Verhältnis zwischen hohem Gewicht und geringem Marktwert der einzelnen Rohfrucht macht die Rübe sehr frachtempfindlich und weite Transportwege unwirtschaftlich, so dass der Ausdehnung des Rübeneinzugsgebietes einer Fabrik durch die Transportkostenempfindlichkeit der Rübe Grenzen gesetzt sind. Da Gewichtsverlustmaterialien den optimalen Standort in Richtung der Materialfundorte rücken, befindet sich der ideale Standort einer Zuckerfabrik im Zentrum ihres Einzugsgebietes. Die Standortwahl erfolgt damit beschaffungsorientiert (vgl. UNSELD 1971: 10; RENDER 1989: 41; HAAS/NEUMAIR 2007: 35).

In Deutschland ergibt sich für das Jahr 2003 zwischen Anbau- und Verarbeitungsstandort eine durchschnittliche Transportentfernung von 34 km. Ca. 80% der Rüben befinden sich in einer Entfernung von unter 50 km zur nächsten Zuckerfabrik.

Allerdings weisen die einzelnen Bundesländer je nach Anzahl, Lage und Verarbeitungskapazitäten der Zuckerfabriken sehr unterschiedliche Werte auf. Im Vergleich zum Bundesdurchschnitt (34 km) sind die mittleren Transportdistanzen in Nordrhein-Westfalen, Niedersachsen, Rheinland-Pfalz, Bayern, Baden-Württemberg und Hessen mit Werten zwischen 22 und 33 km wegen der starken Konzentration des Anbaus um die Fabrikstandorte unterdurchschnittlich. Überdurchschnittliche Werte ergeben sich hingegen für Sachsen (55 km), Thüringen (61 km) und Brandenburg (86 km). Den Spitzenplatz belegt Schleswig-Holstein mit 140 km, was auf die Schließung der einzigen Zuckerfabrik in Schleswig (2003) zurückzuführen ist (vgl. FAL 2005: 54f.).

In der Gesamtschau leitet sich die relative Vorzüglichkeit eines Verarbeitungsstandortes aus der räumlichen Verteilung der um Rübenanbaugebiete unterschiedlicher Anbaudichten miteinander konkurrierenden Zuckerwerke ab. Eine hohe Rübendichte in geringer Entfernung zur Fabrik bei gleichzeitig hohem Zuckergehalt der Rüben wirkt sich nicht nur positiv auf die Transportkosten, sondern auch im Hinblick auf zu erzielende Skaleneffekte der Zuckerproduktion aus, d.h. sie stärkt die Auslastung der

---

[66] Der Begriff „Gewichtsverlustmaterial" entstammt der Industriestandorttheorie von Alfred Weber (1909) (vgl. HAAS/NEUMAIR 2007: 35ff.).

Zuckerfabriken und dämpft deren Fixkosten (vgl. RENDER 1989: 43; MAHLER 1991: 33f.).

Zu beachten ist, dass der räumliche Zusammenhang zwischen den Rübenanbaugebieten und den Standorten der Zuckerfabriken wechselseitig ist. Einerseits wirken sich Lage und Dichte der Anbauregionen auf die Wahl des Verarbeitungsstandortes aus, andererseits beeinflusst der Werksstandort wiederum die Intensität des Rübenanbaus. Je geringer die Entfernung zur Fabrik ist und je günstiger die Rübenanlieferungsmöglichkeiten sind, desto rentabler ist die Rübenproduktion und desto höher fällt der Rübenanteil an den Hauptfruchtarten der landwirtschaftlichen Betriebe aus – ein Einfluss, der sich insbesondere durch den Neubau mehrerer Zuckerfabriken in Süddeutschland (Ochsenfurt, Zeil, Rain am Lech, Plattling) belegen lässt, wo die Anbauflächen im Umfeld der Fabrik nach deren Inbetriebnahme sprunghaft angestiegen sind (vgl. UNSELD 1971: 10; VON DER SCHULENBURG 1960: 112).

Aus diesem umgekehrten Zusammenhang lässt sich folgern, dass die räumliche Verteilung des Zuckerrübenanbaus nicht nur auf natürlich-physischen Standortfaktoren beruht. Sie ist auch auf wirtschaftliche Standorteignungen zurückzuführen, indem sie sich als Resultat der Konzentration um die Verarbeitungsstandorte ansehen lässt, die unter ökonomisch-historischen Bedingungen entstanden sind und durch die EU-Zuckermarktpolitik auch bei Verschiebungen der regionalen Ertragsrelation des Rübenanbaus aufrechterhalten wurden (vgl. MAHLER 1991: 31f.).

Interregionale Unterschiede in der Intensität des Rübenanbaus können letztlich auch durch die historische Zuteilung der Rübenlieferrechte an die Landwirte bedingt sein, was sich z.B. besonders markant an den sehr unterschiedlichen Anbaudichten innerhalb der norddeutschen Bördegebiete ablesen lässt, deren Grenze von West nach Ost exakt dem Grenzverlauf der beiden Bundesländer Niedersachsen und Sachsen-Anhalt entspricht (vgl. FAL 2005: 51; Karte 4).

Karte 4: Regionale Verteilung des Rübenanbaus und Standorte der Zucker-fabriken in Deutschland

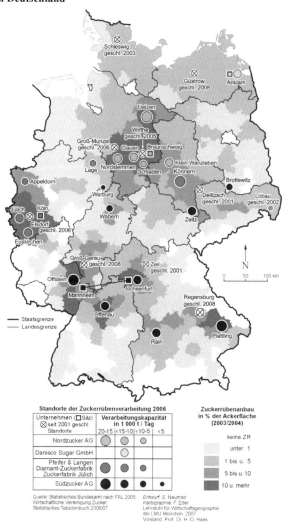

Standorte der Zuckerrübenverarbeitung 2006

Unternehmen (☐Sitz) ⊗seit 2001 geschl. Standorte	Verarbeitungskapazität in 1 000 t / Tag			
	20-15	<15-10	<10-5	<5
Nordzucker AG	◯	◯	◯	
Danisco Sugar GmbH		◯		
Pfeifer & Langen Diamant-Zuckerfabrik Zuckerfabrik Jülich	⬤	◉	●	
Südzucker AG	⬤	●	●	•

Zuckerrübenanbau in % der Ackerfläche (2003/2004)

keine ZR

unter 1

1 bis u. 5

5 bis u. 10

10 u. mehr

Quelle: Statistisches Bundesamt nach FAL 2005,
Wirtschaftliche Vereinigung Zucker;
Statistisches Tabellenbuch 2006/07

Entwurf: S. Neumair
Kartographie: F. Eder
Lehrstuhl für Wirtschaftsgeographie
der LMU München, 2007
Vorstand: Prof. Dr. H.-D. Haas

4.3.3 Unternehmensstrukturen der Zuckerindustrie

In Deutschland gibt es derzeit 21 Zuckerfabriken (2008). Noch zu Beginn der 1990er Jahre war die deutsche Zuckerindustrie durch eine Vielzahl kleinerer Betriebe in Norddeutschland und zwei große Unternehmen in Süddeutschland geprägt. Seitdem hat ein dynamischer Konzentrationsprozess dazu geführt, dass nur noch vier Unternehmen auf dem deutschen Markt verblieben sind (vgl. LFL 2007a: 209).

Das größte Unternehmen ist die überwiegend bäuerlich-genossenschaftlich organisierte Südzucker AG, 1989 aus der Fusion von Südzucker und Frankenzucker hervorgegangen. Mit einer Quotenzuckermenge von ca. 1,5 Mio. t (in Deutschland) und einem Marktanteil von 43% kontrolliert es mit seinen neun Fabriken die Zuckererzeugung in Süd- und Mitteldeutschland (vgl. Kap. 6.2.2). In Nordwestdeutschland liegt die Zuckerproduktion in den Händen des ebenfalls durch bäuerliche Genossenschaften geprägten Unternehmens Nordzucker, das aus neun kleineren Zuckerunternehmen gebildet wurde. Nordzucker verfügt über eine Quotenmenge von ca. 1,2 Mio. t (34%) und fünf Fabriken. Den westdeutschen Zuckermarkt beherrscht mit vier Fabriken das Privatunternehmen Pfeifer & Langen (ca. 650 000 t bzw. 19%). 2006 erwarb das Unternehmen die Aktienmehrheit an der genossenschaftlich organisierten Zuckerfabrik Jülich AG. Die Tochtergesellschaft Diamant Zuckerfabrik KG unterhält zudem eine Zuckerfabrik in Könnern, Sachsen-Anhalt. Das kleinste Unternehmen ist die zum dänischen Lebensmittelkonzern Danisco gehörende Danisco Sugar GmbH (ca. 133 000 t bzw. 3,8%) mit nur einer Fabrik im nordostdeutschen Anklam, Mecklenburg-Vorpommern.

In Karte 4 wurden die Standorte, die Unternehmenszugehörigkeit und die Größe (tägliche Rübenverarbeitungskapazität) der Unternehmen bereits aufgezeigt. Letztere ist sehr unterschiedlich und reicht von 18 500 t/Tag (Nordzuckerwerk Uelzen) bis zu 4 800 t/Tag (Südzuckerwerk Warburg).

Da alle deutschen Unternehmen auch in anderen Ländern der EU Produktions- und/oder Vertriebsstandorte unterhalten, stellt Abbildung 16 die Zuckerquoten bzw. Marktanteile in der EU-27 dar. Das mit Abstand größte europäische Unternehmen ist die Südzucker-Gruppe, auf die fast ein Viertel der europäischen Quotenmenge an Rübezucker entfällt.

Aufgrund eines ständig zunehmenden Automatisierungsgrades durch technische Weiterentwicklungen sowie eines ungebremsten Rationalisierungsdrucks befindet sich die Zuckerindustrie seit geraumer Zeit in einem tief greifenden Strukturwandel, der neben Unternehmenszusammenschlüssen vor allem in der fortschreitenden Schließung kleinerer, unrentabler Werke und der Auslastungsverbesserung der verbleibenden Verarbeitungsstandorte zum Ausdruck kommt. Gab es unmittelbar nach der deutschen Wiedervereinigung 1990/91 noch 79 Zuckerfabriken, hat sich deren Anzahl bis zum Jahr 2008 um mehr als zwei Drittel auf 21 Werke reduziert. Von dieser Konsolidierung besonders betroffen waren die östlichen Bundesländer, wo seit der Wiedervereinigung 36 Fabriken stillgelegt wurden, und Norddeutschland, wo es seit 1990 zu 13 Werksschließungen kam (vgl. WVZ/VdZ 2007g: 21).

Abbildung 16: Rübenzuckerquoten der EU nach Unternehmensgruppen (Stand: April 2007)

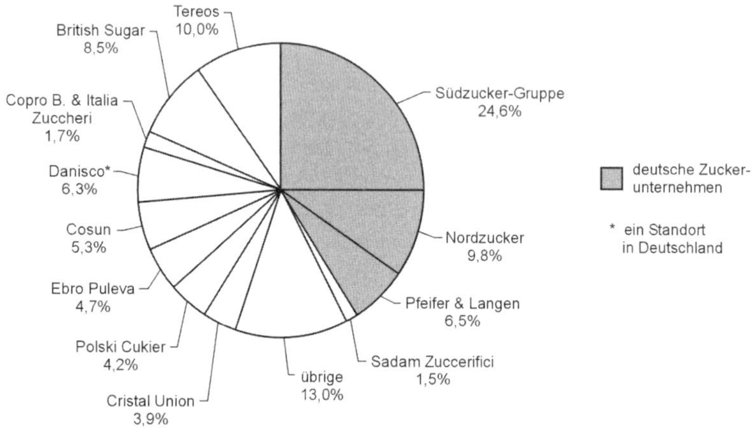

Tereos 10,0%
British Sugar 8,5%
Copro B. & Italia Zuccheri 1,7%
Danisco* 6,3%
Cosun 5,3%
Ebro Puleva 4,7%
Polski Cukier 4,2%
Cristal Union 3,9%
übrige 13,0%
Sadam Zuccerifici 1,5%
Pfeifer & Langen 6,5%
Nordzucker 9,8%
Südzucker-Gruppe 24,6%

deutsche Zuckerunternehmen
* ein Standort in Deutschland

Quelle: Südzucker 2007c.

Zusammengenommen zählte die deutsche Zuckerindustrie 2006 jahresdurchschnittlich 5 487 Beschäftigte[67]. Parallel zur Anzahl der Werke ist auch die Beschäftigtenzahl rückläufig. Gegenüber 1996 ist sie um 2 121 Arbeitsplätze (-28%) geschrumpft (vgl. WVZ/VdZ 2001a: 58 und 2007g: 53).

Während die gesamtwirtschaftliche Bedeutung der Zuckerindustrie eher als gering einzuschätzen ist, kommt ihr gerade im ländlichen Raum eine wichtige regionalwirt-

---

[67] Während außerhalb der Kampagne 5 426 Erwerbspersonen beschäftigt waren, stieg der Beschäftigungsgrad während der Kampagne im Herbst auf 5 817 an (vgl. WVZ/VdZ 2007g: 53).

schaftliche Funktion zu – einerseits als Verarbeiter des Rohstoffs Rübe, andererseits als lokaler Arbeitgeber, Steuerzahler sowie Partner zahlreicher regional ansässiger Firmen. So sind Betriebe aus den Bereichen Maschinen- und Anlagenbau, Transport und Logistik, Papier und Verpackung, Forschungseinrichtungen sowie Handwerks- und Reinigungsbetriebe u. v. m. – alle zumeist aus dem näheren räumlichen Umfeld einer Zuckerfabrik – eng mit der Zuckerindustrie verwoben. In Norddeutschland kommen noch drei Unternehmen der Saatgutbranche hinzu. Insgesamt sind im vor- und nachgelagerten Bereich der deutschen Zuckerwirtschaft (ohne die Zucker verarbeitende Industrie) ca. 20 000 Erwerbstätige beschäftigt (vgl. LANGENDORF 2005; HELMKE 2005: 87; IV-Int. 1).

5 DIE ZUCKERMARKTORDNUNG DER EU

„Ein süßes Kartell sorgte dafür, dass Zucker (…) dreimal so teuer war wie auf dem Weltmarkt" (WILLENBROCK 2006).

„Für alle Beteiligten ein erträglicher Kompromiss und dabei so kompliziert, dass man selbst in Brüssel lange suchen muss, ehe man einen Menschen findet, der wirklich alles durch und durch begreift" (ZICK 2006: 24).

Der Zuckermarkt der Europäischen Union wird durch ein komplexes bürokratisches Regelungswerk gesteuert, mit dessen Einzelheiten sich nachstehendes Kapitel befasst. Da im Sinne von Pfadabhängigkeit, dem zweiten Element eines relationalen Grundverständnisses der Wirtschaftsgeographie, Entwicklungen und Entscheidungen aus der Vergangenheit die Basis für Entwicklungen und Handlungen in der Zukunft bilden (vgl. Kap. 1.2.1), gliedert sich das Kapitel in zwei Teile: Nach einer kurzen historischen und agrarpolitischen Einordnung erfolgt zunächst die Darstellung des alten, bis zum 30. Juni 2006 geltenden Regelungswerkes, wobei auch auf die Auswirkungen und Beharrlichkeit dieses Systems vor dem Hintergrund politökonomischer Aspekte einzugehen sein wird. Aufbauend auf den dadurch hervorgerufenen Fehlentwicklungen und Reformnotwendigkeiten, widmet sich der zweite Teil der zum 1. Juli 2006 in Kraft getretenen Reform und skizziert deren allgemeine Auswirkungen.

5.1 Allgemeine historische und agrarpolitische Einordnung

Die Zuckermarktpolitik der EU spiegelt sich in der Gemeinsamen Marktordnung für Zucker, kurz Zuckermarktordnung, wider. Marktordnungen, wie sie in der EU für alle wichtigen Agrarerzeugnisse existieren, regeln, wann und wie die Beeinflussung von Warenströmen und Produktpreisen durch die öffentliche Hand erfolgt. Sie stellen die Reaktion der Agrarpolitik auf die teils unbefriedigenden Erfahrungen mit freien, ungeregelten Agrarmärkten dar (vgl. POPPINGA 2006: 22). Hauptziel der Zuckermarktordnung ist es, den Zuckererzeugern ein angemessens Einkommen zu garantieren und den EU-Zuckerbedarf aus eigener Produktion zu decken (vgl. HOUSE OF COMMONS 2004: 9).

Den Ursprung der EU-Zuckermarktpolitik bildet der 1957 geschlossene Vertrag zur Gründung der Europäischen Wirtschaftsgemeinschaft (Römische Verträge), welcher den Grundstein für die Gemeinsame Agrarpolitik (GAP) legte. Erst zehn Jahre später wurde die Gemeinsame Marktordnung für Zucker (GMO Zucker bzw. ZMO) ins Leben gerufen (vgl. THOMSEN 2006: 14). Bis zu diesem Zeitpunkt galten die einzelnen nationalen Marktordnungen der Mitgliedsstaaten. Die Vorarbeiten zogen sich deshalb sehr lange hin, da die Agrarminister der Mitgliedsländer über die grundsätzliche Frage zu befinden hatten, ob die bis dahin unterschiedlichen nationalen Zuckerpreise beibehalten oder ein einheitlicher Preis eingeführt werden sollte. Für letzteren Fall war zu klären, ob sich ein solcher Einheitspreis am Weltmarkt oder den europäischen Produktionsbedingungen zu orientieren hätte (vgl. VdZ 1978: 74). Gefallen ist die Entscheidung zugunsten eines einheitlichen, vom Weltmarkt entkoppelten Gemeinschaftspreises, um den gemeinsamen Zuckermarkt nicht den Schwankungen der Weltmarktpreise auszusetzen.

Das Vorbild für die GMO Zucker bildete das 1951 erlassene und bis 1967 geltende deutsche Zuckergesetz (vgl. ELSMANN 1975: 32ff.), dessen wichtigste Regelungselemente auf europäischer Ebene fortgesetzt wurden. Durchgesetzt haben sich deutsche Zuckerindustrie und Landwirte insbesondere bei ihrer Forderung nach Einführung einer produktionsbeschränkenden Quotenregelung, d.h. der Festlegung von Rechten zur Zuckererzeugung, welche sich in den Flächen zum Rübenanbau niederschlagen müssen (vgl. BUJARD 1974: 54 und 68ff.).

Die ZMO ist eine von 21 EU-Agrarmarktordnungen (vgl. ANDEREGG 1999: 307ff.; VON URFF 1993b: 101ff.). Zu ihren konstitutiven Merkmalen gehören garantierte Mindestpreise, eine Interventions- bzw. Garantiepflicht zur Preisstützung sowie Außenhandelsschutz (vgl. GRAGES 1989: 33; VAN DER LINDE ET AL 2000: i). Eine Besonderheit der ZMO gegenüber anderen Marktordnungen liegt im verwaltungswirtschaftlichen Instrument der Quotenzuteilung, das in vergleichbarer Form sonst nur noch in der Milchmarktordnung zum Einsatz kommt, sowie der Beteiligung der Erzeuger an der Überschussfinanzierung im Rahmen der Erhebung von Produktionsabgaben, welche eine Selbstfinanzierung der Marktordnung gewährleisten sollen (vgl. BUJARD 1974: 69; JANZ 2002: 196).

Die am 21. Dezember 1967 verabschiedete und zum 1. Juli 1968 in Kraft getretene ZMO wurde zwar mehrfach abgewandelt und durch neue Verordnungen ersetzt, blieb in ihren Grundzügen bis zu ihrem endgültigen Auslaufen im Jahr 2006 jedoch unverändert (vgl. WVZ/VdZ 2006b: 104). Im Gegensatz zu anderen Marktordnungen, die im Laufe der 1990er Jahre durch den Wechsel von der Preis- zu einer direkten Einkommensstützung Gegenstand intensiver agrarpolitischer Reformbemühungen wurden, hat die ZMO fast 40 Jahre lang keine grundlegenden Kurskorrekturen, insbesondere keine Anpassungen an die Lage auf dem Weltmarkt, erfahren und galt bis zu ihrer Reform als Relikt aus der Zeit vor der grundlegenden Neuorientierung und -ausrichtung der europäischen Agrarpolitik (vgl. THOMSEN 2006: 18; SCHMIDT 2003: 1; VAN DER LINDE ET AL. 2000: i).

Die Bestimmungen der ZMO galten ursprünglich nur für Rübenzucker. 1976/77 kamen erste Regelungen für die Produktion des Zuckersubstitutes Isoglucose hinzu, das man 1980/81 durch Zuteilung von Isoglucosequoten vollständig in die ZMO integrierte. Seit 1994/95 wird auch die Inulinsirupproduktion durch die ZMO geregelt (vgl. Exkurs 4).

Exkurs 4: Zuckerersatzstoffe

Isoglucose ist ein aus Stärke hergestelltes Stärkeverzuckerungsprodukt, das sich in Form eines flüssigen Süßstoffes zu einem bedeutenden direkten Konkurrenten für Zucker entwickelt hat. Als eine der ersten großtechnischen Anwendungen der Biotechnologie wird Isoglucose seit Mitte der 1970er Jahre auf Basis Stärke liefernder Pflanzen wie Mais („Maissirup") oder Weizen durch einen enzymatischen Reaktionsprozess hergestellt und ist das wichtigste Produkt der Stärkeindustrie. In der Getränke-, Marmeladen- und Süßwarenproduktion kann Isoglucose normalen Zucker bereits vollständig ersetzten. In den USA gingen große Erfrischungsgetränkeproduzenten wie Coca Cola oder Pepsi innerhalb weniger Jahre dazu über, ihre Produktionsbasis von Zucker auf Isoglucose umzustellen. In der Folge kam es zu einem deutlichen Rückgang des Zuckerverbrauchs, der insbesondere zu Lasten Zucker produzierender Entwicklungsländer (z.B. Dominikanische Republik, Philippinen) ging, deren präferenzielle Exporte in die USA stark nachließen. 2001 betrug der Anteil von Isoglucose am Markt für kalorienhaltige Süßungsmittel der USA bereits 55%, der von Zucker dagegen nur noch 45%. In der EU gelang es, durch die Festlegung von Isoglucosequoten eine entsprechende Entwicklung zugunsten der Zuckerwirtschaft zu verhindern, so dass Isoglucose in der EU keinen bedeutenden Marktanteil gewinnen konnte. Im Zuge der Marktordnungsreform forderte die Zucker verarbeitende Industrie deshalb die Aufhebung der Mengenbeschränkungen für Isoglucose.

Aus demselben Grund wie Isoglucose wird auch **Inulinsirup,** ein fructosehaltiger, aus Zichorienwurzeln gewonnener Sirup, durch Quoten limitiert. Aus Inulin stellt man

---

Nahrungsmittelzutaten her, deren ernährungspsychologische und technische Eigenschaften für die Lebensmittelindustrie von besonderer Bedeutung sind (vgl. CORVES 2004: 44f.; THOMSEN 2006: 24f.; DZZ 2006: 24).

Eine gewisse Änderung bzw. Erweiterung der ZMO trat Mitte der 1970er Jahre in Kraft. Die 1973 erfolgte Norderweiterung um Großbritannien, Irland und Dänemark verwandelte die EU von einem Nettoexporteur zu einem Nettoimporteur von Zucker. Deshalb und wegen der 1974 auf dem Weltmarkt herrschenden Knappheitssituation weitete die EU zur Sicherstellung der Versorgung die Produktionsquoten für Zucker erheblich aus und hob die garantierten Preise deutlich an. Gleichzeitig wurde aufgrund der Verpflichtungen Großbritanniens gegenüber seinen ehemaligen Kolonien 1975 das sog. AKP-Zuckerprotokoll (vgl. Kap. 5.2.2.3) ins Leben gerufen, das afrikanischen, karibischen und pazifischen Ländern über großzügig bemessene Rohrzuckerkontingente zu festgelegten Abnahmepreisen präferenziellen Zugang zum Gemeinschaftsmarkt ermöglichte. Beide Entwicklungen bewirkten erhebliche Überschussmengen, die – subventioniert mit Erstattungen aus dem Gemeinschaftshaushalt – wieder ausgeführt werden mussten.

Wieder zu einem Nettoexporteur und einem der größten Akteure auf dem Weltzuckermarkt geworden, geriet die Zuckerexportpolitik der EU ab Mitte der 1970er Jahre zunehmend ins Visier anderer Zucker produzierender Länder (vor allem Brasilien, Thailand, Australien), die sich dadurch benachteiligt fühlten (vgl. THOMSEN 2006: 15; EUROPÄISCHE KOMMISSION 2003c: 8).

Die 1995 abgeschlossene Uruguay-Runde des GATT legte der EU erstmals eine Obergrenze für subventionierte Exporte auf. Der mehrfache Verstoß gegen diese Regelung brachte der EU schließlich eine Niederlage vor dem WTO-Streitschlichtungspanel (vgl. Kap. 5.2.5) bei und zwang sie zu einer weitgehenden Reform ihrer Marktordnung.

5.2 Die alte Zuckermarktordnung

Die „alte" ZMO wurde letztmals im Jahre 2001 um fünf Jahre verlängert. Die im weiteren Verlauf dargestellten Regelungen, Mengen und Preise galten daher bis zum 30. Juni 2006.

Die ZMO besteht aus 51 Artikeln und 7 Anhängen und ist in die vier Titel Binnenmarkt, Handel mit Drittländern, allgemeine Bestimmungen sowie Übergangs- und Schlussbestimmungen unterteilt. Der Geltungsbereich der ZMO erstreckt sich auf die verschiedenen Verarbeitungsstufen von Rüben- und Rohrzucker sowie auf direkte Substitutionserzeugnisse für flüssigen Zucker (Isoglucose, Inulinsirup), um eine Beeinträchtigung der Regelungen durch konkurrierende Produkte zu unterbinden. Das Zuckerwirtschaftsjahr der EU beginnt jeweils am 1. Juli und endet am 30. Juni des Folgejahres. Im Folgenden werden, basierend auf der EG-Verordnung 1260/2001, die wichtigsten Regelungen der alten ZMO (Binnenmarkt- und Außenhandelsregelungen) vorgestellt.

5.2.1 Binnenmarktregelung

Die Binnenmarktregelung (Titel 1) bestimmt Preise und Produktionsmengen auf dem EU-Binnenmarkt. Sie setzt sich aus einer Preis- und einer Quotenregelung (vgl. Kap. 5.2.1.1 und Kap. 5.2.1.2) sowie einer Abgabenregelung (vgl. Kap. 5.2.1.3) zusammen.

5.2.1.1 Preisregelung

Titel 1, Kapitel 1, Artikel 2 bis 9 regelt die Preise für Zucker und Rüben. Dabei handelt es sich um institutionell administrierte Preise, die als zentrales Steuerungsinstrument der Produzenteneinkommen dienen. Für Roh- und Weißzucker gibt es einen Interventionspreis, für Zuckerrüben einen Grundpreis.

Ausgangspunkt des Preisstützungssystems für Zucker ist der **Richtpreis.** Dieser politisch angestrebte Preis soll idealer Weise dem (erwarteten) Marktpreis entsprechen, ist aber kein imperativer, sondern ein unverbindlicher Preis, der eine reine Leitbildfunktion ausübt und den Erzeugern einen angemessenen Erlös sichern soll (vgl. GRAGES 1989: 43; ELSAMANN 1975: 116).

Verbindliche Konsequenzen hat der ca. 5% unter dem Richtpreis liegende **Interventionspreis,** der für unverpackten Roh- und Weißzucker in Standardqualität ab Werk, verladen auf ein vom Verkäufer gewähltes Transportmittel, gilt. Die Intervention ist das wichtigste Instrument zur Stützung und Stabilisierung der Binnenpreise und damit das wirtschaftliche Rückgrat der ZMO. Sie garantiert den Zuckerproduzenten den Absatz zu bestimmten, festgelegten Preisen und dient mit den damit verbundenen Rübenmindestpreisen der Einkommenssicherung der Landwirte. In den einzelnen Mitgliedsstaaten sind Interventionsstellen[68] angehalten, den ihnen zum Interventionspreis angebotenen Zucker aufzukaufen, um ein Absinken der Marktpreise zu weit unter den Richtpreis zu unterbinden (vgl. ELSMANN 1975: 118 und 125). Allerdings ist es in der Geschichte der Marktordnung erst zweimal zu Interventionskäufen gekommen[69], da die Erzeuger üblicherweise einen höheren Preis erlösen, wenn sie ihren Zucker mit Exporterstattungen (vgl. Kap. 5.2.2.1) auf dem Weltmarkt anbieten[70]. Wegen der daraus resultierenden Angebotsverknappung auf dem Binnenmarkt liegt der tatsächliche EU-Marktpreis über dem Interventionspreis (vgl. THOMSEN 2006: 26f.).

Zum Ende der alten ZMO betrug der Interventionspreis 631,9 €/t für Weißzucker und 523,7 €/t für Rohzucker und lag in den letzten Jahren ca. 300% über dem Weltmarktpreis (vgl. EUROPÄISCHE KOMMISSION 2004a: 6). Er wird deshalb so hoch angesetzt, um die Zuckererzeugung auch in unproduktiven, klimatisch benachteiligten Regionen sicherzustellen, indem er die dort anfallenden hohen Produktionskosten deckt.

Neben dem Interventionspreis gibt es **abgeleitete Interventionspreise** für sog. Defizitregionen, d.h. Mitgliedsländer, in denen weniger Zucker erzeugt als verbraucht wird[71]. Sie errechnen sich aus dem normalen Interventionspreis, erhöht um die Transportkosten von den Hauptüberschussregionen in die Defizitgebiete (ursprünglich von Nordfrankreich nach Sizilien)[72]. Die Differenz zwischen dem höheren abgeleiteten und dem niedrigeren normalen Interventionspreis kommt den Rübenlandwirten zugute. Diese erhalten von den Fabriken eine Regionalisierungsprämie als Aufschlag auf den Rübengrundpreis[73]. Der auf den Transportkosten beruhende interregionale Preisunter-

---

[68] In Deutschland ist die Bundesanstalt für Landwirtschaft und Ernährung (BLE) als Marktordnungsstelle für die Intervention, private Lagerhaltung und Beihilfemaßnahmen im Rahmen von Marktordnungserzeugnissen verantwortlich (vgl. BLE 2006).

[69] Das erste Mal wurden den Interventionsstellen 1986 15 000 t zum Kauf angeboten, das zweite Mal im Frühjahr 2005 250 000 t, von denen 139 340 t auf Frankreich, 90 000 t auf Belgien, 59 038 t auf Schweden und 10 000 t auf Slowenien entfielen (vgl. EUROPÄISCHE KOMMISSION 2004a: 5; USDA/FAS 2005: 9; SOMMER 2006: 23).

[70] Im Wirtschaftsjahr 2002/03 z.B. betrugen der durchschnittliche Exportpreis 223 €/t und die Exportsubventionen 485 €/t. Der Gesamterlös von mehr als 700 €/t lag damit um ca. 11% über dem Interventionspreis (vgl. THOMSEN 2006: 33).

[71] Finnland, Griechenland, Großbritannien, Irland, Italien, Portugal und Spanien.

[72] Der abgeleitete Interventionspreis betrug zuletzt in Irland, Großbritannien, Portugal und Finnland 646,5 €/t, in Spanien 648,8 €/t sowie in Griechenland und Italien 655,3 €/t (vgl. EUROPÄISCHE KOMMISSION 2004a: 6).

[73] Die Regionalisierungsprämie liegt je nach Region zwischen 1,90 €/t und 3,04 €/t Rüben (vgl. EUROPÄISCHE KOMMISSION 2004a: 6).

schied wird somit zugunsten der Bauern abgeschöpft[74] (vgl. JANZ 2002: 196; THOMSEN 2006: 29f.).

Zusätzlich dürfen einige Länder (Italien, Spanien und Portugal) ihren Zuckersektor durch nationale Beihilfen stützen[75]. In Finnland wird die Zuckerübertragung ins folgende Wirtschaftsjahr, in Frankreich die Rohzuckerproduktion in den Überseedépartements (départements et régions d´outre-mer = DOM) gefördert[76]. Zusätzliche Sonderregeln gelten für die Zuckerrohrerzeugung auf Madeira und den Azoren, die beide zu Portugal gehören (vgl. EUROPÄISCHE KOMMISSION 2004a: 7f.).

Tabelle 3: Berechnung des Rübengrundpreises

Preisberechnung Weißzucker	Preis/Kosten pro t Weißzucker
Interventionspreis	631,90 Euro
Verarbeitungskosten	- 243,60 Euro
Kosten des Rübentransports	- 44,10 Euro
Verkaufswert der Melassen	+ 22,50 Euro
Rübenpreis	= 366,70 Euro
Rübengrundpreis bei einem Zuckergehalt von 16%[1]	47,67 Euro

[1] Bei einem Zuckergehalt von 16% werden aus einer Tonne Rüben produktionsbedingt 130 kg Zucker hergestellt.

Quelle: Janz 2002: 203; WVZ/VdZ 2001b: 102.

Aus dem Interventionspreis leitet sich der **Grundpreis für Zuckerrüben** bzw. **Rübenmindestpreis** ab. Er gilt für einwandfreie und handelsübliche Qualität (Standardqualität) der Rüben mit einem Zuckergehalt von 16% bei ihrer Annahme. Der Grundpreis ist ein Mindestpreis, den die Zuckerproduzenten den Rübenbauern beim Kauf

---

[74] Die Regionalisierung des Interventionspreises zielt darauf ab, Zucker aus den Überschussgebieten in die Defizitregionen so zu verbringen, wie es bei einer natürlichen Marktpreisbildung der Fall wäre. Denn wenn in den Defizitregionen derselbe Interventionspreis gelten würde, bestünde wegen der Transportkosten kein Anreiz, Zucker aus den Überschuss- in die Defizitgebiete zu schleusen. Das Fehlen den natürlichen Marktgegebenheiten entsprechender Preisgefälles hätte bei den Interventionsstellen in den Überschussregionen vielmehr eine unwillkommene Ansammlung an Zucker zur Folge, während der Zuschussbedarf in den Defizitregionen durch Importe aus Drittländern gedeckt werden müsste. Dies widerspräche aber dem Prinzip der Gemeinschaftspräferenz der Gemeinsamen Agrarpolitik, wonach Agrarprodukte aus den Mitgliedsländern gegenüber solchen aus Drittstaaten zu bevorzugen sind (vgl. ELSMANN 1975: 120f.).

[75] In Italien max. 54,30 €/t, Spanien 72,50 €/t und Portugal 31,10 €/t Zucker.

[76] Für in den Überseedépartements erzeugten rohen Rohrzucker, der in den Europa liegenden Raffinerien weiterverarbeitet wird, zahlt die EU eine Grundbeihilfe von 1 €/t für Erzeugung, Transport und Lagerung. Die Industrie, welche diesen Rohzucker raffiniert, enthält eine Anpassungsbeihilfe von ebenfalls 1 €/t Weißzucker.

von zur Zuckerverarbeitung bestimmten Zuckerrüben mindestens bezahlen müssen. Zu- und Abschläge dürfen nur bei Abweichungen von der Standardqualität vorgenommen werden. Der Grundpreis soll für eine gerechte Aufteilung des Einkommens zwischen Zuckerindustrie und Landwirten sorgen (vgl. ELSMANN 1975: 132). Tabelle 3 zeigt seine Berechnung: Vom Interventionspreis werden die auf 243,60 €/t Weißzucker geschätzten Verarbeitungskosten und die auf 44,10 €/t angesetzten Transportkosten abgezogen. Hinzu gerechnet wird der Erlös aus dem Verkauf des Nebenprodukts Melasse, den man bei 22,50 €/t fixierte. Für die Rübenbauern verbleiben damit 366,70 €/t, was bei 16%igem Zuckergehalt in den Rüben einem Betrag von 47,67 €/t Rüben entspricht. Damit erhalten die Landwirte 58% und die Zuckerfabriken 42% des Interventionspreises. Analog zu den abgeleiteten Interventionspreisen ergeben sich in den Defizitregionen der Gemeinschaft **abgeleitete Rübenmindestpreise.**

Den Zuckerproduzenten ist damit eine feste Verarbeitungsspanne für Rübentransport, -annahme und -verarbeitung vorgegeben. Da der tatsächliche Marktpreis aber um durchschnittlich 10 bis 15% über dem Interventionspreis liegt, machen die Zuckerfabriken regelmäßig zusätzliche Gewinne (vgl. THOMSEN 2006: 29; IZZ 2006a).

Der Rübenmindestpreis, von dem eine Produzentenabgabe (vgl. Kap. 5.2.1.3) abzuziehen ist, gilt ab dem Feldrand, d.h. die Kosten für den Transport der Rüben zu ihrem Verarbeitungsstandort werden von den Fabriken übernommen. Die genauen Details dazu legen **Branchenvereinbarungen** fest. Sie sind ein fester Bestandteil der Rübenlieferverträge, die von Vertretern der Zuckerindustrie und den Verbänden der Rübenanbauer innerhalb bestimmter Einzugsgebiete geschlossen werden. Ziel ist es, die Vertragsbedingungen für Lieferung und Bezahlung der Rüben auszuhandeln. Die ZMO gibt hier zwar bestimmte Rahmenregelungen vor (z.B. bezüglich Dauer und Staffelung der Lieferung, Ort der Rübenannahme, Frachtkosten, Mindestzuckergehalt, Qualitätskontrolle, Fristen zur Entrichtung von Abschlagszahlungen etc.), von denen in den regionalen Branchenvereinbarungen bzw. Rübenlieferverträgen je nach örtlichen Gepflogenheiten aber abgewichen werden kann (vgl. SCHMIDT 2003: 12).

5.2.1.2 Quotenregelung

Neben der Preisregelung ist die Quotenregelung (Titel 1, Kapitel 2, Artikel 10 bis 21) von besonderer Bedeutung für die ZMO. Sie soll stützungsbedingte Überschüsse und dadurch verursachte Preiseinbrüche verhindern. Zur Reduzierung der Zuckerproduktion auf ein vernünftiges Niveau und zur Beibehaltung relativ hoher und stabiler

Preise limitiert die ZMO daher die Binnenproduktion von Roh- und Weißzucker durch Quoten (vgl. TRUMM 2001: 298).

Die Quoten werden von der Gemeinschaft auf die einzelnen Mitgliedsländer verteilt. Diesen obliegt dann die Aufteilung auf die jeweiligen Zuckerfabriken bzw. Zucker erzeugenden Unternehmen[77], die ja mehrere Fabriken unterhalten können. Die Zuckerunternehmen teilen dann wiederum den Landwirten Liefermengen zu, deren Höhe sich nach der bestmöglichen Ausschöpfung der den Fabriken zugemessenen Zuckerquoten richtet. Wie die Lieferrechte letztlich an die Bauern verteilt werden, hängt z.b. in Deutschland von der Trägerschaft der Unternehmen und den Branchenvereinbarungen bzw. Rübenlieferverträgen ab. Es existieren regional differierende Regelungen, ob, in welcher Form und in welchem Umfang der Handel mit den Lieferrechten möglich ist. In manchen Regionen ist dieser nur dann zulässig, wenn die Anbaufläche ebenfalls den Bewirtschafter wechselt, wohingegen in anderen das Lieferrecht ohne Einschränkungen innerhalb des Einzugsgebiets einer Zuckerfabrik veräußert werden kann (vgl. MÜLLER VON BLUMENCORN 2006: 8).

Um strukturellen Änderungen in Anbau und Produktion Rechnung tragen zu können, ist es den Mitgliedsländern erlaubt, die Quoten einzelner Unternehmen gegenüber dem vorhergehenden Wirtschaftsjahr um bis zu 10% zu kürzen und die freigewordene Menge anderen Erzeugern zuzuteilen (Manövriermasse). Bei Unternehmensverkäufen oder -zusammenschlüssen werden die Quoten zwischen den Unternehmen übertragen. Eine Quotenübertragung zwischen Unternehmen unterschiedlicher Mitgliedsländer jenseits der Neuaushandlung der nationalen Quoten ist jedoch nicht möglich (vgl. MAHLER 1991: 21).

---

[77] Die wichtigste Voraussetzung für den wirksamen Einsatz von Produktionsquoten bzw. Kontingenten ist die administrative Kontrollierbarkeit der Produktions- und/oder Angebotsmengen. Da eine direkte Kontrolle der Erzeugungsmengen aufwandsbedingt ausgeschlossen ist, kommen nur Absatzkontingente in Betracht. Dabei ist auf eine einfache Erfassung der abgesetzten Mengen zu achten. Auf ihrem Weg vom Erzeuger zum Endverbraucher passieren die Produkte idealer Weise einen natürlichen Engpass, einen sog. Flaschenhals, zu dem keine Alternative besteht. Ein weitgehender, aber unvollkommener Flaschenhals besteht z.b. beim Absatz von Rohmilch bei Molkereien, denn Rohmilch und einzelne ihrer Verarbeitungserzeugnisse lassen sich vom Produzenten auch direkt an den Verbraucher abgeben. Eine solche Umgehung des Flaschenhalses ist beim Absatz von Zuckerrüben unmöglich, da das Roherzeugnis Zuckerrübe ausschließlich über die Verarbeitungsstufe, d.h. Zuckerfabriken bzw. Zucker produzierende Unternehmen, absetzbar ist. Ferner hält sich der administrative Kontrollaufwand wegen der geringen Anzahl der Zuckerfabriken in Grenzen (vgl. MAHLER 1991: 9f.; Kap. 3.3.1).

Insgesamt gibt es drei Quoten, die sich in Preis- und Absatzgarantie sowie Verwendung des Zuckers unterscheiden:

➢ Die **A-Quote (Grundquote)** entspricht in etwa dem Konsum in der Gemeinschaft und sollte ursprünglich die Selbstversorgung mit Zucker sicherstellen. Für die A-Quote, welche 14,723 Mio. t beträgt, existiert eine volle Absatzgarantie. Da eine Produktionsabgabe von max. 2% (plus gegebenenfalls eine Ergänzungsabgabe) erhoben wird, besteht zusätzlich eine fast unbeschränkte Preisgarantie (98% des Interventionspreises). Die A-Quote ist daher das zentrale einkommenspolitische Instrument der ZMO (vgl. SCHRÖDER 1991: 28).

➢ Die **B-Quote** (2,717 Mio. t) sieht zwar eine volle Absatz-, aber nur eine stark beschränkte Preisgarantie vor. Sie beträgt lediglich 60,5% des Interventionspreises, da eine Produzentenabgabe von max. 39,5% (plus gegebenenfalls eine Ergänzungsabgabe) erhoben wird. Die Funktion der B-Quote liegt in der Bildung einer Pufferzone, in der sich ertrags- und witterungsbedingte Produktionsschwankungen bewegen, um die Erfüllung der Grundquote und damit die Absicherung des Eigenverbrauchs zu garantieren[78] (vgl. RENDER 1989: 5).

➢ Als **C-Zucker** bezeichnet man den „politisch unerwünschte[n] Zucker" (TRUMM 2001: 298), der über die Höchstquote hinaus erzeugt wird[79]. Für C-Zucker gibt es weder Absatz- noch Preisgarantien.

A- und B-Quote bilden zusammen die Höchst- oder Gesamtquote. Da diese den Gemeinschaftsverbrauch bei weitem übertrifft, sind der B-Zucker und ein Teil des A-Zuckers mit Exportsubventionen (vgl. Kap. 5.2.2.1) auf dem Weltmarkt zu verkaufen. Der über die Höchstquote hinweg produzierte C-Zucker darf nicht auf dem Binnenmarkt abgesetzt, sondern muss ohne Exportsubventionen auf dem Weltmarkt veräußert werden. Kann ein Unternehmen den Nachweis für die Ausfuhr nicht erbringen, wird

---

[78] Ein ursprüngliches Anliegen der B-Quote war es auch, eine sog. regionale Spezialisierung herbeizuführen. Die stark eingeschränkte Preisgarantie sollte auf die sukzessive Verlagerung der Zuckererzeugung an Gunststandorte hinwirken und damit verhindern, dass Rüben auch in solchen Regionen angebaut werden, welche für andere Ackerkulturen besser geeignet wären. Allerdings setzte man die Rübenpreise auf so hohem Niveau an, dass der Anbau von B-Rüben sich selbst in den am wenigsten geeigneten Regionen noch lohnt (vgl. TRUMM 2001: 307f.; MAHLER 1991: 18).

[79] C-Zucker fällt an, da die Zuckerfabriken bei den Landwirten mehr Rüben kontrahieren als zur Produktion ihrer Quote erforderlich ist, um bei Ertragsschwankungen auf der sicheren Seite zu sein. Spiegelbildlich bestellen die Landwirte zur sicheren Erfüllung der Höchstquote größere Flächen mit Rüben, um auch bei geringeren Erträgen ihre Lieferquote voll ausschöpfen zu können. Die Folge sind jährliche Überlieferungen. Zu beachten ist auch die von den Zuckerfabriken angewandte Praktik der Quotenumverteilung, die ein mehrmaliges Unterschreiten der B-Quote mit Quotenkürzungen zugunsten von Landwirten mit überdurchschnittlicher Erfüllung der Quote ahndet (vgl. RENDER 1989: 20; LFL 2007a: 196).

eine Abgabe erhoben, die so hoch ist, dass C-Zucker auf dem Binnenmarkt denselben Bedingungen wie aus Drittländern eingeführter Zucker unterworfen ist.

Keinen Produktionsquoten unterliegt Zucker, der für spezielle industrielle Anwendungen wie die Erzeugung von Ethanol, Rum oder Hefen bestimmt ist. Abbildung 17 ranschaulicht das Quotensystem der alten ZMO.

Abbildung 17: Altes ZMO-Quotensystem der EU-25

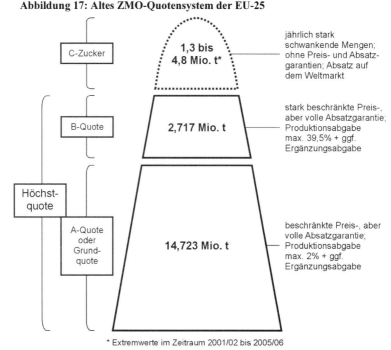

* Extremwerte im Zeitraum 2001/02 bis 2005/06

Quelle: WVZ/VdZ 2005: 99, verändert.

Die Quoten gelten nicht nur für den erzeugten Zucker, sondern spiegelbildlich auch für die Zuckerrüben. Denn die Zuckerfabriken kontrahieren natürlich nur so viele Rüben, wie sie vermarkten dürfen bzw. bezahlen können (vgl. KRATTENMACHER 1985: 263). Analog zu A-, B- und C-Zucker gibt es daher auch A-, B- und C-Rüben, wobei die von der EU vorgegebene Verarbeitungsspanne den Zuckerfabriken genügend finanziellen Spielraum für Mischkalkulationen und -preise lässt.

Tabelle 4: Zuckerquoten der EU Mitglieder (in t Weißzucker)

Land	A-Quote	B-Quote	Gesamtquote
Frankreich			3 768 991,4
Mutterland	2 536 487,4	752 259,5	
DOM[1]	433 872,0	46 372,5	
Deutschland	2 612 913,3	803 982,2	3 416 895,5
Polen	1 580 000,0	91 926,0	1 671 926,0
Italien	1 310 903,9	246 539,3	1 557 443,2
Großbritannien	1 035 115,4	103 511,5	1 138 626,9
Spanien	957 082,4	39 878,5	996 960,9
Niederlande	684 112,4	180 447,1	864 559,5
BLEU[2]	674 905,5	144 906,1	819 811,6
Tschechien	441 209,0	13 653,0	454 862,0
Dänemark	325 000,0	95 745,5	420 745,5
Ungarn	400 454,0	1 230,0	401 684,0
Österreich	314 028,9	73 297,5	387 326,4
Schweden	334 784,2	33 478,0	368 262,2
Griechenland	288 638,0	28 863,8	317 501,8
Slowakei	189 760,0	17 672,0	207 432,0
Irland	181 145,2	18 114,5	199 259,7
Finnland	132 806,3	13 280,4	146 086,7
Litauen	103 010,0	0,0	103 010,0
Portugal			79 671,2
Festland	63 380,2	6 338,0	
Azoren	9 048,2	904,8	
Lettland	66 400,0	105,0	66 505,0
Slowenien	48 157,0	4 816,0	52 973,0
EU	14 723 213,3	2 717 321,2	17 440 534,5

[1] Départements et régions d´outre-mer
[2] Belgo-Luxembourg Economic Union

Quelle: Europäische Kommission 2004a: 26.

Tabelle 4 zeigt die Aufteilung der Gesamtquote auf die einzelnen Mitgliedsstaaten der EU-25. Dabei verfügen Länder, in denen Rübenanbau und Zuckererzeugung besonders wettbewerbsfähig sind (vor allem Deutschland und Frankreich), über überdurchschnittlich hohe B-Quoten. Obwohl die Quote nicht jährlich neu anzusetzen ist, schwankt die tatsächliche Quotenproduktion geringfügig, weil die Höchstquote nicht immer voll ausgeschöpft wird und die Erzeugung witterungsbedingten Schwankungen unterworfen ist.

Produzieren die Unternehmen Zucker über die Höchstquote hinaus, können die Überschüsse ins nächste Wirtschaftsjahr übertragen oder als C-Zucker auf dem Weltmarkt verkauft werden.

Bei der **Übertragung** wird die übertragene Menge (max. 20% der A-Quote) als Erzeugung des folgenden Wirtschaftsjahres betrachtet, wobei das Unternehmen die transferierten Mengen während eines Zeitraums von zwölf aufeinander folgenden Monaten einlagern muss. Der eingelagerte Zucker gilt dann als A-Zucker der Folgeperiode.

Zu Übertragungen kommt es bevorzugt in den Regionen, in welchen die Überschüsse eher zufällig, z.B. aufgrund eines günstigen Wetters, auftreten. In anderen Regionen mit besonders wettbewerbsfähigen Anbau- und Produktionsstrukturen werden dagegen systematisch Überschüsse von bis zu 30% der Quote erzeugt und als C-Zucker auf dem Weltmarkt abgesetzt. Der Anteil der C-Zuckererzeugung ist daher ein geeigneter Indikator für die Wettbewerbsfähigkeit einer Region, denn er macht deutlich, dass die Produzenten nicht von den überhöhten EU-Garantiepreisen abhängig sind, sondern ihren Zucker – ohne Exportsubventionen – auch zu Weltmarktpreisen noch profitabel verkaufen können (vgl. EUROPÄISCHE KOMMISSION 2004a: 11; THOMSEN 2006: 22).

Tabelle 5: Isoglucosequoten der EU-Mitglieder (in t)

Land	A-Quote	B-Quote	Gesamtquote
Ungarn	127 627,0	10 000,0	137 627,0
Spanien	74 619,6	7 959,4	82 579,0
BLEU[1]	56 150,6	15 441,0	71 591,6
Slowakei	37 522,0	5 025,0	42 547,0
Deutschland	28 643,3	6 745,5	35 388,8
Großbritannien	21 502,0	5 735,3	27 237,3
Polen	24 911,0	1 870,0	26 781,0
Italien	16 432,1	3 869,8	20 301,9
Frankreich	15 747,1	4 098,6	19 845,7
Griechenland	10 435,0	2 457,5	12 892,5
Finnland	10 792,0	1 079,7	11 871,7
Portugal	8 027,0	1 890,3	9 917,3
Niederlande	7 364,6	1 734,5	9 099,1
EU	439 773,3	67 906,6	507 679,9

[1] Belgo-Luxembourg Economic Union

Quelle: Europäische Kommission 2004a: 26.

Zum Beginn der ZMO 1968 wurde noch so gut wie kein C-Zucker erzeugt. Seitdem hat die C-Zuckermenge aber stark zugenommen. Den Höchstwert markiert das Jahr 2000 mit fast 3,8 Mio. t, was ca. 27% der Quotenproduktion entsprach (vgl. EUROPÄISCHE KOMMISSION 2004a: 28).

Um eine Verdrängung des Zuckers durch Zuckersubstitute, insbesondere das Ausweichen der Zucker verwendenden Industrie auf andere Süßstoffe, zu verhindern, erstreckt sich die Quotenregelung auch auf die Zuckerersatzstoffe Isoglucose und Inulinsirup (vgl. Exkurs 4), für die es analog zu Zucker auch A- und B-Quoten gibt. **Isoglucose** produzieren 13 EU-Staaten. Die A-Quote beträgt 439 773,3 t, die B-Quote 67 906,6 t. Tabelle 5 zeigt die länderspezifische Aufteilung der Isoglucosequoten.

Seit 1994 wird auch die Produktion von **Inulinsirup,** den nur Frankreich und die Beneluxländer erzeugen, durch Quoten limitiert. Die A-Quote beläuft sich auf 259 585,1 t, die B-Quote auf 61 132,9 t (vgl. EUROPÄISCHE KOMMISSION 2004a: 27).

5.2.1.3 Abgabenregelung

Die Finanzierung der Marktordnungskosten, insbesondere der anfallenden Exportsubventionen sowie der Erstattungen für Zuckerlieferungen an die Chemische Industrie (vgl. 5.2.2.1), erfolgt über eine Abgabenregelung bzw. sog. **Produzentenabgaben.** Dabei gelten zwei Prinzipien: Nach dem **Prinzip der Haushaltkostenneutralität** kommt die Zuckerwirtschaft für die Kosten der Überschussproduktion selbst auf. Damit soll die ZMO im Gegensatz zu anderen Marktordnungen für den Gemeinschaftshaushalt kostenneutral sein. Allerdings reicht die Zuckerindustrie die erhobenen Abgaben in Form hoher Zuckerpreise an die Konsumenten weiter, was sich als Umverteilung der Marktordnungskosten vom Steuerzahler auf den Verbraucher deuten lässt (vgl. MAHLER 1991: 19). Ferner gilt die Haushaltsneutralität nicht für die Erstattungen zum Reexport des präferenziell importierten AKP-Zuckers (vgl. 5.2.2.1 und 5.2.2.3). Die dafür anfallenden Summen (ca. 800 Mio. € jährlich) werden als Entwicklungszusammenarbeit gewertet und aus dem EU-Entwicklungsfonds finanziert, weshalb sie das Gemeinschaftsbudget an anderer Stelle belasten (vgl. BUNTZEL/DRÄGER DE TERAN 2006: 15; KRATTENMACHER 1985: 264). Auch die nicht in direktem Zusammenhang zur Überschussproduktion stehenden Kosten wie Beihilfen zur Raffinierung des AKP-Zuckers oder für die Überseegebiete werden nicht durch die Produzentenabgabe gedeckt. Nach dem **Solidaritätsprinzip** sind die Kosten des Systems solidarisch, d.h. von Zuckerindustrie und Landwirtschaft gemeinsam zu tragen.

Die Höhe der Abgabe (Titel 1, Kapitel 2, Artikel 15 bis 18) legt die Kommission jedes Jahr neu fest. Zunächst berechnet sie den Zuckerüberschuss, d.h. die über den Gemeinschaftsverbrauch hinausgehende Menge an A- und B-Zucker. Der zu deckende Gesamtbetrag an Exportsubventionen errechnet sich aus der Differenz zwischen EU- und Weltmarktpreis, multipliziert mit der überschüssigen Menge. Zieht man vom Gesamterstattungsbetrag den Gesamtabschöpfungsbetrag, d.h. die – in der Regel gering ausfallende – Summe aller Zolleinnahmen für Produkte, die unter die ZMO fallen, ab, ergeben sich der auf die gesamte Exportmenge bezogene durchschnittliche Verlust je Tonne bzw. die Durchschnittskosten für den Export einer Tonne Überschusszucker. Der Gesamtverlust bzw. die Gesamtkosten errechnen sich aus dem durchschnittlichen Verlust bzw. Kosten, multipliziert mit der zu exportierenden Menge. Teilt man diese Größe durch die voraussichtliche Menge an A- und B-Zucker, A- und B-Isoglucose sowie A- und B-Inulinsirup, die unter Anrechnung auf das laufende Wirtschaftsjahr erzeugt worden ist, erhält man den über Abgaben zu finanzierenden Betrag. Die Abgabenerhebung erfolgt dann in drei Schritten:

> Im Rahmen der A-Quote wird eine sog. **Grundabgabe** erhoben, die max. 2% des Interventionspreises betragen darf.

> Die **B-Abgabe** wird zur Deckung von Restdefiziten bedarfsabhängig im Rahmen der B-Quote fällig und beträgt max. 39,5% des Interventionspreises (2% Grundabgabe + 37,5% B-Abgabe). Die B-Abgabe schränkt die Preisgarantie für B-Zucker im Vergleich zur A-Quote daher erheblich ein[80].

> Reicht die Summe aus Grund- und B-Abgabe nicht aus, kommt eine **Ergänzungsabgabe** zum Einsatz. Hierzu wird der gesamte Subventionsbetrag durch die Summe aus Grund- und B-Abgabe dividiert und die bereits geleisteten Abgaben um den Quotienten, den sog. Hebungsfaktor, erhöht[81].

Im Ergebnis führt die Produzentenabgabe zu verschiedenen Preisen für A- und B-Zucker. B-Zucker ist aufgrund der höheren Abgabe und der damit geschmälerten Erzeugergewinne zwar weniger wert als A-Zucker, sein Preis liegt aber noch deutlich über dem Weltmarktpreis. Für Zuckerproduzenten und Landwirte besteht wegen der variierenden Abgabenhöhe insgesamt das Problem, dass sie nicht auf einen festen

---

[80] In den letzten Jahren wurde die Grundabgabe voll, die B-Abgabe teilweise bis ca. zur Hälfte ausgeschöpft. Eine Ausnahme bilden die Wirtschaftsjahre 2001/02 und 2004/05, in denen die B-Abgabe volle 39,5% betrug (vgl. LFL 2007a: 204).

[81] Im Wirtschaftsjahr 1998/99 z.B. beliefen sich die Exportsubventionen auf 903,55 Mio. €, die nur zu 775,45 Mio. € durch die regulären Abgaben gedeckt waren. Der Fehlbetrag von ca. 128 Mio. € musste durch die Ergänzungsabgabe aufgebracht werden. Der Hebungsfaktor, um den die Gesamtabgabe (Grundabgabe + B-Abgabe) erhöht wurde, betrug damit 16,52% (= 903,55 Mio. € / 775,45 Mio. €).

Preis bauen können, da dieser um die mögliche Abgabe noch nachträglich nach unten korrigiert wird.

Die Mitgliedsstaaten ziehen die komplette Abgabe bei den Zuckerunternehmen ein, welche sich den Anteil der Landwirte über entsprechend geminderte Rübenpreise wieder zurückholen. Als Ausgleich für den administrativen Aufwand bei der Erhebung der Abgabe dürfen die Mitgliedsstaaten 25% der Abgaben als Verwaltungsgebühr einbehalten.

Entsprechend der Aufteilung des Interventionspreises kommen die Zuckerfabriken für 42%, die Landwirte für 58% der Abgabe auf. Werden Grund- und B-Abgabe in vollem Umfang erhoben, reduziert sich der Rübengrundpreis von 47,67 €/t auf einen Mindestpreis für A-Rüben in Höhe von 46,72 €/t (98% des Interventionspreises bei 2%iger Abgabe), für B-Rüben in Höhe von 28,84 €/t (60,5% des Interventionspreises bei 39,5%iger Abgabe). Der genaue Preis für C-Rüben bleibt der Verhandlungsautonomie zwischen Zuckerindustrie und Rübenanbauern überlassen. Er hängt von den jeweiligen Ernteerträgen sowie den individuellen Rahmenbedingungen der Zuckerunternehmen ab. In der Regel bewegt er sich zwischen 10 und 20 €/t (vgl. EUROPÄISCHE KOMMISSION 2004a: 11).

5.2.2 Handel mit Drittländern

Titel 2 der ZMO (Artikel 22 bis 39) widmet sich der Regelung des Außenhandels. Ziel ist es, das hohe Binnenmarktpreisniveau zu stabilisieren und die Zuckerversorgung der Gemeinschaft sicherzustellen (vgl. SCHRÖDER 1991: 29). Bestandteil der Außenhandelsregelung sind Exportsubventionen (vgl. Kap. 5.2.2.1), Einfuhrzölle (vgl. Kap. 5.2.2.2) und präferenzielle Einfuhren (vgl. Kap. 5.2.2.3).

5.2.2.1 Exportsubventionen

Da die Höchstquote weit über dem Gemeinschaftsverbrauch angesetzt wurde, sollen **Exportsubventionen** (Titel 2, Kapitel 1, Artikel 27 bis 29) die Vermarktung der über den Eigenverbrauch hinausgehenden Mengen auf dem Weltmarkt ermöglichen, um als Alternative zur Intervention auf dem Binnenmarkt zum Abbau der Zuckerüberschüsse beizutragen (vgl. ELSMANN 1975: 159f.). Die über das Verfahren einer Dauerausschreibung geregelte Erstattung gleicht die Differenz zwischen dem hohen EU-

Interventionspreis und den niedrigeren Exportpreisen aus[82]. Das Verhältnis zwischen Interventions- und Weltmarktpreis von 3:1 macht Exportsubventionen in Höhe von 75% des Interventionspreises erforderlich. Da der Gesamterlös aus Exportpreis und Exporterstattung regelmäßig den Interventionspreis übertrifft, ziehen die Zuckerunternehmen den Absatz auf dem Weltmarkt einer Andienung an die Interventionsstellen normalerweise vor (vgl. THOMSEN 2006: 33).

Analog zu Zucker gibt es auch für Isoglucose und Inulinsirup Exportsubventionen. Ferner muss die gesamte Menge an importiertem Präferenzzucker (vgl. Kap. 5.2.2.3), welchem in der EU kein Verbrauch gegenübersteht, mit Subventionen reexportiert werden, da der garantierte Abnahmepreis für Präferenzzucker zwar unter dem Interventionspreis, aber ebenfalls weit über dem Weltmarktpreis liegt.

Erstattungen erhält auch die Chemische bzw. Pharmazeutische Industrie. Um die Wettbewerbsfähigkeit des auf dem Binnenmarkt teuer produzierten Zuckers als Rohstoff für die Erzeugung chemischer und pharmazeutischer Produkte sicherzustellen, erhalten Unternehmen dieser Branche eine Erstattung für den verarbeiteten Zucker **(Produktionserstattung)**, welche der Höhe der anfallenden Exportsubvention abzüglich einer Transportkostenpauschale von 64,50 €/t entspricht. Die Zuckerinputkosten dieser Industrien lassen sich damit auf Weltmarktniveau drücken (vgl. EUROPÄISCHE KOMMISSION 2004a: 23; ELSMANN 1975: 139f.).

Exportsubventionen werden schließlich für „Nicht-Anhang-I-Produkte" gewährt. Dabei handelt es sich um solche Produkte, die Marktordnungserzeugnisse enthalten, selbst aber nicht unter die ZMO fallen wie vor allem Lebensmittel, in denen Zucker in weiterverarbeiteter Form enthalten ist.

Durch die Praxis der Exportsubventionierung ist die EU auf dem Weltmarkt zum zweitgrößten Zuckerexporteur geworden (vgl. Kap. 4.2.2). Die Exporterstattungen erweisen sich daher als große Belastung für die internationalen Handelsbeziehungen, da sie über eine Vergrößerung des Angebots einen starken Druck auf die Weltmarktpreise ausüben, der zu Lasten anderer, natürlich wettbewerbsfähiger Produzenten geht, zu denen auch viele Entwicklungsländer gehören (vgl. Kap. 3.3.2 und Kap. 5.2.3.1). Die WTO hat diese Exportpraxis denn auch für unvereinbar mit dem geltenden Welthan-

---

[82] Sinken die Binnenpreise unter die Weltmarktpreise, können spiegelbildlich zu Ausfuhrerstattungen auch Ausfuhrabschöpfungen verhängt werden, um die Versorgung des Binnenmarktes sicherzustellen (Artikel 33).

delsrecht eingestuft und neben anderen Ursachen die EU damit letztendlich zur Reform ihrer Marktordnung gezwungen (vgl. Kap. 5.2.5).

Bereits 1995 legte das Uruguay-Abkommen der EU eine jährliche Höchstgrenze für subventionierte Exportmengen von 1,273 Mio. t fest und fror das Subventionsvolumen für Zucker auf 499 Mio. € und für Nicht-Anhang-I-Produkte auf 180 Mio. € ein, was einer Menge von 450 000 t Rübenzuckergehalt gleichkommt. Die Höchstgrenze gilt auch für die AKP-Reexporte (vgl. Kap. 5.2.2.3).

Um diese Auflagen – auch nachträglich – einzuhalten, wendet die EU das Instrument der **temporären Quotenkürzung bzw. Reklassifizierung** an. Dabei werden die Höchstquoten (A- und B-Quote) den jährlichen Exportmöglichkeiten, die wegen der Schwankung der Weltmarktpreise stark variieren können, angepasst, d.h. ein Teil des A- und B-Zuckers zu C-Zucker deklassiert, der dann ohne Subventionen auf dem Weltmarkt abzusetzen ist[83]. In den letzten Jahren kam die Deklassierung fast immer zur Anwendung (vgl. LFL 2007a: 202).

5.2.2.2 Einfuhrzölle

Die ca. das Dreifache der Weltmarktpreise betragenden gemeinschaftsinternen Garantiepreise schützt die EU durch ein ausgeklügeltes, fast vollständig geschlossenes **Zollsystem** (Titel 2, Kapitel 1, Artikel 32 bis 34), das den Binnenmarkt gegen billige Importe vom Weltmarkt nahezu hermetisch abriegelt und ein Absinken des EU-Marktpreises unter den Interventionspreis verhindern soll[84]. Nur wenige ausgewählte Entwicklungsländer dürfen bestimmte Mengen an Zucker ohne Einfuhrzölle in die EU exportieren (vgl. Kap. 5.2.2.3).

Der EU-Zollschutz besteht aus zwei Komponenten, einem fixen und einem variablen, vom Weltmarktpreis abhängigen Zusatzzoll. Die früher in vielen Marktordnungen geltenden variablen Importabschöpfungen (vgl. Kap. 3.2.2.1), welche durch die Uruguay-Runde des GATT untersagt und in gebundene Zölle umgewandelt wurden (vgl. Kap. 3.3.2), bestehen auf dem Zuckermarkt damit im Prinzip fort, weil die EU es in

---

[83] Das Problem der Deklassierung liegt darin, dass die B-Quote einer stärkeren Kürzung unterliegt als die A-Quote, was die Länder, welche einen hohen B-Quotenanteil haben und daher an sich besonders wettbewerbsfähig sind (z.B. auch Deutschland), benachteiligt (vgl. EUROPÄISCHE KOMMISSION 2004b: 7).

[84] Liegen die Weltmarktpreise über den Binnenpreisen, können spiegelbildlich zu Einfuhrzöllen auch Einfuhrsubventionen gewährt werden, um die Versorgung des Binnenmarktes sicherzustellen (Artikel 33).

den Agrarverhandlungen der Uruguay-Runde geschafft hat, Zucker unter die „sensiblen Produkte" einzureihen, für die besondere Schutzvorschriften gelten (vgl. THOMSEN 2006: 35f.).

Der **fixe Zoll** beträgt bei Weißzucker 419 €/t, bei Rohzucker 339 €/t. Der **variable Zusatzzoll** wird erhoben, sobald der repräsentative Preis einen Auslösungspreis unterschreitet. Der **repräsentative Preis** ist der an der Londoner Rohstoffbörse gehandelte, nahe am Weltmarktpreis liegende Cif-Preis. Der **Auslösungspreis** entspricht dem durchschnittlichen Importpreis in die EU. Da die EU Importe fast nur aus AKP-Ländern zulässt, liegt der Auslösungspreis nahe am AKP-Garantiepreis und wurde auf 531 €/t festgesetzt, was sich weit über dem Weltmarktpreis befindet.

Seit 1995 wird der extrem hohe Auslösungspreis durch den niedrigen repräsentativen Preis immer unterschritten, so dass die EU seitdem ununterbrochen zusätzlich zum fixen einen variablen Zusatzzoll erhebt.

Die Höhe des variablen Zolls legt die Kommission jedes Jahr neu fest. 2002 z.B. lag der repräsentative Cif-Preis bei durchschnittlich 240 €/t, woraufhin die EU einen Zusatzzoll von 87 €/t verhängte. 2003 betrug der durchschnittliche repräsentative Cif-Preis dagegen nur 191 €/t, was die EU mit einem höheren Zusatzzoll von 115 €/t reagieren ließ. In beiden Fällen ergab sich eine Gesamtprotektion von über 500 €/t. Die Gesamtimportkosten für eine Tonne Weißzucker beliefen sich damit auf weit über 700 €/t (vgl. Tabelle 6), was deutlich über dem Interventionspreis liegt, der ohnehin schon das Dreifache des Weltmarktpreises ausmacht. Jegliche Importe, selbst aus einem so wettbewerbsstarken Land wie Brasilien, wo die Summe aus Produktions- und Transportkosten für Zucker nur zwischen 200 und 300 €/t liegen, werden dadurch völlig unrentabel.

Tabelle 6: Gesamtimportkosten für 1 t Weißzucker in die EU 2002 und 2003

Importkostenberechnung	2002	2003
Importzoll fix	419 Euro pro t	419 Euro pro t
Importzoll variabel	+ 87 Euro pro t	+ 115 Euro pro t
Gesamtzollabschöpfung	= 506 Euro pro t	= 534 Euro pro t
Cif-Preis (Durchschnittspreis pro Jahr)	+ 240 Euro pro t	+ 191 Euro pro t
Gesamtimportkosten Weißzucker	= 746 Euro pro t	= 725 Euro pro t

Quelle: In Anlehnung an Europäische Kommission 2004a: 15f.

Ausnahmen von den hohen Zöllen können für die Zucker verarbeitende Industrie bestehen. Um deren internationale Wettbewerbsfähigkeit nicht aufs Spiel zu setzen, wurde dieser 2002/03 die Möglichkeit eröffnet, im Rahmen der sog. IPA-Quote (Inward Processing Arrangement) 90 000 t billigen Weltmarktzucker zollfrei zu beziehen (vgl. EUROPÄISCHE KOMMISSION 2004a: 23). Im Wirtschaftsjahr 2007/08 darf die Chemische Industrie 200 000 t Zucker vom Weltmarkt zollfrei importieren (vgl. ERNÄHRUNGSDIENST 2007d).

5.2.2.3 Präferenzielle Einfuhren

Im Rahmen der Präferenzregelung (Titel 2, Kapitel 2, Artikel 35 bis 39) gestattet die EU aus kolonialhistorischen bzw. entwicklungspolitischen Gründen bestimmten Ländern bzw. Ländergruppen den Zugang zum Gemeinschaftsmarkt zu Vorzugsbedingungen (**Präferenzzucker**). Die in diesem Zusammenhang wichtigste Grundlage ist das 1975 zwischen der EU (damals EG) und anfangs 46 (heute 78) AKP-Staaten, d.h. Ländern aus dem afrikanisch-karibisch-pazifischen Raum, geschlossene Lomé-Abkommen (heute Cotonou-Abkommen[85]). Dieses stellt ein Entwicklungshilfe- bzw. Kooperationsabkommen dar, zu dessen Zielen vor allem die Verbesserung der wirtschaftlichen Situation in den AKP-Saaten sowie, dem Prinzip „aid by trade" folgend, die Förderung ihres Entwicklungsprozesses durch Intensivierung des Außenhandels mit der EU gehören (vgl. NEUMAIR 2006: 142).

Ein wichtiger Bestandteil dieses Abkommens ist das AKP-Zuckerprotokoll, das an das Commonwealth Sugar Agreement anknüpft, in welchem Großbritannien seinen ehemaligen Kolonien Lieferquoten für Zucker zugestand. Das Zuckerprotokoll gewährt einigen AKP-Staaten für eine bestimmte Menge Zucker (vor allem Rohrohrzucker) den zollfreien Zugang zum Gemeinschaftsmarkt und verpflichtet die EU zur Abnahme dieses Kontingents zu einem festgelegten Garantiepreis. Die AKP-Staaten sind demgegenüber die Verpflichtung eingegangen, die Garantiemenge zu liefern. Da der Garantiepreis für gewöhnlich deutlich über dem Weltmarktpreis liegt, entwächst aus dem Zuckerprotokoll ein Einkommenstransfer aus der Gemeinschaft in die AKP-Länder, welche dem Produkt aus der länderspezifischen Quote und der Differenz zwischen Garantie- und Weltmarktpreis entspricht (vgl. AGARWAL ET AL. 1985: 41).

Damit erhalten 19 AKP-Staaaten[86] zollfreie Zugangsquoten zum Gemeinschaftsmarkt in Höhe von ca. 1,3 Mio. t jährlich. 1983 schloss die EU zusätzlich ein Abkom-

---

[85] Das Cotonou-Abkommen lief zum 31. Dezember 2007 aus und wird seit 2008 in Form sog. Wirtschaftspartnerschaftsabkommen fortgesetzt (vgl. MARTIN 2007).

[86] In Afrika: Elfenbeinküste, Kenia, Volksrepublik Kongo, Madagaskar, Malawi, Mauritius, Sambia, Simbabwe, Swasiland, Tansania und Uganda. Im karibischen Raum: Barbados, Belize, Guyana, Ja-

men mit Indien, das die Abnahme von jährlich 10 000 t garantiert (vgl. EUROPÄISCHE KOMMISSION 2004a: 16f. und 2006: 4/1; BRÜNTRUP 2006: 3; SERRANO 2007: 173ff.).

Der für den Präferenzzucker von der EU gezahlte Garantiepreis lehnt sich am EU-Interventionspreis an. Für Rohzucker entspricht er dem normalen Rohzucker-Interventionspreis in Höhe von 523,7 €/t, für Weißzucker dem in Großbritannien geltenden abgeleiteten Weißzucker-Interventionspreis in Höhe von 646,5 €/t. Da er in der EU, die ohnehin schon selbst zu viel Zucker produziert, nicht verbraucht wird, ist der gesamte Präferenzzucker mit Exportsubventionen auf dem Weltmarkt zu reexportieren (vgl. BRÜNTRUP/LANJE 2006: 3).

Ferner räumt die EU im Rahmen der sog. CXL-Quote, die Finnland aufgrund seiner früheren Handelsbeziehungen 1995 bei seinem Beitritt in die EU mitbrachte, ein Kontingent in Höhe von 85 463 t zu einem extrem reduzierten Zollsatz von 98 €/t ein. Davon entfallen 58 969 t auf Kuba, 23 930 t auf Brasilien und 2 564 t auf sonstige Länder.

Von Zöllen gänzlich befreit ist die sog. OCT-Quote (Overseas Countries and Territories) in Höhe von 23 000 t. Dabei handelt es sich um Zucker aus bestimmten Überseegebieten, insbesondere aus den Niederländischen Antillen und Aruba (vgl. EUROPÄISCHE KOMMISSION 2004a: 17).

Zu beachten ist, dass die Rohzuckerraffinerien der EU einen angenommenen Höchstversorgungsbedarf von 1,8 Mio. t Rohrohrzucker jährlich haben. Dazu reichen der Präferenzzucker aus den AKP-Staaten und Indien, der Zucker im Rahmen der CXL-Quote sowie der aus extremen Randlagen, vor allem den Überseegebieten stammende Zucker allerdings nicht aus. Die Differenz deckt ein weiteres zollfreies Kontingent für zur Raffination bestimmten Rohrohrzucker ab, das als **Sonderpräferenzzucker** (SPZ-Quote) bezeichnet wird (vgl. EUROPÄISCHE KOMMISSION 2006: 4/1; BRÜNTRUP 2006: 3; SERRANO 2007: 175). Diese zusätzlich aus Indien und den AKP-Staaten importierte Menge wird allerdings parallel zur Zunahme der Zuckereinfuhren im Rahmen der im Folgenden erläuterten EBA-Initiative zurückgefahren. Der Preis für Sonderpräferenzzucker beträgt 496,8 €/t, was in etwa dem im Zuckerprotokoll garantierten Preis abzüglich einer Raffinationsbeihilfe in Höhe von 29,2 €/t entspricht (vgl. EUROPÄISCHE KOMMISSION 2004a: 20f.). Insgesamt beläuft sich die aus den AKP-Staaten und Indien jährlich importierte Gesamtpräferenzzuckermenge auf 1,6 Mio. t.

---

maika, St. Kitts und Nevis, Surinam sowie Trinidad und Tobago. Im pazifischen Raum die Fidschi-Inseln.

Von besonderer Bedeutung, vor allem für die Reform der ZMO, ist das sog. **Eve-rything-But-Arms-Abkommen (EBA-Abkommen).** Dieses im März 2001 abge-schlossene Abkommen eröffnet den 49 am wenigsten entwickelten Ländern, den sog. „Least developed Countries" (LDC), einschließlich sechs der Unterzeichnerstaaten des AKP-Zuckerprotokolls, für alle Erzeugnisse außer Waffen und Munition den zollfreien Zugang zum Gemeinschaftsmarkt. Für Zucker und andere sensible Agrarprodukte (Reis und Bananen) bestehen Übergangsfristen.

Im Rahmen der EBA-Initiative werden die Zölle für Zucker in drei Schritten (2006/07 um 20%, 2007/08 um 50%, 2008/09 um 80%) bis 2009 völlig abgebaut und gleichzeitig die zollfreien Einfuhrkontingente für in den LDC-Ländern erzeugten und zur Raffination bestimmten Rohrzucker, ausgehend von 74 185 t im Jahr 2001/02, auf 197 334 t im Jahr 2008/09 erhöht. Verrechnet wird die steigende EBA-Quote mit einer parallel sinkenden SPZ-Quote. Ab 2009 gilt dann freier Marktzugang, wobei spezielle Schutzmaßnahmen greifen, sobald die Importe den Vorjahreswert um mehr als 25% übersteigen (vgl. EUROPÄISCHE KOMMISSION 2004a: 18f. und 2006: 4/2; JANZ 2002: 201f.; WITZKE/KUHN 2003: 2; BRÜNTRUP 2006: 3; SERRANO 2007: 176).

Abschließend ist die **Balkan-Initiative** der EU anzuführen, welche den westlichen Balkanstaaten (Albanien, Bosnien-Herzegowina, Kroatien, Mazedonien, Serbien und Montenegro) zollfreien Marktzugang sichert. Nach Registrierung einer Verletzung der Ursprungsregeln (Karussellhandel) traten für Albanien, Bosnien-Herzegowina, Serbien sowie Montenegro jedoch Einfuhrquoten in Kraft.

Abbildung 18 fasst die unterschiedlichen Zuckerquoten sowie Import- und Export-möglichkeiten unter dem Regime der alten ZMO abschließend zusammen.

5.2.3 Beurteilung: Fehlentwicklungen versus Verlässlichkeit

Das System der EU-ZMO hat zu einer Vielzahl ökonomischer und ordnungspoliti-scher Fehlentwicklungen und Verzerrungen geführt. Diesen stehen allerdings die Ver-lässlichkeit des Systems, stabile Preise sowie eine an hohen sozialen und ökologischen Standards ausgerichtete Erzeugung mit hoher Qualität gegenüber. Um sich ein objek-tives Bild von der ZMO machen zu können, sollen im Folgenden beide Seiten beleuch-tet werden.

Abbildung 18: Quoten und Außenhandel unter der alten ZMO

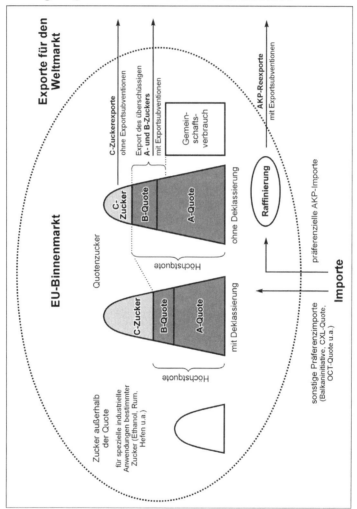

Quelle: Eigene Darstellung.

5.2.3.1 Kritik an der Zuckermarktordnung

Während Zuckerindustrie und Landwirtschaft vehement für eine Verlängerung der „alten" ZMO kämpften, forderten Vertreter anderer Gruppen tief greifende strukturelle Reformen des Zuckersektors. Verbraucherverbände, Zucker verarbeitende Industrie, Vertreter von Drittländern, Wissenschaft, Sachverständigenräte, Nichtregierungsorganisationen, aber auch nationale und internationale Behörden (Bundesrechnungshof, Europäischer Rechnungshof, EU-Gerichtshof, EU-Kommission) bis hin zu supranationalen Organisationen wie die OECD üben seit Jahren Kritik an der Konzeption und den Folgen der ZMO (vgl. EUROPÄISCHER RECHNUNGSHOF 2000; EUROPÄISCHE KOMMISSION 2003c; SCHMIDT 2002 und 2005a; WISSENSCHAFTLICHER BEIRAT 1994; IZZ 2005). Denn diese ermöglicht es den Akteuren der Zuckerwirtschaft, innerhalb eines Systems aus staatlichen Eingriffen und Schutzmaßnahmen zu operieren, „das in anderen Wirtschaftssektoren, aber auch in anderen Bereichen der Landwirtschaft seinesgleichen sucht" (WISSENSCHAFTLICHER BEIRAT: 1994: 6).

Im Folgenden werden die durch die ZMO hervorgerufenen Probleme und Fehlentwicklungen vorgestellt: Außenwirtschaftliche Friktionen, entwicklungsökonomische Vorbehalte, Allokationsverzerrungen, wettbewerbspolitische Bedenken, fragwürdige Verteilungswirkungen sowie Belastungen für Verbraucher und Zuckerverarbeiter.

Außenwirtschaftliche Friktionen ergeben aus den trotz der Angebotskontingentierung erheblichen Produktionsüberschüssen infolge der hohen garantierten Preise. So liegt der durchschnittliche EU-Selbstversorgungsgrad im langjährigen Mittel bei 130% (vgl. LFL 2007a: 196). Aus Sicht der ZMO ist der Export dieser Überhänge ein probates Ventil.

Die Ursache für die Überschussentwicklung liegt darin, dass von Anfang an ein viel zu großer Quotenrahmen vorgegeben und die Preise auf einem für Erzeuger und Verarbeiter sehr attraktivem Niveau festgelegt wurden. Bereits die Höchstquote (A- und B-Quote) überschreitet permanent den Gemeinschaftsverbrauch – und dies obwohl die B-Quote nur eine stark eingeschränkte Preisgarantie aufweist. Für Landwirte in ertragreichen Regionen stellt der B-Rübengrundpreis aber einen immer noch sehr hohen Produktionsanreiz dar. Solche Landwirte, die zum B-Preis eine Anbaualternative mit höherem Deckungsbeitrag[87] hätten, werden durch einheitliche Mischpreise, d.h. gewogene Durchschnittspreise für A- und B-Rüben, von den Zuckerproduzenten zur Her-

---

[87] Zum genauen Begriff des landwirtschaftlichen Deckungsbeitrags vgl. Kap. 6.4.1.

stellung von B-Rüben ermuntert. Bei voller Ausnutzung der Höchstquote nähert sich dann der Preis für B-Rüben dem für A-Rüben sehr nah an, so dass insgesamt mehr Landwirte zum Rübenanbau bereit sind.

Tatsächlich wird aber sogar noch über die Höchstquote hinaus Zucker erzeugt (C-Zucker), obwohl dieser ohne Preis- und Absatzgarantie auf dem Weltmarkt abzusetzen ist. Möglich ist dies deshalb, weil die hohen Garantiepreise für Quotenzucker einen gewinnbringenden Verkauf von C-Zucker zu Weltmarkpreisen ermöglichen, indem die Erlöse aus der A- und B-Quote die Fixkosten für die Erzeugung von C-Zucker (z.B. Maschinenkosten, Lagerkosten) abdecken (vgl. SCHMIDT 2005a: 26ff.; Kap. 5.2.5).

Verschärft wird das bereits bestehende Marktungleichgewicht zusätzlich durch die präferenziellen Importverpflichtungen gegenüber den AKP-Ländern, welchen kein entsprechender Gemeinschaftsverbrauch entgegensteht (vgl. Kap. 5.2.2.3).

Den überschüssigen A- und B-Zucker sowie den C-Zucker setzt die EU zusammen mit den AKP-Reexportmengen auf dem Weltmarkt ab, wodurch sie sich zum weltweit zweitgrößten Exporteur nach Brasilien entwickelt hat (vgl. Kap 4.2.2). Diese Situation wäre unbedenklich, wenn die starke Exportstellung der EU auf einer überlegenen internationalen Wettbewerbsfähigkeit beruhen würde. Das ist jedoch nicht der Fall, da der durch die ZMO stabil gehaltene garantierte EU-Preis um das dreifache über dem Weltmarktpreis für Zucker liegt (vgl. Kap. 4.2.3, Kap. 5.2.1.1 und Kap. 5.2.2.1) und die Produktionsüberhänge der EU nur mit Exportsubventionen (überschüssiger A- und B-Zucker) bzw. Quersubventionen (C-Zucker) ausgeführt werden können (vgl. Kap. 5.2.5). Damit gibt die EU ihre kurzfristigen, teils erheblichen Erzeugungsschwankungen ungemindert und prozyklisch an den Weltmarkt weiter, vergrößert dort die Bestände und drückt die Preise (vgl. SCHMIDT 2005a: 22; TRUMM 2001: 315; VAN DER LINDE 2000: ii; ADENÄUER 2005: 2; MALZBENDER 2003: 4). Dies geht in zweifacher Hinsicht zu Lasten natürlich wettbewerbsfähiger Erzeuger: Einerseits können sie ihren Zucker auf dem Weltmarkt nur zu niedrigen Preisen verkaufen und daher keine angemessenen Gewinne erzielen, andererseits müssen sie mit der EU, deren Zucker ihnen unter natürlichen Wettbewerbsbedingungen nicht gefährlich werden könnte, um Marktanteile konkurrieren.

Die Folgen des EU-Exportregimes sind eine Verzerrung der Faktorallokation sowohl in der EU als auch weltweit sowie eine schwerwiegende Störung des internationalen Handels (vgl. MÜLLER-BLUMENCORN 2006: 1; WISSENSCHAFTLICHER BEIRAT 1994: 11.). Dass die EU-Exportsubventionen dabei nicht aus dem EU-Haushalt stammen, sondern im Rahmen der Abgabenregelung von der Zuckerwirtschaft selbst aufgebracht werden, ist handelspolitisch ohne Belang, denn die Wirkung ist dieselbe: Der Zucker verbilligt sich künstlich (vgl. AUSSENWIRTSCHAFT 2005: 14).

Auf der Einfuhrseite ist die Situation genau umgekehrt. Hier schottet sich die EU mit prohibitiv hohen Zöllen (vgl. Kap. 5.2.2.2) vor Zuckereinfuhren aus Drittstaaten hermetisch ab. Nur ausgewählte Entwicklungsländer erhalten präferenziellen Marktzutritt. Mit diesen Präferenzabkommen spaltet die EU einen Teil des gehandelten Zuckers vom freien Weltmarkt ab, so dass das dort gehandelte Zuckervolumen zurückgeht.

Insgesamt destabilisiert die EU den Weltzuckermarkt also in doppelter Hinsicht. Auf der Ausfuhrseite vergrößert sie mit ihren subventionierten Exporten die Angebotsbestände auf dem Weltmarkt – verbunden mit einem entsprechenden Preisdruck –, während sie auf der Einfuhrseite mit ihrer restriktiven Importpraxis nichts zum Abbau der Überschüsse beiträgt. Der EU-Zuckermarkt ist vom Weltmarkt daher isoliert, die hohen EU-Preise von den weltweiten Angebots-Nachfrage-Relationen nahezu vollständig entkoppelt (vgl. SCHMIDT 2005a: 24; WISSENSCHAFTLICHER BEIRAT 1994: 12; SERRANO 2007: 169).

An der Zuckermarktpolitik der EU, die Kritiker häufig auch als „Zuckerdumping" bezeichnen (vgl. CORVES 2004: 42), stören sich nicht nur große und international wettbewerbsfähige Zucker erzeugende Schwellen- und Industrieländer wie vor allem Brasilien, Thailand und Australien. Davon besonders betroffen sind auch kleine, für den Weltmarkt produzierende, von der Zuckerwirtschaft stark abhängige und nicht im Genuss von Präferenzeinfuhren stehende Entwicklungsländer (z.B. im mittel- und südamerikanischen Raum). Während sie vom Zugang zum lukrativen europäischen Markt abgeschnitten sind, können sie wegen eines gedrückten Weltmarktpreises auf dem Weltmarkt weniger verdienen. Länder, die auf dem Weltmarkt als Nettoimporteure von Zucker auftreten, profitieren dagegen von einem niedrigen Weltmarktpreis (vgl. THOMSEN 2006: 84; TRUMM 2001: 314ff.).

Ein weiterer, nicht zu vernachlässigender Punkt sind **entwicklungspolitische Vorbehalte** gegen die ZMO. Durch die garantierten, weit über den Weltmarktpreisen liegenden Abnahmepreise für die AKP-Zuckerexporte wird in den AKP-Ländern ein an sich nicht wettbewerbsfähiger Zuckersektor aufgebaut, dessen Produktionsstruktur mit dem internationalen Wettbewerb nicht kompatibel ist. Die Produktivkräfte sind in einem stark gestützten Zuckersektor gebunden, was den gesamtwirtschaftlichen Strukturwandel verlangsamt. Auch geht der Zuckerrohranbau in vielen Ländern zu Lasten der Nahrungsmittelerzeugung. Langfristig sichere und ausreichende Einkünfte für die

Landwirte bringt er indes nicht, da die AKP-Staaten – sobald sie auf den Weltmarkt exportieren – dort mit den subventionierten EU-Exporten konkurrieren, mit Preis- und Angebotsschwankungen kämpfen und unter tendenziell niedrigen Zuckerpreisen leiden müssen (vgl. TRUMM 2001: 319f.; BRÜNTRUP 2005: 1).

Neben den Wettbewerbsverfälschungen auf dem Weltmarkt verursacht die ZMO schwerwiegende **Allokationsverzerrungen.** Die Vorgabe nationaler Produktionsquoten beruht allein auf der politischen Entscheidung, die Zuckererzeugung in allen Mitgliedsstaaten der EU aufrechtzuerhalten. Dabei garantiert der hohe Zuckerpreis effizienten Produzenten für den Absatz innerhalb der Quote hohe betriebliche, aufgrund der garantierten Differenz zwischen Interventions- und Rübenmindestpreis von jeglichen Produktions- und Kostenrisiken befreite Gewinne und gestattet ihnen gleichzeitig, die nicht unter die Quote fallenden Mengen gewinnbringend auf dem freien Weltmarkt zu verkaufen. Wettbewerbsschwächeren Erzeugern in weniger für den Rübenanbau geeigneten Regionen wird zumindest eine kostendeckende Produktion ermöglicht. Die ZMO perpetuiert damit die Erzeugung auch an nicht wettbewerbsfähigen Standorten, während sie die „Wanderung zum besten Wirt" (SCHMIDT 2005b: 146), d.h. die im Zuge veränderter Wettbewerbsverhältnisse auf regionaler oder betrieblicher Ebene gegebene Verschiebung der Erzeugung zu den effizientesten Betrieben oder Regionen, durch die regionsspezifische Zuteilung der Quoten mit einem stark eingeschränkten Übertragungsspielraum unterbindet. Die Folge ist eine Fehlallokation des knappen Faktors Boden (vgl. JANZ 2002: 207; THOMSEN 2006: 82f.). Insgesamt erhalten politisch motivierte Verteilungsbestrebungen den Vorzug gegenüber einer auf komparativen Vorteilen beruhenden Spezialisierung (vgl. EUROPÄISCHE KOMMISSION 2003c: 14).

Gegen die ZMO werden auch erhebliche **wettbewerbspolitische Bedenken** angemeldet. Ein freier Wettbewerb ist auf dem EU-Zuckermarkt nicht gegeben. Das System der Quoten und deren auf historischen Mengen beruhende Vergabe („grandfathering") schützt die bestehenden Unternehmen von Innen und stellt damit eine wirkungsvolle Markteintrittsbarriere dar. Der hohe Zollschutz immunisiert indes gegen jeglichen Wettbewerb von Außen (vgl. MAHLER 1991: 22; THOMSEN 2006: 79).

Die ZMO erlaubt weder horizontalen noch vertikalen noch substitutiven Wettbewerb. Der horizontale, d.h. der Wettbewerb zwischen den Zuckerunternehmen wird einerseits durch die Vergabe der Quoten an eine nur geringe Anzahl von Herstellern – in manchen Ländern besitzt ein Unternehmen die ganze Quote – gelähmt. Den wenigen Unternehmen ist es so möglich, durch stillschweigende Verhaltensabstimmung ohne explizite Kartellbildung („Kartell von Amts wegen") den Zuckerpreis höher als unter Konkurrenzbedingungen zu fixieren, indem sie über regionale Marktabgrenzungen in einzelnen Regionen nicht miteinander konkurrieren[88]. Für Verarbeiter und Handel in einer Region ist es dann nicht möglich, den Hersteller zu wechseln. Diese Marktmacht erlaubt es den Produzenten, den Marktpreis noch über den Interventionspreis hinaus zu erhöhen (vgl. THOMSEN 2006: 79f.; EUROPÄISCHE KOMMISSION 2003c: 14). Andererseits findet zwischen den Zucker erzeugenden Unternehmen aufgrund der stark begrenzten Übertragbarkeit der Lieferrechte kein Wettbewerb um den Rohstoff Zuckerrübe statt, so dass diese auf der Ebene des Rohstoffbezugs keine Konkurrenz fürchten müssen (vgl. JANZ 2002: 207f.; WISSENSCHAFTLICHER BEIRAT 1994: 6).

Auch auf der vertikalen Ebene, d.h. zwischen Zuckerfabriken und Landwirten, besteht praktisch kein Wettbewerb. Denn die Bauern haben aufgrund der festgelegten Lieferrechtsverteilung keine Wahl, an welches Unternehmen sie ihre Rüben verkaufen wollen, womit ihre Entscheidungsfreiheit wie bei keinem anderen Agrarprodukt eingeschränkt ist (vgl. WISSENSCHAFTLICHER BEIRAT 1994: 6).

Schließlich existiert auch kein substitutiver Wettbewerb zwischen Zucker und alternativen Süßungsmitteln. Die von den Zuckersubstituten Isoglucose und Inulinsirup ausgehende Bedrohung wurde durch die Einbeziehung auch dieser Erzeugnisse in die ZMO ausgeschaltet und damit zur Vermeidung von Reformen in der Zuckermarktpolitik ein weiterer Tatbestand staatlicher Regulation geschaffen (vgl. WISSENSCHAFTLICHER BEIRAT 1994: 10f.). Eine Ausweitung der Erzeugung dieser Konkurrenzprodukte in nennenswertem Umfang ist damit unmöglich (vgl. Exkurs 4; Kap. 5.2.1.2).

Ein freier, effizient funktionierender Wettbewerb ist auf dem Zuckermarkt damit nicht gegeben. Insbesondere kann aufgrund der Starrheit der verteilten Quoten und nationaler Beihilfen von einem „Gemeinsamen" Markt, wie er im EG-Vertrag (Artikel 32, Absatz 2) ausdrücklich auch für landwirtschaftliche Erzeugnisse gefordert ist, nicht die Rede sein. Vielmehr handelt es sich um eine Summe nationaler Märkte, indem die für die Mitgliedsländer festgelegten Zuckerquoten an deren Hoheitsgebiete gebunden sind und von diesen auch wieder verteilt werden (vgl. TRUMM 2001: 310).

Neben dem fehlenden Wettbewerb stehen die durch die ZMO **ausgelösten fragwürdigen Verteilungswirkungen** in der Kritik. Hauptnutznießer des Systems sind

---

[88] In Deutschland z.B. wird dies aus den Namensgebungen der Unternehmen Südzucker und Nordzucker ersichtlich.

Zuckerindustrie und Rüben anbauende Landwirte, die vergleichsweise große Betriebseinheiten auf Gunststandorten bewirtschaften – denn nur dort wird die Rübe angebaut (vgl. Kap. 4.1.3 und Kap. 4.3.1). Zu dieser ohnehin günstigen Ausgangsbedingung kommen die hohen garantierten Rübenpreise, welche die Preise anderer Kulturen bei weitem überragen und dafür sorgen, dass der Anbau von Rüben in vielen Regionen der EU mit großem Abstand rentabler als derjenige der nächst wettbewerbsfähigen Frucht ist. So beliefen sich in den 1990er Jahren die Deckungsbeiträge für Zuckerrüben auf gut das Dreifache derer für „Grande Cultures" (Getreide, Ölsaaten, Hülsenfrüchte), wobei sich der Abstand zum Getreide wegen weiterer Preissenkungen bei nur teilweisem Ausgleich im Zuge jüngerer agrarpolitischer Reformen (Agenda 2000) noch mehr vergrößert hat (vgl. SCHMIDT 2002; WISSENSCHAFTLICHER BEIRAT 1994: 3f.). Zucker- und Rübenerzeugung stehen damit unter Sonderbehandlung, für welche Kritiker keinen überzeugenden Grund sehen:

> „Weder der Anbau von Zuckerrüben noch die Charakteristik der Verarbeitungsprozesse, die Marktgegebenheiten bei Zucker, die Bedeutung von Zucker als Nahrungsmittel oder irgendwelche anderen Faktoren lassen Zuckerrüben und Zucker als etwas so besonderes erscheinen, daß von anderen pflanzlichen Produkten, insbesondere von Getreide, deutlich abweichende Regelungen erforderlich wären. Die Sonderstellung von Zucker in der Agrarmarktpolitik hat vielmehr historische und politische Gründe [vgl. Kap. 5.2.4, Anm. d. Vf.], die (…) das Zustandekommen dieser Politik erklären können" (…) (vgl. WISSENSCHAFTLICHER BEIRAT 1994: 3).

Aufgrund dieser Sonderstellung erzielen Landwirte, die mit Rübenlieferkontingenten ausgestattet sind und daher in den Genuss der hohen Preisstützung sowie der sich daraus ergebenden Kontingentrente kommen, deutlich höhere Einkommen als Landwirte in vergleichbarer Situation ohne Lieferrechte. Die Nettowertschöpfung je Arbeitseinheit der Rübenbauern liegt beim 1,7fachen des Durchschnittsbetriebs (vgl. Kap. 4.3.1). Diese ungleiche Einkommensverteilung verfälscht den Wettbewerb zwischen den Landwirten, was noch dadurch verschärft wird, dass den Rübenbauern, sofern sie Anteilseigner der Zuckerfabriken sind, Kapitalerträge zufallen[89], die nicht im Zusammenhang mit landwirtschaftlicher Tätigkeit stehen, ihr Einkommen aber – zufallsbedingt – weiter erhöhen (vgl. WISSENSCHAFTLICHER BEIRAT 1994: 4;

---

[89] Häufig sind die Rüben anbauenden Landwirte die Träger der Unternehmen. Rechtlich kodifiziert ist dies durch vinkulierte Namensaktien, d.h. die Übertragung der Aktie bedarf der Zustimmung der Gesellschaft, weshalb der Zugang zum Unternehmenskapital für Dritte stark beschränkt ist. In Deutschland ist diese Konstruktion bei allen Unternehmen außer Pfeifer & Langen der Fall (vgl. RENDER 1989: 28).

EUROPÄISCHE KOMMISSION 2003c: 9 und 12; THOMSEN 2006: 83). Die ZMO sichert den Landwirten damit hohe produktgebundene Einkommenstransfers, „die faktisch keine Beziehung zu den Prinzipien staatlicher Verteilungspolitik in anderen Bereichen der Wirtschafts- und Sozialpolitik aufweisen" (SCHMIDT 2002).

Zu erwähnen sind schließlich die **Belastungen für Verbraucher und Zuckerverarbeiter.** Augenscheinlich werden die Kosten der Marktordnung, insbesondere für Exportsubventionen und Exporterstattungen, im Rahmen des aus Produktionsabgaben bestehenden Selbstfinanzierungsmechanismus (vgl. Kap. 5.2.1.3) von der Zuckerwirtschaft selbst getragen. Tatsächlich kommen dafür jedoch die Verbraucher auf, da die Abgabe von den Zuckerunternehmen auf die Zuckerpreise abgewälzt wird. Ebenso verteuern sich die Preise für zuckerhaltige Lebensmittel. Die Finanzierung des Systems erfolgt damit über überhöhte Preise (vgl. SCHMIDT 2002; MAHLER 1991: 19).

Die auf den Verbraucher abgewälzten Kosten der Zuckermarktordnung belaufen sich auf ca. 35% des Verbrauchswerts, was erhebliche Zweifel an der Angemessenheit der Zuckerverbraucherpreise aufkommen lässt (vgl. TRUMM 2001: 310). Der EU-Rechnungshof hat für das Jahr 2000, als der Zuckerpreis in der EU das Dreifache des Weltmarktpreises ausmachte, die jährlichen Mehrausgaben der EU-Verbraucher mit 6,3 Mrd. € beziffert[90] (vgl. IZZ 2005).

Was die Haushaltneutralität der ZMO (vgl. Kap. 5.2.1.3) angeht, ist anzumerken, dass durch die Produzentenabgabe nicht alle Marktordnungskosten abgedeckt werden. Beihilfen zur Raffinierung sowie für die Zuckererzeugung in extremen Randlagen (Überseegebiete) stammen ebenso wie die Exportsubventionen für den AKP-Reexport aus dem EU-Haushalt. Im Jahr 2005 wurde der Steuerzahler daher mit ca. 1 Mrd. € direkt belastet (vgl. SCHMIDT 2005a: 25).

Von den hohen Preisen betroffen ist auch die Zucker verwendende Industrie (u. a. Süßwaren-, Erfrischungsgetränke-, Obst- und Gemüsekonservenindustrie, Speiseeiserzeuger, Großbäckereien und -konditoreien, Wein-, Obstwein- und Sektkellereien). Die durch die Quoten- und Preisregelung der ZMO erhöhten Zuckerpreise lassen die Rohstoffkosten dieser Unternehmen ansteigen. Zwar können sie diese zum Teil an die Verbraucher abwälzen, doch setzen sie insgesamt geringere Produktmengen ab, als es unter normalen Marktbedingungen der Fall wäre. Die ohnehin schon hohen administ-

---

[90] Ob die Reform der ZMO aber auch beim Verbraucher ankommt, d.h. die Verbraucherpreise für Zucker und zuckerhaltige Lebensmittel im gleichen Ausmaß wie die administrierten Erzeugerpreise zurückgehen, hängt von mehreren unterschiedlichen Faktoren ab und lässt sich nicht prognostizieren (vgl. Kap. 5.3.3).

rierten Preise werden durch regionale Monopole noch weiter erhöht, so dass die Verarbeiterpreise für Zucker noch über dem Interventionspreis liegen. Ein weiteres Problem, insbesondere für die Hersteller alkoholfreier Getränke, liegt in den durch die ZMO vorgegebenen Obergrenzen für kalorienhaltige Zuckerersatzstoffe (z.B. Isoglucose), deren Erzeugung durch Quoten weit unterhalb des bei den hohen Zuckerpreisen bestehenden Einsatzpotenzials gehalten wird (vgl. EUROPÄISCHE KOMMISSION 2003c: 13).

Gravierend ist auch die Beeinträchtigung der internationalen Wettbewerbsfähigkeit der Zucker verwendenden Industrien, die mit Anbietern anderer Länder, die Zucker preiswert auf dem Weltmarkt einkaufen können, konkurrieren müssen. Dies trifft vor allem kleine und mittlere Unternehmen der Branche, die besonders stark vom Export abhängig sind. Zwar werden bei der Ausfuhr von in Lebensmitteln verarbeitetem Zucker ebenfalls Exporterstattungen gewährt. Diese haben sich im Zuge der Beschlüsse der Uruguay-Runde aber von ursprünglich ca. 1,1 Mrd. auf mittlerweile um die 411 Mio. € reduziert. Und selbst dieses Betrages können sich die Unternehmen nie sicher sein, da die tatsächliche Zuteilung der Erstattungen von Haushaltsüberlegungen der EU abhängt. Für die Hersteller stellt dies ein unkalkulierbares Risiko dar, da sie beim Abschluss entsprechender Lieferverträge zu Beginn eines Wirtschaftsjahres nicht wissen, ob und wie viel an Erstattungen sie hinterher tatsächlich erhalten (vgl. OETZEL 2005a: 94 und 2005b; SCHMIDT 2005a: 41).

In der Gesamtschau weist der EU-Zuckermarkt den höchsten Protektionsgrad aller europäischen Agrarmärkte auf (vgl. WITZKE/KUHN 2003: 2). Die ZMO zeigt mit ihren Quoten-, Preis- und Außenschutzregelungen alle Voraussetzungen einer protektionistisch ausgerichteten Agrarpolitik (vgl. Kap. 3.2). So wird gemäß der dieser Arbeit zugrunde gelegten Definition (vgl. Kap. 3.1.2) unter Agrarprotektionismus jede Form staatlicher Agrarmarktintervention verstanden, welche

> **die Agrarpreise künstlich verzerrt**: Die durch die ZMO bedingte Preisverzerrung zeigt sich in zweierlei Weise. Zum einen werden die EU-internen Garantiepreise auf einem Niveau gehalten, das rund dreimal so hoch wie das des Weltmarktpreises ist. Zum anderen machen die Preise für Zuckerrüben häufig ein Vielfaches der Preise für andere Kulturen und Ackerfrüchte aus, was den Wettbewerb „auf dem Feld" bzw. zwischen den Landwirten verfälscht.

> **mittels handelshemmender Maßnahmen zur Absicherung eines hohen inländischen Preisniveaus den Außenhandel mit Agrarprodukten manipuliert**: Auf der Einfuhrseite schützen prohibitiv hohe Zölle den EU-Zuckermarkt vor günstiger produzierenden Wettbewerbern und verhindern das Übergreifen von Preisschwankungen seitens des Weltmarktes (vgl. Kap. 3.2.2.1 und Kap. 5.2.2.2).

Auf der Ausfuhrseite dienen Exportsubventionen der Beseitigung von Produkti-onsüberschüssen, welche sonst das Inlandsangebot vergrößern und die Binnen-preise unter Druck setzen würden (vgl. Kap. 3.2.2.2 und Kap. 5.2.2.1).

➢ **und dadurch ausländische Produzenten auf dem eigenen Markt wie auch auf Drittmärkten diskriminiert**: Aus entwicklungspolitischen und kolonialge-schichtlichen Gründen räumt die EU nur ganz bestimmten, streng ausgewählten Entwicklungsländern einen bevorzugten Marktzutritt ein (vgl. Kap. 5.2.2.3). Alle anderen Zuckererzeuger sind vom Binnenmarkt abgeschnitten und müssen auf Drittlandsmärkten gegen die subventionierten EU-Exporte um Marktanteile rin-gen.

In der Gesamtschau gilt die ZMO den Widersachern der EU-Zuckermarktpolitik daher als „Symbol von EU-Agrarprotektionismus schlechthin" (FRIEDRICH-EBERT-STIFTUNG 2005: 4).

5.2.3.2 Argumente für die Zuckermarktordnung

Für ihre Befürworter, vor allem Landwirtschaft und Zuckerindustrie, ist die ZMO ein unverzichtbarer Garant für Verlässlichkeit in der Zuckerversorgung. Einstimmig, d.h. sogar von Kritikern der europäischen Zuckermarktpolitik, werden die durch die ZMO gewährleistete Sicherheit, Stabilität und Qualität der Versorgung des EU-Marktes geschätzt (vgl. EUROPÄISCHE KOMMISSION 2003c: 12; CORVES 2004: 46). Aufgrund des auf der ZMO beruhenden hohen Selbstversorgungsgrades war die EU in der Zuckerproduktion bisher autark, d.h. in der Lage, ihren Zuckerbedarf aus eigener Kraft zu decken und damit unabhängig von Importen zu sein.

Allgemein gilt es eine Importabhängigkeit möglichst gering zu halten bzw. zu ver-meiden, um sich nicht von den Entwicklungen in anderen Ländern bzw. Regionen ab-hängig zu machen – im Falle eines Agrarproduktes wie Zucker vor allem von den kli-matisch erheblich variierenden Erntebedingungen in anderen Erdregionen sowie dem Ausmaß der Abhängigkeit bzw. Betroffenheit dieser Regionen von den Entwicklungen auf dem Weltmarkt und den stark schwankenden Weltmarktpreisen für Zucker. Die ZMO wirkt der Importabhängigkeit durch eine hohe Eigenversorgung an Zucker wirk-sam entgegen und stellt diese zu stabilen – wenn auch hohen – Preisen sicher. Wäh-rend der Interventionsmechanismus den EU-Binnenpreis stabilisiert, verhindert der Außenschutz, dass die Preisschwankungen des Weltmarktes auf den Binnenmarkt übergreifen. Damit sind gleichsam Versorgungssicherheit der Verbraucher wie Pla-nungssicherheit der Zucker verarbeitenden Industrie gegeben, welche eine kontinuier-liche Marktversorgung unabhängig von den schwankenden Entwicklungen auf dem

Weltmarkt macht und ihnen eine eigene, aufwändige Bevorratung erspart (vgl. DZZ 1998: 2 und 6).

Neben diesen direkten Auswirkungen lassen sich für den Fortbestand der ZMO auch indirekte Effekte bzw. die Befürchtung negativer sozialer und ökologischer Entwicklungen, die mit einer weitgehenden Liberalisierung des weltweiten Zuckerhandels verbunden wären, anführen. So weist die europäische Zuckererzeugung aus sozialer und ökologischer Sicht gegenüber anderen Produzentenländern deutliche Vorzüge auf. Dies liegt darin begründet, dass Rübenlandwirte und Zuckerindustrie in Europa mit den weltweit strengsten Umwelt- und Sozialstandards produzieren – ein Umstand, von dem der ZMO kritisch gegenüberstehende Abhandlungen kaum Notiz nehmen. In Deutschland z.B. richtet sich die Rübenproduktion seit 1993 an den „Leitlinien eines umweltschonenden Zuckerrübenanbaues" aus. Diese enthalten u. a. Maßnahmen zum Schutz und Erhalt der Bodenfruchtbarkeit, zu einer umweltverträglichen und bedarfsgerechten Düngung sowie zum minimierten Herbizideinsatz zur Bekämpfung von Krankheiten und Schädlingen. Auch sind die Anstrengungen der Zuckerindustrie zur Ausweitung und Fortentwicklung umweltschonender Zuckererzeugungsverfahren anzuführen. Der Forderung nach Minimierung der Transportwege wird durch die Ausrichtung von Zuckerrübenanbau und -verarbeitung auf den heimischen Markt und eine dezentrale Zuckerproduktion Rechnung getragen (vgl. DZZ 2003b: 4f.).

Im sozialen Bereich folgt die Zuckerindustrie den hohen, für die EU üblichen Standards, die das Recht zur Bildung von Gewerkschaften, das Verbot von Kinder- und Zwangsarbeit sowie das Recht auf Entlohnung nach geltenden Tarifvereinbarungen bzw. – bei Fehlen von Tarifverträgen – zu einem angemessenen Lebensstandard festschreiben (vgl. DZZ 2003b: 6f.). Solche Standards werden nach europäischen Maßstäben als selbstverständlich empfunden, anderen Ländern sind sie jedoch fremd (vgl. Exkurs 5).

Exkurs 5: Ökologische und soziale Aspekte der Zuckererzeugung in Brasilien

Dass in Brasilien als wettbewerbsstärksten Zuckererzeuger die Kosten für eine Tonne Zucker weniger als ein Drittel des EU-Niveaus ausmachen, ist nicht nur auf klima- bzw. ertragsbedingte Wettbewerbsvorteile, sondern auch auf die Tatsache zurückzuführen, dass soziale und ökologische Verwerfungen der Zuckerrohrerzeugung in den Produktionskosten nicht vollständig erfasst sind. Von nachhaltigen Produktionsstrukturen kann in Brasilien daher kaum die Rede sein. So verdrängt die Ausweitung des Zuckerrohranbaus natürliche Ökosysteme, wie z.B. Mangrovenwälder und zahlreiche

---

Süßwasserseen, und trägt damit entsprechend zur Minderung tierischer und pflanzlicher Artenvielfalt bei. Die Monokultur des Zuckerrohrs laugt die Böden aus und entzieht ihnen die Fruchtbarkeit. Schwermetalle als Rückstände eines übermäßigen Kunstdünger- und Pestizideinsatzes verseuchen das Grundwasser. Vor der Ernte müssen die Felder abgebrannt werden, um die Arbeiter gegen Schlangen, Skorpione und scharfrandige Blätter zu schützen. Dabei stoßen unzählige Feuerstellen giftige Gase aus, die vor allem bei Kindern und älteren Menschen schwerwiegende Atemwegserkrankungen hervorrufen.

Arbeitsbedingungen und -verhältnisse auf den Zuckerrohrplantagen sind oft prekär. Zwar ist die Kinderarbeit mittlerweile offiziell abgeschafft, werden die Arbeiter mit Bussen statt Lastwagen auf die Felder gebracht und haben die Verstöße gegen Arbeitsgesetze nachgelassen, doch nicht selten wird die Plantagenarbeit immer noch als ausbeuterisch und menschenverachtend beschrieben sowie mit Sklaverei gleichgesetzt. Anbau und Ernte des Zuckerrohrs bieten höchstens sechs bis acht Monate im Jahr ein Einkommen. Der Monatslohn eines Zuckerrohrschneiders liegt bei maximal 300 €. Dafür muss er im Akkord täglich mit ca. 10 000 Machetenhieben durchschnittlich 12 t Zuckerrohr ernten. Hinzu kommen hohe Unfallraten – auch mit Todesfolge – aufgrund eines unzureichenden Arbeitsschutzes, schwerer Erschöpfungen sowie einer mangelnden Gesundheitsversorgung. Eine gewerkschaftliche Organisierung existiert kaum.

Die Ausweitung der Monokulturen geht auch mit einer immer stärkeren Landkonzentration in den Händen traditioneller Oligarchien und der teils gewaltsamen Vertreibung von Kleinbauern einher, was den Migrationsdruck in städtische Elendsviertel erhöht. Insgesamt profitieren von der Zuckerwirtschaft und dem sich ausbreitenden Bioethanolboom nur wenige brasilianische Zuckerkonzerne im Besitz von Familiendynastien und einige transnationale Großunternehmen des Agribusiness, während auf den Plantagen weiterhin neokoloniale Arbeitsverhältnisse herrschen (vgl. KOSCH 2006: 80ff.; TAZ 2006; ASW 2006; HANDELSBLATT 2007c; SZ 2007).

Die Entfaltung sozial- und umweltverträglicher Produktionsprozesse wurde durch die ZMO erleichtert und gefördert. Ohne sie, insbesondere ohne Außenschutz, stünde die europäische Zuckerwirtschaft auf dem Binnenmarkt im Wettbewerb mit solchen Erzeugerländern, in denen, wie z.B. Brasilien, kaum Umwelt- und Sozialstandards existieren, d.h. die ihren Zucker nicht nur, aber auch deshalb so günstig anbieten können, weil soziale und ökologische Produktionsbelange nicht oder nur unzureichend berücksichtigt werden (vgl. LANGENDORF 1999: 180). Den niedrigen Produktionskosten solcher Erzeuger wäre die EU hoffnungslos unterlegen (vgl. Kap. 4.2.4) und es käme in der Folge zu einer Verdrängung der europäischen Zuckerwirtschaft. Die an hohen sozialen und ökologischen Standards ausgerichteten Erzeugungsprozesse, welche die Zuckerwirtschaft als Rechtfertigung für hohe Zuckerpreise heranzieht, wären damit nicht gesichert.

> „In jedem europäischen Zuckertütchen steckt das, was wir unserer Land- und Zuckerwirtschaft aus gutem Grund – und zu einem angemessenen Entgelt – abverlangen und was in Übersee eben nicht erbracht werden muss, nämlich umwelt- und sozialverträglich erzeugte Höchstqualität. Die Kosten und Kostenunterschiede des Zuckers werden nur dann wirklich greifbar, wenn wir uns klarmachen, welches Maß landschaftlicher und volkswirtschaftlicher Ressourcenschröpfung andernorts für die Zuckererzeugung draufgezahlt werden muß. Dies sind Lasten, die auf den Preisschildern des Weltzuckermarktes nicht auftauchen, Sie machen deutlich, was unser Gemeinschaftszucker wert ist: seinen Preis" (vgl. DZZ 1998: 8).

Was die Finanzierung der ZMO angeht, werden die Kosten dieses Systems in erster Linie von den Verbrauchern in Form höherer Zuckerpreise getragen. Demnach weist die ZMO gegenüber anderen Marktordnungen einen – aus Sicht des Steuerzahlers – vergleichsweise günstigeren bzw. vorteilhafteren Finanzierungscharakter auf. Denn die ZMO kennt keine „klassischen" Subventionen, d.h. staatliche Transfers ohne marktliche Gegenleistung. Zuckerindustrie und Landwirtschaft kommen durch Produzentenabgaben für die zur Beseitigung der durch sie erzeugten Überschüsse selbst auf, womit die ZMO weitgehend kostenneutral ist. Die Betonung liegt auf „weitgehend", da dadurch nicht alle Kosten des Systems, wie z.B. Exportsubventionen für AKP-Reexporte oder Beihilfen für Raffination und Überseegebiete, gedeckt werden. Dabei ist allerdings darauf hinzuweisen, dass diese nicht auf das Konto der heimischen Zuckerindustrie gehen und ihr nicht in Rechnung gestellt werden können, da sie nicht in direktem Zusammenhang zur Überschussproduktion stehen. Denn die Erstattungen für Reexporte und die Beihilfen zur Raffinierung des AKP-Zuckers sind das Ergebnis internationaler Handelsabkommen und entwicklungspolitisch motivierter Verantwortung („aid by trade") (vgl. KRATTENMACHER 1985: 264). Die dafür anfallenden Summen (ca. 800 Mio. € jährlich) werden als Entwicklungszusammenarbeit gewertet und aus dem EU-Entwicklungsfonds finanziert, weshalb sie das Gemeinschaftsbudget an anderer Stelle belasten (vgl. BUNTZEL/DRÄGER DE TERAN 2006: 15).

Insgesamt belastet die ZMO den Bürger in seiner Eigenschaft als Steuerzahler weit weniger als andere Agrarmarktordnungen, weshalb die Zuckerwirtschaft sogar auf einen Modellcharakter in der europäischen Agrarpolitik hinweist (vgl. DZZ 1998: 8).

Was die entwicklungspolitische Komponente der ZMO, das AKP-Zuckerprotokoll (vgl. Kap. 5.2.2.3), betrifft, sind die entwicklungsökonomischen Bedenken, dass durch hohe Garantiepreise an sich nicht wettbewerbsfähige Produktionsstrukturen zementiert und der gesamtwirtschaftliche Strukturwandel verzögert werden, sicherlich berechtigt. Gleichzeitig ist aber auch festzustellen, dass die hohen Garantiepreise in Kombination mit Abnahmegarantien die Zuckerexporterlöse der AKP-Entwicklungsländer stabilisieren, indem sie von den stark schwankenden Weltmarktpreisen entkoppelt werden. Dies reduziert das wirtschaftliche Risiko der Zuckerunternehmen und ermöglicht eine langfristige Investitionsplanung. Die Abkoppelung vom Weltmarkt erlaubt den AKP-Produzenten zudem eine „Ruhephase", welche sie für Effizienzsteigerungen nutzen können (vgl. KOCH 1990: 77ff.). Insgesamt haben die AKP-Länder, in denen in der Zuckerindustrie und den damit verbundenen Wirtschaftszweigen rund 700 000 Menschen beschäftigt sind, daher ein starkes Interesse am Fortbestand der ZMO. Denn auf dem Weltmarkt wären viele AKP-Erzeuger, deren Produktionskosten nur geringfügig unter denen der EU liegen, nicht wettbewerbsfähig (vgl. DZZ 2004: 2f.).

Was schließlich nicht als Argument bzw. Rechtfertigung für die ZMO zu verstehen ist, aber die Situation der EU als Hauptverantwortlichen für die instabile Lage auf dem Weltzuckermarkt und die niedrigen Preise etwas relativiert, ist der Umstand, dass kaum ein Erzeugerland seinen Zuckermarkt vollständig dem freien Weltmarkt aussetzt. Mit anderen Worten: Auch andere Länder beeinträchtigen durch handelspolitische Maßnahmen die Funktionen des Weltmarktes. So greift selbst Brasilien im Rahmen seiner Energiepolitik mit Subventionen für die Erzeugung von Ethanol als Kraftstoff in den Zuckermarkt ein[91].

Trotz der Argumente für die ZMO haben sich in den letzten fünf bis sechs Jahren die Rahmenbedingungen für die europäische Zuckerwirtschaft so stark geändert, dass eine Reform der EU-Zuckermarktpolitik unumgänglich war (vgl. Kap. 5.2.5). In diesem Zusammenhang stellt sich jedoch zunächst die Frage, warum sich dieses System

---

[91] Als 1999 im Zuge der Asienkrise die Zuckerpreise dramatisch nachgaben, wertete Brasilien seine Währung (Real) um 30% ab und gab den Wechselkurs frei. Dies verschaffte den brasilianischen Zuckerrohrproduzenten einen künstlichen Wettbewerbsvorteil, durch den sie ihren Zucker auf dem Weltmarkt noch günstiger anzubieten in der Lage waren. Gleichzeitig wurden die Subventionen für Alkohol reduziert, was die Industrie die Ethanolproduktion drosseln und verstärkt Zuckerrohr zu Zucker verarbeiten ließ. Das daraus resultierende Überangebot drückte die Weltmarktpreise erheblich. Ferner flossen bis Mitte der 1980er Jahre im Rahmen des „Proálcool"-Programms zur Förderung der Erzeugung von Alkoholen als Treibstoff staatliche Mittel in Milliardenhöhe. Schließlich vergibt die brasilianische Entwicklungsbank seit 1990 staatlich abgesicherte Kredite an Alkoholdestillerien, welche diese in Anlagen zur Zuckerproduktion investieren (vgl. DZZ 2004: 5).

trotz seiner gravierenden Auswirkungen und im Kontrast zu den Reformen auf anderen landwirtschaftlichen Märkten so lange behaupten konnte. Ausschlaggebend dafür waren politökonomische Aspekte und Überlegungen.

5.2.4 Politökonomische Bestimmungsgründe der EU-Zuckermarktordnung

Trotz gravierender ordnungspolitischer, wettbewerbsökonomischer und außenwirtschaftlicher Auswirkungen weist die ZMO eine erstaunliche Persistenz auf und blieb von agrarpolitischen Reformen fast 40 Jahre lang unangetastet (vgl. ADENÄUER 2005: 1; HOUSE OF COMMONS 2004: 7). Sie wurde den stark veränderten externen Rahmenbedingungen der Gemeinsamen Agrarpolitik, darunter fünf EU-Erweiterungen und das Agrarübereinkommen der Uruguay-Runde, immer wieder angepasst, ohne ihre Grundzüge und ihren wesentlichen Charakter aufzugeben. Ursächlich dafür ist zum einen eine spezifische politökonomische Konstellation, d.h. die ungleiche Interessens- und Einflussverteilung von Anhängern und Gegnern der ZMO (vgl. Kap. 3.4.1 und Kap. 3.4.2), zum anderen die bisherige Ausgestaltung und Funktionsweise der ZMO, die sie von anderen Agrarmarktordnungen unterscheidet.

Wie auf anderen landwirtschaftlichen Märkten sind auch auf dem Zuckermarkt die Protektionsbefürworter, d.h. die Anhänger der ZMO, aufgrund ihrer Betroffenheit durch agrarpolitische Begünstigungen, der Homogenität ihrer Anliegen sowie ihrer überschaubaren Gruppengröße den Protektions- bzw. ZMO-Gegnern in punkto Mobilisierung und Organisierung ihrer Interessen weit überlegen (vgl. Kap. 3.4.2.2; LOUHICHI ET AL. 2004: 4). Hinzu kommt, dass sich die europäische Zuckerwirtschaft durch ein traditionell sehr enges Verhältnis zwischen Landwirtschaft und Zuckerindustrie charakterisiert. Viele Zuckerfabriken wurden von Rübenbauern gegründet, sind bis heute überwiegend genossenschaftlich organisiert und durch bäuerliche Eigentumsstrukturen geprägt (vgl. DZZ 2003b: 6). Deshalb werden im Gegensatz zu anderen Marktordnungen durch die ZMO nicht nur die Landwirte, sondern auch die weiterverarbeitende Industrie als direkter Abnehmer des begünstigten Agrarproduktes Zuckerrübe protegiert. So setzte sich in Deutschland die Zuckerindustrie gegen die auf anderen Agrarmärkten übliche ausschließliche Stützung der Landwirte schon 1933 erfolgreich zur Wehr (vgl. THOMSEN 2006: 92). In der Konsequenz bilden Landwirtschaft und Zuckerindustrie ein hoch konzentriertes, eng aneinander geschweißtes Interessenskartell, das seine durch die ZMO gesicherten Privilegien und hohen Profite vehement verteidigt.

Aufgrund einer homogenen Interessenlage und einer vergleichsweise geringen Größe – in Deutschland z.B. entfallen auf die Zuckerindustrie derzeit nur 5 500 direkte Arbeitsplätze und bauen ca. 43 000 landwirtschaftliche Betriebe (ca. 12% aller Betriebe) Zuckerrüben an (vgl. Kap. 4.3.2 und Kap. 4.3.3) – fällt es der Zuckerwirtschaft leicht, sich in Verbänden zu organisieren. Wie Exkurs 6 zeigt, ist die Zuckerwirtschaft hervorragend organisiert und sind die Hersteller des Agrarproduktes Zuckerrübe sowie des Verarbeitungsproduktes Zucker besser als die meisten anderen Landwirte bzw. Nahrungsmittelproduzenten aufgestellt.

Exkurs 6: Verbände und Organisationen der Zuckerwirtschaft und Zucker verarbeitenden Industrien

Die Zuckerwirtschaft verfügt über ein vielfältiges Netz von Verbänden, Organisationen und Interessensgemeinschaften. Die **Rübenlandwirte** sind in regionalen Anbauverbänden zusammengeschlossen. In Deutschland gehören dazu der Verband Süddeutscher Zuckerrübenanbauer (VSZ), Würzburg, der Dachverband Norddeutscher Zuckerrübenanbauer (DNZ), Hannover, sowie die Interessengemeinschaft Zuckerrübenanbau Mitte, Bonn. Zusammen mit ihren Landes-, Mitglieds- bzw. Unterverbänden bilden sie die Arbeitsgemeinschaft Deutscher Rübenanbauverbände (ADR), Berlin. Die Tätigkeiten der Verbände liegen in der Standesvertretung, der Wahrung der Interessen der Landwirte gegenüber der Zuckerindustrie bzw. den Zuckerfabriken, dem Versuchswesen sowie der produktionstechnischen Beratung ihrer Mitglieder. Ihr Organisations- bzw. Mitgliedsgrad liegt bei 100%, da die Landwirte nur über die Verbände Rübenlieferverträge mit den Zuckerfabriken abschließen können.

Die Rübenanbauerverbände der EU-Staaten und einiger anderer europäischer Länder sind in der Internationalen Vereinigung Europäischer Zuckerrübenanbauer (Confédération Internationale des Betteraviers Européens, CIBE), Paris, zusammengeschlossen, welche die Interessen der Bauern gegenüber supranationalen Behörden, vor allem der EU, wahrnimmt.

Die **Zucker produzierenden Unternehmen** sind im Verein der Zuckerindustrie (VdZ), Bonn, zusammengeschlossen, der – 1850 gegründet – der älteste Wirtschaftsverband Deutschlands ist. Als Arbeitgeberverband vertritt er die Anliegen der Zuckerindustrie in den Bereichen Wirtschaft, Recht und Technik. EU-weit ist die Zuckerindustrie im Verband der Europäischen Zuckerhersteller (Comité Européen des Fabricants de Sucre, CEFS), Brüssel, organisiert.

Zusammengeführt und gebündelt werden die Interessen von Rübenlandwirten und Zuckerindustrie in der Wirtschaftlichen Vereinigung Zucker (WVZ), Bonn, der zentralen Institution der gesamten deutschen Zuckerwirtschaft. Sie hat die Aufgabe, die Interessen der Rübenbauern, der Zuckerindustrie und daneben auch des Zuckerhandels zu koordinieren sowie gegenüber Behörden, anderen Wirtschaftskreisen und der Öffentlichkeit zu vertreten. Im Vordergrund stehen dabei Fragen des Zuckermarktes und der ZMO. Ein weiteres Anliegen ist es, die Vermarktung von in Deutschland produziertem Zucker durch geeignete Marketingmaßnahmen zu unterstützen sowie für Verständnis für die Belange der deutschen Zuckerwirtschaft seitens der Öffentlichkeit zu werben. Der WVZ als Mitglieder gehören die gebietlichen Zusammenschlüsse der deutschen Rübenlandwirte (Rübenanbauerverbände), die in Deutschland Zucker erzeugenden Unternehmen (derzeit 4) sowie 8 Firmen des Zuckerimport- und -exporthandels an. Die Konstruktion der WVZ ist EU-weit einzigartig. Während in anderen Mitgliedsländern Rübenbauern und Zuckerindustrie ihre Anliegen getrennt, d.h. in eigenen Verbänden, vortragen, treten sie in Deutschland durch das gemeinsame Sprachrohr WVZ einheitlich auf.

Als Gegenstück zu Landwirtschaft und Zuckerindustrie hat die **Zucker verarbeitende Industrie** 1999 das Infozentrum Zuckerverwender (IZZ), Bonn, gegründet. Dabei handelt es sich um einen Zusammenschluss der Hersteller alkoholfreier Getränke, der Süßwarenindustrie, der Obst, Gemüse und Kartoffel verarbeitenden Industrie sowie der Großbäckereien in Deutschland mit dem Ziel, den ZMO-Reformprozess zugunsten der Zuckerverwender zu beeinflussen. Mit Inkrafttreten der ZMO-Reform löste sich das IZZ am 30. Juni 2006 selbst auf. Sein Organisationsgrad war wesentlich geringer als der von Landwirten und Zuckerindustrie. So fragten die im IZZ vertretenen Branchen 2003/04 weniger als 60% des in Deutschland gewerblich genutzten Zuckers nach. Auf europäischer Ebene erfolgt die Interessenvertretung der Zucker verarbeitenden Industrie durch das Committee of Industrial Users of Sugar (CIUS), Brüssel (vgl. VSZ 2007a: 97ff. und 117ff.; DZZ 2006: 28; WVZ/VdZ 2006b: 168; IZZ 2006b; KOSCH 2006: 108).

Im Gegensatz zu Landwirtschaft und Zuckerindustrie fordert die Zucker verwendende Industrie niedrige Preise für Zucker als einen ihrer bedeutendsten Rohstoffe sowie mehr Wettbewerb auf dem Zuckermarkt. Anders als den Vertretern der Zuckerwirtschaft bzw. ZMO-Befürwortern fällt es ihr aber wesentlich schwerer, ihre Interessen effektiv zu vertreten. Dies liegt zum einen in ihrer Größe – in Deutschland z.B. arbeiten in der Zucker verarbeitenden Industrie mit rund 250 000 Arbeitsplätzen mehr als 40mal so viele Menschen wie in der Zuckerindustrie (vgl. OETZEL 2005a: 93) –, zum anderen in einer vergleichsweise heterogenen Ausgangssituation bzw. Betroffenheit begründet. Denn während beispielsweise in Deutschland 2005/06 die Süßwarenindustrie rund 18% des produzierten Zuckers nachfragte, entfielen auf Bäckereien und Konditoreien nur ca. 2% (vgl. WVZ/VdZ 2007d). Das Engagement für eine Liberalisierung des Zuckermarktes ist demnach sehr unterschiedlich ausgeprägt.

In Opposition zur ZMO stehen auch die Verbraucher, welche überhöhte Preise für Haushaltszucker und zuckerhaltige Nahrungsmittel zahlen müssen. Allerdings fällt es ihnen von allen Akteursgruppen am schwersten, ihre Interessen in der Öffentlichkeit wirksam zu artikulieren und in den politischen Entscheidungsprozess einzubringen. Hierfür gibt es drei Ursachen: Erstens stellen die knapp 490 Mio. EU-Verbraucher eine mengenmäßig nur schwer organisierbare Gruppe dar. Zweitens wird der überhöhte Zuckerpreis von den Verbrauchern nicht wahrgenommen, da ihnen das Ausmaß der Protektion nicht bekannt ist und die individuelle Pro-Kopf-Belastung nur gering ausfällt. Auch suggeriert die amtliche Bezeichnung „Produzentenabgabe" (vgl. Kap. 5.2.1.3) in der Öffentlichkeit, dass die Zuckerwirtschaft für die Kosten des Systems selbst aufkommt. In Wahrheit werden diese aber über die Preise auf den Verbraucher abgewälzt. Der Bergriff „Produzentenabgabe" ist damit insofern irreführend, als er den wahren Charakter einer spezifischen Zuckerverbrauchssteuer verschleiert. Dadurch dass die Verbraucher die hohen Preise und ihren Hintergrund nicht wahrnehmen, durch sie nicht spürbar genug belastet werden und gleichzeitig an eine weitgehende Selbstfinanzierung glauben, erfolgt die Protektion des Zuckersektors überwiegend verdeckt und von der Öffentlichkeit unbemerkt (vgl. SCHMID 2005a: 38). Sie löst damit nur wenig Widerstand aus und ist sehr wirksam, denn „protection unnoticed is protection more secure" (CORDEN 1974: 6).

Drittens wird die Mobilisierung der Verbraucherinteressen dadurch erschwert, dass im Falle einer Zuckerpreissenkung die individuelle Ersparnis des einzelnen Konsumenten zu gering wäre, um sich aktiv dafür einzusetzen. Ausgehend von einem Zuckerverbrauch der EU-25 von 15,8 Mio. t im Jahr 2004, würde eine Senkung des Interventionspreises für Weißzucker um ein Drittel zu einer Ersparnis der Zuckerausgaben von 3,3 Mrd. € führen. Bei 450 Mio. EU-Verbrauchern – bezogen auf die EU-25 – entspräche dies einer durchschnittlichen jährlichen Pro-Kopf-Ersparnis von ca. 7,20 € – zuwenig, um von den Konsumenten registriert zu werden und deren aktives Engagement auszulösen. Ferner ist zu beachten, dass nur ein Viertel des Zuckerkonsums auf Haushaltszucker entfällt, während rund drei Viertel über die Produkte der Zucker verarbeitenden Industrie nachgefragt werden (vgl. CRAMON-TAUBADEL 2005: 70). In welchem Umfang oder ob überhaupt eine Preissenkung des in solchen Erzeugnissen enthaltenen Zuckers beim Verbraucher ankommt, hängt von sehr vielen unterschiedlichen Faktoren (u. a. Macht des Einzelhandels, Menükosten, Preispsychologie, Preisänderungen anderer Rohstoffe etc.) ab (vgl. Kap. 5.3.3).

Insgesamt lässt sich festhalten, dass sich die ZMO trotz ihrer nachteiligen Auswirkungen fast 40 Jahre lang deshalb so hartnäckig behaupten konnte, da sie ein aus politökonomischer Betrachtung sehr geschicktes und wirksames Umverteilungssystem ist, das sehr viele Konsumenten nur wenig belastet, eine ziemlich kleine wirtschaftliche Akteursgruppe (Zuckerindustrie und Landwirtschaft) aber überaus stark und in hochkonzentrierter Form begünstigt (vgl. CRAMON-TAUBADEL 2005: 73). Sobald dieses Umverteilungssystem kritisch hinterfragt wird, haben die Nutznießer dieses Systems gegenüber seinen Gegnern immer einen argumentativen Vorsprung, „wenn sie die konzentrierten Verluste, die durch eine Abschaffung der Umverteilung drohen, den „klein gerechneten" Kosten des Systems pro Bürger gegenüberstellen (CRAMON-TAUBADEL 2005: 72).

Ein weiterer Grund für das lange Bestehen der ZMO bestand auch darin, dass die EU selbst keinen Reformanreiz sah. Denn im Gegensatz zu anderen Marktordnungen war die alte ZMO „weitgehend" haushaltsneutral (vgl. Kap. 5.2.1.3) und bot bisweilen nur wenig Einsparpotenzial. Die Exportsubventionen für den heimischen Zucker wurden durch Produzentenabgaben finanziert. Sie belasteten nicht den EU-Haushalt bzw. die Staatskassen, sondern wurden im Endeffekt von den Verbrauchern über stark überhöhte Zuckerpreise getragen. Die Reform strapaziert durch die Integration des Zuckerrübenanbaus in das System produktionsentkoppelter Direktzahlungen der Gemeinsamen Agrarpolitik den EU-Haushalt dagegen sehr wohl, während die Einsparungen in erster Linie der Zucker verarbeitenden Industrie und den Verbrauchern zugute kommen (vgl. THOMSEN 2006: 92; LANGENDORF 1999: 179). Wie Kap. 5.3.3 noch zeigt, kam die alte ZMO die EU daher wesentlich günstiger zu stehen als das neue, reformierte System.

5.2.5 Notwendigkeit und Gründe für die Reform

In den letzten Jahren haben sich die Rahmenbedingungen der europäischen Zuckerwirtschaft so stark geändert, dass eine unveränderte Fortsetzung der ZMO unmöglich gewesen wäre. Hinzukommt die Erfordernis zur Integration des Zuckersektors in den allgemeinen Prozess der Neu- bzw. Umorientierung in der europäischen Agrarpolitik, von dem Zuckerrübenanbau und Zuckererzeugung bisher ausgeklammert waren.

Vor allem zwei Faktoren haben schwerwiegende Anpassungshandlungen auf dem europäischen Zuckermarkt und damit eine Reform der ZMO erzwungen (vgl. LOUHICHI ET AL. 2004: 5; ADENÄUER 2005: 1; HOUSE OF COMMONS 2004: 11f.):

> ➢ Außenhandelspolitischer Druck durch ein von der EU verlorenes WTO-Schiedsgerichtsverfahren und weitere anstehende Liberalisierungsverpflichtungen im Rahmen der multilateralen WTO-Verhandlungen sowie
> ➢ die entwicklungspolitisch motivierte Öffnung des EU-Zuckermarktes für Exporte aus den ärmsten Entwicklungsländern (LDC-Länder).

In den zurückliegenden Jahren haben sich die subventionierten EU-Exporte zu einer dauerhaften Belastung für die internationale Handelspolitik entwickelt. Das Agrarabkommen der Uruguay-Runde legte der EU erste Beschränkungen auf (vgl. Kap. 5.2.2.1). Die subventionierten Exportmengen wurden mengenmäßig auf 1,273 Mio. t und wertmäßig auf 499 Mio. € begrenzt. Zur Einhaltung dieser Obergrenze führte die EU das Instrument der Deklassierung ein, das faktisch einer Einschränkung der Quotenproduktion gleichkommt. Während der Export von Quotenzucker tatsächlich zurückging, nahmen dadurch die Ausfuhren von C-Zucker, der nicht auf dem Binnenmarkt abgesetzt werden darf, aber zu, denn Deklassierung bedeutet letztlich ja nur eine Umschichtung zwischen Höchstquote (A- und B-Quote) und C-Zucker (vgl. Kap. 5.2.2.1). Der Konflikt zwischen der EU und anderen Zuckerexporteuren hat sich damit merklich zugespitzt.

Im August 2003 brachte Brasilien, unterstützt von Thailand und Australien, vor der Welthandelsorganisation (WTO) eine Klage gegen die EU ein. Der Vorwurf: Die subventionierten EU-Exporte verzerrten die Wettbewerbsbedingungen auf dem Weltmarkt und schadeten effizienteren Zuckererzeugern (vgl. CORVES 2004: 46; MALZBENDER 2003: 5; LOUHICHI ET AL. 2004: 4; SERRANO 2007: 169). Den konkreten Anlass für die Klage bildeten der Export von C-Zucker und der subventionierte Reexport von AKP-Zucker. Das eingesetzte WTO-Panel hatte zu klären, inwieweit diese Exporte mit den bereits auferlegten wert- und mengenmäßigen Beschränkungen vereinbar sind. Die EU vertrat den Standpunkt, dass die Obergrenzen nur für direkt subventionierte Ausfuhren des eigens, d.h. in der EU erzeugten Zuckers gelten. Demnach würden weder der subventionierte Reexport von AKP-Zucker (ca. 1,6 Mio. t), bei dem es sich nach Ansicht der EU um eine Form der Entwicklungszusammenarbeit handelt, noch die Ausfuhren des C-Zuckers, der ja nicht direkt subventioniert wird, unter die Beschränkungen fallen (vgl. THOMSEN 2006: 103).

Bei dem Verfahren ging es ausschließlich um die Exportsubventionen, weder um die hohen Zölle noch die umstrittenen, gestützt hohen EU-Preise. Japan beispielsweise hat Zuckerpreise, die nochmals mehr als das doppelte des EU-Niveaus ausmachen, wurde aber nicht verklagt, da es den Weltmarkt nicht mit Billigexporten strapaziert. Das Interesse der Kläger war demnach nicht auf den EU-Binnenmarkt, sondern den Zugang zu Drittmärkten, welcher durch die EU-Exporte erschwert wird, gerichtet (vgl. BUNTZEL/DRÄGER DE TERAN 2006: 24).

Am 8. Oktober 2004 gab die WTO erstinstanzlich den Klägern in allen Punkten Recht. Ein von der EU angestrengtes Berufungsverfahren führte am 28. April 2005 zur Bestätigung dieser Entscheidung und damit zu einem endgültigen Urteil. Demnach ist der AKP-Zucker wie eigener Zucker zu behandeln und fällt unter die Exportbeschränkungen. Ferner wird ein eindeutiger Zusammenhang zwischen den hohen Preisen für die A- und B-Quote und den C-Zuckerausfuhren als gegeben erachtet. Die hohen Absatzerlöse des A- und B-Zuckers auf dem Binnenmarkt decken die Fixkosten für die C-Zuckerproduktion. Nur deshalb könne der C-Zucker – auch ohne Exportsubventionen – so billig auf dem Weltmarkt abgesetzt werden, was einer eindeutigen Quersubvention gleichkomme (vgl. BUNTZEL/DRÄGER DE TERAN 2006: 25).

Mit ihrem Urteil legte die EU gleichzeitig eine neue Obergrenze für subventionierte Exporte fest. Sie liegt ein wenig über der alten Grenze und beträgt mengenmäßig 1,374 Mio. t und wertmäßig 513,9 Mio. € im Jahr[92]. C-Zucker ist als quersubventioniertes Produkt vom zukünftigen Export dagegen völlig ausgeschlossen (vgl. ROSE 2007: 266; BURISCH 2006). Das Exportverbot trat zum 22. Mai 2006 in Kraft, so dass es in der zweiten Hälfte des Wirtschaftsjahres 2005/06 nochmals zu einem starken Anstieg der Exporte kam, um die letztmalige Möglichkeit zur C-Zuckerausfuhr voll zu nutzen (vgl. Kap. 4.2.2).

Für die EU bedeutet dieses Urteil, ihre Zuckerexporte kurzfristig um jährlich 5 Mio. t zu verringern (vgl. DEUTSCHER BAUERNVERBAND ET AL. 2006: 3). Hinzukommt der weitere allgemeine Liberalisierungsdruck im Zuge der multilateralen WTO-Verhandlungen. Zwar stocken die Verhandlungen im Rahmen der Doha-Runde, doch stellen die 1,374 Mio. t genehmigten Exporte keine feste und dauerhafte Größe

---

[92] Die EU weigert sich allerdings, diesen Mengenrahmen auszuschöpfen, was bei der Zuckerwirtschaft auf Empörung stößt, da es sich zum Teil noch um unter der alten ZMO produzierte und dann gelagerte Zuckerbestände handelt, für welche Exportsubventionen aufgrund der Produzentenabgabe (vgl. Kap. 5.2.1.3) von Erzeugern und Landwirtschaft bereits entrichtet worden waren (vgl. GEBHARD 2007a; BURISCH 2006).

dar, da bereits auf der WTO-Ministerkonferenz von Hongkong im Dezember 2005 ein vollständiges Auslaufen aller Exportsubventionen bis 2013 in Aussicht gestellt wurde. Kommt es tatsächlich dazu, dürfte die EU unter diesen Bedingungen nur noch für den Eigenbedarf produzieren. Ferner ist mit einem weiterem Abbau des Außenhandelsschutzes bzw. Zollsenkungen zu rechnen, was die Beibehaltung des bisherigen hohen Preisniveaus unmöglich machen dürfte (vgl. WVZ/VdZ 2006b: 104).

Neben dem verlorenen WTO-Panel ergibt sich eine weitere Reformnotwendigkeit aus den Konzessionen der EU gegenüber den am wenigsten entwickelten Ländern („least developed countries" = LDC). Im Rahmen der EBA-Initiative („everything but arms") hat sich die EU zur zollfreien und unbegrenzten Zuckereinfuhr ab 2009 verpflichtet. Dazu werden ab dem Wirtschaftsjahr 2006/07 schrittweise die Zölle gesenkt und die zollfreien Kontingente erhöht (vgl. Kap. 5.2.2.3). Bei unverändert hohen EU-Preisen würden die aus diesen Ländern auf bis zu 2,7 Mio. t exponentiell anwachsenden Importmengen zu einer schwerwiegenden Störung des Binnenmarktes und damit einer Verdrängung des Gemeinschaftszuckers führen (vgl. DZZ 2006: 4; LFL 2007a: 205; HUAN-NIEMI 2003: 23). Falls die EU die EBA-Initiative von den 49 LDC-Ländern auf alle 78 AKP-Staaten mit Ausnahme Südafrikas ausweiten sollte, könnten gar bis zu 6 Mio. t Importzucker auf den Binnenmarkt gelangen und den Verdrängungseffekt verstärken (vgl. BICKERT 2007a: 67). Verschärft wird diese Problematik noch zusätzlich durch die Assoziierungsabkommen mit den Balkanstaaten, die ebenfalls steigende Präferenzimportmengen erwarten lassen.

Fasst man diese Entwicklungen zusammen, wird die europäische Zuckerwirtschaft künftig mit folgenden Problemen konfrontiert sein (vgl. EUROPÄISCHE KOMMISSION 2003c: 11; LFL 2007a: 205):

- ➢ geringere Exportmöglichkeiten und weniger erstattungsbedürftige Ausfuhren,
- ➢ eine starke Zunahme der präferenziellen Einfuhren,
- ➢ ein unvermeidbarer Rückgang der Binnenmarktpreise infolge weiterer Zollsenkungsverpflichtungen.

Dazukommen – was hier nur am Rande erwähnt sei – ein zunehmender Konkurrenzdruck auf dem Binnenmarkt durch Zuckerersatzstoffe sowie die unablässige und immer vehementer vorgetragene Forderung der Zucker verarbeitenden Industrie nach einer Liberalisierung des EU-Zuckermarktes.

Unter diesen Bedingungen würde eine Fortführung der bisherigen Marktordnung binnen kurzer Zeit zu einer weitgehenden Destabilisierung des EU-Zuckermarktes führen (vgl. LANGENDORF 2006b: 189). Wegbrechende Exportmöglichkeiten bei gleichzeitig infolge eines hohen Binnenpreisniveaus ansteigenden Importen würden die europäische Zuckerwirtschaft einem erheblichen Druck aussetzen, ihr immer weniger Raum lassen und die heimischen Produktionsmöglichkeiten daher stark einschränken. Nach der alten ZMO hätte dies dazu geführt, dass die Quotenzuckerproduktion in den wettbewerbsstärksten Erzeugerregionen mit vergleichsweise hoher B-Quote im Vergleich zu den weniger wettbewerbsfähigen Gebieten mit niedriger B-Quote einer relativ starken Kürzung unterliegt, was ökonomisch keinesfalls sinnvoll und erstrebenswert wäre und den EU-Zuckersektor im Ganzen erheblich schwächen würde (vgl. THALHEIM 2005: 50; EUROPÄISCHE KOMMISSION 2004b: 4).

Ein weiterer, EU-interner Grund für eine Reform ist, dass sich die EU-Agrarpolitik seit Beginn der 1990er Jahre in einem grundlegenden Reformprozess befindet. Beginnend mit der McSharry-Reform 1992 über die Agenda 2000 bis hin zu den Luxemburger Beschlüssen 2003, wurde ein weitgehender Wandel weg von der Preisstützung hin zur direkten Einkommensstützung der Landwirte in Form von Direktzahlungen vollzogen. Diese sind von der Produktion entkoppelt und ihr Erhalt an die Einhaltung von Mindeststandards (vor allem Umweltschutz und artgerechte Tierhaltung) gebunden („cross compliance"). Zudem sollen die Direktzahlungen zugunsten der zweiten grundlegenden Säule der europäischen Agrarpolitik, der produktunspezifischen Förderung des ländlichen Raums, sukzessive zurückgefahren werden (Modulation). Der Zuckersektor war von diesem Wandel bisher ausgeklammert, weshalb die bisherige ZMO im krassen Widerspruch zur allgemeinen Neuausrichtung der Gemeinsamen Agrarpolitik stand. Die Aufhebung der Sonderstellung von Zuckerrübenanbau und Zuckererzeugung und deren Einbezug in den allgemeinen agrarpolitischen Umorientierungsprozess verleihen dem Anliegen zur Reformierung der ZMO daher zusätzliche Antriebskraft (vgl. EUROPÄISCHE KOMMISSION 2003c: 9 und 2004b: 2; THOMSEN 2006: 87f.; SERRANO 2007: 170).

Aufgrund der geschilderten Entwicklungen lastete auf der EU ein erheblicher Druck, ihre Zuckermarktpolitik den veränderten Rahmenbedingungen anzupassen, was nur über eine grundlegende Reform der ZMO geschehen konnte. Dies stellte allerdings ein gleichermaßen ambitioniertes und schwieriges Vorhaben dar, denn „wegen der Perfektion des „Gesamtkunstwerks" Zuckermarktordnung und der Abgestimmtheit ihrer Elemente ist es sehr schwierig Eingriffe vorzunehmen. Man riskiert sehr rasch, dass das ganze kunstvolle Gebäude einstürzt wie ein Kartenhaus" (FISCHLER 2004).

5.3 Die Reform der Zuckermarktordnung

Die Reform der ZMO ist der Schlusspunkt einer lange andauernden kontroversen Diskussion im Zuge der Liberalisierung des Welthandels und der Globalisierung der Wirtschaft, wie sie auch für andere Wirtschaftsbranchen typisch ist und die auch vor der Landwirtschaft im Allgemeinen und dem Zuckersektor im Speziellen nicht haltmacht. Sie hat eine große Bedeutung für die Entwicklungsländer und verkörpert gleichermaßen einen hohen Symbolwert für die stark umstrittene allgemeine Liberalisierung protektionistischer Agrarpolitiken von Industrieländern (vgl. DEUTSCHER BAUERNVERBAND ET AL. 2006: 3; BRÜNTRUP 2005: 1). In diesem Kapitel werden nach einer kurzen Darstellung ihrer Entstehung und Ziele die wichtigsten Elemente der Reform erläutert sowie ihre Zielerreichung und Auswirkungen beurteilt.

5.3.1 Entwicklung und Ziele der Reform

Die Entstehung der ZMO-Reform zog sich über mehrere Jahre und Stationen hinweg (vgl. VFZ 2006: 23ff.; WVZ/VdZ 2006b: 105). Der Notwendigkeit der Integration der Zuckerwirtschaft in den GAP-Reformprozess Rechnung tragend sowie außenhandelspolitische Friktionen vorausahnend, beauftragte der EU-Agrarministerrat bereits 2001 die Kommission, verschiedene Reformalternativen auszuarbeiten. Der im September 2003 vorgelegte Bericht (vgl. EUROPÄISCHE KOMMISSION 2003c; MALZBENDER 2003: 6f.) enthält unterschiedliche Reformoptionen (Status quo, Rückkehr zu festen Quoten, Senkung der Binnenmarktpreise, vollständige Liberalisierung der ZMO) und hat einen lebhaften Diskussionsprozess über eine grundlegende Reform ausgelöst. Im Juli 2004 stellte die EU-Kommission unter dem damaligen Agrarkommissar Fischler ein weiteres Reformpapier mit ersten konkreten Vorschlägen vor, das aber noch kein Legislativvorschlag war und als zu einschneidend und radikal abgelehnt wurde (vgl. EUROPÄISCHE KOMMISSION 2004b; ADENÄUER 2005: 1). Im Juni 2005 unterbreitete die Kommission unter Agrarkommissarin Fischer Boel dann einen konkreten Legislativvorschlag, den der Agrarministerrat am 24. November 2005 unter weiteren Modifikationen übernahm und als Reform verabschiedete. Nach der Stellungnahme durch das EU-Parlament wurde diese dann am 20. Februar 2006 endgültig beschlossen und trat zum 1. Juli 2006 in Kraft.

Das Hauptziel der Reform ist es, durch eine Drosselung der Erzeugung Angebot und Nachfrage auf dem Binnenmarkt in Einklang zu bringen und damit einer zentralen Forderung des WTO-Panels nachzukommen (vgl. BUNTZEL/DRÄGER DE TERAN 2006:

6). Eine gleichmäßige Zuckerversorgung soll durch Schutz des europäischen Marktes vor extremen Preisschwankungen sichergestellt sein, ein allgemeiner Verfall der Preise verhindert sowie den Erzeugern langfristige und stabile Rahmenbedingungen ermöglicht werden.

Ein weiteres Hauptanliegen der Reform ist es, die europäische Zuckerwirtschaft, die künftig mit deutlich weniger Ausfuhrsubventionen auskommen und auf eine hohe interne Stützung wird verzichten müssen, durch eine Restrukturierung der Produktions- und Anbaustrukturen international wettbewerbsfähig zu machen und näher an den Weltmarkt heranzuführen. Die neue ZMO zielt in diesem Zusammenhang darauf ab, Erzeugern in weniger wettbewerbsfähigen Regionen einen Marktausstieg zu ermöglichen, um die notwendige Kürzung der Quotenproduktion zu erreichen und gleichzeitig die Rübenerzeugung in den Gunstregionen Europas langfristig zu sichern. Dazu gehören Regionen mit hohen Rübenerträgen, geringen Produktionskosten, kurzen Fabrikentfernungen sowie vergleichsweise niedrigen Deckungsbeiträgen potenzieller Konkurrenzfrüchte. Vom bisherigen Ansatz der Produktionserhaltung in allen Mitgliedsstaaten wird damit abgerückt (vgl. SPETTMANN 2006a; HEINRICH 2006).

Zusätzliche Ziele sind die Vereinbarkeit der ZMO mit dem allgemeinen Reformprozess der Gemeinsamen Agrarpolitik, die Senkung der Verwender- und Verbraucherpreise für Zucker sowie eine Vereinfachung der Marktordnung, die Erhöhung ihrer Transparenz und die Reduzierung ihrer Kosten. Ferner nennt die Kommission die Diversifizierung des Süßungsmittelmarktes sowie eine Verringerung erzeugungsbedingter Umweltschäden (vgl. EUROPÄISCHE KOMMISSION 2003c: 15).

Zur Erreichung ihrer wichtigsten Anliegen beinhaltet die Reform drei wesentliche Elemente (vgl. WVZ/VdZ 2006b: 107f.; LANGENDORF 2006b: 190f.):

> **Eine drastische Senkung der Zucker- und Rübenpreise.** Neben dem allgemeinen Ziel, die Europäische Zuckerwirtschaft dadurch näher an das Preisniveau auf dem Weltmarkt heranzuführen und damit wettbewerbsfähiger zu machen, will die EU so den erwarteten Zollsenkungsverpflichtungen der WTO Rechnung tragen. Ferner zielt die Preissenkung (um fast 40% bei Rüben bzw. 36% bei Zucker) darauf ab, den Gemeinschaftsmarkt für zollfreie Exporte aus den Entwicklungsländern im Rahmen der EBA-Initiative (vgl. 5.2.2.3) weniger attraktiv zu machen und somit einem zu starken Anwachsen von Präferenzeinfuhren entgegenzuwirken.

> **Eine einschneidende Reduzierung der Produktion.** Sie stellt die Reaktion auf die weitgehende Einstellung der Exporte und die Verschärfung der Überschusssituation in der Gemeinschaft infolge der Zunahme zollfreier Entwicklungsländerimporte dar. Langfristig soll die Erzeugung bei nur noch ca. 12,5 Mio. t liegen.

Dies bedeutet eine Reduzierung von 5 bis 6 Mio. t innerhalb der Quote. Gegenüber dem letzten Wirtschaftsjahr vor der Reform (2005/06), in dem insgesamt über 20 Mio. t (Höchstquote + C-Zucker) erzeugt wurden, wäre dies sogar ein Rückgang um 8 Mio. t bzw. 40% (vgl. Abbildung 19).

➢ **Eine teilweise Kompensation der Einkommensrückgänge der Landwirte.** Damit wird das Ziel verfolgt, auch die Zuckerrübe in das System produktionsentkoppelter Direktzahlungen und damit die ZMO in den allgemeinen Reformprozess der Gemeinsamen Agrarpolitik einzubeziehen.

Abbildung 19: Rückgang der EU-Zuckerproduktion

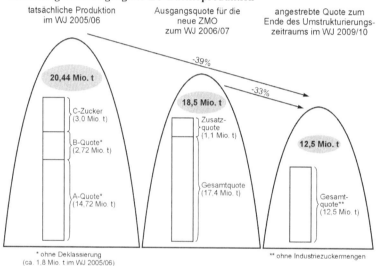

Quelle: *Eigene Darstellung in Anlehnung an Europäische Kommission 2007a, 2007b und 2007c; eigene Berechnungen.*

5.3.2 Maßnahmen und Reformelemente

Die neue ZMO trat zum 1. Juli 2006 in Kraft und endet am 30. September 2015. Sie gilt damit für neun Wirtschaftsjahre, beginnend 2006/07 und endend 2014/15. Das Zuckerwirtschaftsjahr 2006/07 beginnt am 1. Juli 2006 und endet am 30. September 2007. Die darauf folgenden Wirtschaftsjahre fangen jeweils zum 1. Oktober an und laufen am 30. September des Folgejahres aus.

5.3.2.1 Einführender Überblick

Da die Reformregelungen sehr komplex sind, sei für ein besseres Verständnis vor ab der Grundmechanismus der Reform vereinfacht dargestellt (vgl. Abbildung 20).

Die Reform setzt an zwei Bereichen, den Mengen bzw. Quoten sowie den Preisen, an. Im **Mengenbereich** wird eine Drosselung der Zuckererzeugung zur Anpassung der Produktion an den Verbrauch (Marktgleichgewicht) sowie zur Einhaltung der WTO-Vorgaben angestrebt, so dass keine subventionierten Überschussexporte mehr stattfinden. Dazu soll die Quote um 5 bis 6 Mio. t zurückgehen. Die Reduktion erfolgt zunächst freiwillig. Für jede an die EU zurück- bzw. aufgegebene Tonne Quotenzucker erhalten die Zuckerunternehmen eine Restrukturierungsbeihilfe bzw. -prämie. Sie hat den Charakter einer Abfindung, die für den Verzicht auf Produktion gezahlt wird. Sie stammt aus dem Restrukturierungsfonds, dem Kernstück der Reform. Dieser hat die Aufgabe, die zu reduzierende Produktionsmenge aus den Unternehmen „herauszukaufen". Die abgegebenen Produktionsrechte fließen über den Fonds an die EU zurück und verschwinden damit endgültig vom Markt. Die bezahlte Prämie, von der ein Teil (10%) an die Landwirte geht, nimmt von Jahr zu Jahr ab, um die Unternehmen zu einer schnellen Rückgabeentscheidung zu zwingen. Regionen, die von der Rückgabe der Quotenrechte besonders betroffen sind, erhalten aus dem Fonds zusätzliche Diversifizierungsbeihilfen.

Finanziert wird der Fonds durch eine dreijährige Strukturabgabe, welche die Unternehmen auf jede Tonne Quotenzucker in den Fonds entrichten müssen, womit die Finanzierung für den EU-Haushalt kostenneutral ist. Ihre Höhe variiert in den Jahren 2006/07 bis 2008/09. Ferner müssen die Unternehmen für jede Tonne Quotenzucker eine feste Produktionsabgabe von 12 € an die EU bezahlen, welche sie aber zur Hälfte auf die Landwirte umlegen können. Für über die Quote hinaus erzeugten Zucker (Nichtquotenzucker) existieren mehrere Verwertungsmöglichkeiten (Verwendung als Industriezucker u. a. für die chemische und pharmazeutische Industrie, Versorgung von Randgebieten, Übertragung ins nächste Jahr, Export unter Wahrung der WTO-Auflagen). Zucker, der über die Quote hinaus produziert wird und nicht unter eine dieser Möglichkeiten fällt, bezeichnet man als Überschusszucker, für den eine „Strafabgabe" von 500 €/t zu entrichten ist.

Kommt die notwendige Rückgabemenge über die „freiwillige Herauskaufaktion" nicht zusammen, droht die EU ab 2010 mit einer obligatorisch-linearen Kürzung der Produktion über sämtliche Unternehmen hinweg, für die dann keine Entschädigung mehr bezahlt wird.

174

Abbildung 20: Teilbereiche und Ansatzpunkte der ZMO-Reform

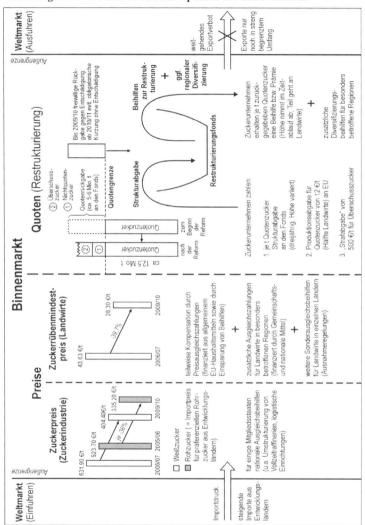

Quelle: Eigene Darstellung.

Im **Preisbereich** sinkt der Preis für Weiß- und Rohzucker um 36% und der Rübenpreis um fast 40%, um den Zuckersektor der EU international wettbewerbsfähiger zu machen und gleichzeitig den Binnenmarkt für Importe aus Entwicklungsländern, welche aufgrund diverser entwicklungspolitisch motivierter Abkommen künftig stark zunehmen könnten, unattraktiver zu machen. Die Landwirte erhalten für den preisbedingten Einkommensverlust eine teilweise Kompensation in Form produktionsneutraler Preisausgleichszahlungen, welche aus dem allgemeinen EU-Haushalt sowie durch Einsparung von Exportsubventionen und sonstigen Beihilfen finanziert werden sollen.

Daneben können für die Landwirte weitere Ausgleichszahlungen aus dem Gemeinschafts- bzw. den nationalen Haushalten genehmigt werden, in einzelnen Ländern ergänzt um weitere Ausnahme- und Sonderregelungen.

Im Folgenden werden, basierend auf der EG-Verordnung 318/2006, die wichtigsten Maßnahmen der ZMO-Reform vorgestellt. Auf die Regelungen für die Zuckerersatzstoffe Isoglucose und Inulinsirup, die ebenfalls Gegenstand der Reform sind, ist nur am Rande einzugehen.

5.3.2.2 Quoten und Preise

Die Quotenregelung bleibt bestehen, jedoch wird es künftig keine Differenzierung mehr in A- und B-Quote, sondern nur noch eine **einheitliche Quote** geben, welche sich aus der Summe der im Wirtschaftsjahr 2005/06 an die Unternehmen in den einzelnen Mitgliedsstaaten zugeteilten Quoten bestimmt (Artikel 7). Von dieser Quote aus bemisst sich der Abbau der Produktionsmengen im Rahmen der Reform. Um wettbewerbsfähige Unternehmen, die bisher eine beträchtliche Menge an C-Zucker für den Weltmarkt erzeugt haben, nicht zu benachteiligen, wird eine **Zusatzquote** in Höhe von 1,1 Mio. t zur Verfügung gestellt und auf die Mitgliedsstaaten verteilt. Die einzelnen Zuckerunternehmen konnten diese Quote bis zum 30. September 2007 für den einmaligen Betrag von 730 €/t erwerben (Artikel 8). Tabelle 7 stellt die länderspezifischen einheitlichen Quoten dar.

Für Isoglucose und Inulinsirup ergibt sich ebenfalls eine einheitliche Quote, wobei die Isoglucosequoten zur Verbesserung der Wettbewerbsfähigkeit mittels Ausnutzung von Skaleneffekten in den Unternehmen zwischen 2006/07 und 2008/09 eine Aufstockung von jeweils 100 000 t erfahren. In den Jahren 2006/07 bis 2009/10 können ferner für den einmaligen Betrag von 730 €/t in Italien zusätzliche Isoglucosequoten in Höhe von 60 000 t, in Litauen von 8 000 t und in Schweden von 35 000 t erworben werden (Artikel 9).

Tabelle 7: Ausgangsquoten für Zucker, Isoglucose und Inulinsirup in der neuen ZMO in t (vor Reduktion)

Land	Zucker		Isoglucose[1]	Inulinsirup
	alte Quote (A+B)	Zusatzquote		
Deutschland	3 416 896	238 560	35 389	-
Frankreich				
Mutterland	3 288 747	351 695	19 846	24 521
DOM[2]	480 245	-	-	-
Polen	1 671 926	100 551	26 781	-
Italien	1 557 443	10 000	20 302	-
Großbritannien	1 138 627	82 847	27 237	-
Spanien	996 961	10 000	82 579	-
Niederlande	864 560	66 875	9 099	80 950
Belgien	819 812	62 489	71 592	215 247
Tschechien	454 862	20 070	-	-
Dänemark	420 746	31 720	-	-
Ungarn	401 684	10 000	137 627	-
Österreich	387 326	18 486	-	-
Schweden	368 262	17 722	-	-
Griechenland	317 502	10 000	12 893	-
Slowakei	207 432	10 000	42 547	-
Irland	199 260	10 000	-	-
Finnland	146 087	10 000	11 872	-
Litauen	103 010	8 985	-	-
Portugal				
Festland	69 718	10 000	9 917	-
Azoren	9 953	-	-	-
Lettland	66 505	10 000	-	-
Slowenien	52 973	10 000	-	-
EU	17 440 537	1 100 000	507 681	320 718

[1] Zusatzquote nicht enthalten
[2] Départements et régions d´outre-mer

Quelle: WVZ/VdZ 2006b: 110 und 113; eigene Berechnung.

Wie in der alten ZMO verbleibt den Mitgliedsstaaten ein gewisser Spielraum bei der Übertragung der Quoten zwischen den einzelnen Zuckerunternehmen. Für die Wirtschaftsjahre 2006/07 und 2007/08 erhöht sich die Manövriermasse, die zwischen den Zucker erzeugenden Unternehmen umgeschichtet werden kann, vorübergehend von 10 auf 25%.

Während der sog. Umstrukturierungsphase zwischen 2006/07 und 2009/10 verzichtet die EU auf eine obligatorisch-lineare Quotenkürzung, behält sich diesen Schritt für die Zeit ab dem Wirtschaftsjahr 2010/11 aber ausdrücklich vor.

Wie im alten System wird auch unter der reformierten ZMO bei Zuckerindustrie und Landwirten eine **Produzentenabgabe** erhoben. Sie beträgt 12 €/t Quotenzucker und fällt ab dem Wirtschaftsjahr 2007/08 an, wobei die Zuckerfabriken die Hälfte davon auf die Landwirte umlegen können. Die Abgabe für Inulinsirup beträgt ebenfalls 12 €/t, für Isoglucose 50% der für Zucker geltenden Abgabe (Artikel 10).

Zucker, den ein Unternehmen über die Quote hinaus produziert, bezeichnet man als **Nichtquotenzucker,** für den verschiedene Alternativen vorgesehen sind: Er kann als Industriezucker verarbeitet, unter Anrechnung auf die Quotenproduktion der Folgeperiode ganz oder teilweise auf das nächste Wirtschaftsjahr übertragen[93] – die Kosten für die Lagerung sind von den Unternehmen weiter selbst zu tragen – , zur Versorgung von Regionen in extremer Randlage verwendet oder unter Wahrung der WTO-Verpflichtungen in Drittländer exportiert werden (Artikel 12, 14).

Der neue eingeführte Begriff des **Industriezuckers** (Artikel 13) umfasst nicht der Quotenregelung unterliegenden Zucker, der für die Produktion von Bioethanol, Alkohol, Rum und Hefen sowie bestimmter Erzeugnisse der Chemischen und Pharmazeutischen Industrie verwendet wird. Zur Sicherung der internationalen Wettbewerbsfähigkeit dieses Sektors besteht die Möglichkeit einer **Produktionserstattung,** wenn weder überschüssiger noch importierter Zucker zur Herstellung dieser Produkte in genügender Menge zu einem den Weltmarktbedingungen entsprechenden Preis verfügbar ist. Sollte mit oder ohne Produktionserstattung kein Zucker zu wettbewerbsfähigen Preisen zur Verfügung stehen, kann die Kommission zollfreie Kontingente für Weltmarktimporte beschließen. Z.B dürfen im Wirtschaftsjahr 2007/08 für die Chemische Industrie 200 000 t Zucker vom Weltmarkt zollfrei importiert werden (vgl. ERNÄHRUNGSDIENST 2007d).

Über die Quote hinaus erzeugten Zucker, der weder als Industriezucker verwertet noch ins nächste Jahr übertragen, weder zur Randlagenversorgung herangezogen noch WTO-konform exportiert werden kann (Überschusszucker), belegt die Kommission mit einer hohen **Überschussabgabe** von 500 €/t (vgl. EG-Verordnung 967/2006, Arti-

---

[93] Dies bedeutet, dass die Unternehmen im folgenden Jahr umso weniger produzieren dürfen und die Landwirte entsprechend ihre Flächen einschränken müssen.

kel 3), welche eine Überschusserzeugung unrentabel machen und dadurch die bisherigen umfangreichen C-Zuckerexporte unterbinden soll[94].

Bei den Preisregelungen ergeben sich folgende Änderungen: Der bisherige Interventionspreis wird durch einen **Referenzpreis** ersetzt und das bisherige Interventionssystem abgeschafft. Die Möglichkeit der staatlichen **Intervention** bleibt in der sog. Umstrukturierungsphase, d.h. zwischen 2006/07 bis einschließlich 2009/10, jedoch in modifizierter Form aufrechterhalten. In diesen verbleibenden vier Jahren können die Interventionsstellen pro Wirtschaftsjahr bis zu höchstens 600 000 t Zucker aufkaufen, wenn der Marktpreis unter 80% des im folgenden Wirtschaftsjahr geltenden Referenzpreises sinkt (Artikel 18). Nach Abschaffung der Intervention dient eine neu eingeführte private Lagerhaltung (vgl. Kap. 5.3.2.4) als Sicherheitsnetz.

Folgende **Preissenkungen** sind vorgesehen: Der Referenzpreis für Weißzucker entspricht in den Jahren 2006/07 und 2007/08 noch dem alten Interventionspreis von 631,9 €/t. Zum Wirtschaftsjahr 2008/09 wird er in einem ersten Schritt auf 541,5 €/t, zum Wirtschaftsjahr 2009/10 für die restliche Laufzeit der ZMO in einem zweiten Schritt auf 404,4 €/t gesenkt. Die gesamte Preissenkung beträgt damit 36%. Der Referenzpreis ist gleichzeitig die Auslösungsschwelle für die private Lagerhaltung.

Der Referenzpreis für Rohzucker wird bereits zu Beginn der Reform von 523,7 €/t auf 496,8 €/t gesenkt und bleibt in den Wirtschaftsjahren 2006/07 und 2007/08 in dieser Höhe bestehen. Zum Wirtschaftsjahr 2008/09 erfolgt dann eine Senkung auf 448,8 €/t und 2009/10 für die restliche Laufzeit eine nochmalige Reduzierung auf 335,2 €/t. Der Garantiepreis für präferenzielle Rohzuckerimporte aus Entwicklungsländern, der ja dem EU-Interventionspreis für Rohzucker entspricht, wird damit ebenfalls um 36% reduziert (Artikel 3).

Ebenfalls von einer deutlichen Kürzung betroffen ist der Mindestpreis für Zuckerrüben. Er wird bereits mit Reformbeginn zum Wirtschaftsjahr 2006/07 auf 32,9 €/t, 2007/08 auf 29,8 €/t, 2008/09 auf 27,8 €/t und im letzten Schritt 2009/10 für die Restlaufzeit der neuen ZMO auf 26,3 €/t gesenkt (Artikel 5). Der Zuckerrübenmindestpreis geht damit insgesamt um 39,7% zurück.

Zur Kompensation der durch die Rübenpreissenkung erlittenen Einkommenseinbußen erhalten die Rübenbauern eine **Ausgleichszahlung**. Diese beginnt mit 60% im Jahr 2006/07 und steigt ab dem Jahr 2007/08 auf 64,2% der Senkung des bisherigen

---

[94] Die Zahlung des Überschussbetrages wird auch dann fällig, wenn der Verarbeitungsnachweis für deklarierten Industriezucker nicht rechtzeitig erfolgt.

gewogenen Durchschnittsmindestpreises für A- und B-Rüben in Höhe von 43,63 €/t[95]. Grundlage für diese Entschädigung ist die für das Jahr 2006/07 vereinbarte und testierte Rübenliefermenge eines Landwirts.

Die Ausgleichszahlungen werden durch die EG-Verordnung 319/2006 in das System landwirtschaftlicher Direktzahlungen einbezogen, welches den Grundstein für die Reform der Gemeinsamen Agrarpolitik bildet. Sie sind, dem Prinzip der Entkoppelung folgend, vom Zuckerrübenanbau entkoppelt, d.h. sie werden nach Zuweisung an den Landwirt auch dann gewährt, wenn er gar keine Rüben mehr anbaut bzw. seine Rübenquote verkauft oder verpachtet. Wie andere Direktzahlungen sind sie ferner an die Einhaltung von Vorschriften in den Bereichen Umwelt, Futtermittel- und Lebensmittelsicherheit sowie Tierschutz und -gesundheit („Cross Compliance") gebunden. Im Rübenanbau sind vor allem die Klärschlamm- sowie die Nitrat- und Grundwasserrichtlinie von Bedeutung (vgl. BUNTZEL/DRÄGER DE TERAN 2006: 33f.).

Die genaue Ausgestaltung der Direktzahlungen obliegt den Durchführungsvorschriften der Mitgliedsstaaten, in Deutschland z.B. dem Betriebsprämiendurchführungsgesetz (BetrPrämDurchfG). Danach gehen die Rübenausgleichszahlungen, auch „Top Up" genannt, in das sog. Kombimodell ein, welches den gleitenden Übergang von betriebsindividuellen zu einheitlichen regionalen Flächenprämien ab dem Jahr 2013 vorsieht[96]. Die zum Jahr 2009/10 auf 64,2% der Preissenkung angehobenen Ausgleichszahlungen werden daher von 2010/11 bis 2013/14 auf null abgeschmolzen („Gleitflug") und gehen in den regionalen Flächenprämien auf (vgl. WVZ/VdZ 2006b: 116ff.; BUNTZEL/DRÄGER DE TERAN 2006: 8f.; Kap. 6.4.1).

Länder, in denen die Zuckerquote um mehr als 50% zurückgeht, können ihren Landwirten für fünf Jahre **zusätzliche Ausgleichszahlungen** in Höhe von bis zu 30%

---

[95] Der Durchschnittsmindestpreis für A- und B-Rüben in der EU variiert je nach Ausstattung eines Landes mit B-Quote. Er beträgt z.B. in Deutschland, wo die B-Quote 30,8% der A-Quote ausmacht, 46,72 €/t, in Litauen, das keine B-Quote hat, dagegen nur 42,51 €/t (vgl. FAL 2005: 24).

[96] Das im Zuge der GAP-Reform von 2003 in Deutschland eingeführte Kombimodell setzt sich aus einem betriebsindividuellen und einem regionalen Betrag zusammen. Der betriebsindividuelle Betrag umfasst Zahlungsansprüche, die sich aus dem Volumen an betrieblichen Prämien (Mutterkuh-, Schaf- und Milchkuhprämien, Schlachtprämien für Kälber, Sonderprämien für männliche Rinder, 50%iger Extensivierungszuschlag) im historischen Referenzzeitraum von 2000 bis 2002 dividiert durch die damals bewirtschaftete Fläche ergeben (Betriebsmodell). Der regionale Betrag entspricht von Region zu Region einheitlichen Zahlungsansprüchen je ha. Sie bestehen aus Ackerlandprämien (Ackerkulturen/Saatgut) und Grünlandprämien (Schlachtprämien für Großrinder, Zusatzprämien, 50%iger Extensivierungszuschlag). Bis 2013 werden die betrieblichen Prämien abgeschmolzen und auf die regionalen Flächenprämien umgelegt (vgl. BMELV 2006: 15ff.; WOLFGARTEN 2006).

des Preisverlustes einräumen. Diese Zahlungen sind gekoppelt, d.h. an die bisherige betriebliche Erzeugermenge gebunden. Während einer Übergangszeit von vier Jahren, beginnend mit dem Wirtschaftsjahr 2006/07, können den Landwirten in Finnland, Großbritannien, Irland, Portugal und Spanien weitere Beihilfen in Höhe von 60% der sich aus dem abgeleiteten Interventionspreis ergebenden Regionalisierungsprämie (vgl. Kap. 5.2.1.1) gewährt werden[97] (vgl. DZZ 2006: 9).

Die Finanzierung der entkoppelten Ausgleichzahlungen erfolgt über den EU-Haushalt (vgl. Kap. 5.3.3) sowie durch Einsparungen bei den Exportsubventionen und die Abschaffung der Raffinationsbeihilfen. Die Mittel für die zusätzlichen gekoppelten Ausgleichszahlungen werden aus Gemeinschaftsmitteln aufgebracht und gegebenenfalls mit nationalen Mitteln aufgestockt (vgl. EUROPÄISCHE KOMMISSION 2005b: 9; LFL 2007a: 208).

Keine Ausgleichszahlungen erhalten die von den Preissenkungen ebenfalls stark betroffenen Zuckerrohrbauern in den AKP-Zuckerprotokoll-Staaten. Im Rahmen nationaler Aktionspläne, einer Mischung aus Handels- und Enzwicklungshilfemaßnahmen, verpflichtet sich die EU hier nur, den durch die ZMO-Reform notwendig gemachten Anpassungsprozess und Strukturwandel zu unterstützen. Die dafür vorgesehenen und derzeit nur 40 Mio. € betragenden Mittel stammen aus dem Europäischen Entwicklungsfonds und gelten als Entwicklungszusammenarbeit (vgl. BUNTZEL/DRÄGER DE TERAN 2006: 62ff.).

5.3.2.3 Maßnahmen zur Restrukturierung

Kernstück der ZMO-Reform ist der durch die EG-Verordnung 320/2006 geregelte **Restrukturierungsfonds,** mit dessen Hilfe die Zuckererzeugung in der EU auf zunächst freiwilliger und unternehmensindividueller Basis im Rahmen der Quote um 5 bis 6 Mio. t reduziert werden soll[98]. Zuckerproduzenten, welche sich aufgrund der gravierenden Preissenkungen und der strengen Exportauflagen nicht mehr in der Lage sehen, in der Zuckerproduktion zu verbleiben, sondern ihre Quotenproduktion ganz oder teilweise aufzugeben bereit sind, können innerhalb von vier Jahren ihre Quote für Zucker, Isoglucose und Inulinsirup zurückgeben und erhalten dafür eine einmalige Prämie.

---

[97] In Finnland, Großbritannien, Irland und Portugal, wo die Regionalisierungsprämie 1,90 €/t Rüben beträgt, entspricht dies einem Betrag von 1,14 €/t Rüben (vgl. DZZ 2006: 9).

[98] 5 Mio. t, wenn man die alte Höchstquote (A- und B-Quote) von 17,4 Mio. t zugrunde legt; 6 Mio. t, wenn die Zusatzquote von 1,1 Mio. t (vgl. Kap. 5.3.2.2) mit berücksichtigt wird.

Die Idee des Restrukturierungsfonds erhielt den Vorzug gegenüber einer „verordne-ten" linearen Quotenkürzung über alle Mitgliedsstaaten, welche auch die wettbewerbs-fähigen Erzeuger getroffen hätte. Allerdings hat sich die EU eine obligatorische und dann entschädigungslose Kürzung für die Zeit ab dem Wirtschaftsjahr 2010/11 aus-drücklich vorbehalten, falls die „freiwillige" Restrukturierung nicht oder zu kurz greift. Die Kommission überwacht die Entwicklung des Fonds sorgfältig und wird 2008 dazu einen Bericht vorlegen.

Neben der Herstellung eines dauerhaften Marktgleichgewichts, d.h. der Anpassung der Erzeugungsmengen an den Verbrauch in der Gemeinschaft, verfolgt der Fonds das Ziel, die Zuckerproduktion der EU auf die wettbewerbsfähigsten Gunststandorte zu konzentrieren und gleichzeitig in wettbewerbsschwachen Regionen, die sich u. a. durch niedrige Hektarerträge sowie hohe Erzeugungs- und Transportkosten auszeich-nen, einzustellen (vgl. GRABER 2006; ZEDDIES/GAMER 2006a). Dafür sollen den Er-zeugern in solchen Gebieten Anreize zur Aufgabe ihrer Produktion gegeben, gleichzei-tig die sozialen und ökologischen Auswirkungen von Fabrikschließungen abgemildert und die am stärksten betroffenen Regionen bei der Umstrukturierung unterstützt wer-den (vgl. im Folgenden WVZ/VdZ 2006b: 111f; DZZ 2006: 7ff.; BUNTZEL/DRÄGER DE TERAN 2006: 9ff.).

Während der vierjährigen Umstrukturierungsphase (2006/07 bis 2009/10) erhalten Zuckerfabriken, die ihre Quote aufgeben, eine einmalige **Umstrukturierungsbeihilfe.** Diese ist zum Beginn der Umstrukturierungsphase deutlich höher als zu ihrem Ende, um einen zusätzlichen Anreiz zur möglichst schnellen und frühzeitigen Quotenrückga-be zu setzen. Sie beträgt in den Wirtschaftsjahren 2006/07 und 2007/08 zunächst 730 €/t, sinkt im Wirtschaftsjahr 2008/09 auf 625 €/t und im Wirtschaftsjahr 2009/10 auf 520 €/t ab. Zur Entschädigung für in der Vergangenheit getätigte Investitionen gehen mindestens 10% der Umstrukturierungsbeihilfe an die von einer Werksschließung un-mittelbar betroffenen Rübenlandwirte sowie bestimmte Dienstleistungsunternehmen (z.B. Maschinenverleih-, Lohn- und Speditionsunternehmen), wobei dieser Anteil von den einzelnen Mitgliedsstaaten erhöht werden kann.

Der Erhalt der Beihilfe ist an bestimmte Auflagen geknüpft. Voraussetzung für die Zahlung in voller Höhe ist die endgültige Schließung mindestens einer Zuckerfabrik und deren vollständiger Rückbau. Weitere Bedingungen sind die Erstellung von Sozi-alplänen inklusive Umschulungs- oder Personalumsetzungsprogrammen für die betrof-fenen Fabrikmitarbeiter sowie eine ökologische Geländesanierung. Erfolgt der Rück-bau nur partiell und verbleibt die Möglichkeit zur Erzeugung von Produkten, welche nicht unter die ZMO fallen (z.B. Bioethanol), reduziert sich die Beihilfe auf 75%. Bei einer nur teilweisen Rückgabe der Quote mit der Möglichkeit zur weiteren Produktion von Erzeugnissen, welche – mit Ausnahme der Raffination von Rohzucker – der ZMO unterliegen, sinkt die Prämie auf 35%.

Regionen, welche von der Umstrukturierung besonders betroffen sind, können die Mitgliedsstaaten während der Umstrukturierungsphase zusätzlich **regionale Strukturprämien bzw. Diversifizierungsbeihilfen** in Höhe von 15% der geltenden Umstrukturierungsbeihilfe gewähren. Werden in einem Land zwischen 50 und 75% der Quote zurückgegeben, erhöht sich diese Beihilfe um 50%. Bei Quotenrückgaben zwischen 75 und 100% steigt sie auf 75%, bei vollständiger Rückgabe verdoppelt sie sich. Es steht den Mitgliedsstaaten offen, diese Anhebungen entweder für Diversifizierungsmaßnahmen oder als zusätzliche Ausgleichszahlungen an die Landwirte, die den Rübenbau einstellen müssen, zu verwenden.

Finanziert wird der Restrukturierungsfonds durch eine **Umstrukturierungs- bzw. Strukturabgabe,** welche jedes Unternehmen, das eine Quote besitzt, zu leisten hat und daher eine Art Zuckersteuer darstellt. Sie ist auf drei Jahre befristet und beträgt 126,40 €/t im Wirtschaftsjahr 2006/07, 173,80 €/t im Jahr 2007/08 und 113,30 €/t im Jahr 2008/09. Rohzucker aus Entwicklungsländern verarbeitende Raffinerien zahlen nur im dritten Jahr eine reduzierte Abgabe. Für Isoglucoseerzeuger beträgt die Abgabe jeweils 50% der Abgabe der Zuckerproduzenten.

Die Auszahlung der Umstrukturierungsbeihilfe richtet sich nach den im Fonds verfügbaren Mitteln. Reichen diese zur Abdeckung aller Ansprüche nicht aus, erfolgt die Zuteilung nach dem Windhundverfahren, d.h. der Berücksichtigung der Anträge nach der zeitlichen Abfolge ihres Eingangs. Nicht befriedigte Ansprüche werden ins nächste Wirtschaftsjahr verschoben.

Tabelle 8 zeigt die Höhe der Umstrukturierungsbeihilfe, der Strukturabgabe sowie der regionalen Strukturhilfen in den einzelnen Wirtschaftsjahren. Zudem enthält sie die für die nächsten Jahre geltenden Preise für Zucker und Zuckerrüben sowie die kumulierte Preisreduzierung. Der Nettoreferenzpreis für Weißzucker ergibt sich aus dem Referenzpreis für Weißzucker abzüglich der Strukturabgabe.

Insgesamt sollte der Restrukturierungsfonds durch die zeitliche Befristung und sukzessive Absenkung der Umstrukturierungsbeihilfe einen Anreiz für zügige Quotenrückgaben bieten. Hinzu kommt die Drohung der Kommission, ab 2010/11 die Quoten ohne Entschädigung linear zu kürzen, falls der Fonds in seinem Anliegen scheitert.

Tabelle 8: Abgaben und Beihilfen im Rahmen des Restrukturierungsfonds & Referenzpreise für Zucker und Zuckerrübenmindestpreise

Preise & Abgabe/Beihilfe		2006/07	2007/08	2008/09	2009/10
Referenzpreis Weißzucker	€/t	631,9	631,9	541,5	404,4
Reduzierung, kumuliert	%	0	0	14,4	36,0
Strukturabgabe	€/t	126,4	173,8	113,3	0
Netto-Referenzpreis Weißzucker	€/t	505,5	458,1	428,2	404,4
Reduzierung, kumuliert	%	20,0	27,5	32,2	36,0
Referenzpreis Rohzucker	€/t	496,8	496,8	448,8	335,2
Zuckerrübenmindestpreis	€/t	32,9	29,8	27,8	26,3
Reduzierung, kumuliert[1]	%	24,7	31,7	36,2	39,7
Umstrukturierungsbeihilfe	€/t	730	730	625	520
Regionale Strukturhilfe (= 15% der Umstrukturierungsbeihilfe)	€/t	109,5	109,5	93,8	78

[1] gegenüber gewogenem Mittel von bisher 43,63 €/t

Quelle: Eigene Darstellung in Anlehnung an EG-Verordnung Nr. 318/2006; WVZ/VdZ 2006b: 109 und 111.

Tatsächlich ist die Quotenrückgabe im Rahmen des Restrukturierungsfonds in den ersten beiden Wirtschaftsjahren aber deutlich hinter den Erwartungen zurückgeblieben und entwickelt sich nur schleppend (vgl. Kap. 5.3.3 und Kap. 5.3.4). Die Kommission sah sich daher schon im Frühjahr 2007 zu ersten Nachbesserungsvorschlägen gezwungen, um die Quotenrückgabe zu beschleunigen bzw. die Attraktivität des bisher unzureichend genutzten Restrukturierungsfonds zu erhöhen. Diese Änderungsvorschläge wurden von den Agrarministern am 26. September 2007 beschlossen (vgl. im Folgenden EUROPÄISCHE KOMMISSION 2007a: 5f. und 2007d; WVZ/VdZ 2007e; HELMKE 2007b; DZZ 2007b und c; BICKERT 2007a: 66).

Zur Beseitigung von Unsicherheiten auf Seiten der Zuckerindustrie wird der Anteil der Landwirte an der Restrukturierungsbeihilfe auf 10% festgesetzt und verringert sich entsprechend der verminderten Restrukturierungsprämie für den Fall des nur teilweisen Rückbaus bzw. Weiterbetriebs einer Fabrik. Zusätzlich zu diesen 10% bekommen die Landwirte für das Wirtschaftsjahr 2008/09 eine einmalige Entschädigung in Höhe von 237,50 €/t Zucker. Bedingung dafür ist, dass die Zuckerquote und das daran geknüpfte Rübenlieferrecht dauerhaft zurückgegeben werden. Um Landwirte, die in den ersten beiden Jahren seit Reformbeginn bereits Lieferrechte aufgegeben haben, nicht zu benachteiligen, bezieht sich diese Beihilfe rückwirkend auch auf die Jahre 2006/07 und 2007/08.

Die Landwirte erhalten ferner das Recht, von sich aus auf Quote zu verzichten, falls das Unternehmen dazu nicht selbst bereit ist. Bis zum 30. November 2007 konnten sie Beihilfen aus dem Restrukturierungsfonds bei den nationalen Behörden direkt beantragen, welche dann über die Anträge nach dem Windhundverfahren entschieden. Die Zuckerhersteller sind dann verpflichtet, den beantragten Prozentsatz in den Restrukturierungsfonds einzubringen. Die Einschränkung des Rübenanbaus wird damit 2008 wirksam. Um das Fortbestehen davon betroffener Zuckerfabriken aber nicht zu gefährden, wird das Rückgabevolumen der Landwirte auf 10% der Zuckerquote eines Unternehmens festgesetzt. Übersteigt die von den Landwirten pro Unternehmen beantragte Rückgabe die Unternehmensquote um mehr als 10%, kann das Unternehmen die Quotenaufgabe ablehnen. Das den Unternehmen zustehende Recht zur eigenständigen Rückgabe von Quoten bleibt unberührt, d.h. gibt ein Unternehmen von sich aus rechtzeitig mehr als 10% seiner Quote zurück, ist es an das Initiativrecht der Landwirte nicht gebunden.

Unternehmen, welche im Wirtschaftsjahr 2008/09 auf mindestens 13,5% ihrer Quote verzichten, sind im Jahr 2007/08 von der Zahlung der Strukturabgabe für den Teil der Quote befreit, der temporär aus dem Markt genommen wird (vgl. Kap. 5.3.2.4). Die Erhebung der Produzentenabgabe in Höhe von 12 €/t Zucker bleibt davon unbenommen.

Für den Fall, dass es 2010 wegen immer noch zu geringer Quotenrückgaben zu einer obligatorisch-linearen Quotenkürzung kommt, erfolgt diese differenziert, d.h. dass die zuvor freiwillig zurückgegebenen Mengen berücksichtigt und teilweise angerechnet werden. Länder, die mehr als 60% der Quote freiwillig aufgegeben haben, sind von der Kürzung befreit. In den anderen Mitgliedsstaaten wird die freiwillig zurückgegebene Menge mittels einer vorgegebenen Formel berücksichtigt.

Neben den Umstrukturierungsbeihilfen und regionalen Strukturprämien im Rahmen des Restrukturierungsfonds existieren weitere **nationale Ausgleichsbeihilfen und Sonderregelungen,** welche die Mitgliedsstaaten der Kommission als Bedingung für ihre Zustimmung zur Reform abgerungen haben. Für die Phase bis 2009/10 wird zur Umstrukturierung von Vollzeitraffinerien, d.h. Raffinerien, die ausschließlich importierten Rohrohrzucker raffinieren oder im Wirtschaftsjahr 2004/05 mindestens 15 000 t eingeführten Rohrohrzucker verarbeitet haben, eine Summe von 150 Mio. € zur Verfügung gestellt. Österreich erhält für Investitionen in Rübensammelplätze und andere logistische Infrastruktureinrichtungen 9 Mio. €, Schweden für seine Rübenbauern in strukturschwachen Regionen 5 Mio. €. Für den Fall, dass in einem Land die Quote um mehr als 50% zurückgeht, können die Mitgliedsstaaten für einen Zeitraum von fünf Jahren, frühestens beginnend 2006/07 und spätestens endend 2013/14, von zusätzlichen Anpassungsbeihilfen aus dem EU-Agrarhaushalt Gebrauch machen, wobei für Italien ein Maximum von jährlich 11 €/t Rüben genehmigt wurde. Zum Erhalt des Zuckerrübenanbaus in Finnland erhalten die finnischen Rübenbauern jährlich eine nationale Beihilfe von 350 €/ha. Die Stützungen für die französischen Überseedépartments werden von 60 auf 90 Mio. € jährlich angehoben (vgl. WVZ/VdZ 2006b: 115).

5.3.2.4 Maßnahmen zur Marktregulierung

Zur Sicherung des Marktgleichgewichts stehen der EU zwei Instrumente zur Verfügung. Neu ist die **private Lagerhaltung,** welche anstelle des Interventionssystems den Marktpreis kurzfristig stabilisieren soll. Sie wird ausgelöst, sobald ein festgestellter Durchschnittspreis während eines repräsentativen Zeitraums unter den Referenzpreis fällt. Für die private Lagerhaltung von Weißzucker zahlt die EU eine Beihilfe (EG-Verordnung 318/2006, Artikel 18). Bis einschließlich des Wirtschaftsjahres 2009/10 bleibt die ursprüngliche Intervention in modifizierter Form und beschränktem Umfang jedoch noch aufrechterhalten (vgl. Kap. 5.3.2.2).

Die vormalige Regelung der Deklassierung von A- und B- zu C-Zucker wird durch das Instrument der **temporären Marktrücknahme** ersetzt (Artikel 19). Um das strukturelle Gleichgewicht auf dem EU-Zuckermarkt auf einem sich dem Referenzpreis annähernden Preisniveau zu halten und die Produktion den Exportauflagen der WTO anzupassen, kann die Kommission von der Möglichkeit Gebrauch machen, Quotenzucker, Quotenisoglucose und Quoteninulinsirup bis zum Beginn des folgenden Wirtschaftsjahres aus dem Markt zu nehmen. Die Einlagerung der zurückgenommenen Mengen erfolgt auf eigene Rechnung der Unternehmen.

Im Rahmen des Verwaltungsausschussverfahrens legt die Kommission zum Ende des jeweiligen Wirtschaftsjahres hierfür einen für alle Mitgliedsländer und Erzeuger einheitlichen Prozentsatz fest. Die aus dem Markt genommene Menge kann auf das Folgejahr übertragen und damit als erste Quotenproduktion des folgenden Wirtschaftsjahres oder – je nach Entwicklung auf dem Zuckermarkt – als Industriezucker verwendet werden.

Bereits im ersten Wirtschaftsjahr nach der Reform (2006/07) hat die Kommission eine Marktrücknahme von 16,3% der Quote festgelegt, was einer Kürzung um ca. 2,4

Mio. t entsprach und nur durch die Zuweisung der Zusatzquote (vgl. Kap. 5.3.2.2) abgemildert wurde (vgl. VBZ 2007: 43). Diese Quotenkürzung war im Zuge des Übergangs von der alten auf die neue Marktordnung eine einmalige Maßnahme und wurde bereits im Frühjahr 2006 – gerade noch rechtzeitig vor Aussaat – verkündet. Mögliche Rücknahmen in den folgenden Wirtschaftsjahren sollten jeweils im Herbst bekannt gegeben werden.

Aufgrund eines sich bereits zum Jahreswechsel 2006/07 zwischen Binnenproduktion, Importen und Interventionsbeständen einerseits und Gemeinschaftsverbrauch sowie verbleibenden Exportmöglichkeiten andererseits abzeichnenden Ungleichgewichts (vgl. DLG MITTEILUNGEN 2007: 78) greift auch im Wirtschaftsjahr 2007/08 eine Marktrücknahme, für deren frühzeitige Ankündigung analog zu 2006 die Kommission aber keine rechtliche Grundlage sah. Erst auf erheblichen Druck der Zuckerwirtschaft, die bei nachträglichen Quotenkürzungen mit erheblichen Planungsunsicherheiten und Problemen konfrontiert wäre, gab die Kommission die Rücknahme bereits im Februar 2007 bekannt. Sie beträgt 13,5%[99] (vgl. WVZ/VdZ 2007c; HELMKE 2007a: 56; WIEDENROTH 2007).

Nachdem die Kommission die Probleme und Gefahren einer nachträglichen Verkündung der Marktrücknahme (vgl. Kap. 5.3.3) erkannt hatte, legte sie zu ihrer praxisgerechteren Ausgestaltung im Frühjahr 2007 einen Vorschlag zur Änderung der Marktordnung vor, der vom Agrarministerrat im September 2007 beschlossen wurde. Danach erfolgt während der Übergangzeit bis einschließlich des Wirtschaftsjahres 2009/10 – in Anlehnung an die 2007/08 erfolgte Marktrücknahme – ein vorläufiger Rücknahmebeschluss jeweils bis Mitte März eines Anbaujahres (Produktionsschwelle), der im Oktober aufgrund jüngerer Erzeugungsangaben aktualisiert und gegebenenfalls modifiziert wird, so dass die Unternehmen den zurückzunehmenden Zuckert im Idealfall erst gar nicht produzieren. In Mitgliedsstaaten, welche bereits Quote zurückgegeben haben, ist – analog zu 2007/08 – der Rücknahmesatz geringer. Unbetroffen von den Rücknahmen ist der traditionelle, durch Präferenzeinfuhren gedeckte Versorgungsbedarf der Rohzuckerraffinerien (vgl. EUROPÄISCHE KOMMISSION 2007a: 5).

---

[99] Mitgliedsstaaten, die ihre Quote im Zuge des Restrukturierungsprozesses bereits zu 50% oder mehr aufgegeben haben, sind von der Marktrücknahme unbetroffen (Italien, Portugal, Griechenland; Irland, Lettland und Slowenien haben ihre Quote vollständig zurückgegeben). In Ländern, in denen die Rückgabe weniger als 50% beträgt (Tschechien, Spanien, Ungarn, Slowakei, Finnland und Schweden), reduziert sich die Rücknahme proportional zur bisherigen Quotenreduktion. Der volle Satz von 13,5% gereicht bei den Ländern zur Anwendung, die bisher noch überhaupt keine Quote an den Restrukturierungsfonds zurückgegeben haben (vgl. DZZ 2007a).

5.3.2.5 Außenschutz und Bedarf an Rohrohrzucker

Der Außenschutz des EU-Zuckermarktes erfolgt weiterhin durch **Zölle**. Zusätzlich zu einem sich nach den Bestimmungen des Gemeinsamen Zolltarifs bemessenden regulären Zoll kommen bei Überschreitung eines Auslösungsvolumens bzw. Unterschreitung eines Auslösungspreises weitere Schutzzölle hinzu (Artikel 26 und 27). Für den Fall, dass Drittlandsimporte, die unter das EBA-Abkommen fallen, ab dem Wirtschaftsjahr 2008/09 den Vorjahreswert um mehr als 25% übersteigen, werden **spezielle Schutzmaßnahmen** in die Wege geleitet. Diese liegen in der Rücknahme oder Aussetzung der Präferenz oder anderen Schutzhandlungen. Für die Unterbindung von SWAP-Geschäften, bei denen ein präferenziertes Entwicklungsland Zucker aus einem Drittland importiert, ihn selbst nur raffiniert und dann in die EU verkauft, sorgen **Ursprungsregeln**. Das AKP-Zuckerprotokoll besteht weiter fort, allerdings werden die Garantiepreise im selben Ausmaß wie der Referenzpreis für Rohzucker gesenkt.

Die **Versorgung der EU-Raffinerien mit Rohrohrzucker** wird weiter über Importe, vor allem im Rahmen von Präferenzabkommen, gedeckt. Der traditionelle Versorgungsbedarf wird auf jährlich 1 796 351 t festgesetzt und für die Wirtschaftsjahre 2006/07 bis 2008/09 auf Finnland (59 925 t), Frankreich (296 627 t), Großbritannien (1 128 581 t), Portugal (291 633 t) und Slowenien (19 585 t) aufgeteilt.

Die Einfuhrlizenzen für Rohrohrzucker erhalten bis einschließlich des Wirtschafsjahres 2008/09 nur Vollzeitraffinerien, ab 2009/10 können sie nach Ablauf der ersten drei Monate eines Wirtschaftsjahres auch von anderen Zuckerproduzenten genutzt werden (Artikel 29).

Exportsubventionen zur Aufrechterhaltung des inländischen Preisniveaus und zur Überschussvermarktung sind nur noch im Rahmen der von der WTO festgelegten mengen- und wertmäßigen Beschränkungen zulässig (Artikel 32 und 33).

5.3.3 Beurteilung einzelner Reformelemente sowie der Erreichung wichtiger Reformziele

Die Reform der ZMO bringt ebenso in Europa wie im Besonderen in Deutschland gravierende Konsequenzen und empfindliche Einschnitte für Zuckerindustrie und Rübenbauern mit sich. Bevor diese in Kap. 5.3.4 allgemein dargestellt werden, widmet sich dieses Kapitel der ökonomischen Beurteilung der einzelnen Reformelemente, vor allem des Restrukturierungsfonds, sowie der Frage, inwieweit wesentliche Ziele der Reform erreicht werden können.

Aus ökonomischer Sicht deutlich positiv zu beurteilen ist die Idee des Restrukturie-rungsfonds, der einer linearen Kürzung über alle Zuckererzeugungsregionen hinweg ordnungspolitisch vorzuziehen ist. Er bietet weniger wettbewerbsfähigen Regionen, in denen der Zuckerrübenanbau im Vergleich zu konkurrierenden Früchten in den letzten Jahren erheblich an Wettbewerbsfähigkeit verloren hat, eine Chance zum Ausstieg aus der Rüben- und Zuckerproduktion. Gleichzeitig – so die Idee – ermöglicht er den wettbewerbsstärkeren Regionen trotz empfindlicher Einkommenseinbußen und unter dem Zwang, strukturelle Anpassungsmaßnahmen durchzusetzen, die Beibehaltung des Zuckerrübenanbaus. Insgesamt wird der Prozess der Quotenrückgabe daher über ein wirkungsvolles Wettbewerbselement gesteuert (vgl. ZEDDIES 2006: 97 und 99).

Tatsächlich ist die Entwicklung des Restrukturierungsfonds aber bisher stark hinter den Erwartungen zurückgeblieben. Statt der erhofften 6 Mio. t, um welche die Ge-samtquote zurückgefahren werden sollte, kamen bisher (Wirtschaftsjahre 2006/07 und 2007/08) nur ca. 1,8 Mio. t zusammen (vgl. Abbildung 21).

Für diese schleppende Entwicklung zeichnen mehrere Ursachen verantwortlich. Zunächst hat die EU die Attraktivität des Zuckerrübenanbaus unterschätzt. In vielen als wettbewerbsschwach eingestuften Regionen erweist sich die Zuckerrübe trotz Preissenkungen häufig immer noch als die relativ vorzüglichste Ackerfrucht, so dass die Landwirte kaum bzw. nur wenige wirtschaftlich sinnvolle Alternativen zu ihr ha-ben (vgl. LW-Int. 5, 8; AB-Int. 4[100]). An mittleren und besseren Standorten ist die Re-strukturierungsprämie für die Landwirte zu gering. Vielen Regionen fällt bei den ur-sprünglich gebotenen Anreizen die Aufgabe der Zuckerproduktion somit schwer, was weiter dadurch verschärft wird, dass die Restrukturierungsbeihilfe 2008/09 auf 625 €/t und 2009/10 auf 520 €/t sinkt. Eine weitere Ursache liegt darin, dass einige Unterneh-men in wettbewerbsschwachen Regionen nicht den Umstand berücksichtigen, dass die Zuckererzeugung in ihren Ländern langfristig nicht wettbewerbsfähig sein wird, und durch Verzicht auf notwendige Abschreibungen sukzessive ihre Substanz verzehren. Problematisch ist ferner, dass die Quotenrückgabe bisher allein in den Händen der Zu-ckerfabriken lag und die Rübenbauern bislang nur wenig Anreize hatten, die Rübener-zeugung von sich aus einzustellen (vgl. ERNÄHRUNGSDIENST 2007e; SUGAR INDUSTRY/ZUCKERINDUSTRIE 2007d: 529; WVZ/VdZ 2007e: 86f.).

---

[100] In dieses Kapitel fließen Inhalte der durchgeführten Experteninterviews mit ein. Die bei dieser Ar-beit angewandte empirische Vorgehensweise und eingesetzte Interviewtechnik werden in Kap. 6.1.2 erläutert. Namen und Funktionen der interviewten Experten sowie Datum und Ort des Interviews sind in Anhang 2 aufgelistet.

Abbildung 21: Quoten und Quotenrückgabe an den Restrukturierungsfonds (Stand 2007)

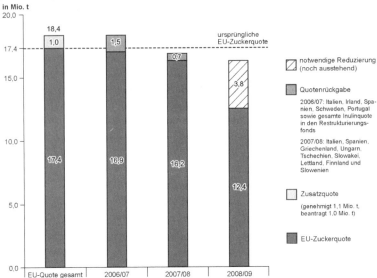

Quelle: DZZ 2007b, verändert.

Weiterhin verzögern einige Reglements der neuen ZMO selbst den Rückgabepro-zess. Für Verunsicherung bei den Zuckerproduzenten sorgte die Regelung, dass die Mitgliedsstaaten für die Landwirte einen Anteil an der Restrukturierungsprämie von mehr als 10% vorsehen können. Die Verarbeiter sahen sich daher mit dem Problem konfrontiert, entscheiden zu müssen, ob sich ein Antrag auf Restrukturierungsbeihilfe für sie lohnt, ohne genau zu wissen, wie viel sie erhalten bzw. an die Bauern abtreten müssen. In manchen Ländern wurde – politisch bedingt – der Bauernanteil stark nach oben getrieben. So mussten z.B. in Irland die Zuckererzeuger fast ein Drittel der Bei-hilfe den Landwirten zugestehen (vgl. SUGAR INDUSTRY/ZUCKERINDUSTRIE 2007c: 297; EUROPÄISCHE KOMMISSION 2007b).

Als heikel erweist sich auch die Anhebung der sog. Manövriermasse, welche Län-der zwischen ihren Unternehmen umverteilen können, von 10 auf 25% der Quote. Ei-nige Regierungen, die trotz schwacher Wettbewerbsposition ihrer Zuckerwirtschaft nicht wollten, dass die Zuckerproduktion aus ihren Ländern verschwindet, haben dies als Druckmittel eingesetzt. Sie drohten Unternehmen, die sich mit dem Gedanken trugen, einen Teil ihrer Quote in den Fonds zu geben, ihnen bis zu 25% ihrer Quote entschädigungslos zu entziehen, so dass diese es sich nicht leisten konnten, einen Antrag auf Restrukturierungsbeihilfe zu stellen. Weiterhin laufen bestimmte einzelstaatliche Sonderregelungen dem Ziel der Restrukturierung entgegen. So werden z.b. den finnischen Rübenbauern an die Erzeugung gekoppelte Hektarbeihilfen gewährt, was den Rübenanbau dort künstlich am Leben hält. Ohne diese Regelung hätte sich Finnland aus der Zuckerproduktion längst zurückgezogen. Letztlich waren solche Zugeständnisse an wettbewerbsschwächere Staaten aber notwendig, um in einer derart großen Gemeinschaft von Ländern mit so unterschiedlichen politischen Interessen sowie Produktions- und Anbaustrukturen wie der EU überhaupt einen Reformkompromiss zustande zu bringen (vgl. WVZ/VdZ 2007e: 87; IV-Int. 1).

Der Restrukturierung, im engeren Sinne der Reduzierung der Zuckermengen in Europa, letztlich völlig abträglich ist die Einführung der Zusatzquote von 1,1 Mio. t (vgl. Kap. 5.3.2.2), mit der die Kommission wiederum die Zustimmung zur Reform seitens wettbewerbsstärkerer, ehemals C-Zucker produzierender Länder „erkauft" hat (vgl. SOMMER 2007: 23).

Mit ihren jüngsten Vorschlägen aus dem Frühjahr 2007 macht die Kommission die Quotenrückgabe attraktiver (vgl. Kap. 5.3.2.3). So beläuft sich der Beihilfebetrag für die Zuckerfabriken im Wirtschaftsjahr 2008/09 auf 90% der Restrukturierungsprämie in Höhe von 625 €/t (= 562,50 €/t) und kann sich durch Einfrieren des Bauernanteils auf 10% nicht nach unten entwickeln. Hinzu kommt die für das Wirtschaftsjahr 2007/08 innerhalb der zurückgenommenen Quote erlassene Strukturabgabe von 173,80 €/t. Dies stellt einerseits eine bedeutende Kostenentlastung für die Zuckerindustrie, andererseits eine spürbare Anreizverbesserung zur freiwilligen Quotenrückgabe dar. Besitzt z.B. ein Unternehmen 2007/08 eine Zuckerquote von 500 000 t und tritt es mit Wirkung zum Wirtschaftsjahr 2008/09 13,5% seiner Quote (67 500 t) ab, spart es im Wirtschaftsjahr 2007/08 rund 11,7 Mio. € an Strukturabgabe[101].

---

[101] Hierbei ist zu bemerken, dass die 173,80 €/t Zucker kein Betrag sind, den die Unternehmen aus dem Fonds erhalten, sondern den sie lediglich sparen bzw. nicht hineinzahlen müssen. Da die Strukturabgabe – zum Ärgernis der Zuckerindustrie – nicht auf die tatsächlich produzierte Menge, sondern die Gesamtquote, also auf auch temporär aus dem Markt genommene Mengen, erhoben wird, steht ihr kein auf dem Markt erzielter Zuckererlös gegenüber. Die Befreiung von der Strukturabgabe auf die 13,5%ige Marktrücknahme wird von der Zuckerindustrie daher nicht als zusätzliche Beihilfe bzw. Ausgleich, sondern als „erlassener Strafzoll" gewertet (vgl. SZ-Int. 1, 2).

Rechnet man Restrukturierungsprämie (562,50 €/t) und erlassene Strukturabgabe (173,80 €/t) zusammen, ergibt sich eine Summe von über 736 €/t. Beim deutschen Unternehmen Südzucker z.b. betrug der Deckungsbeitrag je Tonne Zucker in „guten" Zeiten ca. 100 €. Eine aufgegebene würde demnach mehr als das siebenfache einer produzierten Tonne Quotenzucker einbringen. In der Konsequenz werden daher fast alle verbleibenden Zuckerunternehmen der EU „gezwungen" sein, „freiwillig" Quoten aufzugeben (vgl. HELMKE 2007b: 117; LW-Int. 2).

Falls ein Zuckerunternehmen von sich aus keine Quote zurückgibt, kann die Initiative künftig auch von den Landwirten ausgehen. Diese können bis zu 10% der Unternehmensquote direkt an den Restrukturierungsfonds abgeben und erhalten dafür 2008/09 eine einmalige Prämie von 300 €/t Zucker (= 237,50 €/t + 62,50 €/t[102]) bzw. 45 €/t Rüben, was zusätzlichen Druck ausübt. Denn in einzelnen Ländern (z.B. Spanien) waren zwar die Landwirte zur Einstellung des Rübenanbaus bereit, was aber seitens der Unternehmen abgelehnt wurde, die an der Zuckererzeugung festhalten und keine Quote in den Fonds geben wollten (vgl. LW-Int. 7).

Hinzu kommt, dass freiwillige Rückgaben auf eine dauerhafte Kürzung anrechenbar sind, d.h. die endgültige Quotenreduktion ohne Beihilfen („final cut") nur dann geringer ausfällt, wenn bereits vorher Quoten freiwillig gegen Beihilfengewährung abgegeben worden sind, was ein vorzeitiges Zurückgeben nochmals um einiges attraktiver macht (vgl. BICKERT 2007a: 68; HELMKE 2007b: 117). Denn aus Sicht der Zuckerindustrie ist es sinnvoller, bereits frühzeitig auf lukrativ abgefundene Quoten zu verzichten, als später eine größere Reduktion ohne jegliche Entschädigung hinzunehmen.

Die Nachbesserungsvorschläge beziehen sich ferner auf die Überarbeitung des Instruments der temporären Marktrücknahme (vgl. Kap. 5.3.2.4), die von der Reform handwerklich ursprünglich schlecht geregelt war. Wird die Marktrücknahme – wie anfänglich vorgesehen – erst nachträglich verkündet, hätte die Zuckerwirtschaft mit erheblichen Planungsunsicherheiten zu kämpfen, weil die Zuckerindustrie nicht weiß, wie viel Zucker sie genau produzieren darf bzw. die Landwirte im Unklaren sind, wie viel sie dafür aussäen müssen. Ein besonderes Risiko liegt ferner darin, dass sich die Rücknahme nicht auf die Quote, sondern die innerhalb der Quote erzeugte Menge bezieht. Ein Unternehmen, das in Spekulation über eine Marktrücknahme, aber ohne entsprechende Ankündigung seitens der EU, seine Zuckerproduktion vorsorglich drosselt, wird doppelt bestraft. Wenn ein Erzeuger beispielsweise eine Quote von 100 000 t hat

---

[102] 10% der im Wirtschaftsjahr 2008/09 geltenden Restrukturierungsbeihilfe in Höhe von 625 €/t.

und – in Erwartung einer zehnprozentigen Marktrücknahme – diese bereits frühzeitig um 10% reduziert, steht es vor dem Problem, dass sich eine im Herbst tatsächlich beschlossene Rücknahme von 10% dann nicht auf die Quote von 100 000 t, sondern auf die bereits reduzierte Menge von 90 000 t bezieht, so dass letztlich nur noch 81 000 t verbleiben (vgl. LANGENDORF 2006a: 299; IV-Int. 1).

Eine spiegelbildliche Gefahr besteht für die Landwirte. Schränken sie bereits frühzeitig ihre Anbaufläche ein und verkündet die Kommission im Herbst eine entsprechende Rücknahme, wirkt sich das auch für sie doppelt nachteilig aus. Denn zusätzlich zur bereits erfolgten Anbaueinschränkung werden ihre Lieferrechte im nächsten Wirtschaftsjahr um die zurückgenommene und ins Folgejahr übertragene überschüssige Zuckermenge gekürzt.

Ein weiteres Problem stellen die hohen Lagerkosten dar, da der zuviel produzierte und aus dem Markt genommene Zucker von den Erzeugern auf eigene Kosten einzulagern ist (vgl. DLG-MITTEILUNGEN 2007: 79; RAUPERT 2007: 20). Deshalb ist der Vorschlag der Kommission, die temporäre Quotenkürzung nicht nachträglich, sondern als vorbeugende Maßnahme vorzunehmen und so frühzeitig anzukündigen, dass Zuckerindustrie und Landwirte sich bereits vor Aussaat darauf einstellen können und der Zucker erst gar nicht produziert wird (vgl. Kap. 5.3.2.4), sowohl aus betriebs- als auch gesamtwirtschaftlicher Perspektive sinnvoll.

Insgesamt werden sich aufgrund der oben beschriebenen Verbesserung der Anreize zur Quotenrückgabe an den Fonds der Restrukturierungsprozess zwar merklich beschleunigen und – nach Ansicht der EU-Kommission – die noch fehlenden Rückgabemengen von 3,8 Mio. t zusammenkommen. Dies führt aber gleichzeitig – anders als ursprünglich angestrebt – auch in wettbewerbsstarken Ländern (z.B. Deutschland, Frankreich, Polen) zur teilweisen Aufgabe von Produktionsquoten, womit ein wesentliches Teilziel der Reform, nämlich der Erhalt bzw. die Stärkung der Zuckerwirtschaft in wettbewerbsfähigen Gunstregionen, verfehlt werden dürfte. Hinzu kommt, dass – sofern trotz der Erhöhung der Rückgabeanreize immer noch ein gewisser Kürzungsbedarf verbleibt – dieser entschädigungslos über eine lineare Kürzung über alle Mitgliedsländer hinweg abzubauen sein wird („Rasenmähermethode"), worunter wettbewerbsstärkere Erzeuger abermals zu leiden hätten (vgl. HELMKE 2007a: 57; WVZ/VdZ 2007e: 87; GEBHARD 2007b; EUROPÄISCHE KOMMISSION 2007d).

Dem Ziel, den europäischen Zuckermarkt näher an den Weltmarkt heranzuführen und international wettbewerbsfähiger zu machen, kommt man mit den reformbedingten Preiskürzungen zwar einen Schritt näher. Doch wird der EU-Zuckerpreis auch nach der Reform noch das Doppelte des Weltmarktpreises betragen (vgl. SCHMIDT 2005b: 146). Damit ist und bleibt die EU in der Zuckererzeugung international kaum konkurrenzfähig.

Ein weiteres Ziel, die Verankerung des allgemeinen Reformkurses in der Gemeinsamen Agrarpolitik auch auf dem Zuckermarkt, gilt dagegen als weitgehend erfüllt. Die im Zuckerrübenanbau bislang ausschließlich preislich ausgerichtete Einkommenspolitik soll teilweise von der Allokationsfunktion der Preise getrennt und von produktionsentkoppelten Direktzahlungen übernommen werden. Die Reform sieht eine kontrollierte Transformation mit mehr Wettbewerb vor, welche die Sonderstellung des Zuckerrübenanbaus schrittweise aufhebt (vgl. SCHMIDT 2005b: 145; ZEDDIES 2006: 99).

Von einer Senkung der marktordnungsbedingten Kosten kann indes keine Rede sein, da das neue, reformierte System den Steuerzahler teurer kommt als die alte ZMO. Vor der Reform schlugen im EU-Haushalt vor allem die Subventionen für den Reexport des AKP-Zuckers und sonstige Beihilfen (u. a. zur Raffinierung von Rohrohrzucker) zu Buche, während die Exportsubventionen für den überschüssigen Quotenzucker im Rahmen von Produktionsabgaben von der Zuckerwirtschaft selbst aufgebracht wurden (vgl. Kap. 5.2.1.3). Zwar führt die Reform durch die Senkung der Präferenzpreise für AKP-Rohrohrzucker – in Abhängigkeit von der Höhe des Weltmarktpreises – zu einem verringerten Bedarf an Exportsubventionen[103]. Aber mit den aus dem allgemeinen Agrarhaushalt finanzierten Preisausgleichszahlungen an die Bauern wird ein neuer Haushaltsposten eröffnet, den es vorher nicht gab. Gleichzeitig betragen die Einnahmen aus der Produktionsabgabe künftig nur noch 12 €/t und gehen zusammen mit der Quotenrückgabe an den Fonds zurück. Insgesamt stehen mit der Reform der ZMO damit steigende Ausgaben sinkenden Einnahmen gegenüber. Schätzungsweise werden sich die Nettokosten für den Zuckermarkt deshalb von 833 Mio. € im Jahr 2000 auf über 1,6 Mrd. € im Jahr 2010 nahezu verdoppeln. Zusätzlich dürfte durch die nationale Kofinanzierung bestimmter Diversifikationsmaßnahmen auch eine Haushaltsbelastung für die einzelnen EU-Mitgliedsstaaten entstehen. Die Kosten für die Restrukturierung des Zuckermarktes in Form der Restrukturierungsbeihilfen sind indes haushaltsneutral, weil ihre Deckung über die bei den Unternehmen erhobene Strukturabgabe erfolgt (vgl. BUNTZEL/DRÄGER DE TERAN 2006: 14f.).

---

[103] Der Weltmarktpreis ist der Unsicherheitsfaktor bei der Berechnung der Exportsubventionen. Liegt er niedrig, sind umso mehr Mittel zur Subventionierung der Ausfuhren notwendig und umgekehrt.

Ebenfalls nicht in Erfüllung gehen dürfte das Ziel einer deutlichen Senkung der Verbraucherpreise für Zucker und zuckerhaltige Nahrungsmittel. Denn die Reformauswirkungen für den Verbraucher halten sich in Grenzen. Im Bereich Haushaltszucker wird die Senkung des Zuckerpreises zwar mehr oder minder im gleichen Umfang an den Verbraucher weitergegeben – dies jedoch erst nach dem Wirtschaftsjahr 2008/09, da die Zuckererzeuger die bis dahin zu zahlende Strukturabgabe auf den Verbraucher abwälzen (vgl. ROOSEN 2005: 168; IZZ 2006b). Die Preissenkungen für zuckerhaltige Verarbeitungsprodukte, auf die ca. drei Viertel des Gesamtzuckerverbrauchs entfallen, dürften indes wesentlich geringer ausfallen. Zwar wird die Zucker verarbeitende Industrie aller Voraussicht nach gezwungen sein, die Preissenkungen an den Einzelhandel, dessen Verhandlungsmacht aufgrund von Konzentrationsprozessen in den letzten Jahren beträchtlich gestiegen ist, weiterzugeben. Dies bedeutet jedoch nicht, dass die Konsumenten im gleichen Ausmaß davon profitieren. Denn bei vertikalen Preistransmissionsprozessen, d.h. der Weitergabe von Preisänderungen über die Verarbeitungsstufe und den Großhandel hin zum Einzelhandel, lässt sich beobachten, dass sich Preissenkungen bei Rohprodukten nicht zeitgleich und im gleichen Umfang in den jeweiligen Einzelhandelspreisen niederschlagen. Häufig wird dies reflexartig auf den Missbrauch von Marktmacht zurückgeführt, kann aber auch andere Ursachen haben (vgl. CRAMON-TAUBADEL 2005: 74f.):

> Fällt der durch die Preisanpassung erwartete Nutzen, z.B. ein höherer Gewinn, geringer aus als die sog. **Menükosten**, d.h. die Transaktionskosten, die anfallen, wenn die Preise geändert und dem Kunden kommuniziert werden (z.B. durch neue Preisetiketten oder Preislisten), erfolgt die Preisanpassung erst dann, falls sie aus saisonalen Gründen oder wegen zusätzlicher Preisänderungen unumgänglich ist.

> Aufgrund **psychologischer Preise** – sie enden für gewöhnlich mit den Ziffern 9 oder 99 – nimmt der Einzelhandel Preisanpassungen erst dann vor, sobald durch Änderung anderer Kostenfaktoren eine Anhebung oder Senkung auf die nächste 9er Ziffer gerechtfertigt ist.

> **Sonderaktionen und Sonderpreise** können zur Veränderung der Endproduktpreise führen, die nichts mit einer Änderung der Produktionskosten zu tun hat.

> Halten Verarbeiter größere Mengen eines Rohstoffs auf **Lager,** verbilligen sich die Preise erst, wenn der Rohstoff (z.B. Zucker) zum gesunkenen Preis erneut eingekauft wird.

> Das **Zusammenspiel mehrerer Inputpreisänderungen** kann die Preisänderung bei einem Rohstoff relativieren. Sinkt der Zuckerpreis und verteuern sich z.B.

gleichzeitig die Preise für Rohkakao sowie die Energie- und Arbeitskosten, bleibt beispielsweise der Preis für eine Tafel Schokolade gleich oder steigt sogar[104].

Neben diesen Effekten besteht die Frage, ob der Einzelhandel Preissenkungen überhaupt an den Verbraucher weitergibt, die sich aber nur im Kontext der gesamten Wettbewerbssituation im Einzelhandelssektor beantworten lässt. Doch selbst wenn die Preissenkung proportional ausfällt, d.h. die Zuckerpreissenkung an den Verbraucher 1:1 weitergegeben wird, ist die Entlastung spürbar gering. Wie in Kap. 5.2.4 beschrieben, würde eine Senkung des administrierten Zuckerpreises in der EU-25 um ein Drittel zu einer Pro-Kopf-Entlastung von 7,20 € jährlich führen. Hiervon entfielen 1,24 € auf Haushaltszucker und 5,96 € auf zuckerhaltige Nahrungsmittel. Bräche man letzteren Betrag auf einzelne Produktgruppen herunter, würde der Verbraucher je 100 g bzw. 100 ml zuckerhaltiges Endprodukt bei Schokolade 0,9 Cent, bei Marmelade 1,4 Cent und bei Limonade 0,1 Cent sparen. Diese verschwindend geringen Preissenkungen machen deutlich, dass der Kostenanteil des Zuckers am Endprodukt vergleichsweise gering ist, auch wenn das Produkt einen hohen Zuckeranteil aufweist (vgl. NÖHLE 2005: 161).

Insgesamt werden – sieht man vom eigentlichen Hauptanliegen der Reform, nämlich der WTO-konformen Umgestaltung der EU-Zuckermarktpolitik, ab – die von der EU an die Reform geknüpften Zielsetzungen nur teilweise erreicht. Mit dem Restrukturierungsfonds kommt man der Schaffung effizienterer, wenn auch nach wie vor international nicht wettbewerbsfähiger Produktionsstrukturen einen Schritt näher. Dies geht jedoch auch zu Lasten wettbewerbsstarker Erzeugerregionen, an denen – was ursprünglich vermieden werden sollte – der Prozess der Quotenrückgabe nicht spurlos vorbeigeht.

Das Ziel der Integration der Zuckerwirtschaft in den allgemeinen agrarpolitischen Reformprozess gilt zwar als weitgehend erfüllt. Die reformierte ZMO belastet den EU-Haushalt aber stärker als das alte System. Auch von einer deutlichen Senkung der Zuckerverbrauchspreise kann nicht die Rede sein. So gesehen wirkt sich die Neuordnung der EU-Zuckermarktpolitik für den EU-Bürger eher nachteilig aus: Während die

---

[104] Um die vertikalen Preistransmissionseffekte bei Zucker verlässlich messen zu können, bräuchte man ein umfangreiches Datenmaterial in Form von Zeitreihen über Preise und Mengen aller für die Preisbildung eines Endprodukts eine Rolle spielender Inputs, welche aber nicht einmal ansatzweise von Zuckerindustrie, Zuckerverwendern oder Einzelhandel zur Verfügung gestellt werden (vgl. CRAMON-TAUBADEL 2005: 78).

ZMO-Reform ihn in seiner Eigenschaft als Steuerzahler mehr belastet, wird er in seiner Funktion als Verbraucher über die geringe Preisreduzierung nur mäßig entlastet.

Es stellt sich abschließend die Frage, ob sich der protektionistische Grundcharakter der EU-Zuckermarktpolitik durch die Reform geändert hat. Hierzu sei nochmals an die drei Hauptmerkmale einer protektionistischen Agrarpolitik erinnert: Die künstliche Verzerrung der Agrarpreise, die Absicherung eines hohen inländischen Preisniveaus durch handelshemmende Maßnahmen sowie die Diskriminierung ausländischer Produzenten auf dem eigenen und auf Drittmärkten (vgl. Kap. 3.1.2 und Kap. 5.2.3.1).

Die **künstliche Verzerrung der Agrarpreise** besteht künftig nur noch in Richtung Weltmarkt, da die EU ihren internen Referenzpreis für Zucker zwar deutlich senkt, dieser aber auch nach der Reform noch das Doppelte des Weltmarktpreises betragen wird, sofern letzterer nicht deutlich steigt, wofür es im Augenblick aber keinerlei Anzeichen gibt. Anders sieht es mit den Binnenpreisverhältnissen aus. So ist der gegen die ZMO erhobene Vorwurf, die Preise für Zuckerrüben machten ein Vielfaches derer für alternative Kulturen aus und verfälschten den Wettbewerb zwischen den Ackerfrüchten selbst, durch die fast 40%ige Senkung des Zuckerrübenmindestpreises deutlich entkräftet.

Was den **Einsatz handelshemmender Maßnahmen zur Preisabsicherung** angeht, muss man zwischen Import- und Exportseite differenzieren. Auf der Einfuhrseite besteht das restriktive Importregime der alten ZMO unverändert fort. Prohibitiv hohe Zölle schützen Europas Zuckerproduzenten und Landwirte vor der überlegenen Auslandskonkurrenz (vor allem Brasilien) und unterbinden ein Übergreifen der Preisschwankungen des Weltmarktes auf den Binnenmarkt. Anders ist es um die Ausfuhrseite bestellt. Der Vorwurf, die EU subventioniere ungerechtfertigt ihre Exporte, ist durch das C-Zuckerexportverbot und die strenge Limitierung überschüssiger Quotenzuckerexporte auf ca. 1,4 Mio. t jährlich vom Tisch. Die EU beeinflusst damit nur noch unwesentlich Angebots- und Preissituation auf dem Weltmarkt.

Die **Diskriminierung ausländischer Produzenten** ist ebenfalls in zweifacher Hinsicht zu bewerten. Nach wie vor räumt die EU nur bestimmten Entwicklungsländern einen präferenziellen Zugang zum EU-Binnenmarkt ein – wenn auch durch das EBA-Abkommen einer erweiterten Gruppe von Ländern (vgl. Kap. 5.2.2.3). Alle nichtpräferenzierten Drittländer sind aufgrund hoher Zollschranken vom Binnenmarkt abgeschnitten. Die Diskriminierung auf Drittmärkten ist durch den weitgehenden Rückzug der EU aus dem Exportgeschäft dagegen kein Thema mehr.

Zusammengenommen lässt sich feststellen, dass auf der Ausfuhrseite (offensiver Protektionismus) ein weitgehender Protektionsabbau stattgefunden, sich auf der Einfuhrseite (defensiver Protektionismus) aber nichts grundlegendes geändert hat. Der durch die Reform initiierte Liberalisierungsprozess beschränkt sich damit fast ausschließlich auf das Exportregime.

5.3.4 Allgemeine Auswirkungen der Reform

Die Reform der ZMO hat weitgehende, zum Teil gravierende Auswirkungen zur Folge, welche sich auf den verschiedenen räumlichen Maßstabsebenen von Zuckerwirtschaft und -handel unterschiedlich auswirken. In diesem Kapitel werden zunächst die Außenwirkungen der Reform auf den Weltmarkt und Zucker erzeugende Drittländer erörtert, bevor sich eine Analyse der Binnenwirkung auf der supranationalen und nationalen Ebene, d.h. der Konsequenzen für die europäische und deutsche Zuckerwirtschaft, anschließt[105].

5.3.4.1 Auswirkungen auf Weltmarkt und Drittländer (Außenwirkung)

Bis zur Reform der ZMO war die EU der zweitgrößte Exporteur von Zucker auf dem Weltmarkt. Kritiker der alten Zuckermarktpolitik der EU erhoben immer wieder den Vorwurf, dass eine derart bedeutende Exportstellung nicht der natürlichen Wettbewerbsposition der EU entspräche, sondern einer Quersubventionierung zwischen den Zuckerpreisen unter der alten ZMO geschuldet sei. Über ihre subventionierten Exporte vergrößere die EU – so der maßgebliche Kritikpunkt – das Zuckerangebot auf dem Weltmarkt und trage damit zu den niedrigen Weltmarktpreisen bei (vgl. Kap. 5.2.3.1).

Die Reform der EU-ZMO sieht daher als wichtigstes Ziel eine drastische Senkung der Produktionsmengen und damit die Einstellung der Ausfuhren überschüssigen Quotenzuckers vor. Denn insgesamt erlaubt die WTO der EU nur noch den Export von jährlich 1,374 Mio. t, was gegenüber dem Wirtschaftsjahr 2005/06, indem noch 7,2 Mio. t ausgeführt wurden, ein Minus von über 80% bedeutet. Doch auch diese zugestandene Menge ist vor dem Hintergrund zukünftiger WTO-Verhandlungen keineswegs sicher (vgl. Kap. 5.2.5) und wird von der EU mit dem Verweis auf knappe Haus-

---

[105] Dabei ist zu berücksichtigen, dass die Reform erst seit 1. Juli 2006 und damit – vom Zeitpunkt der Erstellung dieser Arbeit aus betrachtet – nur seit kurzer Zeit in Kraft ist und sich ihre Auswirkungen erst allmählich bemerkbar machen bzw. in Gänze in letzte Konsequenz noch nicht absehen lassen.

haltmittel nicht vollständig ausgeschöpft. Die Ausfuhr des über die Quote hinausgehenden C-Zuckers hat die WTO indes völlig untersagt.

Bedingt durch diesen weitgehenden Rückzug der EU aus dem Exportgeschäft hätte
es – so die Auffassung etlicher Experten – eigentlich zu einer Verknappung des Zuckerangebots auf dem Weltmarkt und einer entsprechenden Erhöhung der Weltmarktpreise – je nach Schätzung um 5-20% – kommen müssen (vgl. LMC INTERNATIONAL
2003: A17; BUNTZEL/DRÄGER DE TERAN 2006: 42). Tatsächlich ist die weitgehende
Export-Abkehr der EU bisher aber ohne größeren Einfluss auf den Weltmarkt geblieben.

So stellt sich die Frage, ob das Ausscheiden der EU als bedeutender Zuckerexporteur überhaupt zu einem Angebotsrückgang auf dem Weltmarkt führen kann. Denn die
Ausfuhrlücken, welche die EU hinterlässt, werden voraussichtlich andere große Zuckererzeuger schließen und sich die internationalen Handelsströme den neuen Rahmenbedingungen entsprechend anpassen. So erfolgt z.B. die Belieferung der Länder
des Nahen Ostens und Nordafrikas, die bisher die Hauptabnehmerländer der EU-
Weißzuckerexporte waren, bereits seit Beginn der ZMO-Reform mit brasilianischem,
thailändischem, aber auch malayischem Rohrohrzucker. Der Ausfall der EU als Weiß-
zuckerlieferant hat in diesen Ländern einen Investitionsboom in Rohzuckerraffinerien
ausgelöst, so dass die Raffinierungskapazitäten von ca. 5-6 Mio. t (2006) auf 11-14
Mio. t in wenigen Jahren ausgebaut werden könnten. Die EU muss sich dagegen künftig – sofern Exportlizenzen vorliegen – mit der Belieferung kleinerer Länder wie der
Schweiz und Norwegen begnügen (vgl. BURISCH 2006 und 2007; SZ-Int. 9[106]).

Als Nutznießer der ZMO-Reform gelten in erster Linie wenige große, für den
Weltmarkt produzierende Zuckererzeuger wie Australien, Thailand und vor allem Brasilien. Gerade in Brasilien stehen große Flächenreserven und ein exorbitantes Erzeu-
gungspotenzial zur Verfügung. Hinzu kommen geringe Löhne und niedrige Umwelt-
standards (vgl. Exkurs 5) sowie die allgemeinen wirtschaftlichen Vorteile der Rohrzuckerproduktion (vgl. Kap. 4.1.3), so dass die brasilianische Rohrzucker- der europäischen Rübenzuckererzeugung weit überlegen ist (vgl. Kap. 4.2.4). Von Bedeutung ist
auch, dass Brasilien seine Zuckererzeugung noch ohne steigende Grenzkosten ausbau-
en kann, da es beliebig zwischen Zucker- und Ethanolerzeugung umstellen kann (vgl.

---

[106] In dieses Kapitel fließen Inhalte der durchgeführten Experteninterviews mit ein. Die bei dieser Arbeit angewandte empirische Vorgehensweise und eingesetzte Interviewtechnik werden in Kap. 6.1.2
erläutert. Namen und Funktionen der interviewten Experten sowie Datum und Ort des Interviews sind
in Anhang 2 aufgelistet.

LFL 2007a: 208; BUNTZEL/DRÄGER DE TERAN 2006: 42; SOMMER 2007: 21; BUSSE/JEROSCH 2006: 106f.; Kap. 4.2.3).

Festzustellen bleibt, dass die drastische Produktionsdrosselung in der EU und die starke Reduktion der subventionierten Exporte nicht zu einem Rückgang des weltweiten Angebots und zur Erhöhung der Weltmarktpreise führen, da die Produktionskapazitäten und -potenziale anderer Zuckererzeuger so groß sind, dass diese die Exportausfälle der EU leicht kompensieren. Die Preisentwicklung auf dem Weltmarkt wird eher durch andere Mechanismen wie den Rohölpreis, Spekulationsgeschäfte und Erntebedingungen in wichtigen Erzeugerländern bestimmt (vgl. Kap. 4.2.3).

Das Ausscheiden der EU als zweitgrößter Exporteur verschärft allerdings die Abhängigkeit Zucker importierender Staaten von den verbleibenden Exportländern, insbesondere Brasilien. Damit nimmt in diesen Ländern das Risiko schwankender Exportmengen infolge witterungsbedingter Ernteeinbrüche und politischer Entscheidungen zu (vgl. BURISCH 2006; Kap. 4.2.2).

Auch die EU selbst macht sich aufgrund des gravierenden Produktionsrückgangs in geringem Ausmaß von Importen abhängig. So errechnete das US-Landwirtschaftsministerium für das erste Jahr nach der Reform einen Rückgang der Gemeinschaftserzeugung um knapp ein Viertel auf ca. 16,5 Mio. t, denen ein Verbrauch von ca. 17,4 Mio. t gegenübersteht, was Importe von ca. 1 Mio. t erfordern würde (vgl. SUGAR INDUSTRY/ZUCKERINDUSTRIE 2006a).

Im Gegensatz zu den Weltmarktpreisen zeigt die Reform der ZMO allerdings bedeutende Auswirkungen auf die Exportaktivitäten der Entwicklungsländer. Während davon auszugehen ist, dass diese – insgesamt betrachtet – von der Reform der EU-Zuckermarktpolitik profitieren werden, fallen die Auswirkungen für die einzelnen Länder – in Abhängigkeit der länderspezifischen Zuckerhandelsbilanz, des Präferenzstatus sowie Produktionskosten und -struktur – jedoch sehr unterschiedlich aus (vgl. BRÜNTRUP 2005: 2; BRÜNTRUP/LANJE 2006: 3).

Zu den Gewinnern der Reform zählen – wie beschrieben – die großen Nettozuckerexporteure wie Brasilien und Thailand. Doch auch kleinere Entwicklungsländer wie Guatemala oder Kolumbien gewinnen durch das Freiwerden von Drittlandsmärkten, die vormals die EU beliefert hat (u. a. im Mittleren Osten und Südostasien) zusätzliche Absatzmöglichkeiten (vgl. BUNTZEL/DRÄGER DE TERAN 2006: 50; BRÜNTRUP 2005: 2).

Stark negativ von der Reform getroffen werden dagegen die Länder des AKP-Zuckerprotokolls (vgl. Kap. 5.2.2.3). Auch wenn nur ein Prozent der weltweiten Zuckererzeugung auf diese Länder entfällt, bildet die Zuckerwirtschaft dort häufig einen ökonomischen Schwerpunkt. Ca. 300 000 Arbeitsplätze hängen direkt, mehrere hunderttausend indirekt von der Zuckerproduktion ab. Die AKP-Länder exportieren im Durchschnitt 40% ihrer Zuckerproduktion in die EU und aufgrund der hohen garantierten Abnahmepreise stammen bisweilen über 70% ihrer Zuckerexporterlöse aus dem Handel mit der EU (vgl. EUROPÄISCHE KOMMISSION 2005c: 4; CPE 2005; ACP-GROUP 2005). Zwar bleibt die AKP-Einfuhrgarantie mit der Reform bestehen, jedoch wird der Garantiepreis für präferenzielle Rohrzuckerimporte bis zum Wirtschaftsjahr 2009/10 um 36% gesenkt. Zu dem dann gültigen Preis (335,20 €/t) dürften einige AKP-Staaten (Mauritius, Madagaskar, Kenia, Elfenbeinküste, VR Kongo, Trinidad & Tobago, St. Kitts & Nevis und Jamaika) nicht mehr kostendeckend produzieren können und als EU-Exporteure ausscheiden. Die Folge wird eine Umverteilung der Lieferrechte zwischen den AKP-Staaten sein. Voraussichtlich erfüllen aus dieser Gruppe dann nur noch wenige, besonders kostengünstig produzierende Länder wie Simbabwe, Swasiland, Fidschi, Belize und Guyana die 1,3 Mio. t AKP-Quote (vgl. BUNTZEL/DRÄGER DE TERAN 2006: 45; BUSSE/JEROSCH 2006: 106).

Der volkswirtschaftliche Verlust für die AKP-Zuckerprotokollstaaten – ausgedrückt im Rückgang der Exporterlöse, der Devisen- und Staatseinnahmen sowie der Beschäftigung im ländlichen Raum – wird in Abhängigkeit von der gesamtwirtschaftlichen Bedeutung der Zuckerexporte in die EU in den einzelnen Ländern sehr unterschiedlich ausfallen. Insgesamt rechnet man wegen der preislichen Entwertung der Garantiequoten (Präferenzerosion) mit einem Verlust von 400-500 Mio. €, denen nur 40 Mio. € an Kompensation im Rahmen der seitens der EU initiierten nationalen Aktionspläne gegenüber stehen (vgl. BRÜNTRUP 2005: 3; Kap. 5.3.2.2).

Eine weitere Gruppe von Entwicklungsländern, welche durch die Reform unmittelbar betroffen ist, sind die am wenigsten entwickelten Länder (LDC). Diese erhalten im Rahmen der EBA-Initiative ab dem Wirtschaftsjahr 2009/10 unbeschränkten zollfreien Zugang zum EU-Binnenmarkt (vgl. Kap. 5.2.2.3). Gleichzeitig tritt zu diesem Zeitpunkt jedoch die letzte Senkungsstufe des Referenzpreises für Rohzucker in Kraft, zu dem – ähnlich den AKP-Ländern – nur wenige LDC-Staaten kostendeckend produzieren und Zucker in die EU exportieren dürften. Hinzu kommt manchenorts eine schlechte Verkehrsinfrastruktur, damit verbundene hohe Binnentransportkosten sowie unzureichende logistische Einrichtungen, wie z.B. ungeeignete Umschlagplätze, die nicht den Anforderungen an eine exportorientierte Rohzuckerwirtschaft entsprechen (vgl. BUNTZEL/DRÄGER DE TERAN 2006: 48f.; UNCTAD 2005: 32; SOMMER 2002: 41; BUSSE/JEROSCH 2006: 107).

Zu den wettbewerbsfähigsten LDC-Ländern, die als potenzielle EU-Exporteure in Frage kommen, gehören Äthiopien, Malawi, Mosambik, Sambia und Sudan. Tendenziell dürften diese Länder ihre Exporte in die EU umlenken. Sie könnten sogar – bei sehr niedrigen Weltmarktpreisen – ihre ganze Produktion in die EU exportieren und ihren eigenen Bedarf durch Weltmarktimporte decken. Schätzungen gehen davon aus, dass im Wirtschaftsjahr 2009/10 bei den dann geltenden Rohzuckerreferenzpreisen ca. 1,4 Mio. t Zuckerexporte aus den LDC-Ländern auf den Gemeinschaftsmarkt gelangen könnten (vgl. BUNTZEL/DRÄGER DE TERAN 2006: 48f.; USDA/FAS 2005: 6f.; FAL 2005: 10; MARTIN 2007: 5).

5.3.4.2 Auswirkungen für die europäische und deutsche Zuckerwirtschaft (Binnenwirkung)

Insgesamt gesehen kommen durch die Reform der ZMO auf die europäische und deutsche Zuckerindustrie sehr schmerzhafte Einschnitte zu, da sich die Senkung der Zuckerpreise und die Reduzierung der Produktionsmenge in ihrer kontraktiven Wirkung gegenseitig verstärken.

Die Quotenzuckererzeugung soll EU-weit von jährlich 18,5 Mio. t (inklusive Zusatzquote) um rund 6 Mio. t auf ca. 12,5 Mio. t sinken. Hinzu kommt durch das von der WTO verfügte Exportverbot für C-Zucker die Einschränkung der Verarbeitungsmenge um den bisherigen C-Zuckeranteil, welcher im Wirtschaftsjahr 2005/06 bei rund 3 Mio. t lag. Zusammengenommen dürfte sich bis zum Wirtschaftsjahr 2009/10 die Produktionsmenge damit um fast 8 Mio. t bzw. 40% verringern (vgl. Kap. 5.3.1).

Gegenüber dem Wirtschaftsjahr 2005/06, in dem insgesamt noch 20,4 Mio. t Zucker erzeugt wurden, hat sich in 2006/07 die gesamte Erzeugungsmenge der EU um rund 18% auf ca. 16,7 Mio. t reduziert (vgl. Kap. 4.3.1). Parallel dazu ging die Rübenanbaufläche von 2,17 Mio. ha um mehr als 19% auf 1,75 Mio. ha zurück (vgl. WVZ/VdZ 2007b und 2007h). In Deutschland reduzierte sie sich im gleichen Zeitraum von ca. 419 000 ha auf rund 366 000 ha, was einem Minus von 14% entspricht (vgl. VSZ 2007a: 187).

Maßgeblich zu diesem Rückgang hat neben der Einschränkung der Exportproduktion die temporäre Marktrücknahme beigetragen, mit der die EU – jeweils für ein Jahr – ein strukturelles Gleichgewicht zwischen Produktion und Verbrauch auf dem EU-Zuckermarkt herbeizuführen versucht. Sie betrug im Wirtschaftsjahr 2006/07 16,3%

der Quote, was eine Einschränkung der Quotenzuckerproduktion um ca. 2,4 Mio. t zur Folge hatte. Allein in Deutschland verringerte sich die Quotenproduktion damit um ca. 557 000 t, was nur zum Teil durch den Kauf der Zusatzquote abgemildert werden konnte (vgl. Kap. 5.3.2.2 und Kap. 5.3.2.4; VSZ 2007a: 173; VBZ 2007: 43). Die deutschen Zuckerunternehmen haben nämlich von ihrer Möglichkeit, insgesamt 238 560 t zusätzliche Quote zu erwerben, vollen Gebrauch gemacht (vgl. Kap. 5.3.2.2; SUGAR INDUSTRY/ZUCKERINDUSTRIE 2006b).

Für das Wirtschaftsjahr 2007/08 wurde erneut eine temporäre Quotenkürzung von 13,5% beschlossen, welche für die deutsche Zuckerindustrie eine abermalige Produktionsdrosselung von rund 493 000 t bedeutete (vgl. HELMKE 2007a: 56; SUGAR INDUSTRY/ZUCKERINDUSTRIE 2007e). Kurzfristig leisten diese temporären Markrücknahmen eine zeitlich begrenzte Reduktion der Quotenzuckererzeugung, welche aber dauerhaft durch Quotenrückgaben an den Restrukturierungsfonds erreicht werden soll.

Zwar hat die neue ZMO das nicht dem Quotenzuckerbereich unterliegende Industriezuckergeschäft geschaffen (vgl. Kap. 5.3.2.2 und Kap. 6.3.2.5), das vor allem über die Bioethanolerzeugung an bestehenden Fabrikstandorten an Bedeutung gewinnt. Dies wird jedoch keinesfalls die Einschnitte im Quotenzuckergeschäft ausgleichen, zumal die Bioethanolproduktion bezüglich der Ethanolpreisentwicklung sowie der möglichen Veränderung der wirtschaftspolitischen Rahmenbedingungen mit großen Unsicherheiten behaftet ist (vgl. Kap. 6.3.2.7).

Da die Unternehmen empfindliche Einschnitte bei der Produktionsmenge erleiden, kommt es nicht nur zu einer entsprechenden Verschlechterung ihrer Erlössituation. Die Verringerung der gesamten Rübenverarbeitungsmenge eines Unternehmens würde – bei gleich bleibender Anzahl seiner Fabrikstandorte – auch eine sinkende Kapazitätsauslastung der einzelnen Werke und eine Verkürzung der Kampagnendauer bedeuten, was zu steigenden Verarbeitungskosten führt. Um dies zu verhindern, wird sich die Zuckerindustrie künftig mit der Notwendigkeit zur Stilllegung unrentabler Fabriken sowie zur Kampagneverlängerung[107] und Rationalisierung an den verbleibenden Verarbeitungsstandorten konfrontiert sehen. Damit verschärft bzw. beschleunigt die ZMO-Reform den ohnehin in der europäischen Zuckerwirtschaft vorhandenen Strukturwandel (vgl. Kap. 4.3.1) erheblich. Langfristig betrachtet kann dies für wettbewerbsfähige

---

[107] Unter den durch die ZMO veränderten Rahmenbedingungen können Kampagnendauern von ca. 100 Tagen im europäischen Schnitt als akzeptable Auslastung bezeichnet werden (vgl. SZ-Int. 8; LW-Int. 4).

Erzeuger aber auch die Chance bedeuten, ihre Marktstellung trotz empfindlicher Einschnitte zu stärken (vgl. MÜLLER-BLUMENCORN 2006: 28ff.; BUNTZEL/DRÄGER DE TERAN 2006: 16).

Um die angestrebte Rückführung der Zuckerproduktion um 6 Mio. t – bei gleichzeitigem Erhalt des Zuckerrübenanbaus an den Gunststandorten – zu erreichen, soll der Restrukturierungsfonds, das Kernelement der Reform, aus den weniger wettbewerbsfähigen Regionen Quote aufkaufen (vgl. Kap. 5.3.2.3; GRABER 2006). Zu solchen Rückzugsgebieten des europäischen Zuckerrübenanbaus gehören Regionen mit niedrigen Rübenerträgen und Zuckergehalten sowie hohen Produktions- und Opportunitätskosten, d.h. einem höheren Einkommensbeitrag alternativer Ackerkulturen, bzw. Räume mit einer geringen Rübenanbaudichte und weiten Transportentfernungen zur nächsten Fabrik. Sie finden sich schwerpunktmäßig im Mittelmeerraum, im äußersten Norden Europas sowie Teilen Mittel- und Osteuropas (vgl. ZEDDIES 2006: 99; ZEDDIES/GAMER 2006a), was sich durch die Rückgabe von Quoten bisher nur aus Ländern dieser Regionen belegen lässt. So stieg Irland mit der Schließung seiner beiden Zuckerfabriken bereits 2006/07 komplett aus der Zuckererzeugung aus. Mit der Stilllegung der einzigen Zuckerfabrik in Slowenien sowie zweier Werke in Lettland verabschiedeten sich auch diese beiden Länder aus der Zuckerproduktion. Italien schloss 13 seiner 19 Zuckerfabriken und trennte sich von mehr als der Hälfte seiner Quote. Portugal gab fast 80%, Griechenland die Hälfte, Finnland ca. 40% seiner Quote in den Fonds. Insgesamt betragen die in den ersten beiden Wirtschaftsjahren der Reform zurückgegebenen Mengen ca. 1,8 Mio. t (Stand 2007). Tabelle 9 zeigt die genauen länderspezifischen Rückgabemengen.

Wie bereits in Kap. 5.3.3 beschrieben, bleibt der Prozess der Quotenrückgabe aber bisher hinter den Erwartungen zurück und es zeichnet sich ab, dass – anders als von der EU-Kommission ursprünglich gehofft – die angestrebte Reduktion der Gesamtquote nicht allein von den wettbewerbsschwächeren Mitgliedsstaaten aufgebracht werden kann, sondern auch großen wettbewerbsfähigeren Erzeugerländern wie Deutschland, Frankreich, Großbritannien und Polen, die bisher keine Quoten in den Fonds gegeben haben, Rückgaben abverlangt. Denn ohne Beteiligung dieser Länder ist von einer Zwangskürzung der Quoten ohne finanziellen Ausgleich im Jahr 2010 auszugehen. Entgegen ursprünglicher Hoffnungen der Zuckerindustrie wird daher auch Deutschland zum Wirtschaftsjahr 2008/09 Quote zurückgeben. Die Rückgabemenge beläuft sich auf 13,5% der Gesamtquote[108]. Auch französische, polnische und Unternehmen in anderen wichtigen Erzeugungsregionen haben mittlerweile Bereitschaft zur Quotenaufgabe signalisiert (vgl. DZZ 2007c; MÜLLER 2007a; Kap. 5.3.4.2).

Tabelle 9: Entwicklung des Restrukturierungsfonds in den Wirtschaftsjahren 2006/07 und 2007/08

	Prozent	Ausgangsquote (2006/07) t Zucker	Zurückgegebene Quote[1] (2006/07 + 2007/08) t Zucker
Irland	100	199 260	199 260
Lettland	100	66 505	66 505
Slowenien	100	52 973	52 973
Portugal (Kontinent)	78	69 718	54 718
Italien	52	1 557 443	803 598
Griechenland	50	317 502	158 800
Finnland	38	146 087	56 087
Slowakei	34	207 432	70 133
Ungarn	27	401 684	108 093
Tschechien	23	454 862	102 473
Schweden	12	368 262	42 562
Spanien	11	996 961	109 797
Belgien	-	819 812	-
Dänemark	-	420 746	-
Deutschland	-	3 416 896	-
Frankreich (Mutterland)	-	3 288 747	-
Litauen	-	103 010	-
Niederlande	-	864 560	-
Österreich	-	387 326	-
Polen	-	1 671 926	-
Großbritannien	-	1 138 627	-
Gesamt	**11**	**16 950 393**	**1 824 999**

[1] nur Zucker (ohne Inulinsirup und Isoglucose)

Quelle: Helmke 2007b: 116.

---

[108] Der Betrag von 13,5% entspricht der Höhe der temporären Marktrücknahme im Wirtschaftsjahr 2007/08. Genau für diese Menge entfällt im Wirtschaftsjahr 2007/08 die Zahlung der Strukturabgabe, wenn die Unternehmen sie zum Wirtschaftsjahr 2008/09 in den Fonds geben (vgl. Kap. 5.3.2.3, Kap. 5.3.3 und Kap. 6.3.2.3).

EU-weit wurden aufgrund des Produktionsrückgangs 2006 und 2007 insgesamt 53 Zuckerfabriken in 17 Ländern geschlossen, so dass es Ende 2007 – unter Berücksichtigung der nach der Kampagne 2007 erfolgten Schließungen – noch 143 Zuckerfabriken und 20 Raffinerien gab (vgl. Karte 5).

Karte 5: Standorte der Zuckererzeugung und des Rübenanbaus in der EU (Stand Dezember 2007)

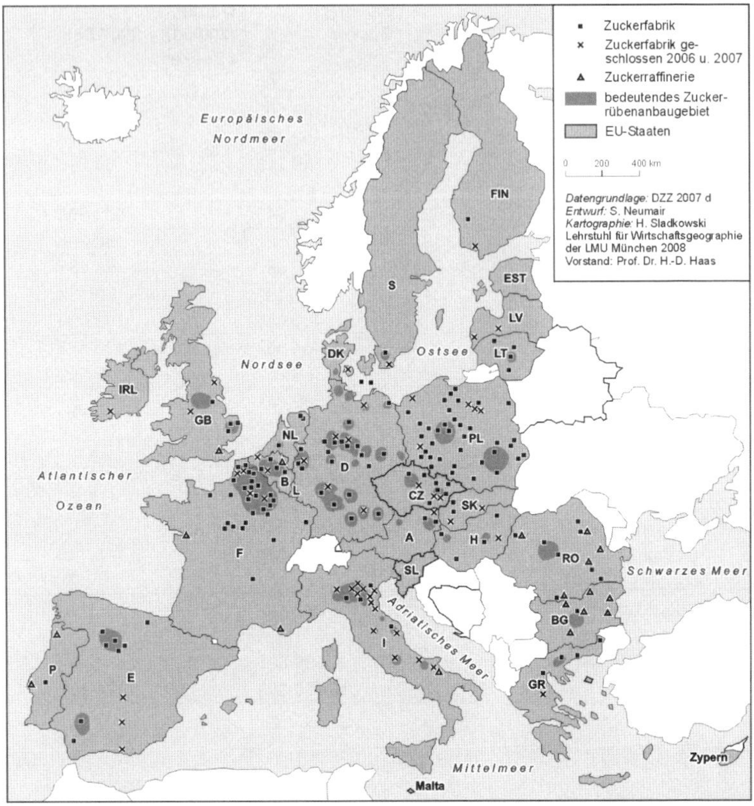

Schätzungen der EU-Kommission zufolge könnte sich in der EU die Anzahl der Arbeitsplätze in der Landwirtschaft um ca. 6 500, in der Zuckerindustrie um ca. 25 000 und im vor- und nachgelagerten Bereich (u. a. Transport und Logistik, Maschinen- und Anlagenbau, Maschinenverleih, Saatgut, Handwerk, Reinigung, Verpackung etc.) um ca. 51 000 verringern (vgl. EUROPÄISCHE KOMMISSION 2003c: 33).

Auch in Deutschland hinterlässt die Neuordnung des europäischen Zuckermarktes deutliche Spuren. Dies zeigt die Stilllegung der Südzucker-Werke Regensburg und Groß Gerau (2008), der Nordzucker-Fabriken Wierthe (2005), Groß Munzel (2006) und Güstrow (2008) sowie des Standortes Elsdorf von Pfeifer & Langen (2006), die alle wegen zu geringer Auslastung als Vorboten der Reform oder in unmittelbarem Zusammenhang zu ihr geschlossen wurden (vgl. Karte 4). Dass dabei sogar in den wettbewerbsfähigsten und ertragreichsten Regionen Fabriken ihren Betrieb einstellen müssen, zeigt die Schließung des Südzucker-Werks Regensburg (vgl. Kap. 6.3.2.2). Insgesamt wird im deutschen Zuckersektor (inklusive der vor- und nachgelagerten Bereiche) mit einem Beschäftigungsrückgang von 10 000 bis 15 000 Arbeitsplätzen gerechnet (vgl. ZEDDIES 2005: 64).

Die ökonomische Situation der Zuckerindustrie wird aber nicht nur durch die rückläufigen Produktionsmengen beeinflusst. Ein weiteres maßgebliches Element der Reform ist die Senkung der Preise (vgl. Kap. 5.3.2.2), wodurch sich die Verarbeitungsspanne der Unternehmen[109] reduziert. Die Reform sieht eine zweistufige Senkung des Referenzpreises für Weißzucker von 631,90 €/t im Wirtschaftsjahr 2006/07 auf 404,40 €/t im Wirtschaftsjahr 2009/10 (-227,50 €/t bzw. -36%) vor. Gleichzeitig sinken aber auch die Rohstoffkosten der Unternehmen, da der Zuckerrübenmindestpreis stärker als der Referenzpreis für Zucker zurückgeht. Er verringert sich von 43,63 €/t Rüben auf 26,30 €/t Rüben (-17,33 €/t Rüben bzw. -39,7%). In Tonnen Zucker umgerechnet entspricht dies einer Senkung des Rübenankaufspreises um 133 €/t Zucker, welche die Reduktion des Referenzpreises entsprechend dämpft. Insgesamt sinkt die Verarbeitungsspanne der Zuckerindustrie in der Endstufe der Reform um 95 €/t Zucker[110] bzw. um knapp 39% (vgl. ZEDDIES 2006: 98; FINK-KEẞLER/HOFSTETTER 2006: 20).

Obwohl der Referenzpreis für Zucker erst ab dem Wirtschaftsjahr 2008/09 zurückgeht, reduziert sich der Netto-Referenzpreis, d.h. der Preis, den die Unternehmen tatsächlich mindestens erhalten, bereits im Wirtschaftsjahr 2006/07 um 20% und im Wirtschaftsjahr 2007/08 um 27,5% gegenüber der Ausgangssituation (vgl. Tabelle 8).

---

[109] Die Verarbeitungsspanne entspricht dem Betrag, der nach Abzug der Rübenpreise und nach Berücksichtigung des Produkts Melasse sowie der Lagerkostenausgleichsabgabe für Rübentransport, -annahme und -verarbeitung verbleibt.

[110] 133 €/t sinkende Rohstoffkosten ./. 227,50 €/t reduzierter Referenzpreis = 95 €/t Zucker Verlust an Verarbeitungsspanne.

Ursächlich dafür ist die Strukturabgabe, welche die Unternehmen während des dreijährigen Umstrukturierungszeitraumes (Wirtschaftsjahre 2006/07 bis 2008/09) zur Finanzierung des Restrukturierungsfonds bezahlen müssen (vgl. Kap. 5.3.2.3). Diese Abgabe können die Zuckererzeuger allerdings zum Teil durch Mittel begleichen, die sie bereits mit Beginn der neuen ZMO durch den im Vergleich zum Referenzpreis stärker sinkenden Rübenmindestpreis einsparen (vgl. FINK-KEßLER/HOFSTETTER 2006: 24; KOSCH 2006: 92f.).

Auch für die Rüben erzeugenden Landwirte bringt die Reform durch den Rückgang des Rübenmindestpreises um 39,7% empfindliche Einbußen mit sich (vgl. Kap. 5.3.2.2). Da dieser Preis unter der neuen ZMO aufgrund des Wegfalls der ehemaligen Unterteilung zwischen A- und B-Quote (vgl. Kap. 5.2.1.2) für alle Quotenrüben gilt, fällt der Effekt der Preissenkung – je nach dem früheren einzelbetrieblichen Verhältnis zwischen A- und B-Rüben – betriebsindividuell jedoch sehr unterschiedlich aus. So sind Landwirte mit einem hohen A-Quotenanteil aufgrund des vergleichsweise höheren ehemaligen Preises für A-Rüben stärker betroffen als solche mit einem großen Anteil an B-Rüben, die in der Vergangenheit deutlich schlechter als A-Rüben vergütet wurden (vgl. FINK-KEßLER/HOFSTETTER 2006: 20). So betrug bei voller Ausschöpfung der Produktionsabgabe der Mindestpreis für A-Rüben ehemals 46,72 €/t, für B-Rüben dagegen nur 28,84 €/t (vgl. Kap. 5.2.1.3). Der in der letzten Senkungsstufe (2009/10) betragende einheitliche Quotenrübenmindestpreis von 26,30 €/t liegt damit um fast 44% unter dem früheren A-Rübenmindestpreis, aber nur um 4% unter dem ehemaligen Mindestpreis für B-Rüben.

In Deutschland wird die Senkung des Zuckerrübenmindestpreises bei den Zuckerrüben anbauenden Betrieben zu einem durchschnittlichen Verlust an Deckungsbeitrag[111] von 1 000 €/ha (Durchschnitt A- und B-Quote) führen. Ein volles Durchschlagen der Preissenkungen auf das Betriebseinkommen wird allerdings zunächst durch entkoppelte Preisausgleichszahlungen (Top Up) verhindert. So erhalten die Rübenbauern in den Wirtschaftsjahren 2006/07 und 2007/08 einen Ausgleich von 60%, in den Wirtschaftsjahren 2008/09 und 2009/10 von 64,2% der preissenkungsbedingten Einnahmeverluste[112] (vgl. ZEDDIES 2006: 97f.; Kap. 5.3.2.2).

---

[111] Zum genauen Begriff des landwirtschaftlichen Deckungsbeitrags vgl. Kap. 6.4.1.

[112] Der tatsächliche einkommenswirksame Effekt der Ausgleichszahlungen fällt größer als durch den Preisverlust angegeben aus, da ihnen als Einnahmen keine Produktionskosten gegenüberstehen (vgl. BUNTZEL/DRÄGER DE TERAN 2006: 38).

Diese Betriebsprämien stellen eine Einkommensbeihilfe zur Abfederung des strukturellen Anpassungsprozesses dar und wirken für die Landwirte liquiditätserhöhend. Da sie von der Produktion entkoppelt sind, werden sie nach ihrer Zuweisung auch dann weiter gewährt, wenn der Landwirt selbst keine Rüben mehr anbaut (vgl. LAMPE 2006: 183; Kap. 5.3.2.2).

Die Auszahlung dieser Prämien erfolgt allerdings nur bis zum Wirtschaftsjahr 2009/10 betriebsindividuell. Danach unterliegen sie dem Abschmelzungsprozess, indem sie zwischen dem Wirtschaftsjahr 2010/11 und 2013/14 stufenweise auf null reduziert werden (Gleitflug) und in die einheitlichen regionalen Flächenprämien einfließen (vgl. Kap. 5.3.2.2). Die Preissenkung entfaltet also erst ab dem Wirtschaftsjahr 2013/14 ihre volle Wirkung, weil sie dann – bei gleich bleibenden Kosten des Rübenbaus – voll auf das Einkommen des Landwirts durchschlägt (vgl. Kap. 6.4.1).

Da mit der Abschmelzung die betriebsindividuellen Rübenprämien auf alle landwirtschaftlich genutzten Flächen umgelegt werden, profitieren davon auch Landwirte, die keine Rüben anbauen. Umgekehrt gilt zwar auch, dass die Rübenbauern dann auch in den Genuss von Milchkuh-, Bullen- und sonstigen Prämien kommen, doch dürften sie unter dem Strich an Prämien weit mehr verlieren als hinzugewinnen (vgl. LATACZ-LOHMANN 2006: 127).

Insgesamt werden durch die Preissenkungen die Einkommen der deutschen Zuckerrübenanbauer durchschnittlich um rund 20% zurückgehen. Besonders betroffen sind vergleichsweise flächenarme und auf den Rübenanbau spezialisierte Betriebe, die – im Vertrauen auf die hohe Einkommensleistung der Rübe und eine stabile Marktordnung – bisher stark auf die Zuckerrübe gesetzt und sich nur in geringem Ausmaß am Prozess des landwirtschaftlichen Strukturwandels und der Produktdiversifikation beteiligt haben. Ihnen drohen durch die Senkung der Preise existenzgefährdende Einkommensrückgänge von bis zu 65% (vgl. LATACZ-LOHMANN 2006: 127; LATACZ-LOHMANN/MÜLLER-SCHEEßEL 2006b: 38; ZEDDIES 2006: 98).

Neben diesen direkten bekommen die Landwirte auch indirekte Reformauswirkungen in Form verminderter Nebenleistungen der Zuckerfabriken zu spüren. So sinkt beispielsweise die Rübenmarkvergütung, welche den Verkauf von Trockenschnitzelpellets, einem bei der Zuckererzeugung anfallenden und zur Tierfütterung verwendeten Rückstandsprodukt, vergütet. Ferner nehmen die Zuckerunternehmen eine der Rübenpreissenkung entsprechende Korrektur der Früh- und Spätlieferprämien (vgl. Exkurs 3) nach unten vor. Auch die Vergütung für Mietenpflege, d.h. die Lagerung und gegebenenfalls das Abdecken geroedeter Zuckerrüben am Feldrand bis zum Transport in die Fabrik, wird zurückgefahren. Erhebliche Zusatzkosten kommen ferner auf die Landwirte zu, falls sie sich künftig an den Frachtkosten für die Quotenrüben, die bisher in voller Höhe von den Zuckerfabriken getragen wurden, beteiligen müssen. Bei bestimmten Rüben (Ethanol- und Industrierüben) besteht seit Neuaushandlung der Zuckerrübenlieferverträge bereits eine Transportkostenbeteiligung der Landwirte (vgl. Kap. 6.3.2.1 und Kap. 6.4.2.2). Insgesamt könnten den Landwirten durch Einschränkung von Nebenleistungen zusätzlich zur nominellen Senkung des Rübenmindestpreises weitere Einbußen in Höhe von 6 bis 10 €/t Rüben entstehen (vgl. DZZ 2006: 10ff; FINK-KEßLER/HOFSTETTER 2006: 27f.).

Unter diesen Rahmenbedingungen könnte sich nach vollständiger Umsetzung der Reform durch das Ausscheiden peripherer Erzeugungsstandorte mit geringen Erträgen und weiten Fabrikentfernungen die deutsche Quotenrübenerzeugung um rund 15-20% verringern. Zusammen mit der Einschränkung des C-Rübenanbaus dürfte die deutsche Zuckerrübenerzeugung somit um etwa ein Drittel zurückgehen. In den Kerngebieten des deutschen Zuckerrübenanbaus (vgl. Karte 4), die zu den wettbewerbsfähigsten in Europa gehören, wird sich die Rübe allerdings auch nach vollständiger Umsetzung der ZMO-Reform behaupten. Eine ähnliche Entwicklung zeichnet sich in Frankreich, Belgien, Großbritannien, Österreich sowie Teilen Dänemarks und Schwedens ab (vgl. ZEDDIES 2006: 98; ZEDDIES/GAMER 2006a).

Bei den Auswirkungen der ZMO-Reform ist neben den Landwirten die Situation der Beschäftigten in der Zuckerindustrie nicht zu vernachlässigen. Wie beschrieben, sind durch die reformbedingten Schließungen von Zuckerfabriken EU-weit rund 25 000 Arbeitsplätze bedroht. Hier wird der Unterschied zur Situation der Landwirte klar: Diese erhalten in den ersten Jahren der Reform immerhin Ausgleichszahlungen zwischen 60 und 64% der preissenkungsbedingten Einnahmenverluste. Ferner sind sie direkt am Restrukturierungsfonds beteiligt, indem ihnen die EU 10% der Restrukturierungsprämie zuteilt (vgl. Kap. 5.3.2.3). Sofern Landwirte von der Schließung einer Zuckerfabrik betroffen sind, werden die Rübenströme, wie das Beispiel Regensburg zeigt (vgl. Kap. 6.3.2.2), zu den nächst gelegenen Verarbeitungsstandorten umgelenkt. Selbst wenn ein Landwirt im Extremfall seine Rübenproduktion einstellt, verliert er für gewöhnlich nicht gleich seinen „Arbeitsplatz", da er alternativ zur Rübe andere Ackerkulturen anbauen kann, auch wenn diese in ihrer finanziellen Ertragskraft der Rübe unterlegen sein könnten.

Ganz anders ist es um die Beschäftigten der Zuckerindustrie bestellt. Ihre Arbeitsplätze gehen an den schließungsbetroffenen Standorten verloren. Auch erhalten sie von der EU – von der Aktivierung von Mitteln aus dem Europäischen Sozialfonds für Umschulungs- und Weiterqualifizierungsmaßnahmen abgesehen – keinerlei direkte Ausgleichs- oder Abfindungsbeihilfen. Die ZMO-Reform sieht für betroffene Arbeitnehmer – als Bedingung dafür, dass die Zuckerunternehmen die Restrukturierungsprämie erhalten – einzig die Erstellung eines Sozialplans vor (vgl. Kap. 5.3.2.3). Damit wälzt die EU die Verantwortung für die Beschäftigten vor dem Hintergrund einer von ihr selbst beschlossenen Reform auf die Unternehmen ab, gegenüber denen sich Arbeitnehmer und Gewerkschaften entsprechende Sozialleistungen (u. a. Altersteilzeit, Versetzung zu anderen Standorten, Abfindungen) im Rahmen der Aushandlung von Sozialtarifverträgen erst erstreiten müssen. Aus Sicht der Beschäftigten wäre daher eine – analog zu den Landwirten – direkte Beteiligung an den Restrukturierungsprämien wünschenswerter gewesen (vgl. IV-Int. 2[113]; SZ-Int. 8).

Abschließend sei der Blick auf Unternehmen der Landtechnikbranche, welche die für den Zuckerrübenanbau notwendigen Ernte- und Verlademaschinen herstellen, gerichtet. Durch den Rückgang der Zuckererzeugung schrumpft entsprechend die Rübenanbaufläche, was den Absatz der Maschinen reduziert. Die ZMO-Reform zwingt hier vor allem solche Hersteller, die wegen Qualitätsproblemen ohnehin eine schwache Wettbewerbsposition aufweisen (u. a. aus Italien, Dänemark, Frankreich) zur Aufgabe. Die vier deutschen Produzenten für Zuckerrübentechnik, die zusammen etwa 800 Leute beschäftigen, sind wegen der guten Qualität und der langen Nutzungsdauer ihrer Produkte von den Folgen der ZMO-Reform bisher unbetroffen. Zwar entwickelt sich der Absatz in der EU seit Reformbeginn leicht rückläufig, doch kann dies durch steigende Verkaufszahlen in Nicht-EU-Länder (vor allem Russland und Ukraine) bisher mehr als ausgeglichen werden, so dass keine Arbeitsplätze als unmittelbar gefährdet gelten (vgl. Sonst-Int. 3).

---

[113] In dieses Kapitel fließen Inhalte der durchgeführten Experteninterviews mit ein. Die bei dieser Arbeit angewandte empirische Vorgehensweise und eingesetzte Interviewtechnik werden in Kap. 6.1.2 erläutert. Namen und Funktionen der interviewten Experten sowie Datum und Ort des Interviews sind in Anhang 2 aufgelistet.

6 REFORMAUSWIRKUNGEN UND ANPASSUNGS-HANDLUNGEN IN DER ZUCKERWIRTSCHAFT AM BEISPIEL BAYERNS

„Die süddeutsche Schicksalsgemeinschaft aus Rüben bauender Landwirt-schaft und Zuckerindustrie begegnet der neuen Marktordnung Seite an Sei-te" (SPETTMANN 2006b: 2).

Wie im vorangegangenen Kapitel gezeigt, werden auch wettbewerbsstarke Regio-nen der Rüben- und Zuckerproduktion von den Auswirkungen der Zuckermarktreform getroffen. Sie machen selbst vor Bayern als größter und wettbewerbsfähigster Erzeu-gungsregion in Deutschland nicht halt. Selbst hier hinterlässt die ZMO-Reform tiefe Spuren in den Produktions-, Anbau- und Standortstrukturen von Zuckerindustrie und Landwirtschaft und sorgt damit für erhebliche Umbrüche in der Zuckerwirtschaft.

Gegenstand der empirischen Betrachtung dieser Arbeit sind daher Zuckererzeugung und Rübenanbau unter den durch die Reform veränderten Rahmenbedingungen am Beispiel Bayerns. Ziel ist es, sowohl die Auswirkungen der Reform als auch die An-passungsreaktionen von Zuckerindustrie und Landwirten zu analysieren.

Da es sich bei der Umsetzung der ZMO-Reform um einen kontinuierlichen Prozess handelt und wesentliche Elemente der Reform zum Zeitpunkt der Erstellung dieser Arbeit noch nicht (z.B. die Senkung des Referenzpreises für Zucker) bzw. nicht in vol-lem Umfang (z.B. die Reduktion des Zuckerrübenmindestpreises) in Kraft sind, ma-chen sich ihre Auswirkungen auf Zuckererzeuger und Landwirte erst allmählich be-merkbar. Ferner sind auch bestimmte Anpassungshandlungen der Zuckerwirtschaft im Gange, so dass sich zu diesem frühen Zeitpunkt noch keine abschließende Beurteilung vornehmen lässt, sondern nur Tendenz- oder Richtungssaussagen angestellt werden können.

6.1 Analytisch-methodisches Vorgehen

Dieses Kapitel dient der Herleitung einer geeigneten Betrachtungsperspektive für die nachfolgende Untersuchung sowie der Erklärung und Begründung der eingesetzten empirischen Erhebungsmethode.

6.1.1 Akteurszentrierte Perspektive als Betrachtungsgrundlage

In den vorangegangenen Kapiteln wurden – wie in Kap. 1.2.1 beschrieben – zwei Elemente des relationalen Ansatzes der Wirtschaftsgeographie auf das Thema dieser Arbeit, nämlich Merkmale, Funktionsweise sowie Reform des EU-Zuckermarktes als Beispiel für den Agrarprotektionismus von Industrieländern, übertragen und angewandt: Die **Kontextualität** bezog sich auf die gesellschaftliche und ordnungspolitische Sonder- bzw. Ausnahmestellung der Landwirtschaft in den Wirtschaftssystemen der Industrieländer im Allgemeinen und machte deutlich, dass sowohl das agrarpolitische Handeln seitens des Staates oder übergeordneter supranationaler politischer Institutionen wie der EU als auch das ökonomische Handeln der Akteure der Landwirtschaft und ihr nachgelagerter Agroindustrien immer in Zusammenhang mit einer mehr oder weniger offenen zu Tage tretenden Protektions- und Subventionsmentalität zu verstehen sind.

Die **Pfadabhängigkeit** brachte zum Ausdruck, dass die Reform des EU-Zuckermarktes das Ergebnis ökonomischer Fehlentwicklungen und der durch sie verursachten außenwirtschaftlichen Zwänge ist. Vor dem Hintergrund politökonomischer Wirkungszusammenhänge und Mechanismen wurde deutlich, weshalb sich dieses Marktordnungssystem so lange behaupten konnte.

Im Rahmen des dritten Elements des relationalen Ansatzes, der **Kontingenz,** stellt sich im folgenden, empirisch vertieften Kapitel nun die Frage, wie die von der Reform erfassten Akteure – in Abhängigkeit ihrer Betroffenheit von den Reformauswirkungen – darauf reagieren, ohne ihrem Handeln eine allgemeine, deterministische Gesetzmäßigkeit zu unterstellen. Im weiteren Verlauf steht daher nicht mehr das Konstrukt Zuckermarktordnung im Mittelpunkt der Betrachtung. Vielmehr rücken aus einer akteurszentrierten Perspektive die Akteure der Zuckerwirtschaft (Zuckerindustrie und Rübenanbauer) als Erkenntnisobjekte in den Vordergrund. Ziel ist es, einerseits für Südzucker als einziges in Bayern tätiges Unternehmen der Zuckerindustrie, andererseits für die bayerischen Rübenlandwirte die Auswirkungen der Reform aufzuzeigen und bestimmte Anpassungsmaßnahmen zu analysieren.

Die Reformauswirkungen ergeben sich durch das Aufeinandertreffen von internen und externen Rahmen- bzw. Ausgangsbedingungen (vgl. Abbildung 22). Die **internen Rahmenbedingungen** stellen die durch die EU-Zuckermarktpolitik geschaffenen, teils ineffizienten Strukturen der europäischen Zuckerwirtschaft dar. Sie umfassen das dank der alten ZMO ausgebliebene Erfordernis der Orientierung an den Produktions- und Wettbewerbsstrukturen auf dem Weltmarkt.

Abbildung 22: Anpassungsdruck und Anpassungshandlungen in der Zucker-wirtschaft vor dem Hintergrund der ZMO-Reform

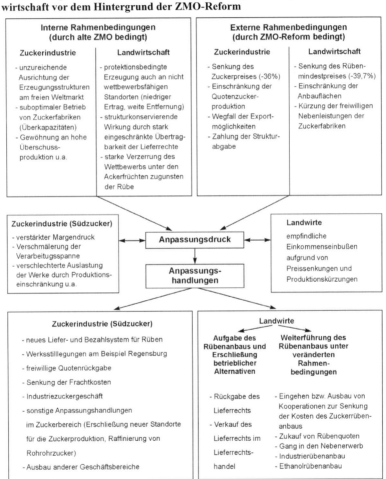

Quelle: Eigene Darstellung.

Stattdessen begünstigte die alte ZMO den Aufbau suboptimaler Erzeugungsstrukturen bzw. Überkapazitäten in der Zuckerindustrie und machte den Anbau von Rüben auch an nicht wettbewerbsfähigen Standorten mit niedrigen Erträgen und/oder weiten Entfernungen möglich, was durch die eingeschränkte Übertragbarkeit der Quotenlieferrechte noch perpetuiert wurde. Die durch die ZMO vorgegebenen hohen Zuckerrübenpreise haben indes den Wettbewerb unter den Ackerfrüchten zugunsten der Rübe stark verzerrt und damit eine Umstellung bzw. Diversifikation ackerbaulicher Produktionsprozesse erschwert.

Die **externen Rahmenbedingungen** wurden durch die ZMO-Reform geschaffen. Hierzu zählen vor allem die Senkung der Zucker- und Zuckerrübenmindestpreise sowie die Einschränkung der Produktionsmengen bzw. Anbauflächen aufgrund des Rückgangs der Quotenproduktion und des Wegfalls der Exportmöglichkeiten. Die Landwirte werden zusätzlich durch die Kürzung der Nebenleistungen der Zuckerfabriken getroffen.

Aus dem Zusammenspiel beider Komplexe von Ausgangsbedingungen resultiert ein erheblicher Problemdruck, da eine auf marktpolitische Veränderungen nur schlecht vorbereitete Zuckerwirtschaft mit der Reform der ZMO auf einen gravierenden und weit reichenden Systemwechsel auf dem europäischen Zuckermarkt trifft. Die später im Einzelnen zu erörternden Auswirkungen sind gravierend. Für die Zuckerindustrie kommen sie in einem verstärkten Margendruck, einer Verschmälerung der Verarbeitungsspane sowie der verschlechterten Auslastung der Werke zum Ausdruck. Die Landwirte müssen aufgrund der Preissenkungen sowie der Produktionskürzungen empfindliche Einkommenseinbußen hinnehmen. Um unter derart veränderten Rahmenbedingungen weiter bestehen zu können, sehen sich Zuckerindustrie und Landwirte mit der Ergreifung entsprechender Anpassungshandlungen konfrontiert, wie sie im unteren Teil von Abbildung 22 dargestellt sind und in Kap. 6.3.2 sowie Kap. 6.4.2 erläutert werden.

Bei der Untersuchung sowohl der Auswirkungen der ZMO-Reform als auch der durch sie nötig gewordenen Anpassungshandlungen werden Zuckerindustrie (Südzucker) und Landwirte trotz der rohstoffbasierten Verbundenheit zwischen Rüben- und Zuckererzeugung, der häufig genossenschaftlich organisierten Anteilseignerschaft der Bauern an den Zuckerfabriken und ihrer bezüglich der Zuckermarktpolitik weitgehend homogenen Interessenausrichtung dennoch analytisch getrennt, da sie in punkto Wertschöpfungsschwerpunkte und -strategien zwei heterogene Akteursgruppen darstellen. So sind die Reichweite der Anpassungshandlungen sowie das Änderungs- und Umstellungspotenzial der Zuckerindustrie nicht mit denen eines einzelnen Rüben erzeugenden landwirtschaftlichen Betriebs vergleichbar. Auch können die Anpassungsreaktionen der Landwirte – in Anbetracht der Betriebsgröße und des Vorhandenseins von Produktionsalternativen zur Zuckerrübe – betriebsindividuell sehr unterschiedlich ausfallen, während das einzelne Zuckerunternehmen einheitlich handelt und reagiert sowie in Bezug auf die Veränderung von Strukturen und Strategien als monolithischer Block zu begreifen ist. Schließlich lässt sich die Kapazität zur Aufnahme und Verarbeitung entscheidungsrelevanter Informationen eines landwirtschaftlichen Einzelbetriebes nicht mit denen eines größeren Zucker herstellenden Unternehmens vergleichen.

6.1.2 Datenerhebung und -auswertung

Um die sich aus den veränderten zuckermarktpolitischen Rahmenbedingungen ergebenden akteursspezifischen Auswirkungen und Anpassungsmaßnahmen in der Zuckerwirtschaft aus einer handlungs- und akteuerszentrierten Perspektive zu analysieren, wurde zur **Datenerhebung** auf Methoden der qualitativen empirischen Sozialforschung zurückgegriffen. Da die Reform der ZMO ein noch sehr junger Untersuchungsgegenstand ist, dessen Folgen sich in Gänze noch längst nicht absehen lassen, und sich auch bestimmte Anpassungsmaßnahmen erst in der Entwicklung befinden, scheint ein qualitativer, auf Experteneinschätzungen beruhender Themenzugang geeigneter als eine quantitative Vorgehensweise auf Basis standardisierter Erhebungsinstrumente.

Begründet liegt dies darin, dass qualitative Forschung sich mit Strategien, Bedingungen und Konsequenzen von Prozessen, die von Akteuren ausgehen und auf diese einwirken, befasst. Während bei quantitativen Forschungen die Aggregation bestimmte Variablenmerkmale, über die Wahrscheinlichkeitsaussagen gemacht werden sollen, den Mittelpunkt des Interesses bildet, steht bei qualitativen Vorgehensweisen der einzelne Fall bzw. Akteur als typischer Vertreter einer Klasse ähnlicher Fälle als analytischer Bezugspunkt im Vordergrund (vgl. BRÜSEMEISTER 2000: 22 und 45; EBSTER/STALZER 2003: 158f.; BORTZ/DÖRING 2002: 336).

Der Anwendung qualitativer Forschungsmethoden liegen verschiedene Ansätze der Hermeneutik und Phänomenologie[114] zugrunde, aus der sich die Notwendigkeit ergibt,

---

[114] Phänomenologie versteht sich als „Wissenschaft vom Wesen der Dinge". Sie versucht, durch objektive Erkenntnis das Wesen einer Sache zu erfassen, wobei die zu untersuchenden Erscheinungen so

sich von vorgefertigten theoretischen oder von Vorurteilen geprägten Erkenntnissen zu distanzieren, um so zu neuem oder relevantem Wissen zu gelangen, anstatt bereits vorgezeichnete Wege einzuschlagen (vgl. LAMNEK 2002: 164ff.).

Qualitative Verfahren eignen sich dann besonders, wenn der Forscher einen Zugang zu akteursbezogenen Handlungsorientierungen, Deutungsmustern und Wissensbeständen bezüglich des Untersuchungsgegenstandes sucht (vgl. KELLE/KLUGE 1999: 14f.; KROMREY 2002: 535). Der Vorteil gegenüber quantitativen Vorgehensweisen liegt vor allem in der Flexibilität und Offenheit gegenüber dem Forschungsobjekt, was insbesondere dann von Bedeutung ist, wenn noch wenig über dieses bekannt ist. Mittels einer nur begrenzt rational-theoretischen Vorstrukturierung lassen sich Zusammenhänge aufdecken, die dem Forscher zu Beginn der Untersuchung noch nicht bewusst sind. Die gezielte Interaktion zwischen ihm und dem Untersuchungsgegenstand wird zu einem wichtigen Bestandteil des Untersuchungsprozesses und ermöglicht das bessere Verständnis akteursspezifischer Betrachtungsweisen (vgl. FLICK 2002: 17f.; WESSEL 1996: 40ff.; REHNER 2004: 98).

Der empirische Teil dieser Arbeit beruht daher auf leitfadengestützten Interviews, die zu den am häufigsten eingesetzten Formen qualitativer Methoden gehören (vgl. MEIER KRUKER/RAUH 2005: 62; HOPF 2000: 349f.). Aufgrund der fortschreitenden Etablierung qualitativer Forschung in den Sozialwissenschaften gilt das Leitfadeninterview in der empirischen Sozialforschung als Forschungsmethode mit eigenständiger Bedeutung und eigenem Erkenntnispotenzial (vgl. LAMNEK 2002: 157 und 2005: 329).

Leitfadengespräche orientieren sich an einem grob strukturierten Ablaufschema, dem sog. Leitfaden. Er garantiert, dass alle forschungsrelevanten Themenbereiche – geordnet in der Reihenfolge, welche der Vorstellung von einem idealtypischen Gesprächsverlauf gleichkommt – auch tatsächlich angesprochen werden. Die thematische Ordnung des abgefragten Wissens gewährleistet zudem die Vergleichbarkeit der Interviewergebnisse. Von großer Bedeutung ist, dass sich der Leitfaden nicht als zwingendes chronologisches Ablaufschema versteht, sondern eher als grober Orientierungsrahmen für den Interviewverlauf konzipiert ist, von dem – sofern es die Gesprächssituation als geboten erscheinen lässt – jederzeit abgewichen werden kann. Dies ermöglicht die Offenheit des Gesprächsverlaufs und bildet die Voraussetzung für eine „lo-

---

betrachtet werden, wie sie sind, und nicht wie sie aufgrund von Vorwissen erscheinen. Hermeneutik als Lehre von der Deutung und Interpretation von Texten rückt das Verstehen menschlicher Äußerungen zur Lebenswirklichkeit in den Vordergrund (vgl. LAMNEK 1993: 59; SCHNELL ET AL. 2005: 91; BORTZ/DÖRING 2002: 302f.).

ckere", unbürokratische Gesprächsführung, die den spezifischen Sichtweisen der einzelnen Gesprächspartner entsprechenden Raum lässt und gleichzeitig ein kritisches Nachfragen während des Interviews erlaubt (vgl. SCHNELL ET AL. 2005: 387; WESSEL 1996: 132; MEUSER/NAGEL 2005: 78; MEIER KRUKER/RAUH 2005: 65).

Aus den unterschiedlichen Typen des Leitfadeninterviews wurde das in der wirtschafts- und sozialgeographischen Forschung etablierte Experteninterview verwendet[115] (vgl. WESSEL 1996: 137). Der Experte ist dabei ein Medium, durch das sich der Forscher Wissen über den ihn interessierenden Untersuchungsgegenstand aneignen will. Er ist professionell mit der Untersuchungsmaterie vertraut und deshalb in der Lage, eine Vielzahl einzelner Fälle zu vergleichen (vgl. GLÄSER/LAUDEL 2004: 10; MEIER KRUKER/RAUH 2005: 63). Der Experte steht damit nicht als einzelnes Individuum, sondern als Repräsentant einer spezifischen Gruppe, Institution oder Organisation im Blickpunkt des Interesses (vgl. MEUSER/NAGEL 2005: 74; LAMNEK 2002: 176) und wird angesprochen, weil er

„(...) in irgendeiner Weise Verantwortung trägt für den Entwurf, die Implementierung oder die Kontrolle einer Problemlösung oder (...) über einen privilegierten Zugang zu Informationen über Personengruppen oder Entscheidungsprozesse verfügt" (MEUSER/NAGEL 2005: 73).

Experte ist dabei als relationaler Status zu verstehen, der dem Befragten vom Forscher verliehen wird und auf eine spezifische Fragestellung begrenzt ist (vgl. MEUSER/NAGEL 2005: 73).

Die Auswahl der hier befragten Experten erfolgte anhand des in der qualitativen Forschung üblichen theoretischen Samplings (vgl. BRÜSEMEISTER 2000: 23ff.; KOCH/GRETSCH 1994: 27; BECK/SCHAEPPI 2006; YIN 1994: 45ff.; LAMNEK 2005: 384ff.). Dabei werden die Befragten nicht nach dem Kriterium der statistischen Repräsentativität, sondern nach ihrer sich aus inhaltlich-theoretischen Vorüberlegungen ergebenden Relevanz, d.h. danach ob sie das Wissen über den Untersuchungsgegenstand zu erweitern geeignet sind oder nicht, ausgewählt. Daraus ergibt sich ein zumeist sequenzielles Vorgehen, indem zunächst eine bestimmte Menge an Untersuchungseinheiten analysiert und auf Basis der gewonnenen Erkenntnisse weitere Einheiten ermittelt werden, von denen zu erwarten ist, dass sie die bisherigen Ergebnisse bestätigen, vertiefen oder relativieren können.

---

[115] Vgl. zu den Typen leitfadengestützter Interviews LAMNEK 2002: 172ff.; FLICK 1995: 94ff.; MEIER KRUKER/RAUH 2005: 65ff.

In der vorliegenden empirischen Untersuchung wurden zur Analyse der Auswirkungen der EU-Zuckermarktreform und der sich daraus ergebenden Anpassungshandlungen der Zuckerwirtschaft zwischen März 2007 und Januar 2008 mit 45 ausgewählten Vertretern aus den Bereichen Zuckerindustrie (Südzucker), Landwirtschaft, Ämter und Behörden, Interessenvereinigungen sowie sonstigen von der Reform der ZMO betroffene Akteursgruppen leitfadengestützte Experteninterviews geführt[116] (vgl. Abbildung 23).

Abbildung 23: Befragte Expertengruppen

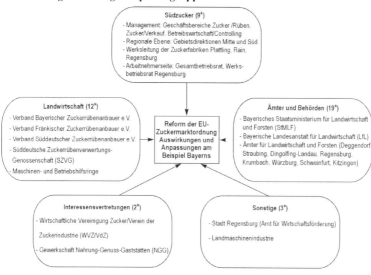

Quelle: Eigene Darstellung.

Bei **Südzucker** erstreckte sich die Erhebung auf 9 Unternehmensvertreter aus folgenden Bereichen:

➤ Höhere Managementebene mit den Geschäftsbereichen Zucker/Rüben (Beschaffung), Zucker/Verkauf (Absatz) sowie Betriebswirtschaft/Controlling;

---

[116] Die Interviews wurden sowohl als Einzelgespräche wie auch als Gruppengespräche mit zwei oder maximal drei Befragten geführt.

> Regionale Gebietsdirektionen Süd und Mitte, denen die vier bayerischen Südzucker-Werke zugeordnet sind (Süd: Plattling, Regensburg, Rain; Mitte: Ochsenfurt);

> Werksleitung der Zuckerfabriken Plattling, Regensburg und Rain;

> Arbeitnehmervertretung: Gesamtbetriebsrat und Betriebsrat des Südzucker-Werkes Regensburg als schließungsbetroffener Standort.

Im Bereich **Landwirtschaft** wurden 12 Vertreter der für Bayern zuständigen Rübenanbauerverbände (Verband Bayerischer Zuckerrübenanbauer, Verband Fränkischer Zuckerrübenanbauer, Verband Süddeutscher Zuckerrübenanbauer als Dachverband), der Süddeutschen Zuckerrüben-Verwertungsgenossenschaft (SZVG) sowie des Kuratoriums Bayerischer Maschinen- und Betriebshilfsringe befragt, die zum überwiegenden Teil selbst Zuckerrüben anbauende Landwirte sind.

Da davon auszugehen war, dass die Antworten und Einschätzungen von Verbänden und Landwirten aufgrund persönlicher Betroffenheit durch die Reform in einem gewissen Ausmaß immer interessengebunden sind, wurden zur Objektivierung insgesamt 19 Vertreter staatlicher **Ämter und Behörden** zu ihrer Einschätzung der Reformauswirkungen auf die Landwirte und deren Anpassungsmöglichkeiten befragt. Hierzu gehören das Bayerische Staatsministerium für Landwirtschaft und Forsten, die Bayerische Landesanstalt für Landwirtschaft (LfL) sowie die Ämter für Landwirtschaft und Forsten in den Landkreisen bzw. Regionen, in denen der Rübenanbau – gemessen am durchschnittlichen Fruchtfolgeanteil – eine herausragende Rolle spielt (Deggendorf, Regensburg, Straubing, Dingolfing-Landau, Krumbach, Würzburg, Schweinfurt und Kitzingen).

Ferner wurden zwei **allgemeine Interessensvertretungen** interviewt: Zum Inhalt, Stand und Entwicklung der Reform die Wirtschaftliche Vereinigung Zucker/Verein der Zuckerindustrie (WVZ/VdZ) als gemeinsamer Vertreter der gesamten deutschen Zuckerwirtschaft sowie die Gewerkschaft Nahrung Genuss Gaststätten (NGG) zu den allgemeinen Auswirkungen der Reform auf die Beschäftigten der Zuckerindustrie.

Unter der Gruppe **Sonstige** befinden sich zwei Vertreter des Amtes für Wirtschaftsförderung der Stadt Regensburg, die von der Schließung des dortigen Südzucker-Werks unmittelbar betroffen ist, sowie ein Vertreter der Landmaschinenindustrie als der Landwirtschaft vorgelagerter Wirtschaftssektor.

Da die Landwirte in diesen Gesprächen stets als aggregierte Gruppe zu betrachten waren, wurden im Rahmen von einzelnen Fallstudien (vgl. Kap. 6.4.3) zusätzlich zu den Hauptexpertengruppen ausgewählte Landwirte befragt, um die gewonnenen Erkenntnisse an einzelnen, individuellen Fallbeispielen nachzuvollziehen und zu konkretisieren. Ziel solcher Fallstudien, bei denen der einzelne Fall – hier Betrieb – eine eigene Untersuchungseinheit repräsentiert, ist die Erforschung von gegenwärtigen Entwicklungen – hier der Reform des EU-Zuckermarktes – in ihrem alltäglichen Kontext. Dazu werden – differenziert nach unterschiedlichen betrieblichen Ausgangsvoraussetzungen – die Motive für eine Einstellung bzw. Fortführung des Zuckerrübenanbaus unter einer reformierten Zuckermarktordnung sowie das sich daraus ergebende Spektrum an Anpassungen bzw. betriebsstrukturellen Veränderungen am Beispiel einzelner landwirtschaftlicher Betriebe aufgezeigt.

Da die befragten Expertengruppen für unterschiedliche Teilbereiche bzw. Dimensionen des Untersuchungsgegenstandes stehen, ergab sich für jede Gruppe die Notwendigkeit zur Konzipierung eines eigenen bzw. modifizierten Leitfadens (vgl. GLÄSER/LAUDEL 2004: 113). Für die Gruppen Landwirtschaft sowie Ämter und Behörden wurde ein gemeinsamer Leitfaden erstellt, da den Angehörigen beider Gruppen dieselben Fragen gestellt wurden. Zusammen mit den Gruppen Südzucker, Allgemeine Interessensvertretungen, Sonstige sowie den im Rahmen der Fallstudie befragten Landwirten existieren somit fünf verschiedene Leitfäden, die in Anhang 1 aufgeführt sind.

Ergänzt wurden die aus den durchgeführten Interviews gewonnenen Ergebnisse noch durch andere Datenquellen in Form von Dokumenten-, Akten- und Literaturanalysen (vgl. MEUSER/NAGEL 2005: 75).

Aufgrund der großen Anzahl der befragten Personen, des sehr umfangreichen Datenmaterials sowie der theoretischen Vorstrukturierung der Fragestellung wurde zur **Datenauswertung** die qualitative Inhaltsanalyse nach MAYRING herangezogen, bei der man das in Texte überführte Interviewmaterial in einzelne Einheiten zerlegt und schrittweise analysiert (vgl. MEIER KRUKER/RAUH 2005: 80). Die besondere Systematik dieser Form der Inhaltsanalyse besteht in ihrer regelorientierten Abfolge, der theoretischen Untermauerung von Fragestellung und Kodierinstruktionen sowie der stufenweisen, kategorienbezogenen Vorgehensweise (vgl. MAYRING 2000: 471). Dabei kommen drei Analyseschritte zum Tragen (vgl. MAYRING 1995: 52ff. und 2002: 115ff.; MEIER KRUKER/RAUH 2005: 80; FLICK 2002: 279ff.; MEUSER/NAGEL 2005: 85ff.):

> ➢ Im Rahmen der **Zusammenfassung** werden die mit Einverständnis der Befragten auf Tonband aufgezeichneten Gespräche transkribiert, das Interviewmaterial paraphrasiert und unter Beibehaltung der wesentlichen Inhalte reduziert, d.h. nur

die im Hinblick auf die leitenden Forschungsfragen relevanten Inhalte bleiben erhalten, während weniger wichtige oder redundante Textpartien gestrichen sowie ähnliche Passagen konzentriert werden. Das Ergebnis ist ein abstrakt-generalisiertes sowie überschaubares Textkorpus, das immer noch ein Abbild des Grundmaterials ist.

> Durch die **Explikation** erfolgt die Erläuterung bzw. Präzisierung einzelner erklärungsbedürftiger Textstellen innerhalb der transkribierten Interviews. Dazu wurde Kontextmaterial einbezogen, das entweder dem direkten Textumfeld der interpretationsbedürftigen Stelle oder dem weiteren textlichen Umfeld in Form von über das Interview hinausgehenden Material entstammt.

> Mit der **Strukturierung** gilt es eine bestimmte Struktur aus dem Text herauszufiltern. Dafür werden auf den theoretischen Vorüberlegungen basierende inhaltliche, formale oder typisierende Kategorien gebildet, denen sich die einzelnen Paraphrasen zuordnen lassen. Die Kategorien entsprechen Überschriften, mit denen die einzelnen Textpassagen zu versehen sind. Textstellen, die gleiche oder ähnliche Inhalte behandeln, werden zusammengestellt und eine Kategorie bzw. Überschrift, welche den Inhalt aller subsumierten Passagen abdeckt, formuliert. Dies dient dazu, dem Auswerter eine bessere und allgemein nachvollziehbare Vergleichbarkeit der Interviewaussagen zu verschaffen. Die einzelnen Kategorien sind in Anhang 2 aufgelistet.

Im folgenden Verlauf dieser Arbeit wird zum Beleg bzw. zur Kennzeichnung der Herkunft der aus den Interviews gewonnen Erkenntnisse folgende Abkürzungssystematik angewandt:

> SZ-Int. 1-9: Interviews mit den Vertretern von Südzucker,

> LW-Int. 1-12: Interviews mit den Repräsentanten der Landwirtschaft (Verbände),

> AB-Int. 1-19: Interviews mit den Vertretern der befragten Ämter und Behörden,

> IV-Int. 1-2: Interviews mit den Repräsentanten allgemeiner Interessenvertretungen,

> Sonst.-Int: 1-3: Interviews mit den sonstigen Experten,

> Landwirte-Int. 1-8: Interviews mit den im Rahmen der Fallstudie befragten Landwirten[117].

Die Zitation der Interviews erfolgt meist indirekt, in Einzelfällen – bei besonders prägnanten oder treffenden Formulierungen – auch direkt bzw. wörtlich.

---

[117] Einige der für die Fallstudie befragten Landwirte wurden auch als Angehörige anderer Expertengruppen befragt, weil sie zusätzlich zu ihrer landwirtschaftlichen Tätigkeit noch eine Expertenfunktion in den Rübenanbauerverbänden bzw. in den landwirtschaftlichen Ämtern und Behörden ausüben. Da es sich bei den für die Fallstudie gestellten Fragen aber um eine selbständige Erhebungseinheit mit eigenem Leitfaden handelt, werden sie hier getrennt von ihrer Zugehörigkeit zu den anderen Gruppen und damit als eigenständige Untersuchungseinheiten behandelt.

6.2 Bayern als Standort der Rüben- und Zuckererzeugung

Folgendes Kapitel stellt den Untersuchungsraum der empirischen Erhebung vor. Es führt zunächst in die wichtigsten Regionen des bayerischen Rübenanbaus, deren Charakteristika und interregionale Unterschiede ein, bevor es sich dem Unternehmen Südzucker mit seinen Verarbeitungsstandorten in Bayern widmet.

6.2.1 Regionen und Charakteristika des Rübenanbaus

Im Jahr 2006 wurden in Bayern auf 60 800 ha Zuckerrüben angebaut. Auch wenn der Anteil der Zuckerrübenanbaufläche an der gesamten Ackerfläche damit bei nur knapp 3% liegt (vgl. Abbildung 24), spielt der Rübenbau in seinen Kernregionen in Niederbayern, Schwaben und Unterfranken eine herausragende Rolle (vgl. GOLDHOFER 2007: 33; LFL 2007a: 202).

Abbildung 24: Ackerflächennutzung in Bayern zur Ernte 2006

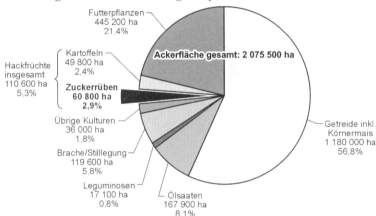

Quelle: Goldhofer 2007: 33 nach Bayerischem Landesamt für Statistik und Datenverarbeitung.

Insgesamt wurden 2006 aus 3,91 Mio. t Rüben 633 813 t Zucker (Ww) hergestellt. Der Anteil Bayerns an der gesamtdeutschen Zuckererzeugung liegt damit zwar nur bei rund 5%. Bayern ist aber die wettbewerbsfähigste und ertragreichste Zuckererzeugungsregion in Deutschland. Im Durchschnitt der Wirtschaftsjahre 2001/02-2005/06 befindet sich Bayern mit einem Rübenertrag von ca. 64,9 t/ha (Deutschland 58,3 t/ha) und einem Zuckerertrag von über 10 t/ha (Deutschland ca. 9,0 t/ha) unangefochten an der Spitze aller Bundesländer (vgl. WVZ/VdZ 2007g: 13 und 16). Auch europaweit rangieren die bayerischen Hauptanbauregionen an der Spitze. Ähnlich hohe Erträge werden nur noch in einzelnen Regionen Frankreichs (z.B. in der Normandie und im Pariser Becken) erzielt (vgl. LW-Int. 1, 2, 3; AB-Int. 11, 12).

2006 produzierten knapp 10% aller rund 124 000 bayerischen Landwirtschaftsbetriebe Zuckerrüben. Der allgemeine Strukturwandel in der Landwirtschaft, der sich in einem Rückgang der Anzahl der Betriebe bei gleichzeitiger Vergrößerung der Betriebsgrößen äußert, kommt auch im Zuckerrübenanbau in seiner Gesamtheit deutlich zum Ausdruck. Bewirtschafteten 1972 noch ca. 33 000 Betriebe eine durchschnittliche Zuckerrübenfläche von rund 2,1 ha, gab es 2006 nur noch knapp 13 000 Zuckerrübenanbaubetriebe, die durchschnittlich 4,6 ha mit Zuckerrüben bestellten (vgl. WVZ/VdZ 2007g: 18; VBZ 2007: 58; VFZ 2007: 54). Der durchschnittliche Arbeitskräftebesatz eines Zuckerrübenbaubetriebs liegt bei 1-1,5 Familienarbeitskräften; Lohnarbeitskräfte sind die Seltenheit.

Tabelle 10: Merkmale und Kennzahlen der bayerischen Rübenbauernverbände

	Verband bayerischer Zuckerrübenanbauer	Verband fränkischer Zuckerrübenanbauer
Zahl der Anbauer	7 032	5 744
Anbaufläche (ha)	35 452	24 095
durchschnittliche betriebliche Rübenfläche (ha)	5,04	4,19
Rübenaufkommen (t)	2 447 080	1 466 215
Durchschnittsertrag (t/ha)	64,5	60,9
durchschnittlicher Zuckergehalt (% Pol.)[1]	18,01	18,34

[1] Wert 2005

Quelle: VBZ 2007: 58f. und 2006: 35; VFZ 2007: 54; eigene Berechnungen.

In Bayern verteilt sich der Zuckerrübenanbau auf die Gebiete zweier Verbände, in denen die Rübenbauern organisiert und zusammengeschlossen sind. Die Verbandsgrenze entspricht im Wesentlichen dem Grenzverlauf zwischen den fränkischen und den südbayerischen Regierungsbezirken. Dem Verband bayerischer Zuckerrübenanbauer gehören die Landkreise der Regierungsbezirke Oberbayern, Niederbayern,

Schwaben und Oberpfalz an. Der Verband fränkischer Zuckerrübenanbauer umfasst die Landkreise der Regierungsbezirke Mittel-, Ober- und Unterfranken. Eine Ausnahme bildet der Landkreis Eichstätt, der seit der kommunalen Gebietsreform Anfang der 1970er Jahre zwar offiziell zum Regierungsbezirk Oberbayern zählt, aber dem fränkischen Verbandsgebiet zugeordnet ist (vgl. LW-Int. 1). Tabelle 10 enthält für das Jahr 2006 einige Kennzahlen zu den beiden Verbandsgebieten.

Karte 6 stellt, aufgeteilt nach den beiden Verbandsgebieten, den durchschnittlichen Anteil der Rübenfläche an der gesamten Ackerfläche (Fruchtfolgeanteil) sowie die Zahl der Rübenbauern auf Landkreisebene für das Jahr 2006 dar und zeigt damit die regional sehr unterschiedliche Bedeutung der Zuckerrübenproduktion in Bayern.

Wie in anderen Teilen Deutschlands (vgl. Karte 4) konzentriert sich auch in Bayern der Zuckerrübenanbau auf Regionen, die den Ansprüchen der Zuckerrübe an klimatische Verhältnisse und Bodengüte besonders genügen (vgl. Kap. 4.1.3 und Kap. 4.3.2) und in denen deshalb hohe Hektarerträge erzielt werden. Zu den Kernanbauregionen mit einem Fruchtfolgeanteil von 5% und mehr gehören die südbayerischen Gäulandschaften mit ihren fruchtbaren Löss- oder Lehmböden. Im Zentrum steht der niederbayerische Gäuboden, auch **Straubinger Gau oder Dungau** genannt. Er erstreckt sich schwerpunktmäßig über die Landkreise Straubing-Bogen und Deggendorf (vgl. MAIER 1998: 66; RUPPERT ET AL. 1987: 21), in denen Fruchtfolgeanteile von durchschnittlich über 13% erreicht werden. Doch auch in den unmittelbar benachbarten Landkreisen Regensburg (8%) und Dingolfing-Landau (7%), die zum Teil an der Fläche des Dungaus partizipieren, herrschen wegen einer hohen Bodengüte hervorragende Anbaubedingungen vor. Zentrale Einzugsbereiche für die Rüben dieser Region sind die Zuckerfabriken Regensburg (bis 2007) und Plattling.

Weitere wichtige Anbaugebiete in Südbayern sind die erst seit dem 19. Jh. kultivierten Moorlandschaften Donaumoos und Donauried (vgl. KLINK/SLOBODDA 2002: 235; RUPPERT ET AL. 1987: 21; UNSELD 1971: 45). Dort kommen neben Moor-, Lehm-, sandigen Lehm- und Sandböden die sehr fruchtbaren, aus Löss entstandenen Parabraunerden vor, die einen sehr ertragreichen Zuckerrübenanbau ermöglichen.

Das **Donaumoos** erstreckt sich zwischen Neuburg a. d. Donau und dem Raum Ingolstadt. Daran anschließend, bildet der Landkreis Eichstätt (6% durchschnittlicher Fruchtfolgeanteil), insbesondere mit seinen nordöstlich von Ingolstadt gelegenen Gebieten, einen weiteren Schwerpunkt des Rübenanbaus. Das **Donauried** zieht sich vom Norden des Landkreises Neu-Ulm über die Landkreise Günzburg und Dillingen a. d. Donau bis zum Landkreis Donau-Ries hin, der mit einem Rübenanteil von 5% besonders hervorzuheben ist. Zentraler Verarbeitungsstandort dieser Region ist die Zucker-fabrik Rain am Lech.

Das Zentrum des nordbayerischen Zuckerrübenanbaus liegt in Unterfranken (vgl. UNSELD 1971: 47ff.), insbesondere in Mainfranken, im Steigerwaldvorland sowie im Schweinfurter Becken. Auch hier kommen sehr fruchtbare Löss- oder Lehmböden vor. Dominierend ist der Landkreis Würzburg (12% durchschnittlicher Fruchtfolgeanteil) mit dem **Ochsenfurter Gau** in unmittelbarer Umgebung der einzigen nordbayerischen Zuckerfabrik Ochsenfurt. Es folgen der unmittelbar an den Ochsenfurter Gau angren-zende Landkreis Kitzingen (11%) sowie der Landkreis Schweinfurt (9%) mit dem **Schweinfurter Gau** im Süden des Landkreises. Zu erwähnen ist auch der mittelfränki-sche Landkreis Neustadt a. d. Aisch/Bad Windsheim (5%), dessen westlicher Teil an den Ochsenfurter Gau anschließt und insbesondere im Raum Uffenheim ebenfalls ein bedeutendes Rübenanbaugebiet aufweist.

Die beschriebenen bayerischen Anbaugebiete sind im Gegensatz zu anderen Rüben-erzeugungsregionen in Deutschland relativ jung. Zwar wurden im Einzugsgebiet der Zuckerfabrik Regensburg (Baujahr 1899) bereits im 19 Jh. Zuckerrüben angebaut. Ei-ne sprunghafte Ausdehnung der Anbauflächen erfolgte aber erst nach dem Zweiten Weltkrieg, ausgelöst durch den Wegfall der mittelostdeutschen Anbauregionen und die dadurch hervorgerufene Unterversorgung der bayerischen Bevölkerung mit Zucker. So kam es in den Räumen Ingolstadt, Regensburg, Straubing, Deggendorf sowie Dingol-fing-Landau zwischen 1949 und 1965 zu einer Steigerung der Anbauflächen um rund 140%.

Bis 1956 konnten die südbayerischen Rüben nur in Regensburg und der weit ent-fernten Fabrik Stuttgart verarbeitet werden. Trotz großer Entfernungen nahm aber in vielen Gebieten, insbesondere im Raum Ingolstadt, der Anbau so stark zu, dass sich Südzucker 1957 zum Bau eines zweiten südbayerischen Werkes in Rain am Lech in Nordschwaben entschied. Der Neubau hat die Bereitwilligkeit der Bauern zum Rüben-anbau stark gefördert, so dass es auch im Rainer Einzugsgebiet zu einer deutlichen Ausweitung der Anbauflächen kam. 1961 wurde schließlich die südostbayerische Fab-rik Plattling gebaut. Obwohl nur als Entlastungsstandort für Regensburg konzipiert, kam es in den niederbayerischen Gäubodengebieten damit zu einer weiteren Zunahme des Rübenanbaus.

Eine ähnliche Entwicklung wie in Südbayern nahm auch der Rübenanbau in Nord-bayern, insbesondere in Unterfranken. Trotz günstiger Boden- und Klimaverhältnisse kam es versorgungsbedingt auch hier erst nach dem Zweiten Weltkrieg zu einer deutlichen Ausdehnung der Anbauflächen, wobei der Neubau zweier Zuckerfabriken in Ochsenfurt im Landkreis Würzburg (1951) und Zeil im Landkreis Haßberge (1960; 2001 geschlossen) ebenfalls zu einem sprunghaften Anstieg der Zuckerrübenerzeugung führte (vgl. UNSELD 1971: 43ff.).

Zusammenfassend lässt sich festhalten, dass die Lage der Zuckerfabriken ein wesentlicher Standortfaktor der Rübenerzeugung in Bayern ist, indem von ihrem Neubau eine erhebliche Anbau steigernde Wirkung ausging (vgl. Kap. 4.3.2).

Dabei zeichnen sich die genannten Hauptanbauregionen – wie Karte 6 zeigt – neben einer hohen Produktionsdichte auch durch eine verhältnismäßig große Anzahl von Rüben anbauenden Betrieben aus. Zwischen beiden Merkmalen besteht eine eindeutig positive Korrelation: Je höher der durchschnittliche Fruchtfolgeanteil der Rübe in einem Landkreis ist, umso mehr Landwirte gibt es dort, die Rüben anbauen und umgekehrt.

Keine Rüben werden im Alpenvorland sowie in den ost- und nordostbayerischen Mittelgebirgslagen (Bayerischer Wald, Oberpfälzer Wald, Fichtelgebirge, Frankenwald) angebaut. Aufgrund ungünstiger natürlicher Erzeugungsbedingungen (weniger fruchtbare, mehr flachgründige, manchenorts steinige, zum Teil in Hoch- und Hanglagen befindliche Böden sowie hohe Niederschlagsmengen) sind diese Regionen für den Ackerbau ungeeignet. Stattdessen dominiert die Viehhaltung, insbesondere die Milchkuhhaltung, und es besteht ein hoher Anteil an Grünland, d.h. Weiden und Wiesen, auf denen allenfalls Futtergräser und Kleegrasmischungen zur Tierfütterung angebaut werden. In einigen ostbayerischen Landkreisen kommt ein sehr hoher Waldanteil hinzu, der eine landwirtschaftliche Nutzung generell in den Hintergrund treten lässt (vgl. AB-Int. 5, 6, 7).

Zu beachten ist, dass die in Karte 6 dargestellten Fruchtfolgeanteile dem Durchschnittswert der einzelnen bayerischen Landkreise entsprechen. Hinter den Durchschnittswerten können sich aber zum Teil ganz erhebliche Schwankungen auf Gemeindeebene verbergen. Karte 7 zeigt dies am Beispiel des Landkreises Deggendorf, der mit 14,7% den höchsten durchschnittlichen Rübenfruchtfolgeanteil aller bayerischen Landkreise aufweist.

Karte 6: Ackerflächenanteil der Zuckerrübe und Anzahl der Rübenbauern auf Landkreisebene (2006)

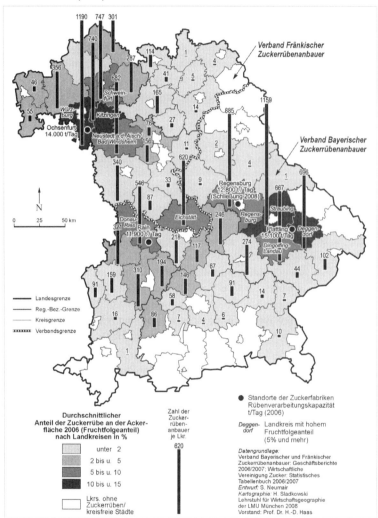

Karte 7: Durchschnittliche Rübendichte in den Gemeinden des Landkreises Deggendorf (2005)

Während südlich der Donau, insbesondere in Plattling (Standort der Zuckerfabrik) sowie den umliegenden Nachbargemeinden weit überdurchschnittlich hohe Fruchtfolgeanteile von bis zu deutlich über 20% herrschen, kommen die unmittelbar nördlich der Donau liegenden Gemeinden größtenteils nur auf Werte von deutlich unter 5%, was zum einen auf eine etwas schlechtere Ertragslage der Böden, zum anderen auf die historisch bedingte Aufteilung der landwirtschaftlichen Nutzfläche zurückzuführen ist. So nimmt nördlich der Donau die Viehhaltung stark zu. In diesen Gemeinden besteht rund die Hälfte der landwirtschaftlichen Fläche aus Grünland, die andere aus Ackerflächen, wobei vor allem Futterpflanzen wie Silomais und nur vereinzelt Rüben angebaut werden. In den bereits zum Bayerischen Wald gehörenden Gemeinden im Norden und Osten des Landkreises werden wegen der oben beschriebenen, für den Zuckerrübenanbau ungünstigen naturräumlichen Voraussetzungen dagegen überhaupt keine Rüben angebaut (vgl. AB-Int. 5).

Bricht man die Betrachtung der Fruchtfolgenanteile von der Ebene der Durchschnittswerte auf Landkreis- und Gemeindeebene auf den einzelnen Betrieb herunter, lässt sich allgemein feststellen, dass innerhalb der Gäulagen als Kerngebiete des Rübenanbaus der einzelbetriebliche Fruchtfolgeanteil sehr hoch ist und bei einzelnen Betrieben sogar bis zu einem Drittel der Ackerfläche ausmachen kann. Außerhalb dieser Lagen nimmt er – bedingt durch schlechtere Hektarerträge der Rübe und steigende Fabrikentfernungen – dagegen abrupt ab (vgl. AB-Int. 8, 9, 10, 11, 12, 16, 17, 18).

In Bayern werden Zuckerrüben über alle Betriebsgrößenklassen angebaut. In den Gäulagen fällt jedoch die große Anzahl kleiner und mittlerer Betriebe (zwischen 20 und 50 ha Betriebsgröße) auf. In der Vergangenheit hat der Zuckerrübenanbau in diesen Gebieten, die sich durch sehr hohe Erträge von anderen Rübenanbauregionen unterscheiden, den für den allgemeinen Strukturwandel in der Landwirtschaft typischen Trend zur Vergrößerung der Betriebseinheiten abgeschwächt und die Beibehaltung kleiner und mittlerer Betriebsstrukturen begünstigt (vgl. AB-Int. 8, 9, 10, 13, 14, 15, 16, 17, 18).

Dafür zeichnen zweierlei Ursachen verantwortlich. Zum einen ermöglichten die hohen, durch die alte ZMO garantierten Rübenpreise es den Landwirten, durch den Rübenanbau auf einer relativ kleinen Fläche, ausgestattet mit einer nur geringen Lieferkontingentsmenge, ein vergleichsweise sehr hohes Einkommen zu erzielen. Unter der alten Marktordnung ließ sich aufgrund der hohen Einkommensbeiträge des Zuckerrübenanbaus beispielsweise ein 40-50 ha großer Betrieb mit einem Drittel Rüben in der Fruchtfolge im Haupterwerb führen. Ohne die Zuckerrübe wäre dies überhaupt nicht möglich gewesen, weil das gesamte betriebliche Einkommen zum Lebensunterhalt nicht gereicht hätte. Zum anderen stellt der Zuckerrübenanbau, der in früheren Zeiten äußerst arbeitsintensiv war, wegen seiner weitgehenden Technisierung von der Saat bis zum Abtransport heute keine besondere Arbeitsspitze mehr dar und rangiert vom Arbeitsaufwand her auf derselben Ebene wie Getreide. Dies erlaubt es auch kleineren Betrieben oder Betrieben mit anderen Produktionsschwerpunkten, Zuckerrüben anzubauen bzw. die Rübe in der Betriebsplanung und -organisation relativ problem- und reibungslos „mitlaufen" zu lassen. Von erheblicher Bedeutung ist auch die überbetriebliche Organisierung des Rübenanbaus durch Rode- und Abfuhrgemeinschaften, die beim einzelnen Betrieb nur eine geringe oder gar keine Eigenmechanisierung erfordert und dafür sorgt, dass auch ein kleiner Betrieb mit derselben Technik wie ein Großbetrieb Rüben erzeugen kann. Die überbetriebliche Mechanisierung ist außerdem der Grund, warum sich der Zuckerrübenanbau – je nach Betriebsgröße und anderweitigen betrieblichen Schwerpunkten – heute problemlos auch im Nebenerwerb führen lässt (vgl. AB-Int. 3, 8, 9, 13, 14, 15; GOLDHOFER 2007: 55; Kap. 6.4.2.2).

Da die Zuckerrübe in einen Fruchtwechsel eingebunden ist (vgl. Kap. 4.1.3), stellt sich die Frage, welche weiteren Ackerfrüchte zusätzlich zur Zuckerrübe erzeugt werden. Hier treten gewisse regionale Unterschiede auf. In Südbayern bauen die Rübenlandwirte neben der Zuckerrübe auch Getreide (überwiegend Winterweizen, stellenweise auch Wintergerste und Mais), punktuell Feldgemüse sowie vor allem andere Hackfrüchte wie Zwiebeln und insbesondere Kartoffeln an. Für den Kartoffelanbau maßgeblich ist das Vorhandensein einer regionalen Vermarktungsschiene. So gibt es in Südbayern neben dem Kartoffelabsatz für den Frischmarkt mehrere Speisekartoffelverarbeiter (z.B. Chips-, Pommes-Frites- oder Knödelteighersteller) sowie zwei, im Eigentum der Südstärke GmbH befindliche Kartoffelstärkefabriken (Schrobenhausen und Sünching im Landkreis Regensburg). Da eine vergleichbare Absatzsituation in den nordbayerischen Zuckerrübenanbaugebieten (vor allem Unterfranken) nicht existiert, wird dort neben der Zuckerrübe fast ausschließlich Getreide (Winterweizen, Wintergerste, Mais) angebaut, während Kartoffeln nur sehr selten vorkommen. Punktuell ist auch dort Feldgemüse Bestandteil der Fruchtfolge (vgl. AB-Int. 6, 7, 8, 9, 11, 12, 13, 14, 15).

Viele Zuckerrübenanbaubetriebe sind reine Ackerbaubetriebe, weshalb die Viehhaltung nur eine untergeordnete Rolle spielt. Gerade in den Gäulagen sind in der Vergangenheit zahlreiche Betriebe aus der Viehhaltung ausgestiegen, weil sie mit der Zuckerrübe in Verbindung mit anderen Kulturen ein ausreichend hohes Einkommen erzielen konnten und sich von der mit der Viehhaltung verbundenen hohen Arbeitsbelastung befreien wollten. Betriebe, die gleichzeitig Rüben anbauen und Vieh halten, kommen – wie sich z.b. in den Landkreisen Schweinfurt und Dingolfing-Landau beobachten lässt – in der Regel erst außerhalb der klassischen Gäulagen vor, wobei vor allem Schweine- oder Geflügel- und nur vereinzelt die Mastbullenhaltung anzutreffen ist. Die Milchkuhhaltung scheidet indes für einen Zuckerrübenanbaubetrieb im Normalfall aus. Da Ackerbaubetriebe ihr Land in der Regel als Ackerflächen nutzen und für gewöhnlich keine bzw. nur wenige Gründlandflächen aufweisen, ist die Milchkuhhaltung zur Gründlandverwertung nicht erforderlich (vgl. AB-Int. 11, 12, 13, 14, 15).

Eine zusätzliche Einkommensmöglichkeit für Ackerbaubetriebe kann die auftragsbezogene Saatguterzeugung bzw. -vermehrung (vor allem für Getreide) darstellen, die parallel zum normalen Anbauverfahren läuft. Allerdings ist dies meist davon abhängig, ob sich im näheren räumlichen Umfeld der Betriebe Saatgut züchtende Unternehmen befinden[118] (vgl. AB-Int. 10, 13, 14, 15).

Die Wettbewerbsfähigkeit der bayerischen Zuckerrübenproduktion ist darauf zurückzuführen, dass in den Kernanbaugebieten (u. a. niederbayerisches Gäubodenland, Ochsenfurter Gau) die Rübe konkurrierenden Ackerfrüchten, wie z.B. Getreide oder Raps, in der Ertragskraft weit überlegen ist. Boden- und klimabedingt stehen hier hohe Rübenerträge/ha vergleichsweise niedrigen Getreide- und Rapserträgen gegenüber. In Norddeutschland ist es genau umgekehrt, da dort die Getreideerträge entsprechend hoch, die Rübenerträge jedoch relativ niedrig sind[119] und die Rübe eine geringere intraregionale Vorzüglichkeit gegenüber anderen Früchten genießt (vgl. Kap. 4.3.2; LW-Int. 1, 2, 3; AB-Int. 11, 12).

Die in Bayern starke Stellung der Zuckerrübe im Wettbewerb mit anderen Früchten stellt sich am deutlichsten durch einen Vergleich der Deckungsbeiträge je ha heraus. Während in den Jahren 2001 bis 2005 im bayerischen Durchschnitt die A-Rübe einen

---

[118] Unternehmen, die Rübensaatgut erzeugen, gibt es in Bayern nicht. Diese sind vor allem in Norddeutschland angesiedelt (vgl. AB-Int. 3).

[119] Die hohen Rübenerträge beruhen auf der Kombination aus hervorragender Bodenqualität mit kontinentalem Klima. So ist im Süden Deutschlands – über das Jahr verteilt – die Sonnenscheindauer länger als im Norden und der Rübenertrag entsprechend höher. Auch sind im Süden die Frühherbstnächte kühler als im Norden, was Rübenertrag und Zuckergehalt der Rüben positiv beeinflusst. Dagegen fallen die Getreideerträge im Vergleich zu Norddeutschland wegen der kälteren und längeren Winter sowie der heißen Temperaturen im Juni und Juli, welche die Abreife des Getreides beschleunigen, geringer aus. Im Norden Deutschlands sind die Getreideerträge aufgrund einer längere Vegetationszeit (kürzere Winter) und nicht so hoher Abreifetemperaturen größer als in Süddeutschland und vergleichsweise höher als die Rübenerträge (vgl. AB-Int. 11, 12).

Deckungsbeitrag[120] von 3 148 €/ha und die B-Rübe von 1 691 €/ha lieferte, ließ sich im gleichen Zeitraum mit Winterweizen der Qualität B (Brotweizen) ein Deckungsbeitrag von nur 172 €/ha erzielen. Auch anderen Feldfrüchten ist die Zuckerrübe weit überlegen und gilt als wettbewerbsfähigste Ackerfrucht. Aufgrund der reformbedingten Rübenpreissenkung und der mittlerweile stark gestiegenen Getreidepreise kommt es allerdings zu einer deutlichen Annäherung der Deckungsbeiträge (vgl. AB-Int. 6, 7, 8, 9; Kap. 6.4.1).

Zu beachten ist auch, dass es sich bei den genannten Deckungsbeiträgen um Durchschnittsbeträge handelt, die auf dem durchschnittlichen bayerischen Rübenertrag/ha der letzten Jahre (2002/03-2006/07: 65,6 t/ha) beruhen (vgl. WVZ/VdZ 2007g: 14; eigene Berechnungen). Wie Karte 8 zeigt, ist der Rübenertrag – analog zu den Fruchtfolgeanteilen der Rübe – jedoch extremen regionalen Schwankungen zwischen den einzelnen Landkreisen unterworfen[121].

Aufgrund größerer Niederschlagsmengen und einer dadurch bedingten höheren Feuchtigkeit der Böden liegen die durchschnittlichen südbayerischen Rübenerträge je ha – von regionalen Ausnahmen wie dem Ochsenfurter Gau abgesehen – tendenziell deutlich über den fränkischen. Dabei können Schwankungen von bis zu 30 t/ha auftreten. Verschärft wird die schlechtere Ertragslage in Franken noch durch eine – im Vergleich zu Südbayern – wesentlich höhere Ertragsunsicherheit, welche auf immer wieder auftretende Trockenperioden zurückzuführen ist. Allerdings ist aufgrund des in Franken wärmeren und trockeneren Klimas (Weinanbauklima) und der dadurch bedingten höheren Sonneneinstrahlung der Zuckergehalt der Rübe höher als in Südbayern (vgl. Tabelle 10), so dass die Zuckererträge je ha in etwa gleich hoch sind (vgl. LW-Int. 2, 5, 7; AB-Int. 5).

Nimmt man einen pauschalen Vergleich vor, so sind die Standort- und Produktionsbedingungen des Rübenanbaus im Süden günstiger als im Norden. Während in Südbayern eine relativ starke Konzentration auf die Gunstlagen mit hohen Erträgen (vor allem die Gäulagen) gegeben ist, wird die Rübe in Franken in größerem Ausmaß als in Südbayern auch auf weniger ertragreichen Standorten außerhalb der Gäulagen (z.B. an den Rändern der Fränkischen Platte) angebaut.

---

[120] Zum genauen Begriff des landwirtschaftlichen Deckungsbeitrags vgl. Kap. 6.4.1.

[121] Da die Werte einzelner Jahre aufgrund starker witterungsbedingter Schwankungen nicht aussagekräftig sind, wird der Durchschnittswert der letzten fünf Wirtschaftsjahre herangezogen.

Karte 8: Durchschnittliche Rübenerträge je ha in den bayerischen Landkreisen (2002/03-2006/07)

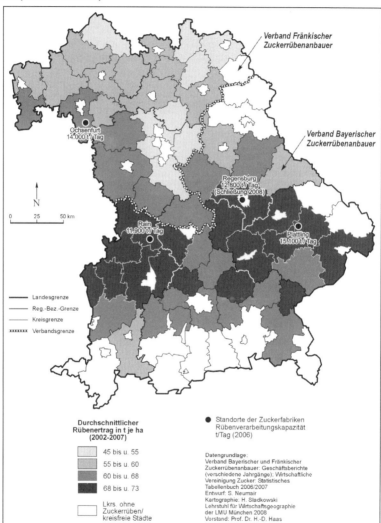

234

Ein weiterer Vorteil sind die im Süden vergleichsweise geringen Transportentfernungen, die mit der Anzahl der Fabrikstandorte zusammenhängen. Während es in Südbayern (noch) drei Zuckerfabriken (Plattling, Rain am Lech, Regensburg) gibt, existiert in Franken mit Ochsenfurt nur ein Verarbeitungsstandort (vgl. AB-Int. 8, 9, 11, 12). Auch nach Schließung der Zuckerfabrik Regensburg werden – bedingt durch die geographische Lage des Regensburger Werkes – die durchschnittlichen Transportentfernungen nur unwesentlich zunehmen (vgl. Kap. 6.3.2.2).

6.2.2 Das Unternehmen Südzucker mit seinen Verarbeitungsstandorten in Bayern

Im Jahr 2005 entfielen – von den Landwirten abgesehen – auf die bayerische Zuckerwirtschaft rund 5 800 Arbeitsplätze, davon ca. 1 200 auf die Zuckerindustrie direkt und ca. 4 600 auf die vor- und nachgelagerten Bereiche (vgl. StMLF 2005).

Die gesamte Rübenverarbeitung und Zuckererzeugung in Bayern liegt in den Händen der Südzucker AG, die 1988 aus der Fusion der Süddeutschen Zucker AG/Mannheim mit der Zuckerfabrik Franken GmbH/Ochsenfurt hervorgegangen ist (vgl. SZVG 2000: 54ff.). Seitdem ist das Unternehmen durch die Übernahme des belgischen Zuckerunternehmens Tirlemontoise S.A. mit Aktivitäten in Belgien, Holland, Großbritannien, Frankreich und Polen, der Saint Louis Sucre S.A. (Frankreich), der AGRANA-Beteiligungs-AG Wien (Österreich, Dänemark, Ungarn, Tschechien, Rumänien, Slowakei), der Freiberger Lebensmittel GmbH (Deutschland, Frankreich, Großbritannien, Österreich, Polen) sowie der Śląska Spółka Cukrowa (Polen) stark gewachsen. Daneben hat Südzucker mehrere Beteiligungsgesellschaften in Deutschland, Polen, Moldawien und Österreich (vgl. LFL 2007a: 210).

Heute ist Südzucker ein weltweit tätiger Lebensmittelkonzern mit den drei Segmenten Zucker, Spezialitäten und Frucht, der im Wirtschaftsjahr 2006/07 mit insgesamt 19 575 Mitarbeitern (davon rund 4 100 in Deutschland) einen Jahresumsatz von ca. 5,7 Mrd. € erwirtschaftete. Im Segment Zucker erzeugte das Unternehmen im Jahr 2006/07 europaweit in 40 Zuckerfabriken und 2 Rohzuckerraffinerien 4,6 Mio. t Zucker und erzielte damit ca. 61% (3,5 Mrd. €) seines Gesamtumsatzes. Mit einem Anteil von ca. 43% an der deutschen und knapp 25% an der EU-Zuckerquote ist Südzucker sowohl in Deutschland als auch der EU Marktführer (vgl. Kap. 4.3.3). Das Segment Spezialitäten umfasst die Herstellung von Bioethanol, „functional food" (Lebensmittelzutaten mit einem gesundheitlichem Zusatznutzen wie Zuckeraustausch-, Süß- und Ballaststoffe sowie funktionale Kohlehydrate), Tiefkühlpizzen (Freiberger), Portionsartikeln und Stärke. Im Segment Frucht werden Fruchtzubereitungen und Fruchtsaft-konzentrate hergestellt. Auf beide Segmente entfielen im Jahr 2006/07 ca. 2,2 Mrd. € Umsatz bzw. 39% des Gesamtumsatzes (vgl. SÜDZUCKER 2007d: 6ff., 30ff und 38ff.).

Das im M-Dax notierte Unternehmen gehört mehrheitlich den Zuckerrüben anbau-enden Landwirten. Den im Verband Süddeutscher Zuckerrübenanbauer (VSZ) zu-sammengeschlossenen acht süddeutschen Regionalverbänden[122] mit ihren rund 24 000 Rübenbauern gehören über die Süddeutsche Zuckerrüben-Verwertungsgenossenschaft eG (SZVG) 55% der Südzucker-Aktien (vgl. SÜDZUCKER 2007d: 13).

Die SZVG ist eine überregionale landwirtschaftliche Industrieholding auf genos-senschaftlicher Basis. 1950 zur Beschaffung landwirtschaftlichen Kapitals für den Bau der Zuckerfabriken Ochsenfurt und Zeil gegründet, hält sie für die süddeutschen Rü-benbauern heute die Mehrheitsbeteiligung am Unternehmen Südzucker. Darüber hin-aus ist sie für die Verwaltung, Veräußerung und Verpachtung der an die Aktien ge-knüpften Zuckerrüben-Lieferrechte verantwortlich, welche die Landwirte zum Anbau benötigen, da Südzucker Rüben nur von Landwirten aufkauft, die mit einem Liefer-recht ausgestattet sind (vgl. VSZ 2007b; SZVG 2000: 21f.; SÜDZUCKER 2007b).

Die Lieferrechte sind bei der SZVG mit einem sog. Zeichnungskapital in Form ei-ner Kapitaleinlage der Landwirte hinterlegt und können unter bestimmten Vorausset-zungen zwischen diesen gehandelt werden. Erforderlich für die Übertragung, d.h. den Eigentumsübergang des Lieferrechts im Lieferrechtshandel, ist, dass sich Veräußerer und Erwerber im gleichen regionalen Rübeneinzugsgebiet befinden, also dieselbe Zu-gehörigkeit zu einem der acht Regionalverbände des VSZ aufweisen, und der Erwer-ber über ausreichend Ackerland zum Anbau von Rüben in einer mindestens dreijähri-gen Fruchtfolge (Drittelregelung) verfügt. Die sich im Lieferrechtshandel bildenden Preise hängen von Angebot und Nachfrage nach den Lieferrechten sowie der Höhe der Kapitaleinlage ab, mit der das Lieferrecht bei der SZVG hinterlegt ist. Denn mit der Übertragung des Lieferrechts wechselt auch die gezeichnete Einlage ihren Besitzer (vgl. LW-Int. 5, 7, 8, 10; AB-Int. 4).

Daneben gibt es die Möglichkeit, die Lieferrechte gegen Entgelt einem anderen Landwirt zur Nutzung zu überlassen, was einer Verpachtung ohne Eigentumsübergang entspricht, d.h. Lieferrecht und Einlage wechseln ihren Besitzer nicht. Dafür ist diesel-be Verbandszugehörigkeit nicht erforderlich, wohl aber ist auch hier die Drittelrege-

---

[122] Baden-Württemberg, Bayern, Franken, Hessen-Nassau, Hessen-Pfalz, Kassel, Wetterau, Sachsen-Thüringen.

lung einzuhalten, wobei der Umfang der Lieferrechtsüberlassung auf die Rübenmenge begrenzt ist, die einerseits auf der verpachteten Anbaufläche des Nutzungsgebers (Verpächter) und andererseits auf einem Drittel der gesamten betrieblichen Ackerfläche des Nutzungsnehmers (Pächter) erzeugt werden kann (vgl. SZVG 2007a und 2007b).

Tabelle 11: Kennziffern und Merkmale der bayerischen Zuckerfabriken zur Kampagne 2006

	Ochsenfurt	Plattling	Regensburg	Rain am Lech
Gründungsjahr	1951	1961	1899	1957
Kampagnendauer (Tage)	97	66	62	68
Rübenverarbeitung (t)	1 364 948	995 026	788 526	802 754
tägliche Rübenverarbeitungskapazität (t)	14 000	15 100	12 800	11 900
Beschäftigte (außerhalb der Kampagne)	230	180	180	220
Rübenanbaufläche (ha)	24 288	13 953	11 290	10 855
Zugeordnete Rübenbauern	5 763	2 332	2 254	2 637
Sonderproduktionsbereiche/Besonderheiten	Flüssigzucker (u. a. für Limonaden), Fondants (u. a. für Füllungen oder Glasuren), Invertprodukte zur Bienenfütterung, Glückswürfelzucker	1-kg-Haushaltszuckerpackungen, Puderzucker, Gelierzucker, kristalliner Zucker, Tanks zur Lagerung von Dicksaft	Agglomerierter Zucker (Pharmaindustrie), Gelierzuckerkonzentrat, Großverpackungen (1 200 kg), Farinzucker (für die Fa. Händlmaier zur Senfherstellung)	Flüssigzucker, 1-kg-Haushaltszuckerpackungen, Portionspackungen (Kaffeehauswürfel und Tütchen), Laboratorium zur Bodenanalytik und Untersuchung von Pflanzenkrankheiten

Quelle: Südzucker 2007e; VSZ 2007a: 195; Sugar Industry/Zuckerindustrie 2007f; WVZ/VdZ 2007g: 49; SZ-Int. 6.

2007 betrieb Südzucker in Bayern (noch) vier Zuckerfabriken. Das – gemessen an Kampagnendauer und Rübenverarbeitungskapazität – größte Werk ist die Zuckerfabrik Ochsenfurt im Süden des Landkreises Würzburg. Nachdem 2001 die Zuckerfabrik Zeil

(Landkreis Haßberge) wegen einer zu geringen Kapazitätsauslastung und verhältnismäßig kurzer Entfernung zu Ochsenfurt geschlossen wurde (vgl. LW-Int. 7), ist sie die einzige Fabrik im Raum Nordbayern. Ihr Einzugsgebiet reicht nord-südwärts von der Rhön bis zum Nürnberger Raum und ost-westwärts vom Steigerwald bis zum Spessart.

In Südbayern befinden sich dagegen drei Zuckerfabriken. Die größte von ihnen liegt im niederbayerischen Plattling. Ihr schwerpunktmäßiges Einzugsgebiet ist im nördlichen Bereich entlang der Achse Straubing-Passau gelegen und reicht im Südwesten bis nach Landshut. Die Fabriken Regensburg und Rain am Lech sind in Rübenverarbeitungsmenge und täglicher Verarbeitungskapazität ungefähr als gleich groß einzustufen. In Regensburg werden (bis einschließlich 2007) Rüben aus dem nördlichen und nordöstlichen Oberbayern sowie aus der Oberpfalz verarbeitet. Das Werk Rain am Lech umfasst dagegen Schwaben, das nördliche Oberbayern sowie Teile Württembergs (vgl. SÜDZUCKER 2007e).

Mit der reformbedingten Schließung der Zuckerfabrik Regensburg nach der Kampagne 2007 wird deren Einzugsgebiet auf die Werke Rain am Lech und Plattling aufgeteilt, deren Kampagnendauern sich ab 2008 entsprechend verlängern (vgl. Kap. 6.3.2.2). Tabelle 11 fasst die wichtigsten Merkmale und Kennzahlen der bayerischen Zuckerfabriken zur Kampagne 2006 zusammen.

6.3 Auswirkungen und Anpassungen in der Zuckerindustrie: Das Beispiel Südzucker

Die ZMO-Reform beschert der Südzucker AG als größtem Zuckerunternehmen Europas und Binnenmarktführer empfindliche Einbußen und zwingt es zu weitgehenden Anpassungsreaktionen. Da Südzucker nicht nur in Bayern und Deutschland, sondern in mehreren europäischen Ländern aktiv ist, beziehen sich die Ausführungen zu den Auswirkungen der ZMO-Reform (vgl. Kap. 6.3.1) überwiegend auf die Gesamtkonzernebene. Die Erläuterungen zu den Anpassungshandlungen (vgl. Kap. 6.3.2) rekurrieren dagegen auf das Einzugsgebiet von Südzucker in Deutschland als Kerngebiet des Unternehmens, dem nicht nur Bayern, sondern ganz Süddeutschland sowie Teile Mittel- und Ostdeutschlands angehören.

6.3.1 Folgen der Zuckermarktreform für Südzucker

Das derzeitige Bild von Südzucker wird stark von den durch die ZMO-Reform verursachten Verwerfungen im Zuckersegment geprägt. Zwar konnte der Konzernumsatz im Geschäftsjahr 2006/07 um 7,8% auf 5,76 Mrd. € (2005/06: 5,34 Mrd. €) gesteigert werden. Maßgeblich beigetragen haben zu diesem Anstieg aber die Segmente Frucht (Fruchtzubereitungen und Fruchtsaftkonzentrate) und Spezialitäten (Bioethanol, „functional food", Tiefkühlprodukte, Portionsartikel, Stärke), auf die 16 bzw. 23% des Gesamtumsatzes entfielen. Dagegen ging der Umsatz im Segment Zucker, das mit 61% Anteil am Gesamtumsatz Hauptumsatzträger ist, um 3,4% von 3,66 auf 3,54 Mrd. € zurück (vgl. SÜDZUCKER 2007a: 24). Ursächlich dafür ist vor allem die drastische Einschränkung der Exportmengen. So ist der Quotenzuckerexport nur noch in Höhe eines Bruchteils früherer Mengen möglich, während Ausfuhr und damit Produktion von C-Zucker völlig untersagt sind (vgl. Kap. 5.2.5).

Von dieser Entwicklung besonders betroffen ist die französische Konzerntochter Saint Louis Sucre. Da auf dem französischen Zuckermarkt die Quotenzuckererzeugung bislang erheblich über dem Inlandsverbrauch lag, hatten die Exporte bei diesem Unternehmen einen besonders großen Anteil am Gesamtabsatz, so dass ihr Wegbrechen besonders zu Buche schlägt. Südzucker sah sich deshalb veranlasst, eine außerordentliche Abschreibung auf Geschäftswerte im Zuckersegment in Höhe von 482 Mio. € vorzunehmen, was im Geschäftsjahr 2006/07 einen Jahresfehlbetrag von 246 Mio. € zur Folge hatte (vgl. SUGAR INDUSTRY/ZUCKERINDUSTRIE 2007g: 531; ZELLER 2007; FOOD FORUM 2007: 5).

Gegenüber dem letzten Geschäftsjahr vor der Reform ging der konsolidierte Gesamtzuckerabsatz – inklusive Industriezucker und abgesetzter Lagerbestände – aller Konzerngesellschaften von Südzucker im Geschäftsjahr 2006/07 allein aufgrund der EU-Exportbeschränkungen um fast 13% von 5,56 Mio. t auf rund 4,86 Mio. t zurück. Einer Erhöhung des Inlandsabsatzes um ca. 6% stand aufgrund der geänderten marktordnungspolitischen Rahmenbedingungen ein Exportrückgang von ungefähr 40% gegenüber, welcher durch das neu eingeführte Industriezuckergeschäft (vgl. Kap. 6.3.2.5) bisher kaum ausgeglichen wurde. Hinzu kommt die von der EU für das Wirtschaftsjahr 2006/07 beschlossene temporäre Marktrücknahme von 16,3% (vgl. Kap. 5.3.2.4), die für Südzucker – bezogen auf die bisherige Höchstquote, d.h. ohne Zusatzquote – eine Reduzierung der Quotenzuckerproduktion von 15,1% bedeutet.

Insgesamt ging die gesamte Zuckererzeugung (einschließlich der Raffination von Rohzucker) konzernweit von 5,21 Mio. t im Geschäftsjahr 2005/06 auf 4,6 Mio. t im Geschäftsjahr 2006/07 zurück (vgl. SÜDZUCKER 2007a: 53 und 54; GOLDHOFER/REISENWEBER 2006: III-3). Folge dieser Produktionseinbrüche ist die Schließung mehrerer Werke u. a. auch in Deutschland (vgl. Kap. 6.3.2.2).

Maßgeblich für die Ergebnistrübung im Zuckerbereich waren noch zwei weitere Umstände. Erstens führten höhere Energiepreise für schweres Heizöl und Erdgas zu erheblichen Kostensteigerungen bei den Zuckerfabriken. Zweitens sind durch die erstmals im Wirtschaftsjahr 2006/07 erhobene und bis einschließlich des Wirtschaftsjahres 2008/09 zu entrichtende Strukturabgabe (vgl. Kap. 5.3.2.3) erhebliche Ergebnisbeeinträchtigungen zu verkraften (vgl. SÜDZUCKER 2007a: 25 und 53). Eine besondere Belastung stellt der Umstand dar, dass diese Abgabe auf die Gesamtquote, also auch auf die temporär aus dem Markt genommene und gar nicht erst produzierte Menge, erhoben wird. Sie wirkt daher wie ein „Strafzoll", da ihr für diese Menge kein auf dem Markt erzielbarer Zuckererlös gegenübersteht (vgl. SZ-Int. 1, 2; IV-Int. 1).

Für das Geschäftsjahr 2007/08 wird mit einer weiteren Verschlechterung gerechnet. Dafür sprechen die Geschäftszahlen aus dem ersten Halbjahr des Geschäftsjahres 2007/08, in dem sich gegenüber dem Vorjahreszeitraum trotz Zuwachsraten in den Segmenten Spezialitäten (+8%) und Frucht (+14%) der Gesamtkonzernumsatz um 3% verringert hat. Ursächlich dafür zeichnen die sich weiter verschlechternden Entwicklungen im Zuckersegment, in dem der Umsatz gegenüber der ersten Hälfte des Geschäftsjahres 2006/07 um 11% und das operative Ergebnis[123] um 82% eingebrochen sind. Neben der dauerhaften Belastung durch den Wegfall der Exportmöglichkeiten gehen diese Einrüche auf die Strukturabgabe zurück, die im Wirtschaftsjahr 2007/08 mit 173,80 €/t um knapp 40% höher als im vorangegangenen Wirtschaftsjahr (126,40 €/t) liegt. Wiederum ist diese auch auf die temporär vom Markt genommene Zuckermenge zu zahlen, die sich 2007/08 auf 13,5% der Quote beläuft (vgl. Kap. 5.3.2.4). Zusätzlich fällt ab dem Wirtschaftsjahr 2007/08 erstmals die Produzentenabgabe von 12 €/t Quotenzucker an (vgl. Kap. 5.3.2.2). Aufgrund dieser ungünstigen Entwicklungen im Zuckerbereich wird für das gesamte Geschäftsjahr 2007/08 mit einem Rückgang des Konzernumsatzes von 5,8 Mrd. € (2006/07) auf 5,2 bis 5,4 Mrd. € gerechnet (vgl. SÜDZUCKER 2007a: 36 und 2007f: I, 6 und 15).

---

[123] Das operative Ergebnis ist das Ergebnis der gewöhnlichen Geschäftstätigkeit und beinhaltet neben dem Finanzierungs- und Beteiligungsergebnis das betriebliche Ergebnis (ohne Steuern und außergewöhnliches Ergebnis) (vgl. GABLER WIRTSCHAFTSLEXIKON 2004: 2235).

Im Jahr 2008/09 könnte sich die Lage im Zuckersegment weiter verschärfen. Zwar sinkt die Strukturabgabe von 173,80 €/t auf 113,30 €/t ab. Gleichzeitig tritt aber auch die erste Stufe der Senkung des Referenzpreises für Zucker von 631,90 €/t auf 541,50 €/t in Kraft. Auch droht möglicherweise erneut eine temporäre Marktrücknahme (vgl. SZ-Int. 1, 2). Zusätzlich wird Südzucker mit Wirkung zum Wirtschaftsjahr 2008/09 13,5% seiner Zuckerquote in den Restrukturierungsfonds geben (vgl. Kap. 6.3.2.3). Dieser dauerhaften Einschränkung der Quotenzuckerproduktion steht der Einmaleffekt aus dem Erhalt der Restrukturierungsprämie gegenüber.

Für die Zeit nach dem Umstrukturierungszeitraum, d.h. ab dem Wirtschaftsjahr 2009/10, könnte sich die Situation für das Unternehmen wieder aufhellen. Zwar tritt ab diesem Zeitpunkt die letzte Senkungsstufe des Referenzpreises für Weißzucker in Kraft, der bis zum Ende der Laufzeit der neuen ZMO bei nur noch 404,40 €/t liegen wird. Gleichzeitig entfällt aber auch die hohe Belastung durch die Strukturabgabe. Das Unternehmen hegt die Hoffnung, dass mit Beendigung der Umstrukturierungsphase eine Marktbereinigung erfolgt, d.h. durch den Abbau der Produktionsüberschüsse und das Verschwinden etlicher Unternehmen anderer EU-Länder vom europäischen Zuckermarkt auf dem Binnenmarkt ein Zuckerpreis erreicht wird, der über dem dann geltenden Referenzpreis von 404,40 €/t liegt. Langfristig besteht sogar die Chance, dass das Unternehmen seinen Marktanteil in der EU „passiv" steigert, indem konkurrierende Unternehmen ihre Produktion stärker einschränken als Südzucker (vgl. SZ-Int. 1, 2, 7, 9).

Dies ändert aber nichts an der Tatsache, dass das Unternehmen durch die ZMO-Reform und die dadurch verursachten Umbrüche auf dem EU-Zuckermarkt hart getroffen wird. So könnte – in Abhängigkeit von der Entwicklung der tatsächlichen Marktpreise – der Deckungsbeitrag je Tonne Zucker reformbedingt um insgesamt 20-30% einbrechen (vgl. SZ-Int. 8).

6.3.2 Anpassungshandlungen von Südzucker

Die geschilderten Auswirkungen der ZMO-Reform veranlassten Südzucker zur Ergreifung eines vielfältigen Spektrums an Anpassungshandlungen, wobei sich zwei grundsätzliche Typen unterscheiden lassen: Mit **reaktiven Maßnahmen** passt Südzucker sein Zuckergeschäft den durch die ZMO-Reform veränderten Rahmenbedingungen im Quoten- und Preisbereich an. Hierzu gehören:

> ➤ die Konstruktion eines neuen Liefer- und Bezahlsystems für Zuckerrüben, mit dem das Unternehmen auf die weitgehende Einschränkung seiner Exportmög-

lichkeiten, die früher zur Vermarktung überschüssigen Zuckers dienten, reagiert (vgl. 6.3.2.1);

➢ die Anpassung des Zuckererzeugungsvolumens und der Abbau von Überkapazitäten durch Schließung unbefriedigend ausgelasteter Werke, was am Beispiel der Zuckerfabrik Regensburg aufgezeigt wird, wobei auch auf die regionalwirtschaftlichen Effekte der Fabrikschließung sowie Standortaspekte des Fabrikgeländes im Hinblick auf eine Folgenutzung einzugehen ist (vgl. Kap. 6.3.2.2);

➢ das von Südzucker und den süddeutschen Rübenanbauerverbänden ausgearbeitete Programm zur freiwilligen Quotenrückgabe, da sich Südzucker unter dem Druck der Marktordnungsreform entschlossen hat, einen Teil seiner Quote an den EU-Restrukturierungsfonds abzutreten (vgl. Kap. 6.3.2.3);

➢ die Ausschöpfung von Kostensenkungspotenzialen in der Zuckerproduktion aufgrund des gestiegenen Margendrucks, insbesondere Maßnahmen zur Senkung der Frachtkosten für Zuckerrüben (vgl. Kap. 6.3.2.4).

Mit **aktiven Maßnahmen** versucht Südzucker, die sich aus der Veränderung der markt- und wirtschaftspolitischen Rahmenbedingungen ergebenden Chancen zu nutzen, um die schmerzlichen Einschnitte im Quotenzuckerbereich auszugleichen. Dazu zählen:

➢ die Nutzung des durch die ZMO-Reform neu geschaffenen Industriezuckergeschäfts, das nicht der Quotenregelung unterliegt (vgl. 6.3.2.5);

➢ strategische Überlegungen, wie das Unternehmen die EU-Exportrestriktionen umgehen oder von den von der EU gewährten Handelspräferenzen im AKP-bzw. LDC-Länderbereich Gebrauch machen könnte, was unter dem Punkt „sonstige Anpassungshandlungen im Zuckerbereich" zusammengefasst wird (vgl. Kap. 6.3.2.6);

➢ die Diversifikation des Produktprogramms bzw. der Ausbau der Nicht-Zucker-Geschäftssegmente zur Kompensation der Verluste aus dem Zuckergeschäft, wobei die Ethanolerzeugung als größter Wachstumstreiber im Vordergrund steht (vgl. Kap. 6.3.2.7).

Dem Prinzip der Kontingenz, dem dritten Element einer relationalen Wirtschaftsgeographie (vgl. Kap. 1.2.1), folgend, basieren diese Maßnahmen auf keinen universellen, für die Zuckerindustrie allgemeingültigen ökonomischen Reaktionsmustern, sondern setzen an unternehmensindividuell unterschiedlichen Stellen im strategischen wie im operativen Bereich der Südzucker AG an.

6.3.2.1 Neues Liefer- und Bezahlsystem für Rüben

Bisher konnte Südzucker die Mengen an Zucker, die über die Quote hinaus produziert wurden (C-Zucker), zwar ohne Exportsubventionen, aber unbegrenzt auf dem

Weltmarkt absetzen (vgl. Kap. 5.2.1.2). Aufgrund des Urteils der Welthandelsorganisation ist dies künftig jedoch nicht mehr möglich (vgl. Kap. 5.2.5). Da das Exportventil von nun an fehlt, ist der über die Quotenzuckermenge hinaus erzeugte Zucker, der Nichtquotenzucker genannt wird, anderweitig zu verwenden. Der Teil des Nichtquotenzuckers, der keine Verwertung als Industriezucker (vgl. Kap. 6.3.2.5) findet, wird als Überschusszucker bezeichnet und ist entweder in das darauf folgende Wirtschaftsjahr zu übertragen, in Randlageregionen zu verbringen oder unter Wahrung der WTO-Verpflichtungen zu exportieren (vgl. Kap. 5.3.2.2).

Da der Zuckerexport in Randlagen der EU (z.B. Azoren) für die deutschen Zuckerunternehmen ohne Bedeutung ist und die verbleibenden Exportmöglichkeiten im Rahmen des WTO-Abkommens als unsicher gelten (vgl. Kap. 5.2.5), muss der nicht zu Industriezucker verarbeitete Überschusszucker unter Anrechnung auf die Produktion im folgenden Wirtschaftsjahr übertragen werden. Da jede Tonne Übertragungszucker einer entsprechenden Rübenmenge des Landwirts zuzuordnen ist, hat dies Konsequenzen auf das gesamte Rübenmengen- und Zuckergerüst von Südzucker und der einzelnen Landwirte (vgl. SÜDZUCKER 2006a: 2; SZ-Int. 1, 2, 7).

Die wichtigste kurzfristig realisierbare Anpassungshandlung von Südzucker stellt daher die Konstruktion eines neuen Liefer- und Bezahlsystems für Zuckerrüben dar, welches das Unternehmen mit dem Verband Süddeutscher Zuckerrübenanbauer (VSZ) und seinen Regionalverbänden 2006 in Form eines neuen Rübenliefervertrages ausgehandelt hat. Wichtige Neuerungen im Vergleich zum alten System liegen in der Ermittlung der einzelnen Rübenarten, ihrer Abrechnung und Bezahlung.

Zum besseren Verständnis der Änderung sei das alte Liefermengensystem kurz dargestellt. Den Ausgangspunkt bildete dabei eine den Landwirten garantierte Rübenliefermenge (Garantiemenge), mit der sich bei einem Standardzuckergehalt von 16% eine bestimmte Menge an Zucker produzieren ließ. Die Garantiemenge beinhaltete zunächst die A- und B-Quote eines Landwirts (vgl. Kap. 5.2.1.2 und Kap. 5.2.1.3). Wenn der Landwirt nun Rüben mit einem höheren Zuckergehalt als 16% lieferte, waren zur Erfüllung der Zuckerquote weniger Rüben als die Summe aus A- und B-Quote erforderlich. Die Rüben, die über die A- und B-Quote hinausgingen, aber noch in der Garantiemenge lagen, bezeichnete man als C1-Rüben, die wie B-Rüben bezahlt wurden. Alle über die Garantiemenge aus A-, B- und C1-Rüben hinaus erzeugten Rüben waren sog. C2-Rüben, für die – da außerhalb der Garantiemenge liegend – die Bezahlung wesentlich niedriger ausfiel als für C1-Rüben (vgl. LW-Int. 1, 2, 3, 4).

Im neuen Liefer- und Bezahlsystem bestehen die ausgegebenen Garantiemengen als Vertragsgrundlage zwar weiter fort, die unterschiedlichen Rübenkategorien (A, B, C1) werden jedoch zu einer Menge zusammengefasst und heißen künftig **Vertragsrüben.** Die Vertragsrübenmenge der Südzucker AG beläuft sich zusammen mit der erworbenen Zusatzquote in Höhe von 109 500 t Zucker auf 9,86 Mio. t Rüben. Sie bezieht sich auf einen Zuckergehalt von 17% und einen bereinigten Zuckergehalt (BZG) von 15%[124]. Bei diesen Werten entspricht die Vertragsrübenmenge genau der Menge an Quotenrüben, bestehend aus alter A-, B- und C1-Quote. Die Vertragsrübenmenge wird, ausgehend von 15% BZG, in Abhängigkeit des tatsächlichen Zuckergehalts ermäßigt oder erhöht und ergibt damit die Quotenrübenmenge.

Im alten System betrug der Zuckergehalt 16% und der BZG 14%. War früher jede Tonne Rüben mit 140 kg Zucker hinterlegt, sind es nun 150 kg. Aufgrund der neuen Quotenausstattung von Südzucker (inkl. Zusatzquote) enthalten die Rübenlieferrechte nun mehr Zucker (vgl. DZZ 2006: 10ff.; BRÜGGEMANN 2006: 45). Die über die Vertragsrübenmenge hinausgehenden Mengen (ehemals C2-Rüben) werden als Industrierüben zur Erzeugung von Industriezucker oder als Übertragungsrüben, die ins nächste Wirtschaftsjahr zu übertragen sind, abgerechnet. Abbildung 25 stellt die Mengenkategorien von altem und neuem Rübenliefervertrag einander gegenüber.

Abbildung 25: Rübenkategorien im alten und neuen Rübenliefervertrag

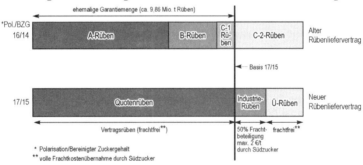

Quelle: DZZ 2006: 11, verändert.

---

[124] Der Zuckergehalt bezieht sich auf den insgesamt in der Rübe eingelagerten Zucker (ausbeutbarer Zucker), von dem ein Teil jedoch nicht als Weißzucker, sondern nur als Melassezucker gewonnen werden kann. Subtrahiert man letzteren vom Gesamtzuckergehalt, ergibt sich der bereinigte Zuckergehalt (BZG) (vgl. GAMRINGER et al. 1997: 108f.).

Quoten-, Industrie- und Übertragungsrüben unterschieden sich insbesondere in Menge, Preis und Frachtkostenübernahme seitens Südzuckers (vgl. im Folgenden SÜDZUCKER 2006a: 3ff. und 2006b: 4f.; VSZ 2006: 231ff.). Für den Landwirt am bedeutendsten ist die **Quotenrübe,** bei der die Liefermenge am größten und die Bezahlung trotz der reformbedingten Preisrückgänge – der Quotenrübenpreis sinkt von 32,90 €/t im Wirtschaftsjahr 2006/07 auf 26,30 €/t im Wirtschaftsjahr 2009/10 (vgl. Kap. 5.3.2.2) – immer noch am höchsten ist. Außerdem übernimmt Südzucker für Quotenrüben die volle Fracht.

Zusätzlich zu den Quotenrüben können die Landwirte künftig **Industrierüben,** die zu einem Mindestpreis von 16 €/t bezahlt werden, zur Erzeugung von Industriezucker liefern. Dafür hat Südzucker im Anbaujahr maximal 10% der Vertragsrübenmenge zum Industrierübenanbau freigegeben und diesen Anteil im Anbaujahr 2007 auf 15% erhöht. Grundsätzlich besteht für Industrierüben eine Frachtkostenbeteiligung des Landwirts. Südzucker übernimmt die Transportkosten nur zu 50%, wobei maximal 2 €/t gezahlt werden und der Rest vom Landwirt aufzubringen ist[125].

Alle über die Industrierübenmenge hinaus gelieferten Rüben sind **Übertragungsrüben,** deren Bezahlung nach den im nächsten Wirtschaftsjahr gültigen Quotenrübenpreisen erfolgt. Sie sind für den Landwirt frachtfrei, da sie wie die ersten Quotenrüben des folgenden Wirtschaftsjahres behandelt werden. Da Südzucker aber den über die Quoten- und Industriezuckermenge hinausgehenden Übertragungszucker nur in begrenztem Umfang in eigenen Silos einlagern kann und dafür externe Lagerkapazitäten anmieten muss, werden den Landwirten für Übertragungsrüben – je nach Höhe der angelieferten Menge – Übertragungskosten in Rechnung gestellt.

Quoten-, Industrie- und Übertragungsrüben unterschieden sich zudem im Erhalt und Umfang diverser Prämien und Nebenleistungen wie Qualitätsprämien, Früh- und Spätlieferprämien, Rübenmarkvergütung, Ausgleich von Wirtschaftserschwernissen für Mietenpflege[126] und Erdabreinigung sowie Boni für Qualität, Umwelt und Nachhaltig-

---

[125] Dies gilt bei einem Zuckergehalt von 17% bzw. einem BZG von 15%. Steigt der Zuckergehalt, sinkt die zur Erfüllung der hinterlegten Zuckerquote notwendige Quotenrübenmenge und ein Teil der Industrierüben fällt unter die Vertragsrübenmenge und gestaltet sich aus Sicht des Landwirts frachtfrei, da Südzucker dann – analog zu den Quotenrüben – die Transportkosten übernimmt. Für den über die Vertragsrübenmenge hinausgehenden Industrierübenanteil besteht nur die 50%ige Frachtbeteiligung bzw. maximal 2 €/t. Bei einem noch höheren Zuckergehalt kann es sein, dass der gesamte Industrierübenanteil unter die Vertragsrübenmenge fällt, so dass für den Landwirt überhaupt keine Frachtbeteiligung besteht (vgl. DZZ 2006: 11).

[126] Lagerung und gegebenenfalls Frostabdeckung der Rüben am Feldrand.

keit. Ohne hier auf die konkreten Unterschiede einzugehen, kommt die Quotenrübe in den Genuss sämtlicher Leistungen in vollem Umfang, während für Industrie- und Übertragungsrüben bestimmte Prämien entfallen bzw. eingeschränkt sind[127].

Nach der Kampagne werden jeweils die für die Quotenzucker- und die Industriezuckerproduktion benötigten Rüben ermittelt. Der darüber hinaus gehende, überbelieferte Rest, der sich nicht als Industrierüben verwerten lässt, sind Übertragungsrüben. Die Übertragung ins nächste Wirtschaftsjahr wird vor allem in Jahren mit hohen Rübenerträgen notwendig sein und erfolgt entweder individuell, d.h. auf Antrag des Landwirts[128], oder generell, d.h. durch Südzucker (vgl. VFZ 2007: 36f; SÜDZUCKER 2006a: 5). In beiden Fällen entstehen – wie oben beschrieben – den Landwirten Übertragungskosten für die Lagerung des übertragenen Zuckers. Dies dient dem Zweck, die Erzeugung überschüssiger Rüben unrentabel zu machen und nach Möglichkeit zu verhindern. Falls sie witterungs- und erzeugungsbedingt dennoch anfallen, bleibt der Landwirt zwar nicht auf ihnen „sitzen", muss aber für die Übertragungskosten aufkommen und einen niedrigeren Erlös in Kauf nehmen, da ihre Vergütung zum Quotenrübenpreis des Folgejahres erfolgt und dieser während der Umstrukturierungsphase bis zum Wirtschaftsjahr 2009/10 von Jahr zu Jahr sinkt. Unattraktiv sind Übertragungsrüben für den Landwirt auch deshalb, weil sie auf die Quotenerzeugung im Folgejahr angerechnet werden und der Landwirt im Umfang der übertragenen Mengen seine Anbauflächen dann entsprechend einzuschränken hat. Die Übertragung geht damit immer zu Lasten der Erzeugung im darauf folgenden Wirtschaftsjahr.

Ebenso wie Überlieferungen der Quote möglich sind, kann es dem Landwirt bei knapp kalkulierten Anbauflächen und witterungsbedingt schlechten Rübenerträgen passieren, dass er seine Quote unterliefert, d.h. Fehlmengen bei der Erfüllung der hinterlegten Zuckerquote auftreten. Da die ZMO es in diesem Fall verbietet, die Quote des Folgejahres heranzuziehen, erhält der Landwirt im Rahmen der Regelung zur individuellen Nachlieferung die Gelegenheit, die aufgetretenen Fehlmengen als zusätzliche frachtfreie Industrierüben des Folgejahres – jedoch höchstens in Höhe von 10% der Quotenrübenmenge – zu liefern. Damit soll die Möglichkeit gegeben werden, „vorsichtiger" zu planen, was wegen der hohen Frachtbeteiligung für von der Zucker-

---

[127] Für eine genau Gegenüberstellung der Unterschiede vgl. SÜDZUCKER 2006a: 9; DZZ 2006: 12ff.; STARK/KARL 2007: 39.

[128] Die individuelle, antragsmäßige Übertragung ist vor allem für Landwirte mit weiten Transportentfernungen interessant, da die übertragenen Rüben als erste Quotenrüben des Folgejahres gelten, für welche Südzucker die vollen Frachtkosten übernimmt (vgl. VFZ 2006: 36ff.; SÜDZUCKER 2006a: 5).

fabrik weit entfernte Landwirte von besonderer Bedeutung ist (vgl. VFZ 2007: 36; SÜDZUCKER 2006a: 10).

Insgesamt wirkt das geschilderte neue Liefer- und Bezahlsystem zwar sehr bürokratisch und kompliziert, für Südzucker bietet es aber die Möglichkeit, überschüssige Produktionsmengen zu steuern und einer entsprechenden Verwertung zuzuführen, was vor allem nach dem Wegfall der Exportmöglichkeiten, die in der Vergangenheit als Überschussventil fungierten, für das Unternehmen von eminenter Bedeutung ist (vgl. SZ-Int. 1, 2, 7). Aus Sicht der Landwirte ist es deshalb so wichtig, weil es die Abnahme aller produzierten Rüben – wenn auch zu unterschiedlichen Bedingungen – sichert und regelt (vgl. LW-Int. 8; AB-Int. 4; Kap. 6.4.2.2).

Zu beachten ist allerdings, dass es durch dieses System gerade in Jahren mit witterungsbedingt sehr hohen Erträgen zu so großen Übertragungsmengen kommen kann, dass im folgenden Wirtschaftsjahr nicht nur die Anbauflächen massiv eingeschränkt werden müssen, sondern sich möglicherweise auch die Kampagnendauern der Fabriken verkürzen. Die Freude von Landwirten und Zuckerindustrie über die Rekordernte im Jahr 2007 hält sich daher in Grenzen (vgl. LW-Int. 1, 3; SZ-Int. 7, 8).

6.3.2.2 Werksstilllegungen: Das Beispiel Regensburg

Wie in Kap. 4.3.1 und Kap. 4.3.3 beschrieben, befindet sich die Zuckerindustrie schon seit längerer Zeit in einem tief greifenden strukturellen Wandel. Der steigende Kostensenkungs- und Rationalisierungsdruck führt – wie die vielen Werksschließungen in Deutschland seit der Wiedervereinigung zeigen (vgl. Kap. 4.3.3) – zur Stilllegung von zu gering ausgelasteten Werken und damit zur Kampagnenverlängerung und Auslastungserhöhung an anderen, bestehen bleibenden Standorten.

Die Reform, die eine Einschränkung der gesamten europäischen Zuckererzeugung um rund 8 Mio. t erfordert, hat auch bei der Südzucker-Gruppe bereits zur Stilllegung mehrerer Zuckerfabriken geführt. So wurden 2006/07 die Werke Hohenau in Österreich, Rimavska Sobota in der Slowakei und Lubna in Polen geschlossen. Bereits zuvor legte man das polnische Werk in Maloszyn still. Für das Jahr 2008 plant die Südzucker-Tochter Saint Louis Sucre die Schließung ihres Zuckerwerks im französischen Guignicourt (vgl. SÜDZUCKER 2007a: 53; SUGAR INDUSTRY/ZUCKERINDUSTRIE 2007h: 673; ERNÄHRUNGSDIENST 2007f).

In Deutschland wollte man ursprünglich alle 11 Standorte (vgl. Karte 4) beibehalten, weshalb zunächst keine Werksschließungen vorgesehen waren (vgl. SPETTMANN 2006b: 2). Aufgrund der temporären Marktrücknahme (vgl. Kap. 5.3.2.4) sowie der weg gebrochenen Exporte ging der Erzeugungsumfang bereits kurze Zeit nach Reformbeginn jedoch derart stark zurück, dass die verbleibenden Produktionsmengen nicht mehr ausreichen, um alle 11 deutschen Südzucker-Standorte unter den neuen Rahmenbedingungen befriedigend auszulasten (vgl. IV-Int. 2; SZ-Int. 7, 8). Verschärfend hinzukommt die freiwillige Rückgabe eines Teils der Produktionsquote an den Restrukturierungsfonds, was die Produktion weiter deutlich verringert (vgl. Kap. 6.3.2.3).

Während die durch die alte ZMO garantierten hohen Erlöse aus dem Zuckergeschäft es dem Unternehmen noch erlaubten, einzelne Werke suboptimal, d.h. mit einer unter normalen Bedingungen zu kurzen Kampagnendauer, zu betreiben, kann sich Südzucker dies unter den durch die ZMO-Reform verschärften Preis- und Wettbewerbsstrukturen nicht mehr leisten (vgl. SZ-Int. 3, 8). Die unweigerliche Folge dieser Entwicklung sind Werksschließungen auch in Deutschland als Kerngebiet des Unternehmens. So entschloss sich Südzucker im Frühjahr 2007 – später als andere deutsche Zuckerproduzenten wie Nordzucker und Pfeifer & Langen, die bereits 2005 und 2006 mit Werksschließungen auf die ZMO-Reform reagierten – , die Standorte Regensburg und Groß Gerau wegen zu geringer Auslastung und der räumlichen Nähe zu anderen Standorten, welche die Umleitung der Rübenströme ohne einen zu starken Frachtkostenanstieg zulässt, zum Ende der Kampagne 2007/08 zu schließen. Weitere Werksstilllegungen sind nicht auszuschließen (vgl. LW-Int. 5, 10; SZ-Int. 7).

In diesem Zusammenhang ist zu beachten, dass die Schließung einer Zuckerfabrik eine irreversible Entscheidung ist. Denn eine einmal stillgelegte Zuckerfabrik kann aufgrund der Demontage der Anlagenteile und Maschinen als Bedingung für den Erhalt der Restrukturierungsprämie sowie deren Verwendung an anderen Standorten oder des Verkaufs in andere Länder[129] nicht wieder in Betrieb genommen werden und lässt sich in der Regel nur noch als Zuckerauslagerungsstandort für andere Werke nutzen. Wenn die Zuckerproduktion in Europa aufgrund steigender Preise jemals wieder lukrativ oder das Zuckerangebot knapp werden sollte, könnte es nicht zur Wiederinbetriebnahme stillgelegter Fabriken, sondern müsste es zum Ausbau bestehender Standorte mit einer entsprechenden Kampagnenverlängerung kommen (vgl. SZ-Int. 7, 8, 9; LW-Int. 9).

---

[129] Z.B. wurden wichtige Anlagenteile der Zuckerfabrik Zeil nach Aserbaidschan verkauft (vgl. LW-Int. 9; SZ-Int. 8).

Im Folgenden werden die Hintergründe und regionalwirtschaftlichen Folgen der Schließung des Südzuckerwerks in Regensburg zum Kampagnenende 2007/08 beleuchtet.

Die Zuckerfabrik Regensburg zählt seit einiger Zeit zu den sog. weichen Standorten von Südzucker. Dabei handelt es sich um Werke, an denen nur die notwendigsten Investitionen getätigt werden, weil sie wegen einer zu kurzen Kampagnendauer schlecht ausgelastet sind und daher als schließungsgefährdet gelten (vgl. SZ-Int. 3; LW-Int. 5). Seit Mitte der 1990er Jahre – lange vor der Reform des Zuckermarktes – fasste das Unternehmen daher bereits mehrfach die Schließung des Werkes ins Auge, vertagte die endgültige Entscheidung aber immer wieder. Hintergrund war, dass die Rübenerträge im Einzugsbereich der Regensburger Fabrik zu den höchsten in Europa gehören und somit die Hoffnung bestand, dass an weniger wettbewerbsfähigen Standorten aufgegebene Produktionsquoten in die Region Regensburg wandern und damit die Kampagnendauer verlängern könnten (vgl. LW-Int. 6, 10; SZ-Int. 3).

Aufgrund der 2006 erfolgten Marktrücknahme sowie der weggefallenen Exportmöglichkeiten gingen die Produktionsmengen von Südzucker reformbedingt jedoch derart stark zurück, dass es an allen Produktionsstandorten des Unternehmens zu einer massiven Verkürzung der Kampagnendauern kam. Am stärksten davon war das Werk Regensburg betroffen, dass 2006/07 mit nur noch 62 gegenüber durchschnittlich 92 Kampagnentagen im gesamten süddeutschen Raum die kürzeste Kampagnendauer aller deutschen Zuckerfabriken aufwies (vgl. SUGAR INDUSTRY/ZUCKERINDUSTRIE 2007f.; WVZ/VdZ 2007g: 23). Zwar bringt die 2007 startende Verarbeitung von Ethanolrüben (vgl. Kap. 6.3.2.7 und Kap. 6.4.2.2) ca. 5-6 zusätzliche Kampagnentage, doch ist das Werk von der Zielgröße, ab der sich eine Zuckerfabrik unter den veränderten marktpolitischen Rahmenbedingungen wirtschaftlich betreiben lässt – sie liegt bei ca. 100 Kampagnentagen –, weit entfernt (vgl. SZ-Int. 3; LW-Int. 3).

Das für Südzucker durch die ZMO-Reform verbleibende Erzeugungsvolumen reicht trotz der neu hinzugekommenen Ethanolrübenverarbeitung für eine befriedigende Auslastung aller drei südbayerischen Werke (Plattling, Regensburg, Rain) künftig nicht mehr aus, so dass eine Fabrik geschlossen werden musste (vgl. SZ-Int. 6, 8). Die Entscheidung fiel auf Regensburg, wobei nicht allein die geringe Kampagnendauer ausschlaggebend war, denn diese lag 2006/07 nur knapp unter der in Rain mit 68 und Plattling mit 66 Tagen (vgl. SUGAR INDUSTRY/ZUCKERINDUSTRIE 2007f.). Vielmehr gab es neben der kurzen Kampagnenlaufzeit zusätzliche Faktoren, die aus Sicht von

Südzucker den Ausschlag für die Schließung der Fabrik in Regensburg[130] bei gleichzeitiger Erhaltung der Standorte Rain und Plattling gaben.

Bei der Auswahl einer zu schließenden Zuckerfabrik spielen vor allem zwei Kostenblöcke die entscheidende Rolle (vgl. SZ-Int. 3): Die zusätzlichen Frachtkosten, die durch die Umleitung der Rübenströme zu anderen Verarbeitungsstandorten anfallen, sowie die Zuckerauslagerungskosten, die dadurch entstehen, dass für die infolge der Aufteilung in anderen Werken mehr erzeugten Mengen die dortigen Lagerungsmöglichkeiten nicht ausreichen und der Zucker für die Dauer zwischen Erzeugung und Verbrauch anderenorts zwischengelagert werden muss. Eine von Südzucker durchgeführte Gesamtkostenoptimierung ergab, dass gegenüber Plattling und Rain diese Kosten bei einer Schließung des Regensburger Werkes am geringsten ansteigen. Dies ist vor allem auf die geographische Lage der Regensburger Fabrik zurückzuführen. Sie liegt zwischen den Werken Rain und Plattling (vgl. Karte 4, Karte 6 und Karte 9), weshalb sich die Rüben relativ einfach auf die beiden anderen Standorte umverteilen lassen. Die durchschnittliche Transportentfernung der Rübenbauern im Einzugsbereich der Regensburger Fabrik erhöht sich daher nur unwesentlich um ca. 5-7 km[131] (vgl. LW-Int. 3, 5, 6, 10; SZ-Int. 6). Dies wird dadurch begünstigt, dass das Regensburger Werk in der Vergangenheit aus Auslastungsgründen zum Teil auch Rüben verarbeitet hat, die es nach Plattling und Rain näher gehabt hätten (vgl. SZ-Int. 3). Die Zuckerauslagerungskosten steigen ferner nur geringfügig an, da die Zuckersilos in Regensburg trotz Einstellung der Zuckerproduktion als Auslagerungsstandort für die beiden anderen Werke weiterhin genutzt werden können.

Eine Schließung von Plattling oder Rain wäre dagegen mit einem wesentlich stärkeren Anstieg der Frachtkosten verbunden gewesen. So ist Plattling aus geographischer Sicht ein Randstandort. Die Rüben könnten nicht gleichmäßig auf Werke in unterschiedlichen Richtungen verteilt werden. Das Werk Rain liegt zwar zwischen den

---

[130] Dabei ist nicht auszuschließen, dass das Werk Regensburg aufgrund des allgemeinen Strukturwandels in der Zuckerindustrie auch ohne die ZMO-Reform – dann aber vermutlich erst in mehreren Jahren – geschlossen worden wäre (vgl. SZ-Int. 3).

[131] Für die dem Regensburger Werk zugeordneten Rübenbauern kommt es durch die Erhöhung der Entfernungen nicht zu einem Transportkostenanstieg. Die Fracht für die Quotenrüben trägt ohnehin Südzucker. Für die Ethanol- und Industrierüben, für die eine Frachtkostenbeteiligung des Landwirts besteht (vgl. Kap. 6.4.2.2), bleibt Regensburg bis 2014 als „virtueller Standort" bestehen, so dass die Landwirte vorläufig so gestellt sind, wie wenn das Werk noch nicht existieren würde. Dies bedeutet, dass sie sich bei Industrie- und Ethanolrüben nur an den Frachtkosten bis nach Regensburg beteiligen müssen. Die zusätzlichen, durch den Transport von Regensburg zu den anderen Standorten anfallenden Kosten werden von Südzucker getragen (vgl. AB-Int. 3, LW-Int. 3; SZ-Int. 3).

Standorten Regensburg und Offenau (vgl. Karte 4). Doch wäre erstens die durchschnittliche Entfernung für den Rübentransport aus dem Rainer Gebiet vor allem nach Offenau, das sich im nördlichen Baden Württemberg befindet, zu groß. Zweitens ist Offenau, zu dem auch Rüben aus dem ebenfalls geschlossenen Südzucker-Werk Groß Gerau umgeleitet werden, bereits gut ausgelastet (vgl. SZ-Int. 3, 6; LW-Int. 10).

Für die Schließung von Regensburg und den Erhalt der Standorte Rain und Plattling haben neben der geographischen Lage und den daraus resultierenden Transportentfernungen auch standortspezifische Weiterverarbeitungs- und Verpackungsprozesse, die unter dem Begriff Sonderproduktionsbereiche zusammengefasst werden, eine Rolle gespielt. So befinden sich in Plattling das Abpackzentrum für 1-kg-Haushaltspackungen (weißer Zucker und Gelierzucker[132]) sowie die Verarbeitung von Puder- und kristallinem Zucker[133]. Rain weist neben einem Kleinpackungsbereich die Produktion von Flüssigzucker für die Getränkeindustrie und Portionspackungen (z.B. Zuckerpäckchen und -tütchen für die Gastronomie) auf (vgl. Tabelle 11). Da eine Verlagerung dieser Sonderproduktionsanlagen an einen anderen Standort nur sehr schwer möglich ist bzw. sich äußerst aufwändig gestalten würde, müssten sie – im Falle der Stilllegung der Zuckererzeugung am selben Standort – mit Zucker aus anderen Werken versorgt werden. Aufgrund des großen Zuckermengenbedarfs dieser Anlagen wäre eine Versorgung von anderen Standorten aus aber sehr kostspielig. Das Werk Regensburg weist dagegen nur einen kleinen Sonderproduktionsbereich (u. a. Zucker für die Pharmaindustrie, Gelierzuckerkonzentrat, Großpackungen) auf, der nach Einstellung der eigentlichen Zuckerproduktion vor Ort – der Sonderproduktionsproduktionsbereich ist von der Schließung ausgenommen – aufgrund des vergleichsweise geringen mengenmäßigen Bedarfs an Zucker von den anderen beiden, ihn umgebenden Standorten aus relativ kostengünstig beliefert werden kann (vgl. SZ-Int. 6).

Gleichzeitig kann das Werk Regensburg aber auch mehrere Standortvorteile für sich verbuchen. Hierzu gehören (vgl. SZ-Int. 4, 5; Sonst-Int. 1, 2; IV-Int. 2; LW-Int. 10):

➢ die Lage in einem der besten und ertragreichsten Rübenanbaugebiete Europas[134],

---

[132] Das Gelierzuckerkonzentrat wird aus Regensburg geliefert.

[133] Kristalliner Zucker dient der Herstellung von Backwaren.

[134] Im Durchschnitt der Jahre 2003/04 bis 2006/07 lag der Rübenertrag je ha im Einzugsbereich der Regensburger Fabrik bei 67,9 t (gesamtes Südzucker-Gebiet: 61,2 t; Deutschland: 58,5 t). Der durchschnittliche Zuckergehalt betrug im selben Zeitraum 18,58% Pol. (gesamtes Südzucker-Gebiet: 18,23% Pol., Deutschland: 17,84% Pol.) (vgl. WVZ/VdZ 2007g: 10 und 14; VSZ 2007a: 199f.; eigene Berechnungen). Ähnlich hohe Werte werden nur noch in Frankreich, z.B. in Teilbereichen des Pariser Beckens, erzielt (vgl. LW-Int. 10).

> eine hohe Silolagerkapazität, die über der anderer Werke liegt,

> eine über Jahre gewachsene und gut einstudierte Belegschaft und

> eine vortreffliche, sowohl die Anlieferung der Rüben als auch den Abtransport des Zuckers reibungslos ermöglichende verkehrsinfrastrukturelle Erschließung.

Die aufgrund der stark rückläufigen Produktionsmengen gebotene Dringlichkeit zur Stilllegung einer Zuckerfabrik hat – in Verbindung mit den o. g. schließungsbegünstigenden Faktoren – diese Vorteile allerdings überwogen. Ferner dürften auch Überlegungen, Leistungen aus dem Restrukturierungsfonds in Anspruch zu nehmen, eine Rolle gespielt haben. Zwar hat die Restrukturierungsprämie für die Schließung des Werkes nicht den Ausschlag gegeben. Gleichwohl ist nach der neuen ZMO der Erhalt dieser Prämie als Gegenleistung für die auch von Südzucker beschlossene freiwillige Rückgabe von Produktionsquoten an den Restrukturierungsfonds (vgl. Kap. 6.3.2.3) aber an die Schließung mindestens einer Zuckerfabrik geknüpft (vgl. Kap. 5.3.2.3). Südzucker kann sich die Werksschließung damit auf den Prämienerhalt „anrechnen" lassen (vgl. SZ-Int. 1, 2, 6). Da die Höhe der Restrukturierungsbeihilfe ferner im Zeitablauf sinkt, hat sie vor allem den Zeitpunkt der Werksschließung beeinflusst (vgl. IV-Int. 2; SZ-Int. 7; LW-Int. 10). So erhält Südzucker für eine Stilllegung nach der Kampagne 2007 in Verbindung mit einer für das Wirtschaftsjahr 2008/09 wirksamen Quotenrückgabe 625 €/t. Im Wirtschaftsjahr 2009/10 wären es nur noch 520 €/t, noch später würde das Unternehmen aus dem Restrukturierungsfonds überhaupt nichts mehr erhalten (vgl. Kap. 5.3.2.3).

Die Schließung des Werkes sieht dabei nur die Einstellung der Zuckererzeugung und anfallender Nebenprodukte (z.B. Futterpellets) vor. Folgende Anlagen und Sonderproduktionsbereiche bleiben aus arbeitsplatzerhaltenden und den o. g. standortspezifischen Gründen am Standort Regensburg jedoch bestehen (vgl. SZ-Int. 4, 5, 6; IV-Int. 2):

> die Zuckersilos mit 120 000 t Fassungsvermögen, in denen Zucker, für den an den beiden anderen Standorten keine ausreichenden Lagerkapazitäten bestehen, gelagert wird[135];

> die Agglomerationsanlage, die Zucker fein vermahlt und zu kleinen Kügelchen formt, die u. a. der Pharmaindustrie als Trägerstoff für Tabletten dienen;

> die Herstellung von Gelierzuckerkonzentrat, das in Plattling zu Gelierzucker weiterverarbeitet wird;

---

[135] Ein Abriss der Silos wäre unsinnig, da dann anderenorts Lagerkapazitäten, die den Hygienestandards genügen müssen, angemietet bzw. neue Silos gebaut werden müssten (vgl. LW-Int. 6).

> die Abpackung von Großverpackungen (1 200-kg-Säcke) und der Lose-Zucker-Absatz per LKW;

> die Erzeugung von Farinzucker, der speziell von der in Regensburg ansässigen Firma Händlmaier zur Senfherstellung benötigt wird.

Der Erhalt der Restrukturierungsprämie wird durch das Fortbestehen dieser Bereiche nicht gefährdet, da dieser laut ZMO nur die Einstellung der eigentlichen Zuckerproduktion verlangt, während Lagerungs-, Weiterverarbeitungs- und Verpackungsprozesse unbetroffen sind. Alle anderen Anlagen zur Verarbeitung von Rüben zu Zucker, d.h. die eigentliche Fabrik, sind als Bedingung für den Erhalt der Restrukturierungsbeihilfe in voller Höhe zu demontieren (vgl. Kap. 5.3.2.3). Einzelne Anlagen- und Maschinenteile (Zentrifugen, Rührwerke, Schnitzelextraktionsanlagen, Förderbänder etc.) werden in anderen Südzucker-Werken (auch im Ausland) weiterverwendet oder verkauft (vgl. SZ-Int. 8).

Insgesamt sind von der Werksschließung rund 2 300 Landwirte mit ca. 1 Mio. t Rüben betroffen (vgl. LW-Int. 10). Das Regensburger Rübeneinzugsgebiet, das sich zwischen dem Rainer und Plattlinger Einzugsbereich befindet (vgl. Karte 9), wird geteilt und ab der Kampagne 2008/09 den beiden anderen Standorten zugeordnet.

Karte 9: Rübeneinzugsgebiete der drei südbayerischen Südzucker-Werke

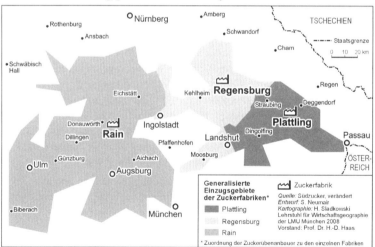

Der östliche Teil (inkl. des Regensburger Kerngebietes), in dem sich ca. 65% der Rüben des Regensburger Einzugsbereichs (650 000 t) befinden, wird dem Standort Plattling zugeteilt. Die Verarbeitung der Rüben aus dem westlichen Teil, der sich entlang der Achse Kehlheim-Ingolstadt und nach Süden bis in den Raum Mosburg-Landshut erstreckt, findet künftig im Werk Rain statt (vgl. SZ-Int. 3; LW-Int. 10). Die genaue Aufteilung wird jedoch erst zur Kampagnenplanung 2008 bekannt gegeben[136].

Mit der Schließung des Regensburger Werkes werden die Standorte Rain und Plattling gestärkt. Zusammen mit den Rüben aus Regensburg erhöht sich in beiden Werken die Kampagnendauer auf 90 bis 100 Tage (vgl. LW-Int. 5, 6, 10; AB-Int. 3). Damit steigt auch die Rentabilität bestimmter Investitionen (z.B. für eine neue Anlagentechnik zur Qualitätsverbesserung oder Energieverbrauchssenkung), die sich aufgrund der bisher auch in Rain und Plattling relativ kurzen Kampagnendauer nicht rentiert haben. Je länger dagegen die Nutzungs- bzw. Laufzeit einer Anlage ausfällt, desto schneller lässt sich die für das Investitionsprojekt notwendige Rendite erzielen (vgl. SZ-Int. 6).

Für die Landwirte im Rainer und Plattlinger Gebiet führt die ab 2008 eintretende Kampagnenverlängerung zu entsprechenden Umstellungen. Zum einen wird die Kampagne künftig früher (voraussichtlich schon Mitte September) starten als in den vorhergehenden Wirtschaftsjahren. Da Zuckerrüben, deren Ernte bereits zu diesem Zeitpunkt erfolgt, ihren Wachstums- und Reifeprozess noch nicht vollständig abgeschlossen haben, können Qualitäts- und Zuckergehaltsverluste auftreten. Zum anderen wird die Kampagne länger dauern und künftig erst um Neujahr oder Anfang Januar – früher lag das Kampagnenende Mitte Dezember bzw. vor Weihnachten – beendet sein. Da alle Rüben für gewöhnlich bis Mitte November geerntet sind, müssen sie bis zum Abtransport in die Fabrik länger in den Feldrandmieten lagern und sind gegen Frostgefahr mit Fließplanen abzudecken. Auch hier kann es – lagerungs- und temperaturbedingt – zu Zuckergehaltsverlusten kommen. Zwar werden diese Verluste durch Früh- und Spätlieferprämien ausgeglichen. Jedoch erfordern die Verlängerung der Kampagnen und die zeitliche Umstellung eine entsprechende Anpassung der Betriebsabläufe, an die sich die Landwirte erst gewöhnen müssen (vgl. LW-Int. 3, 5, 6, 10).

Von der Werksschließung dagegen besonders betroffen sind die Beschäftigten der Fabrik, die zu einem großen Teil ihren Arbeitsplatz verlieren. Abgefedert wird ihre Situation durch einen Sozialplan, den Südzucker als Bedingung für den Erhalt der Re-

---

[136] Die zwischen dem Rainer und Regensburger Einzugsbereich eingeschlossene Fläche ist die Hallertau, in der sich das größte Hopfenanbaugebiet der Welt befindet (vgl. SZ-Int. 6).

strukturierungsprämie (vgl. Kap. 5.3.2.3) mit der Gewerkschaft NGG (Nahrung, Genuss, Gaststätten) aushandeln musste. Er sieht vor, dass in Regensburg zum Betrieb der Silos und der o. g. Sonderproduktionsbereiche sowie für sonstige Tätigkeiten 35 Arbeitsplätze bestehen bleiben[137], deren Besetzung mit Werksbeschäftigten sich nach Qualifikation und Sozialauswahl richtet. Hinzukommen 11 zeitlich befristete Arbeitsplätze zur Durchführung der Abwicklungsarbeiten, insbesondere den Rückbau der Anlagen, die ebenfalls mit Beschäftigten von Südzucker besetzt werden. Die 24 Auszubildenden dürfen ihre Lehre am Standort Regensburg beenden. 17 Mitarbeiter gehen in Altersteilzeit. Der Rest der Beschäftigten erhält ein Versetzungsangebot zu anderen Südzucker-Standorten oder eine Abfindung (vgl. SZ-Int. 4, 5, 8; IV-Int. 2).

Die Werksschließung hat – neben den Konsequenzen für die Beschäftigten der Zuckerfabrik – auch unmittelbare negative regionalwirtschaftliche Auswirkungen für den Raum Regensburg zur Folge. Im Jahr 2005 waren für die Fabrik 80 vor allem regional ansässige Firmen (u. a. Stahlbauer, Montagefirmen, Motoreninstandhalter, Hoch- und Tiefbaufirmen, Kran- und Transportunternehmen, Elektromontagefirmen, Maler- und Maurerbetriebe, Bewachungsfirmen, Reinigungsdienstleister, TÜV) mit Instandhaltungs- und Investitionsmaßnahmen betraut. Südzucker ist bei vielen dieser Firmen zwar nicht der Hauptauftraggeber, dennoch entfallen für manche Betriebe größere und fest eingeplante Aufträge. Insgesamt liegt das der Region an Wertschöpfung verloren gehende jährliche Auftragsvolumen zwischen 8 und 10 Mio. €. Ob es deshalb auch in der regionalen Wirtschaft zum Verlust von Arbeitsplätzen kommt, lässt sich jedoch nicht sagen, da dies von der betriebsindividuellen Situation der betroffenen Firmen abhängt (vgl. SZ-Int. 6).

Zu beachten sind ferner die – wenn auch schwer quantifizierbaren – lokalen Kaufkraftverluste durch die bei Südzucker wegfallenden Arbeitsplätze sowie der Verlust an Gewerbesteuereinnahmen für die Stadt. Zwar liegen hier keine Zahlen vor, doch gilt Südzucker als bedeutender lokaler Steuerzahler (vgl. SZ-Int. 6; Sonst-Int. 1, 2).

Auswirkungen wird die Werksschließung auch auf die regionale Wirtschaftsstruktur zeigen. Zwar zählt Südzucker nicht zu den 20 größten Arbeitgebern in Regensburg, so dass der durch die Schließung bedingte Verlust von 174 Arbeitsplätzen ohne spürbaren Einfluss auf den Arbeitsmarkt in Regensburg, der 2007 ca. 92 000 sozialversiche-

---

[137] Silos und Zuckerversand (11), Sonderproduktionsbereiche (11), Pforte (3), Reinigung (2), Poststelle (1), Hausmeister (1), Labor (1), Maschinenwerkstatt (2), Elektrowerkstatt (1), Mess- und Regelwerkstatt (1), Kompostanlage (1) (vgl. SZ-Int. 8).

rungspflichtige Arbeitsplätze aufwies, bleibt[138]. Mit der Einstellung der Zuckerproduktion wird die regionale Wirtschaftsstruktur aber in einem wichtigen, vergleichsweise gut vertretenen Branchenbereich, der Ernährungs- und Lebensmittelindustrie, geschwächt. Außer Südzucker gibt es z.b. mit dem Senfhersteller Händlmaier, den Regensburger Milchwerken, der Mosterei Nagler, einigen Großmetzgereien und -bäckereien sowie Brauereien mehrere Unternehmen, die dieser Branche angehören. Für die regionale Wirtschaftsförderung, die immer um eine Diversifizierung der lokalen Wirtschaftsstruktur bemüht ist, um branchenspezifische Schwankungen zu glätten und einseitige Abhängigkeiten zu vermeiden, stellt die Werksschließung einen gewissen Rückschlag dar, da es sehr schwer fallen dürfte, die weggefallenen Arbeitsplätze innerhalb der Ernährungs- und Lebensmittelindustrie zu kompensieren (vgl. Sonst-Int. 1, 2).

Die Stadt Regensburg versucht daher, die Werksschließung in zweierlei Richtungen abzufedern. Zum einen wird es die Aufgabe der Wirtschaftsförderung sein, die noch vorhandenen Betriebe der Ernährungs- und Lebensmittelbranche zu stärken, für den Erhalt ihrer Wettbewerbsfähigkeit zu sorgen und ihnen in ihren standortspezifischen Bedürfnissen entgegenzukommen. Die Maßnahmen dazu könnten von der Optimierung der Erweiterungsmöglichkeiten (z.B. Bereitstellung entsprechender Flächen) über die Vermittlung von bei Südzucker frei werdenden Arbeitskräften, infrastrukturelle Verbesserungen (z.B. bessere Straßenanbindungen) bis hin zur Unterstützung bei der gegenseitigen Unternehmensvernetzung reichen. Ferner wird die Wirtschaftsförderung versuchen, den wirtschaftlichen Strukturwandel der Stadt in Richtung neuer Technologien (u. a. Biotechnologie, Sensorik, Informations- und Kommunikationstechnologie, IT-Security) weiter voranzutreiben und damit die Innovationskraft des Technologiestandortes Regensburg zu stärken. Dazu soll der geplante Technologiepark zur Förderung der Ansiedlung von Technologieunternehmen in Hochschulnähe sowie zur Schaffung von Raum für Aus- oder Neugründungen ausgebaut werden (vgl. Sonst-Int. 1, 2).

Zusätzlich zu diesen Maßnahmen prüft die Stadt den Erhalt von regionalen Struktur- und Diversifizierungsbeihilfen aus dem Restrukturierungsfonds (vgl. Kap. 5.3.2.3). Dabei treten jedoch zwei Probleme auf: Zum einen setzt das Abrufen dieser Mittel zwischen Bund und Ländern ausgearbeitete Programme voraus. Da man bisher nicht davon ausgegangen ist, dass es auch in Deutschland zu mehreren reformbeding-

---

[138] Die Arbeitslosenquote lag im Arbeitsamtsbezirk Regensburg 2007 im Schnitt bei 4,3% (vgl. Sonst-Int. 1, 2).

ten Werksschließungen kommen würde, ist dies bisher jedoch nicht geschehen. Da sich zum anderen die Zuckerfabriken in der Regel im ländlichen Raum befinden, sind diese Beihilfen auf ländliche Regionen ausgerichtet. Adressaten sind vor allem Landwirte und unmittelbar mit dem Rübenanbau in Verbindung stehende Lohn-, Transport- und Maschinenunternehmen im ländlich geprägten Regionen (vgl. Kap. 5.3.2.3). Die Zuckerfabrik Regensburg stellt hier einen Sonderfall dar, da sie sich nicht im ländlichen Raum, sondern auf städtischem Gebiet befindet. Für Regensburg als das in Deutschland einzige Beispiel für eine mitten in einer größeren Stadt gelegene Zuckerfabrik sind daher zunächst keine Hilfen aus dem Restrukturierungsfonds vorgesehen. Es laufen diesbezüglich aber Gespräche zwischen der Stadt und dem bayerischen Landwirtschaftsministerium.

Ferner wird – in Zusammenarbeit mit dem bayerischen Sozialministerium – die Aktivierung von Mitteln aus dem Europäischen Sozialfonds (ESF) zu Umschulungs- und Qualifizierungsmaßnahmen für die Beschäftigten der Zuckerfabrik sowie – in Kooperation mit dem bayerischen Wirtschaftsministerium – aus dem Europäischen Fonds für regionale Entwicklung (EFRE) geprüft. Letzterer steht zwar nicht in unmittelbarem Zusammenhang mit der Werksschließung, sondern dient der Finanzierung allgemeiner Maßnahmen, wie z.B. der Revitalisierung von Industriebrachen, Technologieförderung oder der Errichtung von Gründerzentren. Aufgrund der weggefallenen Arbeitsplätze in der Zuckerindustrie sollte die Stadt Regensburg bei der Vergabe dieser Mittel jedoch eine gewisse Priorisierung erhalten (vgl. AB-Int. 3; Sonst-Int. 1, 2).

Die zukünftige Nutzung des Geländes der Zuckerfabrik ist – bis auf die verbleibenden Silos und Sonderproduktionsbereiche – offen. Das voll erschlossene Werksgelände ist ca. 15 ha groß. Hinzukommen ein Gleisanschluss sowie einige etwas entfernter gelegene Teiche zur Erdabreinigung. Zwar gehört das Gelände Südzucker, das Unternehmen kann es also verkaufen, jedoch übt die Stadt die Planungshoheit aus und entscheidet damit über die künftige Nutzung des Geländes (Wohn-, Industrie- und Gewerbe- oder Grünflächen). Für die Fortsetzung einer gewerblich-industriellen Nutzung spricht vor allem die gute verkehrsinfrastrukturelle Anbindung des Standortes. Dieser zeichnet sich durch die geringe Entfernung zum Donauhafen, der sowohl für den Abtransport als auch zur Wasserzufuhr genutzt werden könnte, einen Gleisanschluss, die in unmittelbarer Umgebung gelegene KLV-Anlage[139] des benachbarten Güterverkehrszentrums sowie die Nähe zu zwei Autobahnen (A3 und A93) aus. Die räumliche

---

[139] Kombinierter Ladungsverkehr.

Nähe des Geländes zum Stadtzentrum gewährleistet eine gute Erreichbarkeit, kann für emissionslastige Nutzungen aber auch von Nachteil sein. Die Entscheidung, was mit dem Gelände tatsächlich passiert, steht indes noch aus (vgl. Sonst-Int. 1, 2).

Nimmt man eine abschließende Beurteilung der Standortsicherheit der beiden verbleibenden südbayerischen Zuckerfabriken Rain und Plattling vor, werden beide Standorte durch die Regensburger Werksschließung gestärkt. Die Sicherheit vor möglichen weiteren, nicht auszuschließenden Fabrikstilllegungen durch Südzucker fällt jedoch unterschiedlich aus. Während das Werk in Plattling aufgrund seiner geographischen Randlage – die Rüben ließen sich nicht in mehrere Richtungen umverteilen – in Verbindung mit der gestiegen Kampagnendauer als absolut sicher gilt, ist das Rainer Werk vor einer Schließung nur relativ sicher. Zwar geht auch dieser Standort aus der Regensburger Fabrikschließung gestärkt hervor, dennoch zeichnet sich das Werk gegenüber Plattling durch gewisse Standortnachteile aus. Der Zuckerrübenanbau im Rainer Gebiet weist – im Gegensatz zum Plattlinger Einzugsbereich, der nur ein Drittel der Rainer Fläche ausmacht (vgl. Karte 9) – einen relativ geringen Fruchtfolgeanteil der Rübe und damit keine ausgeprägte Konzentration auf (vgl. Karte 6), sondern ist über weite Flächen gestreut, was die Erfassung der Rüben erschwert. Dies liegt zum einen an den unterschiedlichen Bodenvoraussetzungen, da die Rainer Region von den Bodengüten her nicht so homogen wie das Plattlinger Rübenanbaugebiet ist, zum anderen daran, dass im Umfeld der Zuckerfabrik Rain für die Landwirte bedeutende Produktionsalternativen zum Zuckerrübenanbau bestehen. Hierzu gehört in erster Linie der Anbau von Kartoffeln sowohl für den Verarbeitungsbereich – z.B. unterhält der niederländische Konzern AIKO in Rain ein Pommes-Frites-Werk – als auch für die Stärkeproduktion durch die Stärkefabrik Schrobenhausen (Südstärke). Ferner existiert ein intensiver Gewürzkräuteranbau, da sich in der Region ebenfalls ein großer Gewürztrockner befindet (vgl. LW-Int. 10; AB-Int. 3). Diese für die Zuckerrübenerzeugung nachteiligen Standortfaktoren wären bei weiteren Werksstilllegungen zu berücksichtigen.

Als sehr sicher gilt dagegen der unterfränkische Standort Ochsenfurt. Hier lag die Kampagnendauer seit Schließung der Zuckerfabrik Zeil im Jahr 2001 schon länger um die 100 Tage und erhöht sich durch Stilllegung der Südzucker-Werke Groß Gerau und Regensburg sogar auf ca. 110 Tage, da künftig weniger Rüben an benachbarte Standorte abgegeben werden. In der Vergangenheit ging ein Teil der Rüben aus dem Ochsenfurter Gebiet in die Werke Regensburg und Wabern in Nordhessen (vgl. Karte 4). Da die Fabrik Regensburg aber schließt und das Werk Wabern künftig einen Teil der

Rüben aus Groß Gerau mit zu verarbeiten hat und daher keine Mengen mehr aus der Region Ochsenfurt erhalten wird, verbleiben zusätzlich zu den bisherigen Verarbeitungsmengen mehr Rüben für die eigene Verarbeitung in Ochsenfurt (vgl. SZ-Int. 7). Ferner sitzt ein Teil der Hauptverwaltung von Südzucker in Ochsenfurt, was dem Erhalt dieses Standortes ebenfalls zugute kommt (vgl. SZ-Int. 8).

6.3.2.3 Freiwillige Quotenrückgabe

Ursprünglich hat Südzucker gehofft, dass das Konzept des Restrukturierungsfonds (vgl. Kap. 5.3.2.3) aufgeht und die Quotenrückgabe alleine von den weniger wettbewerbsfähigen Erzeugerländern im Norden und Süden der EU aufgebracht werde. Weil sich der Restrukturierungsfonds im ersten Jahr der Reform aber nur sehr schleppend entwickelt hat, stand bereits kurz nach Reformbeginn fest, dass das Ziel der freiwilligen Marktbereinigung nur unter Einbezug der großen und wettbewerbsfähigen Anbauländer (Deutschland, Frankreich, Polen, Großbritannien) zu erreichen ist (vgl. Kap. 5.3.3 und Kap. 5.3.4.2). So wich auch bei Südzucker die Hoffnung, Zucker in unverändertem Umfang produzieren zu können, der Erkenntnis, sich am Prozess der Quotenrückgabe beteiligen zu müssen.

Südzucker hat sich daher 2007 – wie die anderen deutschen Zuckerunternehmen – entschlossen, mit Wirkung zum Wirtschaftsjahr 2008/09 13,5% seiner Zuckerquote dauerhaft an den Restrukturierungsfonds abzutreten (vgl. SÜDZUCKER 2007f: 13; BICKERT 2007b: 58). Dabei handelt es sich um eine Menge von 198 000 t Zucker bzw. 1,32 Mio. t Rüben (vgl. SZ-Int. 3). Aus Sicht von Südzucker waren für die Rückgabe mehrere Gründe ausschlaggebend (vgl. SZ-Int. 3, 7; MÜLLER 2007a und 2007b):

> ➤ Die Menge, von der sich das Unternehmen im Wirtschaftsjahr 2008/09 trennt, lässt sich auf eine mögliche lineare Kürzung nach Beendigung des Umstrukturierungszeitraums 2009/10 anrechnen. Würde sich Südzucker der freiwilligen Rückgabe entziehen, käme auf das Unternehmen – eigenen Berechnungen zufolge – im Wirtschaftsjahr 2010/11 eine zwangsweise, entschädigungslose Quotenkürzung von mindestens 13,8% zu. Südzucker ist damit besser gestellt, zum Wirtschaftsjahr 2008/09 13,5% seiner Quote gegen Entschädigung in Form der Restrukturierungsprämie abzugeben als später mindestens 13,8% ohne jegliche Abfindung. Ein Verzicht auf die freiwillige Quotenrückgabe würde demnach hohe wirtschaftliche Einbußen bedeuten und wäre aus Sicht des Unternehmens verantwortungslos: „Wenn diese Quotenrückgabe jetzt nicht passiert und wir erreichen die Absenkung auf ca. 12 Mio. t in der Europäischen Gemeinschaft nicht, dann kommt 2010 der Rasierapparat und dann ist das gleiche, was ich jetzt mit Entschädigung habe, ohne Entschädigung weg. Ein verantwortungsbewusster

Vorstand, der jetzt zu feige wäre, die Entscheidung zu treffen, den würde man zu Recht in die Wüste schicken" (AB-Int. 3).

> Der Anteil, den das Unternehmen bei freiwilliger Rückgabe an den Restrukturierungsfonds erhält, wird auf 90% festgelegt und kann sich zugunsten der Landwirte oder Unternehmen des ländlichen Raums nicht nach unten bewegen (vgl. Kap. 5.3.2.3).

> Gibt Südzucker 13,5% seiner Zuckerquote zurück, spart es sich im Wirtschaftsjahr 2007/08 die Zahlung der Strukturabgabe auf die temporär aus dem Markt genommene Menge, die eben genau 13,5% der Quote beträgt (vgl. 5.3.2.3).

Unter diesen Bedingungen ist die Quotenrückgabe wirtschaftlich lukrativ (vgl. SZ-Int. 7). In Verbindung mit der Schließung der beiden Werke in Groß Gerau und Regensburg – die Stilllegung mindestens einer Fabrik bildet die Voraussetzung für den Erhalt der Restrukturierungsprämie – bekommt Südzucker rund 300 Mio. € aus dem Restrukturierungsfonds. Davon muss das Unternehmen allerdings auch die Sozialpläne für die Beschäftigten und den Rückbau der Werksanlagen mit finanzieren. Außerdem gilt es zu bedenken, dass Südzucker mit der Quotenrückgabe einen Teil seiner Existenzgrundlage aufgibt (vgl. SZ-Int. 8).

Da sich Südzucker von mehr als 10% seiner Zuckerquote trennt, ist es an das Initiativrecht der Landwirte, Quoten von sich aus in den Restrukturierungsfonds zu geben, nicht gebunden (vgl. Kap. 5.3.2.3), sondern kann den Prozess der freiwilligen Quotenrückgabe selbst gestalten und steuern. Dazu muss Südzucker die zurückzugebende Zuckerquote in Höhe von 13,5% seiner Gesamtquote an die Landwirte weitergeben, d.h. die Rübenerzeugung muss in gleichem Ausmaß wie die Zuckererzeugung zurückgehen. Hierfür hat sich Südzucker gemeinsam mit den süddeutschen Rübenanbauverbänden und der SZVG auf ein Modell verständigt, das – analog zur Rückgabe von Zuckerquoten – die Aufgabe bzw. Einschränkung der Rübenlieferrechte der Landwirte vorsieht. Ziel des Modells ist es, auf zunächst freiwilliger Basis eine möglichst große Menge an Vertragsrüben „einzusammeln", um damit einer linearen Kürzung über die Lieferrechte aller Rübenanbauer vorzubeugen bzw. diese tunlichst gering zu halten. Gleichzeitig soll mit dem Rückgabemodell ein Struktur verbessernder Effekt zur Optimierung der Frachtkosten erzielt werden, indem sich vor allem von den Fabrikstandorten weit entfernte Landwirte von ihrem Lieferrecht trennen sollen (vgl. Kap. 6.3.2.4; DZZ 2007c). Die Aktion zur Rückgabe bzw. Einschränkung von Lieferrechten läuft in drei Schritten ab (vgl. DZZ 2007c; BICKERT 2007b: 58).

Als erstes werden Vertragsrüben, die nicht mit einem offiziellen Lieferrecht der SZVG abgedeckt sind, eingezogen[140]. In einem zweiten Schritt erfolgt dann die eigentliche freiwillige Lieferrechtsaufgabe. Je Tonne zurückgegebener Vertragsrüben erhalten die Landwirte 45 €[141], die zu 40% im Jahr 2009 und zu 60% im Jahr 2010 ausbezahlt werden. Zusätzlich zahlt Südzucker schon im Jahr 2008 eine freiwillige Frachtprämie, deren Höhe von der Entfernung eines Landwirts zum nächstgelegenen Südzucker-Werk abhängt. Für eine Distanz zwischen 50 und 85 km zum nächsten Fabrikstandort beträgt sie 0,30 €/t und km, von 86 bis 120 km 0,45 €/t und km und steigt ab 120 km bis zu den am weitesten gelegenen Rübenstandorten, die sich in etwa 230 bis 240 km von den Fabriken entfernt befinden (vgl. SZ-Int. 3, 7), auf 0,50 €/t und km an. Erforderlich für den Erhalt dieser mit der Entfernung ansteigenden Frachtprämie ist die vollständige Rückgabe des Lieferrechts, d.h. der Landwirt muss aus dem Rübenanbau komplett aussteigen[142]. Bei der Rückgabe von Teilmengen erhält der Landwirt ab einer Entfernung von 50 km lediglich eine Prämie von einheitlich 0,30 €/t und km[143].

---

[140] Als Ende der 1970er Jahre für die eigene Versorgung zu wenig Zucker produziert wurde, gaben die Unternehmen im Wirtschaftsjahr 1977/78 den Zuckerrübenanbau völlig frei, d.h. die Landwirte konnten über ihre gezeichnete Lieferrechtsmenge (A-Quote) hinaus beliebig viele Rüben mehr anbauen (Mehrrübenfreigabe). In den folgenden Wirtschaftsjahren durften die Landwirte die im Referenzjahr 1977/78 angebaute Mehrrübenmenge beibehalten, woraus die B-Quote (vgl. Kap. 5.2.1.2) entstand. Im süddeutschen Raum mussten die Anbauer dafür kein Lieferrecht zeichnen, d.h. die zusätzlich zur A-Quote angebaute Menge nicht mit Kapital hinterlegen. Die Belieferung der B-Quote wurde damit quasi zu einem Gewohnheitsrecht. Im Zuge der Quotenegalisierung, d.h. der Zusammenlegung der Quoten durch die ZMO-Reform (vgl. Kap. 5.3.2.2), musste für die Mehrrüben bei der SZVG ein Lieferrecht gezeichnet, d.h. die B-Quote mit Kapital hinterlegt werden. Dabei handelte es sich um das Lieferrecht M („M" = Mehrrüben), das die Landwirte bis Anfang 2007 zeichnen konnten. Nicht mit Lieferrecht M hinterlegte Mehrrübenquoten werden im ersten Schritt der Rückgabeaktion eingezogen (vgl. LW-Int. 11).

[141] Die 45 €/t Rüben entsprechen 300 €/t zurückgegebenem Quotenzucker, die sich aus der Summe des 10%igen Anteils an der Restrukturierungsprämie im Wirtschaftsjahr 2008/09 (= 62,50 €/t) und der Einmalzahlung im Zuge der Nachbesserung des Restrukturierungsfonds in Höhe von 237,50 €/t ergeben (vgl. Kap. 5.3.2.3).

[142] Bei vollständiger Rückgabe kann auf Wunsch auch das zum Anbau von Ethanolrüben (vgl. Kap. 6.4.2.2) gezeichnete Lieferrecht (Lieferrecht E) an die SZVG zurückgegeben werden.

[143] Die Teilrückgabe war ursprünglich nicht geplant, da man dadurch eine nicht wünschenswerte räumliche Zergliederung des Rübenanbaus und über eine Verkleinerung der Betriebsgrößen der Verschlechterung der Agrarstrukturen befürchtete. Zulässig ist die Teilrückgabe aber dennoch, da für die Quotenrückgabe im gewünschten Ausmaß (13,5%) jede zurückgegebene Tonne gebraucht wird und Südzucker sowie die Anbauerverbände bereits über kleine Rückgabemengen „froh" sind (vgl. SZ-Int. 3; LW-Int. 3, 11). Aus Sicht der Landwirte kann eine Teilrückgabe für solche Betriebe in Frage kommen, die einen sehr hohen Rübefruchtfolgeanteil haben und durch die teilweise Aufgabe von Lieferrechten ihren Fruchtfolgeanteil reduzieren, um einer Rübenmüdigkeit des Bodens entgegenzuwirken und einen entsprechenden Krankheitsdruck zu senken (vgl. LW-Int. 11).

Betriebe, die unter einer Fabrikentfernung von 50 km liegen und ihr Lieferrecht ganz oder teilweise aufgeben, erhalten nur die EU-Prämie von 45 €/t[144]. Abbildung 26 stellt den Zusammenhang zwischen den Prämien und der Entfernung dar.

Abbildung 26: Zusammenhang zwischen Rückgabeprämien und Fabrikentfernung

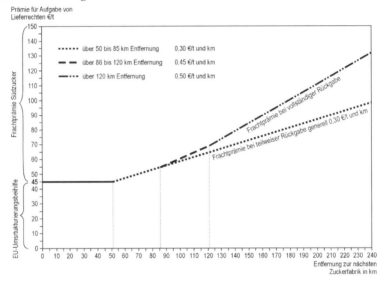

Quelle: DZZ 2007c, verändert.

Sollten in den beiden ersten Schritten die zur Quotenrückgabe von 13,5% erforderlichen Vertragsrüben nicht zusammenkommen, nimmt Südzucker um die noch ausstehende Menge eine lineare Kürzung über die Lieferrechte aller Rübenanbauer im gesamten Vertragsgebiet vor, wobei den Landwirten dann lediglich die EU-Prämie in Höhe von 45 €/t, nicht aber die freiwillige Frachtprämie gezahlt wird.

Über die Ausgestaltung der Südzucker-Frachtprämie wurde zwischen dem Unternehmen und den Verbänden der Rübenanbauer hart gerungen. Während Südzucker für einen mit der Entfernung eher mäßig zunehmenden Anstieg der Prämie eintrat, mach-

---

[144] Die 50 km entsprechen der durchschnittlichen Frachtentfernung über das gesamte Südzucker-Gebiet (vgl. SZ-Int. 3, 7).

ten sich die Verbände für eine stärkere Erhöhung bereits ab kürzeren Entfernungen stark. Gleichzeitig besteht seitens der Verbände die Befürchtung, dass in peripheren, fabrikfernen Regionen Landwirte, die aufgrund hoher Rübenerträge und guter Betriebsorganisation am Rübenanbau festhalten wollen, zur Aufgabe gezwungen werden, wenn zeitgleich zu viele Betriebe in deren näheren räumlichen Umgebung ihr Lieferrecht zurückgeben und somit die überbetriebliche Organisierung des Rübenanbaus (vor allem Rodung und Abtransport) zusammenbricht (vgl. LW-Int. 1, 7, 8, 10; AB-Int. 4).

Insgesamt konnten durch die freiwillige Rückgabe, für die sich die Landwirte bis zum 16. November 2007 (Stichtag) entscheiden mussten, im gesamten Südzucker-Gebiet ca. 626 000 t Vertragsrüben „eingesammelt" werden, was einem Wert von 6,4% der Quote entspricht, wobei jedoch erhebliche regionale Unterschiede zwischen den einzelnen Verbandsgebieten auftraten (vgl. Kap. 6.4.2.1). Hinzu kommen noch ca. 116 000 t eingezogene Rübenquoten, die nicht mit einem Lieferrecht abgedeckt waren, so dass sich die gesamte Rückgabemenge auf ca. 742 000 t bzw. 7,6% der Quote beläuft. Zur Erreichung des Wertes von 13,5% ist daher eine lineare Quotenkürzung in Höhe von 5,9% über alle süddeutschen Rübenanbauer vorprogrammiert (vgl. LW-Int. 11).

6.3.2.4 Senkung der Frachtkosten

Der aufgrund der Senkung der Zuckerpreise steigende Margendruck zwingt Südzucker zur Ausschöpfung sämtlicher Kostensenkungspotenziale:

> „Wir müssen uns rüsten für einen eventuell freien Markt, damit wir noch dabei sein können. Da gehört natürlich alles in die Waagschale geworfen. Und da muss man genau schauen: Wo kann man noch sparen?" (LW-Int. 6).

Ein besonderes Augenmerk liegt dabei auf den Frachtkosten, die mit steigender Entfernung zwischen Anbau- und Verarbeitungsstandort stark zunehmen, da die Zuckerrübe als Gewichtsverlustmaterial sehr transportempfindlich ist (vgl. 4.3.2). Nach den Kosten für die Beschaffung des Rohstoffs Rübe stellen sie den zweitgrößten Kostenblock in der Zuckererzeugung dar und ihr relativer Anteil am Wert des Produkts Zuckerrübe nimmt mit dem sinkenden Rübenmindestpreis bei gleichzeitig steigenden Spritkosten stark zu (vgl. SZ-Int. 1, 2, 3; LW-Int. 11). Es ist daher plausibel, dass Südzucker entsprechende Maßnahmen ergreift, die Frachtkosten zu senken:

„Das Unternehmen Südzucker hat das größte Interesse, möglichst billig seine Rüben zu transportieren. Und da heißt es: Druck auf die Frachtkosten" (LW-Int. 7).

Einen bedeutenden Schritt dazu stellt die in Kap. 6.3.2.3 beschriebene Quotenrückgabe dar, mit der Südzucker als zusätzlichen Effekt zur Senkung der Frachtkosten eine verbesserte Struktur des Rübenanbaus anstrebt. Die Rüben sollen in Zukunft „um den Schornstein herum" angebaut, d.h. sich im näheren räumlichen Umfeld der Fabriken konzentrieren (vgl. LW-Int. 4, 5, 6, 7). Die mit der Distanz zum nächsten Fabrikstandort steigende Frachtprämie zielt darauf ab, Landwirte in möglichst weit entfernten Anbauregionen – dazu gehören bei Südzucker u. a. die Bodenseeregion, die Wetterau in Hessen sowie Ostsachsen (vgl. BICKERT 2007a: 68) – zur Aufgabe ihres Lieferrechts zu bewegen, d.h. ihnen zur Erreichung des vorgesehenen Quotenabbaus um 13,5% den Ausstieg zu „versüßen", damit die durchschnittlichen Transportentfernungen sinken und Frachtkosten gespart werden können. Dies macht jedoch nur Sinn, wenn in den räumlich entlegenen Regionen alle Landwirte den Rübenanbau einstellen. Halten einige wenige an ihrem Lieferrecht fest, bedarf es für sie der Aufrechterhaltung der gleichen überbetrieblichen Organisierung des Rübenanbaus (insbesondere für Rodung und Transport) wie in einem Gebiet mit hoher Rübenkonzentration (vgl. LW-Int. 6, 8; AB-Int. 4).

Für die Quotenrückgabe hat Südzucker idealer Weise eine Grenze von durchschnittlich 85 km zu seinen Fabrikstandorten errechnet. Dies bedeutet, dass Südzucker die zurückzugebende Quote von 13,5% zusammenhätte, ohne dass es zu einer linearen Kürzung über alle Rübenanbauer im gesamten Vertragsgebiet käme, wenn nur all die Landwirte, die sich weiter als 85 km zur nächsten Zuckerfabrik entfernt befinden, den Rübenanbau einstellen würden (vgl. SZ-Int. 3, 7; LW-Int. 1, 3). Tatsächlich verteilen sich die freiwillig zurückgegebenen Mengen aber über alle Entfernungen (vgl. Tabelle 12).

Der Großteil der zurückgegebenen Quotenmenge (rund 217 000 t bzw. ca. ein Drittel) stammt aus einer Entfernung zwischen 51 und 85 km zur nächsten Fabrik, was darauf zurückzuführen ist, dass sich in diesem Entfernungsintervall der Großteil der Quotenrüben konzentriert. Nach 85 km nimmt die zurückgegebene Menge dann sprunghaft ab, da die gesamte Quotenmenge ab dieser Entfernung rückläufig ist. Betrachtet man dagegen den relativen Anteil der zurückgegebenen Menge an der gesamten Quotenrübenmenge in den jeweiligen Entfernungsintervallen, ist ein kontinuierlicher Anstieg von 3,1% in unter 50 km entfernten Gebieten auf über 25% in den entlegensten Regionen (über 120 km) zu verzeichnen. Dies bedeutet, dass sich die Bereitschaft zur Aufgabe von Lieferrechten mit zunehmender Entfernung von den Fabrikstandorten und damit steigenden Frachtprämien eindeutig erhöht.

Tabelle 12: Freiwillig zurückgegebene Vertragsrübenmengen nach Entfernungsintervallen

Entfernung zur nächsten Zuckerfabrik (9 Südzucker-Werke)	Anzahl Landwirte	Anteile der Landwirte in den jeweiligen Entfernungsintervallen (in %)	zurückgegebene Vertragsrüben (t)	Anteil an der gesamten Rübenmenge in den jeweiligen Entfernungsintervallen (in %)
1-50 km	787	6,2	168 814,3	3,1
51-85 km	871	11,3	217 165,5	6,8
86-120 km	574	22,0	152 392,9	19,5
über 120 km	295	42,7	87 312,6	25,4
Gesamt (über alle Entfernungen)	2 527	10,7[1]	625 686,3	6,4[2]

[1] Anteil an der Gesamtzahl der Landwirte im Südzuckergebiet (in %)
[2] Anteil an der Gesamtrübenquote im Südzuckergebiet (in %)

Quelle: LW-Int. 11 nach Verband Süddeutscher Zuckerrübenanbauer.

Eine ähnliche Entwicklung wie bei den zurückgegebenen Vertragsrüben ist auch bei der Anzahl der den Rübenanbau einstellenden Landwirte in den einzelnen Entfernungsintervallen festzustellen. Insgesamt haben im süddeutschen Raum über alle Entfernungen 2 527 Landwirte Quoten zurückgegeben. Während die Anzahl zwischen 51 und 85 km am größten ist (871 bzw. mehr als ein Drittel), weil sich dort auch die meisten Rübenanbauer befinden, geht sie ab 86 km kontinuierlich zurück, da dann auch die Gesamtanzahl der Rüben anbauenden Landwirte stark rückläufig ist. Der relative Anteil der zurückgebenden an der gesamten Menge der Rübenanbauer nimmt dagegen mit der Entfernung beträchtlich zu. Er macht ab 120 km ca. das Siebenfache des Anteils unter 50 km aus.

Mit der Rückgabe der Lieferrechte vor allem in peripheren Regionen verbessert sich die Struktur des Rübenanbaus, der sich künftig näher um die Fabriken konzentriert. Die unmittelbare Folge dieser Strukturverbesserung wird eine deutliche Reduktion der Transportkosten sein.

Eine weitere Maßnahme zur Senkung der Frachtkosten bildet die Einführung der 24-h-Anfuhr, durch die sich bis zu ein Drittel der Transportkosten einsparen lässt (vgl. LW-Int. 8, 10, 11; AB-Int. 4, 19). Die Fabriken, die während der Kampagne ohnehin rund um die Uhr in Betrieb sind, werden dafür „just in time" mit Rüben beliefert. Dazu führte Südzucker während der Kampagne 2006/07 an mehreren Standorten Probeläufe durch. Der kostendämpfende Effekt dieser Maßnahme liegt insbesondere darin, dass bei einer Rund-um-die-Uhr-Anfuhr die vor allem bäuerlich organisierten Transportgemeinschaften dieselbe Rübenmenge mit weniger Fahrzeugen befördern können. Bis zur Hälfte der eingesetzten Fahrzeuge kann über eine entsprechende Auslastungsverbesserung eingespart werden und auch die Ladegeräte („Mäuse") lassen sich besser auslasten[145]. Durch die Minimierung des Lagervorrats in den Rübenhöfen der Fabriken und die Verringerung zwischenlagerungsbedingter Zuckerverluste kann Südzucker weitere Kosten einsparen (vgl. SÜDZUCKER 2006b: 8; KÖHLER 2007; LW-Int. 5, 6, 7, 9; SZ-Int. 8).

Da nachts die Straßen frei befahrbar sind, konnte im Probelauf eine Verringerung der Fahrtzeiten um bis zu 20%, insbesondere auf sonst staureichen Strecken oder solchen mit vielen Ampelschaltungen, registriert werden. Damit einherging ein verminderter Treibstoffverbrauch. Letztlich war im direkten Umfeld der Fabrik tagsüber eine deutliche, von Bürgern und Gemeinden allgemein begrüßte Verkehrsentlastung zu verzeichnen (vgl. SÜDZUCKER 2006b: 8).

Die 24-h-Anfuhr erfordert sowohl bei den Fahrern als auch den Landwirten, deren Rüben mitten in der Nacht abtransportiert werden, eine gewisse Umstellung. In Anbetracht der Tatsache, dass die Anlieferung bereits bisher schon im 16- bis 18-h-Takt erfolgt ist, dürfte diese aber nicht allzu schwer fallen (vgl. LW-Int. 8; AB-Int. 4).

Eine große Herausforderung im Zusammenhang mit der 24-h-Anfuhr liegt in der Vermeidung nächtlicher Lärmbelästigungen. Dabei ist weniger der durch die Rübenfahrzeuge verursachte Straßenlärm, sondern vielmehr der bei den nächtlichen Aktivitäten in den Rübenhöfen der Fabriken, insbesondere bei der Entladung der Fahrzeuge und dem Betrieb der Förderbänder, in unmittelbarem Werksumfeld auftretende Lärm von Bedeutung, was vor allem dann problematisch ist, wenn die Fabrik – wie z.B. in Plattling – nahe an Siedlungegebieten liegt (vgl. LW-Int. 7; SZ-Int. 8). Die Genehmigung der 24-h-Anfuhr ist daher von der Einhaltung entsprechender Lärmschutzauflagen abhängig. Während der Probephase waren daher entsprechende Vorkehrungen zur Schalldämmung zu treffen. Beispielsweise wurden um die Rübenhöfe herum quaderförmige, mit einer Plane überzogene Strohwände errichtet und Gummimatten auf Git-

---

[145] Für jedes nicht mehr vorzuhaltende Transportfahrzeug bzw. Ladegerät können pro Jahr Fixkosten in Höhe von ca. 19 500 bis 21 000 € eingespart werden (vgl. KÖHLER 2007).

terrosten ausgelegt. Die Fahrzeuglenker erhielten zudem eine Einweisung in geräusch-armes Fahren. Zur Überprüfung der Einhaltung der Lärmgrenzwerte nahm man an je-weils unterschiedlichen Messpunkten inner- und außerhalb des Werksgeländes Schallmessungen vor.

Die 24-h-Anfuhr erfordert eine Neuorganisation aller Transportgruppen, da die ein-gesetzten Lade- und Fahrzeugkapazitäten angepasst werden müssen. So ist die Umstel-lung auf Leichtsattelfahrzeuge geplant, die aufgrund von Aluböden und -bordwänden sowie Luftfederung bei der Be- und Entladung wesentlich geräuschärmer als die bisher genutzten Gliederzüge mit Stahlaufbauten sind und zudem einen geringeren Sprit-verbrauch aufweisen. Aus Lärmgründen und zur Verkehrsentlastung wird ferner die Selbstanfuhr von Landwirten durch Schlepper, welche eine geringere Ladekapazität als LKWs haben, entfallen (vgl. SÜDZUCKER 2006b: 8f. und 2007a: 54f.; SZ-Int. 3) .

Aufgrund der positiven Erfahrungen erfolgt die Einführung der 24-h-Anfuhr an immer mehr Standorten von Südzucker. In Bayern ist sie seit 2007 in Ochsenfurt und Rain in Kraft, in Plattling soll sie 2008 eingeführt werden (vgl. SZ-Int. 6; LW-Int. 9, 10).

Neben den Maßnahmen zur Senkung der Transportkosten könnte es für das Unter-nehmen künftig auch in Frage kommen, diese ganz oder zum Teil auf die Landwirte abzuwälzen. Noch werden die Kosten für die Fracht der Quotenrüben als größte und wichtigste Rübenkategorie von den Zuckerfabriken getragen. Dies ist aber nur bis zum Auslaufen der aktuellen Marktordnung, d.h. bis einschließlich des Wirtschaftsjahres 2014/15, gesichert. Für die Zeit danach müssen die Landwirte damit rechnen, an den Transportkosten für Quotenrüben zumindest beteiligt zu werden, umso mehr wenn die Zuckerpreise dauerhaft niedrig bleiben (vgl LW-Int. 6, 7, 11).

Mit Beginn der neuen ZMO hat Südzucker bereits eine Frachtbeteiligung der Landwirte bei Industrierüben eingeführt. Ebenso müssen sich die Rübenanbauer an den Frachtkosten für Ethanolrüben beteiligen (vgl. Kap. 6.3.2.1 und Kap. 6.4.2.2). In beiden Fällen zahlt Südzucker einen Frachtzuschuss von 50%, maximal aber nur 2 €/t, was sich als Signal für den Einstieg in die allgemeine Frachtbeteiligung, d.h. auch für Quotenrüben, werten lässt (vgl. LW-Int. 10, 11). Damit scheinen Konflikte mit den Verbänden der Rübenanbauer vorprogrammiert, da diese die Quotenrüben für die Landwirte frachtfrei halten wollen. Doch auch wenn eine Frachtbeteiligung bei den Landwirten zunächst auf Widerstand stoßen dürfte, müssen diese als Mehrheitseigner von Südzucker gleichwohl ein starkes Interesse am wirtschaftlichen Wohlergehen des

Unternehmens haben und können sich derartigen Maßnahmen zur Kostensenkung – wenn notwendig – langfristig nicht verweigern:

> „Wir haben zwar die Mehrheit bei Südzucker, wir könnten schon massiv Einfluss nehmen. Aber es ist uns nicht gedient, wenn wir das Unternehmen an die Wand stellen und das Unternehmen nicht mehr richtig atmen kann" (LW-Int. 6).

6.3.2.5 Industriezuckergeschäft

Nach der reformierten Zuckermarktordnung fallen Zuckermengen, welche die Quotenzuckermenge überschreiten und bestimmten industriellen Erzeugungsprozessen dienen, unter den neu eingeführten Begriff Industriezucker[146] (vgl. Kap. 5.3.2.2). Dabei lassen sich zwei Bereiche unterscheiden (vgl. SPETTMANN 2006a; LÜCKENHAUS 2007):

> ➢ Zucker für die Chemische und Pharmazeutische Industrie sowie
> ➢ Zucker als Kohlenhydrat bzw. Synthesebaustein in chemischen Reaktionen und als Fermentationsrohstoff (z.B. Zuckeralkohol, Zitronensäure, Ethanol, Hefe).

Südzucker will diese sich außerhalb der Quote eröffnende Marktchance konsequent nutzen und rechnet konzernweit mit einem mittelfristigen Absatzpotenzial von jährlich 500 000 t Zucker (vgl. SPETTMANN 2006b: 1). Langfristig soll das neu eingeführte Industriezuckergeschäft die weggebrochenen C-Zuckerexporte kompensieren (vgl. SZ-Int. 1, 2, 8, 9).

Zu den wichtigsten Abnehmern von Industriezucker gehören die Chemische und Pharmazeutische Industrie. Produziert werden dabei entweder auf Basis von Saccharose oder des Kohlenhydrates Zucker z.B. Vitamine, Antibiotika, Hustensäfte, Dragees, Zitronen- und Aminosäuren, Enzyme, Spezialemulgatoren im Lebensmittel- bzw. Kosmetikbereich oder Polyurethane (z.B. Bauschaum und Schaumgummi). Zu erwähnen ist auch die Erzeugung von sog. „functional food" (z.B. Isomalt[147] und Palatino-

---

[146] Unter der alten ZMO wurde Zucker an die Chemische und Pharmazeutische Industrie zu den gängigen Inlandspreisen verkauft, wobei der Abnehmer die Möglichkeit hatte, in den Genuss der sog. Chemiezuckererstattung zu kommen, mit der die hohen EU-Einstandspreise auf ein virtuelles Weltmarktniveau heruntergeschleust wurden (vgl. Kap. 5.2.2.1). Diese Regelung ist in der reformierten ZMO nicht mehr vorgesehen; stattdessen wurde der Industriezuckerbereich geschaffen, welcher den Absatz von Zucker an die Chemische Industrie jenseits des Quotenzuckerbereichs vorsieht (vgl. Kap. 5.3.2.2; LÜCKENHAUS 2007).

[147] Isomalt ist ein aus Zucker gewonnener, kalorienreduzierter und zahnfreundlicher Zuckeraustauschstoff, der in zuckerfreien Bonbons, Kaugummi, Schokolade und Backwaren vorkommt (vgl. SÜDZUCKER 2007a: 117).

se[148]), das u. a. von der Südzucker-Tochter Palatinit hergestellt wird (vgl. MÜLLER 2007b; LÜCKENHAUS 2007; BURISCH 2007; SZ-Int. 7, 9).

Dieses Standardsegment des Industriezuckergeschäftes ist jedoch mit gewissen Problemen behaftet. Während früher die mit den Rübenerträgen stark schwankenden überschüssigen C-Zuckermengen in beliebigem Maße exportiert werden konnten, sind den abgesetzten Industriezuckermengen durch die Verwertungsmöglichkeiten der abnehmenden Industrien Grenzen gesetzt, indem vertraglich vereinbarte Liefermengen bestehen. In Jahren mit hohen Rübenerträgen lassen sich so bei weitem nicht alle Mengen an Industriezucker verkaufen. Umgekehrt könnte es in Jahren mit niedrigen Erträgen bei der Erfüllung der Vertragsmengen „eng" werden (vgl. SZ-Int. 1, 2). Ferner liefert Industriezucker, dessen Markt stark preisabhängig und sehr wettbewerbsumkämpft ist, wesentlich geringere Deckungsbeiträge als Quotenzucker, da sein Verkauf in der Regel auf Basis von Weltmarktpreisen erfolgt und sich somit nicht allzu lukrativ vermarkten lässt (vgl. SZ-Int. 3, 7, 8).

Zum Bezug des Industriezuckers zu Weltmarktpreisen übt die stark exportorientierte und um ihre internationale Wettbewerbsfähigkeit bedachte Chemische Industrie der EU auf die Europäische Kommission durch Lobbyingaktivitäten starken Druck aus und setzte 2007 – unter Behauptung, in der EU stehe Industriezucker nicht in den benötigten Mengen zur Verfügung – ein zollfreies Zuckerkontingent vom Weltmarkt in Höhe von 200 000 t durch (vgl. ERNÄHRUNGSDIENST 2007d; SUGAR INDUSTRY/ZUCKERINDUSTRIE 2007i). Dieser Vorgang wurde von der Zuckerindustrie als großes Ärgernis gewertet, da er den eigenen Absatz schmälert[149] (vgl. SZ-Int. 1, 2, 3, 7; SÜDZUCKER 2007a: 52).

Aufgrund dieser Schwierigkeiten konnte das Industriezuckergeschäft in diesem Bereich den Wegfall der C-Zuckerexporte noch nicht kompensieren (vgl. SÜDZUCKER 2007f: 6). Umso wichtiger ist für Südzucker – neben dem Absatz an die Chemische und Pharmazeutische Industrie – daher eine zweite Möglichkeit zur Verwertung von Industriezucker: Die Produktion von Bioethanol auf Basis von aus Industrierüben gewonnenem Dicksaft (vgl. Kap. 6.3.2.7). Dazu verkauft Südzucker einen Teil des In-

---

[148] Palatinose ist ein aus Zucker gewonnenes, niedrig glykämisches, zahnfreundliches Kohlenhydrat, das in Getränken, z.B. im Wellness-Bereich, enthalten ist (vgl. SÜDZUCKER 2007a: 118).

[149] Allerdings wurde dieses Kontingent nur zu 10% ausgeschöpft, da die Chemische Industrie zwar einen niedrigeren Zuckerpreis bezahlen, dafür aber den Zucker aus teilweise weit entfernten Ländern zu ihren Verarbeitungsstätten auf eigene Kosten transportieren muss (vgl. SZ-Int. 9; LÜCKENHAUS 2007).

dustriezuckers an das Unternehmen CropEnergies, das einen Großteil der Bioethanolaktivitäten des Konzerns koordiniert und an dem Südzucker die Mehrheitsbeteiligung
hält (vgl. SZ-Int. 7, 9; Kap. 6.3.2.7). Insbesondere der starke Anstieg der Preise für
Getreide als Rohstoff der Bioethanolproduktion lässt die Chancen für Industriezucker
zu dieser Verwendung stark anwachsen (vgl. LÜCKENHAUS 2007).

6.3.2.6 Sonstige Anpassungshandlungen im Zuckerbereich

Unter den sonstigen Anpassungshandlungen stellt die **Raffinierung von importiertem Rohzucker** aus präferenziellen Entwicklungsländern ein wichtiges Thema dar.
Zwischen den Wirtschaftsjahren 2006/07 und 2008/09 senkt die EU im Rahmen des
Everything-But-Arms-Abkommens schrittweise ihre Zölle auf Zuckerimporte aus den
„least developed countries" (LDC), ab 2009 gilt für diese Länder der freie Zutritt zum
EU-Binnenmarkt (vgl. Kap. 5.2.2.3). Da es sich dabei überwiegend um rohen Rohzucker handelt, muss dieser in der EU in Rohzuckerraffinerien zu Weißzucker verarbeitet
werden.

Für die europäische Zuckerindustrie liegt der besondere Anreiz zur Raffinierung
darin, dass der aus präferenziellen Rohrohrzuckerimporten erzeugte Weißzucker nicht
Bestandteil der Rübenzuckerquoten ist, sondern zusätzlich zur Quote erzeugt werden
kann, wodurch die Unternehmen vor dem Hintergrund der reformbedingten Einschnitte im Quotenrübenzuckerbereich ihre Marktanteile halten oder gar ausbauen könnten.
Dabei erfolgt die Aufteilung des Präferenzrohzuckers auf die europäischen Zuckerunternehmen nach Angebot und Nachfrage, eine quotenmäßige Zuteilung gibt es nicht
(vgl. SZ-Int. 9).

Auch Südzucker fasst künftig verstärkt die Raffinierung von Rohrohrzucker aus
Entwicklungsländern ins Auge. Dazu nahm die Südzucker-Tochter Saint Louis Sucre
die ursprünglich geplante Schließung ihrer Rohzuckerraffinerie im südfranzösischen
Marseille vorerst zurück. Raffinierungs- und Verpackungsprozesse bleiben an diesem
Standort, der über den großen Vorteil der Hafennähe zur Belieferung mit Rohzucker
über den Meeresweg verfügt, bis mindestens 2009 aufrechterhalten (vgl. SÜDZUCKER
2007f: 13). Eine zweite Raffinerie besitzt Südzucker in Rumänien. Diese befindet sich
zwar nicht in Hafennähe, sondern im Landesinneren, weist dafür aber den Vorteil auf,
dass in den südosteuropäischen Ländern Rumänien und Bulgarien ein traditionelles
Defizit in der Zuckerversorgung besteht, was – absatzseitig betrachtet – den dortigen
Raffineriestandort aufwertet (vgl. SZ-Int. 9).

Neben der Raffinierung von Rohrohrzucker rückt aus strategischen Gründen die **Betätigung auf neuen Märkten** für die europäischen Unternehmen verstärkt in den Vordergrund. Vor allem Brasilien als größter und kostengünstigster Zuckerproduktionsstandort (vgl. Kap. 4.2.4) zieht immer mehr ausländische Firmen an. Zu den europäischen Pionieren auf dem brasilianischen Zuckermarkt zählt vor allem der französische Zuckerkonzern Tereros, aber auch Südzucker strebt nach Brasilien (vgl. SUGAR INDUSTRY/ZUCKERINDUSTRIE 2007j).

Aus Sicht von Südzucker sind für ein Engagement in Brasilien weniger Wachstumsmotive als vielmehr der Ausgleich der dem Unternehmen durch die ZMO-Reform und das WTO-Urteil auferlegten Beschränkungen ausschlaggebend. Da Südzucker wegen der bestehenden Exportrestriktionen (vgl. Kap. 5.2.5) Zucker europäischen Ursprungs nur noch in sehr geringem Ausmaß ausführen darf, kauft das Unternehmen vermehrt Zucker brasilianischer Herkunft, um ihn an seine Kunden außerhalb Europas, die von der EU aus nicht mehr bedient werden können, zu verkaufen. Dazu hat Südzucker die eigene Handelsgesellschaft Hottlet South America (Hosa) mit Sitz in São Paulo gegründet, die sich zur Bedienung des Weltmarkts auf die Ausfuhr von Weißzucker konzentriert. Ein anderer Weg wäre die Tätigung einer Direktinvestition in Brasilien zur Gründung eines eigenen Produktionsstandortes, von dem aus nicht nur die Belieferung des Weltmarktes, sondern auch eine Bedienung des brasilianischen Zuckermarktes sowie die Aufnahme der Produktion von Bioethanol erfolgen könnten. Möglich wäre dies über die Akquisition eines bestehenden brasilianischen Unternehmens oder die Bildung eines Joint Ventures. Zwar ist noch keine endgültige Entscheidung gefällt, doch bekundet Südzucker daran Interesse und hält nach einem geeigneten Investitionsobjekt Ausschau (vgl. SZ-Int. 9; ERNÄHRUNGSDIENST 2007g).

Neben Brasilien käme auch ein Engagement in den LDC-Ländern in Frage. So könnte Südzucker zur Erhaltung bzw. Absicherung seines Marktanteils in der EU die ab 2009 zollfreie Belieferung des EU-Marktes mit Zucker aus den LDC-Ländern nutzen. Hierzu kommen zwei Möglichkeiten in Betracht: Entweder der reine Export von Zucker mit LDC-Ursprung in die EU, z.B. durch eine Handelsgesellschaft oder ein Einkaufsbüro, oder wiederum die Tätigung einer Direktinvestition zur Errichtung einer eigenen Zuckerproduktion vor Ort. Hierfür könnten zum Teil die technischen Anlagen der in Europa zu schließenden Fabriken dorthin verlagert werden.

Allerdings stehen einem direktinvestiven Engagement gewisse Probleme entgegen. Hierzu gehören die politisch instabilen Rahmenbedingungen einiger LDC-Länder (z.B. Simbabwe), die teilweise schlechte verkehrinfrastrukturelle Erschließung sowie Ak-

zeptanzprobleme aufgrund der politisch oder gesellschaftlich indoktrinierten Ablehnung „weißer" Eigentumsstrukturen in bestimmten schwarzafrikanischen Ländern,
weshalb mit lokalen Partnern über Unternehmensbeteiligungen kooperiert werden
muss. So haben sich z.B. das französische Zuckerunternehmen Tereos an einer Zuckerfabrik in Mosambik und der britische Zuckererzeuger British Sugar an der südaf-
rikanischen Gesellschaft Illovo Sugar beteiligt, die Standorte u. a. in Malawi, Mosambik und Sambia unterhält. Zwar ist Südzucker auf eine vergleichbare Art und Weise in
diesen Märkten noch nicht aktiv, doch wird ein derartiges künftiges Engagement nicht
ausgeschlossen (vgl. SZ-Int. 9; BUNTZEL/DRÄGER DE TERAN 2006: 49).

6.3.2.7 Ausbau anderer Geschäftsbereiche

Die durch die ZMO-Reform verursachten Einschnitte im Zuckersegment (vgl. Kap.
6.3.1) zwingen Südzucker für die Sicherung des langfristigen Unternehmenserfolges
zur verstärkten Diversifikation seines Produktportfolios. Die neben dem Kerngeschäft
Zucker existierenden Segmente Spezialitäten (Bioethanol, Freiberger Tiefkühlprodukte, „functional food", Portionsartikel, Stärke) und Frucht (Fruchtzubereitungen und
Fruchtsaftkonzentrate) sollen in den kommenden Jahren konsequent ausgebaut werden. Zwar hält Südzucker eindeutig am Zucker als Kerngeschäft fest (vgl. SZ-Int. 1,
2), doch plant das Unternehmen, den Anteil beider Segmente am Gesamtumsatz, der
2006/07 bei 39% lag (vgl. Kap. 6.2.2 und Kap. 6.3.1), langfristig auf 50% auszuweiten
(vgl. SZ-Int. 9; KÖLBL 2007). Da hier nicht auf alle Diversifizierungsbereiche eingegangen werden kann, widmet sich dieses Kapitel im Besonderen der Bioethanolproduktion, die für Südzucker eine immer bedeutendere Rolle spielt.

Bioethanol ist aus agrarischen Rohstoffen gewonnener Ethylalkohol. Er wird durch
Vergärung von in Pflanzen enthaltenem Zucker gewonnen. Grundsätzlich kommen
dafür zuckerhaltige (insbesondere Zuckerrohr und Zuckerrübe), stärkehaltige (Weizen,
Gerste, Roggen, Triticale, Mais, Hirse und Kartoffeln) sowie zellulosehaltige Pflanzen
(z.B. Chinaschilf, Rutenhirse, verschiedene Gräserarten) in Frage. Die Technologie zur
Nutzung letzterer Pflanzenarten ist bisher jedoch nicht ausgereift und befindet sich erst
in der Entwicklung[150] (vgl. DZZ 2006: 25; HENNIGES 2007a: 15f.; HAAS/SCHLE-
SINGER 2007: 142f.).

---

[150] Auf die Vor- und Nachteile der einzelnen Pflanzenarten bezüglich Produktionskosten, Flächenpro-
duktivität, Anfallen von Kuppelprodukten, Energie- und CO_2-Bilanz der Erzeugung, Boden- und Dün-
geansprüche kann hier nicht näher eingegangen werden. Vgl. dazu SCHMITZ 2003: 43ff. und 2006:
19f. Zum Herstellungsprozess von Bioethanol vgl. HENNIGES 2007a: 15ff.

Bioethanol ist heute mit großem Abstand der weltweit bedeutendste Biokraftstoff. Seine Produktion ist in den letzten Jahren rapide gewachsen und erreichte 2006 einen Umfang von 51,4 Mio. m³, wovon ca. drei Viertel (38,8 Mio. m³) in den Kraftstoffsektor, der Rest in die Bereiche Kosmetika, Farben, Lacke, Pharmazeutika sowie Getränke gingen. Bis 2015 wird mit einem Anstieg der weltweiten Erzeugung auf fast 130 Mio. m³ gerechnet (vgl. CROPENERGIES 2007a: 3; DZZ 2006: 25 und 2007d: 22).

Hauptreiber für die Produktion biogener Energieträger, zu denen neben Bioethanol auch Biogas und Biodiesel gehören, sind die massiv gestiegenen Erdölpreise, welche die Wettbewerbskraft von Biokraftstoffen ansteigen lassen. Zweifel an der Versorgungssicherheit mit Erdöl aus politisch instabilen Regionen wie dem Nahen und Mittleren Osten sowie Venezuela tragen ihr weiteres dazu bei. Hinzu kommen die weltweiten Bemühungen zur Reduktion von CO_2-Emissionen, die Biotreibstoffe mehr in den Vordergrund rücken, da diese im Verbrauch wesentlich weniger CO_2-Emissionen als fossile Treibstoffe verursachen. Aus diesen Gründen wächst in allen maßgeblichen Industrienationen daher das Interesse an regenerativen Energieträgern und überall werden große Anstrengungen unternommen, die Bioethanolproduktion auszubauen. Umfangreiche Fördermaßnahmen wie Subventionen, Steuerbefreiungen und Beimischungsverpflichtungen haben in diesem Zusammenhang zu einem Anstieg der Investitionen in Anlagentechnik und Rohstoffversorgung im Bioethanolbereich geführt (vgl. KOPP 2007: 61; STARK 2006a; FREISE/MENNERICH 2007: 134; MAAS/SCHMITZ 2007: 99).

In der EU wurde 2003 die sog. Beimischungsrichtlinie verabschiedet, der zufolge in den einzelnen Mitgliedsstaaten der Anteil an Biokraftstoffen am Fahrzeugkraftstoffverbrauch bis 2010 auf 5,75% steigen soll. Parallel dazu gestattet die ebenfalls 2003 erlassene Energiesteuerrichtlinie den Mitgliedsländern eine Verbrauchssteuerbefreiung bzw. -ermäßigung für Biokraftstoffe in Reinform bzw. als Beimischung. Das Marktvolumen in der EU wird dadurch bis 2010 auf 8 bis 10 Mio. m³ (2006: 1,56 Mio. m³) ansteigen (vgl. HENNIGES 2007a: 44f.; CROPENERGIES 2007a: 4; VSZ ET AL. 2006: 2f.; DZZ 2007d: 24).

In Deutschland waren Biokraftstoffe zu ihrer Förderung seit 2004 zunächst von der Mineralölsteuer befreit. Zunehmende Steuerausfälle hatten im Jahr 2007 jedoch die Einführung der vollen Mineralölbesteuerung zur Folge. Im Gegenzug wurden verpflichtende Beimischungsquoten eingeführt, welche die Steuerbefreiung als Förderinstrument ablösten. Schätzungen zufolge wird durch die Erfüllung der Beimischungsverpflichtung der Bioethanolbedarf in Deutschland bis 2010 auf 1,5 Mio. m³ steigen, was gegenüber dem Jahr 2005 (286 000 m³) eine Verfünffachung bedeutet[151] (vgl. HENNIGES 2007a: 105ff. und 2007b: 251; CROPENERGIES 2007a: 4).

Angesichts der Schaffung dieser wirtschaftspolitischen Rahmenbedingungen zur Förderung von Bioethanol und der damit verbundenen Nachfrageentwicklung hat sich Südzucker bereits vor einigen Jahren entschieden, in das Bioethanolgeschäft einzusteigen und will langfristig seine Produktionskapazitäten auf rund 1 Mio. m³ ausbauen und damit zum Marktführer in Europa aufsteigen. Dabei werden die Bioethanolaktivitäten von Südzucker unter der Dachmarke „CropEnergies" koordiniert, welche das Bioethanol an die Mineralöl- und petrochemische Industrie vertreibt. Um die Bioethanolproduktion auf eine breitere finanzielle Basis zu stellen und international zu expandieren, erfolgte im September 2006 der Börsengang von CropEnergies, wobei Südzucker mit einem Anteil von 71% an der CropEnergies AG beteiligt ist (vgl. SÜDZUCKER 2006b: 10; VSZ ET AL. 2006: 1; DZZ 2007d: 30).

Zum Kernstück von CropEnergies gehört die 2003 gebaute und 2005 in Betrieb genommene Bioethanolanlage in Zeitz (Sachsen-Anhalt), wo sich auch eine Zuckerfabrik von Südzucker befindet. Mit einer jährlichen Erzeugungskapazität von 260 000 m³ ist sie die größte Bioethanolanlage in Europa. Ausgangsstoff für die Anlage Zeitz I ist im Wesentlichen Getreide, vor allem Weizen. Die jährliche Verarbeitungsleistung liegt bei 700 000 t[152]. In begrenztem Umfang kann die Anlage aber auch Dicksaft aus Zuckerrüben zu Ethanol verarbeiten[153]. Die mit der ZMO-Reform verbundenen Einschnitte in die Zuckerproduktion und die neu geschaffene Industriezuckerregelung (vgl. Kap. 5.3.2.2, Kap. 6.3.1 und Kap. 6.3.2.5) veranlassten Südzucker, die Ethanolgewinnung auf Dicksaftbasis bzw. auf Grundlage von Industriezucker in Form von Dicksaft bis 2008 um 40 000 m³ auszubauen, womit sich die Gesamtkapazität der Anlage auf 300 000 m³ erhöht (vgl. SÜDZUCKER 2006b: 10; VSZ ET AL. 2006: 1). Für Südzucker besteht damit die Möglichkeit, überschüssigen Industriezucker, der sonst keine Verwendung findet, zu verwerten. Das Unternehmen hat sich damit einen eige-

---

[151] Auf die genauen Details der gesetzlichen Rahmenbedingungen kann an dieser Stelle nicht näher eingegangen werden. Vgl. dazu ausführlich HENNIGES 2007a: 105ff.

[152] Als Nebenprodukt entsteht ein hochwertiges Eiweißfuttermittel für Kühe und andere Nutztiere, das unter dem Markennamen ProtiGrain vertrieben wird (vgl. CROPENERGIES 2007a: 11).

[153] Die Standortvorteile der Anlage in Zeitz liegen in ihrer Lage inmitten eines der größten deutschen Weizenanbaugebiete, der Synergie mit der Zuckerfabrik sowie der günstigen Energieversorgung aufgrund räumlich nah gelegener umfangreicher Braunkohlevorkommen. Ferner wurden Ansiedlung und Bau der Anlage in Zeitz mit ausgiebigen staatlichen Maßnahmen zur Investitionsförderung (u. a. seitens der EU) unterstützt (vgl. SÜDZUCKER 2006b: 10; SZ-Int. 7; AB-Int. 3; LW-Int. 4).

nen Markt für selbst erzeugten Industriezucker geschaffen (vgl. SZ-Int. 1, 2, 7; Kap. 6.3.2.5).

Zusätzlich zur bereits bestehenden Anlage haben sich Südzucker und CropEnergies zum Bau einer zweiten Anlage am selben Standort entschieden. Dabei handelt es sich um eine sog. Annexanlage, welche direkt an die Zuckerfabrik anschließt und zur Ethanolgewinnung ausschließlich aus Rüben (sog. Ethanolrüben) gewonnenen Dicksaft nutzt (Zeitz II). Mit der 2007 zum Teil in Betrieb gegangenen Anlage sollen ab 2008 nach ihrer kompletten Fertigstellung jährlich aus rund 600 000 t Zuckerrüben – dies entspricht einer Rübenanbaufläche von rund 8 000 bis 10 000 ha – weitere 60 000 m³ Bioethanol erzeugt werden, so dass die gesamte Erzeugungskapazität in Zeitz auf 360 000 m³ steigt[154] (vgl. STARK 2006b: 66; SÜDZUCKER 2006b: 10; SPETTMANN 2006a; VSZ ET AL. 2006: 3).

Die Bioethanolerzeugung aus Rüben wurde durch die ZMO-Reform aufgewertet, da sie zur Verwertung von Zuckerrüben eine Absatzalternative zum eingeschränkten Quotenzuckergeschäft darstellt. Im Besonderen geht die Entscheidung zum Bau der Annexanlage – neben der Schaffung günstiger wirtschaftspolitischer Rahmenbedingungen – auf die Forderung der Rübenanbauerverbände zurück, die den Anbau von Ethanolrüben einerseits als Investition in einen Zukunftsmarkt, andererseits als Ausgleich für rückläufige Quotenrübenmengen sehen (vgl. SZ-Int. 3, 7; LW-Int. 9, 10, 11; Kap. 6.4.2.2). Zu beachten ist auch, dass die Wirtschaftlichkeit der Ethanolproduktion aus Zuckerrüben mit den 2007 massiv gestiegenen Getreidepreisen (vgl. Kap. 6.4.1) zugenommen hat.

Unerlässlich für den Betrieb der Annexanlage ist eine langjährige und sichere Rohstoffversorgung mit Zuckerrüben. Jährlich werden rund 600 000 t benötigt, deren Lieferung mit verbindlichen Verträgen sicherzustellen war (vgl. SPETTMANN 2006a; GOLDHOFER 2006: 43). Dazu hat Südzucker im Juli 2006 allen Rübenanbauern ein Angebot zur Erzeugung von Ethanolrüben (E-Rüben) gemacht. Bedingung für den

---

[154] Die Wahl von Zeitz als Standort für die Annexanlage (Zeitz II) ist auf bestimmte Verbundeffekte mit der bereits bestehenden Weizen-Dicksaft-Anlage (Zeitz I) zurückzuführen. So reicht die Energieversorgung der ersten Anlage aus, um die zweite Anlage mit zu betreiben. Auch das Entsorgungssystem zur Abwasserbehandlung kann gemeinsam genutzt werden. Weiterhin fallen im Wesentlichen keine zusätzlichen Personalkosten an, da das Personal der Ethanolanlage auf Basis von Weizen und Rübendicksaft auch den Betrieb der Annexanlage übernehmen kann. Schließlich sind vor allem logistische Verbundvorteile gegeben, da die bereits für die erste Anlage bestehende Ethanolvermarktungsorganisation und Versandanlage auch für die zweite Anlage genutzt werden können (vgl. SZ-Int. 3, 7; BÖTTCHER 2007).

Abschluss eines Liefervertrages war die Zeichnung eines neuen, von der SZVG ausgegebenen Lieferrechts (Lieferrecht E), das dem Landwirt eine bestimmte E-Rübenliefermenge garantiert (vgl. Kap. 6.4.2.2).

Die zum Betrieb der Zeitzer Anlage notwendigen Ethanolrüben werden nicht aus dem gesamten Anbaugebiet von Südzucker nach Zeitz geliefert, sondern aus Transportkostenerwägungen (vgl. Kap. 4.3.2 und Kap. 6.3.2.4) aus der näheren Umgebung von Zeitz bezogen und fallen vor Ort folglich für die Zuckerproduktion aus. Dieses Defizit fangen die übrigen Südzucker-Werke auf, d.h. in den anderen Verbandsgebieten werden die E-Rüben nicht zu Ethanol, sondern zu Zucker verarbeitet (Umpolung), weshalb man von „virtuellen" Lieferrechten spricht. Obwohl das Endprodukt Zucker ist, erfolgt die Abrechnung der Rüben so, wie wenn daraus Ethanol erzeugt würde (vgl. SPETTMANN 2006a; STARK 2006a).

Neben der Anlage in Zeitz baut CropEnergies am Standort Wanze (Belgien) eine neue Bioethanolanlage mit einer jährlichen Kapazität von 300 000 m³ auf Basis von 800 000 t Getreide, die 2008 in Betrieb gehen soll. Sie verfügt über einen direkten Zugang zu einem Wasserweg (Maas) und damit über eine gute Anbindung an das Güterdrehkreuz Antwerpen-Rotterdam-Gent. Im Jahr 2006 hat CropEnergies ferner ein Tanklager und eine Logistikanlage in Dünkirchen (Frankreich) erworben, die über eine 2,4 km lange Pipeline mit der befahrenen Seestraße Le Havre-Rotterdam verbunden ist (vgl. SÜDZUCKER 2006b: 10 und 2007a: 63; CROPENERGIES 2007b: 5). Auch die zur Südzucker-Gruppe gehörende österreichische AGRANA Beteiligungs-AG baut ihre Bioethanolkapazitäten aus. So wurde im Herbst 2007 eine neue Bioethanolanlage in Pischelsdorf (Niederösterreich) mit einer jährlichen Kapazität von 200 000 m³ fertig gestellt. In der ungarischen Maisstärkefabrik Hungrana soll die Jahreskapazität an Bioethanol auf rund 160 000 m³ ansteigen (vgl. SÜDZUCKER 2007a: 63).

In der Produktion von Bioethanol für den Kraftstoffsektor sieht Südzucker den bedeutendsten Wachstumstreiber des Unternehmens (vgl. SPETTMANN 2006c: 20). Gleichwohl ist das Bioethanolgeschäft mit gewissen Problemen und Risiken behaftet. So wird in Deutschland der Absatz von Bioethanol als Reinkraftstoff an Flex Fuel Vehicles, welche einen Betrieb sowohl mit reinem Benzin als auch Ethanol erlauben, durch die sehr geringe Anzahl von vertreibenden Tankstellen erschwert. Von 17 000 Tankstellen in Deutschland bieten derzeit nur 111 die Kraftstoffe E85 und E50 an (in Bayern nur 11 von über 2 000 Tankstellen), wobei es sich fast ausschließlich um freie, nicht zu den großen Mineralölkonzernen gehörende Tankstellen handelt (vgl. BRÜCK 2007: 7; DZZ 2007e). Um den Ausbau des Ethanoltankstellennetzes voranzutreiben, unterstützt CropEnergies den Umbau von bis zu 50 Tankstellen für den Vertrieb seines E85-Kraftstoffes (CropPower 85) mit jeweils bis zu 5 000 € (vgl. CROPENERGIES 2007b: 3).

Ein weiteres großes Problem stellen die 2007 massiv gestiegenen Getreidepreise (vgl. Kap. 6.4.1) dar, da sie die Kosten für die Rohstoffbeschaffung zum Betrieb der Anlagen stark erhöhen. Insbesondere bei einem vergleichsweise niedrigen Ethanolpreis belastet der Bezug der notwendigen Fermentationsrohstoffe die Ethanolerzeuger daher schwer (vgl. SZ-Int. 7, 9; AB-Int. 19).

Ferner besteht auf dem Markt für alternative Kraftstoffe ein hohes Politikänderungsrisiko. So wurde z.B. in Deutschland die ursprünglich als Förderinstrument konzipierte Mineralölsteuerbefreiung für Biodiesel und Bioethanol wegen zu hoher Steuerausfälle weitgehend zurückgenommen (vgl. HENNIGES 2007a: 107f. und 2007b: 251). Zu beachten ist auch, dass die Produktionskosten für Bioethanol in der EU weit über denen Brasiliens und der USA als die weltweit mit Abstand größten Bioethanolproduzenten liegen[155]. Ohne einen entsprechend hohen Außenzoll[156], von dem nur die AKP- bzw. LDC-Länder befreit sind, wäre die europäische Bioethanolproduktion nicht wettbewerbsfähig. In diesem Zusammenhang besteht die Befürchtung, dass die EU-Kommission auf Basis der WTO-Verhandlungen Zugeständnisse macht und den Zollsatz senkt oder im Rahmen bilateraler Handelsverhandlungen, wie sie z.B. zwischen der EU und dem Mercosur geführt werden, ausgewählten Drittländern (u. a. Brasilien) den Import zollfreier Kontingente zusagt. Dies würde zu einem erheblichen Preisdruck für Bioethanol führen und könnte – im Falle zu großer Importmengen – die europäischen Erzeuger sogar vom Markt drängen. Zur Absicherung der hohen Investitionen zum Ausbau der Ethanolerzeugung fordert die europäische Bioethanolbranche und auch Südzucker von der EU daher ein klares Bekenntnis zu einem ausreichend hohen und dauerhaften Außenschutz (vgl. VSZ ET AL. 2006: 1 und 3; SZ-Int. 1, 2, 3, 7).

Insgesamt wird die künftige Wettbewerbsfähigkeit der Bioethanolproduktion in der EU und Deutschland von mehreren Faktoren abhängen. Dazu gehören neben der Höhe der Substratkosten bzw. Rohstoffpreise vor allem die Entwicklung des Rohölpreises,

---

[155] In der EU liegen die Produktionskosten durchschnittlich bei 0,45 €/l, in Brasilien dagegen nur bei 0,17 €/l, in den USA bei 0,26 €/l (vgl. HENNIGES 2007a: 102 und 2007b: 251).

[156] Der derzeitige Außenzoll beträgt 0,192 €/l (vgl. HENNIGES 2007a: 46; STARK 2006a).

die Zukunft des Außenschutzes und die technische Weiterentwicklung der Motoren (vgl. HENNIGES 2007b: 254; FREISE/MENERICH 2007: 136).

6.4 Auswirkungen und Anpassungen in der Landwirtschaft

Neben der Zuckerindustrie sind die Landwirte – wie bereits in Kap. 5.3.4.2 allgemein beschrieben – als Lieferanten des Rohstoffs Zuckerrübe von der Reform besonders betroffen. Analog zu den Ausführungen zu Südzucker sollen im folgenden Kapitel die Auswirkungen der ZMO-Reform auf die bayerischen Rübenanbauer im Detail und mögliche Anpassungshandlungen, mit denen sie auf die Einschnitte im Zuckerrübenanbau reagieren könnten, aufgezeigt werden.

6.4.1 Folgen der Zuckermarktreform für die bayerischen Rübenanbauer

Die für die Landwirte gravierendste Auswirkung der ZMO-Reform liegt in der über vier Wirtschaftsjahre (2006/07 bis 2009/10) gestaffelten Senkung des Zuckerrübenmindestpreises um insgesamt 39,7% (vgl. Kap. 5.3.2.2). Parallel dazu kürzt Südzucker seine Nebenleistungen an die Landwirte. So reduzieren sich im selben Umfang der auf dem Zuckerrübenmindestpreis basierende Polarisationszuschlag für hohe Zuckererträge aus den Rüben und die Rübenmarkvergütung. Auch andere Prämien bzw. Nebenleistungen werden zurückgefahren (vgl. GOLDHOFER/REISENWEBER 2006: III-2; Kap. 5.3.4.2).

Da die Rüben- und Zuckererträge je ha in Süddeutschland, insbesondere in Bayern, überdurchschnittlich hoch sind (vgl. Kap. 4.3.2 und Kap. 6.2.1) und somit – auf die Fläche bezogen – vergleichsweise hohe Zuschläge zu den Rübenmindestpreisen erzielt wurden, drohen den dortigen Landwirten deshalb auch hohe Einbußen (vgl. ZEDDIES/GAMER 2006b: 30). Diese lassen sich am besten durch die Entwicklung des durch den Zuckerrübenanbau gelieferten Deckungsbeitrages[157] darstellen (vgl. Abbildung 27).

---

[157] Beim landwirtschaftlichen Deckungsbeitrag handelt es sich um die Differenz zwischen der Marktleistung eines Produktionsverfahrens (= Summe der marktfähigen Haupt- und Nebenleistungen) und den tatsächlich zuteilbaren variablen Produktionskosten (= Art und Menge der je Einheit beanspruchten Betriebsmittel wie Saatgut, Dünger, Pflanzenschutzmittel, variable Maschinenkosten u. a.). Der

Abbildung 27: Entwicklung des durchschnittlichen Deckungsbeitrages je ha Zuckerrübe in Bayern (2005/06-2009/10)

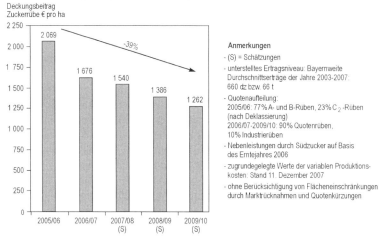

Quelle: LFL 2007b; Goldhofer/Reisenweber 2006: III-1; AB-Int. 1, 2.

Allein aufgrund der Preissenkung, d.h. ohne Berücksichtigung von Erzeugungs- bzw. Flächeneinschränkungen, geht der für Bayern (Landesebene) durchschnittliche Deckungsbeitrag – basierend auf dem bayernweiten Durchschnittsrübenertrag der letzten fünf Jahre in Höhe von 660 dz[158] bzw. 66 t/ha, einem unterstellten Anbauverhältnis von überschlägig 90% Quoten- und 10% Industrierüben sowie unter Zugrundelegung mittlerer variabler Produktionskosten[159] – von 2 069 €/ha (Wirtschaftsjahr 2005/06) auf 1 262 €/ha (Wirtschaftsjahr 2009/10) und damit um ca. 39% zurück[160].

Deckungsbeitrag ist damit der Betrag, den das einzelne Produktionsverfahren zur Deckung der betrieblichen Fest- und Gemeinkosten abwirft (vgl. ALSING 2002: 140).

[158] Doppelzentner = 100 kg.

[159] Kosten für Saatgut, Pflanzenschutz und Düngung, variable Maschinenkosten, Zahlungen an Maschinenringe bzw. Lohnunternehmen, Hagelversicherung.

[160] Die Deckungsbeitragsprognose für die nächsten Wirtschaftsjahre ist mit gewissen Unsicherheiten behaftet. Verändern sich die variablen Produktionskosten gegenüber dem der Berechnung unterstellten Wert (Stand: Dezember 2007), geht damit eine entsprechende Änderung des Deckungsbeitrages einher. Dasselbe gilt für den Fall, dass Südzucker eine Veränderung seiner Nebenleistungen an die Landwirte, insbesondere Polarisationszuschlag und Rübenmarkvergütung, vornimmt (vgl. AB-Int. 1, 2).

Dabei sind zwei Punkte zu beachten: Da es sich erstens um den Deckungsbeitrag je ha handelt, fällt der gesamte einzelbetriebliche Deckungsbeitragsverlust aus dem Zuckerrübenanbau umso höher aus, je mehr Zuckerrüben ein Landwirt in seiner Fruchtfolge hat. Am stärksten sind damit auf den Rübenanbau spezialisierte Betriebe in den Gunsträumen bzw. Hauptanbauregionen im näheren räumlichen Umfeld der Zuckerfabriken (vgl. Karte 6) betroffen, bei denen die Zuckerrübe einen sehr hohen Fruchtfolgeanteil aufweist und bis zu einem Drittel der gesamten Ackerfläche einnehmen kann. Für solche Betriebe bricht die Zuckerrübe als wichtigstes Einkommensstandbein weg. Ferner gilt es zu bedenken, dass die aufgeführten Deckungsbeiträge auf landesweiten Durchschnittserträgen beruhen, die regionalen Ertragswerte aber starken Schwankungen unterliegen (vgl. Karte 8). Je höher (niedriger) die Rübenerträge in einer Region im Vergleich zum bayernweiten Durchschnitt liegen, desto größer (geringer) fallen auch die Verluste an Deckungsbeitrag aus (vgl. AB-Int. 1, 2, 6, 7, 11, 12, 13, 14, 15, 19; LW-Int. 3, 5).

Zweitens kann der Deckungsbeitrag neben der Preissenkung zusätzlich durch einen Rückgang der Produktionsmenge gemindert werden. Im Zuge von temporären Marktrücknahmen und Quotenkürzungen (vgl. Kap. 6.3.2.3) müssen die Landwirte ihre Anbauflächen einschränken. Wenn dann auf den frei gewordenen Flächen eine Frucht (z.B. Getreide) angebaut wird, die einen niedrigeren Deckungsbeitrag als die Zuckerrübe liefert, was vor allem in den Gunstlagen des Zuckerrübenanbaus die Regel ist, vergrößern sich die Deckungsbeitragsverluste entsprechend, wobei eine genaue Quantifizierung schwer ist, da dies vom Erzeugerpreisniveau der Alternativfrucht abhängt (vgl. AB-Int. 4, 5, 6, 10; LW-Int. 8; Kap. 5.3.4.2). Die Flächeneinschränkung bewirkt zusätzlich eine verschlechterte Maschinenauslastung, was bedeutet, dass sich die fixen Maschinenkosten je ha erhöhen und die überbetrieblichen Maschinengemeinschaften im Zuge von überregionalen Zusammenschlüssen und der Neuordnung ihrer Einsatzgebiete überflüssig gewordene Maschinen, insbesondere Rübenroder älteren Baujahrs, verkaufen müssen[161] (vgl. LW-Int. 5, 10, 11, 12; AB-Int. 10; Sonst-Int. 3).

Die geschilderten Deckungsbeitragsverluste schlagen sich allerdings nicht direkt im betrieblichen Einkommen aus dem Zuckerrübenanbau nieder, sondern werden durch entsprechende Prämienzahlungen gemindert. Abbildung 28 zeigt dies am Beispiel ei-

---

[161] Eine beliebte Verkaufsregion stellen dabei ost- und südosteuropäische Länder (z.B. Polen, Ukraine, Kroatien, Serbien) dar. Der Verkauf der Maschinen erfolgt dabei entweder durch die Maschinengemeinschaften direkt oder den Hersteller, der sie zurücknimmt und dann selbst veräußert (vgl. LW-Int. 12; Sonst-Int. 3).

nes Modellbetriebs, der in der Ausgangssituation der ZMO-Reform den durchschnittlichen bayerischen Zuckerrübenanbaubetrieb im Haupterwerb repräsentiert (vgl. AB-Int. 1, 2) und sich durch folgende Merkmale auszeichnet:

> 71,5 ha gesamte Ackerfläche, davon 14,3 ha Zuckerrüben[162] (= 20% Fruchtfolgeanteil);

> Lieferrecht von jährlich 1 000 t Zuckerrüben,

> unterstellter Rübenertrag von 70 t/ha,

> Verhältnis zwischen A- und B-Quote vor der Reform = 70:30.

Abbildung 28: Kalkulation der Reformauswirkungen am Modellbetrieb

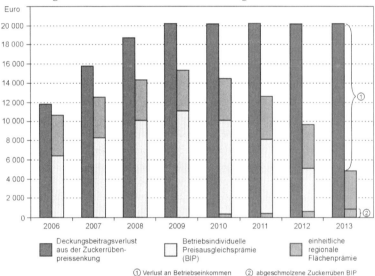

Quelle: AB-Int. 1, 2 nach Bayerische Landesanstalt für Landwirtschaft (LFL).

Die schwarze Säule steht für den jährlichen betrieblichen Deckungsbeitragsverlust aus dem Zuckerrübenanbau, der sich allein aus der Preissenkung, d.h. ohne Berück-

---

[162] Da nur die Minderung des Deckungsbeitrags und des Einkommens aus dem Zuckerrübenanbau analysiert werden, ist es für die Betrachtung unerheblich, welche Ackerfrüchte zusätzlich zur Zuckerrübe angebaut werden oder ob bzw. welche nicht-ackerbaulichen Betriebszweige (z.B. Viehhaltung) bestehen (vgl. AB-Int. 1, 2).

sichtigung von Erzeugungs- und Flächeneinschränkungen, ergibt. Er beläuft sich im ersten Jahr der Reform auf knapp 12 000 €, steigt aufgrund der vierstufigen Senkung des Zuckerrübenmindestpreises auf über 20 000 € im Jahr 2009 an und bleibt für die Restlaufzeit der neuen Marktordnung in dieser Höhe bestehen.

Die zweite Säule umfasst die Direktzahlungen bzw. Prämien, die der Betrieb erhält. Der dunkelgraue Säulenteil entspricht der im Zuge der letzten Reform der Gemeinsamen Agrarpolitik zum Jahr 2005 eingeführten regional-einheitlichen, von der Produktion entkoppelten Flächenprämie. Diese erhalten alle Landwirte mit beihilfefähigen Flächen in der gleichen Höhe unabhängig davon, welche Ackerfrüchte sie anbauen. Sie beträgt in Bayern im Anbaujahr 2005 einheitlich 299 €/ha und steigt bis zum Jahr 2013 schrittweise auf 340 €/ha an. Der dunkelgraue Teil der Säule bildet den jeweiligen Prämienbetrag, multipliziert mit der Zuckerrübenanbaufläche des Modellbetriebs, ab[163].

Als Ausgleich für die Preissenkung erhält der Zuckerrübenanbaubetrieb zusätzlich eine betriebsindividuelle Prämie (BIP), auch Top Up genannt (hellgrauer Säulenteil). Diese beträgt im Jahr 2006 60% des preissenkungsbedingten Verlustes und steigt bis ins Jahr 2009 auf 64,2% an. Sie ist vom Zuckerrübenanbau entkoppelt und wird unabhängig davon gewährt, ob der Landwirt nach wie vor Zuckerrüben erzeugt oder über freiwillige Rückgabe, Verkauf oder Verpachtung seines Lieferrechts aus dem Anbau ausscheidet und auf den frei gewordenen Flächen künftig eine andere Ackerfrucht anbaut (vgl. Kap. 6.4.2.1). Beginnend mit dem Jahr 2010, wird die betriebsindividuelle Zuckerrübenprämie dann schrittweise auf null abgeschmolzen („Gleitflug") und fließt in die einheitliche regionale Flächenprämie ein, d.h. von der Abschmelzung profitieren alle Landwirte einer Region. Der zweite, kleine hellgraue Säulenanteil repräsentiert das, was dem Modellbetrieb – bezogen auf seine gesamte Ackerfläche – aus dem Abschmelzungsprozess zusätzlich zur bisher gezahlten regionalen Flächenbeihilfe übrig bleibt. Umgelegt auf die gesamte beihilfefähige Ackerfläche in Bayern, ergibt sich durch die Abschmelzung der Zuckerrüben-BIP ein Zuwachs von 14 €/ha, so dass sich die allen Landwirten zustehende einheitliche Flächenprämie ab 2013 bayernweit von 340 auf 354 €/ha erhöht (vgl. AB-Int. 1, 2).

---

[163] In diesem Zusammenhang ist zu erwähnen, dass vor dem Jahr 2005 für Intensivkulturen, zu denen neben der Zuckerrübe auch die Kartoffel gehört, keinerlei flächenbezogene Beihilfen gezahlt wurden. Insofern waren die Zuckerrübenanbauer im Jahr 2005, in dem noch die hohen Zuckerrübenpreise der alten Marktordnung galten, zunächst in nicht unerheblichem Maße begünstigt (vgl. AB-Int. 1, 2, 5).

Abbildung 29: Entwicklung der durchschnittlichen Erzeugerpreise wichtiger Getreidesorten in Deutschland

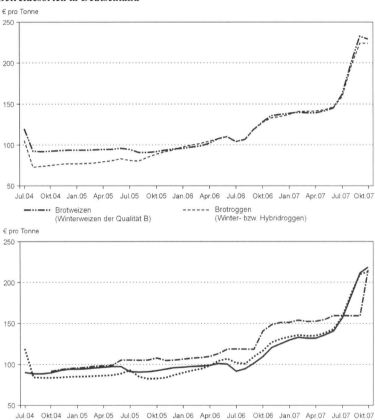

Quelle: Eigene Darstellung nach ZMP 2007.

Zieht man den jeweiligen Prämienbetrag (gesamte rechte Säule) vom Deckungsbeitragsverlust in den einzelnen Jahren (linke Säule) ab, ergibt sich der durch die Preissenkung verursachte betriebliche Einkommensverlust aus dem Zuckerrübenanbau. Wie aus Abbildung 28 ersichtlich, hält sich dieser zu Beginn der Reform noch in Grenzen, weil den schrittweise sinkenden Rübenmindestpreisen ein zunächst steigender Prämienzahlungsanspruch gegenübersteht. Dies ändert sich allerdings mit dem Beginn des Abschmelzungsprozesses, durch den sich der Betriebsverlust bis 2013 sukzessive vergrößert. Damit kommen die Reformauswirkungen für die Landwirte zeitversetzt erst in einigen Jahren in ihrem gesamten Ausmaß zum Tragen. Bei gleich bleibenden Produktions- und Pachtkosten des Rübenanbaus schlägt die Preissenkung dann voll auf das betriebliche Einkommen durch (vgl. AB-Int. 1, 2; Kap. 5.3.4.2).

Neben den Prämien gibt es noch einen weiteren Effekt, der die Auswirkung der Rübenpreissenkung beeinträchtigt. Da der Anbau der Zuckerrübe immer im Rahmen eines Fruchtwechsels mit anderen Ackerfrüchten, in erster Linie Halmfrüchten bzw. Getreide, erfolgt (vgl. Kap. 4.3.2 und Kap. 6.2.1), wird die gesamte Einkommenssituation eines Rübenanbaubetriebes neben den Zuckerrübenpreisen auch durch die Preisentwicklung bei Getreide geprägt. Wie Abbildung 29 zeigt, sind die Erzeugerpreise für alle wichtigen Getreidearten sowohl im Lebens- als auch im Futtermittelbereich im Laufe des Jahres 2007 explosionsartig angestiegen und haben sich im Herbst 2007 gegenüber dem Frühjahr 2006 zum Teil um deutlich mehr als 100% erhöht.

Ursächlich für diesen drastischen Preisanstieg sind mehrere Trends (vgl. AB-Int. 10, 11, 12; MENNERICH 2007: 33f.; HANDELSBLATT 2007e, 2007f und 2007g; FAZ 2007):

> ➢ Mit dem steigenden Wohlstand nimmt in bevölkerungsreichen, sich entwickelnden Ländern, insbesondere China und Indien, die Nachfrage nach höherwertigen, verarbeiteten Lebensmitteln wie Fleisch und Geflügel massiv zu. Dementsprechend stark steigt der Bedarf an Getreide in der Veredelungsproduktion, d.h. der Vieh- und Geflügelerzeugung, an[164].

> ➢ Gleichzeitig verursachten Dürren und Trockenheit in wichtigen Erzeugungsregionen (z.B. Australien, Kanada, Ukraine, Russland, Osteuropa) Missernten oder erhebliche Produktionsausfälle. Parallel dazu führten die Reformen protektionistisch ausgerichteter Agrarpolitiken, insbesondere der EU und der USA, zum Abbau von Produktionsüberschüssen und Lagerbeständen. Insgesamt verringert sich daher das weltweite Getreideangebot.

> ➢ Die steigenden Energiepreise (vor allem für Erdöl) fördern die energetische Verwendung von Getreide (u. a. Mais und Weizen), d.h. dass immer größere Anbauflächen für die Herstellung von Biotreibstoffen (Bioethanol) genutzt werden,

---

[164] So beträgt der Konversionsfaktor für Schweinefleisch 1:3 und für Rindfleisch 1:7, d.h. für die Herstellung von einem kg Schweinefleisch werden 3 kg, bei Rindfleisch 7 kg Getreide benötigt (vgl. AB-Int. 10, 11, 12).

was das Getreideangebot im Lebens- und Futtermittelbereich verknappt und die Preise in die Höhe schnellen lässt.

➢ Schließlich treiben gerade bei langen Transportentfernungen steigende Fracht-kosten die Getreidepreise an.

Über den gesamten Marktfruchtbau betrachtet, können die exorbitant gestiegenen Erzeugerpreise für Getreide die reformbedingten Verluste aus dem Zuckerrübenanbau zum Teil auffangen bzw. in einem gewissen Ausmaß kompensieren. Mit anderen Wor-ten wäre die wirtschaftliche Lage der Zuckerrübenanbauer wesentlich dramatischer, wenn heute so niedrige Getreidepreise wie noch vor wenigen Jahren (vgl. Abbildung 29) gezahlt würden (vgl. LW-Int. 11; AB-Int. 10, 19). Wie sich die Getreidepreise aber langfristig entwickeln bzw. ob sie dauerhaft auf einem so hohen Niveau bleiben, lässt sich kaum abschätzen, denn im Gegensatz zur Zuckerrübe, für die ein festgesetztes Mindestpreisniveau besteht, ist der Getreidemarkt mittlerweile weitgehend frei von staatlicher Preisbeeinflussung, so dass sich die Preise nach Angebot und Nachfrage bilden, deren genaue Entwicklung man aber nur schwerlich prognostizieren kann. Festeht nur, dass sich eine Phase wie von 2004 bis 2006 mit Getreidepreisen von un-ter 100 €/t aller Voraussicht nach nicht noch einmal wiederholen wird, sondern sich die Getreidepreise auf einem höheren Niveau einpendeln dürften (vgl. AB-Int. 8, 9, 10, 11, 12).

Angesichts der sinkenden Mindestpreise für Zuckerrüben und der steigenden Ge-treidepreise stellt sich die Frage, ob die Zuckerrübe ihre Stellung als in Bayern wett-bewerbsstärkste Ackerfrucht behauptet und fester Bestandteil der Fruchtfolge bleibt oder an ihrer relativen Anbauvorzüglichkeit soweit einbüßt, dass sie durch Alternativ-kulturen ersetzt wird (vgl. LATACZ-LOHMANN/MÜLLER-SCHEEßEL 2006a: 26). Zur Beantwortung dieser Frage bietet sich ein Vergleich der Deckungsbeiträge von Zu-ckerrübe und anderen Ackerfrüchten an.

Abbildung 30 stellt den Deckungsbeiträgen der Zuckerrübe vor der Reform (2005) sowie nach der vorletzten (2008) und letzten Senkungsstufe (2009) des Zuckerrüben-mindestpreises – ohne Berücksichtigung von Mengen- bzw. Flächeneinschränkungen – die Deckungsbeiträge verschiedener Getreidearten und anderer Blattfrüchte gegen-über. Dabei werden für alle Kulturen die durchschnittlichen Ertragswerte der letzten fünf Jahre (2003-2007) auf vom Ertragsniveau mittleren Standorten unterstellt. Zu be-achten ist, dass der Deckungsbeitrag der Zuckerrübe in den Jahren 2008 und 2009 auf den vorab bekannten Mindestpreisen beruht, während die sich nach Angebot und Nachfrage richtenden Preise für die anderen Ackerfrüchte im Jahr 2009 unbekannt sind. Deren Deckungsbeiträge basieren daher auf einer vorsichtigen Preisprognose der Bayerischen Landesanstalt für Landwirtschaft (LfL) für das Erntejahr 2008.

Abbildung 30: Vergleich der Deckungsbeiträge von Zuckerrüben und anderen Ackerfrüchten

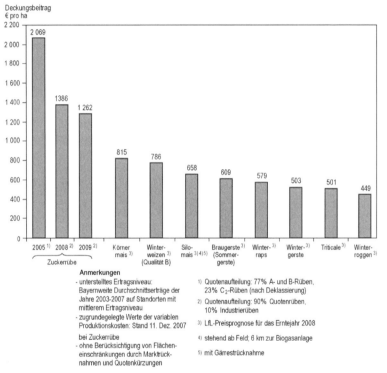

Quelle: LFL 2007b; AB-Int. 1, 2 nach Bayerische Landesanstalt für Landwirtschaft (LfL).

Es ist deutlich zu erkennen, dass die Zuckerrübe im Vergleich zum letzten Jahr vor der Reform (2005) gegenüber anderen Ackerfrüchten zwar massiv an Vorzüglichkeit einbüßt[165], aber selbst nach der letzten Preissenkungsstufe im Jahr 2009 und trotz der drastisch gestiegenen Getreidepreise ihre Stellung als wettbewerbsstärkste Frucht behauptet. Über den bayernweiten Durchschnitt mit einem Rübenertrag von 660 dz/ha betrachtet, bleibt die Zuckerrübe daher ein fester Bestandteil in der Anbauplanung, da es unter den gängigen Marktfrüchten keine Alternativkultur gibt, die einen gleich oder annährend vergleichbar hohen Deckungsbeitrag aufweisen kann, um die Rübe aus der Fruchtfolge zu verdrängen (vgl. GOLDHOFER/REISENWEBER 2006: III-5). Dies gilt umso mehr für die Gunstregionen (vor allem die Gäulagen), in denen aufgrund vergleichsweise sehr hoher Erträge die deckungsbeitragsmäßige Überlegenheit der Zuckerrübe noch um einiges größer ausfällt als im Landesdurchschnitt. Umgekehrt kann in Regionen mit im Vergleich zum bayerischen Durchschnitt niedrigeren Rübenerträgen die relative Vorzüglichkeit der Zuckerrübe zwar noch gegeben sein, fällt dann aber deutlich geringer aus (vgl. AB-Int. 1, 2, 16, 17, 18; LW-Int. 10, 11).

Neben dem überlegenen Deckungsbeitrag gibt es noch weitere Gründe, die für den Beibehalt der Rübe sprechen. So spielt die Zuckerrübe als Blattfrucht eine bedeutende Rolle für eine gesunde Fruchtfolge. Bei einem hohen Getreide- bzw. Halmfruchtanteil bauen sich leicht Fruchtfolgekrankheiten und Ertragsdepressionen auf – ein Effekt, den die Zuckerrübe unterbricht, weshalb sie eine wichtige Gesundungsfrucht darstellt. Auch besitzt sie für den nachfolgenden Getreideanbau eine hohe und wertvolle Vorfruchtwirkung[166]. Ein weiterer Vorteil der Zuckerrübe ist, dass sie zumindest bis zum Auslaufen der neuen Marktordnung einen – wenn auch auf deutlich nachlassendem Niveau – sicheren Mindestpreis, der sich nicht nach unten entwickeln kann, und damit einen stabilen Erlös garantiert, während die Preise und damit auch die Erlöse anderer Ackerfrüchte starken Schwankungen unterworfen sind. Zu erwähnen ist schließlich die starke traditionsbedingte Verbundenheit mit dem Zuckerrübenanbau, da die Zuckerrübe in den Köpfen vieler Landwirte mental tief verwurzelt ist. Auch verfügt sie über ein hohes Image, denn ein Zuckerrübenkontingent gilt als Aushängeschild für ein gewis-

---

[165] Dabei ist zu berücksichtigen, dass die Deckungsbeitragsdifferenz zwischen der Zuckerrübe und den anderen Ackerkulturen im Jahr 2005 wegen der damals niedrigen Getreidepreise wesentlich größer als in der Abbildung dargestellt ausfällt, da die Deckungsbeiträge für Getreide und andere Ackerfrüchte auf den massiv gestiegenen Preisen, prognostiziert für das Jahr 2008, beruhen.

[166] Die Vorfruchtwirkung ist die Auswirkung einer angebauten Frucht auf das Gedeihen der nachfolgenden Kultur, z.B. hinsichtlich der Beeinflussung der Bodengüte oder der Bodenverseuchung. Für den Anbau von Getreide sind vor allem Hackfrüchte wie die Zuckerrübe eine bedeutende Vorfrucht. Baut man z.B. Weizen nach Rüben an, erhält man um 10 bis 15% höhere Erträge, als wenn Weizen nach Weizen kultiviert würde (vgl. ALSING 2002: 833; LW-Int. 3).

ses ackerbauliches Einkommen sowie einen ertragreichen Betriebsstandort von hoher Bodenqualität (vgl. LW-Int. 3, 5, 12; AB-Int. 11, 12, 13, 14, 15, 16, 17, 18, 19).

Diese positiven Einschätzungen dürfen über die negativen Auswirkungen der ZMO-Reform für die bayerischen Rübenanbauer aber keinesfalls hinwegtäuschen. Denn auch wenn die Zuckerrübe im Wettbewerbsvergleich mit anderen Ackerfrüchten ihre Spitzenposition behaupten kann und weitere positive Eigenschaften für die Zuckerrübe sprechen, sind die Auswirkungen der Reform gerade für solche Betriebe, in denen die Einkommensstützung durch den Zuckerrübenanbau besonders ausgeprägt war, gravierend (vgl. GOLDHOFER/REISENWEBER 2006: III-5). Vor allem aber ist zu beachten, dass sich die gemachten Ausführungen auf die durchschnittlich-überregionale Situation des bayerischen Rübenanbaus beziehen. Dagegen ist die Entscheidung, den Rübenanbau vor dem Hintergrund der ZMO-Reform fortzuführen oder einzustellen, immer betriebsindividuell zu treffen. So kann es für den einzelnen landwirtschaftlichen Betrieb ein ganzes Bündel von Faktoren geben, die einen Ausstieg aus dem Rübenanbau erforderlich machen bzw. aus einzelbetrieblicher Sicht sogar opportun erscheinen lassen (vgl. Kap. 6.4.2.1).

6.4.2 Anpassungshandlungen der Landwirte

Vor dem Hintergrund der ZMO-Reform lassen sich bei den Landwirten zwei grundsätzliche Typen von Anpassungshandlungen beobachten: Entweder die Einstellung des Rübenanbaus und die Erschließung betrieblicher Alternativen, wobei das Lieferrecht im Rahmen der freiwilligen Rückgabeaktion aufgegeben oder im Lieferrechtshandel verkauft werden kann (vgl. Kap. 6.3.2.3 und Kap. 6.4.2.1), oder die Fortführung des Rübenanbaus unter veränderten wirtschaftlichen Rahmenbedingungen, was wiederum bestimmte Maßnahmen erfordert, um mit den Auswirkungen der Reform umzugehen bzw. sie besser in den Griff zu bekommen (vgl. Kap. 6.4.2.2).

6.4.2.1 Einstellung des Rübenbaus und Erschließung betrieblicher Alternativen

Die Aufgabe des Rübenanbaus ist immer eine einzelbetrieblich-individuelle Entscheidung, bei der eine Vielzahl von Überlegungen eine Rolle spielt. Hierzu gehören z.B. die betriebsindividuelle Kosten-Erlös-Struktur und Arbeitsorganisation, das präferierte Bodenbearbeitungs- und Fruchtfolgesystem, unterschiedliche persönliche Einschätzungen des Betriebsleiters zur Entwicklung der Preise von Alternativkulturen sowie zum zukünftigen züchterischen Fortschritt, abweichende Erwartungen über weitere Quotenkürzungen sowie divergierende Bewertungen der Rahmenbedingungen des Zuckerrübenanbaus für die Zeit nach Auslaufen der aktuellen Marktordnung, z.B. hinsichtlich einer allgemeinen Frachtbeteiligung der Landwirte (vgl. RIEDEL 2007: 121; DZZ 2007c). Dennoch lässt sich feststellen, dass in der Mehrzahl solche Betriebe aufgeben, die mit dem Gedanken an eine Einstellung des Rübenanbaus ohnehin seit längerer Zeit spielen und die Reform als Ausstiegschance sehen, weil sie anfangs dafür noch eine Entschädigung erhalten (vgl. LW-Int. 4, 5, 7, 9). Diese Betriebe zeichnen sich durch eines oder mehrere der folgenden Merkmale aus.

Nimmt die Rübe nur einen **geringen Anteil in der Fruchtfolge** (für bayerische Betriebsgrößenverhältnisse unter 5%[167]) ein, erhöht dies die Komplexität des Betriebsablaufes. Wenn die Rübenquote zur vollen Nutzung der Feldstücke nicht ausreicht, sind die Schläge evtl. zu teilen, zu dritteln oder gar zu vierteln, damit auf der restlichen Fläche andere Früchte angebaut werden können. Der betriebliche Planungs- und Organisationsaufwand steigt dadurch beträchtlich. Zu berücksichtigen gilt es ferner, dass das Anbauverfahren Zuckerrübe sehr speziell ist. Für die Arbeitsgänge, die nicht überbetrieblich organisiert sind, sondern selbst erledigt werden (in der Regel Pflanzenschutz und Düngung, teilweise auch die Saat), muss der Landwirt eine eigene Mechanisierung vorhalten. Bei sehr geringen Rübenmengen rentiert sich angesichts der gleichzeitig stark sinkenden Rübenpreise der Aufwand hierfür möglicherweise nicht mehr. In diesem Fall wird sich der Landwirt zur Vereinfachung der Betriebsabläufe und zur Verringerung des Arbeitsaufwandes von der Zuckerrübe trennen und sich auf andere Betriebszweige spezialisieren (vgl. LW-Int. 3, 8, 11; AB-Int. 4, 16, 17, 18, 19).

Daneben können **weite Frachtentfernungen** in zweierlei Hinsicht ein Ausstiegsfaktor sein: Zum einen erhöht sich die von Südzucker für die Aufgabe des Lieferrechts gezahlte Frachtprämie mit der Entfernung zur nächsten Zuckerfabrik, womit Landwirten an peripheren Erzeugungsstandorten der Ausstieg erleichtert werden soll (vgl. Kap. 6.3.2.3 und Kap. 6.3.2.4). Zum anderen besteht die Befürchtung, dass die Rübenanbauer nach Auslaufen der neuen Zuckermarktordnung im Jahr 2015 für den Transport aller Rüben selbst aufkommen müssen oder zumindest an den Frachtkosten beteiligt werden (vgl. Kap. 6.3.2.4). Dies würde den Zuckerrübenanbau in weiten Entfernungen – die kritische Grenze liegt zwischen 80 und 100 km – unrentabel machen, weil ab dieser Größenordnung der Anteil der Transportkosten am Warenwert der Zuckerrübe

---

[167] Da im Rahmen der Drittelregelung ein Fruchtfolgeanteil von bis zu einem Drittel (33%) zulässig ist (vgl. Kap. 6.2.2), gilt ein Anteil von unter 5% als sehr gering.

tendenziell zu groß wird. Im bayerischen Verbandsgebiet wären davon insbesondere die Räume Neu-Ulm, Memmingen (Unterallgäu), Landshut sowie die Chiemseeregion, im fränkischen Verbandsgebiet die Räume Aschaffenburg, Bayreuth, die nördliche Rhön-Grabfeld-Region sowie das nördliche Oberfranken (Coburg, Lichtenfels, Hof) betroffen. Allerdings besteht auch die Möglichkeit, dass vereinzelte Landwirte trotz Frachtübernahme oder -beteiligung sogar in darüber hinausgehenden Entfernungen am Zuckerrübenanbau festhalten, wenn sie so starke Erträge erzielen, dass sie die hohen Transportkosten in Kauf nehmen könnten (vgl. LW-Int. 5, 7, 8, 9; AB-Int. 4, 5, 16, 17, 18, 19).

Auch **schlechte Rübenerträge** beschleunigen den Ausstieg aus dem Zuckerrübenanbau. In Regionen mit einem – im Vergleich zum bayernweiten Wert – weit unterdurchschnittlichen Ertragsniveau von unter 50-55 t/ha (vgl. Karte 8) ist angesichts der sinkenden Rübenpreise ein wirtschaftlicher Anbau von Zuckerrüben praktisch nicht mehr möglich. Allerdings ist zu berücksichtigen, dass an Standorten mit schlechten Rübenerträgen tendenziell auch die Erträge alternativer Kulturen schwach sind, so dass die Rübe ihre Anbauwürdigkeit behaupten könnte, wenn keine „echten" ackerbaulichen Alternativen bestehen. Ferner neigen viele Landwirte dazu, die ökonomische Situation der Zuckerrübe nicht isoliert, sondern die Fruchtfolge im Gesamten zu betrachten. Trotz schlechter Erträge könnten sie an der Zuckerrübe festhalten, weil sie sich nicht auf eine andere Blattfrucht, die sie anstelle der Zuckerrübe in die Fruchtfolge nehmen müssten, umstellen wollen, sondern die Zuckerrübe in ihrer Bedeutung für eine gesunde und eingespielte Fruchtfolge schätzen. Damit sind schlechte Rübenerträge allein genommen kein Ausstiegskriterium, wohl aber in Kombination mit den anderen genannten Faktoren relevant (vgl. LW-Int. 5, 6, 7, 8, 10, 11; AB-Int. 4, 5, 13, 14, 15).

Ferner spielt die **privat-familiäre Situation des Landwirts** eine Rolle, denn auslaufende Betriebe, bei denen die Hofnachfolge ungeregelt ist, verspüren den Anreiz, sich vom Zuckerrübenanbau zurückzuziehen. Dies ist der Fall, wenn kein nachfolgender Betriebsleiter in Sicht ist, weil die Folgegeneration einen anderen, nichtlandwirtschaftlichen Beruf erlernt bzw. sich den Betriebsgeschehnissen zu weit entfremdet hat, so dass sie den Betrieb – auch im Nebenerwerb – nicht fortführen kann oder will (vgl. LW-Int. 4, 5, 7, 10, 11; AB-Int. 19).

Letztlich ist eine **betriebliche Umorientierung und Spezialisierung auf andere Betriebszweige** ein wichtiges Ausstiegskriterium. Betriebe, die alternative landwirtschaftliche Wertschöpfungsbereiche erschließen bzw. ausbauen wollen und für welche die Zuckerrübe lediglich ein Beiwerk ist, trennen sich von ihrem Lieferrecht und erhalten durch dessen Aufgabe bzw. Verkauf das für Investitionen in die anvisierten Betriebszweige notwendige Kapital (vgl. LW-Int. 6, 8, 10, 11; AB-Int. 4, 5).

Dabei kommen vor allem zwei Alternativen in Betracht: Der Gang in den regenerativen Energiebereich (z.B. durch Bau bzw. Beteiligung an einer Biogasanlage) oder der Aufbau bzw. die Ausweitung von Veredelungsaktivitäten, d.h. Viehhaltung (vgl. RIEDEL 2006a: 198). Beides ist jedoch mit gewissen Problemen bzw. Risiken behaftet.

Im **regenerativen Energiebereich** sind Investitionen im Bereich von Biogasanlagen bisher am erfolgsversprechendsten, da die Biomasse selbst erzeugt und die gewonnene Kraft und Wärme durch die im Erneuerbare-Energien-Gesetz (EEG) langjährig festgeschriebenen Vergütungssätze zu subventionierten Preisen abgegeben werden können. Allerdings fallen für den Bau einer Biogasanlage auch hohe Investitionen – eine mittelgroße 500-Kw-Anlage kostet ca. 1,8 bis 2 Mio. € – an. Oft schließen sich daher mehrere Landwirte zusammen und gründen zum Bau und Betrieb der Anlage eine eigene Gesellschaft (vgl. LW-Int. 7, 10; AB-Int. 13, 14, 15, 19).

Als Biomasse-Hauptrohstoff eignet sich vor allem Silomais, aber auch Getreide als Ganzpflanze (z.B. Gerste, Roggen, Weizen), bestimmte Gräser (z.B. Sorghum) oder teilweise auch Gülle kommen in Frage (vgl. LW-Int. 7; AB-Int. 19). Die Zuckerrübe ist indes eher ungeeignet. Zwar wäre sie aufgrund ihrer Physiologie sowie der leichten Umwandlung bzw. Vergärung von Saccharose zu Methangas für die Biogaserzeugung wie geschaffen, doch zeichnet sich die Zuckerrübe durch den entscheidenden Nachteil aus, dass sie einen sehr hohen Schmutz- bzw. Erdanteil aufweist und vor ihrer Verwertung erst gereinigt werden müsste, was aber als sehr aufwändig gilt. Zudem ist die Zuckerrübe nur begrenzt lagerbar (vgl. LW-Int. 3, 9, 11, 12; AB-Int. 6, 7).

Obwohl die Vergütung für EEG-Strom deutlich über den Marktpreisen für konventionell hergestellten Strom liegt, ist die heutige Situation für Neuinvestitionen und den Betrieb bestehender Anlagen nicht mehr so optimistisch einzustufen wie noch vor einigen Jahren. Hauptverantwortlich für diese Entwicklung sind die massiv gestiegenen Getreidepreise (vgl. Kap. 6.4.1), die somit auch zu hohen Kosten der Substratbeschaffung zum Betrieb der Anlagen führen (vgl. LW-Int. 10, 12; AB-Int. 8, 9, 13, 14, 15, 19). Die Folge ist, dass die Stromgewinnung aus Biomasse, die unter marktlichen Gesichtspunkten sowieso kaum mit der konventionellen Stromgewinnung konkurrieren könnte, weiter ins Hintertreffen gerät.

Viele Anlagen – vor allem solche, die ihre Rohstoffe zu einem hohen Anteil fremdbeziehen – benötigen zur Sicherstellung ihrer Wirtschaftlichkeit daher ein zusätzliches

Wärmenutzungskonzept, das – bei tragfähiger Verwendung der Wärme – die Stromvergütung erhöht und einen zusätzlichen Erlös ermöglicht, falls die Wärme verkauft wird (vgl. LW-Int. 12; AB-Int. 13, 14, 15, 16, 17, 18, 19).

Ingesamt hat sich der Boom der Biogaserzeugung durch die gestiegenen Getreidepreise abgeschwächt. Hinzu kommt, dass in manchen Regionen der Ausweitung der Biogaserzeugung durch die begrenzte Verfügbarkeit landwirtschaftlicher Flächen zum Maisanbau Grenzen gesetzt sind, was den Preis zusätzlich treibt. Denn der Silomais lässt sich nicht ohne weiteres aus anderen Gegenden beziehen, da er aufgrund der erheblichen Massen sehr frachtempfindlich ist und der Transport über weite Entfernungen sehr teuer wäre (vgl. AB-Int. 13, 14, 15, 16, 17, 18, 19; LW-Int. 12).

Die **Viehhaltung** kommt in der Regel für solche Betriebe in Frage, die bereits in diesem Betriebszweig aktiv sind und über den Erlös aus der Aufgabe ihres Rübenkontingents ihren Viehbestand aufstocken oder ausweiten könnten. Dagegen ist der Neueinstieg in die Viehhaltung für einen reinen Ackerbaubetrieb aus mehreren Gründen problematisch (vgl. AB-Int. 4, 8, 9, 11, 12, 13, 14, 15, 16, 17, 18; LW-Int. 8, 9):

➢ Die Viehhaltung erfordert viel Erfahrung, ein spezifisches Fachwissen sowie einen hohen Arbeitseinsatz. Da sie die Arbeitskraft des Landwirts permanent bindet und gleichzeitig die Aufgabe von Unabhängigkeit sowie den Verzicht auf Freizeit erfordert, ist sie immer mit einer Einschränkung der individuellen Lebensqualität verbunden: „Wenn sie ein viehloser Betrieb sind, ein reiner Ackerbauer, dann sperren Sie im Winter den Betrieb vier Wochen zu und fliegen nach Mallorca. Das können Sie als Viehhalter nie" (LW-Int. 9).

➢ Es fallen hohe Investitionen für den Bau eines Stalls und die Anschaffung des Tierbestandes an. Das in den Stall investierte Kapital ist zudem langfristig gebunden, weshalb die Sicherheit bestehen sollte, dass die nachfolgende Generation an der Viehhaltung festhält.

➢ Der Einstieg wird auch dadurch erschwert, dass die Preise für fast alle Fleischsorten derzeit auf einem sehr geringen Niveau liegen und gleichzeitig mit der Verteuerung des Getreides die Futtermittelkosten ansteigen, was vor allem dann problematisch ist, wenn das Futter nicht selbst erzeugt, sondern fremdbezogen wird.

➢ Schließlich sind zum Teil strenge Auflagen zu beachten. So darf der Stall ab einer gewissen Größe nur in einem bestimmten Abstand zur nächsten Siedlung, d.h. in der Flur und abseits des Hofes, errichtet werden, weshalb Einzelhoflagen hier einen Standortvorteil haben. Ferner sind ab einer vorgeschriebenen großen Tiermenge Maßnahmen gegen auftretende Geruchsemissionen (z.B. Luftwäsche) zu treffen.

Entschließt sich ein bisher viehloser Zuckerrübenbaubetrieb dennoch zum Einstieg in die Viehhaltung, bieten sich am ehesten die Geflügelmast oder die Mastschweinehaltung an. Der Arbeits- und Haltungsaufwand gilt hier als einigermaßen überschaubar. Ferner kann zur Fütterung hauptsächlich einfaches Getreide, das der Betrieb in seiner Fruchtfolge selbst erzeugt, herangezogen und weitere, spezielle Futterkomponenten hinzugekauft werden. Die Gülle lässt sich auf den eigenen Flächen verwerten. Dagegen gilt der Einstieg in die Mastbullen-, Zuchtsau- oder Milchkuhhaltung wegen eines deutlich höheren Haltungs- und Pflegeaufwands, der Erfordernis eines vielseitigeren Fachwissens sowie einer komplexeren Fütterung[168] als wesentlich schwieriger als die Mastschweine- oder Geflügelhaltung (vgl. AB-Int. 11, 12, 13, 14, 15, 16, 17, 18; LW-Int. 9). Bei der Bullenmast kommt eine lange Kapitalbindungsdauer hinzu, da die ersten Tiere erst nach ca. 1,5 Jahren schlachtreif sind. Beim Gang in die Milchkuhhaltung kann sich ferner die im Rahmen der EU-Milchmarktordnung bestehende Milchquotenregelung als Hindernis erweisen. So ist die Milcherzeugung an ein Quotenrecht gebunden, für dessen Erwerb zusätzlich zum Bau des Stalls sowie zur Anschaffung des Kuhbestandes und der Melkgeräte in nicht unerheblichem Ausmaß Kapital bereitzustellen ist:

„Beim Kauf der Milchquote kann es ihnen passieren, dass sie pleite sind, bevor die erste Kuh Milch gibt" (LW-Int. 9).

Der Einstieg in andere, neue Wertschöpfungsbereiche, wie z.B. Tourismus oder Direktvermarktung, ist eher die Ausnahme. Was die **Erschließung touristischer Aktivitäten** angeht, verfügen reine Ackerbaubetriebe – im Gegensatz zu Weinanbaugebieten sowie dem Alpenvorland und Mittelgebirgslagen, wo der Tourismus aufgrund sportlicher Betätigungsmöglichkeiten sowie Freizeit- und gastronomischer Aktivitäten eine wichtige Rolle spielen kann – meist nicht über ein vermarktungsfähiges Fremdenverkehrsangebot: Die Landschaft ist häufig nicht reizvoll und kann als langweilig und öde empfunden werden. Es fehlen zumeist Sport- und Freizeiteinrichtungen, Wanderwege sind häufig nicht gegeben und auch an einem gastronomischen Angebot mangelt es oft. Ferner entsprechen reine Ackerbaubetriebe nicht dem Ideal von „Ferien auf dem Bauernhof", da sie zumeist viehlos sind, gerade aber für Kinder bei einem Bauernhof-

---

[168] Da es sich bei Bullen und Kühen um Raufutterfresser handelt, scheidet normales Getreide als wichtigste Ernährungsgrundlage aus. Zur Fütterung ist daher entweder Grünland, über das ein reiner, Zuckerrüben anbauender Betrieb in der Regel aber nicht bzw. in nur geringem Ausmaß verfügt, Kleegras oder Silomais erforderlich, der – wenn nicht selbst erzeugt – teuer zugekauft werden muss (vgl. AB-Int. 11, 12, 13, 14, 15, 16, 17, 18).

aufenthalt die Nähe zu Tieren wichtig ist (vgl. AB-Int. 6, 7, 8, 9, 11, 12, 16, 17, 18). Es lässt sich daher feststellen:

„Wo die Zuckerrübe wächst, hat der Urlauber nichts verloren" (LW-Int. 11).

Die **Direktvermarktung,** d.h. die direkte Abgabe landwirtschaftlicher Erzeugnisse auf dem Hof, Märkten oder in Läden, kann zwar für einzelne Betriebe eine Möglichkeit darstellen. Doch müssen erstens direktvermarktungsfähige Produkte (z.B. Kartoffeln, Zwiebeln, Feldgemüse, Obst) vorliegen und zweitens handelt es sich meist um kleine Nischenmärkte, bei denen der Einstieg neuer Anbieter zu einem Verdrängungswettbewerb führen würde, weshalb es schwierig ist, auf solchen Märkten Fuß zu fassen. Ferner lassen sich die Verluste aus dem Zuckerrübenanbau damit kaum auffangen (vgl. AB-Int. 6, 7, 8, 9, 11, 12).

Insgesamt betrachtet sind der Erschließung neuer, nicht-ackerbaulicher Betriebszweige Grenzen gesetzt bzw. diese – im Falle der Biogaserzeugung – unter den gegenwärtigen Rahmenbedingungen mit Risiken behaftet.

Es bleibt damit überwiegend die Spezialisierung auf andere ackerbauliche Produktionsverfahren übrig. Dabei ist die Zuckerrübe, sobald ihr Anbau eingestellt wird, zum Erhalt einer gesunden und ausgewogenen Fruchtfolge durch eine andere Blattfrucht zu ersetzen[169]. Hierfür kommen vor allem zwei Arten in Frage: Raps oder Mais.

Raps ist eine Ölfrucht, aus der u. a. Margarine, Speiseöle sowie technisch-industrielle Öle (z.B. Schmier-, Hydraulik-, Schalungsöle) erzeugt werden. Als nachwachsender Rohstoff dient Raps ferner der Produktion von Biodiesel (vgl. ALSING 2002: 642; DIEPENBROCK ET AL. 1999: 258 und 2005: 204; HAAS/SCHLESINGER 2007: 93f). Raps zeichnet sich durch eine gute Fruchtfolgewirkung aus und trägt als tiefwurzelnde Frucht zu einer deutlichen Verbesserung der Bodenstruktur bei. Da es sich ferner um eine Mähdruschfrucht handelt, ist die gleiche Mechanisierung wie bei Getreide einsetzbar (vgl. AB-Int. 10, 11, 12, 13, 14, 15; LW-Int. 7; LEHRKE 2006: 23).

Bei **Mais,** der häufig das tragende Glied in einer getreidereichen Fruchtfolge darstellt, gibt es zwei Sorten: Körnermais, bei dem man die Kolben ausdrescht sowie die Körner trocknet und schrotet, dient in der Viehhaltung als Kraftfutter für alle Tierar-

---

[169] Für eine gesunde Fruchtfolge wird ein Verhältnis zwischen Blatt- und Halmfrüchten von etwa 1:3 bis 1:4 angeraten (vgl. AB-Int. 6, 7, 8, 9, 16, 17, 18; LW-Int. 11).

ten[170]. Silomais, bei dem die komplette Pflanze gehäckselt und dann siliert wird, findet als Grundfutter in der Rinderhaltung (Milchkühe, Mastbullen, Jungvieh) oder bei der Erzeugung von Biogas (Biogasmais) Verwendung[171] (vgl. AB-Int. 6, 7, 13, 14, 15, 16, 17, 18, 19). Zu beachten ist, dass der Maisanbau eine spezielle Mechanisierung erfordert. Während bei Körnermais dem Mähdrescher ein spezieller Vorsatz zum Maisdrusch beizufügen ist, wird für Silomais ein Feldhäcksler benötigt. Besitzt ein Landwirt diese Ausrüstung nicht, kann er die Ernte überbetrieblich, z.B. über Maschinenringe oder landwirtschaftliche Maschinengemeinschaften (vgl. Kap. 6.4.2.2), organisieren oder von entsprechenden Lohnunternehmen[172] erledigen lassen (vgl. AB-Int. 10, 11, 12, 13, 14, 15, 16, 17, 18).

Befinden sich andere Hackfrüchte, wie z.B. Kartoffeln, Feldgemüsearten (Zwiebeln, Weiß- und Blaukraut, Rote Beete, Blumenkohl, Sellerie, Essig- oder Senfgurken, Gelbe Rüben, Spargel etc.) oder Gewürzkräuter (z.B. Petersilie, Dill etc.) in der Fruchtfolge, welche für den Fruchtwechsel dieselbe Wirkung wie Blattfrüchte besitzen, kann anstelle des Mais- oder Rapsanbaus auch der Getreideanteil ausgeweitet werden (vgl. AB-Int. 6, 7, 19; LW-Int. 11).

Kommen bereits Kartoffeln oder Feldgemüse in der Fruchtfolge vor, ließe sich als Ersatz für die Zuckerrübe theoretisch auch über deren Anbauausweitung nachdenken. Der Ausdehnung des Kartoffelanbaus sind aber – je nach späterer Verwendung – unterschiedliche Grenzen gesetzt: **Speisekartoffeln** werden auf einem sehr freien Markt gehandelt. Da es weder eine Marktordnung noch Interventions- und Mindestpreise gibt und auch langfristige Lieferverträge, die einen bestimmten Preis garantieren, selten vorkommen, ist der Speisekartoffelmarkt für Mengenänderungen extrem anfällig, indem er mit heftigen Preisausschlägen und demzufolge erheblichen Deckungsbeitragsschwankungen reagiert. Die Preise stürzen schnell ab, wenn es ertragsbedingt oder

---

[170] Der größte Teil des Körnermaises wird an den Landhandel verkauft, der ihn wiederum getrocknet und gelagert an den Mischfutterhändler weiter vertreibt. Es kommt aber auch vor, dass der Körnermais geschrotet als sog. Corn Cob Mix in Ergänzung zum Weizenkraftfutter an das eigene Vieh verfüttert wird, wie es z.B. die südbayerischen Bullenmäster tun (vgl. AB-Int. 19).

[171] Die Märkte für Silomais sind immer regional begrenzt, da er sich wegen seines hohen Massegewichts nicht über weite Entfernungen transportieren lässt bzw. dies zu teuer ist (vgl. AB-Int. 16, 17, 18, 19).

[172] Dabei handelt es sich um gewerbliche landtechnische Dienstleistungsbetriebe, von denen der Landwirt Maschinenarbeit und/oder Arbeitsleistung in Form kompletter Verfahren zukauft (vgl. AL-SING 2002: 793; BALDENHÖFER 1999: 269).

infolge einer Ausweitung des Anbaus zu einem Überangebot kommt. Auch sind die gestiegenen Qualitätsanforderungen der Verbraucher zu beachten.

Bei **Verarbeitungskartoffeln** (z.B. für die Pommes-Frites-, Knödelteig- oder Chipsherstellung) treten zwar nicht so starke Preisschwankungen auf, da im Rahmen des Vertragsanbaus feste Lieferbeziehungen bestehen und die Preisverhandlungen mit dem Verarbeiter in der Regel im Turnus von zwei bis drei Jahren stattfinden. Sobald die Vertragsbindung jedoch ausläuft, werden den Landwirten neue Verträge oftmals zu ungünstigeren Konditionen angeboten.

Der Markt für Kartoffeln zur Erzeugung von Stärke **(Stärkekartoffeln)** weist zwar konstante Preise auf, die Erzeugung wird jedoch durch eine Quotenregelung begrenzt, d.h. der Landwirt muss für den Anbau erst ein entsprechendes Lieferkontingent erwerben. Zudem wurde durch die Reform der Gemeinsamen Agrarpolitik die Stärkebeihilfe zu 40% von der Produktion entkoppelt, was den Auszahlungspreis drückt (vgl. AB-Int. 1, 2, 6, 7, 8, 9, 11, 12; LW-Int. 10; GOLDHOFER/REISENWEBER 2006: III-4).

Die Märkte für **Feldgemüse** sind ebenfalls extrem mengenanfällig, auch sie reagieren mit extremen Preis- und Deckungsbeitragsschwankungen auf eine Änderung des Angebots. Bei arbeitsintensiven Gemüsekulturen (z.B. Einlegegurken, Spargel, Sellerie), deren Ernte meist per Hand erfolgt, kommt wegen Lohnkostenvorteilen ein steigender Importdruck aus Osteuropa hinzu, welcher die inländischen Absatzwege verengt. Das Lohnkostengefälle und die zu den gegebenen Lohn- und Arbeitsbedingungen mangelnde Verfügbarkeit einheimischer Arbeitskräfte sind auch der Grund dafür, dass sich die hiesige Sauerkonservenindustrie (z.B. Weiß- und Blaukraut, Einlegegurken) immer wieder mit Abwanderungsplänen Richtung Osteuropa trägt, was die lokale Absatzsituation erheblich verschlechtern würde (vgl. AB-Int. 1, 2, 6, 7, 11, 12, 13, 14, 15; LW-Int. 5; GOLDHOFER/REISENWEBER 2006: III-4).

Erweist sich wegen der beschriebenen Mengenempfindlichkeit der Märkte eine Ausweitung des Kartoffel- und Feldgemüseanbaus schon als schwierig bzw. riskant, gilt der Neuenstieg in diese Märkte als noch problematischer, da sie weitgehend gesättigt sind und es für Neueinsteiger sehr schwierig ist, Fuß zu fassen. Ferner muss die räumliche Nähe zu einem Verarbeiter oder Händler gegeben sein, da der Landwirt für die Frachtkosten ab Feld selbst aufkommen muss (vgl. LW-Int. 9, 10; AB-Int. 8, 9, 11, 12, 13, 14, 15).

Zu beachten ist zudem, dass Kartoffeln und Feldgemüse hohe produktionstechnische und organisatorische Anforderungen stellen. Für Kartoffeln z.B. wird aufgrund nur begrenzter Lagerfähigkeit ein geschlossenes, frostsicheres und belüftungsfähiges

Lager benötigt. Im Gegensatz zur Zuckerrübe, die vergleichsweise standardisiert ist, ist die Kartoffel – je nach Abnehmer bzw. Verwendungszweck (Speise-, Verarbeitungs-, Stärkebereich) – ein von der Produktion bis zum Absatz differenziertes Produkt, das die frühe Festlegung auf ein Teilsegment des Kartoffelanbaus erfordert. Anders als der Zuckerrübenanbau ist der Kartoffelanbau meist einzelbetrieblich organisiert, was den individuellen Arbeitsaufwand erhöht. Auch der Feldgemüseanbau ist sehr diffizil und erfordert ein großes Fachwissen (z.B. bei Pflege- und Pflanzenschutz). Aufgrund der zumeist einzelbetrieblichen Organisierung gestaltet auch er sich sehr arbeitsaufwändig (vgl. AB-Int. 1, 2, 6, 7, 11, 12, 13, 14, 15).

Hat sich der Landwirt zu Gunsten einer ackerbaulichen bzw. nicht-ackerbaulichen betrieblichen Alternative und damit zur Einstellung des Zuckerrübenanbaus entschieden, kann er sein Lieferrecht auf zwei Wegen aufgeben: Entweder er machte von dem Angebot im Rahmen der freiwilligen Rückgabeaktion seitens der EU und Südzuckers, die bis zum 16. November 2007 lief, Gebrauch (vgl. Kap. 6.3.2.3), oder er bietet es im freien Lieferrechtshandel zum Verkauf an[173], wobei als Käufer solche Landwirte auftreten, die durch den Erwerb zusätzlicher Quotenkontingente eine drohende Beschneidung ihres eigenen Lieferrechts im Rahmen von Marktrücknahmen oder linearen Quotenkürzungen ex ante ausgleichen wollen, um ihre Fruchtfolge zu halten (vgl. Kap. 6.4.2.2). Die Entscheidung war davon abhängig, auf welchem Wege sich für die Aufgabe des Kontingents mehr erzielen ließ, weshalb die Landwirte das Angebot von der EU und Südzucker (45 €/t Beihilfe von der EU plus Frachtprämie von Südzucker; vgl. Kap. 6.3.2) mit dem eines privaten Käufers genau verglichen haben (vgl. LW-Int. 1, 3, 5, 6, 7, 10, 11).

Ausschlaggebend für die Entscheidung war vor allem die Höhe der entfernungsabhängigen Frachtprämie durch Südzucker, wobei sich verstärkt folgendes räumliches Handlungsmuster feststellen ließ: Je weiter ein Landwirt von der nächsten Zuckerfabrik entfernt ist, desto größer fiel der Frachtprämienbonus aus (vgl. Kap. 6.3.2.3) und umso höher war der Betrag, zu dem er sein Kontingent im freien Lieferrechtsverkehr zu verkaufen bereit war[174]. Da es bei weiten Entfernungen nur wenige private Käufer gab, die gewillt waren, so hohe Summen zu zahlen, traten Landwirte in weit entfernten

---

[173] Die Verkaufsangebote werden z.B. im Bayerischen Landwirtschaftlichen Wochenblatt oder in regionalen Zeitungen inseriert, wobei es keine festen Preisnotierungen gibt (vgl. LW-Int. 3).

[174] Um Rübenanbauer zur Senkung der Frachtkosten in weiten Fabrikentfernungen zum Ausstieg zu bewegen, zahlt Südzucker eine mit der Entfernung ansteigende Ausstiegsprämie (vgl. 6.3.2.3 und 6.3.2.4).

Regionen ihr Lieferrecht verstärkt an den EU-Restrukturierungsfonds bzw. Südzucker ab. Umgekehrt verhielt es sich im näheren räumlichen Umfeld der Zuckerfabriken. Da hier der Frachtzuschlag relativ gering ist bzw. bei Fabrikdistanzen von unter 50 km sogar entfällt (vgl. Kap. 6.3.2.3), versuchten die aufgabenbereiten Landwirte in dieser Entfernung verstärkt, ihr Kontingent im Lieferrechtshandel zu verkaufen, weil sie hofften, zusätzlich zu der entfernungsunabhängigen EU-Restrukturierungsbeihilfe in Höhe von 45 €/t (vgl. Kap. 5.3.2.3 und 6.3.2.3) von einem privaten Käufer noch etwas „oben drauf" zu bekommen (vgl. LW-Int. 1, 11).

Die Veräußerung des Kontingents im Lieferrechtsverkehr hat für den Landwirt den Vorteil, dass er den vollen Verkaufspreis (inklusive seiner bei der SZVG hinterlegten Kapitaleinlage) sofort erhält, während bei der freiwilligen Rückgabe die Südzucker-Frachtprämie zwar schon 2008, die Entschädigung seitens der EU in zwei Tranchen aber erst 2009 und 2010 gezahlt wird (vgl. LW-Int. 1, 11; Kap. 6.3.2.3). Die Rückgabe weist – wie schon beschrieben – dagegen den Vorteil auf, dass der Landwirt in weiten Entfernungen einen größeren Auslösebetrag für sein Lieferrecht erzielten dürfte. Ferner kann er das bei der SZVG für sein Lieferrecht hinterlegte Zeichnungskapital, das im Falle des Verkaufs auf den Käufer als aktiven Landwirt übergehen würde, bei der SZVG „stehen" lassen, sofern er es aus Liquiditätsgründen nicht benötigt. Die Einlage gewährleistet dann eine stabile und teilweise hohe Verzinsung sowie einen Dividendenanspruch bei Südzucker (vgl. LW-Int. 3, 9).

Tabelle 13 zeigt die in den einzelnen Verbandsgebieten der süddeutschen Rübenanbauer im Rahmen der freiwilligen Rückgabeaktion aufgegebenen Lieferrechtsmengen bzw. die Anzahl der Landwirte, welche ihr Rübenkontingent an den EU-Restrukturierungsfonds abgetreten haben.

Insgesamt wurden im Südzuckergebiet 6,4% der Quotenrechte freiwillig aufgegeben. Dabei sind jedoch ganz erhebliche interregionale Schwankungen zu verzeichnen. In der hessischen Wetterau ist der Anteil der zurückgegebenen an der gesamten Quotenrübenmenge mit 20% am größten. Ausschlaggebend waren vor allem die großen Fabrikentfernungen, die sich mit Schließung des Werkes in Groß Gerau sprunghaft erhöht haben. Aufgrund der entfernungsabhängigen Frachtprämie hat sich der finanzielle Anreiz so stark vergrößert, dass fast jeder dritte Rübenlandwirt von der Rückgabemöglichkeit Gebrauch gemacht hat. Ähnlich – wenn auch in geringerem Umfang – ist die Situation in Hessen-Nassau gelagert. Der hohe Anteil in Sachsen-Thüringen (fast 11%) beruht ebenfalls auf weiten Fabrikentfernungen, da der Rübenanbau in dieser Region großflächig verteilt ist und nur eine schwach ausgeprägte Konzentration aufweist. Hinzukommen vergleichsweise niedrige Rübenerträge und nur geringe betriebliche Fruchtfolgeanteile, weshalb sich die Betriebe auf andere Produktionszweige spezialisieren. Fast jeder vierte Zuckerrübenanbauer gab dort sein Lieferrecht auf (vgl. LW-Int. 11).

Tabelle 13: Freiwillig aufgegebene Lieferrechtsmengen und betroffene Landwirte nach Verbandsgebieten

Verband	Anzahl Landwirte	Anteil im Verbandsgebiet (%)	Vertrags-rüben (t)	Anteil im Verbandsgebiet (%)
Bayern	280	4,2	54 430,4	2,1
Baden-Württemberg	471	13,3	94 631,3	8,0
Hessen-Pfalz	254	12,7	69 288,2	6,2
Hessen-Nassau	128	14,9	32 769,5	9,1
Franken	375	6,8	47 845,7	3,0
Kassel	245	12,2	38 093,6	5,8
Wetterau	236	30,1	73 951,1	20,0
Sachsen-Thüringen	538	24,4	214 676,5	10,9
Summe	**2 527**	**10,7**	**625 686,3**	**6,4***

* zuzüglich eingezogener, nicht mit Lieferrechten abgedeckter Quoten (116 048 t = 1,2%); insgesamt 7,6%

Quelle: LW-Int. 11 nach Verband Süddeutscher Zuckerrübenanbauer.

Im bayerischen und fränkischen Verbandsgebiet dagegen fallen sowohl der Anteil der zurückgegebenen Vertragsrüben (2 bzw. 3%) als auch der Anteil der aufgebenden Landwirte (ca. 4 bzw. 7%) mit Abstand am geringsten aus. Dies liegt in den relativ kurzen Fabrikentfernungen aufgrund eines räumlich vergleichsweise gut konzentrierten Anbaus um die Fabriken, den hohen Erträgen und der damit im Vergleich zu anderen Ackerfrüchten starken Wettbewerbsposition der Zuckerrübe sowie der ausgeprägten, traditionell bedingten Identifikation der Landwirte mit dem Zuckerrübenanbau begründet (vgl. SZ-Int. 3, 7; LW-Int. 10, 11).

Da Südzucker sich entschlossen hat, 13,5% seiner Unternehmensquote in den Restrukturierungsfonds zu geben, durch die freiwillige Rückgabeaktion inklusive der nicht mit einem Lieferrecht abgedeckten eingezogenen Quoten aber nur 7,6% zustande kamen, wird es 2008 zu einer linearen Quotenkürzung über alle Rübenanbauer im Südzuckergebiet um die noch ausstehenden ca. 6% kommen (vgl. Kap. 6.3.2.3).

Wie viele Lieferrechte im freien Lieferrechtsverkehr an andere Landwirte verkauft wurden, lässt sich im Einzelnen nicht genau sagen. Jedoch ist davon auszugehen, dass dieselbe Menge, die an den EU-Restrukturierungsfonds ging, nochmals unter den

Landwirten gehandelt wurde. Für die ausstehende lineare Quotenkürzung durch Südzucker ist dies jedoch unerheblich, da bei der Veräußerung der Kontingente über den Lieferrechtshandel die Rübenmenge insgesamt unverändert bleibt, weil dadurch lediglich eine Umverteilung der Kontingentsmengen zwischen den Landwirten und damit keine Einschränkung des Erzeugungs- bzw. Anbauumfangs stattgefunden hat (vgl. LW-Int. 10, 11).

Sofern die Lieferrechte im freien Handel verkauft werden, wandern sie vor allem in Regionen mit hohen Erträgen und geringen Entfernungen zur nächsten Zuckerfabrik. Damit führt die ZMO-Reform zu einer verstärkten räumlichen Konzentration des Zuckerrübenanbaus in den Gunstregionen. Da die Quoten ferner von größeren, wachsenden Betrieben aufgenommen werden dürften, beschleunigt sie den allgemein vorhandenen Strukturwandel in der Landwirtschaft, der in erster Linie durch eine Vergrößerung der Betriebsgrößeneinheiten zum Ausdruck kommt (vgl. LW-Int. 1, 6, 7, 11; AB-Int. 10, 19).

6.4.2.2 Fortführung des Zuckerrübenanbaus unter veränderten Rahmenbedingungen

Wie Tabelle 13 zeigt, hat in Bayern (Südbayern und Franken) nur ein sehr geringer Teil der Rüben anbauenden Landwirte sein Lieferrecht aufgegeben. Die überwiegende Mehrheit hält am Zuckerrübenanbau fest. Um die Reformauswirkungen abzumildern bzw. besser damit umgehen zu können, sind aber bestimmte Anpassungs- und Vorkehrungsmaßnahmen zu treffen. Hierzu gehören das Eingehen von Kooperationen zur Einsparung von Kosten im Zuckerrübenanbau, der Zukauf von Rübenquoten zum Ausgleich von Quotenkürzungen sowie – wenn erforderlich – der Gang in den Neben- bzw. Zuerwerb. Andererseits können die Landwirte auch von neuartigen Möglichkeiten Gebrauch machen, wie ihn der Anbau von Industrie- und Ethanolrüben darstellt.

Durch die im Rahmen der neuen EU-Zuckermarktordnung vorgesehenen drastischen Preiskürzungen hat sich der Druck, die Arbeitserledigungskosten im Rübenanbau einzusparen, drastisch erhöht. Ein wichtiges Instrument dazu ist das **Eingehen bzw. der Ausbau überbetrieblicher Kooperationen** zwischen den Landwirten (vgl. ZELLER 2006; HÖLZMANN 2006: 182; LATACZ-LOHMANN 2006: 127).

Was die Erledigung der auf dem Feld anfallenden Arbeitsgänge, insbesondere die Rodung der Zuckerrüben, angeht, ist die Kooperation in Form eines überbetrieblichen Maschineneinsatzes, d.h. die gemeinsame Nutzung landwirtschaftlicher Maschinen mit dem Ziel, Arbeitsspitzen abzubauen sowie durch eine verbesserte, schlagkräftige Maschinenauslastung Kosten zu senken und den Investitionsbedarf zu verringern, weit verbreitet. Dafür kommen zwei Möglichkeiten in Betracht: Maschinenringe und landwirtschaftliche Maschinengemeinschaften (vgl. BALDENHÖFER 1999: 274; ALSING 2002: 502 und 793; LW-Int. 10, 12):

> ➢ **Maschinenringe** sind ein freiwilliger Zusammenschluss einer größeren Anzahl von Landwirten zu einer Selbsthilfeorganisation, welche Maschinen sowie die dazugehörige Arbeitskraft vermittelt und damit allen Landwirten als Mitglieder des Maschinenrings – unabhängig von der Betriebsgröße – die arbeitswirtschaftlichen Vorzüge eines Großbetriebs zur Verfügung stellt. Die Maschinen bleiben dabei im Individualeigentum der einzelnen Landwirte. Im Zuckerrübenanbau erfolgt – sofern nicht selbst erledigt – vor allem die Saat über Maschinenringe.

> ➢ **Landwirtschaftliche Maschinengemeinschaften (LMG bzw. LMZ[175])**, die entweder als Genossenschaft oder als GbR organisiert sind, stellen einen Zusammenschluss einer Gruppe von Landwirten zur überbetrieblichen und damit rentableren Nutzung von sehr teuren Landmaschinen[176] und Transportfahrzeugen dar, an denen ein gesellschaftsvertraglich geregeltes, gemeinsames Eigentum besteht. Aus Steuer-, Haftungs- und Versicherungsgründen dürfen diese nur bei den Mitgliedern einer LMG zum Einsatz kommen. Im Zuckerrübenanbau sind üblicherweise Rodung und Transport der Rüben überregional durch LMGs (Rode- und Abfuhrgemeinschaften) organisiert. Diese bedienen sich zur Koordinierung der überbetrieblichen Einsatzplanung und zur Abrechnung der Kosten unter den Mitgliedern wiederum der Maschinenringe, die für die LMGs somit ein Dienstleister sind.

Da die überbetriebliche Maschinenkooperation im Zuckerrübenanbau (Kooperation im weiteren Sinn) bereits weitgehend optimiert ist, sind die Potenziale zur Einsparung von Arbeitserledigungskosten in diesem Bereich nahezu vollständig ausgeschöpft (vgl. LW-Int. 3, 6, 8, 9; AB-Int. 4, 5, 6, 7).

Anders sieht es mit Kooperationen im engeren Sinn, d.h. zwischen ausgewählten Landwirten zum Zweck der Vergrößerung der Rübenschläge bzw. -feldstücke, aus. Hierin liegt ein sehr großes Potenzial zur Verbesserung der Strukturen des Zuckerrübenanbaus. Zwar beträgt die durchschnittliche Zuckerrübenfläche (2006) im bayeri-

---

[175] Landwirtschaftliche Maschinengemeinschaft der Zuckerrübenanbauer.

[176] So kostet ein moderner sechsreihiger Rübenroder ca. 385 000 € (ohne MwSt.) – eine Summe, die nur von mehreren Landwirten in Kooperation aufgebracht werden kann – und rentiert sich erst ab einer jährlichen Flächenleistung von ca. 400 ha, also nur über mehrere Rübenanbauer hinweg (vgl. Sonst-Int. 3).

schen Verband ca. 5 ha und im fränkischen Verband ca. 4 ha[177] (vgl. VBZ 2007: 58; VFZ 2007: 54), jedoch gibt es trotz bereits erfolgter Flurbereinigungen noch viele kleine Schläge von 1 bis 2 ha oder gar noch kleinerer Größe. Dabei ist die Schlaggrößenstruktur in Franken wegen der früheren, heute nicht mehr praktizierten Realteilung, die zu einer starken Zersplitterung bzw. Parzellierung des Anbaus geführt hat, wesentlich ungünstiger als in Bayern, wo üblicherweise das Anerbenrecht[178] gilt (vgl. LW-Int. 6, 7, 8, 9, 10; AB-Int. 4, 10).

Der positive Effekt der Schlaggrößenvergrößerung liegt darin, dass es bei der Zusammenfassung von mehreren kleinen zu einem größeren Feldstück zu einer deutlichen Einsparung von Arbeitszeiten und damit -kosten im Zuckerrübenanbau kommt. Dabei sind folgende Effekte besonders hervorzuheben (vgl. LW-Int. 7, 8, 9, 10; AB-Int. 4, 8, 9, 10):

> ➢ Die Rüstzeiten für das Einstellen und Justieren der Maschinen für die einzelnen Bearbeitungsgänge (Düngen, Säen, Spritzen der Rüben etc.) fallen im Gegensatz zu mehreren kleinen bei einem großen Schlag nur einmal an.

> ➢ Verteilen sich die Zuckerrüben auf vielen kleinen statt auf wenigen großen Schlägen, ist ein häufigeres Anroden der Schläge, d.h. Freimachen des Vorgewändes für die Wendestellen der Rodefahrzeuge und die Lagerung der Rübenmiete, erforderlich, was zusätzlich Zeit kostet. Bei wenigen großen Schlägen fällt dieser Aufwand entsprechend seltener an.

> ➢ Durch Vergrößerung der Schläge reduzieren sich die Fahrt- bzw. Umsetzzeiten der Maschinen zwischen den Feldern, was vor allem wegen des begrenzten Witterungsfensters von Bedeutung ist, welches das Roden der Zuckerrüben unter günstigen Bedingungen zulässt und während dessen die Roder soviel Fläche wie möglich bewältigen und tunlichst wenig Zeit zur Überwindung der Entfernungen zwischen den Schlägen benötigen sollten.

Neben der Zeitersparnis können durch die Vergrößerung der Schläge weitere wichtige Effekte erzielt werden (vgl. LW-Int. 6, 7, 8, 9, 10; AB-Int. 4, 8, 9, 10):

> ➢ An den Randflächen eines Schlages ist stets ein verstärkter Unkrautdruck gegeben. Da bei einem großen Schlag – bezogen auf die Gesamtfläche – weniger

---

[177] Im sächsisch-thüringischen Verband beträgt die durchschnittliche betriebliche Zuckerrübenanbaufläche wegen der in den neuen Bundesländern größeren Flächenstrukturen dagegen über 11 ha (vgl. VSZ 2007a: 196).

[178] Die Realteilung ist eine landwirtschaftliche Erbsitte, bei welcher der bäuerliche Grundbesitz unter allen Erbberechtigten gleichmäßig aufgeteilt wird, was zu einer starken Besitzersplitterung der Flur führen kann. Beim Anerbenrecht kommt es dagegen zur geschlossenen Erbfolge eines einzelnen Hoferben (in der Regel des Ältesten) (vgl. LESER 2005: 40 und 741; BALDENHÖFER 1999: 59 und 342; ALSING 2002: 190).

Randflächen auftreten als bei mehreren kleinen Schlägen, verringert sich der Herbizideinsatz.

➤ An den Wendestellen eines Schlages kommt es durch das häufige Überfahren zu Bodenverdichtungen und schlechteren Rübenerträgen. Weil bei einem großen Schlag der Anteil der Wendestellen an der gesamten Feldfläche geringer ausfällt als bei einem kleinen Schlag, reduziert sich dieser Effekt entsprechend.

➤ Zu beachten ist schließlich der Einspareffekt bei den Spritkosten. Da weniger Wegestrecken zurückzulegen sind, sinkt der Spritverbrauch drastisch.

Für die Kooperation zur Vergrößerung der Rübenschläge existieren drei Möglichkeiten. Beim **freiwilligen Flächentausch** werden einzelne Feldstücke in der Bewirtschaftung getauscht, so dass der einzelne Landwirt zum einen größere und besser strukturierte Rübenschläge bewirtschaftet, zum anderen diese näher an seinem Hof liegen. Die Pacht- und Eigentumsverhältnisse bleiben davon unberührt, jedoch ist der Abschluss zeitlich befristeter, die Bewirtschaftung regelnder Verträge erforderlich.

Ein Problem dieser Kooperation kann in der Abneigung des Verpächters gegenüber dem Landwirt, der vom ursprünglichen Pächter die Bewirtschaftung übernimmt, liegen, so dass er dem Wechsel seine Zustimmung verweigert. Es kommt immer wieder vor, dass Verpächter bewusst und aus persönlichen Gründen nur einem bestimmten Landwirt ihr Land zur Pacht zu überlassen bereit sind. Ferner müssen alle an der Aktion beteiligten Landwirte davon überzeugt sein, dass ihnen durch den Bewirtschaftungstausch Vorteile entstehen. Kleinere Nebenerwerbslandwirte sehen – im Gegensatz zu größeren Betrieben – aber manchmal keinen Bedarf an einer Veränderung bestehender Strukturen und schließen sich einer derartigen Kooperation nicht an. Als Problem können sich auch bezüglich des Ertragswertes inhomogene Böden erweisen, die sich ohne offizielle Ermittlung der Bodenwertzahlen nur schwerlich tauschen lassen. Trotz dieser Schwierigkeiten gibt es vor allem in Unterfranken (z.B. in den Landkreisen Schweinfurt, Haßberge, Rhön-Grabfeld) einige erfolgreiche Projekte, durch die sich eine wirksame Vergrößerung der Schläge erzielen ließ (vgl. LW-Int. 8, 9; AB-Int. 4, 8, 9; LATACZ-LOHMANN 2006: 128).

Das Konzept der **Bewirtschaftungsgemeinschaft,** das in Süddeutschland unter dem Begriff Gewannenbewirtschaftung bekannt ist, stellt eine wesentlich intensivere Kooperation als der Flächentausch dar. Sie zielt darauf ab, ohne Veränderung der Pacht- und Eigentumsverhältnisse die Rübenschläge einer Gemarkung über die Grenzen einzelner, bestehender Feldstücke und Betriebe hinweg gemeinschaftlich als größere Einheit zu bewirtschaften. Den Kern eines solchen Projektes bildet ein der Größe der Kooperationseinheit angepasster Maschinenpark. Die Gestaltung der Fruchtfolge und alle

Bearbeitungsvorgänge werden gemeinsam geplant und durchgeführt, als ob es sich um einen großen Betrieb handelt. Durch Betriebsgrößenvorteile und Flächenstrukturverbesserungen lassen sich Degressionseffekte bei sämtlichen Kosten des Zuckerrübenanbaus (Saat-, Dünge-, Pflanzenschutz-, Ernte- und Transportkosten) auch für kleine Betriebe realisieren.

Schwierigkeiten ergeben sich auch hier, wenn sich die Verpächter sträuben. Ferner können Mentalitätsprobleme auftreten, da die Landwirte menschlich zueinander passen und sich mit dem Projekt identifizieren müssen, weil dieses stets mit einer Einschränkung der persönlichen Entscheidungsfreiheit und Unabhängigkeit verbunden ist.

Zur genauen flächenanteilsmäßigen Zuordnung der Kosten (z.B. für Saat, Düngung und Pflanzenschutz) zu den einzelnen Landwirten und deren Abrechnung, aber auch im Hinblick auf den Erhalt landwirtschaftlicher Direktzahlungen, ist der Einsatz modernster Technik (z.B. GPS-Systeme) notwendig. Ferner müssen der Großteil der Flächen der beteiligten Landwirte räumlich aneinander anschließen sowie die einzelbetrieblichen Fruchtfolgen und Bewirtschaftungsformen (intensiv/extensiv, konventionell/ökologisch, pfluglos/wendend) möglichst homogen sein (vgl. LW-Int. 6, 7, 9, 10; AB-Int. 8, 9, 10; LATACZ-LOHMANN 2006: 128f.).

Trotz dieser Hürden stellt die Gewannenbewirtschaftung eine wichtige Möglichkeit zur Mobilisierung größenabhängiger Rationalisierungsreserven dar, vor allem wenn hohe Pachtpreise einem einzelbetrieblichen Wachstum weitgehende Beschränkungen auferlegen. Dem landwirtschaftlichen Strukturwandel wird damit ein Stück seiner Schärfe genommen und das Konzept „Wachsen oder Weichen" ein wenig in den Hintergrund gestellt (vgl. LATACZ-LOHMANN 2006: 129).

Lassen sich die beschriebenen Kooperationsformen aufgrund der geschilderten Probleme nicht realisieren, kommt zur Vergrößerung der Schlaggrößen nur eine offizielle **Flurbereinigung** in Frage. Dabei handelt es sich um ein traditionsreiches staatliches Ordnungsinstrument zur allgemeinen Verbesserung der Agrarstruktur, dessen wichtigste Aufgabe in der Neustrukturierung der Eigentumsverhältnisse in Gemarkungen, in denen Strukturmängel erkannt und beseitigt werden sollen, besteht (vgl. HENKEL 2004: 178). Die Flurbereinigung ist wesentlich breiter angelegt und von deutlich größerer Tragweite als Flächentausch und Bewirtschaftungsgemeinschaft, indem es durch eine auf Basis der ermittelten Bodenwerte durchgeführte Neuordnung des landwirtschaftlichen Grundbesitzes zu einer umfassenden Verbesserung der Flächenstruktur kommt. Über die Neuauslegung des Straßen- und Wegenetzes bessert sich zudem die verkehrsinfrastrukturelle Erschließung, was vor allem für die LKW-Abfuhr der Zuckerrüben wichtig ist, da alte Wirtschaftswege in Breite, Tragfähigkeit und Kurvenverlauf für die LKW-Nutzung oft ungeeignet sind.

Diesen Vorteilen, die sich durch Flächentausch und Bewirtschaftungsgemeinschaft nicht realisieren lassen, stehen die sich in der Regel über Jahre hinweg ziehende Klärung der Eigentumsverhältnisse, strenge naturschutzrechtliche Belange (z.B. die Anlegung ökologischer Ausgleichsflächen) sowie hohe Kosten u. a. für die Bodenrichtwertermittlung, die Vermessung und Neuzuweisung des Landes, den Erwerb von Ausgleichsflächen sowie den Straßen- und Wegebau, an denen die Eigentümer beteiligt werden, gegenüber. Flächentausch und Bewirtschaftungsgemeinschaft lassen sich – sofern die Voraussetzungen stimmen – dagegen schneller und günstiger umsetzen (vgl. AB-Int. 8, 9, 10, 11, 12, 13, 14, 15; LW-Int. 9).

Neben den Kooperationen im Maschinenbereich und zur Vergrößerung der Feldstücke ist vor allem der **Rübentransport** durch überbetriebliche, meist auch überregionale Zusammenarbeit geprägt, die künftig noch ausgebaut werden soll. Bereits heute erfolgt der Transport überwiegend auf Basis bäuerlicher Abfuhrgemeinschaften – die Lastwagenfahrer sind meist Landwirte – , doch gibt es immer noch eine Reihe von Selbstanfahrern (Schlepperanfuhr) und auch Speditionsunternehmer werden zum Teil eingesetzt. Um in Zukunft – auch im Hinblick auf die 24-h-Anfuhr (vgl. Kap. 6.3.2.4) den Transport noch effizienter zu gestalten und aufgrund der reformbedingten Preissenkungen sowie auf Druck von Südzucker Frachtkosten zu sparen, soll künftig das gesamte Transportwesen von auf Genossenschafts- oder GbR-Basis organisierten bäuerlichen Gemeinschaften zentral durchgeführt werden. Die Belieferung der drei verbleibenden bayerischen Zuckerfabriken erfolgt aus Optimierungsgründen bereits in den nächsten Kampagnen nur noch durch bezüglich Zuladung und Eigengewicht angepasste LKWs. Die langsamen Schlepper, die gerade über weite Entfernungen kein effizientes Transportmittel sind, sollen ausscheiden[179]. Ebenfalls auslaufen wird die Speditionsanfuhr, damit die Wertschöpfung aus dem Transport der Zuckerrüben ausschließlich in bäuerlicher Hand verbleibt[180] (vgl. LW-Int. 7, 8, 9, 10; AB-Int. 4).

---

[179] Schlepper können nur mit einer langsameren Geschwindigkeit als LKWs fahren. Ferner ist die Schlepper-Anfuhr wesentlich teurer, da sich das Reifenprofil schnell abnutzt und der Spritverbrauch wesentlich größer als der eines LKWs ist (vgl. LW-Int. 11).

[180] Ein bedeutender Vorteil der bäuerlichen Abfuhrgemeinschaften gegenüber Speditionen ist, dass diese keine Sozialversicherungsbeiträge zahlen müssen, da die Fahrer meist Landwirte und damit selbst versichert sind (vgl. LW-Int. 10, 12; AB-Int. 19).

Eine weitere Anpassungsreaktion auf die reformbedingten Einschnitte im Zuckerrübenanbau stellt der **Erwerb zusätzlicher Lieferrechte für Quotenrüben** dar (vgl. LW-Int. 1, 2, 8, 9, 10, 11; AB-Int. 4, 19). Dabei geht es weniger um die Auffangung der Einkommensverluste, sondern mehr um die Kompensation flächenbezogener Einschränkungen, da die Reform der ZMO für die Landwirte nicht nur Preissenkungen, sondern in Form von Marktrücknahmen und Quotenkürzungen auch eine prozentuale Einschränkung ihrer auf das Lieferrecht bezogenen Rübenerzeugungsmenge mit sich bringt. Landwirte, die aus arbeitswirtschaftlichen Gründen auf den eingeschränkten Flächen keine andere Frucht anbauen, sondern an ihrem bisherigen Fruchtfolgeanteil der Zuckerrübe – im Rahmen der Drittelregelung maximal ein Drittel (vgl. Kap. 6.2.2) – festhalten wollen, können – wie die nachstehende Aussage eines Landwirts veranschaulicht – die entstehenden Lücken durch den Zukauf zusätzlicher Quotenrübenkontingente im Lieferrechtshandel wieder auffüllen:

„Ich kaufe deswegen zu, weil ich seit 30 Jahren 33% Fruchtfolgeanteil Rübe habe und ich mich mit keiner anderen Frucht beschäftigen möchte. Und darum wird bei mir auch zukünftig ein Drittel Rüben angebaut" (LW-Int. 8).

Dabei kommt dem Käufer entgegen, dass sich mit der ZMO-Reform aufgrund der sich durch die Preis- und Mengenrückgänge verschlechternden Perspektiven im Zuckerrübenanbau eine starke Erosion der Verkehrswerte der Lieferrechte in Gang gesetzt hat, d.h. die Lieferrechtspreise stark rückläufig sind (vgl. LW-Int. 1, 7, 8, 9, 10).

Statt eines Zukaufs kommt – bei angemessenen Pachtpreisen – auch die Pacht bzw. Nutzungsüberlassung von Lieferrechten in Frage (vgl. LW-Int. 6, 7, 8, 9; AB-Int. 4). In beiden Fällen ist die Drittelregelung zu beachten, d.h. Käufer oder Pächter müssen über ausreichend Ackerfläche zum Rübenanbau in einer mindestens dreijährigen Fruchtfolge verfügen (vgl. Kap. 6.2.2).

Anstelle normaler Quotenrübenlieferrechte lässt sich die Fruchtfolge auch durch den Erwerb von Lieferrechten für Ethanolrüben (Lieferrecht E) absichern (siehe weiter unten).

Eine weitere mögliche Anpassungshandlung kann die **Umstellung auf Nebenerwerb** sein. Bei diesem Erwerbscharakter geht der Betriebsleiter einem außerbetrieblichen Hauptberuf nach, durch den mehr als die Hälfte des Einkommens bestritten wird. Aufgrund der Doppeltätigkeit des Landwirts sind Nebenerwerbsbetriebe in der Regel anders organisiert als Haupterwerbsbetriebe, indem sie auf solche landwirtschaftliche Produktionszweige spezialisiert sind, die sich nur kurzfristig durch hohe Arbeitsspitzen, welche den vollen Einsatz des Betriebsleiters beanspruchen, auszeichnen (vgl. HENKEL 2004: 126).

Üblicherweise erfolgt die Umstellung von Haupt- auf Nebenerwerb mit dem Generationswechsel, d.h. der Hofübergabe an die nachfolgende Generation, die einen außerlandwirtschaftlichen Beruf erlernt und den Betrieb im Nebenerwerb weiterführt. Im Zuge des nächsten Generationswechsels lässt der Nebenerwerbslandwirt für den Fall, dass sich wiederum seine Kinder von der Landwirtschaft zu sehr entfremdet haben, den Betrieb dann auslaufen (vgl. LW-Int. 5, 10, 11; AB-Int. 13, 14, 15, 16, 17, 18).

Die preissenkungsbedingten Einkommensverluste durch die ZMO-Reform können allerdings kleinere, stark auf den Zuckerrübenanbau spezialisierte Betriebe, für welche die Zuckerrübe bisher die Haupteinkommensquelle war und die in der Vergangenheit nicht oder nur wenig gewachsen sind und folglich keine betrieblichen Alternativen haben, bereits vor dem Generationswechsel in den Nebenerwerb zwingen (vgl. LW-Int. 6, 11; AB-Int. 13, 14, 15, 16, 17, 18, 19; ZELLER 2006).

Das für den Nebenerwerb gewählte Betätigungsspektrum ist sehr breit gestreut. Es reicht von einfachen Fahrertätigkeiten (z.B. LKW, Gabelstapler, Bus, Paketdienst) über handwerkliche Berufe, Arbeit am Bau, Schichtarbeit in der Industrie bis zu kaufmännischen Tätigkeiten, sofern eine entsprechende Qualifikation vorliegt. Auch gewerbliche Nebenerwerbsberufe (z.B. Landschafts- und Gartenpflege, privater Winterdienst) kommen in Frage (vgl. LW-Int. 7, 9, 10, 11; AB-Int. 19).

Der Zuckerrübenanbau ist für die Ausübung einer derartigen außerbetrieblichen Nebentätigkeit prädestiniert, denn kaum eine andere Ackerfrucht weist von der Saat bis zur Ernte eine so gute, dem Nebenerwerb dienliche überbetriebliche Organisation wie die Zuckerrübe auf (vgl. LW-Int. 6, 7, 9, 10; AB-Int. 10, 16, 17, 18). Die Umstellung auf Nebenerwerb fällt im Zuckerrübenanbau daher besonders einfach:

> „Alles ist perfekt durchorganisiert. Der Nebenerwerbsbetrieb kann zu seinen örtlichen Kollegen sagen: Sät mir die Rüben, spritzt mir die Rüben, rodet mir die Rüben (...) Er bezahlt seine Anteile und wird kostengünstig genauso wie ein Großbetrieb bedient" (LW-Int. 6).

Reicht das Einkommen aus dem Zuckerrübenanbau aufgrund der reformbedingten Einschnitte nicht mehr aus und kommt gleichzeitig, z.B. aus Altersgründen, die Verrichtung einer Nebentätigkeit nicht in Frage, bleibt dem Landwirt nur die Möglichkeit, die verbleibende Zeit bis zum Ruhestand durch ein Aufzehren der Betriebssubstanz zu überbrücken. Für gewöhnlich sollte ein Betriebsleiter jährlich einen bestimmten Betrag zur Bildung einer Rücklage ansparen, aus der Investitionen zur Erhaltung der Betriebssubstanz (z.B. Kauf einer neuen Maschine, Renovierung von Gebäuden) finanziert werden. Diese Beträge entsprechen den Wertabschreibungen auf die alten Vermögensgegenstände, die das zu versteuernde Einkommen mindern. Statt eine neue Maschine o. ä. zu kaufen, zehrt der Landwirt zur Finanzierung seines Lebensunterhaltes die Rücklage auf, was auch als „Leben von der Substanz" bezeichnet wird (vgl. AB-Int. 1, 2, 13, 14, 15, 16, 17, 18, 19; LW-Int. 11).

Neben den bereits geschilderten Anpassungsmaßnahmen können die Landwirte auch von der Möglichkeit Gebrauch machen, Zuckerrüben zu neuartigen Zwecken, d.h. außerhalb des Quotenbereichs, anzubauen. Hierzu gehören Industrie- und Ethanolrüben.

Der **Anbau von Industrierüben** zur Produktion von Industriezucker, der nicht der Quote unterliegt (vgl. Kap. 6.3.2.5), ersetzt ansatzweise die ehemalige außerhalb der Garantiemenge liegende C2-Rübe (vgl. Kap. 6.3.2.1) und dient den Landwirten als Pufferfunktion für nicht vorhersehbare Rübenerträge (vgl. LW-Int. 5, 7, 9, 10). Im Rahmen des neuen Liefer- und Bezahlsystems für Zuckerrüben werden witterungsbedingt über die Quotenrübenmenge hinaus gelieferte Rübenmengen bis zu einem gewissen Umfang als Industrierüben abgenommen und weitergehende Mengen (Übertragungsrüben) ins nächste Wirtschaftsjahr übertragen (vgl. Kap. 6.3.2.1). Der Landwirt kann damit seine gesamte Rübenernte unterbringen, was dem System aus seiner Sicht hohe Bedeutung verleiht:

> „Für uns Landwirte war es so wichtig, dass wir auch nach der Reform wieder Instrumentarien haben, durch die dem Landwirt keine Rübe am Feldrand liegen bleibt – egal wie der Wettergott mitspielt. Keiner bleibt auf seinen Rüben sitzen – im Gegensatz zu anderen Kulturen, wo man nichts mehr verkaufen kann und alles einstampfen muss, wenn der Kanal voll ist" (LW-Int. 8).

Gegenüber der früheren C2-Rübe weist die Industrierübe sowohl Vor- als auch Nachteile auf. Der Vorzug besteht darin, dass die Industrierübe einen besseren Preis erlöst, als es die C2-Rübe getan hat. Während die C2-Rübenpreise in den letzten Jahren vor der Reform teilweise unter 10 €/t lagen, beträgt der vorab zugesagte Preis für Industrierüben auf Basis von 16% Zuckergehalt mindestens 16 €/t. Der in der Rübenabrechnung den Landwirten dann tatsächlich gezahlte Preis kann – in Abhängigkeit von der Marktlage im Industriezuckergeschäft – noch um einiges höher liegen[181] (vgl. LW-Int. 3, 4).

Der Nachteil der Industrie- gegenüber der C2-Rübe besteht in der begrenzten Liefermenge. Während früher sämtliche C2-Rübenmengen – in Niederbayern z.b. konnte der C-Rübenanteil witterungsabhängig bis zu 25-30% der Garantiemenge ausmachen – zur Produktion von C-Zucker für den Weltmarkt abgenommen wurden, ist die Industrierübenmenge auf einen jährlich festgelegten Prozentsatz der Vertragsrübenmenge (2006: 10%, 2007: 15%) begrenzt (vgl. Kap. 6.3.2.1). Darüber hinausgehende Abnahmemengen an Industrierüben sind von den konkreten jährlichen Vermarktungsmöglichkeiten für Industriezucker durch Südzucker sowie den unterschiedlich ausfallenden Erntemengen in den einzelnen Verbandsgebieten der süddeutschen Rübenanbauer abhängig. Fallen diese in einem oder mehreren Gebieten ertragsbedingt vergleichsweise schlechter als der Durchschnitt im gesamten Südzucker-Gebiet aus und wird der maximale Industrierübenanteil dort deutlich unterschritten, erhöht sich die Industrierübenmenge in den restlichen Verbandsgebieten entsprechend[182]. Da man sich auf derartige Effekte aber nicht verlassen kann und auch der endgültige Industrierübenpreis zur Aussaat im Frühjahr ja noch nicht feststeht, werden Industrierüben daher meist nicht gezielt angebaut (vgl. LW-Int. 3, 4, 5, 6, 10), sondern fallen für eine sichere Erfüllung der Quotenrübenmenge je nach Ertragsniveau an.

Der zweite Nachteil der Industrierübe liegt in der Frachtbeteiligung des Landwirts. Während früher der Transport der C2-Rüben für den Landwirt frachtfrei war, übernimmt Südzucker den Industrierübentransport nur zu 50%, wobei maximal 2 €/t gezahlt werden (vgl. Kap. 6.3.2.1). Für den Rest muss der Landwirt grundsätzlich selbst aufkommen[183], was vor allem bei weiten Fabrikentfernungen eine spürbare Belastung darstellt (vgl. LW-Int. 5, 6, 7).

Eine ebenfalls neuartige Möglichkeit stellt der **Anbau von Ethanolrüben** dar. Um die Versorgung der auf Rübendicksaftbasis arbeitenden Ethanol-Annexanlage in Zeitz mit dem Rohstoff Ethanolrübe (E-Rübe) sicherzustellen, machte Südzucker im Juli

---

[181] Bei der Rübenabrechnung 2006 wurde er auf 20 €/t angehoben (vgl. VBZ 2007: 41).

[182] Aufgrund der allgemeinen Anbaueinschränkung sowie einer unterdurchschnittlichen Rübenernte im Verbandsgebiet Sachsen-Thüringen wurde 2006 die benötigte Industrierübenmenge nicht von jedem Anbauer erzeugt, so dass sich 2006 der Prozentsatz der abgerechneten Industrierüben individuell auf bis zu 33% der Vertragsrübenmenge erhöht hat (vgl. VBZ 2007: 37; VFZ 2007: 37).

[183] Eine Ausnahme ergibt sich bei hohen Zuckergehalten. Dann fällt ein Teil der Industrierüben – im Extremfall auch die gesamte Menge – unter die Vertragsrüben, für die Südzucker die Fracht übernimmt (vgl. Kap. 6.3.2.1).

2006 den Rübenanbauern ein Angebot zur Zeichnung eines neuartigen Lieferrechts für Ethanolrüben, die erstmals im Jahr 2007 angebaut wurden (Lieferrecht E). Für die Zeichnung des Lieferrechts bzw. die Entscheidung zum Anbau von E-Rüben waren bei den Landwirten mehrere Motive ausschlaggebend (vgl. LW-Int. 6, 7, 8, 9, 10, 11; AB-Int. 4, 5, 13, 14, 15, 19):

> Der Einstieg in die Ethanolrübenerzeugung galt vielen Landwirten als Investition in eine Zukunftstechnologie und als Chance, von einem neuen, boomenden Markt zu partizipieren. Damit verbunden ist die Hoffnung auf steigende Öl- und Benzinpreise, welche die Ethanolproduktion noch lukrativer machen würden.

> Der Anbau von E-Rüben stellt die Möglichkeit einer alternativen Verwertung von Zuckerrüben dar, der vor dem Hintergrund der reformbedingten Einschnitte im Quotenzuckergeschäft eine deutliche Aufwertung widerfährt. Auch bietet er die Chance, Lücken im Rübenanbau, welche durch mengenmäßige Einschnitte infolge von Marktrücknahmen und Quotenkürzungen entstehen, aufzufüllen, um dadurch die bisherige Fruchtfolge zu halten. Dabei fällt der Einstieg in den E-Rübenanbau nicht schwer: Erstens sind wegen des bereits laufenden Produktionsverfahrens Quotenrübe keine zusätzlichen Investitionen zu tätigen. Technik, Ausrüstung und Know How sind bereits vorhanden, so dass im E-Rübenanbau nur variable und keine weiteren fixen Kosten anfallen. Zweitens war für die Zeichnung des Lieferrechts E – anders als bei den üblichen Quotenrübenkontingenten – keine Liquidität erforderlich, da der Zeichnungsbetrag in den ersten fünf Jahren des Anbaus vom jeweiligen Rübengeld einbehalten, d.h. auf Raten finanziert wird.

> Viele Landwirte sahen in der Zeichnung von Lieferrecht E auch einen Beitrag zur Standortsicherung der Zuckerfabriken. Da die E-Rüben außerhalb des Zeitzer Gebietes im Rahmen einer Umpolung (virtuelle Lieferrechte) nicht zu Ethanol, sondern in der nächstgelegenen Zuckerfabrik zu Zucker verarbeitet werden (vgl. Kap. 6.3.2.7), trägt der Anbau von E-Rüben zu einer verbesserten Werksauslastung und einer entsprechenden Verlängerung der Kampagnen bei[184].

> Schließlich zeichneten zahlreiche Landwirte das Lieferrecht E auch vor dem Hintergrund der zum Zeichnungszeitpunkt (Sommer 2006) sehr niedrigen Preise für Alternativkulturen (insbesondere Getreide).

Das Lieferrecht wurde von den Landwirten etwa zweieinhalbfach überzeichnet. Obwohl Südzucker zum Betrieb der Anlage jährlich nur 600 000 t E-Rüben benötigt, haben im Südzucker-Gebiet 9 250 Landwirte ca. 1,6 Mio. t E-Lieferrechte gezeichnet. Besonders anbaufreudig waren dabei die Landwirte im Bayerischen Verbandsgebiet.

---

[184] Da trotz Zeichnung von Lieferrecht E die Zuckerfabriken in Regensburg und Groß Gerau schließen müssen, räumte die SZVG den schließungsbetroffenen Anbauern im Rahmen einer Kulanzregelung nachträglich den Rücktritt von gezeichneten E-Lieferrechten ein (vgl. DZZ 2007f).

Mehr als jeder zweite Rübenanbauer hat dort einen Antrag auf E-Rüben gestellt. Die beantragte Menge von 776 000 t hätte – bezogen auf die Vertragsrübenmenge (vgl. Kap. 6.3.2.1) – eine Anbauausweitung um 30% bedeutet. Die Gründe für dieses hohe Interesse am E-Rübenanbau dürfte an den in Südbayern hohen Rübenerträgen sowie den aufgrund der guten Konzentration des Anbaus um die Fabriken vergleichsweise niedrigen Frachtkosten gelegen haben. Auch hat der Wunsch, das schließungsgefährdete Werk in Regensburg zu retten, eine wichtige Rolle gespielt (vgl. LW-Int. 5, 6, 10; AB-Int. 5).

Aufgrund der starken Überzeichnung sah sich Südzucker veranlasst, die beantragte E-Rübenmenge auf maximal 14,4% der Vertragsrübenmenge des Antrag stellenden Landwirts festzulegen (vgl. VBZ 2007: 22f.; STARK 2006b: 67).

Da die Zeichnung des Lieferrechts an die Vertragsrübenmenge gebunden war, konnten nur solche Landwirte E-Rüben zeichnen, die als aktive Rübenanbauer bereits im Besitz von Vertragsrüben waren. Allerdings sind die Lieferrechte nach der Ernte 2007 im gesamten Südzucker-Gebiet über den Lieferrechtsverkehr handelbar, so dass sie sich theoretisch auch von solchen Landwirten erwerben lassen, die keine Vertragsrüben anbauen, d.h. Neueinsteiger sind. Praktisch ist dies aber nur schwer vorstellbar, da der Zuckerrübenanbau viel Know How und Erfahrung erfordert sowie hohe Ansprüche an Pflanzenpflege und -schutz stellt. Neueinsteiger verfügen in der Regel nicht über solche Qualitäten. Ebenso unwahrscheinlich ist es, dass ein Anbauer sein Quotenrübenkontinent aufgibt, sein E-Lieferrecht aber behält und somit nur noch E-Rüben anbaut. Das Vorhalten einer eigenen, nicht überbetrieblich organisierten Mechanisierung des Zuckerrübenanbaues (in der Regel Pflanzenschutz und Düngung) sowie der Aufwand bei der Anbauplanung dürften sich für die E-Rübe alleine wohl kaum rentieren, zumal sie einen niedrigeren Preis als die Quotenrübe erlöst und gleichzeitig die Preise für alternative Kulturen wie Getreide massiv angezogen haben (vgl. LW-Int. 1, 3; AB-Int. 19).

Das Lieferrecht E ist mit dem normalen Lieferrecht für Quotenrüben nicht vergleichbar, da es sich in Preisbildung, Frachtkostenübernahme und Abrechnung von ihm unterscheidet. Im Gegensatz zur Quotenrübe, deren Mindestpreis festgeschrieben ist, leitet sich der Basispreis für E-Rüben aus dem Ethanolpreis ab. Bei einem zugrunde gelegten Basisethanolerlös von 0,55 €/l Ethanol und einem Standardzuckergehalt von 16% Pol. beträgt der Basispreis für E-Rüben 18 €/t. Davon ausgehend, erhöht sich der Rübenpreis, wenn der Ethanolpreis steigt, bzw. wird reduziert, wenn der Ethanolpreis sinkt[185]. Südzucker sichert sich durch diese variable Preiskomponente gegen unvorhersehbare Preisentwicklungen bei Ethanol ab. Zum Basispreis hinzu kommen die üblichen Rübenprämien wie Qualitäts-, Früh- und Spätlieferprämien, ein Ausgleich für Wirtschaftserschwernis sowie eine entsprechende Rübenmarkvergütung (vgl. STARK 2006b: 66f.; GOLDHOFER 2006: 43; VFZ 2007: 42).

Ein weiterer Unterschied zur Quotenrübe liegt in der Frachtbeteiligung des Landwirts, was die E-Rübe sehr transportempfindlich macht. Analog zu den Industrierüben (vgl. Kap. 6.3.2.1) zahlt Südzucker für E-Rüben nur einen Frachtkostenzuschuss von 50%, maximal aber 2 €/t. Der Rest ist vom Landwirt zu tragen (vgl. STARK 2006b: 67; GOLDHOFER 2006: 43; VFZ 2007: 42). Zu beachten ist schließlich, dass E-Rüben vor Quotenrüben gehen, indem sie zuerst abgerechnet werden. Wenn der Landwirt zum Ende der Kampagne seine vereinbarte E-Rübenmenge nicht erfüllt, erhöht sich der Anteil der E-Rüben an seiner gesamten Liefermenge entsprechend, so dass die Fehlmenge aufgefüllt wird, d.h. es erfolgt eine Umwidmung von Quoten- zu Ethanolrüben (vgl. DORSCH 2007; VFZ 2007: 42).

Der E-Rübenanbau ist unter diesen Gesichtspunkten für die Landwirte mit gewissen Risiken behaftet: Zum einen geht aufgrund der vorrangigen Abrechnung von Ethanol- gegenüber Quotenrüben eine Untererfüllung der E-Rübenmenge auf Kosten der vom Preis her wesentlich lukrativeren Quotenrüben, was vor allem bei ertragsunsicheren Standorten des Rübenanbaus mit stark schwankenden Erträgen, wie z.B. Trockengebiete, ein besonderes Risiko darstellt. Zum anderen besteht wegen der Koppelung des E-Rübenpreises an den Ethanolpreis ein Preisrisiko. Seit Anfang 2007 bewegt sich der Ethanolpreis trotz der hohen Rohölpreise auf einem vergleichsweise niedrigen Niveau. Ursächlich dafür ist eine starke Kapazitätsausweitung der weltweiten Ethanolerzeugung bei gleichzeitigem Ausbleiben neuer großer Absatzmärkte. In Europa wird die Situation zusätzlich durch steigende zollbefreite Ethanolimporte aus LDC-Ländern verschärft. Sollte der Weltmarktpreis für Ethanol weiter sinken, dürfte der derzeitige Zollschutz, der zudem unter Liberalisierungsdruck durch die WTO-Verhandlungen oder bilaterale Handelsgespräche (z.B. EU – Mercosur) steht, nicht mehr ausreichen, um größere Importmengen wettbewerbsfähigerer Ethanolerzeuger, insbesondere Brasilien, vom EU-Binnenmarkt fernzuhalten. Dies würde einen weiteren starken Preisdruck auslösen (vgl. Kap. 6.3.2.7), worunter auch der E-Rübepreis entsprechend zu

---

[185] Steigt der Ethanolpreis von 0,55 €/l auf 0,60 €/l, erhöht sich der E-Rübenbasispreis von 18 €/t auf 20,50 €/t. Sinkt er auf 0,50 €/l, reduziert sich der Rübenpreis auf 15,50 €/t (vgl. VFZ 2007: 41; GOLDHOFER 2006: 43).

leiden hätte (vgl. LW-Int. 6, 7, 8, 9, 10; SZ-Int. 7; AB-Int. 4; RIEDEL 2006b: 138f. und 2007: 120).

Neben dem Ethanolpreis hängt die Wirtschaftlichkeit des E-Rübenanbaus noch von anderen Faktoren ab. Dazu gehört zunächst das Preisniveau von um die Anbaufläche konkurrierenden Früchten wie Mais oder Weizen. Hier haben die im Laufe des Jahres 2007 massiv gestiegenen Getreidepreise die Anbauwürdigkeit der E-Rübe ganz erheblich unter Druck gesetzt, so dass die große Euphorie, die zum Zeitpunkt der Zeichnung der E-Rübenlieferrechte im Sommer 2006 unter den Landwirten bestand und zu einer so großen Überzeichnung führte, bis heute entsprechend nachgelassen hat (vgl. LW-Int. 6, 7, 8, 9, 10; AB-Int. 4, 5). Ferner wird die Rentabilität des E-Rübenanbaus aufgrund der Frachtbeteiligung der Landwirte entscheidend von der Transportentfernung zur nächsten Zuckerfabrik beeinflusst. Entfernungen von über 50 km drücken – gerade bei niedrigen Ethanolpreisen – den Deckungsbeitrag der E-Rübe ganz erheblich und machen ihren Anbau unrentabel (vgl. TOEWS 2007: 87; DORSCH 2007; GOLDHOFER 2006: 43f.).

Trotz der geschilderten Probleme und Risiken stellt die E-Rübe gerade an ertragreichen Standorten mit geringen Fabrikentfernungen eine wichtige Möglichkeit zur Kompensation der Erzeugungseinschnitte im Quotenrübenbereich sowie die Chance zur Teilnahme an einem bedeutenden Entwicklungsmarkt dar. Gleichzeitig werden die angesprochenen Risiken aufgrund der nur geringen, durch Südzucker eingeschränkten Zeichnungsmengen des Lieferrechts E in gewissem Ausmaß relativiert bzw. fallen nicht zu stark ins Gewicht (vgl. LW-Int. 6, 10, 11; AB-Int. 19).

6.4.3 Fallstudie: Einstellung versus Fortführung des Zuckerrübenanbaus

War in den vergangenen Kapiteln auf abstrakte Weise immer von „den Landwirten" die Rede, werden im Folgenden die zu dieser Akteursgruppe gewonnenen Erkenntnisse anhand von Fallstudien konkretisiert, um zu demonstrieren, wie einzelne landwirtschaftliche Betriebe die ZMO-Reform zu spüren bekommen, was sich für sie dadurch geändert hat bzw. wie sie darauf konkret reagiert haben. Dabei handelt es sich jeweils um vier Betriebe, die sich aus dem Zuckerrübenanbau zurückgezogen haben und solche, die an der Zuckerrübe festhalten. Die Auswahl erfolgte im Hinblick auf unterschiedliche Ausgangssituationen wie Betriebsgröße und -strukturen.

Bei den ersten vier Betrieben (A, B, C, D), die ihr Rübenlieferrecht aufgegeben haben, geht es um die Motive, die dieser Entscheidung zugrunde gelegen sind, sowie die Frage, welchen alternativen Weg die Betriebe eingeschlagen und wie sich die betrieblichen Strukturen dadurch verändert haben.

Betrieb A liegt im Landkreis Neu Ulm und verfügt über 50 ha Ackerfläche (davon 10 ha Pacht). Die ursprüngliche Fruchtfolge umfasste 12 ha Wintergerste, 12 ha Zuckerrüben und 26 ha Winterweizen. Die Zuckerrübe machte mit einem Ackerflächenanteil von weniger als einem Viertel 50% des ackerbaulichen Einkommens aus.

Der betriebliche Schwerpunkt liegt im Betrieb einer Biogasanlage, die der Landwirt seit 2006 zur Teilung von Kosten und Risiken mit zwei Kollegen über eine GmbH betreibt. Ausschlaggebend für den Bau waren die damals niedrigen Getreidepreise sowie die Schaffung des Erneuerbare-Energien-Gesetzes (EEG). Der Betrieb der 640 kW-Anlage, die ca. 2 Mio. € gekostet hat, erfolgt hauptsächlich auf Basis von Silomais und erfordert eine Anbaufläche von ca. 250 ha. Deshalb kam es zu einer völligen Umgestaltung der Fruchtfolge, indem als Substrat für die Anlage nur noch Silomais und als Zwischenfrucht Grünroggen angebaut werden. Alle drei Landwirte bringen dazu ihre Eigenproduktion (je 50 ha) ein, der Rest wird von 12-14 Landwirten aus der näheren Umgebung – sie erhalten auch den als Nebenprodukt der Biogaserzeugung anfallenden Dünger – auf Grundlage jährlich begrenzter Lieferverträge bezogen, wobei die steigenden Maispreise ein zunehmendes Problem darstellen. Zur Verbesserung ihrer Wirtschaftlichkeit verfügt die Anlage über ein Wärmenutzungskonzept, das die unentgeltliche Trocknung von Holz für einen lokalen Holzhändler vorsieht.

Ein weiterer Betriebsschwerpunkt liegt auf dem Betrieb einer Pferderanch mit ca. 60 Pferden (eingestellte Pensionspferde, Schulpferde zum Reitunterricht, Ausbildungspferde) inklusive Pferdezucht. Dieses außerlandwirtschaftliche Einkommen wird um die Vermietung von Wohnmöglichkeiten an Feriengäste und Urlauber ergänzt.

Sein Zuckerrübenlieferrecht in Höhe von 700 t gab der Betriebsleiter bereits im Januar 2006 und damit noch vor Reformbeginn auf. Der Grund dafür lag in den Preissenkungen (waren schon bekannt), den Mengenkürzungen (wurden vorausgeahnt) sowie der Befürchtung deshalb sinkender Lieferrechtspreise. Der Betriebsleiter hat die Auswirkungen der Reform bereits frühzeitig kommen sehen und sich sehr intensiv informiert.

Die Aufgabe erfolgte – auf eine Anzeige im Bayerischen Landwirtschaftlichen Wochenblatt hin – im Lieferrechtshandel. Als Käufer traten drei andere Landwirte aus der Region auf, die zur Haltung ihres Fruchtfolgeanteils ihr Kontingent vorsorglich aufstocken wollten. Der Verkaufserlös wurde nicht in andere Betriebszweige investiert, sondern steht dem Betrieb als Eigenkapital zur Verfügung.

Der Ausstieg aus dem Zuckerrübenanbau wäre nicht erfolgt, wenn nicht zeitgleich eine betriebliche Alternative (Biogas) erschlossen worden bzw. nicht eine außerlandwirtschaftliche Einkommenserzielung (Pferderanch) gegeben gewesen wäre.

Betrieb B im Landkreis Günzburg verfügt über 100 ha Ackerland (davon 70 ha Pacht). Die ursprüngliche Fruchtfolge umfasste auf zunächst 75 ha je 23 ha Körnermais, Raps und Winterweizen sowie 5 ha Zuckerrüben. Die Zuckerrübe spielte anders als bei Betrieb A zwar keine betriebsentscheidende Rolle, leistete aber dennoch einen stabilen Einkommensbeitrag.

Der Betrieb verfügt über eine Kompostierungsanlage zur Biomüllentsorgung sowie als wichtigsten Betriebsschwerpunkt eine hauptsächlich auf Silomaisgrundlage betriebene Biogasanlage. Anders als bei Betrieb A wurde die 300 kW-Anlage, die 2006 ans Netz ging, vom Betriebsleiter alleine gebaut – der Investitionsbedarf lag bei ca. 900 000 € – und auch der Betrieb erfolgt in Eigenregie. Die Motive lagen hier ebenfalls in den damals niedrigen Getreidepreisen sowie den staatlichen Fördermaßnahmen für regenerative Energien durch das EEG.

Im Zuge der Errichtung der Anlage kam es zu einer völligen Neuordnung der Fruchtfolge. Die Ackerfläche wurde auf 100 ha aufgestockt, wobei 80 ha auf Silomais, der Rest auf Winterweizen sowie Grünroggen entfallen. Die gesamte eigene Ernte dient als Substrat für die Anlage, wobei zusätzlich 20-25 ha Silomais von sechs Landwirten – auch sie erhalten den von der Anlage produzierten Dünger – aus dem näheren Umfeld über einjährige Lieferverträge zugekauft werden müssen, weshalb die steigenden Maispreise ein Problem für die Wirtschaftlichkeit der Anlage darstellen. Als Wärmenutzungskonzept besteht ebenfalls die unentgeltliche Trocknung von Holz für einen lokalen Holzhändler, jedoch wird der Bau einer Wärmeleitung zum Verkauf der Wärme an eine benachbarte Firma, die ganzjährig und -tägig Wärme benötigt, erwogen.

Die Aufgabe des Zuckerrübenkontingents in Höhe von 200 t erfolgte zeitgleich mit der Errichtung der Biogasanlage im Januar 2006. Das Lieferrecht wurde an einen angrenzenden Landwirt, der bereits über relativ viele Rüben in der Fruchtfolge verfügt und sein Fruchtfolgeniveau halten wollte, verkauft. Gründe waren auch hier die anstehenden Preis- und Mengenkürzungen sowie die befürchtete Entwertung des Lieferrechts. Hinzu kamen wegen des nur geringen Flächenanteils (5 ha) das Motiv der arbeitswirtschaftlichen Betriebsvereinfachung sowie die Benötigung der Rübenfläche für die Silomaiserzeugung. Der Verkaufserlös wurde in den Bau der Biogasanlage investiert. Auch in diesem Fall wäre – trotz der vergleichsweise geringen Lieferrechtsmenge – der Ausstieg aus dem Zuckerrübenanbau nicht erfolgt, wenn keine betriebliche Alternative (Biogaserzeugung) bestanden hätte.

Betrieb C im Landkreis Günzburg ist mit einer Ackerfläche von 205 ha (davon 150 ha Pacht) der größte der untersuchten Betriebe. In der ursprünglichen Fruchtfolge entfielen je ca. 62 ha auf Winterweizen sowie Sommer- und Wintergerste, 41 ha auf Raps, 5 ha auf Zuckerrüben, der Rest auf verschiedene Früchte wie Erbsen und Hafer. Der Stellenwert der Zuckerrübe war früher größer als vor der Aufgabe, da der Betrieb sehr stark gewachsen, das Kontingent aber gleich geblieben ist.

Zu den betrieblichen Schwerpunkten gehören eine Schweinehaltung mit ca. 75 Zuchtsauen, 150 Ferkel in der Aufzucht und 300 Mastschweinen sowie eine 2007 auf Basis von Silomais und Schweinegülle in Betrieb genommene 180 kW-Biogasanlage, die der Betriebsleiter für ca. 800 000 € alleine errichtet hat und in Eigenregie betreibt. Eine Verdoppelung der Anlagenleistung ist in Planung. Im Zuge des Anlagenbaus stellte der Landwirt die Fruchtfolge zu einem Drittel auf Silomais um. Die restlichen zwei Drittel (Winterweizen, Wintergerste und neuerdings auch Körnermais) werden jeweils hälftig verkauft bzw. an die Schweine verfüttert.

Die eigenen Silomaisflächen reichen als Substrat für die Anlage aus. Da keine Angewiesenheit auf Zukauf besteht, ist die Wirtschaftlichkeit der Biogaserzeugung von den gestiegenen Maispreisen nicht so stark betroffen wie bei den Betrieben A und B. Zur Wärmenutzung wird der Schweinestall beheizt, doch ist auch die Beheizung des eigenen Wohnhauses geplant.

Das Lieferrecht in Höhe von 300 t wurde wegen der durch die ZMO-Reform verschlechterten Rahmenbedingungen sowie zur arbeitswirtschaftlichen Vereinfachung im Frühjahr 2007 an einen anderen Landwirt verkauft. Den Erlös steckte der Betriebsleiter in die Biogasanlage. Für die Aufgabe war auch hier das Vorhandensein anderer landwirtschaftlicher Betriebszweige (Biogas, Schweinehaltung) ausschlaggebend.

Betrieb D im Landkreis Neu Ulm verfügt über 64 ha Ackerfläche ausschließlich im Eigentum. Die Fruchtfolge bestand aus 30 ha Winterweizen, 19 ha Körnermais und 15 ha Zuckerrüben. Das Zuckerrübenkontingent war für die Region vergleichsweise groß und machte die Hälfte des landwirtschaftlichen Einkommens aus.

Aus Altersgründen und in Ermangelung eines geeigneten Betriebsnachfolgers wurde der gesamte Betrieb 2003 verpachtet und das Rübenlieferrecht (760 t) dem Pächter zur Nutzung überlassen. Dieser zahlte als Pachtpreis für die A-Rüben (660 t bzw.

86%) die Differenz zwischen A- und B-Rübenpreis. Die Nutzung der B-Quote (100 t bzw. 14%) erfolgte indes unentgeltlich.

Das Lieferrecht wurde aufgegeben, weil seine Verpachtung aufgrund der veränderten Preissituation nicht mehr viel an Pachterlös bringt. Der Pächter konnte es sich aufgrund der gesunkenen Rübenpreise nicht mehr leisten, den bisherigen Pachtpreis weiter zu bezahlen, zumal er mit Getreide aufgrund der massiv gestiegenen Preise mehr verdienen kann als mit einem gepachteten Rübenlieferrecht. Das Rübenpachtverhältnis wurde daher in gegenseitigem Einvernehmen aufgelöst.

Anders als die Betriebe A, B und C verkaufte der Betriebsleiter sein Lieferrecht nicht an einen anderen Landwirt, sondern trat es im Rahmen der freiwilligen Rückgabeaktion an den EU-Restrukturierungsfonds bzw. Südzucker ab. Ausschlaggebend für die Rückgabe anstelle der Veräußerung im Lieferrechthandel waren zwei Punkte: Erstens fällt bei der Rückgabe, bei der sich die Zahlungen über drei Etappen (Südzuckerfrachtprämie 2008, EU-Restrukturierungsprämie 2009 und 2010) erstrecken, wesentlich weniger an zu entrichtender Einkommensteuer an als beim Verkauf des Lieferrechts, bei dem der komplett erhaltene Betrag auf einmal zu versteuern wäre. Zweitens wollte der Betriebsleiter seine Kapitaleinlage bei der SZVG, die eine gute Verzinsung und einen Dividendenanspruch bei Südzucker garantiert, als Teil der Altersvorsorge behalten. Im Falle des Verkaufs wäre die Einlage auf den Käufer des Lieferrechts übergegangen.

Bei den folgenden vier Betrieben (E, F, G, H), die an der Zuckerrübe festhalten, geht es um die Frage, wie der Zuckerrübenanbau betrieblich organisiert ist und welche Anpassungsmaßnahmen ergriffen werden, um ihn unter veränderten Rahmenbedingungen fortzuführen.

Betrieb E ist ein mittelgroßer Haupterwerbsbetrieb im Landkreis Dingolfing-Landau. Auf ca. 60 ha Ackerfläche (davon 20 ha Pacht) werden 20 ha Weizen, je 10 ha Kartoffeln und Zwiebeln sowie 20 ha Zuckerrüben angebaut. Mit einem Drittel fällt der Fruchtfolgeanteil der Zuckerrübe – wie für viele Gäubetriebe typisch – extrem hoch aus. Der Betriebsleiter hält am Zuckerrübenanbau fest, weil die Rübe – auch unter verschlechterten Bedingungen – nach wie vor einen Großteil zum gesamten Betriebseinkommen beiträgt und sich der Betrieb auf einem für den Rübenanbau erstklassigen Gunststandort (Dungau) befindet: Mit durchschnittlich 75 t/ha liegt der Rübenertrag überdurchschnittlich hoch und gleichzeitig ist die Entfernung zur Zuckerfabrik Plattling mit 11 km vergleichsweise niedrig.

Im Rübenanbau werden Saat, Unkraut- und Pflanzenschutz selbst erledigt. Ernte und Abfuhr sind überbetrieblich organisiert und erfolgen durch Rode- und Transportgemeinschaft.

Um seinen Fruchtfolgeanteil der Rübe zu sichern, will der Betriebsleiter zusätzlich Quotenrübenlieferrechte im Lieferrechtshandel erwerben, um die anstehende lineare Kürzung durch Südzucker ex ante auszugleichen. Das Risiko wird als gering eingestuft, da im Falle der Quotenkürzung ein Teil des Kaufpreises durch die EU-Restrukturierungsprämie (45 €/t) ausgeglichen wird. Gleichzeitig sieht der Landwirt die SZVG-Einlage wegen der hohen Verzinsung als gute Anlagemöglichkeit.

Von der Gelegenheit, Ethanolrüben zu zeichnen, hat der Landwirt Gebrauch gemacht. Die Menge von 10 t nimmt ca. 1,3 ha ein. Die Gründe für die Zeichnung lagen in der Hoffnung, dass mit steigenden Benzinpreisen auch der Ethanol- und damit der Ethanolrübenpreis steigt, sowie in den zum Zeichnungszeitpunkt niedrigen Getreidepreisen.

Eine Vergrößerung der Schläge zur Senkung der Kosten des Rübenanbaus kommt nicht in Frage, da die durchschnittliche Schlaggröße mit 7-8 ha schon vergleichsweise groß ist und die Kostendegressionseffekte bei einer weiteren Vergrößerung sehr gering ausfallen würden.

Betrieb F ist ein im Nebenerwerb geführter Kleinbetrieb im Landkreis Rottal-Inn. Auf 25 ha Ackerfläche (davon 10 ha Pacht) werden 6 ha Raps, 6 ha Wintergerste, 7 ha Winterweizen, 4 ha Körnermais sowie ca. 2 ha Zuckerrüben angebaut. Der Rübenertrag liegt im Durchschnitt bei 65 t/ha, die Entfernung zur Zuckerfabrik Plattling beträgt 27 km. Die Saat der Zuckerrüben erfolgt durch einen Lohnunternehmer, Unkraut- und Pflanzenschutz werden selbst erledigt, Ernte und Abfuhr sind überbetrieblich durch landwirtschaftliche Maschinengemeinschaften organisiert.

Obwohl die Zuckerrübe wegen ihres geringen Anteils einen vergleichsweise niedrigen Einkommensbeitrag leistet, hält der Betriebsleiter an ihr fest, da sie aufgrund der guten überbetrieblichen Organisierung „so mit läuft" und sich die Arbeitserledigung – was für den Nebenerwerb von Bedeutung ist – in Grenzen hält. Wie Betrieb E tendiert er zur Aufstockung seines Quotenrübenkontingents, da ansonsten durch eine lineare Quotenkürzung seine Rübenfläche absolut zurückgehen würde.

Es wurden ca. 1,4 t Ethanolrübenlieferrechte, was einer Fläche von 0,2 ha entspricht, gezeichnet. Wie bei Betrieb A waren dafür die Tätigung einer Investition in einen Zukunftsmarkt sowie die damals niedrigen Getreidepreise ausschlaggebend. Hinzu kam das Motiv einer verbesserten Schlaggrößennutzung: Das sehr geringe Quotenrübenkontingent von 96,2 t entspricht einer Fläche von 1,7 ha und reicht zur vollen Bestellung eines Schlages, die zwischen 2 und 5 ha groß sind, nicht aus. Da der Betriebsleiter auf einem 2-ha-Schlag neben der Zuckerrübe keine andere Frucht anbauen wollte, genügen Quoten- und Ethanolrüben nun in etwa zur vollen Schlaggrößennutzung.

Eine allgemeine Vergrößerung der Schläge kommt nicht in Frage, da der Betrieb bereits eine Flurbereinigung hinter sich hat. Diese brachte nicht nur die bereits erwähnte Schlaggrößenstruktur von 2 bis 5 ha – vorher lag sie bei weit unter einem ha, so dass die Flur stark zersplittert war –, sondern auch eine wesentlich verbesserte Verkehrserschließung. Vor der Flurbereinigung mussten die Rüben von den kleinen, nicht erschlossenen Schlägen zu größeren, für die LKW-Abfuhr geeigneten Sammelplätzen verbracht werden – ein Aufwand, der sich unter den durch die ZMO-Reform verschlechterten Rahmenbedingungen nicht mehr rentiert hätte. Stattdessen können heute die vergrößerten und straßenmäßig erschlossenen Schläge eigens angefahren werden. Wäre diese Strukturverbesserung nicht erfolgt, hätte der Betriebsleiter den Ausstieg aus dem Zuckerrübenanbau längst ins Auge gefasst.

Betrieb G ist ebenfalls ein im Nebenerwerb geführter Kleinbetrieb im Landkreis Dillingen a. d. Donau. Auf 20 ha Gesamtgröße (davon 5 ha Pacht) werden auf 14 ha jährlich variierend Winterweizen, Körnermais und Raps sowie auf 6 ha Zuckerrüben angebaut. Der Rübenertrag ist mit durchschnittlich 75 t/ha sehr hoch, die Frachtentfernung zur Fabrik Rain am Lech dagegen mit 52 km vergleichsweise weit.

Die Saat der Zuckerrüben erfolgt über den Maschinenring, Pflanzen- und Unkrautschutz werden entweder selbst oder durch einen Partnerbetrieb erledigt, Ernte und Abfuhr sind überbetrieblich organisiert.

Da die Zuckerrübe – bezogen auf den Gesamtbetrieb – nach wie vor eine bedeutende Rolle spielt und der Betriebsleiter dem Zuckerrübenanbau traditionsbedingt eng verbunden ist, führt der Betrieb den Zuckerrübenanbau fort.

Zur Haltung der Fruchtfolge bei anstehenden Quotenkürzungen hat der Betriebsleiter bereits zusätzliche Quotenrübenlieferrechte erworben. Ferner werden auf 1 ha Ethanolrüben angebaut. Die Zeichnung galt dem Betriebsleiter als Zukunftschance, andererseits wollte er damit den maximal zulässigen Fruchtfolgeanteil der Zuckerrübe von einem Drittel der Ackerfläche erreichen.

Der im Landkreis Ansbach liegende, im Haupterwerb geführte **Betrieb H** ist der größte der vier Zuckerrübenbaubetriebe. Auf einer Fläche von ca. 200 ha (davon 175 ha Pacht) werden 15 ha Raps, 80 ha Weizen, 40 ha Wintergerste und 40 ha Zuckerrüben kultiviert. Weitere 10 ha unterliegen der Dauerstilllegung, wobei der Betriebsleiter Raps als nachwachsenden Rohstoff anbaut.

Im Zuckerrübenanbau erledigt der Landwirt Saat sowie Unkraut- und Pflanzenschutz selbst, die Ernte ist überbetrieblich durch die Rodegemeinschaft organisiert, der Transport erfolgt (noch) durch eine Spedition. Der Ertrag liegt zwar nur bei 60 t/ha, allerdings weisen die Rüben aufgrund ergiebiger Sonneneinstrahlung einen hohen Zuckergehalt auf. Die Rüben werden im Werk Ochsenfurt (ca. 42 km Entfernung) verarbeitet. Der Betriebsleiter hält an der Zuckerrübe fest, da sie auch weiterhin einen hohen betrieblichen Stellenwert genießt und einen großen Einkommensbeitrag leistet.

In der Hoffnung auf einen steigenden Ethanolpreis und zum Ausgleich für anstehende Quotenkürzungen erfolgte zur Wahrung einer konstanten Fruchtfolge die Zeichnung von 250 t Ethanolrüben, was einer Fläche von 4 ha entspricht. Auf den Erwerb zusätzlicher Quotenrübenkontingente wurde indes verzichtet.

Die wichtigste Anpassungshandlung sah der Landwirt im betrieblichen Wachstum, um sein Einkommen unter den verschlechterten Rahmenbedingungen im Zuckerrübenanbau konstant zu halten. Da eine Betriebsvergrößerung vor Ort aufgrund des Mangels an Pachtflächen oder zu hoher Pachtpreise nicht möglich war, erwarb er zusammen mit einem Partner einen neuen ca. 400 ha großen Betrieb in den neuen Bundesländern als zweites Einkommensstandbein, in dem neben einer Haltung von Mutterkühen mit einem hohen Grünlandanteil ebenfalls Zuckerrüben, Weizen und Raps angebaut werden (vgl. Landwirte-Int. 1-8).

Allgemein lässt sich feststellen, dass das Hauptmotiv für eine Aufgabe des Zuckerrübenanbaus in den durch die ZMO-Reform verschlechterten Rahmenbedingungen des Zuckerrübenanbaus, gegebenenfalls unterstützt durch eine geringe betriebliche Bedeutung der Zuckerrübe sowie die Absicht einer arbeitswirtschaftlichen Erleichterung, besteht. Als notwendige Bedingung für die Aufgabe des Lieferrechts gilt für aktive Landwirte das Vorhandensein bzw. Erschließen betrieblicher Alternativen (z.B. regenerative Energien, Viehhaltung). Nimmt die Zuckerrübe dagegen einen hohen betrieblichen Stellenwert ein oder verursacht sie dem Landwirt aufgrund der guten überbetrieblichen Organisierung nicht zuviel Aufwand, indem sie „so mitläuft", wird der Zuckerrübenanbau fortgesetzt und der Fruchtfolgeanteil durch Erwerb zusätzlicher Quotenkontingente oder Ethanolrüben vor Marktrücknahmen und Quotenkürzungen abgesichert.

7 FAZIT UND AUSBLICK

In den Wirtschaftssystemen der westlichen Industrieländer genießt die Landwirtschaft einen ordnungspolitischen Ausnahmestatus. Dieser leitet sich aus sektorautochthonen Einkommens- und Anpassungsproblemen, die sie von anderen, industriellen oder tertiären Wirtschaftsbranchen deutlich unterscheiden, sowie ihrem Sonderstatus in Gesellschaft und Kultur ab. Um die allgemeine Versorgungssicherheit mit Nahrungsmitteln zu erhalten sowie den Landwirten als deren Produzenten ein angemessenes Einkommen zu garantieren, wird die Landwirtschaft nicht der Selbststeuerung eines freien Wettbewerbs überlassen, sondern weist ein hohes staatliches Stützungsniveau auf und ist regulierend-interventionistischen Eingriffen unterworfen. Einem derartigen Dirigismus liegt eine Politikanschauung zugrunde, welche dem Staat die Rolle des direkten und gezielten Eingreifens in die agrarwirtschaftlichen Erzeugungs- und Vermarktungsprozesse zuweist, ohne marktliche Mechanismen völlig auszuschalten. Symptomatisch für ein derartiges Agrarregime ist der Einsatz protektionistischer Instrumente.

Allgemein versteht sich Protektionismus als planmäßiger Schutz inländischer Wertschöpfungsbereiche vor ausländischer Konkurrenz durch Maßnahmen der Handelspolitik. Durch den in dieser Arbeit im Vordergrund stehenden Agrarprotektionismus werden die Agrarpreise künstlich verzerrt, als Garant für ein hohes inländisches Preisniveau der Außenhandel mit Agrarprodukten durch handelshemmende Maßnahmen manipuliert und dadurch ausländische landwirtschaftliche Produzenten auf dem Heimat- wie auch auf Drittmärkten bewusst und politisch gewollt diskriminiert.

Indoktriniert ist Agrarprotektionismus durch die Zielsetzung, die Landwirtschaft vor strukturellen Anpassungszwängen, die aus einem freien Spiel der Marktkräfte resultieren würden, zu schützen und den sich daraus ergebenden Schrumpfungsprozess zu verhindern, abzudämpfen oder zeitlich zu strecken. Das Spektrum der dafür eingesetzten Instrumente ist breit. Es reicht von Mindestpreisen mit Stützungspflicht und landwirtschaftlichen Direkt- bzw. Preisausgleichszahlungen über Zölle, Importkontingente, Exportsubventionen bis hin zu Verbraucherschutzbestimmungen durch sanitäre und phytosanitäre Vorschriften.

Eine protektionistisch ausgerichtete Agrarpolitik, die darauf ausgerichtet ist, die inländischen Agrarpreise über das sich bei einem freien Markt einpendelnde Niveau hinaus zu erhöhen und dieses gegen überlegene Wettbewerber aus dem Ausland durch handelshemmende Maßnahmen wirksam abzuschirmen, ruft eine Reihe einzel- und gesamtwirtschaftlicher Ineffizienzen und Fehlwirkungen hervor: Produktionsüberschüsse, die Zurückdrängung von unternehmerisch-marktorientiertem Denken und Handeln in der Landwirtschaft, die Fehlallokation von Ressourcen, eine in sozialer Hinsicht fragwürdige finanzielle Umverteilung, die Destabilisierung der Weltagrarmärkte sowie die Auslösung von Handelskonflikten stellen nur einige der unerwünschten Nebenwirkungen des Agrarprotektionismus dar. Dass diese von der Politik dennoch billigend in Kauf genommen werden, ist dem Umstand geschuldet, dass in den Industrieländern der Landwirtschaft ein großes gesellschaftliches und politisches Gewicht zufällt, das weit über ihre wirtschaftlich zu rechtfertigende Bedeutung hinausgeht.

Zur Erklärung der Anfälligkeit des Agrarsektors für protektionistische Maßnahmen und Regelungen nutzte diese Arbeit die Erkenntnisse der Politischen Ökonomie des Protektionismus. Danach ist für die Einführung agrarprotektionistischer Instrumente ein Potenzial zur Organisierung und Durchsetzung von Interessen ausschlaggebend, das auf Seiten der Protektionsnutznießer (Landwirte, Agrarverbände, vor- und nachgelagerte Industrien) wesentlich stärker als auf Seiten der Protektionsgegner (u. a. Steuerzahler und Verbraucher) ausgeprägt ist. Eine überlegene Organisationsfähigkeit sowie ein über unterschiedliche Kanäle vielfach erprobtes Konfliktpotenzial bewirken, dass sich die Politik unter Druck gesetzt bzw. in Versuchung geführt fühlt, dem Verlangen landwirtschaftlicher Interessengemeinschaften nach Protektion nachzugeben.

Ein besonders plastisches Beispiel für den Agrarprotektionismus in Industrieländern ist die Behandlung des sensiblen Agrarproduktes Zucker. Aufgrund seiner sich über mehrere Wirtschaftssektoren erstreckenden Bedeutung sowie der Tatsache, dass die Industrieländer in der Regel zwar über eine eigene Zuckerproduktion verfügen, dieser aber der Konkurrenz aus Entwicklungs- und Schwellenländern in den Herstellungskosten deutlich unterlegen ist, wird der Produktion von Zucker in allen Industrieländern ein sehr ausgeprägtes staatliches Protektionsengagement zuteil. Ein besonders hervorstechendes Beispiel dafür stellt die Zuckermarktordnung der Europäischen Union dar – ein kompliziertes System aus Produktionsquoten, Mindestpreisen, Zöllen und Ausfuhrsubventionen, das als Hochburg des europäischen Agrarprotektionismus und „Meisterstück" der EU-Agrarbürokratie gilt. Sie garantiert Landwirten und Zuckererzeugern hohe Preise, lässt eine freie Produktion und Preisbildung für Zucker nicht zu, verhindert eine an komparativen Vorteilen ausgerichtete Standortspezialisierung, verzerrt durch Subventionen und Zölle die Außenhandelsströme und trägt damit zu einer empfindlichen Störung des Gleichgewichts auf dem Weltzuckermarkt bei.

Dass sich dieses System fast 40 Jahre lang hartnäckig behaupten konnte, liegt zum einen an seiner scheinbaren Kostenneutralität, da es – im Unterschied zu anderen marktgeordneten Agrarprodukten – nicht vom Steuerzahler, sondern vom Verbraucher über überhöhte Preise finanziert wird, der sich durch die hohen Zuckerpreise aber nur gering belastet fühlt. Zum anderen ist der Einfluss von Anhängern und Gegnern dieses Systems extrem ungleich verteilt, da einem kleinen, hervorragend organisierten Interessenskartell aus Zuckerindustrie und Landwirtschaft die große, nur schwer mobilisierbare, durch die Zuckermarktordnung benachteiligte Gruppe an Verbrauchern und Zucker verarbeitenden Unternehmen entgegensteht. Im Gegensatz zu anderen Agrarprodukten wurden Zucker und Rübe daher lange Zeit von jeglichen agrarpolitischen Reformen ausgespart.

Dies änderte sich mit einem Urteil der Welthandelsorganisation (WTO), das auf Betreiben großer Zuckerrohr erzeugender Länder (u. a. Brasilien) wesentliche Elemente der EU-Zuckermarktordnung, vor allem die Praxis der Exportsubventionierung, als unvereinbar mit dem geltenden Welthandelsrecht einstufte. Parallel dazu gestattet eine 2001 ins Leben gerufene EU-Entwicklungsinitiative den ärmsten Ländern der Welt nach einer Übergangsfrist unbegrenzte Zuckerexporte in die EU.

Beide Entwicklungen zwangen die EU zu einer weitgehenden Korrektur ihrer Zuckermarktpolitik, welche sich in einer Reform ihrer Zuckermarktordnung niederschlägt. Diese zielt auf eine Senkung der Zucker- und Rübenpreise sowie eine Kürzung der Produktionsquoten für Zucker zur Drosselung von Überproduktion und Ausfuhren ab. Die Auswirkungen der Reform sind gravierend. Während die Zuckerindustrie unter einem verstärkten Margendruck gerät, eine Verschmälerung ihrer Verarbeitungsspanne hinnehmen muss sowie zur Schließung schlecht ausgelasteter Standorte der Zuckererzeugung gezwungen ist, sehen sich die Rüben anbauenden Landwirte mit gravierenden Einkommenseinbußen konfrontiert. Diese Folgen machen sich auch in Deutschland als einem der konkurrenzfähigsten Zuckererzeuger in der EU bemerkbar, was in dieser Arbeit am Beispiel von Südzucker als größtem europäischen Zuckerunternehmen und Bayern als wettbewerbsstärkster Rübenanbauregion Deutschlands herausgearbeitet wurde.

Zur Ergründung der Auswirkungen der Zuckermarktreform auf die betroffenen Akteure und zur Analyse der von ihnen ergriffenen Anpassungsmaßnahmen wurden leitfadengestützte Interviews mit ausgewählten Repräsentanten der bayerischen Zuckerwirtschaft (Südzucker, Landwirte, Verbände der Rübenanbauer) sowie unabhängigen Experten aus Ämtern und Behörden geführt.

Dabei lässt sich feststellen, dass das Anpassungsspektrum der Zuckerindustrie sehr breit gefächert ist. Es reicht von der Konstruktion eines neuen Liefer- und Bezahlsystems für Zuckerrüben über die Schließung unbefriedigend ausgelasteter Zuckerfabriken – was am Beispiel des Standortes Regensburg ausführlich thematisiert wurde – , die freiwillige Aufgabe von Produktionsquoten und die Senkung der Frachtkosten bis zur Nutzung neuartiger Zuckerproduktionsmöglichkeiten (Industriezucker). Hinzu kommen strategische Überlegungen zur Erschließung ausländischer Zuckermärkte sowie der Ausbau der Nichtzuckergeschäftsbereiche, unter denen der Erzeugung von Bioethanol ein besonderes Augenmerk zuteil wird. Obwohl das Unternehmen Südzucker durch die Reform herbe Einschnitte in Produktion und Umsatz hinnehmen muss, scheint es aufgrund dieser Fülle an Maßnahmen auf einen reformierten, neu geordneten Zuckermarkt in Europa recht gut vorbereitet zu sein.

Dagegen bleibt den Landwirten lediglich die Wahl zwischen der Einstellung und Fortführung des Zuckerrübenanbaus. Dabei wurde deutlich, dass es zum Rückzug aus dem Zuckerrübenanbau nur dann kommt, wenn der betriebliche Stellenwert der Zuckerrübe gering ist, eine Fortsetzung des Anbaus aufgrund der verschlechterten Rahmenbedingungen als nicht lohnenswert angesehen wird, der Betrieb sich auf einem Ungunststandort (schlechte Rübenerträge, weite Fabrikentfernung) befindet oder betriebliche Alternativen zur Einkommenserzielung (z.B. regenerative Energieerzeugung, Viehhaltung) erschlossen werden. Solchen Betrieben bietet die ZMO-Reform eine geeignete Ausstiegsmöglichkeit, da sie für die Aufgabe bzw. den Verkauf ihres Lieferrechts eine Entschädigung bzw. einen Erlös erhalten, der zur Finanzierung von Investitionen in andere Betriebsbereiche dienen kann.

Halten die Landwirte dagegen an der Zuckerrübe fest, müssen sie angesichts der massiven Rübenpreissenkung geeignete Maßnahmen treffen, um die Kosten des Rübenanbaus zu senken (z.B. durch Eingehen oder Ausbau betrieblicher Kooperationen). Zur Wahrung einer konstanten Fruchtfolge bei anstehenden Marktrücknahmen oder Quotenkürzungen bietet sich der Erwerb zusätzlicher Lieferrechte für Quoten- oder Ethanolrüben an. Sind die reformbedingten Einkommensverluste zu groß und existieren gleichzeitig keine betrieblichen Einkommensalternativen, bleibt letztendlich der Gang in den Nebenerwerb, der durch die hervorragende überbetriebliche Organisierung des Rübenanbaus erleichtert wird.

Als Ergebnis lässt sich festhalten, dass in Bayern die Mehrzahl der Rübenanbauer auch in Zukunft am Zuckerrübenanbau festhält. Dies ist auf die überdurchschnittlich hohen Erträge, welche die überlegene Position der Zuckerrübe im Wettbewerb mit anderen Ackerfrüchten trotz der starken Preissenkungen vor allem in den Kerngebieten des Zuckerrübenanbaus unangetastet lassen, die aufgrund der guten Anbaukonzentration verhältnismäßig niedrigen Frachtentfernungen sowie die lange Tradition des Zuckerrübenanbaus und die besondere Bindung der Landwirte an die Zuckerrübe zurückzuführen.

Gleichwohl löst die Reform bestimmte raumstrukturelle Veränderungen im Zuckerrübenanbau aus. Durch ein Wandern der Rübenquoten in Regionen mit hohen Erträgen und geringen Frachtentfernungen kommt es zu einer verstärkten Konzentration des Zuckerrübenanbaus in den klassischen Kern- bzw. Gunstlagen wie vor allem Niederbayern, Mittelschwaben, der südlichen Oberpfalz sowie dem südlichen Unterfranken. Dagegen könnten periphere Anbauregionen mit relativ niedrigen Erträgen und weiten Entfernungen wie das Chiemgau, das Unterallgäu, das östliche Schwaben sowie die nördlichen Regionen in Ober- und Unterfranken aus dem Zuckerrübenanbau ausscheiden. Da es vor allem kleinere Betriebe sein dürften, die sich von der Zuckerrübe trennen, beschleunigt die Zuckermarktreform zudem den allgemeinen landwirtschaftlichen Strukturwandel, der durch den Trend einer stetigen Vergrößerung der Betriebsgrößen zum Ausdruck kommt.

Nimmt man abschließend eine Beurteilung zur Frage, inwieweit sich der protektionistische Grundcharakter der EU-Zuckermarktpolitik durch die Reform geändert hat, vor, lässt sich feststellen, dass durch die starke Preissenkung und den weitgehenden Rückzug der EU aus dem Zuckerexportgeschäft die der EU in der Vergangenheit von Drittländern immer wieder vorgeworfene negative Beeinträchtigung des Weltmarktes durch subventionierte Ausfuhren praktisch zum Erliegen gekommen ist und auf der Ausfuhrseite daher ein deutlicher Protektionsabbau zu verzeichnen ist. Auf der Einfuhrseite bleiben die hohen Zollschranken dagegen weiterhin bestehen, so dass nichtpräferenzierte Drittländer von einer Belieferung des EU-Binnenmarktes nach wie vor abgeschnitten bleiben.

Unklar ist indes, wie es nach dem Auslaufen der reformierten Marktordnung im Jahr 2015 weitergeht. Aller Voraussicht nach scheint nur festzustehen, dass ein gewisser Außenschutz durch Zölle erhalten bleiben wird. Zwar gerät die EU immer mehr in Bedrängnis, im Rahmen multi- oder bilateraler Handelsgespräche Zugeständnisse in der Landwirtschaft zu machen und auch die europäische Industrie, die durch eine protektionistische Agrarpolitik ihre Exportchancen gefährdet sieht, übt erheblichen Druck auf die Öffnung der europäischen Agrarmärkte für Drittländer aus, um im Gegenzug den Marktzugang zu diesen Ländern für die eigenen Produkte zu erzielen. Die Landwirtschaft und insbesondere der Zuckermarkt werden dadurch zum Spielball handelspolitischer Interessen. Dennoch scheint ein Abbau des Außenschutzes unwahrscheinlich. Ohne ihn wären große Teile der europäischen Landwirtschaft nicht wettbewerbsfähig und die Zuckerproduktion in Europa unter Weltmarktbedingungen eine Utopie. Die europäische Rübenzuckerproduktion hätte gegen Zuckerimporte aus kostengünstiger produzierenden Ländern wie vor allem Brasilien, wo Zucker unter ökologisch und sozial fragwürdigen Bedingungen hergestellt wird, keine Chance. Für einen ausreichenden Zollschutz spielt in diesem Zusammenhang auch der Aspekt der Versorgungssicherheit eine große Rolle. Ließe die EU über einen weitgehenden Abbau der Außenprotektion es zu, dass die Rübenzuckererzeugung aus Europa verschwindet, würde sie sich in die Abhängigkeit von Zuckerimporten aus wenigen Zuckerrohr produzierenden Ländern begeben. Sollte es dort aufgrund ungünstiger Witterungsverhältnisse oder Wasserknappheit zu Missernten kommen oder notwendige Transportkapazitäten wegfallen, stünde die Zuckerversorgung der EU auf dem Spiel. Diese sollte daher durch vernünftig hohe Preise und einen angemessenen Außenschutz eine Eigenversorgung sicherstellen.

Im Gegensatz zum Zoll ist die Zukunft des länderspezifischen Quotensystems sehr ungewiss. Dieses wird inzwischen als bürokratisch-planwirtschaftliches Strukturhemmnis aus der Zeit der alten europäischen Agrarpolitik angesehen. Weil ferner im Zuge der Reformierung des EU-Milchmarktes die Abschaffung der Milchquote als einziges mit der Zuckermarktordnung vergleichbares Quotensystem geplant ist, dürfte sich die Zuckerquote nur schwerlich behaupten, da die EU langfristig eine insgesamt liberalere Ausrichtung der Gemeinsamen Agrarpolitik und eine Harmonisierung der einzelnen Marktordnungssysteme anstrebt.

Eine neue Marktordnung für die Zeit nach 2015 könnte dann nur noch einen Außenschutz, aber keine Quotenregelung mehr enthalten. Die Folge wäre eine erhebliche Intensivierung des Wettbewerbs zwischen den Zucker erzeugenden Mitgliedsstaaten der EU. Die Rüben- bzw. Zuckerproduktion würde aus vielen Regionen verschwinden und sich auf wenige Gunsträume zurückziehen, unter denen sich wegen der hohen Rüben- und Zuckererträge sowie einer günstigen fabriknahen Anbaustruktur die Kernregionen des bayerischen Zuckerrübenanbaus aber an vorderster Stelle befinden würden:

„Wenn es in Europa zukünftig noch Rüben gibt, dann gibt es sie in Bayern" (vgl. AB-Int. 1).

Nach diesem Ausblick sei auf den Beitrag der untersuchten Fragestellung für das fachliche und methodische Verständnis der Wirtschaftsgeographie hingewiesen. Aus **fachlicher Sicht** lässt sich das praxisbezogene und integrative Verknüpfungspotenzial der wirtschaftsgeographischen Disziplin ablesen. An der Schnittstelle zwischen wirtschaftswissenschaftlicher und geographischer/geowissenschaftlicher Forschung angesiedelt, untersucht diese das Verhältnis von Wirtschaft und Raum, im vorliegendem Fall den Einfluss des politökonomisch gesteuerten Regelungsmechanismus der EU-Zuckermarktpolitik auf das betriebswirtschaftliche Handeln von Zuckerindustrie und Landwirtschaft sowie das raumstrukturelle Wirkungsgefüge dieser Akteure. Letzteres zeigt sich in den durch die Zuckermarktreform ausgelösten Veränderungen der Standort-, Produktions- und Anbaustrukturen in der Zuckerwirtschaft sowohl auf der regionalen Ebene, was am Beispiel Bayerns gezeigt werden konnte, als auch im internationalen Kontext, wenn man die Betrachtung um die veränderten Rahmenbedingungen der Zuckererzeugung in Drittländern, insbesondere Zucker produzierenden Entwicklungsländern, erweitern würde.

Der Umstand, dass die EU-Zuckermarktpolitik und ihre Reform ein länderübergreifendes, gleichsam interessengebundenes wie -abhängiges Politikum darstellen, macht indes deutlich, dass die Wirtschaftsgeographie auch Schnittstellen zu anderen Disziplinen im weiteren Feld der Sozialwissenschaften, hier insbesondere der Politischen Wissenschaften, aufweist.

Aus **methodischer Sicht** trägt die Untersuchung zur forschungsbezogenen Anwendbarkeit des Ansatzes der relationalen Wirtschaftsgeographie (vgl. Kap. 1.2.1) bei, dessen Augenmerk auf der Beachtung des gesellschaftlichen, soziokulturellen, aber auch politischen Umfelds der handelnden Akteure und deren Einbindung in selbiges liegt. Zuckerindustrie und Landwirtschaft operieren demnach in einem marktordnungspolitisch strukturierten Handlungsraum, dessen reformbedingte Umgestaltung raumstrukturelle Veränderungen in den Produktionsprozessen für Zucker und Zuckerrüben auslöst, welche sich als akteursgebundene Effekte in räumlicher Perspektive deuten lassen. Die drei Grundpfeiler eines relationalen Verständnisses der Wirtschaftsgeographie (Kontextualität, Pfadabhängigkeit und Kontingenz) ließen sich auf den Untersuchungsgegenstand adäquat anwenden:

> ➢ Die **Kontextualität** brachte die lange Zeit vorherrschende Politikanschauung zum Ausdruck, nach der sich Zuckerindustrie und Landwirtschaft Jahrzehnte

lang nicht den Erfordernissen von Wettbewerb und Markt beugen mussten und die letztlich dafür ursächlich ist, dass Zucker- und Rübenerzeuger von der Reform, die einschneidende und weit reichende Auswirkungen nach sie zieht, hart getroffen werden.

➤ Die **Pfadabhängigkeit** charakterisiert die Reform des europäischen Zuckermarktes als Station entlang eines historischen Entwicklungsprozesses, der aufgrund ökonomischer Fehlentwicklungen und außenwirtschaftlicher Zwänge (WTO-Urteil, LDC-Initiative der EU) den Abbau von Protektion und die langsame Etablierung von markt- und wettbewerbsorientierten Steuerungsmechanismen beschreibt.

➤ Die **Kontingenz** macht indes deutlich, dass das Verhalten zur Anpassung an die Reform insbesondere der Landwirte keinen deterministischen Gesetzmäßigkeiten und Wirkungszusammenhängen folgt, sondern sich nach den betriebsindividuellen und standortspezifischen Ausgangsvoraussetzungen richtet, so dass künftig mehrere oder neue Entwicklungspfade beschritten werden können.

Die Untersuchung trägt ferner zur Überwindung eines Defizits des noch vergleichsweise jungen Forschungsansatzes der relationalen Wirtschaftsgeographie, nämlich der nur sehr abstrakten Betonung von Institutionen als allgemeine Spielregeln zur Schaffung und Wahrung einer sozialen oder wirtschaftlichen Ordnung (vgl. Kap. 1.2.2), bei. Die Thematisierung und Diskussion der EU-Zuckermarktordnung als formelle Institution agrarökonomischer Handlungen bringt zum Ausdruck, dass wirtschaftliches Handeln nicht nur durch eine institutionelle Struktur reguliert wird, sondern auch wie diese den Handlungsradius der Akteure (hier Landwirtschaft und Zuckerindustrie) spezifisch organisiert und steuert.

Abschließend seien kurz weitere wirtschaftsgeographische Forschungsfelder aufgezeigt, die sich – auf den fachlichen und methodischen Erkenntnissen der vorliegenden Untersuchung aufbauend – im Zusammenhang mit der EU-Zuckermarktpolitik ergeben. Tendenziell löst die Reform der ZMO eine Wanderung der Rübenlieferkontingente in Richtung der Gunststandorte des Zuckerrübenanbaus mit hohen Hektarerträgen und/oder geringen Fabrikentfernungen aus und begünstigt dort eine räumliche Konzentration der Zuckerrübenproduktion. Beschleunigt werden dürfte dieser Prozess ganz wesentlich, wenn die Zuckerfabriken die Landwirte nach Auslaufen der aktuellen Marktordnung an den Frachtkosten für Quotenrüben beteiligen oder diese gar ganz auf sie überwälzen sollten. Aus wirtschaftsgeographischer Betrachtungsperspektive interessant wäre dann die Analyse der agrar- und raumstrukturellen Veränderungen innerhalb der Gunstregionen, welche die Quotenzuwanderung mit sich bringt. Da im Zuckerrübenanbau ein Anteil an der Fruchtfolge von maximal einem Drittel einzuhalten ist, gilt es zu analysieren, ob die zusätzlichen Lieferkontingente über ein flächenmäßiges Wachstum der Betriebe oder über entsprechende Verdrängungseffekte innerhalb der Fruchtfolge integriert werden. Zusätzlich wären die ökologischen Effekte durch eine Intensivierung des Zuckerrübenanbaus innerhalb der Gunsträume zu untersuchen.

Eine weitere interessante Fragestellung, die an der Schnittstelle zwischen Agrar- und Ressourcengeographie angesiedelt ist, stellt die Beurteilung der Perspektive der Ethanolrübe dar, deren Anbauwürdigkeit von einem ganzen Bündel von Faktoren abhängig ist. Hierzu gehören die Entwicklung des Ethanolpreises, der sich nach dem Bestreben richtet, die immer teurer werdende Ressource Erdöl zu ersetzen, die Ausrichtung staatlicher Rahmenbedingungen zur Förderung des Bioethanolabsatzes, die Preisentwicklung alternativer, mit der Ethanolrübe konkurrierender Kulturen sowie aufgrund der Frachtbeteiligung der Landwirte die Entfernung zur nächsten Zuckerfabrik.

Schließlich wäre der Frage nachzugehen, wie es nach dem Auslaufen der neuen ZMO im Jahr 2015 weitergeht. Wie bereits geschildert, ist dann mit der Abschaffung des länderspezifischen Quotensystems zu rechnen – auch wenn die Zuckerfabriken den Bezug der Zuckerrüben auch weiterhin durch Lieferrechte regeln dürften. Das Ende der Quoten würde aber unweigerlich ein Sinken der Zucker- und Rübenpreise nach sich ziehen, dadurch den Rückzug des Zuckerrübenanbaus aus der Fläche in die Gunstregionen beschleunigen und den Wettbewerb zwischen diesen deutlich verschärfen. In diesem Zusammenhang würde es sich anbieten, eine länderübergreifende Analyse zum Vergleich wettbewerbsrelevanter Faktoren der Zuckererzeugung (Rübenerträge, Zuckergehalte, Transportentfernungen, Organisation des Zuckerrübenanbaus etc.) zwischen den einzelnen Gunstregionen durchzuführen.

LITERATUR

ACP-GROUP (2005): The ACP Countries and the Reform of the EU Sugar Regime (http://www.acpsec.org/en/press_releases/sugar_group_22-06-05.htm). Abgerufen am 15. Januar 2008.

ADENÄUER, MARCEL (2005): Reform of the CMO Sugar – Impacts on European Agriculture. Paper presented on the 8th Annual Conference on Global Economic Analysis of the GTAP consortium, Lübeck, June 9th. – 11th. 2005. Bonn.

AGARWAL, JAMUNA P; DIPPL, MARTIN; LANGHAMMER, ROLF (1985): EC Trade Policies Towards Associated Developing Countries – Barriers to Success (= Kieler Studien, Band 193). Tübingen.

AHLFELD, HELMUT (2007): Zerstobene Träume. Der Weltmarkt für Zucker enttäuscht. In: Die Zuckerrüben Zeitung (DZZ), Nr. 4/2007, S. 5.

ALSING, INGRID (2002): Lexikon Landwirtschaft. Stuttgart.

ALTMANN, JÖRN (1993): Außenwirtschaft für Unternehmen: Europäischer Binnenmarkt und Weltmarkt. Stuttgart.

ANDEREGG, RALPH (1999): Grundzüge der Agrarpolitik. München.

ANDRES, WOLFGANG; SCHENK, WINFRIED (2002): Kulturlandschaften – Archive der Vergangenheit oder Wirtschaftsräume der Gegenwart?. In: Eckart Ehlers und Hartmut Leser (Hrsg.): Geographie heute – für die Welt von morgen. Gotha, S. 67-74.

ANTLE, JOHN M. (1996): Why is World Agriculture Still in Disarray. In: John M. Antle und Daniel A. Summer (Eds.): Papers in Honor of D. Gale Johnson. The Economics of Agriculture. Vol. 2. Chicago, S. 400-419.

ARNOLD, ADOLF (1997): Allgemeine Agrargeographie. Gotha.

ASW [Arbeitsgemeinschaft Solidarische Welt e. V.] (2006): Brasiliens Zucker erobert den Weltmarkt. Die Abschottung des europäischen Zuckermarktes kommt ins Wanken (http://www.solidarische-welt.de/sw189/zucker.shtml). Abgerufen am 4. Juli 2007.

AUSSENWIRTSCHAFT (2005): Das Ende der süßen Jahre. Nr. 8/2005, S. 13-15.

AUSTRUP, GERHARD; QUACK, ULRICH (1997): Norwegen (= Becksche Reihe Länder, Band 828). 2. Aufl. München.

BALDENHÖFER, KURT (1999): Lexikon des Agrarraums. Gotha.

BALDWIN, ROBERT E. (1989): The Political Economy of Trade Policy. In: Journal of Economic Perspectives, Vol. 3, No. 4, S. 119-135.

BARNES, TREVOR J.; GERTLER, MERIC S. [Eds.] (1999): The new industrial geography: regions, regulation and institutions. London/New York.

BARTLING, HARTWIG (1984): Landwirtschaft. In: Peter Oberender (Hrsg.): Marktstruktur und Wettbewerb in der Bundesrepublik Deutschland. Branchenstudien zur deutschen Volkswirtschaft. München, S. 1-51.

BASLER, ALOIS (1980): Selbstbeschränkungsabkommen als handelspolitisches Instrument (= Arbeitsbericht 80/4 des Instituts für landwirtschaftliche Marktforschung der Bundesforschungsanstalt für Landwirtschaft). Braunschweig.

BASLER, ALOIS (2001): Handelspolitische Flankierung der Agrarumweltpolitik – Ansatzpunkte und Grenzen. In: Berichte über Landwirtschaft, Band 79, S. 466-484.

BATHELT, HARALD; GLÜCKLER, JOHANNES (2002): Wirtschaftsgeographie. Ökonomische Beziehungen in räumlicher Perspektive. Stuttgart.

BATHELT, HARALD; GLÜCKLER, JOHANNES (2003): Zur Bedeutung von Ressourcen in der relationalen Wirtschaftsgeographie. Von einer substanzialistischen zu einer relationalen Perspektive. In: Zeitschrift für Wirtschaftsgeographie, 47. Jg., Nr. 3/4, S. 249-267.

BAXA, JAKOB; BRUHNS, GUNTWIN (1967): Zucker im Leben der Völker – Eine Kultur- und Wirtschaftsgeschichte. Berlin.

BECK, THOMAS; SCHAEPPI, WERNER (2006): Von innen heraus verstehen: Theoretical Sampling – ein neues Stichprobenverfahren bringt Mehrwerte in die qualitative Marketingforschung. In: Jahrbuch des Verbandes Schweizer Markt- und Sozialforscher 2006. Cham, S. 4-6.

BECKER, HANS (1998): Allgemeine Historische Agrargeographie. Stuttgart.

BEHRENDS, SYLKE (2001): Neue Politische Ökonomie. München.

BERGHÄUSER, JÜRGEN; COENEN, HANS; MEIER, RICHARD; OLBRICH, HUBERT; REUTER, GERALD (1983): Zucker – Die Geschichte und die wirtschaftliche Entwicklung eines Grundnahrungsmittels. Düsseldorf.

BEISE, MARC; OPPERMANN, THOMAS; SANDER, GERALD G. (1998): Grauzonen im Welthandel – Protektionismus unter dem alten GATT als Herausforderung an die neue WTO. Baden-Baden.

BENDER, DIETER (1996): Die Entwicklungsländer in der neuen Welthandelsorganisation. In: Michael Frenkel und Dieter Bender (Hrsg.): GATT und neue Welthandelsordnung. Wiesbaden, S. 121-147.

BENDER, DIETER (2003): Internationaler Handel. In: Dieter Bender et al. (Hrsg.): Vahlens Kompendium der Wirtschaftstheorie und Wirtschaftspolitik, Band 1. 8. Aufl. München, S. 475-560.

BERG, HARTMUT (1995): Außenwirtschaftspolitik. In: Dieter Bender et al. (Hrsg.): Vahlens Kompendium der Wirtschaftstheorie und Wirtschaftspolitik, Band 2. 6. Aufl. München, S. 461-507.

BERTSCH, KARL (1949): Geschichte unserer Kulturpflanzen. 2. Aufl. Stuttgart.

BICKERT, CHRISTIAN (2007a): Quotenkürzung auch bei uns?. In: DLG-Mitteilungen, Nr. 5/2007, S. 66-68.

BICKERT, CHRISTIAN (2007b): Aussteigen oder Weitermachen?. In: DLG-Mitteilungen, Nr. 9/2007, S. 58-59.

BLE [Bundesanstalt für Landwirtschaft und Ernährung] (2006): Wir über uns (http://www.ble.de/index.cfm/57017737879E4B2381CD1A3B3C901355). Abgerufen am 16.April 2007.

BLUME, HELMUT (1985): Geography of Sugar Cane. Berlin.

BMELF [Bundesministerium für Ernährung, Landwirtschaft und Forsten] (1994): Unsere Landwirtschaft im Wandel. Bonn.

BMELV [Bundesministerium für Ernährung, Landwirtschaft und Verbraucherschutz] (2006): Die EU-Agrarreform – Umsetzung in Deutschland. Ausgabe 2006. Berlin.

BMELV [Bundesministerium für Ernährung, Landwirtschaft und Verbraucherschutz] (2007): Agrarpolitischer Bericht der Bundesregierung 2007. Berlin.

BÖCKENHOFF, EWALD (1987): Die Agrarmarktordnungen nach 1945. In: Hans Pohl (Hrsg.): Die Auswirkungen von Zöllen und anderen Handelshemmnissen auf Wirtschaft und Gesellschaft vom Mittelalter bis zur Gegenwart. Referate der 11. Arbeitstagung der Gesellschaft für Sozial- und Wirtschaftsgeschichte vom 9. bis 13. April 1985 in Hohenheim. Stuttgart, S. 370-379.

BONNIEUX, FRANCOIS; RAINELLI, PIERRE (2002): Economics and the interface between agriculture and nature. In: Floor Brouwer und Jan van der Straaten (Eds.): Nature and Agriculture in the European Union: New Perspectives that Shape the European Countryside. Northampton, S. 19-39.

BORCHERDT, CHRISTOPH (1996): Agrargeographie. Stuttgart.

BORTZ, JÜRGEN; DÖRING, NICOLA (2002): Forschungsmethoden der Evaluation. 3. Aufl. Berlin et al.

BÖTTCHER, JÜRGEN (2007): Rübe als Rohstoff. In: Die Zuckerrüben Zeitung (DZZ), Nr. 6/2007, S. 6.

BRÜCK, EDMUND (2007): E-85 Tankstellen Strategie. Präsentation und Vortrag im Rahmen des C.A.R.M.E.N. Fachkongresses „E-85 – Kraftstoff vom Acker" am 19.10.2007. Straubing.

BRÜGGEMANN, CHRISTIAN (2006): Mehr Rüben, wenn Brüssel nicht bremst. In: Top Agrar, Nr. 11/2006, S. 44-46.

BRÜNTRUP, MICHAEL (2005): Between Protecionism, Poverty Orientation, and Market Efficiency: Reform of the EU Sugar Market Organization (= German Development Institute, Briefing Paper 8/2005). Bonn.

BRÜNTRUP, MICHAEL (2006): Everything But Arms (EBA) and the EU-Sugar Market Reform – Development Gift or Trojan Horse? (= German Development Institute, Discussion Paper 10/2006). Bonn.

BRÜNTRUP, MARKUS; LANJE, KERSTIN (2006): Preference Erosion in Multilateral Negotiations – The Example of the European Sugar Sector. Documentation of the
Discussion Forum in Hong Kong on December 14th. 2005. Bonn.

BRÜSEMEISTER, THOMAS (2000): Qualitative Forschung. Ein Überblick. Wiesbaden.

BUJARD, HELMUT (1974): Der deutsche Interessenseinfluß auf die EWG-
Zuckerpolitik. Entstehung und Auswirkung der Zuckermarktordnung. Frankfurt
a. M.

BUNTZEL, RUDOLF; DRÄGER DE TERAN, TANJA (2006): Die Zuckermarktreform der
EU und ihre Konsequenzen (= Forum Umwelt und Entwicklung). Bonn.

BURISCH, RANDOLF (2006): Der Weltzuckermarkt ohne EU-Exporte. In: Die Zuckerrüben Zeitung (DZZ), Nr. 5/2006, S. 6.

BURISCH, RANDOLF (2007): Abschied vom Weltmarkt. In: Die Zuckerrüben Zeitung
(DZZ), Nr. 2/2007, S. 4.

BUSSE, MATTHIAS; JEROSCH, FRANZISKA (2006): Reform of the EU Sugar Market. In:
Intereconomics, March/April 2006, S. 104-107.

CORDEN, W. MAX (1974): Trade Policy and Economic Welfare. Oxford.

CORVES, CHRISTOPH (2004): Die Europäische Union im Weltmarkt für Zucker. In:
Geographische Rundschau, 56. Jg., Nr. 11, S. 42-48.

CPE [European Farmers Coordination] (2005): Another Reform of the European Sugar
Market Organisation is needed (http://www.cpefarmers.
org/w3/article.php3?id_article=66). Abgerufen am 15. Januar 2008.

CRAMON-TAUBADEL, STEPHAN VON (1991): Die Bedeutung des GATT im
Welt(agrar)handel unter Berücksichtigung früherer Verhandlungsrunden. In:
Verein für Agrarwirtschaft e.V. (Hrsg.): GATT-Prüfstand für die Agrarpolitik –
Durchbruch oder Sackgasse bei den strittigen Agrarfragen? (= Tagungsband der
agrarpolitischen Wintertagung vom 22. bis 23.2.1991, Bonn-Röttgen). Bonn, S.
9-21.

CRAMON-TAUBADEL, STEPHAN VON (2005): Die Auswirkungen der Vorschläge der
EU-Kommission zur Reform der Zuckermarktordnung auf Konsumenten und
Steuerzahler. In: Joachim Lange (Hrsg.): Zucker: Markt oder Ordnung? Die Re-
form der EU-Zuckermarktordnung (= Loccumer Protokolle 04/05). Rehburg-
Loccum, S. 69-83.

CROPENERGIES (2007a): Bioethanol Report. Mannheim.

CROPENERGIES (2007b): Zwischenbericht Geschäftsjahr 2007/08. Mannheim.

DECKER, CLAUDIA (2002): Handelskonflikte der USA mit der EU seit 1985 – Eine
Studie des Reziprozitätsprinzips in der US-Außenhandelspolitik (= Schriften zur
Wirtschafts- und Sozialgeschichte, Band 70). Berlin.

DEMIRELLI, TIRAJE (1995): Europäische Agrarpolitik im Spannungsfeld zwischen der
EG und den USA im Rahmen des GATT. In: Gisela Mevissen und Arsene Verny
(Hrsg.): Europäische Essays, Band 1. Berlin, S. 45-70.

DEUTSCHER BAUERNVERBAND (2002): Situationsbericht. Trends und Fakten zur Landwirtschaft, jährlich. Bonn.

DEUTSCHER BAUERNVERBAND (2006): Situationsbericht. Trends und Fakten zur Landwirtschaft, jährlich. Bonn.

DEUTSCHER BAUERNVERBAND, ARBEITSGEMEINSCHAFT DEUTSCHER RÜBENBAUER-VERBÄNDE, WIRTSCHAFTLICHE VEREINIGUNG ZUCKER (2006): Reform der Zuckermarktordnung. Fragen und Antworten der Praxis. Berlin.

DIECKHEUER, GUSTAV (2001): Internationale Wirtschaftsbeziehungen. 5. Aufl. München.

DIEPENBROCK, WULF; FISCHBECK, GERHARD; HEYLAND, KLAUS-ULRICH; KNAUER, NORBERT (1999): Spezieller Pflanzenbau. 3. Aufl. Stuttgart.

DIEPENBROCK, WULF; ELLMER, FRANK; LÉON, JENS (2005): Ackerbau, Pflanzenbau und Pflanzenzüchtung. Grundwissen Bachelor. Stuttgart.

DLG-MITTEILUNGEN (2007): Wie stark wird die Quote gekürzt?. Nr. 2/2007, S. 78f.

DOLUSCHITZ, RAINER (1997): Unternehmensführung in der Landwirtschaft. Stuttgart.

DORSCH, MATTHIAS (2007): Die Wirtschaftlichkeit entscheidet! Ethanolrübe und ihre Konkurrenz im Feld – unter fränkischen Verhältnissen. In: Die Zuckerrüben Zeitung (DZZ), Nr. 5/2007, S. 10.

DÜNCKMANN, FLORIAN (2004): Weltagrarhandel und die WTO – Gründe für das Scheitern der Welthandelskonferenz in Cancún. In: Geographische Rundschau, 56. Jg., Nr. 5, S. 63-68.

DURTH, RAINER; KÖRNER, HEIKO; MICHAELOWA, KATHARINA (2002): Neue Entwicklungsökonomik. Stuttgart.

DZZ [Die Zuckerrüben Zeitung] (1998): „Durch nichts zu ersetzen"! Argumente zur europäischen Zuckermarktordnung. Zuckerrübenmagazin Nr. 23/April 1998.

DZZ [Die Zuckerrüben Zeitung] (2003a): Zucker und seine Varianten. Zuckerrübenmagazin Nr. 34/September 2003.

DZZ [Die Zuckerrüben Zeitung] (2003b): Gemeinsam handeln: Die Zuckermarktordnung der Europäischen Union. Zuckerrübenmagazin Nr. 35/Dezember 2003.

DZZ [Die Zuckerrüben Zeitung] (2004): Verantwortung übernehmen: Europäische Zuckerpolitik und Entwicklungsländer. Zuckerrübenmagazin Nr. 36/Januar 2004.

DZZ [Die Zuckerüben Zeitung] (2006): Zuckermarkt. Zuckerrübenmagazin Nr. 39/Juni 2006.

DZZ [Die Zuckerüben Zeitung] (2007a): Marktrücknahme um 13,5%. Nr. 2/2007, S. 1.

DZZ [Die Zuckerüben Zeitung] (2007b): Verbesserung des Strukturfonds. Nr. 4/2007, S. 2.

DZZ [Die Zuckerüben Zeitung] (2007c): Freiwillige Rückgabe von Vertragsrüben. Eine Herausforderung für Rübenanbauer und Zuckerindustrie. Nr. 5/2007, S. 5.

DZZ [Die Zuckerrüben Zeitung] (2007d): Märkte für Zucker und Ethanol. Zuckerrübenmagazin Nr. 40/Dezember 2007.

DZZ [Die Zuckerüben Zeitung] (2007e): Rübe als Ethanol-Rohstoff. Nr. 5/2007, S. 4.

DZZ [Die Zuckerüben Zeitung] (2007f): Lieferrecht E erfordert Durchhaltevermögen. Nr. 5/2007, S. 3.

EBSTER, CLAUS; STALZER, LIESELOTTE (2003): Wissenschaftliches Arbeiten für Wirtschafts- und Sozialwissenschaftler. 2. Aufl. Wien.

ECKART, KARL (1998): Agrargeographie Deutschlands. Gotha.

EED [Evangelischer Entwicklungsdienst] (2004): Die Reform der EU-Zuckermarktordnung. Eine Einführung aus agrar- und entwicklungspolitischer Sicht. Bonn.

EGGER, URS (1989): Agrarstrategien in verschiedenen Wirtschaftssystemen. Zürich.

EGGER, URS; RIEDER, PETER; CLEMENZ, DANIELA (1992): Internationale Agrarmärkte. Zürich.

EL-SHAGI, EL-SHAGI (1993): Protektionismus. In: Gabler Wirtschaftslexikon. 14. Aufl. Wiesbaden, S. 2700 – 2708.

ELSMANN, HENNING (1975): Die Marktordnung für Zucker (= Studien zum internationalen Wirtschaftsrecht und Atomenergierecht, Band 55). Göttingen.

ERDMANN-KEEFER, VERA (1991): Agrarhandelskonflikte EG-USA. Analyse eines Dauerproblems. Kehl.

ERNÄHRUNGSDIENST (2007a): Akteure am Weltzuckermarkt 2006/07. Nr. 2, 10. Januar 2007, S. 3

ERNÄHRUNGSDIENST (2007b): Zuckerpreis gedeckelt. Nr. 2, 10. Januar 2007, S. 1.

ERNÄHRUNGSDIENST (2007c): Stimmen für Milchlieferstreik. Nr. 8, 31. Januar 2007, S. 1.

ERNÄHRUNGSDIENST (2007d): Zucker für chemische Industrie. Nr. 11, 10. Februar 2007, S. 2.

ERNÄHRUNGSDIENST (2007e): Zuckerquote fest im Griff. Nr. 7, 27. Januar 2007, S. 1.

ERNÄHRUNGSDIENST (2007f): Saint Louis Sucre schließt Zuckerfabrik. Email-Newsletter vom 1. November 2007.

ERNÄHRUNGSDIENST (2007g): Südzucker steigt in Brasilien ein. Nr. 60, 11. August 2007, S. 4.

ETHIER, WILFRIED (1997): Moderne Außenwirtschaftstheorie. 4. Aufl. München.

EUROPÄISCHE KOMMISSION (2003a): Sugar. International Analysis. Production Structures within the EU. Brüssel.

EUROPÄISCHE KOMMISSION (2003b): Vervollständigung des Modells einer nachhaltigen Landwirtschaft für Europa durch die Reform der GAP – Tabak, Olivenöl, Baumwolle und Zucker. Brüssel.

EUROPÄISCHE KOMMISSION (2003c): Der Weg zu einer Reform der Zuckerpolitik der Europäischen Union: Zusammenfassung und Folgeabschätzung. Brüssel.

EUROPÄISCHE KOMMISSION (2004a): A description of the common organisation of the market in sugar. Brüssel.

EUROPÄISCHE KOMMISSION (2004b): Mitteilung der Kommission an den Rat und das Europäische Parlament. Vervollständigung des Modells einer nachhaltigen Landwirtschaft für Europa durch die Reform der GAP – Reformvorschläge für den Zuckersektor. Brüssel.

EUROPÄISCHE KOMMISSION (2005a): Der Europäische Zuckersektor. Seine Bedeutung und Zukunft. Brüssel.

EUROPÄISCHE KOMMISSION (2005b): Vorschlag für eine Verordnung des Rates über die gemeinsame Marktorganisation für Zucker. Brüssel.

EUROPÄISCHE KOMMISSION (2005c): Proposal for a Regulation of the Eruopean Parliament and of the Council establishing accompanying measures for Sugar Protocol countries affected by the reform of the EU sugar regime. Impact assessment. Brüssel.

EUROPÄISCHE KOMMISSION (2006): Die Europäische Zuckerwirtschaft. Eine wettbewerbsfähige Zukunftsperspektive. Brüssel.

EUROPÄISCHE KOMMISSION (2007a): Mitteilung der Kommission über Vorschläge zur Änderung der Verordnungen (EG) Nr. 318/2006 des Rates über die gemeinsame Marktorganisation für Zucker und (EG) Nr. 320/2006 des Rates mit einer befristeten Umstrukturierungsregelung für die Zuckerindustrie in der Europäischen Gemeinschaft. Brüssel.

EUROPÄISCHE KOMMISSION (2007b): Zuckermarktreform: Kommission schlägt Verbesserung der Umstrukturierungsregelung für den Zuckersektor vor. Pressemitteilung 7. Mai 2007. Brüssel.

EUROPÄISCHE KOMMISSION (2007c): Agriculture in the European Union – Statistical and economic information (http://ec.europa.eu/agriculture/ agrista/2006/table_en/index.htm). Abgerufen am 14. September 2007.

EUROPÄISCHE KOMMISSION (2007d): Zuckerreform: Rat billigt verbesserte Umstrukturierung des Sektors. Pressemitteilung 26. September 2007. Brüssel.

EUROPÄISCHER RECHNUNGSHOF (2000): Sonderbericht Nr. 20/2000 über die Verwaltung der gemeinsamen Marktorganisation für Zucker, zusammen mit Antworten der Kommission. Luxemburg.

FAL [Bundesforschungsanstalt für Landwirtschaft] (2005): Vergleichende Analyse verschiedener Vorschläge zur Reform der Zuckermarktordnung (= Landbauforschung Völkenrode, Sonderheft 282). Braunschweig.

FAO [Food and Agricultural Organization of the United Nations] (2005): Statistical Yearbook. Rom

FAO [Food and Agricultural Organization of the United Nations] (2006): Faostat (http://faostat.fao.org/). Abgerufen am 28. Dezember 2006.

FAZ [Frankfurter Allgemeine Zeitung] (2004): Die Zuckerindustrie muß wohl ihre Produktion kürzen. 6. August 2004, S. 13.

FAZ [Frankfurter Allgemeine Zeitung] (2006a): Agrarsubventionen für die Industrie. Lebensmittelkonzerne und Großbetriebe sind die Hauptprofiteure von EU-Hilfen. 15. März 2006, S. 11.

FAZ [Frankfurter Allgemeine Zeitung] (2006b): EU legt Empfänger von Subventionen offen. 23. November 2006, S. 16.

FAZ [Frankfurter Allgemeine Zeitung] (2007): Bauern können Nachfrage nicht mehr befriedigen. 5. September 2007, S. 18.

FCS [Feinchemie Schwebda GmbH] (2006): Zuckerrüben-Kompendium. Frankfurt a. M.

FINK-KEßLER, ANDREA; HOFSTETTER, MARTIN (2006): Alternativen des Zuckerrüben-anbaus in NRW. Bonn/Berlin.

FISCHLER, FRANZ (2004): Die Zukunft der Zuckermarktordnung. Rede auf der NGG Zuckerkonferenz am 19. Mai 2004, Oberjosbach.

FLICK, UWE (1995): Qualitative Forschung. Theorie, Methoden, Anwendung in Psychologie und Sozialwissenschaften. Hamburg.

FLICK, UWE (2002): Qualitative Sozialforschung. Eine Einführung. 6. Aufl. Reinbek.

F.O. LICHT (2006): F.O. Licht´s International Sugar and Sweetener Report. World Sugar Balances 1997/98 – 2006/07. Ratzeburg.

FOOD FORUM (2007): Südzucker-Gruppe vor schwieriger Übergangsphase (= Magazin für die Mitarbeiter der Südzucker Gruppe). Ausgabe 35/Juni 2007.

FREISE, THORSTEN; MENNERICH, JÖRG (2007): Springt der Boom auf unseren Getreidemarkt über?. In: Top Agrar, Nr. 3/2007, S. 134-136.

FRENKEL, MICHAEL; RADECK, KARIN (1996): Die Beschlüsse der Uruguay-Runde: Hintergrund, Inhalt und Bewertung. In: Michael Frenkel und Dieter Bender (Hrsg.): GATT und neue Welthandelsordnung. Wiesbaden, S. 13-43.

FREY, BRUNO S. (1984): Die Politische Ökonomie des Protektionismus - Nationalstaatliche Determinanten der Regulierung der internationalen Wirtschaftsbeziehungen. In: Aussenwirtschaft, 39. Jg., Nr. 1/2, S. 17-42.

FREY, BRUNO S. (1985): Internationale Politische Ökonomie. München.

FREY, BRUNO S.; KIRCHGÄSSNER, GEBHARD (2002): Demokratische Wirtschaftspolitik. 3. Aufl. München.

FREYTAG, ANDREAS (1995): Die strategische Handels- und Industriepolitik der EG – eine polit-ökonomische Analyse (= Untersuchungen zur Wirtschaftspolitik am Institut für Wirtschaftspolitik an der Universität zu Köln, Band 99). Köln.

FRIEDRICH-EBERT-STIFTUNG (2005): Die Reform der Zuckermarktordnung. Eine Einführung. In: Friedrich-Ebert-Stiftung (Hrsg.): Bonbon oder bittere Pille...?. Die Reform der EU-Zuckermarktordnung – AKP-Staaten und Bundesrepublik zwischen Interessen und Interessenspolitik. Berlin, S. 4-6.

FRIELING, HANS-DIETER VON (2005): Die gesellschaftstheoretischen Grundlagen der relationalen Wirtschaftsgeographie – soziale Kosmologie und naturalistische Metaphern. In: Geographische Zeitschrift, 93. Jg., Nr. 2, S. 82-99.

GABLER WIRTSCHAFTSLEXIKON (2000). 15. Aufl. Wiesbaden.

GABLER WIRTSCHAFTSLEXIKON (2004). 16. Aufl. Wiesbaden.

GAMRINGER, HEINRICH; HERRMANN, HANS; KRIMMER, HANS; LANGE, ULRIKE (1997): Fachstufe Landwirt. Fachtheorie für Ackerbau, Grünland, Waldwirtschaft, Tierzucht, Tierhaltung, Landtechnik, Ökologie, Ökonomie. 5. Aufl. München/Münster-Hiltrup.

GATT (1993): Uruguay Round to bring new opportunities , independence and sustainable markets to farmers, says Sutherland. News of the Uruguay Round of Multilateral Trade Negotiations, September 14th 1993. Genf.

GATT (1994): Schedules of Market Access. Elektronic version. Genf.

GAWANDE, KISHORE; BANDYOPADHYAY, USREE (2000): Is Protection for Sale?. Evidence on the Grossman-Helpman Theory of Endogenous Protection. In: Review of Economics and Statistics, Vol. 82, No. 1, S. 139-152.

GEBHARD, HANS-JÖRG (2007a): Zuckermärkte erfolgreich stabilisieren. In: Die Zuckerrüben Zeitung (DZZ), Nr. 1/2007, S. 1.

GEBHARD, HANS-JÖRG (2007b): Reform der Reform – die Zeit drängt!. In: Die Zuckerrüben Zeitung (DZZ), Nr. 4/2007, S. 1.

GEIPEL, ROBERT (1969): Industriegeographie als Einführung in die Arbeitswelt. Braunschweig.

GEISLER, GERHARD (1980): Pflanzenbau. Biologische Grundlagen und Technik der Pflanzenproduktion. Berlin/Hamburg.

GIBSON, PAUL; WAINIO, JOHN; WHITLEY, DANIEL; BOHMAN, MARY (2001): Profiles of Tariffs in Global Agricultural Markets (= U.S. Department of Agriculture, Agricultural Economic Report No. 796). Washington.

GIERSCH, HERBERT (1996): Politik im Wettbewerb. Mehr Arbeitsplätze trotz Globalisierung – ein Plädoyer. In: Die Zeit, 26. April 1996, S. 26.

GLASTETTER, WERNER (1998): Außenwirtschaftspolitik: Eine problemorientierte Einführung. 3. Aufl. München.

GLÄSER, JOCHEN; LAUDEL, GRIT (2004): Experteninterviews und qualitative Inhaltsanalyse. Wiesbaden.

GLISMANN, HANS H.; HORN, ERNST-JÜRGEN; NEHRING, SIGHART; VAUBEL, ROLAND (1992): Weltwirtschaftslehre Band 1: Außenhandels- und Währungspolitik. 4. Aufl. Göttingen.

GLÜCKLER, JOHANNES (2001): Handeln in Netzen: Zur Bedeutung von Struktur für ökonomisches Handeln. In: Paul Reuber und Günter Wolkersdorfer (Hrsg.): Politische Geographie. Handlungsorientierte Ansätze und Critical Geopolitics (= Heidelberger Geographische Arbeiten). Heidelberg, S. 257-268.

GLÜCKLER, JOHANNES (2004): Reputationsnetze – Zur Internationalisierung von Unternehmensberatern. Eine relationale Theorie. Bielefeld.

GOLDBERG, PINELOPE K.; MAGGI, GIOVANNI (1999): Protection for Sale: An Empirical Investigation. In: American Economic Review, Vol. 89, No. 5, S. 1135-1155.

GOLDHOFER, HERBERT (2006): Nächstes Jahr Ethanolrüben anbauen?. In: Bayerisches Landwirtschaftliches Wochenblatt, Nr. 30/2006 vom 28. Juli 2006, S. 43-44.

GOLDHOFER, HERBERT (2007): Marktfruchtbau in Bayern – Chancen und Strategien für die Zukunft. In: Bayerische Landesanstalt für Landwirtschaft (Hrsg.): Strategien zur Stärkung einer nachhaltigen und wettbewerbsfähigen Landbewirtschaftung in Bayern – Teil 2: Marktfruchtbau. Tagungsband zur LfL-Jahrestagung am 21. März 2007 in Landshut. München, S. 31-63.

GOLDHOFER, HERBERT; REISENWEBER, JÖRG (2006): Reform der Zuckermarktordnung: Bleibt die Rübe in der Anbauplanung?. In: Schule und Beratung, Nr. 6/2006, S. III-1-5.

GOLDMAN SACHS (2005): Know How, Nr. 11/2005.

GORN, PATRICIA (1994): Ausmaß, Struktur und Bestimmungsgründe der Agrarprotektion in Industrie- und Entwicklungsländern am Beispiel des Weizen- und Kaffeesektors (= Schriften des Zentrums für regionale Entwicklungsforschung der Justus-Liebig-Universität Giessen, Nr. 57). Münster.

GRABER, MARTIN (2006): Greift der Restrukturierungsfonds? Restrukturierung der europäischen Zuckerwirtschaft steht am Anfang. In: Die Zuckerrüben Zeitung (DZZ), Nr. 4/2006, S. 2.

GRAGES, KARL-LUDWIG (1989): Die Lieferrechte der Zurckerrübenanbauer. Köln et al.

GRANOVETTER, MARK (1985): Economic Action and Economic Structure: the Problem of Embeddedness. In American Journal of Sociology, Vol. 91, S. 481-510.

GRANOVETTER, MARK (1992): Problem of Explanation in Economic Sociology. In: Nitin Nohria und Robert G. Eccles (Eds.): Networks and Organizations: Structure, Form, and Action. Cambridge (Mass.), S. 25-56.

GRETHE, HARALD (2001): Formen der Exportförderung für Agrarprodukte im internationalen Vergleich (= Papier vorbereitet für die 186. Sitzung des Wirtschaftsausschusses für Außenhandelsfragen beim Bundesministerium für Verbraucherschutz, Ernährung und Landwirtschaft am 26. April 2001). Bonn.

GUGGISBERG, BRIGITTE (1997): Das Protektionspotential der EG und die Effekte auf Drittstaaten. Chur.

GURBAXANI, INDIRA (2000): Industriepolitik in den Vereinigten Staaten. Diskussion und praktische Ausgestaltung. Baden-Baden.

GUTH, ECKART; HARTWIG, BETTINA (1988): Agrarhandelspolitik im GATT - Erfahrungen im Hinblick auf die Uruguay-Runde. In: Europa-Archiv, Nr.18/1988, S. 533-542.

HAAS, HANS-DIETER; NEUMAIR, SIMON-MARTIN (2004): Wirtschaftsgeographie. In: Gabler Wirtschaftslexikon. 16. Aufl. Wiesbaden, S. 3361f.

HAAS, HANS-DIETER; NEUMAIR, SIMON-MARTIN (2007): Wirtschaftsgeographie (= Geowissen kompakt). Darmstadt.

HAAS, HANS-DIETER; SCHLESINGER DIETER (2007): Umweltökonomie und Ressourcenmanagement (= Geowissen kompakt). Darmstadt.

HAASE, KATHARINA (1983): Die Politische Ökonomie der Agrarpolitik – Eine Untersuchung zur Anwendbarkeit der Neuen Politischen Ökonomie auf die Entscheidungen in der deutschen und europäischen Agrarpolitik. In: Agrarwirtschaft: Zeitschrift für Betriebswirtschaft, Marktforschung und Agrarpolitik. Sonderheft 98.

HAGEDORN, KONRAD (1984): Zur politischen Machbarkeit von Vorschlägen zur Reform der EG-Agrarpolitik. Methodologischer Hintergrund und politisch-ökonomische Erklärung (= Arbeitsbericht 84/5 des Instituts für Strukturforschung der Bundesforschungsanstalt für Landwirtschaft). Braunschweig.

HAGEDORN, KONRAD; SCHMITT, GÜNTER (1985): Die politischen Gründe für eine wirtschaftspolitische Vorzugsbehandlung der Landwirtschaft. In: Jahrbuch für Neue Politische Ökonomie, Band 4, S. 250-295.

HALBHERR, PHILIPP; MÜDESPACHER, ALFRED (1985): Agrarpolitik - Interessenpolitik?. Eine Untersuchung der Zusammenhänge zwischen Politik und wirtschaftlichen Interessen in der schweizerischen Agrarpolitik. Bern.

HANDELSBLATT (2007a): Aus Zucker wird Biokunststoff. 25.-28. Mai 2007, S. 19.

HANDELSBLATT (2007b): Bauern setzen auf Öko-Sprit. 15. Mai 2007, S. 28.

HANDELSBLATT (2007c): Zucker für Zocker. 6. Juni 2007, S. 30.

HANDELSBLATT (2007d): Zuckermarkt im Umbruch. 6. November 2007, S. 31.

HANDELSBLATT (2007e): Weizenpreis steigt stark an. 4. September 2007, S. 28.

HANDELSBLATT (2007f): Agrarboom mit Nebenwirkungen. 30. Oktober 2007, S. 8.

HANDELSBLATT (2007g): Importeure kaufen die Getreidelager leer. 8. November 2007, S. 8.

HASENPFLUG, HAJO (1977): Nicht-tarifäre Handelshemmnisse: Formen, Wirkungen und wirtschaftspolitische Beurteilung. Hamburg.

HAUSER, HEINZ; SCHANZ, KAI-UWE (1995): Das neue GATT. München.

HEINRICH, JÜRGEN (2006): Investitionen im Zuckerrübenanbau. Was geht noch unter den veränderten Rahmenbedingungen?. In: Die Zuckerrüben Zeitung (DZZ), Nr. 6/2006, S. 15.

HELMKE, HEINRICH-HUBERTUS (2005): Reform der Zuckermarktordnung: Auswirkungen und Positionen aus Sicht der Rübenbauern. In: Joachim Lange (Hrsg.): Zucker: Markt oder Ordnung? Die Reform der EU-Zuckermarktordnung (= Loccumer Protokolle 04/05). Rehburg-Loccum, S. 85-92.

HELMKE, HEINRICH-HUBERTUS (2007a): Reformbedarf beim Restrukturierungsbedarf. Zuckerwirtschaft vor großen Herausforderungen. In: Zuckerrübe, 56. Jg., Nr. 2, S. 56f.

HELMKE, HEINRICH-HUBERTUS (2007b): Brüssel versüßt Quotenverzicht. Kommission schreitet zur Reform der Reform. In: Zuckerrübe, 56. Jg., Nr. 3, S. 116-117.

HEMMER, HANS-RIMBERT (2002): Wirtschaftsprobleme der Entwicklungsländer. 3. Aufl. München.

HENKEL, GERHARD (2004): Der Ländliche Raum – Gegenwart und Wandlungsprozesse seit dem 19. Jahrhundert in Deutschland. 4. Aufl. Stuttgart.

HENNIGES, OLIVER (2007a): Die Bioethanolproduktion. Wettbewerbsfähigkeit in Deutschland unter Berücksichtigung der internationalen Konkurrenz. 2. Aufl. Lohmar.

HENNIGES, OLIVER (2007b): Wirtschaftlichkeit von Bioethanol – Produktion und Produktionskosten im nationalen und internationalen Vergleich. In: Agrarwirtschaft: Zeitschrift für Betriebswirtschaft, Marktforschung und Agrarpolitik, 56. Jg., Nr. 5/6, S. 249-254.

HENNING, CHRISTIAN (2003): Entkoppelte Direktzahlungen: Meilenstein auf dem Weg zu einer rationalen Wirtschaftspolitik und politische Entwaffnung der Agrarlobbyisten?. In: Agrarwirtschaft: Zeitschrift für Betriebswirtschaft, Marktforschung und Agrarpolitik, 52. Jg., Nr. 3, S. 137-139.

HENRICHSMEYER, WILHELM (1991): Agrarprotektion und Handelskonflikte – aus EG-Perspektive. In: Rudolf Buntzel (Hrsg.): Landwirtschaft in den Zwängen des Welthandels. Beiträge über Agrarpolitik, Hunger und Umwelt in der Uruguay-Runde. Hamburg, S. 91-105.

HENRICHSMEYER, WILHELM; WITZKE, HANS-PETER (1991): Agrarpolitik. Band 1. Agrarökonomische Grundlagen. Stuttgart.

HENRICHSMEYER, WILHELM; WITZKE, HANS-PETER (1994): Agrarpolitik. Band 2. Bewertung und Willensbildung. Stuttgart.

HERRMANN, ROLAND (1993): Methoden zur Messung von Agrarprotektion. In: Wirtschaftsstudium: Zeitschrift für Ausbildung, Examen und Kontaktstudium, 22. Jg., Nr. 10, S. 861-874.

HERRMANN, ROLAND (1998): Nichttarifäre Handelshemmnisse in der EU-Agrarpolitik: Befund, Analyse, Bewertung. In: Roland Herrmann, Dieter Kirschke und Michael P. Schmitz (Hrsg.): Landwirtschaft in der Weltwirtschaft. Festschrift anläßlich des 60. Geburtstages von Prof. Dr. Ulrich Koester (= Sonderhefte der Agrarwirtschaft, Nr. 158), S. 159-185.

HESS, MARTIN (2006a): Wettbewerb der Nationen: Wirtschaftsstandorte und Governance-Strukturen im Zeitalter der Globalisierung. In: Hans-Dieter Haas und Simon-Martin Neumair (Hrsg.): Internationale Wirtschaft: Rahmenbedingungen, Akteure, räumliche Prozesse. München, S. 377-395.

HESS, MARTIN (2006b): Wirtschaftliche Aktivitäten im Wandel – Frühformen und Entwicklung bis heute. In: Hans-Dieter Haas und Simon-Martin Neumair (Hrsg.): Internationale Wirtschaft: Rahmenbedingungen, Akteure, räumliche Prozesse. München, S. 17-40.

HILLMAN, ARYE L. (1989): The Political Economy of Protectionism. Chur.

HÖLZMANN, HANS-JÜRGEN (2006): Die Quotenrente entscheidet. In: DLZ – Agrarmagazin, Nr. 3/2006, S. 182-184.

HOPF, CHRISTEL (2000): Qualitative Interviews – ein Überblick. In: Uwe Flick, Ernst Kardoff und Ines Steinke (Hrsg.): Qualitative Forschung. Ein Handbuch. Reinbek, S. 349-360.

HOPPE, RALF (2005): Die Waffe Zucker. In: Der Spiegel, Nr. 50/2005, 12. Dezember 2005, S. 80-88.

HOUSE OF COMMONS (2004): Reform of the Sugar Regime. Environment, Food and Rural Affairs Committee. Twelfth Report of Session 2003-2004, Volume 1. London.

HUAN-NIEMI, ELLEN (2003): The EU Sugar Regime and Forthcoming WTO Obligation (= Agrifood Research Working Papers 33). Helsinki.

INGCO, MERLINDA (1995): Agrarliberalisierung in der Uruguay-Runde. In: Finanzierung & Entwicklung, 32. Jg., Nr. 3, S. 43-45.

IWF [Internationaler Währungsfonds] (2006): World Economic Outlook. April 2006. Washington.

IZZ [Infozentrum Zuckerverwender] (2005): Fragen und Antworten. Wirkungen der EU-Zuckermarktordnung auf verarbeitende Lebensmittelwirtschaft und Verbraucher (http://www.izz-info.de/faq.html). Abgerufen am 24. Juni 2007.

IZZ [Infozentrum Zuckerverwender] (2006a): Hintergrund zur EU-Zuckermarktordnung (http://www.izz-info.de/archiv.html). Abgerufen am 7. Juni 2007.

IZZ [Infozentrum Zuckerverwender] (2006b): Stellungnahme zur Reform der EU-Zuckermarktordnung. Neuregelung des europäischen Zuckermarktes kann nur ein Zwischenschritt hin zu mehr Wettbewerb im Zuckersektor sein (http://www.izz-info.de/forderungen.html). Abgerufen am 8. Juli 2007.

JACOB, RICHARD (1987): Die Auswirkungen der EG-Agrarpolitik auf die Entwicklungsländer. In: Wirtschaftwissenschaftliches Studium: Zeitschrift für Ausbildung und Hochschulkontakt, 16. Jg., Nr. 7, S. 362-366.

JAESCHKE, HANS-DIETER (1986): Nicht-tarifäre Instrumente der Agrarhandelspolitik (= Schriftenreihe des Bundesministeriums für Ernährung, Landwirtschaft und Forsten, Nr. 326). Münster.

JAHNKE, HANS E. (2003): Landwirtschaft und Strukturwandel in den Entwicklungsländern. In: Geographie und Schule, 25. Jg., Nr. 10, S. 15-23.

JANZ, CHRISTIAN ULRICH (2002): Unternehmenszusammenschlüsse in der Milch- und Zuckerindustrie unter wettbewerbsrechtlichen und ökonomischen Gesichtspunkten. Göttingen.

JONKER, THEO H.; TAKAHASHI, IKUO (2002): Public Concerns and Customer Behavior in Japan. In: Floor Brouwer und David E. Ervin (Eds.): Public Concerns, Environmental Standards and Agricultural Trade. Wallingford, S. 207-323.

JOSLING, TIM (1993): Agricultural Trade Issues in Transatlantic Trade Relations. In: The World Economy, Vol. 16, No. 5, S. 553-573.

JOSLING, TIM (2003): Key Issues in the World Trade Organization Negotiations on Agriculture. In: American Journal of Agricultural Economics, Vol. 85, No. 3, S. 663-667.

KÄMPF, ROBERT; PETZOLDT, KARL (1980): Erfolgreicher Zuckerrübenbau. Frankfurt a. M.

KEELER, JOHN (1994): Explaining The Enduring Power Of a Declining Sector: Political and Institutional Bases of European Agricultural Success in Resisting Liberal Reform. In: Konrad Hagedorn, Folkhard Isermeyer, Diethard Rost und Adolf Weber (Hrsg.): Gesellschaftliche Forderungen an die Landwirtschaft (= Schriften der Gesellschaft für Wirtschafts- und Sozialwissenschaften des Landbaus e.V., Band 30). Münster-Hiltrup, S. 13-27.

KELLE, UDO; KLUGE, SUSANN (1999): Vom Einzelfall zum Typus. Fallvergleich und Fallrekonstruktion in der qualitativen Sozialforschung. Opladen.

KERKELÄ, LEENA; HUAN-NIEMI, ELLEN (2005): Trade Preferences in the EU Sugar Sector: Winners and Loosers (= VATT Discussion Papers, No. 358). Helsinki.

KIRCHGÄSSNER, GEBHARD (1991): Homo Oeconomicus. Das ökonomische Modell individuellen Verhaltens und seine Anwendung in den Wirtschafts- und Sozialwissenschaften. Tübingen.

KLEIN, RALF (2005): Ökonomische und theoretische Grundlagen der Wirtschaftsgeographie. In: Winfried Schenk und Konrad Schliephake (Hrsg.): Allgemeine Anthropogeographie. Gotha/Stuttgart, S. 335-352.

KLINK, HANS-JÜRGEN (2002): Landschaftspflege. In: Ernst Brunotte, Hans Gebhardt, Manfred Meurer, Peter Meusburger und Josef Nipper (Hrsg.): Lexikon der Geographie, Band 2. Heidelberg, S. 310.

KLINK, HANS-JÜRGEN; SLOBODDA, SIEGFRIED (2002): Vegetation. In: Herbert Liedtke und Joachim Marcinek [Hrsg.]: Physische Geographie Deutschlands. Gotha/Stuttgart, 183-253.

KLOHN, WERNER (2004): Zuckerwirtschaft – der Trend zur Konzentration. In: Leibniz-Institut für Länderkunde (Hrsg.): Nationalatlas Bundesrepublik Deutschland, Band 8: Unternehmen und Märkte. Heidelberg, S. 76f.

KLOHN, WERNER (2007): Die EU, die WTO und die Weltagrarmärkte. In: Praxis Geographie, 37. Jg., Nr. 2, S. 10-12.

KLOHN, WERNER; WINDHORST, HANS-WILHELM (2006a): Weltagrarwirtschaft und Weltagrarhandel (= Vechtaer Materialien zum Geographieunterricht, Heft 8). 2. Aufl. Vechta.

KLOHN, WERNER; WINDHORST, HANS-WILHELM (2006b): Die Landwirtschaft in der Europäischen Union (= Vechtaer Materialien zum Geographieunterricht, Heft 12). Vechta.

KOCH, ECKART (1997): Internationale Wirtschaftsbeziehungen. Band 1: Internationaler Handel. 2. Aufl. München.

KOCH, PATRICIA M; GRETSCH, KORNELIA (1994): Qualitative Methodik in der Sozialgeographie. Der Mensch im Raum – der Raum für den Menschen. In: Standort, 18. Jg., Nr. 2, S. 26-27.

KOCH, THOMAS (1990): Das AKP-Zuckerprotokoll im Rahmen des Lomé-Vertrages. Eine theoretische und empirische Wirkungsanalyse für die Präferenzempfänger. Frankfurt a. M.

KOESTER, ULRICH (1992): Grundzüge der landwirtschaftlichen Marktlehre. 2. Aufl. München.

KOESTER, ULRICH (1997): Agrarpolitik im Dauerkonflikt mit Prinzipien der Sozialen Marktwirtschaft. In: Ordo-Jahrbuch, 48. Jg., Stuttgart, S. 341-362.

KOESTER, ULRICH (2001): Europäische Agrarpolitik. In: Renate Ohr und Theresia Theurl (Hrsg.): Kompendium Europäische Wirtschaftspolitik. 2. Aufl. München, S. 309-362.

KOESTER, ULRICH (2005): Grundzüge der landwirtschaftlichen Marktlehre. 3. Aufl. München.

KOESTER, ULRICH; CRAMON-TAUBADEL, STEPHAN VON (1992): EG-Agrarreform ohne Ende?. In: Wirtschaftsdienst – Zeitschrift für Wirtschaftspolitik, 72. Jg., Nr. 7, S. 355-361.

KÖHLER, REINHOLD (2007): Eine Herausforderung für Transportgruppen und Südzucker. In: Die Zuckerrüben Zeitung (DZZ), Nr. 5/2007, S. 15.

KÖLBL, THOMAS (2007): Chancen für Südzucker nach der Reform. In: Die Zuckerrüben Zeitung (DZZ), Nr. 6/2007, S. 1.

KOOPMANN, GEORG (1996): Die Welthandelsordnung nach der Uruguay-Runde – von der Liberalisierung zur Harmonisierung?. In: Erhard Kantzenbach und Otto

Mayer (Hrsg.): Von der internationalen Handels- zur Wettbewerbsordnung (= Veröffentlichungen des HWWA-Instituts für Wirtschaftsforschung, Band 24). Hamburg, S. 11-48.

KOPP, REINHOLD (2007): Hol den Tiger aus dem Tank. Synthetische Biokraftstoffe – Königsweg nachhaltiger Entwicklung?. In: Internationale Politik, 62. Jg., Nr. 2, S. 60-64.

KORTMANN, WALTER (1998): Reale Außenwirtschaftslehre. Fakten – Erklärungen – Maßnahmen. Stuttgart.

KORTMANN, WALTER (2000): Effekte staatlicher Mindestpreisvorschriften. In: Wirtschaftswissenschaftliches Studium: Zeitschrift für Ausbildung und Hochschulkontakt, 29. Jg., Nr. 5, S. 275-278.

KÖRBER-GROHNE, UDELGARD (1995): Nutzpflanzen in Deutschland. Von der Vergangenheit bis heute. Hamburg.

KOSCH, STEPHAN (2006): Zoff um Zucker – Ein süßer Stoff und die Globalisierung. Berlin.

KRATTENMACHER, HANS (1985): Zur Ausgestaltung der Zuckermarktordnung. In: Agrarwirtschaft: Zeitschrift für Betriebswirtschaft, Marktforschung und Agrarpolitik, 34. Jg., Nr. 9, S. 263-270.

KRAWINKEL, MAX-FERDINAND (1994): Die Rübenzuckerwirtschaft im 19. Jahrhundert in Deutschland. Analyse und Bewertung der betriebswirtschaftlichen und volkswirtschaftlichen Entwicklung (= Wirtschafts- und Rechtsgeschichte, Band 21). Köln.

KROL, GERD-JAN; SCHMID, ALFONS (2002): Volkswirtschaftslehre – Eine problemorientierte Einführung. 21. Aufl. Tübingen.

KROMREY, HELMUT (2002): Empirische Sozialforschung. 10. Aufl. Opladen.

KULKE, ELMAR (2004): Wirtschaftsgeographie. Paderborn.

KUSTER, TOBIAS (1998): 500 Jahre kolonialer Rohrzucker – 250 Jahre europäischer Rübenzucker. In: Vierteljahresschrift für Sozial- und Wirtschaftsgeschichte, Band 85, Nr. 4, S. 477-512.

LAMNEK, SIEGFRIED (1993): Qualitative Sozialforschung. Band 1: Methodologie. Weinheim.

LAMNEK, SIEGFRIED (2002): Qualitative Interviews. In: Eckard König und Peter Zedler (Hrsg.): Qualitative Forschung. Grundlagen und Methoden. 2. Aufl. Weinheim, S. 157-193.

LAMNEK, SIEGFRIED (2005): Qualitative Sozialforschung. 4. Aufl. Weinheim.

LAMPE, ACHIM (2006): Zuckermarktreform – Wie geht es weiter?. In: Joachim Lange (Hrsg.): Agrarpolitik zwischen Handelsliberalisierung und Haushaltsnot – Wie geht´s weiter? (= Loccumer Protokolle 06/06). Rehburg-Loccum, S. 181-187.

LANGENDORF, DIETER (1999): Agrarpolitische und wirtschaftliche Rahmenbedingungen der Zuckerrübenproduktion. In: Anbau-, Ernte- und Nacherntetechnologien von Zuckerrüben. Tagungsband des VDI-MEG-Kolloquiums Agrartechnik vom 8. bis 10. Oktober 1997 (= Arbeiten aus dem Institut für Landtechnik der Rheinischen Friedrich-Wilhelms-Universität Bonn, Band 23). Bonn, S. 178-181.

LANGEDORF, DIETER (2005): „Reformiert oder deformiert…?" Auswirkungen der Reform auf die Bundesrepublik. In: Bonbon oder bittere Pille…?. Die Reform der EU-Zuckermarktordnung – AKP-Staaten und Bundesrepublik zwischen Interessen und Interessenspolitik. Berlin, S. 20.

LANGENDORF, DIETER (2006a): Die Zuckermarktordnung im Jahre Eins der Reform. In: Zuckerrübe, 55. Jg., Nr. 6, S. 298-299.

LANGENDORF, DIETER (2006b): Die Reform der Zuckermarktordnung. Ihre Wirkungen auf Zuckerrübenanbauer und Zuckerindustrie. In: Joachim Lange (Hrsg.): Agrarpolitik zwischen Handelsliberalisierung und Haushaltsnot – Wie geht´s weiter? (= Loccumer Protokolle 06/06). Rehburg-Loccum, S. 189-192.

LANGHAMMER, ROLF (1993): Wirtschaftstheoretische und ordnungspolitische Aspekte nicht-tarifärer Handelshemmnisse am Beispiel der EG und ihres Binnenmarktprogramms. In: Wulfdiether Zippel (Hrsg.): Ökonomische Grundlagen der europäischen Integration. München, S. 41-59.

LATACZ-LOHMANN, UWE (2006): Fit für die Kooperation durch Zukunft. In: Die Zuckerrübe, 55. Jg., Nr. 3, S. 127-129.

LATACZ-LOHMANN, UWE; MÜLLER-SCHEEßEL, JÖRG (2006a): Rübenanbau: Neu rechnen nach der Reform. In: Top Agrar, Nr. 1/2006, S. 26-29.

LATACZ-LOHMANN, UWE; MÜLLER-SCHEEßEL, JÖRG (2006b): Quoten kaufen und den Rübenanbau ausdehnen?. In: Top Agrar, Nr. 11/2006, S. 38-42.

LEE, ROGER; WILLS, JANE [Eds.] (1997): Geographies of Economies. London et al.

LEHRKE, ULRICH (2006): Raps kann in die Lücke stoßen. In: Land & Forst, Nr. 29/2006, S. 22-25.

LEIPOLD, HELMUT (1988): Wirtschafts- und Gesellschaftssysteme im Vergleich. 5. Aufl. Stuttgart.

LESER, HARTMUT [Hrsg.] (2005): Wörterbuch Allgemeine Geographie. 13. Aufl. München/Braunschweig.

LFL [Bayerische Landesanstalt für Landwirtschaft] (2007a): Agrarmärkte 2006. München.

LFL [Bayerische Landesanstalt für Landwirtschaft] (2007b): Deckungsbeiträge und Kalkulationsdaten (http://www.lfl.bayern.de/ilb/db/14249/index.php). Abgerufen am 11. Dezember 2007.

LICHT, GEORG; HUSSINGER, KATRIN; SOFKA, WOLFGANG (2003): Wohlfahrtseffekte der EU-Zuckermarktordnung. Endbericht des Zentrums für Europäische Wirtschaftsforschung GmbH – Forschungsbereich Industrieökonomik und Internationale Unternehmensführung. Mannheim.

LINDE, MARTIN VAN DER; VEERLE, MINNE; WOONING, ANDRÉ; ZEE, FRANZ VAN DER (2000): Evaluation of the Common Organisation of the Markets in the Sugar Sector. Study for the Agracultural Economics and Rural Development Division of the Commission of the European Communities. Rotterdam.

LIPS, MARKUS (2002): Die Auswirkungen der neuen Agrarhandelsrunde der Welthandelsorganisation auf die Schweiz. Zürich.

LMC International (2003): Addressing the impact of preference erosion in sugar on development countries. Oxford.

LOUHICHI, KAMEL; DE FRAHAN, BRUNO HENRY; WITZKE, HEINZ PETER; ADENÄUER, MARCEL (2004): Impact of the "Everything but Arms" initiative on the EU sugar sub-sector. Selected paper prepared for presentation at the International Conference on Policy Modelling (EcoMod 2004), June 30th – 2nd, Paris.

LÜCKENHAUS, WILFRIED (2007): Industriezucker – es kommt drauf an, was man draus macht. In: Die Zuckerrüben Zeitung (DZZ), Nr. 6/2007, S. 4.

MAAS, SARAH; SCHMITZ, MICHAEL P. (2007): Gemeinsame Agrarpolitik der EU. In: Wirtschaftsdienst – Zeitschrift für Wirtschaftspolitik, 87. Jg., Nr. 2, S. 94-100.

MAENNIG, WOLFGANG; WILFLING, BERND (1998): Außenwirtschaft. Theorie und Praxis. München.

MAGEE, STEPHEN P.; BROCK, WILLIAM A.; YOUNG, LESLIE (1989): Black Hole Tariffs and Endogenous Policy Theory in General Equilibrium. Cambridge, UK.

MAHLER, PETER (1991): Effizienzverluste in der deutschen Zuckerwirtschaft durch strukturkonservierende Wirkungen der EG-Zuckermarktordnung (= Europäische Hochschulschriften, Reihe V, Band 1233). Frankfurt a. M. et al.

MAIER, JÖRG [Hrsg.] (1998): Bayern (= Perthes Länderprofile). Gotha.

MALZBENDER, DANIEL (2003): Reforming the EU sugar regime: will Southern Africa still feature (= tralac working paper No. 12/2003). Stellenbosch.

MARTIN, ANNIE (2007): Europa ist begehrt wie eh und je. Wirtschafts-Partnerschafts-Abkommen mit den AKP-Staaten und Südafrika. In: Die Zuckerrüben Zeitung (DZZ), Nr. 3/2007, S. 4f.

MARTIN, CHRISTIAN W. (2003): Außenwirtschaft und Weltwirtschaft – Politisch-institutionelle Determinanten der Außenwirtschaftsorientierung in Entwicklungsländern. In: Herbert Obinger, Uwe Wagschal und Bernhard Kittel (Hrsg.): Politische Ökonomie: Demokratie und wirtschaftliche Leistungsfähigkeit. Opladen, S. 227-258.

MASKELL, PETER; MALMBERG, ANDERS (1999): Localised Learning and Industrial Competetiveness. In: Cambridge Journal of Economics, Vol. 23, S. 167-185.

MAY, BERNHARD (1994): Der erfolgreiche GATT-Abschluß – ein Phyrrussieg?. In: Europa-Archiv, Nr. 2/1994, S. 33-42.

MAYNTZ, RENATE; SCHARPF, FRITZ W. (1995): Der Ansatz des akteurszentrierten Institutionalismus. In: Renate Mayntz und Fritz W. Scharpf (Hrsg.): Gesellschaftliche Selbstregelung und politische Steuerung. Frankfurt a. M./New York, S. 39-72.

MAYRING, PHILIPP (1995): Qualitative Inhaltsanalyse. Grundlagen und Techniken. 5. Aufl. Weinheim.

MAYRING, PHILIPP (2000): Qualitative Inhaltsanalyse. In: Uwe Flick, Ernst Kardoff und Ines Steinke (Hrsg.): Qualitative Forschung. Ein Handbuch. Reinbek, S. 468-475.

MAYRING, PHILIPP (2002): Einführung in die qualitative Sozialforschung. 5. Aufl. Weinheim.

MEIER KRUKER, VERENA; RAUH, JÜRGEN (2005): Arbeitsmethoden der Humangeographie (= Geowissen Kompakt). Darmstadt.

MÉNARD, CLAUDE (1995): Markets as institutions versus organizations as markets? Disentangling some fundamental concepts. In: Journal of Economic Behavior and Organization, Vol. 28, S. 161-182.

MENNERICH, JÖRG (2007): Hohe Erntepreise – aber wie geht´s dann weiter?. In: Top Agrar, Nr. 7/2007, S. 32-35.

MEUSER, MICHAEL; NAGEL, ULRIKE (2005): Experteninterviews – vielfach erprobt, wenig bedacht. Ein Beitrag zur qualitativen Methodendiskussion. In: Alexander Bogner, Beate Littig und Wolfgang Menz (Hrsg.): Das Experteninterview. Theorie, Methode, Anwendung. 2. Aufl. Wiesbaden, S. 71-93.

MICHALSKI, WOLFGANG (1985): Die gefährlichen Illusionen des Protektionismus. In: Wirtschaftsdienst – Zeitschrift für Wirtschaftspolitik, 65. Jg., Nr. 12, S. 626-633.

MINTZ, SIDNEY W. (1987): Die süße Macht – Kulturgeschichte des Zuckers. Frankfurt a. M./New York.

MOHR, ELSKE (1987a): Agrarprotektionismus – ein Sonderproblem der Handelsliberalisierung. In: Ifo-Schnelldienst, 40. Jg., Nr. 9, S. 6-13.

MOHR, ELSKE (1987b): Agrarprotektionismus: Nicht nur Erzeugerschutz bestimmt die Wahl der Instrumente. In: Ifo-Schnelldienst, 40. Jg., Nr. 10-11, S. 30-38.

MOHR, ELSKE (1987c): Die Agrarprotektionssysteme der EG, der USA und Japans im Vergleich. In: Ifo-Schnelldienst, 40. Jg., Nr. 27, S. 3-21.

MOHR, ELSKE (1993): Uruguay-Runde, Blair-House-Abkommen, Reform der EG-Agrarpolitik – wo liegen die Probleme?. In: Ifo-Schnelldienst, 46. Jg., Nr. 32, S. 3-13.

MÜLLER, RUDOLF (2007a): Freiwillige Quotenrückgabe. EU-Ministerrat beschließt Verbesserungen des Strukturfonds. In: Die Zuckerrüben Zeitung (DZZ), Nr. 5/2007, S. 1.

MÜLLER, RUDOLF (2007b): Neue Zuckermarktordnung – gemeinsam die Herausforderungen meistern!. Vortrag anlässlich der Generalversammlung des Verbandes Fränkischer Zuckerrübenanbauer e.V. am 29. Juni 2007. Veitshöchheim.

MÜLLER, STEFAN; KORNMEIER, MARTIN (2001): Streitfall Globalisierung. München.

MÜLLER VON BLUMENCORN, ULRICH (2006): Reform der EU-Zuckermarktordnung. Kosten-nutzen-analytische Bewertung für die deutsche Zuckerwirtschaft (= Europäische Hochschulschriften, Reihe V, Band 3193). Frankfurt a. M. et al.

MUNK, KNUD J. (1994): Explaining Agricultural Policy. In: Arie Larsen et al. (Eds.): EC Agricultural Policy for the 21st Century (= European Economy, No. 4/1994). London, S. 113ff.

MUSSEL, GERHARD; PÄTZOLD, JÜRGEN (1998): Grundfragen der Wirtschaftspolitik. 3. Aufl. München.

NEUMAIR, SIMON-MARTIN (2006): Entwicklung versus Unterentwicklung: Ursachen und Konsequenzen. In: Hans-Dieter Haas und Simon-Martin Neumair (Hrsg.): Internationale Wirtschaft: Rahmenbedingungen, Akteure, räumliche Prozesse. München, S. 103-145.

NIESSLER, RUDOLF; ZOKLITS, MICHAEL (1989): Agrarpolitik 1. Theoretischer Diskurs (= Forschungsbericht Nr. 19 der Bundesanstalt für Bergbauernfragen). 2. Aufl. Wien.

NÖHLE, ULRICH (2005): Würde Zucker wirklich billiger? Wäre billiger Zucker wirklich gut?. In: Joachim Lange (Hrsg.): Zucker: Markt oder Ordnung? Die Reform der EU-Zuckermarktordnung (= Loccumer Protokolle 04/05). Rehburg-Loccum, S. 161-166.

NORTH, DOUGLAS C. (1992): Institutionen, institutioneller Wandel und Wirtschaftsleistung. Stuttgart.

NZZ [Neue Zürcher Zeitung] (2001): Schleppende Entwicklung des Agrarhandels. Versteckter Protektionismus durch die Industrieländer?. 11. September 2001, S. 10.

NZZ [Neue Zürcher Zeitung] (2003): Entzauberung einer heiligen Kuh. 22./23. November 2003, S. 7.

OECD [Organisation for Economic Cooperation and Development] (2001): Multifunctionality: Towards an Analytical Framework. Paris.

OECD [Organisation for Economic Cooperation and Development] (2002): Agricultural Policies in OECD Countries: A Positive Reform Agenda, jährlich. Paris.

OECD [Organisation for Economic Cooperation and Development] (2005): Agricultural Policies in OECD Countries: A Positive Reform Agenda, jährlich. Paris.

OETZEL, DIETRICH (2005a): Reform der Zuckermarktordnung. Die Perspektiven der zuckerverarbeitenden Wirtschaft. In: Joachim Lange (Hrsg.): Zucker: Markt oder Ordnung? Die Reform der EU-Zuckermarktordnung (= Loccumer Protokolle 04/05). Rehburg-Loccum, S. 93-96.

OETZEL, DIETRICH (2005b): Auswirkungen der ZMO-Reform aus Sicht der zuckerverarbeitenden Wirtschaft. In: Friedrich-Ebert-Stiftung (Hrsg.): Bonbon oder bittere Pille...?. Die Reform der EU-Zuckermarktordnung – AKP-Staaten und Bundesrepublik zwischen Interessen und Interessenspolitik. Berlin, S. 21.

OFFE, CLAUS (1972): Politische Herrschaft und Klassenstrukturen. Zur Analyse spätkapitalistischer Gesellschaftssysteme. In: Gisela Kress und Dieter Senghaas (Hrsg.): Politikwissenschaft. Eine Einführung in ihre Probleme. Frankfurt a. M., S. 135-164.

OHLINGER, HANS A. (1986): Die Relevanz nichttarifärer Handelshemmnisse im internationalen Handel und ihre Wirkungen auf die Integration der Entwicklungsländer in die Weltwirtschaft (= Europäische Hochschulschriften, Reihe V, Band 741). Frankfurt a. M. et al.

OLSON, MANCUR (1965): The Logic of Collective Action. Cambridge (Mass.).

OBENBRÜGGE, JÜRGEN (2003): Wirtschaftsgeographie und Governance. Die (regional)-politische Einbettung entgrenzter wirtschaftlicher Prozesse. In: Zeitschrift für Wirtschaftsgeographie, 47. Jg., Nr. 3/4, S. 159-176.

OXFAM (2004): Überzuckert! Wie die Zuckerpolitik der EU den armen Ländern schadet. Berlin.

PAPADAKIS, JUAN (1966): Climates of the World and their Agricultural Potentialities. Buenos Aires.

PETERS, HANS-RUDOLF (1996): Sektorale Strukturpolitik. 2. Aufl. München.

PEVETZ, WERNER (1987): Land- und Forstwirtschaft – Ausgleiche der Gegensätze. Gegen Eindimensionalität und Monomanie in der ländlich-landwirtschaftlichen Zukunft. In Agrarische Rundschau, Nr. 3, 4/1987, S. 7-10.

PEVETZ, WERNER (1989): Agrarstrukturrationalisierung – keine Patentlösung. In: Agrarische Rundschau, Nr. 6/1989, S. 31-33.

POPPER, KARL R. (1992): Falsche Propheten: Hegel, Marx und die Folgen. 7. Aufl. Tübingen.

POPPINGA, ONNO (2006): Bilanz der Gemeinsamen Agrarpolitik in der Europäischen Union. In: Geographische Rundschau, 58. Jg., Nr. 12, S. 20-27.

POTTER, CLIVE (2002): Agri-environmental policy development in the European Union. In: Floor Brouwer und Jan van der Straaten (Eds.): Nature and Agriculture in the European Union: New Perspectives on Policies that Shape the European Countryside. Northampton, S. 67-87.

PRIEBE, HERMANN (1977): Spannungsfeld Agrarpolitik. In: Ordo-Jahrbuch, 28. Jg., S. 136-154. Stuttgart.

PRIEBE, HERMANN (1985a): Agrarpolitik im Umbruch (I). In: Wirtschaftsstudium: Zeitschrift für Ausbildung, Examen und Kontaktstudium, 14. Jg., Nr. 11, S. 555-559.

PRIEBE, HERMANN (1985b): Agrarpolitik im Umbruch (II). In: Wirtschaftsstudium: Zeitschrift für Ausbildung, Examen und Kontaktstudium, 14. Jg., Nr. 12, S. 605-609.

PRIEBE, HERMANN (1988): Die subventionierte Unvernunft. Landwirtschaft und Naturhaushalt. 3. Aufl. Berlin.

QUAMBUSCH, LIESEL (1976): Nicht-tarifäre Handelshemmnisse: Ein Beitrag zu ihrer Systematisierung, Anwendung und Beseitigung. Köln.

QUAMBUSCH, LIESEL (1989): Handelshemmnisse, nichttarifäre. In: Klaus Macharzina und Martin K. Welge (Hrsg.): Handwörterbuch Export und Internationale Unternehmung. Stuttgart, Sp. 782-799.

RAUPERT, WALTER (2007): Rübenbauern bleiben im Unklaren. In: Land & Forst, Nr. 7/2007, S. 23f.

RAYNER ANTHONY; INGERSENT, KEN A.; HINE, ROBERT C. (1993): Agriculture in the Uruguay Round: An Assessment. In: The Economic Journal, Vol. 103, No. 11, S. 1513-1527.

REBLIN, JÖRG (1993): Das GATT und der Weltagrarhandel. Hamburg.

REHNER, JOHANNES (2004): Netzwerke und Kultur. Unternehmerisches Handeln deutscher Manager in Mexiko (= Wirtschaft und Raum, Band 11). München.

RENDER, HEINRICH (1989): Ein Strukturkonzept zur Verbesserung der Wettbewerbsstellung der norddeutschen Zuckerwirtschaft (= Europäische Hochschulschriften, Reihe V, Band 1013). Franfurt a. M. et al.

RIEDEL, JOACHIM (2006a): Wie geht´s weiter in den Zuckerrübenbaubetrieben. In: Joachim Lange (Hrsg.): Agrarpolitik zwischen Handelsliberalisierung und Haushaltnot – Wie geht´s weiter? (= Loccumer Protokolle 06/06). Rehburg-Loccum, S. 193-198.

RIEDEL, JOACHIM (2006b): Was Ethanolrüben bringen müssen. In: DLZ – Agrarmagazin, Nr. 8/2006, S. 136-139.

RIEDEL, JOACHIM (2007): Quotenverkauf muss sich lohnen. In: DLZ – Agrarmagazin, Nr. 8/2007, S. 120f.

RIEDER, PETER; ANWANDNER-PHAN HUY, SIBYL (1994): Grundlagen der Agrarmarktpolitik. 4. Aufl. Zürich.

RIEGLER, JOSEF (1999): Europäisches Modell – Schein oder Sein?. In: Ökosoziales Forum Österreich, ökosoziales Forum Niederalteich (Hrsg.): Die Bauern nicht dem Weltmarkt opfern! Lebensqualität durch ein europäisches Agrarmodell. Graz, S. 61-73.

RODRIK, DANI (1995): Political economy of trade policy. In: Gene M. Grossmann und Kenneth Rogoff (Eds.): Handbook of International Economics. Vol. 3. Amsterdam, S. 1457-1494.

ROOSEN, JUTTA (2005): Verbraucher und die Reform. Würde Zucker wirklich billiger? Wäre billiger Zucker wirklich gut?. In: Joachim Lange (Hrsg.): Zucker: Markt oder Ordnung? Die Reform der EU-Zuckermarktordnung (= Loccumer Protokolle 04/05). Rehburg-Loccum, S. 167-174.

ROSE, FRANZ-JOSEF (2007): Die Reform der Gemeinsamen Marktordnung für Zucker (GMO-Zucker). In: Wirtschaftwissenschaftliches Studium: Zeitschrift für Ausbildung und Hochschulkontakt, 36. Jg., Nr. 5, S. 263-266.

RUHREN, NORBERT VON (2003): Editorial. In: Geographie und Schule, 25. Jg., Nr. 10, S. 1.

RUPPERT, KARL; GRÄF, PETER; HECKL, FRANZ X.; LINTNER, PETER; METZ, ROLAND; PAESLER, REINHARD; POLENSKY, THOMAS (1987): Bayern – Eine Landeskunde aus sozialgeographischer Sicht (= Wissenschaftliche Länderkunden Band 8/II). Darmstadt.

SANDERSON, FRED H. [Ed.] (1990): Agricultural Protectionism in the Industrialized World. Washington.

SAUERNHEIMER, KARLHANS (1989): Protektionismus. In: Klaus Macharzina und Martin K. Welge (Hrsg.): Handwörterbuch Export und Internationale Unternehmung. Stuttgart, Sp. 1760-1770.

SCHAMP, EIKE (2003): Raum, Interaktion und Institution. Anmerkungen zu drei Grundprinzipien der deutschen Wirtschaftsgeographie. In: Zeitschrift für Wirtschaftsgeographie, 47. Jg., Nr. 3/4, S. 145-158.

SCHÄTZL, LUDWIG (2003): Wirtschaftsgeographie. Band 1: Theorie. 9. Aufl. Paderborn.

SCHIRM, STEFAN A. (2002): Handel und Politik – Der Einfluss globaler Märkte auf nationale Interessen. In: Internationale Politik, 57. Jg., Nr. 6, S. 1-10.

SCHLÖDER, HERMANN-JOSEF (1991): Entwicklung und Stand der GATT-Agrarverhandlungen im Rahmen der Uruguay-Runde. In: Verein für Agrarwirtschaft e.V. (Hrsg.): GATT-Prüfstand für die Agrarpolitik – Durchbruch oder Sackgasse bei den strittigen Agrarfragen? (= Tagungsband der agrarpolitischen Wintertagung vom 22. bis 23. Februar 1991, Bonn-Röttgen). Bonn, S. 23-33.

SCHMIDT, ERICH (1980): Auswirkungen der EG-Zuckermarktordnung auf die regionale Wettbewerbsfähigkeit der Rübenzuckerproduktion – dargestellt am Beispiel Frankreichs und Italiens. In: Zuckerindustrie, 105. Jg., Nr. 8, S. 763-771.

SCHMIDT, ERICH (2002): Reformbedarf der EU-Zuckermarktordnung. Parlamentarischer Abend des Informationszentrums Zuckerverwender am 28. Februar 2002. Berlin.

SCHMIDT, ERICH (2005a): Die Zuckermarktordnung: Ineffizienzen zu Lasten der Verbraucher?. In: Joachim Lange (Hrsg.): Zucker: Markt oder Ordnung? Die Reform der EU-Zuckermarktordnung (= Loccumer Protokolle 04/05). Rehburg-Loccum, S. 19-47.

SCHMIDT, ERICH (2005b): Der Kommissionsvorschlag zur Reform der EU-Zuckermarktordnung: „Schnellschuss" und „überzogene Reform" oder sorgfältig erarbeitetes Konzept für den Einstieg in ein schrittweises „Ende des Sozialismus" auch im Zuckersektor?. In: Agrarwirtschaft: Zeitschrift für Betriebswirtschaft, Marktforschung und Agrarpolitik, 54. Jg., Nr. 3, S. 145-147.

SCHMIDT, HAUKE (2003): Evaluation spezieller institutioneller Ausgestaltungen der EU-Zuckemarktordnung. Kiel.

SCHMITT, GÜNTER (1981): Agrarpolitik. In: Volkmar Götz, Karl Kroeschell und Wolfgang Winkler (Hrsg.): Handwörterbuch des Agrarrechts, Band 1. Berlin, Sp. 39-49.

SCHMITZ, MICHAEL P. (1998): Das EU-Agribusiness im Globalisierungs- und Transformationsprozess. In: Roland Herrmann, Dieter Kirschke und Michael P. Schmitz (Hrsg.): Landwirtschaft in der Weltwirtschaft. Festschrift anläßlich des 60. Geburtstages von Prof. Dr. Ulrich Koester (= Sonderhefte der Agrarwirtschaft, Nr. 158), S. 276-303.

SCHMITZ, NORBERT (2003): Bioethanol in Deutschland (= Schriftenreihe „Nachwachsende Rohstoffe", Band 21). Münster.

SCHMITZ, NORBERT (2006): Bioethanol als Kraftstoff – Stand und Perspektiven. In: Institut für Technikfolgenabschätzung und Systemanalyse (Hrsg.): Technologiefolgenabschätzung – Theorie und Praxis, 15. Jg., Nr. 1, S. 16-26.

SCHMÜSER, HANNES (1998): EU-Protektionismus als Globalisierungsantwort?. Darmstadt.

SCHNELL, RAINER; HILL, PAUL B.; ESSER, ELKE (2005): Methoden der empirischen Sozialforschung. 7. Aufl. München.

SCHÖN, HANS; AUERNHAMMER, HERMANN; BAUER, ROLAND; BOXBERGER, JOSEF; DEMMEL, MARKUS; ESTLER, MANFRED; GRONAUER, ANDREAS; HAIDN, BERNHARD; MEYER, JOACHIM; PRIKELMANN, HEINRICH; STREHLER, ARNO; WIDMANN, BERNHARD (1998): Landtechnik Bauwesen – Arbeit, Gebäude, Umwelt. München.

SCHRÖDER, JOSEF (1991): Maßnahmen zur Verbesserung der Effizienz der EG-Zuckermarktpolitik (= Europäische Hochschulschriften, Reihe V, Band 1234). Frankfurt a. M. et al.

SCHRÖDER, PETER (1994): Island (= Becksche Reihe Länder, Band 857). München.

SCHULENBURG, WERNER VON DER (1960): Die wirtschaftliche Lage der Zuckerindustrie in Westdeutschland. Göttingen.

SCHUR, ULLRICH (2002): Subventionsernte bringt Welthandel ins Schleudern. In: EU-Magazin, Heft 6, S. 20-21.

SCOTT, ALLEN J. (1998): Regions and the World Economy: The Coming Shape of Global Production, Competition, and Political Order. Oxford/New York.

SENTI, RICHARD (2000): WTO – System und Funktionsweise der Welthandelsordnung. Zürich.

SERRANO, KATHARINA A. (2007): Sweet Like Sugar: Does the EU´s New Sugar Regime Become Fiji´s Bitter Reality or Welcome Opportunity?. In: Journal of South Pacific Law, Vol. 11, No. 2, S. 169-193.

SIEBERT, HORST (1997): Weltwirtschaft. 7. Aufl. Stuttgart.

SILVIS, HUIB; RIJSWICK, CINDY VAN (2002): Agricultural Policies and Trade Liberalisation. In: Floor Brouwer und David E. Ervin (Eds.): Public Concerns, Environmental Standards and Agricultural Trade. Wallingford, S. 11-37.

SOMMER, ULRICH (2002): Der Markt für Zucker. In: Agrarwirtschaft: Zeitschrift für Betriebswirtschaft, Marktforschung und Agrarpolitik, 51. Jg., Nr. 1, S. 35-41.

SOMMER, ULRICH (2006): Der Markt für Zucker. In: Agrarwirtschaft: Zeitschrift für Betriebswirtschaft, Marktforschung und Agrarpolitik, 55. Jg., Nr. 1, S. 21-28.

SOMMER, ULRICH (2007): Der Markt für Zucker. In: Agrarwirtschaft: Zeitschrift für Betriebswirtschaft, Marktforschung und Agrarpolitik, 56. Jg., Nr. 1, S. 21-25.

SPETTMANN, THEO (2006a): Südzucker setzt auf Bioethanol. In: Die Zuckerrüben Zeitung (DZZ), Nr. 4/2006, S. 1.

SPETTMANN, THEO (2006b): Südzucker weiter auf Kurs. In: Die Zuckerrüben Zeitung (DZZ), Nr. 6/2006, S. 1f.

SPETTMANN, THEO (2006c): Ausführungen anlässlich der Hauptversammlung der Südzucker AG am 27. Juli 2006 im Rosengarten Mannheim. (http://www.suedzucker.de/_downloads/hauptversammlung/rede_hv.pdf). Abgerufen am 15. Januar 2007.

SPRECHER VON BERNEGG, ANDREAS (1929): Tropische und subtropische Weltwirtschaftspflanzen: Ihre Geschichte, Kultur und volkswirtschaftliche Bedeutung. Stuttgart.

STARK GEORG (2006a): Zur Marktsituation von Bioethanol aus Zuckerrüben. (http://www.lfl-neu.bayern.de/iem/agrarmarktpolitik/20256/index.php). Abgerufen am 16. Dezember 2007.

STARK GEORG (2006b): Nord-Süd-Vergleich. In: Joule, Nr. 1/2006, S. 66-68.

STARK, GEORG; KARL, WOLFGANG (2007): Auszahlen oder übertragen?. In: DLG-Mitteilungen, Nr. 11/2007, S. 38f.

STATISTISCHES BUNDESAMT (2008): Genesis online (http://www.genesis.destatis.de/genesis/online/logon). Abgerufen am 14. Februar 2008.

STEINHAUSER, HUGO; LANGBEHN, CAY; PETERS, UWE (1989): Einführung in die landwirtschaftliche Betriebslehre, Band 1: Allgemeiner Teil. 4. Aufl. Stuttgart.

STMLF [Bayerisches Staatsministerium für Landwirtschaft und Forsten] (2005): Erste Bewertung der Reformbeschlüsse zum Zuckermarkt auf Basis der zum Zeitpunkt 25. November 2005 vorliegenden Zwischeninformationen. München.

STORPER, MICHAEL; WALKER, RICHARD (1989): The Capitalist Imperative – Territory, Technology, and Industrial Growth. New York/Oxford.

STREIT, MANFRED (1988): Theorie der Wirtschaftspolitik. 3. Aufl. Düsseldorf.

SÜDZUCKER (2006a): Veränderte Rahmenbedingungen durch die neue Zuckermarktordnung: Neue Regelungen zur Übertragung und Nachlieferung. Mannheim/Ochsenfurt.

SÜDZUCKER (2006b): Report 2006. Mannheim/Ochsenfurt.

SÜDZUCKER (2007a): Geschäftsbericht 2006/07. Mannheim/Ochsenfurt.

SÜDZUCKER (2007b): FAQ (http://www.suedzucker.de/faq/). Abgerufen am 19. Januar 2007.

SÜDZUCKER (2007c): Südzucker-Gruppe – Bedeutung am Markt. (http://www.suedzucker.de/unternehmen/zuckermarkt/). Abgerufen am 15. Oktober 2007.

SÜDZUCKER (2007d): Die Südzucker-Gruppe: Unternehmenspräsentation 2007. Mannheim/Ochsenfurt.

SÜDZUCKER (2007e): Südzucker-Gruppe – Standorte: Zuckerfabriken in Deutschland (http://www.suedzucker.de/unternehmen/unternehmen/standorte/). Abgerufen am 15. Oktober 2007.

SÜDZUCKER (2007f): Zwischenbericht 1. Halbjahr 2007/08. Mannheim/Ochsenfurt.

SUGAR INDUSTRY/ZUCKERINDUSTRIE (2006a): EU wird zum Nettoimporteur von Zucker. 131. Jg., Nr. 2, S. 601.

SUGAR INDUSTRY/ZUCKERINDUSTRIE (2006b): EU-Nachrichten. 131. Jg., Nr. 2, S. 602.

SUGAR INDUSTRY/ZUCKERINDUSTRIE (2007a): Zuckererzeugung der EU 2006/07 vermindert sich auf 16,2 Mio. t. 132. Jg., Nr. 2, S. 146.

SUGAR INDUSTRY/ZUCKERINDUSTRIE (2007b): Zuckerwirtschaft verzichtet auf noch weniger Quoten als erwartet. 132. Jg., Nr. 2, S. 145.

SUGAR INDUSTRY/ZUCKERINDUSTRIE (2007c): Kommission: Stärkere Anreize zum Verzicht auf Zuckerquoten. 132. Jg., Nr. 4, S. 297.

SUGAR INDUSTRY/ZUCKERINDUSTRIE (2007d): Überarbeitung des Strukturfonds geht in die richtige Richtung. 132. Jg., Nr. 6, S. 529.

SUGAR INDUSTRY/ZUCKERINDUSTRIE (2007e): WVZ: Marktrücknahme schafft mehr Planungssicherheit. 132. Jg., Nr. 3, S. 220.

SUGAR INDUSTRY/ZUCKERINDUSTRIE (2007f): Kampagnedaten der Zuckerfabriken 2006/07. 132. Jg., Nr. 1, S. 75.

SUGAR INDUSTRY/ZUCKERINDUSTRIE (2007g): Südzucker hält Dividende. 132. Jg., Nr. 6, S. 531-536.

SUGAR INDUSTRY/ZUCKERINDUSTRIE (2007h): Südzucker in Bewegung. 132. Jg., Nr. 8, S. 673-675.

SUGAR INDUSTRY/ZUCKERINDUSTRIE (2007i): EU: 200 000 t Zuckerimporte für chemische Industrie. 132. Jg., Nr. 2, S. 145.

SUGAR INDUSTRY/ZUCKERINDUSTRIE (2007j): Brasilien: Immer mehr ausländische Firmen auf dem Zuckermarkt. 132. Jg., Nr. 9, S. 733f.

SZ [Süddeutsche Zeitung] (2007): Alles auf Zucker. 13. Juni 2007, S. 3.

SZVG [Süddeutsche Zuckerrübenverwertungs-Genossenschaft eG] (2000): 50 Jahre Süddeutsche Zuckerrübenverwertungs-Genossenschaft eG. Wertheim.

SZVG [Süddeutsche Zuckerrübenverwertungs-Genossenschaft eG] (2007a): Richtlinien zur Übertragung von Zeichnungen und Lieferrechten (http://www.szvg.de/html/lieferrecht.html). Abgerufen am 15. November 2007.

SZVG [Süddeutsche Zuckerrübenverwertungs-Genossenschaft eG] (2007b): Richtlinien zur Nutzung von Lieferrechten (http://www.szvg.de/html/lieferrecht.html). Abgerufen am 15. November 2007.

TANGERMANN, STEFAN (1981): Agrarzölle. In: Volkmar Götz, Karl Kroeschell und Wolfgang Winkler (Hrsg.): Handwörterbuch des Agrarrechts, Band 1. Berlin, Sp. 219-222.

TANGERMANN, STEFAN (1985): Agrarprotektionismus und Entwicklung der Weltwirtschaft. In: Herbert Giersch (Hrsg.): Probleme und Perspektiven der weltwirtschaftlichen Entwicklung (= Schriften des Vereins für Socialpolitik, Band 148). Berlin, S. 91-111.

TANGERMANN, STEFAN (1997): Reformbedarf in der EU-Agrarpolitik und die Agenda 2000 (= Institut für Agrarökonomie der Universität Göttingen, Diskussionsbeitrag Nr. 9704). Göttingen.

TANGERMANN, STEFAN (2002): Agrarpolitik. In: Rolf H. Hasse, Herman Schneider und Klaus Weigelt (Hrsg.): Lexikon Soziale Marktwirtschaft. Wirtschaftspolitik von A bis Z. Paderborn, S. 79-81.

TANGERMANN, STEFAN; HARTWIG, BETTINA (1987): Die Stellung des Agrarhandels im GATT am Beginn der Uruguay-Runde. In: Agrarwirtschaft: Zeitschrift für Betriebswirtschaft, Marktforschung und Agrarpolitik, 36. Jg., Nr. 3, S. 69-80.

TAZ [Die Tageszeitung] (2006): Läuft wie gezuckert. 31. August 2006, S. 4.

THALHEIM, GERALD (2005): Die EU-Zuckermarktordnung (ZMO) vor der Reform: Welche Ziele verfolgt die Bundesregierung?. In: Joachim Lange (Hrsg.): Zucker: Markt oder Ordnung? Die Reform der EU-Zuckermarktordnung (= Loccumer Protokolle 04/05). Rehburg-Loccum, S. 49-53.

THOMSEN, KARIN ANNE (2006): Die Zuckerpolitik der Europäischen Union. Wohlfahrtsanalyse und Reformvorschläge. München.

TIETJE, CHRISTIAN (1997): Normative Grundstrukturen der Behandlung nichttarifärer Handelshemmnisse in der WTO/GATT-Rechtsordnung. Eine Untersuchung unter besonderer Berücksichtigung des Countertrade (= Hamburger Studien zum Europäischen und Internationalen Recht, Band 14). Berlin.

TIETZ, BRUNO (1993): Binnenhandelspolitik. 2. Aufl. München.

TOEWS, THORE (2007): Wie wettbewerbsfähig sind Ethanolrüben. In: Top Agrar, Nr. 7/2007, S. 86-88.

TOP AGRAR (2006): Zucker-Weltmarkt: Preisschwankungen nehmen zu. Nr. 11/2006, S. 46.

TRUMM, SILKE (2001): Das Prinzip des Weltfreihandels und der europäische Agraraußenhandel: Am Beispiel der Gemeinsamen Marktordnungen für Getreide, Zucker und Bananen (= Schriften zum europäischen Recht, Band 68). Berlin.

UNCTAD [United Nations Conference on Trade and Development] (2005): Effects of the "Everything but Arms" initiative on the sugar industries of the least developed countries. Report by the UNCTAD-Secretary. New York.

UNSELD, KLAUS (1971): Der Zuckerrübenanbau der Bundesrepublik Deutschland wirtschaftsgeographisch betrachtet (= Nürnberger wirtschafts- und sozialgeographische Arbeiten, Band 14). Nürnberg.

URFF, WINFRIED VON (1993a): Der Agrarhandel in der Uruguay-Runde des GATT – Irritationen zwischen der EG und den USA. In: Integration: Vierteljahreszeitschrift des Instituts für Europäische Politik in Zusammenarbeit mit dem Arbeitskreis Europäische Integration, 16. Jg., Nr. 2, S. 80-94.

URFF, WINFRIED VON (1993b): Die Gemeinsame Agrarpolitik: Funktionsweise, innergemeinschaftliche und weltwirtschaftliche Implikationen, mögliche Perspektiven. In: Wulfdiether Zippel (Hrsg.): Ökonomische Grundlagen der europäischen Integration. München, S. 99-119.

USDA/FAS [United States Department of Agriculture/Foreign Agricultural Service] (2005): EU agrees sugar reform (= GAIN-Report No. E35225) (http://www.fas.usda.gov/). Abgerufen am 22. September 2007.

USDA/FAS [United States Department of Agriculrure/Foreign Agricultural Service] (2006): World Production, Supply, and Distribution of Centrifugal Sugar (http://www.fas.usda.gov/). Abgerufen am 11. März 2007.

VdZ [Verein der Zuckerindustrie] (1978) [Hrsg.]: Zuckerindustrie – Entwicklung in Einzeldarstellungen. Bonn.

VBZ [Verband Bayerischer Zuckerrübenanbauer e. V.] (2006): Geschäftsbericht für das Geschäftsjahr 2005/06. Barbing.

VBZ [Verband Bayerischer Zuckerrübenanbauer e. V.] (2007): Geschäftsbericht für das Geschäftsjahr 2006/07. Barbing.

VFZ [Verband Fränkischer Zuckerrübenanbauer e. V.] (2006): Geschäftsbericht 2005/06. Eibelstadt.

VFZ [Verband Fränkischer Zuckerrübenanbauer e. V.] (2007): Geschäftsbericht 2006/07. Eibelstadt.

VOELZKOW, HELMUT (1999): Die Governance regionaler Ökonomien im internationalen Vergleich: Deutschland und Italien. In: Gerhard Fuchs, Gerhard Kraus und

Hans-Georg Wolf (Hrsg.): Die Bindungen der Globalisierung. Interorganisationsbeziehungen im regionalen und globalen Wirtschaftsraum. Marburg, S. 48-91.

VOIGT, STEFAN (1992): Die Welthandelsordnung zwischen Konflikt und Stabilität: Konfliktpotentiale und Konfliktlösungsmechanismen (= Schriftenreihe des Instituts für Allgemeine Wirtschaftsforschung der Albert-Ludwigs-Universität Freiburg, Band 46). Freiburg.

VSZ [Verband Süddeutscher Zuckerrübenanbauer e. V.] (2006): Bericht über das Geschäftsjahr 2005/2006. Würzburg.

VSZ [Verband Süddeutscher Zuckerrübenanbauer e. V.] (2007a): Bericht über das Geschäftsjahr 2006/2007. Würzburg.

VSZ [Verband Süddeutscher Zuckerrübenanbauer e. V.] (2007b): Aktivitäten. (http://www.vsz.de/). Abgerufen am 15. Oktober 2007.

VSZ [Verband Süddeutscher Zuckerrübenanbauer e. V.]; SZVG [Süddeutsche Zuckerrübenverwertungs-Genossenschaft eG]; SÜDZUCKER (2006): Marktchancen nutzen – Bioethanol aus Zuckerrüben. Würzburg et al.

WACHTER, DANIEL (1995): Schweiz - eine moderne Geographie. Zürich.

WAGENER, HANS-JÜRGEN; EGER, THOMAS; FITZ, HEIKO (2006): Europäische Integration: Recht und Ökonomie, Geschichte und Politik. München.

WECK-HANNEMANN, HANNELORE (1992): Politische Ökonomie des Protektionismus. Eine institutionelle und empirische Analyse. Frankfurt a. M.

WECK-HANNEMANN, HANNELORE (1993): Paradoxon des Protektionismus. In: Wirtschaftwissenschaftliches Studium: Zeitschrift für Ausbildung und Hochschulkontakt, 22. Jg., Nr. 6, S. 297-300.

WEHRT, KLAUS (1986): Regionale Wirtschaftspolitik und europäische Agrarmarktordnungen: Auswirkungen der europäischen Agrarpreispolitik auf Problemregionen der Bundesrepublik Deutschland. Frankfurt a. M.

WEIZSÄCKER, CARL CHRISTIAN VON (1983): Effizienz und Gerechtigkeit (= Diskussionsbeiträge des volkswirtschaftlichen Instituts der Universität Bern, Abt. Mikroökonomie, Nr. 9). Bern.

WEIZSÄCKER, CARL CHRISTIAN VON (1984): Was leistet die Property-Rights-Theorie für aktuelle wirtschaftspolitische Fragen?. In: Manfred Neumann (Hrsg.): Ansprüche, Eigentums- und Verfügungsrechte (= Schriften des Vereins für Socialpolitik, Band 140). Berlin, S. 123-154.

WELTBANK (2006): World Development Indicators 2005. Washington.

WELTBANK (2007): World Development Indicators 2006. Washington.

WENDT, REINHARD (2007): Vom Kolonialismus zur Globalisierung. Europa und die Welt seit 1500. Paderborn.

WERLEN, BENNO (2002): Handlungsorientierte Sozialgeographie. Eine neue geographische Ordnung der Dinge. In: Geographie heute, 23. Jg., Nr. 200, S. 12-15.

WESSEL, KARIN (1996): Empirisches Arbeiten in der Wirtschafts- und Sozialgeographie. Paderborn.

WIEDENROTH, HENNING (2007): Probleme mit dem Strukturfonds. In: Die Zuckerrüben Zeitung (DZZ), Nr. 2/2007, S. 1.

WILLENBROCK, HARALD (2006): Bauernopfer. In: Brandeins, 8. Jg., Nr. 11, S. 25-32.

WILLGERODT, HANS (1983): Die Agrarpolitik der Europäischen Gemeinschaft in der Krise. In: Ordo-Jahrbuch. 34. Jg. Stuttgart, S. 97-139.

WINDFUHR, MICHAEL (2002): Everything but Farms: Die Agrarexporte der Entwicklungsländer sind blockiert. In: Entwicklung und Zusammenarbeit, 43. Jg., Nr. 3, S. 82-85.

WINNER, CHRISTIAN (1978): Zur Wettbewerbskraft der Zuckerrübe unter mitteleuropäischen Anbaubedingungen. In: Berichte über Landwirtschaft, Band 56, S. 127-138.

WINNER, CHRISTIAN (1981): Zuckerrübenbau. Frankfurt a. M.

WINNER, CHRISTIAN (1982): Zur Frage nach dem Leistungspotential der Zuckerrübe unter pflanzenbaulichem und verarbeitungstechnischem Aspekt. In: Zuckerindustrie, 107, Jg., Nr. 5, S. 382-386.

WISSENSCHAFTLICHER BEIRAT (1994): Vorschläge für eine grundlegende Reform der EG-Zuckermarktpolitik (= Schriftenreihe des Bundesministeriums für Ernährung, Landwirtschaft und Forsten, Reihe A: Angewandte Wissenschaft, Band 430). Münster.

WITZKE, HANS-PETER; KUHN, ARMIN (2003): Assessing Reform Options for the Sugar Common Market Organisation – Quantitative Analyses with Interlinked Models. Referat zur 43. Jahrestagung der Gesellschaft für Wirtschafts- und Sozialwissenschaften des Landbaus e.V. vom 29. September bis 1. Oktober 2003 in Stuttgart-Hohenheim. Stuttgart.

WÖHLKEN, EGON (1981): Agrarmärkte. In: Volkmar Götz, Karl Kroeschell und Wolfgang Winkler (Hrsg.): Handwörterbuch des Agrarrechts, Band 1. Berlin, Sp. 34-39.

WOLFGARTEN, HUBERTUS (2006): Umsetzung der Betriebsprämienregelung in Deutschland – Stand und Ausblick. In: Joachim Lange (Hrsg.): Agrarpolitik zwischen Handelsliberalisierung und Haushaltsnot – Wie geht´s weiter? (= Loccumer Protokolle 06/06). Rehburg-Loccum, S. 69-73.

WOLPOLD-BOSIEN, MARTIN (1999): Die andere Eroberung – US-amerikanische und europäische Agrarpolitik und ihre Folgen für den Hunger im Süden der Welt. Hintergründe und Argumente für die Diskussion um die Agrarverhandlungen in der WTO. Herne.

WTO [World Trade Organisation] (2000): Export Subsidies. Background Paper by the Secretariat. Document G/AG/NGS/5. 11. Mai 2000. Genf.

WTO [World Trade Organisation] (2002): International Trade Statistics, jährlich. Genf.

WTO [World Trade Organisation] (2006): International Trade Statistics, jährlich. Genf.

WVZ/VdZ [Wirtschaftliche Vereinigung Zucker/Verein der Zuckerindustrie] (2001a): Statistisches Tabellenbuch 2000/2001. Münster-Hiltrup.

WVZ/VdZ [Wirtschaftliche Vereinigung Zucker/Verein der Zuckerindustrie] (2001b): Jahresbericht 2000/2001. Münster-Hiltrup.

WVZ/VdZ [Wirtschaftliche Vereinigung Zucker/Verein der Zuckerindustrie] (2005): Jahresbericht 2004/2005. Münster-Hiltrup.

WVZ/VdZ [Wirtschaftliche Vereinigung Zucker/Verein der Zuckerindustrie] (2006a): Statistisches Tabellenbuch 2005/2006. Münster-Hiltrup.

WVZ/VdZ [Wirtschaftliche Vereinigung Zucker/Verein der Zuckerindustrie] (2006b): Jahresbericht 2005/2006. Münster-Hiltrup.

WVZ/VdZ [Wirtschaftliche Vereinigung Zucker/Verein der Zuckerindustrie] (2007a): Weltzuckermarkt/Weltzuckerhandel (http://www.zuckerverbaende.de). Abgerufen am 11. März 2007.

WVZ/VdZ [Wirtschaftliche Vereinigung Zucker/Verein der Zuckerindustrie] (2007b): EU-Zuckermarkt/Zuckererzeugung und Verbrauch: Zuckererzeugung in der EU 2006/07 (http://www.zuckerverbaende.de). Abgerufen am 30. Juli 2007.

WVZ/VdZ [Wirtschaftliche Vereinigung Zucker/Verein der Zuckerindustrie] (2007c): Marktrücknahme schafft mehr Planungssicherheit (http://www.zuckerverbaende.de). Abgerufen am 24. April 2007.

WVZ/VdZ [Wirtschaftliche Vereinigung Zucker/Verein der Zuckerindustrie] (2007d): Zuckermarkt Deutschland/Zuckerabsatz (http://www.zuckerverbaende.de). Abgerufen am 30. Juli 2007.

WVZ/VdZ [Wirtschaftliche Vereinigung Zucker/Verein der Zuckerindustrie] (2007e): Jahresbericht 2006/2007. Münster-Hiltrup.

WVZ/VdZ [Wirtschaftliche Vereinigung Zucker/Verein der Zuckerindustrie] (2007f): Weltzuckermarkt/Erzeugung und Verbrauch (http://www.zuckerverbaende.de). Abgerufen am 30. Juli 2007.

WVZ/VdZ [Wirtschaftliche Vereinigung Zucker/Verein der Zuckerindustrie] (2007g): Statistisches Tabellenbuch 2006/2007. Münster-Hiltrup.

WVZ/VdZ [Wirtschaftliche Vereinigung Zucker/Verein der Zuckerindustrie] (2007h): EU-Zuckermarkt/Zuckererzeugung und Verbrauch: Zuckererzeugung in der EU 2005/06 (http://www.zuckerverbaende.de). Abgerufen am 11. März 2007.

WWF DEUTSCHLAND (2006): Zucker – bitter für die Umwelt? Weltweit eine heißbegehrte Ware (http://www.wwf.de/unsere-themen/landwirtschaft/ agrarpolitik/zucker/). Abgerufen am 1. April 2007.

YIN, ROBERT K. (1994): Case Study Research – Design and Methods. Thousand Oaks et al.

ZEDDIES, JÜRGEN (2005): Die Vorschläge der EU-Kommission zur Reform der Zuckermarktordnung. Auswirkungen auf Zuckermärkte, Landwirtschaft, Zucker verarbeitende Industrie und Konsumenten. In: Joachim Lange (Hrsg.): Zucker: Markt oder Ordnung? Die Reform der EU-Zuckermarktordnung (= Loccumer Protokolle 04/05). Rehburg-Loccum, S. 61-67.

ZEDDIES, JÜRGEN (2006): Die neue EU-Zuckermarktordnung – Beschlüsse, Auswirkungen und Bewertung: In: Agrarwirtschaft: Zeitschrift für Betriebswirtschaft, Marktforschung und Agrarpolitik, 55. Jg., Nr. 2, S. 97-99.

ZEDDIES, JÜRGEN; GAMER, WILHELM (2006a): Zwang zu strukturellen Anpassungen. Auswirkungen der Reform der Zuckermarktordnung auf Rüben anbauende Betriebe in Deutschland und der EU. In: Die Zuckerrüben Zeitung (DZZ), Nr. 3/2006, S. 6.

ZEDDIES, JÜRGEN; GAMER, WILHELM (2006b): Im Süden fehlen bis zu 1 200 €/ha!. In: Top Agrar, Nr. 1/2006, S. 30-32.

ZEDDIES, JÜRGEN; ZIMMERMANN, BEATE; WIESER, HANS (1999): Internationale Wettbewerbsfähigkeit der Zuckererzeugung – komparative Kostenunterschiede und Wettbewerbsverzerrungen. 40. Jahrestagung der Gesellschaft für Wirtschafts- und Sozialwissenschaften des Landbaus vom 4. bis 6. Oktober 1999 in Kiel. Hohenheim.

ZELLER, FRED (1988): Konkurrenzsituation auf dem Weltzuckermarkt – Verdrängungseffekte nationaler Import- und Exportpolitiken unter besonderer Berücksichtigung der EG. Freising.

ZELLER, FRED (2006): Gemeinschaftlicher Zuckerrübenanbau zukunftsweisend. In: Die Zuckerrüben Zeitung (DZZ), Nr. 6/2006, S. 2.

ZELLER FRED (2007): Hauptversammlung der Südzucker AG. In: Die Zuckerrüben Zeitung (DZZ), Nr. 5/2007, S. 7.

ZICK, TOBIAS (2006): Der Würfelzucker ist gefallen. In: NZZ Folio Nr. 3/2006, S. 24-28.

ZIETZ, JOACHIM (1987): Der Agrarsektor in den GATT-Verhandlungen. In: Die Weltwirtschaft. Nr. 1/1987, S. 200-211.

ZMP [Zentrale Markt- und Preisberichtsstelle GmbH] (2007): Durchschnittliche monatliche Erzeugerpreise für verschiedene Getreidearten (Auf Anfrage Zusendung der Daten durch die ZMP am 9. November 2007).

EG-VERORDNUNGEN

Verordnung (EG) Nr. 1260/2001 des Rates vom 19. Juni 2001 über die gemeinsame Marktorganisation für Zucker.

Verordnung (EG) Nr. 318/2006 des Rates vom 20. Februar 2006 über die Gemeinsame Marktorganisation für Zucker.

Verordnung (EG) Nr. 319/2006 des Rates vom 20. Februar 2006 zur Änderung der Verordnung (EG) Nr. 1782/2003 mit gemeinsamen Regeln für Direktzahlungen im Rahmen der Gemeinsamen Agrarpolitik und mit bestimmten Stützungsregelungen für Inhaber landwirtschaftlicher Betriebe.

Verordnung (EG) Nr. 320/2006 des Rates vom 20. Februar 2006 mit einer befristeten Umstrukturierungsregelung für die Zuckerindustrie in der Europäischen Gemeinschaft und zur Änderung der Verordnung (EG) Nr. 1290/2005 über die Finanzierung der Gemeinsamen Agrarpolitik.

Verordnung (EG) Nr. 967/2006 der Kommission vom 29. Juni 2006 mit Durchführungsbestimmungen zur Verordnung (EG) Nr. 318/2006 des Rates hinsichtlich der Nichtquotenerzeugung im Zuckersektor.

ANHANG

Anhang 1: Interviewleitfäden

Leitfaden I: Südzucker

I. ZMO-Reform – Allgemeine Auswirkungen auf Südzucker

➢ Wie stark sind aufgrund der reformierten Zuckermarktordnung bisher Erzeugung und Export von Zucker zurückgegangen?

➢ Welche Elemente der reformierten Zuckermarktordnung (Preissenkung, Quotenkürzung, Restrukturierungsabgabe) treffen das Unternehmen besonders?

➢ Kann die negative Entwicklung im Zuckersegment durch die anderen Geschäftsbereiche ausgeglichen werden?

➢ Wird die Reform auch als Chance begriffen?

II. ZMO-Reform – Anpassungshandlungen von Südzucker

a.) Neues Liefer- und Bezahlsystem

➢ Was sind die Gründe für die Einführung des neuen Liefer- und Bezahlsystems für Zuckerrüben?

➢ Wo liegen die Unterschiede zum alten System?

b.) Werksschließungen: Das Beispiel Regensburg

➢ Welche Gründe kommen allgemein für die Schließung von Zuckerfabriken in Frage?

➢ Was sind die Gründe für die Schließung des Werkes in Regensburg? Warum wurde nicht ein anderes südbayerisches Werk (Rain, Plattling) geschlossen?

➢ Hat die Restrukturierungsprämie für den Schließungsbeschluss eine Rolle gespielt?

➢ Wie wird das Regensburger Einzugsgebiet auf die anderen Standorte verteilt?

➢ Um wie viel erhöht sich aufgrund der Schließung die durchschnittliche Transportentfernung der Regensburger Zuckerrübenanbauer?

➢ Um wie viele Tage erhöht sich durch die Schließung die Kampagnendauer in Plattling und Rain? Werden die Standorte dadurch sicherer?

➢ Welche Anlagen bzw. Sonderproduktionsbereiche bleiben am Standort Regensburg erhalten?

➢ Wie viele Arbeitsplätze gehen durch die Werksschließung verloren?

➢ Welche Maßnahmen sieht der erstellte Sozialplan für die Beschäftigten des Regensburger Werkes vor?

➢ Welche regionalwirtschaftlichen Folgen hat die Werksschließung für den Raum Regensburg?

c.) Freiwillige Quotenrückgabe

➢ Welche Gründe waren für die freiwillige Quotenrückgabe ausschlaggebend?

➢ Wie gestaltet sich der Prozess der freiwilligen Quotenrückgabe?

➢ Welche raumstrukturellen Effekte gehen mit der freiwilligen Quotenrückgabe einher?

d.) Senkung der Transportkosten

➢ Welche Bedeutung kommt bei der Zuckererzeugung den Transportkosten zu?

➢ Was wird mit der Einführung der 24-h-Anfuhr bezweckt?

➢ Welche Veränderungen ergeben sich dadurch im Rübentransport?

➢ Welche Lärmschutzmaßnahmen sind zu treffen?

e.) Industriezuckergeschäft

➢ Stellt das Industriezuckergeschäft einen Ausgleich für die Einschnitte im Quotenzuckerbereich dar?

➢ Für welche Bereiche wird Industriezucker produziert?

➢ Wo liegen die Chancen/Risiken des Industriezuckergeschäfts?

f.) Sonstige Anpassungsmaßnahmen im Zuckerbereich

➢ Welche Rolle spielt die Raffinierung von präferenziell importiertem Rohrohrzucker?

➢ Kommt ein Engagement in Zucker erzeugenden Drittländern (z.B. Brasilien) in Frage?

➢ Kommt ein Engagement in präferenzierten Entwicklungsländern in Frage (LDC-Länder)?

g.) Ausbau anderer Geschäftsbereiche (Ethanol)

➢ Werden die anderen Geschäftsbereiche (Spezialitäten, Frucht) ausgebaut, um Einbrüche im Zuckergeschäft zu kompensieren?

➢ Was waren die Gründe für die Entwicklung der Bioethanolsparte?

➢ Stellt die Ethanolerzeugung aus Zuckerrüben einen Ausgleich für die Einschnitte im Quotenzuckerbereich dar?

➢ Welche Chancen und Risiken werden allgemein in der Ethanolerzeugung gesehen?

➢ Was sind die Standortvorteile der Ethanolerzeugung in Zeitz?

III. ZMO-Reform – Zukunftsperspektiven und Einflussnahme

➢ Mit welchem Szenario wird nach Auslaufen der Marktordnung 2014/15 gerechnet?

➢ Welche Erwartungen bzw. Befürchtungen bestehen?

Leitfaden II: Landwirtschaft sowie Ämter und Behörden

I. Zuckerrübenanbau in Bayern

➤ Wo liegen die Wettbewerbsvorteile Bayerns gegenüber anderen Zuckerrüben produzierenden Regionen?

➤ Welche Merkmale kennzeichnen den „typischen" südbayerischen/fränkischen Zuckerrübenbaubetrieb (Größe, Fruchtfolge, andere Produktionszweige, Arbeitskräfte etc.)?

➤ Welche strukturellen Unterschiede im Zuckerrübenanbau bestehen zwischen Franken und Südbayern?

➤ Was unterscheidet den Zuckerrübenanbau vom Anbau anderer Ackerfrüchte (z.B. Getreide)? Wo liegen besondere Probleme?

II. ZMO-Reform – Auswirkungen auf Landwirtschaft und Zuckerproduktion in Bayern

➤ Wie hoch werden die Einkommensverluste für die Landwirte beziffert? Welche Regionen in Bayern sind davon besonders betroffen und warum?

➤ Wie entwickelt sich durch die Preissenkungen der Deckungsbeitrag der Zuckerrübe? Gibt es regionale Unterschiede?

➤ Wie wird der Deckungsbeitrag durch die Einschränkung der Anbauflächen aufgrund von Quotenkürzungen beeinflusst?

➤ Wie wirkt sich die Mengeneinschränkung auf die Auslastung der Produktionstechnik und der Maschinen aus?

➤ Kann die Zuckerrübe angesichts der reformbedingten Einschnitte und der gestiegenen Preise von Alternativkulturen ihre Position im Wettbewerb mit anderen Ackerfrüchten halten? Treten dabei regionale Unterschiede auf?

➤ Welche Gründe sprechen für den Verbleib der Zuckerrübe in der Anbauplanung?

➤ Welche Faktoren könnten einen Landwirt veranlassen, aus dem Zuckerrübenanbau auszusteigen?

➤ Was sind die Gründe für die Schließung des Werkes in Regensburg? Welche Standortvorteile kann das Werk aufweisen?

➤ Wie viele Landwirte sind von der Schließung betroffen, welche Folgen hat dies für sie?

➤ Wie wird das Regensburger Einzugsgebiet auf die anderen Standorte verteilt?

➤ Um wie viel erhöht sich aufgrund der Schließung die durchschnittliche Transportentfernung der Regensburger Zuckerrübenanbauer?

➢ Um wie viele Tage erhöht sich durch die Schließung die Kampagnendauer in Plattling und Rain? Werden die Standorte dadurch sicherer?

➢ Auf welche Änderungen müssen sich die Landwirte in den Einzugsbereichen Rain und Plattling einstellen?

➢ Sind weitere Standorte (Rain, Ochsenfurt, Plattling) in Gefahr?

➢ Welche Folgen hat das neue Liefer- und Bezahlsystem für die Landwirte? Was sind die Unterschiede zum alten System?

➢ Ist mit einer Beteiligung der Landwirte an den Transportkosten zu rechnen?

➢ Wie verändern sich allgemein die räumlichen Strukturen des Zuckerrübenanbaus durch die Reform?

➢ Welche raumstrukturellen Effekte gehen mit der freiwilligen Quotenrückgabe einher?

III. Anpassungshandlungen der Landwirte

a.) Ausstieg aus dem Zuckerrübenanbau

➢ Welche betrieblichen Alternativen könnten bei einer Einstellung des Zuckerrübenanbaus erschlossen werden?

➢ Wie wird der Gang in den regenerativen Energiebereich (Biogas) eingeschätzt?

➢ Wie wird die Ausweitung bzw. der Einstieg in die Viehhaltung eingeschätzt?

➢ Welche ackerbaulichen Alternativen existieren zur Zuckerrübe?

➢ Welche sonstigen Alternativen (z.B. Direktvermarktung, Fremdenverkehr) bestehen?

➢ Was sind die Vor- und Nachteile einer Rückgabe des Lieferrechts an den EU-Restrukturierungsfonds?

➢ Was sind die Vor- und Nachteile eines Verkaufs des Lieferrechts im Lieferrechtshandel?

➢ Lässt sich bei der Art der Aufgabe des Lieferrechts (Rückgabe versus Veräußerung) ein räumliches Verhaltensmuster feststellen?

➢ Wie sieht die Bilanz der Quotenrückgabe – bezogen auf Verbandsgebiete und Fabrikentfernung – aus?

b.) Fortführung des Zuckerrübenanbaus

➢ Welches Potenzial zur Kostensenkung liegt im Ausbau überbetrieblicher Maschinenkooperationen?

> ➤ Welche Effekte hätte eine Kooperation zur Vergrößerung der Feldstücke (Schläge)?
> ➤ Welche Möglichkeiten zur Vergrößerung der Schläge gibt es? Wo liegen die Vor- und Nachteile?
> ➤ Wie verändert sich die Kooperationsstruktur im Rübentransport?
> ➤ Was wird mit der Einführung der 24-h-Anfuhr bezweckt? Welche Veränderungen ergeben sich dadurch im Rübentransport? Welche Lärmschutzmaßnahmen sind zu treffen?
> ➤ Stellt der Erwerb zusätzlicher Lieferrechte eine Anpassungsmaßnahme dar?
> ➤ Stellt die Umstellung von Haupt- auf Nebenerwerb eine Anpassungsmaßnahme dar? Wenn ja, welche typischen Tätigkeiten kommen in Frage?
> ➤ Welche Bedeutung kommt dem Anbau von Industrierüben zu? Wo liegen die Vor- und Nachteile gegenüber den früheren C-Rüben?
> ➤ Welche Bedeutung kommt dem Anbau von Ethanolrüben zu? Welche Motive waren für die Zeichnung von Lieferrechten für Ethanolrüben ausschlaggebend?
> ➤ Wo liegen die Risiken/Probleme des Ethanolrübenanbaus?

IV. ZMO-Reform – Zukunftsperspektiven und Einflussnahme

> ➤ Mit welchem Szenario wird nach Auslaufen der Marktordnung 2014/15 gerechnet?
> ➤ Welche Erwartungen bzw. Befürchtungen bestehen?

Leitfaden III: Allgemeine Interessenvertretungen

a.) Wirtschaftliche Vereinigung Zucker/Verein der Zuckerindustrie (WVZ/VdZ)

I. Zuckerwirtschaft in Deutschland

➤ Wie viele Beschäftigte hat die deutsche Zuckerindustrie (inkl. vor- und nachgelagerter Bereiche)?

➤ Wie ist es um die Wettbewerbsfähigkeit der deutschen Zuckerindustrie im EU- bzw. internationalen Vergleich bestellt?

II. Allgemeines zur Reform der Zuckermarktordnung der EU

➤ Was sind die Gründe für die schleppende Entwicklung des EU-Restrukturierungsfonds?

➤ Welche Elemente der reformierten Zuckermarktordnung (Preissenkung, Quotenkürzung, Restrukturierungsabgabe) treffen die Unternehmen der Zuckerindustrie besonders?

➤ Was ist die für die deutsche Zuckerwirtschaft wichtigste Änderung der beschlossenen Zuckermarktordnung gegenüber den ursprünglichen Kommissionsvorschlägen?

➤ Warum wurde der Quotenhandel zwischen den Mitgliedsstaaten nicht umgesetzt? Was wären die Folgen für Deutschland gewesen?

➤ Mit welcher Entwicklung ist nach Auslaufen der reformierten Zuckermarktordnung zu rechnen? Wird es eine neue Marktordnung geben? Wie könnte diese aussehen?

b.) Gewerkschaft Nahrung Genuss Gaststätten (NGG)

I. Die EU-Zuckermarktordnung aus Arbeitnehmersicht

➤ Wie werden die Interessen der Beschäftigte der Zuckerindustrie durch die Reform der Zuckermarktordnung berücksichtigt?

➤ Wie viele Arbeitsplätze in der Zuckerindustrie sind durch die Reform in Deutschland/Bayern in Gefahr?

➤ Welche Leistungen sind für die Beschäftigten im Falle einer Werksschließung vorgesehen?

II. Situation der Beschäftigten im Regensburger Werk

➢ Welche Regelungen bzw. Details sieht der mit Südzucker ausgehandelte Sozialplan vor?

➢ Welche Sonderproduktionsbereiche bzw. Arbeitsplätze bleiben am Standort Regensburg erhalten?

➢ Wie wird die Situation auf dem Regensburger Arbeitsmarkt für die Werksbeschäftigten eingestuft?

Leitfaden IV: Sonstige

a.) Stadt Regensburg

I. Werksschließung und deren regionalwirtschaftliche Folgen

➤ Wie viele Arbeitsplätze gehen durch die Werksschließung verloren?

➤ Wie sind Zuliefer- bzw. Partnerbetriebe des Werks im Regensburger Raum betroffen? Sind auch außerhalb des Werks Arbeitsplätze bedroht?

➤ Lässt sich der Wertschöpfungsverlust für die Region Regensburg beziffern?

➤ Wie begegnet die Wirtschaftsförderung der Stadt Regensburg den Folgen der Werksschließung?

➤ Gibt es etwaige Hilfen aus dem Restrukturierungsfonds zur Diversifizierung der Wirtschaftsstruktur bzw. Mittel aus sonstigen Fördertöpfen der EU?

➤ Wie wird die Arbeitsmarktsituation im Raum Regensburg eingestuft? Was wären potenzielle neue Arbeitgeber für die Beschäftigten der Zuckerfabrik?

II. Zukunft des Geländes

➤ Wie groß ist das Gelände, für welche Nutzung wäre es geeignet?

➤ Welche Standortvor- und -nachteile hat das Gelände?

➤ Welche Rolle spielt die Stadt bei der Planung, welche Mitspracherechte hat sie?

➤ Welche Eignung bzw. Verwendung würde die Stadt bevorzugen?

b.) Landmaschinenindustrie

I. Fragen zur Branche

➤ Wie viele Zuckerrübentechnik produzierende Unternehmen gibt es in Bayern/Deutschland. Wie viele Beschäftigte haben sie?

➤ Was kostet eine Rodemaschine im Schnitt? Von wem wird sie gekauft? Ab wie viel ha jährlich rentiert sie sich?

II. Auswirkungen der EU-Zuckermarktordnung

➤ Welche Auswirkungen hat die ZMO-Reform auf den Maschinenabsatz?

➤ Durch was wird ein möglicher Absatzrückgang in der EU aufgefangen?

> ➤ Sind in der deutschen Branche Arbeitsplätze in Gefahr?
> ➤ Werden Maschinen wegen zu geringer Auslastung verkauft? Wenn ja, wohin?

Leitfaden V: Landwirte

I. Einstellung des Zuckerrübenanbaus

➢ Wie groß ist der Betrieb? Wie hoch ist der Pachtanteil?

➢ Wie sieht die konkrete Fruchtfolge (jeweils vor und nach Einstellung des Zuckerrübenanbaus) aus? Wie viele ha Fläche entfallen auf die einzelnen Früchte?

➢ Welchen Stellenwert hatte die Zuckerrübe? Wie groß war das Lieferrecht?

➢ Welche nicht-ackerbaulichen Betriebszweige bestehen? Können Sie diese näher beschreiben?

➢ Warum erfolgte der Ausstieg aus dem Zuckerrübenanbau?

➢ Wie wurde das Lieferrecht aufgegeben? Verkauf oder Rückgabe?

➢ Wann wurde das Lieferrecht aufgegeben?

➢ Was wird auf den Flächen, auf denen früher die Zuckerrübe angebaut wurde, nun angebaut?

➢ Was wurde mit dem Erlös aus der Aufgabe des Lieferrechts gemacht? Wurde er in andere Bereiche investiert, wenn ja wo?

➢ Welche betriebliche Alternative zum Zuckerrübenanbau wurde erschlossen? Wie haben sich dadurch die betrieblichen Strukturen verändert?

II. Fortführung des Zuckerrübenanbaus

➢ Wie groß ist der Betrieb? Wie hoch ist der Pachtanteil?

➢ Wie sieht die konkrete Fruchtfolge aus? Wie viele ha Fläche entfallen auf die einzelnen Früchte?

➢ Wie hoch ist der Rübenertrag?

➢ Wie weit ist die Entfernung zur Zuckerfabrik?

➢ Wie werden die einzelnen Arbeitsgänge im Zuckerrübenanbau erledigt?

➢ Welchen betrieblichen Stellenwert hat die Zuckerrübe?

➢ Warum wird der Zuckerrübenanbau fortgesetzt?

➢ Wurden Ethanolrüben gezeichnet? Wenn ja, wie viele (in t bzw. ha)? Was waren die Motive für die Zeichnung?

➢ Welche konkreten Anpassungshandlungen wurden ergriffen, um die Auswirkungen der ZMO-Reform abzufedern bzw. gering zu halten?

Anhang 2: Kategorienschema zur Interviewauswertung

Thema		Kategorie
Allgemeines	Zuckerwirtschaft in Deutschland	• Beschäftigte in der deutschen Zuckerindustrie • Wettbewerbsfähigkeit der deutschen Zuckerindustrie im internationalen Vergleich
	Zuckerrübenanbau in Bayern	• Wettbewerbsvorteile Bayerns gegenüber anderen Zuckerrübenanbauregionen • Interregionale Strukturunterschiede im Anbau • Merkmale des „typischen" südbayerischen/fränki-schen Zuckerrübenanbaubetriebs • Unterschiede zwischen Zuckerrübenanbau und anderen Anbauverfahren
	Reform der Zuckermarktordnung	• Gefährdung von Arbeitsplätzen durch die Reform • Gründe für die schleppende Entwicklung des Restruk- turierungsfonds • Änderungen der beschlossenen Reform gegenüber früheren Kommissionsvorschlägen • Gründe für die Nichteinführung des zwischenstaatlichen Quotenhandels • Einschätzung für die Zeit nach Auslaufen der reformierten ZMO
ZMO-Reform	Auswirkungen auf Südzucker	• Entwicklung von Erzeugung und Export seit Reformbeginn • Betroffenheit durch einzelne Reformelemente • Ausgleich der Entwicklung durch andere Geschäftsbereiche • Reform als „Chance"
Anpassungshandlungen/ Südzucker	Neues Liefer- und Bezahlsystem	• Gründe für neues System • Unterschiede zum alten System • Folgen für die Landwirte
	Werksschließungen (Regensburg)	• Allgemeine Gründe für Werksschließungen • Gründe für die Werksschließung Regensburg • Rolle der Restrukturierungsprämie • Folgen für die von der Schließung betroffenen Landwirte • Aufteilung des Regensburger Einzugsgebietes • Erhöhung der durchschnittlichen Transportentfernung im Regensburger Einzugsbereich • Erhöhung der Kampagnendauer in Rain und Plattling • Umstellungen für die Rainer und Plattlinger Landwirte • Sonderproduktionsbereiche Regensburg • Verloren gehende Arbeitsplätze • Maßnahmen und Regelungen des Sozialplans • Regionalwirtschaftliche Folgen der Regensburger Werksschließung

Anpassungshandlungen/ Südzucker	Freiwillige Quotenrückgabe	• Gründe für die Quotenrückgabe • Ablauf der Quotenrückgabe • Raumstrukturelle Effekte
	Senkung der Transportkosten	• Bedeutung der Transportkosten für die Zuckererzeugung • Zweck der 24-h-Anfuhr • Veränderungen im Transportbereich • Lärmschutzmaßnahmen • Beteiligung der Landwirte an den Transportkosten für Quotenrüben
	Industriezuckergeschäft	• Ausgleich für die Einschnitte im Quotenzuckerbereich • Einsatzbereiche für Industriezucker • Chancen/Risiken des Industriezuckergeschäfts
	Sonstige Anpassungshandlungen im Zuckerbereich	• Raffinierung präferenziell importierten Rohrohrzuckers • Engagement in Zucker erzeugenden Drittländern • Engagement in präferenzierten Entwicklungsländern
	Ausbau anderer Geschäftsbereiche (Ethanol)	• Ausbau zum Ausgleich der Einbrüche im Zuckergeschäft • Gründe für den Aufbau der Bioethanolsparte • Ethanolerzeugung aus Rüben als Ausgleich für Einschnitte im Quotenzuckerbereich • Chancen und Risiken der Ethanolerzeugung • Standortvorteile der Ethanolerzeugung in Zeitz
ZMO-Reform/ Landwirtschaft	Auswirkungen	• Reformbedingte Einkommensverluste • Besonders betroffene Regionen • Entwicklung des Deckungsbeitrages der Zuckerrübe • Auswirkung der Mengeneinschränkungen auf Auslastung der Produktionstechnik • Vergleich mit den Deckungsbeiträgen alternativer Kulturen • Gründe für den Verbleib der Zuckerrübe in der Anbauplanung • Faktoren für den Ausstieg aus dem Zuckerrübenanbau • Veränderung der Anbaustrukturen
Anpassungshandlungen/ Landwirte	Einstellung des Zuckerrübenanbaus	• Betriebliche Alternativen • Potenzial regenerativer Energieerzeugung • Einschätzung von Einstieg oder Ausweitung der Viehhaltung • Ersatz der Zuckerrübe durch andere Blattfrüchte • Beurteilung sonstiger Alternativen (Tourismus, Direktvermarktung) • Vor- und Nachteile der Rückgabe des Lieferrechts an den Restrukturierungsfonds • Vor- und Nachteile des Verkaufs des Lieferrechts im Lieferrechtshandel • Räumliches Verhaltensmuster bei der Lieferrechtsaufgabe • Bilanz der Quotenrückgabe nach Verbandsgebieten und Fabrikentfernung

Stadt Regensburg	Fortführung des Zuckerrübenanbaus	• Ausbau überbetrieblicher Maschinenkooperationen • Effekte einer Vergrößerung der Schläge • Möglichkeiten zur Schlaggrößenvergrößerung • Erwerb zusätzlicher Lieferrechte • Umstellung von Haupt- auf Nebenerwerb • Bedeutung des Industrierübenanbaus – Vor- und Nachteile • Bedeutung des Ethanolrübenanbaus – Motive zur Zeichnung von Lieferrechten • Risiken und Probleme des Ethanolrübenanbaus
	Werksschließung	• Wertschöpfungsverlust für die Region Regensburg • Maßnahmen der Wirtschaftsförderung • Einstufung der Arbeitsmarktsituation im Raum Regensburg • Hilfen/Unterstützung von der EU
	Zukunft des Fabrikgeländes	• Größe • Standortvor- und -nachteile • Zukünftige Nutzung • Rolle der Stadt im Planungsprozess
Landmaschinenindustrie	Allgemeines zur Branche	• Unternehmensstruktur und Beschäftigung in Deutschland • Kosten und Auslastung einer durchschnittlichen Rodemaschine
	Folgen der ZMO-Reform	• Auswirkungen auf den Maschinenabsatz • Gefährdung von Arbeitsplätzen • Ausgleich des Absatzrückgangs

376

Wirtschaft und Raum

Eine Reihe der Münchener Universitätsschriften

herausgegeben von

Prof. Dr. Hans-Dieter Haas
Universität München

Band 15: Bernd Alexander Forster: **Anpassungsdruck und Anpassungsstrategien des grenznahen Handwerks angesichts veränderter Wettbewerbsbedingungen im Zuge der EU-Erweiterung 2004**
2007 · 250 Seiten · ISBN 978-3-8316-0696-2

Band 14: Dieter Matthew Schlesinger: **Unternehmerische Motive eines umweltgerechten Verhaltens**
2006 · 204 Seiten · ISBN 978-3-8316-0644-3

Band 13: Michael Oechsle: **Erweiterung von Geschäftsfeldern im Non-Aviation-Bereich an europäischen Flughäfen unter besonderer Berücksichtigung des Standorts München**
2005 · 400 Seiten · ISBN 978-3-8316-0544-6

Band 12: Hans-Martin Zademach: **Spatial Dynamics in the Markets of M&A** · Essays on the Geographical Determination and Implications of Corporate Takeovers and Mergers in Germany and Europe
2005 · 144 Seiten · ISBN 978-3-8316-0478-4

Band 11: Johannes Rehner: **Netzwerke und Kultur** · Unternehmerisches Handeln deutscher Manager in Mexiko
2004 · 268 Seiten · ISBN 978-3-8316-0352-7

Band 10: Norbert Schultes: **Deutsche Außenwirtschaftsförderung** · Ökonomische Analyse unter Berücksichtigung der Aktivitäten und Programme in Japan · 2., unveränderte Auflage
2006 · 304 Seiten · ISBN 978-3-8316-0646-7

Band 8: Eckhard Störmer: **Ökologieorientierte Unternehmensnetzwerke** · Regionale umweltinformationsorientierte Unternehmensnetzwerke als Ansatz für eine ökologisch nachhaltige Wirtschaftsentwicklung
2001 · 410 Seiten · ISBN 978-3-8316-8410-6

Band 6: Romed Kelp: **Strategische Entscheidungen der europäischen LKW-Hersteller im internationalen Wettbewerb**
2000 · 231 Seiten · ISBN 978-3-8316-8390-1

Band 5: Mathias von Tucher: **Die Rolle der Auslandsmontage in den internationalen Wertschöpfungsnetzwerken der Automobilhersteller**
1999 · 270 Seiten · ISBN 978-3-8316-8369-7

Band 3: Christian Michael Schwald: **Religionsgeprägte Weltkulturen in ökonomischen Theorien**
1999 · 228 Seiten · ISBN 978-3-8316-8355-0

Band 2: Martin Heß: **Glokalisierung, industrieller Wandel und Standortstruktur – das Beispiel der EU-Schienenfahrzeugindustrie**
1998 · 218 Seiten · ISBN 978-3-8316-8335-2

Band 1: Till Werneck: **Deutsche Direktinvestitionen in den USA – Determinanten und Wirkungen am Beispiel der Bundesstaaten Georgia, North Carolina und South Carolina**
1998 · 298 Seiten · ISBN 978-3-8316-8334-5

Erhältlich im Buchhandel oder direkt beim Verlag:
Herbert Utz Verlag GmbH, München
089-277791-00 · info@utzverlag.de

Gesamtverzeichnis mit sämtlichen lieferbaren Titeln: www.utzverlag.de